Veröffentlichungen der Kommission für geschichtliche
Landeskunde in Baden-Württemberg

Reihe B
Forschungen
118. Band

VERÖFFENTLICHUNGEN DER
KOMMISSION FÜR GESCHICHTLICHE LANDESKUNDE
IN BADEN-WÜRTTEMBERG

REIHE B

Forschungen

118. Band

Wilfried Enderle

Konfessionsbildung und Ratsregiment in der katholischen Reichsstadt Überlingen (1500–1618)

im Kontext der Reformationsgeschichte der oberschwäbischen Reichsstädte

1990

W. KOHLHAMMER VERLAG STUTTGART

CIP-Titelaufnahme der Deutschen Bibliothek

Enderle, Wilfried:
Konfessionsbildung und Ratsregiment in der katholischen Reichsstadt Überlingen
(1500–1618): im Kontext der Reformationsgeschichte der oberschwäbischen
Reichsstädte / Wilfried Enderle. – Stuttgart: Kohlhammer, 1990
(Veröffentlichungen der Kommission für geschichtliche Landeskunde
in Baden-Württemberg: Reihe B, Forschungen; Bd. 118)
Zugl. Tübingen, Univ. Diss., 1988
ISBN 3-17-011041-1
NE: Kommission für geschichtliche Landeskunde in Baden-Württemberg:
Veröffentlichungen der Kommission für geschichtliche Landeskunde
in Baden-Württemberg / B

D 21

Referent: Prof. Dr. Ernst Walter Zeeden
Korreferent: Prof. Dr. Volker Press

Vorwort

Die vorliegende Arbeit wurde im Herbst 1988 von der Geschichtswissenschaftlichen Fakultät der Eberhard-Karls-Universität Tübingen als Dissertation angenommen; gut drei Jahre zuvor, im Frühsommer 1985, hatte ich im Stadtarchiv zu Überlingen mit den systematischen Archivrecherchen begonnen. Der Abschluß solch mehrjähriger Arbeit wäre ohne vielfältige Unterstützung kaum denkbar, und so, wie es die selbstverständliche Pflicht des Verfassers einer wissenschaftlichen Studie ist, im Anmerkungsapparat diejenigen Autoren zu nennen, deren Forschungen er verpflichtet ist, so ist es nur recht und billig, zuallererst denen zu danken, die – gleich in welcher Form auch immer – dabei mitgewirkt haben, daß dieses Buch geschrieben und publiziert werden konnte.

An erster Stelle sei hier Prof. Ernst Walter Zeeden (Tübingen) genannt, der sowohl mein Studium als auch die Doktorarbeit in der ihm eigenen verständnisvollen und großherzigen Art begleitet und gefördert hat und auf dessen Forschungen auch, wie der Kenner der Materie bereits am Titel des Buches unschwer erkennen wird, diese Studie gründet. Prof. Volker Press (Tübingen) hat mit seinem Rat dazu beigetragen, daß manche problematische Hypothese nochmals neu überdacht wurde, und nicht zuletzt hat er entscheidend die Drucklegung der Arbeit gefördert. Den Werdegang und Abschluß der Arbeit haben ferner mit Gutachten und Ratschlägen unterstützt: Prof. Dieter Jähnig (Tübingen), Prof. Dieter Mertens (Tübingen), Prof. Paul Münch (Essen), Prof. Franz Quarthal (Tübingen) und Prof. Anton Schindling (Osnabrück). Wesentlichen Anteil daran, daß die notwendigen Archivstudien rasch, effektiv und in einer angenehmen Arbeitsatmosphäre durchgeführt werden konnten, hatten Dr. Gerda Koberg (Überlingen) und der verantwortliche Leiter des Überlinger Stadtarchivs, Lic. Guntram Brummer, sowie Dr. Franz Hundsnurscher (Freiburg), dessen Typoskript der Konstanzer Investiturprotokolle wertvolle Dienste geleistet hat. Einsichtnahme in noch unveröffentlichte Manuskripte gewährten des weiteren Marianne Heß (Überlingen) und Wolfgang Zimmermann (Tübingen); nützliche Anregungen in zahlreichen Gesprächen gab Ludwig Ohngemach (Ehingen). Die sachkundige Betreuung der Drucklegung lag in den Händen von Dr. Otto-Heinrich Elias (Stuttgart).

So unverzichtbar der wissenschaftliche Rat stets gewesen war, so sollte doch auch die in anderer Hinsicht nicht minder wichtige materielle Förderung erwähnt werden. Die Voraussetzung für mehrjähriges, von materiellen Sorgen freies Forschen schuf die Studienstiftung des deutschen Volkes mit einem Promotionsstipendium; die Kosten der Veröffentlichung übernahmen die Kommission für geschichtliche Lan-

VI

deskunde in Baden-Württemberg durch die Aufnahme der Arbeit in ihre Reihe sowie die Stadt Überlingen, die einen namhaften Druckkostenzuschuß beisteuerte.

Ihnen allen gilt für ihren Anteil, den sie am Entstehen dieser Arbeit genommen haben, mein herzlicher Dank.

Köln, im März 1990   Wilfried Enderle

Inhaltsverzeichnis

Verzeichnis der Abbildungen

Verzeichnis der Tabellen im Text

Verzeichnis der Tabellen im Anhang

Verzeichnis der Abkürzungen

ADB	Allgemeine Deutsche Biographie
ARG	Archiv für Reformationsgeschichte
Bae	Bäckerzunft
Bl	Blatt
BldLG	Blätter für deutsche Landesgeschichte
BlWKG	Blätter für württembergische Kirchengeschichte
d	Pfennig
Ei	Eimer
EAF	Erzbischöfliches Archiv Freiburg
Fasz	Faszikel
Fi	Fischerzunft
FDA	Freiburger Diözesanarchiv
fl	Gulden
fo	Folio
Fu	Fuder
GG	Geschichte und Gesellschaft
GLA	Generallandesarchiv Karlsruhe
GWU	Geschichte in Wissenschaft und Unterricht
HHStA	Haus-, Hof- und Staatsarchiv Wien
HJB	Historisches Jahrbuch
HStASt	Hauptstaatsarchiv Stuttgart
HZ	Historische Zeitschrift
KaPAÜb	Katholisches Pfarrarchiv Überlingen
Kue	Küferzunft
LAIn	Tirolisches Landesarchiv Innsbruck
lb	Pfund
Loe	Gesellschaft zum Löwen
LSBÜb	Leopold-Sophien-Bibliothek Überlingen
LThK	Lexikon für Theologie und Kirche
Ma	Malter
Mg	Metzgerzunft
Mp	Missivprotokoll
o.D.	ohne Datum
o.J.	ohne Jahr
o.O.	ohne Ort

Qu	Quart
Rb	Wolferzunft (Rebleute)
RBJKG	Rottenburger Jahrbuch für Kirchengeschichte
Rp	Ratsprotokoll
RTA, J.R.	Deutsche Reichstagsakten, Jüngere Reihe
Sch	Schuhmacherzunft
SchVGB	Schriften des Vereins für die Geschichte des Bodensees und seiner Umgebung
Sn	Schneiderzunft
SpA	Spitalarchiv
StadtAÜb	Stadtarchiv Überlingen
ß	Schilling
Vi	Viertel
VSWG	Vierteljahreshefte für Sozial- und Wirtschaftsgeschichte
WVjhLG	Württembergische Vierteljahreshefte für Landesgeschichte
ZBLG	Zeitschrift für bayerische Landesgeschichte
ZHF	Zeitschrift für Historische Forschung
ZSRG, GA	Zeitschrift der Savigny-Stiftung für Rechtsgeschichte, Germanistische Abteilung
KA	Kanonistische Abteilung
ZWLG	Zeitschrift für Württembergische Landesgeschichte

Quellen und Literatur

1. Ungedruckte Quellen

Haus-, Hof- und Staatsarchiv Wien
  Mainzer Erzkanzler Archiv VIII/50, Matrikel-Moderation, Fasz. 3, 27.
  Reichshofrat, Badische Akten, Conf. priv., Konv. 14–22, Nr. 131–139.
  Kleinere Reichsstände 1537–1780, Fasz. 526.
Tirolisches Landesarchiv Innsbruck
  Kopialbücher (Regierung) 1519–1562
  Kopialbücher (Kammer) 1521–1523
Hauptstaatsarchiv Stuttgart
  B 344 Bü. 264, 266.
  B 347 Bü. 322–324, 383.
Generallandesarchiv Karlsruhe
  2 (Urkunden Überlingen-Pfullendorf)
  61/ 7239–7241, 7321, 7323–7326.
  62/ 7911.
  65/ 679, 11531, 11587.
  67/ 1313, 1389, 1875.
  82/ 455, 577, 1484–1486, 1566.
  82a/2, 5, 8, 12–14, 92, 274, 698.
  225/55, 59, 66, 93, 94, 114, 144, 185, 206, 434, 451, 452, 458, 459, 461–463, 466–470,
  473, 474, 476, 478, 485, 486, 502, 504, 508, 509, 512, 516–520, 522, 523, 526, 528,
  530, 532–534, 539–540, 542–544, 551–554, 556, 557, 566, 567, 569–574, 576–578,
  580, 581, 583, 586, 590, 599, 603, 607, 650, 720, 721, 731, 734–737, 750, 820, 836,
  837, 841, 844, 845, 859, 885–889, 896, 903, 912, 922, 961, 975, 1145, 1164, 1170,
  1177, 1184, 1185, 1209, 1214–1219, 1225–1287, 1342, 1352.
Erzbischöfliches Archiv Freiburg
  Ha 61, 70, 77, 110–120, 126–146, 541–543, 594.
  Konstanz-Generalia, Klöster u. Orden: Franziskanerkloster 19; Franziskanerin-
  nen 36; Kollegiatstift Überlingen 1, 7, 16.
  Akten Stadtpfarrei St. Nikolaus, Überlingen [ungeordnet].
Stadtarchiv Überlingen
  Jacob Reutlinger, Historische Collectaneen von Ueberlingen, 14 Bde.
  Fladt, Wilhelm, Das Überlinger Gottesackerbuch. Quellensammlung zur Sippen-
  kunde, Kunst- und Kulturgeschichte von 1530 bis 1611, masch.
  Ratsprotokolle 1498–1530, 1552–1617.

Missivprotokolle 1510–1513, 1518, 1523–1542, 1551–1554, 1558, 1560–1561, 1563–1564, 1566–1567, 1570–1571, 1575–1581, 1583–1589, 1595–1618.

Steuerbücher 1496, 1518, 1528[?], 1558, 1568, 1578, 1588, 1597, 1608, 1617.

Bürgerannahmebücher 1523–1672, 1559–1677.

Abzugs-Buch 1584–1684.

Gerichtsprotokoll 1528–1529.

Ratswahllisten 1529–1545, 1574–1585, 1586–1599, 1600–1616, 1617–1629, 1630–1642.

Rechnungen der vacierenden Pfründen (Einnahme- und Ausgabebücher) 1569–1604 [mit Lücken].

Dienstherrenverzeichnis 1566.

I/2/18; I/53/140, 143–145; I/54/147–150, 156; I/8/181–182; I/32/356; I/34/377–379a; I/35/384; I/36/386a; I/37/389–390; I/38/391, 393; I/39/395a, 395b, 396; I/76/751; I/78/815, 816; II/22/1106, 1084; III/1/1123, 1135, 1141; III/2/1143, 1160–1161, 1163; III/3/1182, 1197–1198; III/4/1239; III/5/1258; III/6/1279; III/7/1289; III/8/1306, 1314; III/9/1338–1339, 1352b; III/13/1369–1370; III/14/1401–1402, 1406, 1426–1427, 1429, 1431–1435, 1439–1440; IV/1/1442, 1445, 1449; IV/14/1460–1462; IV/6/1468, 1470, 1471, 1475; IV/7/1481; IV/10/1533; IV/11/1536–1546; IV/13/1575–1576, 1582, 1585–1586, 1592–1594, 1598; IV/13/1604–1605, 1607, 1611, 1615, 1617, 1621; IV/15/1708–1714, 1726–1728; IV/17/1806, 1814; IV/18/1822; IV/20/1872; IV/21/1875, 1879; V/6/1912; V/7/1919; V/9/1930; VI/9/2084; VII/18/2466; VII/23/2515; VII/29/2565.

Spitalarchiv I/2/57, 58; I/8/122, 138, 140.

Katholisches Pfarrarchiv Überlingen

A 1, 2, 3.

C 24, 28/1, 31.

D 32–34.

F 54, 57, 60.

Leopold-Sophien-Bibliothek Überlingen

Statuta Capituli et Chori Ecclesiae Collegiatae S. Nicolai Uberlingae.

2. Gedruckte Quellen und Repertorien

Baier = *Baier*, Hermann: Johann Georg Schinbains Beschreibung der Reichsstadt Überlingen vom Jahre 1577. In: ZGO 76 (1922) S. 457–478.

Baumann = *Baumann*, Franz Ludwig (Hg.): Quellen zur Geschichte des Bauernkriegs in Oberschwaben (=Bibliothek des Litterarischen Vereins Stuttgart 129) 1876.

Bittner = *Bittner*, Ludwig (Hg.): Gesamtinventar des Wiener Haus-, Hof- und Staatsarchivs. 1–5. 1936–1940.

Blarer = Blarer, Gerwig, Abt von Weingarten 1520–1567. Briefe und Akten. Hg.

Heinrich *Günter*. 1–2. (=Württembergische Geschichtsquellen 16/17). 1914–1921.

Boell = *Boell*, Adolf: Das grosse historische Sammelwerk von Reutlinger in der Leopold-Sophien-Bibliothek in Ueberlingen. In: ZGO 34 (1882) S.31–65, 342–392.

Fabian, Beschlüsse = *Fabian*, Ekkehart (Hg.): Die Beschlüsse der oberdeutschen schmalkaldischen Städtetage. 1–2 (=Schriften zur Kirchen- und Rechtsgeschichte 14/15) 1959.

Fabian, Quellen = *Fabian*, Ekkehart (Hg.): Quellen zur Geschichte der Reformationsbündnisse und der Konstanzer Reformationsprozesse 1529–1548 (=Schriften zur Kirchen- und Rechtsgeschichte 34) 1967.

Fladt = *Fladt*, Wilhelm: Einblattdrucke und ähnliche Druckstücke in Reutlingers Sammelwerk. In: SchVGB 67 (1940) S. 142–154.

Gössi = Das Archiv der oberdeutschen Minoritenprovinz im Staatsarchiv Luzern. Bearb. Anton *Gössi* (=Luzerner Historische Veröffentl., Archivinventare 2) 1979.

Hager = Vom Kloster Leben. Ein Christenlicher Geistlicher Tractat/ in vier Theil außgetheilt/ fürnemblich allen Closterleuten/ doch auch andern Weltlichen und Geistlichen personen zu Nutz/ Trost/ und bester Lehr/ Durch M. Conradum Hager, Capellan und Priester zu Uberlingen ... Costantz am Bodensee/ bey Leonhart Straub 1596.

Hahn = Hahn, Georg: Überlinger Geschlechterbuch 1225–1595. Hg. Hermann *Sevin*. 1889.

Harzendorf, Einwohnerbuch = *Harzendorf*, Fritz: Überlinger Einwohnerbuch 1444–1800. 1–6 (in 15 T.) 1954–1962.

Harzendorf, Hexenprozeß = *Harzendorf*, Fritz: Überlinger Hexenprozeß im Jahr 1596. Ein Beitrag zur Geschichte und Psychologie des Hexenwahns. In: SchVGB 67 (1940) S. 108–141.

Hauß = *Hauß*, Fritz (Hg.): Zuchtordnung der Stadt Konstanz 1531 (=Veröffentl. des Vereins für Kirchengeschichte in der evangelischen Landeskirche Badens) 1931.

Klüpfel = *Klüpfel*, K[arl] (Hg.): Urkunden zur Geschichte des Schwäbischen Bundes (1488–1533). 1–2 (=Bibliothek des Litterarischen Vereins in Stuttgart 14/31) 1846–1853.

Koler = Consilium Politicum samt Rechtlicher Abhandlung von Der Reichs Stat Uberlingischer Regiments- Wahl- Verfassung und Zuständigkeit ... von Johann Joseph Ignati Koler von Sandholz, vnd Zunderberg. Konstanz 1770.

Krebs, Domkapitel = *Krebs*, Manfred (Hg.): Die Protokolle des Konstanzer Domkapitels 1487–1526 (=Beiheft zur ZGO 100–107) 1952–1959.

Krebs, Gesamtübersicht = *Krebs*, Manfred (Bearb.): Gesamtübersicht der Bestände des Generallandesarchivs Karlsruhe. 1–2 (=Veröffentl. der Staatlichen Archivverwaltung Bad.-Württ. 1/2) 1954–1957.

Krebs, Investiturprotokolle = *Krebs*, Manfred (Hg.): Die Investiturprotokolle der Diözese Konstanz aus dem 15. Jahrhundert. In: FDA 66–74 (1946–1954).

Matrikel Basel = Die Matrikel der Universität Basel. Hg. Hans Georg *Wackernagel*. 1–2. 1951–1956.

Matrikel Dillingen = Die Matrikel der Universität Dillingen. Hg. Thomas *Specht*. 1–2 (=Archiv für die Geschichte des Hochstifts Augsburgs 2–3.1) 1909–1913.

Matrikel Freiburg = Die Matrikel der Universität Freiburg i. Br. von 1460–1656. Hg. Hermann *Mayer*. 1–2. 1907–1910.

Matrikel Heidelberg = Die Matrikel der Universität Heidelberg von 1386 bis 1662. Hg. Gustav *Toepke*. 1–3. 1884–1893.

Matrikel Ingolstadt = Die Matrikel der Ludwig-Maximilian-Universität Ingolstadt-Landshut-München. Hg. Götz Frh. v. *Pölnitz*. 1–5.2. 1937–1984.

Matrikel Köln = Die Matrikel der Universität Köln. Hg. Hermann *Keussen*. 2–3. Hg. H. *Keussen*/Philipp *Nottbrock*/Manfred *Groter*/Manfred *Huiskes* 4–7 (=Publikationen der Gesellschaft für Rheinische Geschichtskunde 8) 1919–1981.

Matrikel Tübingen = Die Matrikel der Universität Tübingen. Hg. Heinrich *Hermelink*. 1. 1906. (Register zu den Matrikeln der Universität Tübingen 1477–1600. Bearb. Heinrich *Hermelink*. 1931).

Matrikel Wien = Die Matrikel der Universität Wien. 2–4 (= Publikationen des Instituts für österreichische Geschichtsforschung. 6. Reihe: Quellen zur Geschichte der Universität Wien) 1967–1974.

Mitteilungen = Mitteilungen aus dem Fürstenbergischen Archive. Hg. Franz Ludwig *Baumann* u. Georg *Tumbült*. 1–2. 1894–1902.

Müller = *Müller*, Karl Otto (Hg.): Aktenstücke zur Geschichte der Reformation in Ravensburg von 1523 bis 1577 (=Reformationsgeschichtliche Studien und Texte 32) 1914.

Naujoks, Zunftverfassung = *Naujoks*, Eberhard (Hg.): Kaiser Karl V. und die Zunftverfassung. Ausgewählte Aktenstücke zu den Verfassungsänderungen in den oberdeutschen Reichsstädten (1547–1556) (=Veröffentl. der Kommission für geschichtliche Landeskunde in Bad.-Württ. Reihe A 36) 1985.

Oberbadisches Geschlechterbuch = Oberbadisches Geschlechterbuch. Bearb. J. *Kindler von Knobloch* u. O. Frh. von *Stotzingen*. 1–3. 1898–1919.

Oberrheinische Stadtrechte = Oberrheinische Stadtrechte. 2. Abt.: Schwäbische Rechte. 2. Heft: Überlingen. Hg. Fritz *Geier*. 1908.

Obser, Frauenhaus = *Obser*, Karl: Zur Geschichte des Frauenhauses in Überlingen. In: ZGO 70 (1916) S. 631–644.

Obser, Quellen = *Obser*, Karl (Hg.): Quellen zur Bau- und Kunstgeschichte des Überlinger Münsters (1226–1620) 1917.

Ottnad = *Ottnad*, Bernd: Die Archive des Bischofs von Konstanz. In: FDA 94 (1974) S. 270–516.

Politische Correspondenz = Politische Correspondenz der Stadt Straßburg im Zeitalter der Reformation. 1–5 (=Urkunden und Akten der Stadt Straßburg 2. Abt.) 1882–1933.

Rädle = *Rädle*, Fidel (Hg.): Lateinische Ordensdramen des XVI. Jahrhunderts. Mit deutschen Übersetzungen (=Ausgaben Deutscher Literatur des XV. bis XVIII. Jahrhunderts. Reihe Dramen 6) 1979.

Repertorium = Repertorium der Kirchenvisitationsakten aus dem 16. und 17. Jahrhundert in Archiven der Bundesrepublik Deutschland. Hg. Ernst Walter *Zeeden* in Verbindung mit Peter Thaddäus *Lang*, Christa *Reinhardt*, Helga *Schnabel-Schüle*. 2.1: Baden-Württemberg: Der katholische Südwesten. Die Grafschaften Hohenlohe und Wertheim. Hg. Peter Thaddäus *Lang* (=Spätmittelalter und Frühe Neuzeit) 1984.

Rieder = *Rieder*, Karl (Hg.): Das Registrum subsidii caritativi der Diözese Konstanz aus dem Jahre 1508. In: FDA 35 (1907) S. 1–108.

Roder = *Roder*, Christian: Übersicht über den Inhalt des Stadtarchivs zu Ueberlingen. In: Mitteilungen der badischen historischen Commission 6 (1885) S. 314–326.

Roder/Udry = *Roder*, [Christian]/*Udry*, Xaver: Archivalien aus Orten des Amtsbezirks Überlingen. In: Mitteilungen der Badischen Historischen Kommission 29 (1907) S. 128–176.

Roth von Schreckenstein, Bund = *Roth von Schreckenstein*, [K. H. Frh.]: Der Bund der Städte Überlingen, Lindau, Ravensburg, Wangen und Buchhorn 1470–1475. In: ZGO 22 (1869) S. 225–256.

Roth von Schreckenstein, Denunziationsschriften = *Roth von Schreckenstein* [K. H. Frh.]: Die vom Bischofe Christoph von Constanz gegen den Magistrat zu Ueberlingen und den Deutschorden in Rom eingereichten Denunziationsschriften 1557. In: ZGO 24 (1872) S. 129–151.

Roth von Schreckenstein, Geschichte = *Roth von Schreckenstein*, [K. H. Frh.]: Zur Geschichte der Stadt Überlingen. In: ZGO 22 (1869) S. 1–32, 257–277, 418–436; 23 (1871) S. 1–20; 25 (1873) S. 205–228; 26 (1874) S. 117–135.

Roth von Schreckenstein, Johanniter-Commende = *Roth von Schreckenstein*, [K. H. Frh.]: Die Johanniter (Maltheser)-Commende in Überlingen. In: ZGO 29 (1877) S. 129–163.

RTA = Deutsche Reichstagsakten unter Karl V. 2–4. Hg. Adolf *Wrede*. 7.1–7.2. Hg. Johannes *Kühn*. 8.1–8.2. Hg. Wolfgang *Steglich* (=Deutsche Reichstagsakten. Jüngere Reihe) 1896–1970.

Schilling = *Schilling* A. (Hg.): Die religiösen und kirchlichen Zustände der ehemaligen Reichsstadt Biberach unmittelbar vor Einführung der Reformation. Geschildert von einem Zeitgenossen [Joachim von Pflummern]. In: FDA 19 (1887) S. 1–191.

Stolz = *Stolz*, O.: Geschichte und Bestände des staatlichen Archivs zu Innsbruck (=Inventare österreichischer staatlicher Archive 6) 1938.

Tibianus, Coronatio = Coronatio Coelorum Reginae. Das ist Beschreibung dreyer Herrlicher Geistlicher Cronen/ so der Himmelkönigin Mariae/ von sechs und dreissig underschidlichen Edelgesteinen/ sampt jrer Geistlichen bedeutnuß/ bereit: etc. Durch Ionannum Georgium Tibianum der Catholischen Reichsstatt Uberlingen Lateinischen Schulmeister. Costantz am Bodensee 1601 (Leonhart Straub).

Tibianus, Geistlicher Psalter = Geistlicher Psalter/ Von dreyen Rosenkränzen: in 15

Decurias/ oder Geistliche Ordnungen außgetheylt und underschiden: etc. Durch Ioannum Georgium Tibianum der Catholischen Reichsstatt Uberlingen Lateinischen Schulmeister ... Costantz am Bodensee 1598 (Leonhart Straub).

Tibianus, Narration = Kurtze Historische/ warhaffte und gründliche Narration oder beschreibung/ Von dem Anfang/ Ursprung/ Herkommen/ Frucht und Nutzbarkeiten deß Wallfahrtens: ... Auß Göttlicher heiliger Schrifft und approbierten/ oder bewerten Historien/ allen frommen Catholischen Christen und andächtigen Bilgern zu Ehren und gefallen zusammen getragen/ und in teutsche Rhytmos gestellt/ Durch Ioannem Georgium Tibianum, diser zeyt Burgern vnd Lateinischer Schulmeistern der Catholischen Reichsstatt Uberlingen am Bodensee. Getruckt zu Costantz am Bodensse/ bey Leonhart Straub 1598.

Valentin = *Valentin*, Jean-Marie: Le Théâtre des Jésuites dans les Pays de Langue Allemande. Répertoire Chronologique des Pièces Représentées et des Documents Conservées (1555–1773). 1–2 (=Hirsemanns Bibliographische Handbücher 3.1–3.2) 1983–1984.

Verzeichnis = Verzeichnis der im deutschen Sprachbereich erschienenen Drucke des XVI. Jahrhunderts. I Abt. 8. 1987.

Vögeli = Vögeli, Jörg: Schriften zur Reformation in Konstanz 1519–1538. Hg. Alfred *Vögeli*. 1–2 (=Schriften zur Kirchen- und Rechtsgeschichte 39–41) 1972–1973.

Vogt = *Vogt*, Wilhelm (Hg.): Die Correspondenz des schwäbischen Bundeshauptmanns Ulrich Artzt von Augsburg a. d. J. 1524 und 1525. In: Zeitschrift des Historischen Vereins für Schwaben und Neuburg 6 (1879) S. 281–400; 7 (1880) S. 233–372; 9 (1882) S. 1–62; 10 (1883) S. 1–298.

Werk = *Werk*, Franz Xaver (Hg.): Stiftungsurkunden akademischer Stipendien und anderer milder Gaben an der HochSchule zu Freyburg im Breisgau von 1497 bis 1842. 1842.

Winter = *Winter*, Otto Friedrich: Die Geschichte der oberdeutschen Reichsstadt aus der Sicht des Wiener Haus-, Hof- und Staatsarchivs. In: Jahrbuch für Geschichte der oberdeutschen Reichsstädte. Esslinger Studien 11 (1965) S. 166–183.

3. Literaturverzeichnis

Abel, Wilhelm: Agrarkrisen und Agrarkonjunktur. Eine Geschichte der Land- und Ernährungswirtschaft Mitteleuropas seit dem hohen Mittelalter. [3]1978.

Abray, Lorna Jane: The People's Reformation. Magistrates, Clergy and Commons in Strasbourg 1500–1598. Basil Blackwell 1985.

Adam, Johann: Evangelische Kirchengeschichte der elsäßischen Territorien bis zur französischen Revolution. 1928.

Alt, Karl: Reformation und Gegenreformation in der freien Reichsstadt Kaufbeuren (=Einzelarbeiten aus der Kirchengeschichte Bayerns 15) 1932.

Altman, Hugo: Die konfessionspolitischen Auseinandersetzungen in der Reichsstadt

Aachen in den Jahren 1612–1617 im Lichte neuer Quellen. In: Zeitschrift des Aachener Geschichtsvereins 88/89 (1981/82) S. 153–181.

Ammann, Hektor: Untersuchungen zur Wirtschaftsgeschichte des Oberrheinraumes II. Das Kloster Salem in der Wirtschaft des ausgehenden Mittelalters. In: ZGO 110 (1962) S. 371–404.

Ammann, Hektor: Vom Lebensraum der mittelalterlichen Stadt. Eine Untersuchung an schwäbischen Beispielen. In: Berichte zur Deutschen Landeskunde 31 (1963) S. 284–316.

Andreas, Willy: Deutschland vor der Reformation. Eine Zeitenwende. [6]1959.

Angst, Arthur: Heigerlin oder Schmid? Der Familienname des in Leutkirch geborenen Wiener Bischofs und Kontroverstheologen Dr. Johannes Fabri (1478–1541). In: RBJKG 3 (1984) S. 197–205.

Angst, Arthur: Die Reichspfarrei Leutkirch und das Zisterzienserstift Stams. In: Cistercienser Chronik 93 (1986) S. 38–43.

Asch, Ronald: Verwaltung und Beamtentum. Die gräflich fürstenbergischen Territorien vom Ausgang des Mittelalters bis zum schwedischen Krieg (1490–1632) (=Veröffentl. der Kommission für geschichtliche Landeskunde in Bad.-Württ. Reihe B 106) 1986.

Asten, Herbert von: Die religiöse Spaltung in der Reichsstadt Aachen und ihr Einfluß auf die industrielle Entwicklung in der Umgebung. In: Zeitschrift des Aachener Geschichtsvereins 68 (1956) S. 77–190.

Bader, Karl Siegfried: Der deutsche Südwesten in seiner territorialstaatlichen Entwicklung. [2]1978.

Baier, Hermann: Die Markdorfer Diözesansynode von 1549. In: FDA 37 (1909) S. 218–224.

Baier, Hermann: Zur Konstanzer Diözesansynode von 1567. In: ZGO 63 (1909) S. 553–574.

Bartmann, Horst: Die Kirchenpolitik der Markgrafen von Baden-Baden im Zeitalter der Glaubenskämpfe (1535–1622). In: FDA 81 (1961) S. 1–352.

Bàtori, Ingrid/*Weyrauch*, Erdmann: Die bürgerliche Elite der Stadt Kitzingen: Studien zur Sozial- und Wirtschaftsgeschichte einer landesherrlichen Stadt im 16. Jahrhundert (=Spätmittelalter und Frühe Neuzeit 11) 1982.

Bàtori, Ingrid: Das Patriziat der deutschen Stadt. In: Die alte Stadt. Zeitschrift für Stadtgeschichte, Stadtsoziologie und Denkmalpflege 2 (1975) S. 1–30.

Batzer, Ernst: Neues über die Reformation in der Landvogtei Ortenau sowie in den Städten Gengenbach und Offenburg. In: ZGO 78 (1926) S. 63–83.

Baumann, Franz Ludwig: Die Territorien des Seekreises 1800 (=Badische Neujahrsblätter. Blatt 4) 1894.

Baumann, Franz Ludwig: Forschungen zur Schwäbischen Geschichte. 1898.

Baumgart, Peter: Formen der Volksfrömmigkeit – Krise der alten Kirche und reformatorische Bewegung. Zur Ursachenproblematik des Bauernkriegs. In: Peter *Blickle* (Hg.): Revolte und Revolution in Europa (=HZ N.F. Beih. 4) 1975. S. 151–170.

Baur, Ludwig: Die Ausbreitung der Bettelorden in der Diözese Konstanz. In: FDA 28 (1900) S. 1–101.

Baur, Ludwig: Geschichte des kirchlichen Pfründenwesens in der Reichsstadt Buchhorn. In: FDA 53 (1925) S. 145–242; 54 (1926) S. 55–105; 58 (1931) S. 99–180.

Bechtold, Klaus D.: Zunftbürgerschaft und Patriziat. Studien zur Sozialgeschichte der Stadt Konstanz im 14. und 15. Jahrhundert (=Konstanzer Geschichts- und Rechtsquellen 26) 1981.

Becker, Winfried: Reformation und Revolution (=Katholisches Leben und Kirchenreform im Zeitalter der Glaubensspaltung 34) ²1983.

Behringer, Wolfgang: Hexenverfolgung in Bayern. Volksmagie, Glaubenseifer und Staatsräson in der Frühen Neuzeit. 1987.

Behringer, Wolfgang: „Vom Unkraut unter dem Weizen". Die Stellung der Kirchen zum Hexenproblem. In: Richard van *Dülmen* (Hg.): Hexenwelten. Magie und Imagination vom 16.-20. Jahrhundert. 1987. S. 15–48.

Behringer, Wolfgang: „Erhob sich das ganze Land zu ihrer Ausrottung ...". Hexenprozesse und Hexenverfolgungen in Europa. In: Richard van *Dülmen* (Hg.): Hexenwelten. Magie und Imagination vom 16.-20. Jahrhundert. 1987. S. 131–169.

Benedict, Philip: Rouen during the Wars of Religion (=Cambridge Studies in Early Modern History) Cambridge 1981.

Die Benediktinerklöster in Baden-Württemberg. Bearb. Franz *Quarthal* in Zusammenarbeit mit Hansmartin *Decker-Hauff* u. Klaus *Schreiner* (=Germania Benedictina 5) 1975.

Berthelot du Chesnay, Charles: Les Prêtres Séculiers en Haute-Bretagne au XVIIIe Siècle. Rennes 1984.

Beschreibung des Oberamts Tettnang. Hg. K. Statistisches Landesamt. ²1915.

Bittel, Karl: Als der Krieg gegen die Bauern begann. Die eigenwillige Bauernkriegspolitik der Freien Reichsstadt Ueberlingen. In: Das Bodenseebuch 28 (1941) S. 31–39.

Black, Anthony: Guilds and Civil Society in European Political Thought from the twelfth Century to the Present. London 1984.

Bläsi, Peter: Die Reformation in Gengenbach. In: Die Ortenau 57 (1977) S. 196–227.

Blickle, Peter: Zur Territorialpolitik der oberschwäbischen Reichsstädte. In: Erich *Maschke*/Jürgen *Sydow* (Hg.): Stadt und Umland (=Veröffentl. der Kommission für geschichtliche Landeskunde in Bad.-Württ. Reihe B 82) 1974. S. 54–71.

Blickle, Peter: Die Reformation im Reich. 1982.

Blickle, Peter: Gemeindereformation. Die Menschen des 16. Jahrhunderts auf dem Weg zum Heil. 1985.

Blickle, Peter: Die soziale Dialektik der reformatorischen Bewegung. In: Peter *Blickle*/Andreas *Lindt*/Alfred *Schindler* (Hg.): Zwingli und Europa. 1985. S. 71–83.

Bock, Ernst: Der Schwäbische Bund und seine Verfassungen (1488–1534). Ein Beitrag zur Geschichte der Reichsreform (=Untersuchungen zur deutschen Staats- und Rechtsgeschichte 137) 1927.

Bock, Robert J.: St. Johann in Konstanz. In: Helvetia Sacra. Hg. Albert *Bruckner*.

Abt. II.2: Die weltlichen Kollegiatstifte der deutsch- und französischsprachigen Schweiz. 1977. S. 308–324.

Böhme, Ernst: Das Kollegium der Schwäbischen Reichsprälaten im 16. und 17. Jahrhundert. Untersuchungen zur korporativen Verfassung und Organisation mindermächtiger geistlicher Reichsstände. In: RBJKG 6 (1987) S. 267–300.

Bog, Ingomar: Wachstumsprobleme der oberdeutschen Wirtschaft 1540–1618. In: Ingomar *Bog*: Oberdeutschland. Das Heilige Römische Reich des 16. bis 18. Jahrhunderts in Funktion. 1986. S. 1–42.

Bossert, G[ustav]: Buchhorn in der Reformationszeit. In: BlWKG 6 (1891) S. 88.

Bossy, John: The Counter-Reformation and the People of Catholic Europe. In: Past and Present 47 (1970) S. 51–70.

Brady, Thomas A. jr.: Ruling Class, Regime and Reformation at Strasbourg 1520–1555 (= Studies in Medieval and Reformation Thought 22) Leiden 1978.

Brady, Thomas A. jr.: „The Social History of the Reformation" between „Romantic Idealism" and „Sociologism": A Reply. In: Wolfgang J. *Mommsen* (Hg.): Stadtbürgertum und Adel in der Reformation. Studien zur Sozialgeschichte der Reformation in England und Deutschland (=Veröffentlichungen des Deutschen Historischen Instituts London 5) 1979. S. 11–24.

Brady, Thomas A. jr.: Social History. In: Steven *Ozment* (Hg.): Reformation Europe: A Guide to Research. St. Louis 1982. S. 161–181.

Brady, Thomas A. jr.: Turning Swiss. Cities and Empire, 1450–1550 (=Cambridge Studies in Early Modern History) Cambridge 1985.

Brady, Thomas A. jr.: Göttliche Republiken: die Domestizierung der Religion in der deutschen Stadtreformation. In: Peter *Blickle*/Andreas *Lindt*/Alfred *Schindler* (Hg.): Zwingli und Europa. 1985. S. 109–136.

Braudel, Fernand: Geschichte und Sozialwissenschaften. Die longue durée. In: Claudia *Honegger* (Hg.): M. Bloch, F. Braudel, L. Febvre u.a. Schrift und Materie der Geschichte. Vorschläge zur systematischen Aneignung historischer Prozesse. 1977. S. 47–85.

Braun, Albert: Der Klerus des Bistums Konstanz im Ausgang des Mittelalters (=Vorreformationsgeschichtliche Forschungen 14) 1938.

Braun, Klaus: Studien zur Geschichte des Konstanzer Domkapitels in der zweiten Hälfte des 16. Jahrhunderts. Diss. masch. Freiburg 1960.

Brecher, August: Die kirchliche Reform in Stadt und Reich Aachen von der Mitte des 16. bis zum Anfang des 18. Jahrhunderts (=Reformationsgeschichtliche Studien und Texte 80/81) 1957.

Brecht, Martin: Das Wormser Edikt in Süddeutschland. In: Fritz *Reuter* (Hg.): Der Reichstag zu Worms von 1521. Reichspolitik und Luthersache. 1971. S. 475–489.

Brecht, Martin: Die gescheiterte Reformation in Rottweil. In: BlWKG 75 (1975) S. 5–22.

Brecht, Martin: Die gemeinsame Politik der Reichsstädte und die Reformation. In: ZSRG KA 94 (1977) S. 180–263.

Brecht, Martin/*Ehmer*, Hermann: Südwestdeutsche Reformationsgeschichte. Zur Einführung der Reformation im Herzogtum Württemberg 1534. 1984.

Brednick, Rolf Wilhelm: Das Reutlingersche Sammelwerk im Stadtarchiv Überlingen als volkskundliche Quelle. In: Jahrbuch für Volksliedforschung 10 (1965) S. 42–84.

Brückner, Wolfgang: Volksfrömmigkeit – Aspekte religiöser Kultur. In: Kölner Zeitschrift für Soziologie und Sozialpsychologie 31 (1979) S. 559–569.

Brummer, Guntram: Neues zum Überlinger Hochaltar. In: FDA 104 (1984) S. 338–342.

Brunner, Otto: Souveränitätsproblem und Sozialstruktur in den deutschen Reichsstädten der frühen Neuzeit. In: VSWG 50 (1963) S. 329–360.

Buchstab, Günter: Reichsstädte, Städtekurie und Westfälischer Friedenskongreß. Zusammenhänge von Sozialstruktur, Rechtsstatus und Wirtschaftskraft (=Schriftenreihe der Vereinigung zur Erforschung der neueren Geschichte e.V. 7) 1976.

Buck, Hermann: Die Anfänge der Konstanzer Reformationsprozesse, Österreich, Eidgenossenschaft und Schmalkaldischer Bund 1510/1522–1531 (=Schriften zur Kirchen- und Rechtsgeschichte 29/31) 1964.

Bühler, Wolfgang: Die Entwicklung des Finanzwesens in der Freien Reichsstadt Überlingen bis zur Mitte des 18. Jahrhunderts. In: Erich *Maschke*/Jürgen *Sydow* (Hg.): Städtisches Haushalts- und Rechnungswesen (=Stadt in der Geschichte 12) S. 158–172.

Bücking, Jürgen: Der Kampf um die Festigung des Katholizismus in Tirol um 1600. In: Tübinger Theologische Quartalschrift 146 (1966) S. 439–472.

Burke, Peter: Städtische Kultur in Italien zwischen Hochrenaissance und Barock. Eine historische Anthropologie. 1987.

Buszello, Horst: Deutungsmuster des Bauernkriegs in historischer Perspektive. In: Horst *Buszello*/Peter *Blickle*/ Rudolf *Endres* (Hg.): Der deutsche Bauernkrieg. 1984. S. 11–22.

Camenzind, Erich: Weihbischof Balthasar Wurer von Konstanz 1574–1598 und die kirchliche Reformbewegung in den V Orten. Diss. Freiburg/Schw. 1968.

Chaix, Gerald: Réforme et Contre-Réforme Catholiques. Récherches sur la Chartreuse de Cologne au XVIe Siècle. 1–3 (=Analecta Cartusiana 80) Salzburg 1981.

Chatellier, Louis: Tradition Chrétienne et Renouveau Catholique dans le Cadre de l'Ancien Diocèse de Strasbourg (1650–1770) (=Association des Publications près des Universités de Strasbourg) Paris 1981.

Chaunu, Pierre: Le Temps des Réformes. Histoire Religieuse et Système de Civilisation. 1–2. Bruxelles 1984.

Christ, Günter: Stadt, Staat, Konfession, Administration und städtebauliche Akzente. In: Wilhelm *Rausch* (Hg.): Die Städte Mitteleuropas im 17. und 18. Jahrhundert (=Beiträge zur Geschichte der Städte Mitteleuropas 5) 1981. S. 212–236.

Christian, William A. Jr.: Local Religion in Sixteenth-Century Spain. Princeton 1981.

Clasen, Claus-Peter: Die Augsburger Steuerbücher um 1600. 1976.

Classen, Mathias: Die konfessionelle und politische Bewegung in der Reichsstadt

Aachen zu Anfang des 17. Jahrhunderts. In: Zeitschrift des Aachener Geschichtsvereins 28 (1906) S. 286—442.

Clemen, Otto: Die Volksfrömmigkeit des ausgehenden Mittelalters (=Studien zur religiösen Volkskunde 3) 1937.

Coenen, Dorothea: Die katholische Kirche am Niederrhein von der Reformation bis zum Beginn des 18. Jahrhunderts. Untersuchungen zur Geschichte der Konfessionsbildung im Bereich des Archidiakonats Xanten unter der klevischen und brandenburgischen Herrschaft (=Reformationsgeschichtliche Studien und Texte 93) 1967.

Conrad, Franziska: Reformation in der bäuerlichen Gesellschaft. Zur Rezeption reformatorischer Theologie im Elsaß (=Veröffentl. des Instituts für europäische Geschichte Mainz, Abt. für abendländische Reformationsgeschichte 116) 1984.

Czacharowski, Antoni: Die Bruderschaften der mittelalterlichen Städte in der gegenwärtigen polnischen Forschung. In: Jürgen *Sydow* (Hg.): Bürgerschaft und Kirche (= Stadt in der Geschichte 7) 1980. S. 9—25.

Davis, Natalie Zemon: Some Tasks and Themes in the Study of Popular Religion. In: Charles *Trinkaus*/Heiko A. *Oberman* (Hg.): The Pursuit of Holiness in Late Medieval and Renaissance Religion (= Studies in Medieval and Reformation Thought 10) Leiden 1974. S. 307—336.

Degler-Spengler, Brigitte: Die religiöse Frauenbewegung des Mittelalters. Konversen-Nonnen-Beginen. In: RBJKG 3 (1984) S. 75—88.

Delumeau, Jean: Problèmes Méthodologiques Fondamentaux sur l'Histoire des Mentalités Religieuses dans l'Occident Moderne. In: Ricerche di Storia Sociale e Religiosa N.S. 7—8 (1975) S. 373—397.

Delumeau, Jean: Le Catholicisme entre Luther et Voltaire. Paris ³1985.

Delumeau, Jean: Angst im Abendland. Die Geschichte kollektiver Ängste im Europa des 14. bis 18. Jahrhunderts. 1—2. (=Kulturen und Ideen) 1985.

Demandt, Dieter: Konflikte um die geistlichen Standesprivilegien im spätmittelalterlichen Colmar. In: Ingrid *Bàtori* (Hg.): Städtische Gesellschaft und Reformation (=Spätmittelalter und Frühe Neuzeit 12) 1980. S. 136—154.

Denecke, Dietrich: Sozialtopographische und sozialräumliche Gliederung der spätmittelalterlichen Stadt. Problemuntersuchungen, Methoden und Betrachtungsweisen der historischen Wirtschafts- und Sozialgeographie. In: Josef *Fleckenstein*/Karl *Stackmann* (Hg.): Über Bürger, Stadt und städtische Literatur im Spätmittelalter (=Abh. der Akademie der Wissenschaften in Göttingen. Philol.-histor. Klasse 3.F. 121) 1980. S. 161—202.

Dickens, Arthur Geoffrey: The German Nation and Martin Luther. London 1974.

Dirlmeier, Ulf: Untersuchungen zu Einkommensverhältnissen und Lebenshaltungskosten in oberdeutschen Städten des Spätmittelalters (Mitte 14. bis Anfang 16. Jahrhundert) (=Abh. der Heidelberger Akademie der Wissenschaften. Philos.-Histor. Klasse Jg. 1978 Abh. 1) 1978.

Dirlmeier, Ulf: Merkmale des sozialen Aufstiegs und der Zuordnung zur Führungsschicht in süddeutschen Städten des Spätmittelalters. In: Hans-Peter *Becht* (Hg.):

Pforzheim im Mittelalter. Studien zur Geschichte einer landesherrlichen Stadt (=Pforzheimer Geschichtsblätter 6) 1983. S. 77—106.

Dirlmeier, Ulf: Stadt und Bürgertum. Zur Steuerpolitik und zum Stadt-Land-Verhältnis. In: Horst *Buszello*/Peter *Blickle*/ Rudolf *Endres* (Hg.): Der deutsche Bauernkrieg. 1984. S. 254—280.

Dommann, Fritz: Der Einfluß des Konzils von Trient auf die Reform der Seelsorge und des religiösen Lebens in Zug im 16. und 17. Jahrhundert. 1966.

Dreher, A[lfons]: Habsburgische Politik in Oberschwaben 1509—1512. In: SchVGB 56 (1928) S. 67—83.

Dreher, Alfons: Das Patriziat der Reichsstadt Ravensburg. In: ZWLG 29 (1960) S. 51—88, 215—311; 31 (1962) S. 237—386; 33 (1964) S. 1—140.

Dreher, Alfons: Geschichte der Reichsstadt Ravensburg und ihrer Landschaft von den Anfängen bis zur Mediatisierung 1802. 1—2. 1972.

Dreyfus, François-Georges: Histoire de l'Alsace. 1979.

Dülmen, Richard van: Religionsgeschichte in der Historischen Sozialforschung. In: GG 6 (1980) S. 36—59.

Dülmen, Richard van: Volksfrömmigkeit und konfessionelles Christentum im 16. und 17. Jahrhundert. In: Wolfgang *Schieder* (Hg.): Volksreligiosität in der modernen Sozialgeschichte (=GG Sonderh. 11) 1986 S. 14—30.

Dülmen, Richard van: Reformation und Neuzeit. In: ZHF 14 (1987) S. 1—25.

Ebel, Wilhelm: Der Bürgereid als Geltungsgrund und Gestaltungsprinzip des deutschen mittelalterlichen Stadtrechts. 1958.

Ehbrecht, Wilfried: Zu Ordnung und Selbstverständnis städtischer Gesellschaften im späten Mittelalter. In: BldLG 110 (1974) S. 83—103.

Ehbrecht, Wilfried: Köln-Osnabrück-Stralsund. Rat und Bürgerschaft hansischer Städte zwischen religiöser Erneuerung und Bürgerkrieg. In: Franz *Petri* (Hg.): Kirche und gesellschaftlicher Wandel in deutschen und niederländischen Städten der werdenden Neuzeit (=Städteforschung Reihe A 10) 1980. S. 23—63.

Ehbrecht, Wilfried: Formen und Bedeutung innerstädtischer Kämpfe am Übergang vom Mittelalter zur Neuzeit: Minden 1405—1535. In: Wilfried *Ehbrecht* (Hg.): Städtische Führungsgruppen und Gemeinde in der werdenden Neuzeit (=Städteforschung Reihe A 9) 1980. S. 115—152.

Ehmer, Hermann: Andreas Althammer und die gescheiterte Reformation in Schwäbisch Gmünd. In: BlWKG 78 (1978) S. 46—72.

Ehmer, Hermann: Schwäbisch Gmünd im Zeitalter der Reformation und der Gegenreformation. In: Geschichte der Stadt Schwäbisch Gmünd. Hg. Stadtarchiv Schwäbisch Gmünd. 1984. S. 185—231.

Eirich, Raimund: Memmingens Wirtschaft und Patriziat von 1347 bis 1551. Eine wirtschafts- und sozialgeschichtliche Untersuchung über das Memminger Patriziat während der Zunftverfassung. 1971.

Eitel, Peter: Die Herkunft der Überlinger Neubürger im 15. Jahrhundert. In: SchVGB 87 (1969) S. 127—131.

Eitel, Peter: Die oberschwäbischen Reichsstädte im Zeitalter der Zunftherrschaft.

Untersuchungen zu ihrer politischen und sozialen Struktur unter besonderer Berücksichtigung der Städte Lindau, Memmingen, Ravensburg und Überlingen (=Schriften zur südwestdeutschen Landeskunde 8) 1970.

Eitel, Peter: Die oberschwäbischen Reichsstädte im ausgehenden Mittelalter – eine Skizze ihrer Verfassungs-, Sozial- und Wirtschaftsstruktur. In: Ulm und Oberschwaben 39 (1970) S. 9–25.

Eitel, Peter: Die Rolle der Reichsstadt Überlingen in der Wirtschaftsgeschichte des Bodenseeraumes. In: SchVGB 89 (1971) S. 9–22.

Eitel, Peter: Studien zur Geschichte der Pest im Bodenseeraum unter besonderer Berücksichtigung der Konstanzer Pestepidemie von 1611. In: Hegau. Zeitschrift für Geschichte, Volkskunde und Naturgeschichte des Gebiets zwischen Rhein, Donau und Bodensee 17/18 (1972/73) S. 59–89.

Elben, Ruth: Das Patriziat der Reichsstadt Rottweil. Von den Anfängen bis zum Jahr 1550 (=Veröffentl. der Kommission für geschichtliche Landeskunde in Bad.-Württ. Reihe B 30) 1964.

Ellermeyer, Jürgen: ‚Schichtung‘ und ‚Sozialstruktur‘ in spätmittelalterlichen Städten. Zur Verwendbarkeit sozialwissenschaftlicher Kategorien in historischer Forschung. In: GG 6 (1980) S. 125–149.

Elm, K[aspar]: Art. Beg(h)inen. In: Lexikon des Mittelalters. 1. 1980. Sp. 1799.

Elsas, M. J.: Umriss einer Geschichte der Preise und Löhne in Deutschland. 1–2. Leiden 1936–1940.

Enderle, Wilfried: Die katholischen Reichsstädte im Zeitalter der Reformation und der Konfessionsbildung. In: ZSRG KA 106 (1989) S. 228–269.

Enderle, Wilfried: Reichsstädtisches Kollegiatstift und katholische Reform – Interpretation und Edition der Statuten des Kollegiatstifts St. Nikolaus zu Überlingen [Aufsatz; erscheint voraussichtlich 1992].

Endres, Rudolf: Zünfte und Unterschichten als Element der Instabilität in den Städten. In: Peter *Blickle* (Hg.): Revolte und Revolution in Europa (=HZ N.F. Beih. 4) 1975. S. 151–170.

Endres, Rudolf: Der Kayserliche neunjährige Bund vom Jahr 1535 bis 1544. In: Bauer, Reich und Reformation. Festschrift für Günther Franz. Hg. Peter *Blickle*. 1982. S. 85–103.

Endriß, Albert: Phasen der Konfessionsbildung – Aufgezeigt am Beispiel der Reichsstadt Wimpfen im Zeitraum von 1523 bis 1635. In: Festgabe für Ernst Walter Zeeden. Hg. Horst *Rabe*, Hansgeorg *Molitor* u. Hans-Christoph *Rublack* (=Reformationsgeschichtliche Studien und Texte. Supplementbd. 2) 1976. S. 289–326.

Ennen, L[eopold]: Geschichte der Stadt Köln. 4–5. 1875–1880.

Erhard, Otto: Die Reformation der Kirche in Kempten. o.J. [1917].

[Essich, Christian Friedrich]: Geschichte der Reformation in Biberach vom Jahre 1817 bis zum Jahre 1650. 1817.

Eubel, Konrad: Geschichte der oberdeutschen (Straßburger) Minoriten-Provinz. 1886.

Fabian, Ekkehart: Geheime Räte in Zürich, Bern, Basel und Schaffhausen. Quellen und Untersuchungen zur Staatskirchenrechts- und Verfassungsgeschichte der vier reformierten Orte der Alten Eidgenossenschaft (einschließlich der Zürcher Notstandsverfassung). Mit Namenslisten 1339/1432−1798/1800 (=Schriften zur Kirchen- und Rechtsgeschichte 33) 1974.

Feger, Otto: Konstanz als österreichische Stadt. In: Friedrich *Metz* (Hg.): Vorderösterreich. Eine geschichtliche Landeskunde. ²1967. S. 637−646.

Feine, Hans Erich: Kirchliche Rechtsgeschichte 1: Die katholische Kirche. ⁵1972.

Feine, Hans Erich: Die Territorialbildung der Habsburger im deutschen Südwesten vornehmlich im späten Mittelalter. In: ZSRG GA 67 (1950) S. 176−308.

Feuerstein, H.: Der Meister von Meßkirch im Lichte der neuesten Funde und Forschungen. o.J.

Franck, Wilhelm: Zur Geschichte der Benedictinerabtei und der Reichsstadt Gengenbach (1525−1539). In: FDA 6 (1871) S. 3−26.

François, E.: La Frontière Invisible. Protestants et Catholiques à Augsbourg de 1648 à 1806. Diss. Straßburg 1986 (zit. nach Revue Historique 560 (1986) S. 551).

Franz, Adolph: Die Messe im deutschen Mittelalter. Beiträge zur Geschichte der Liturgie und des religiösen Volkslebens. 1902 (ND 1963).

Franz, Eugen: Nürnberg. Kaiser und Reich. Studien zur reichsstädtischen Aussenpolitik. 1930.

Franz, Günther: Der deutsche Bauernkrieg. ¹²1984.

Friedensburg, Walter: Der Reichstag zu Speyer. 1887 (ND 1970).

Friedrichs, Christoph R.: Urban Society in an Age of War: Nördlingen 1580−1720. New Jersey 1979.

Friedrichs, Christopher R.: Capitalism, Mobility and Class Formation in the Early Modern German City. In: Past and Present 69 (1975) S. 24−49.

Frölich, Karl: Die Rechtsformen der mittelalterlichen Altarpfründen. In: ZSRG KA 51 (1931) S. 457−544.

Frölich, Karl: Kirche und städtisches Verfassungsleben im Mittelalter. In: ZSRG KA 53 (1933) S. 188−287.

Fuchs, François Joseph: Les Catholiques Strasbourgeois de 1529 à 1681. In: Archives de l'Eglise d'Alsace 23 (1975) S. 141−169.

Füchtner, Jörg: Die Bündnisse der Bodenseestädte bis zum Jahre 1390. Ein Beitrag zur Geschichte des Einungswesens, der Landfriedenswahrung und der Rechtsstellung der Reichsstädte (=Veröffentl. des Max-Planck-Instituts für Geschichte 8) 1970.

Fügedi, Erik: Steuerlisten, Vermögen und soziale Gruppen in mittelalterlichen Städten. In: Ingrid *Bàtori* (Hg.): Städtische Gesellschaft und Reformation (=Spätmittelalter und Frühe Neuzeit 12) 1980 S. 58−96.

Füglister, Hans: Handwerksregiment. Untersuchungen und Materialien zur sozialen und politischen Struktur der Stadt Basel in der ersten Hälfte des 16. Jahrhunderts (=Basler Beiträge zur Geschichtswissenschaft 143) 1981.

Fürstenwerth, Ludwig: Die Verfassungsänderungen in den oberdeutschen Reichsstädten zur Zeit Karls V. 1893.

Galpern, A. N.: The Legacy of Late Medieval Religion in Sixteenth-Century Champagne. In: Charles *Trinkaus*/Heiko A. *Oberman* (Hg.): The Pursuit of Holiness in Late Medieval and Renaissance Religion (= Studies in Medieval and Reformation Thought 10) Leiden 1974. S. 307–336.

Galpern, A. N.: The Religions of the People in Sixteenth-Century Champagne (=Harvard Historical Studies 92) Cambridge/Mass.-London 1976.

Garbe, Brigitte: Reformmaßnahmen und Formen der katholischen Erneuerung in der Erzdiözese Köln (1555–1648). In: Jahrbuch des Kölnischen Geschichtsvereins 47 (1976) S. 136–177.

Gechter, Marianne: Kirche und Klerus in der stadtkölnischen Wirtschaft im Spätmittelalter (=Beiträge zur Wirtschafts- und Sozialgeschichte 28) 1983.

Geiger, Gottfried: Die Reichsstadt Ulm vor der Reformation. Städtisches und kirchliches Leben am Ausgang des Mittelalters (=Forschungen zur Geschichte der Stadt Ulm 11) 1971.

Gény, Joseph: Die Reichsstadt Schlettstadt und ihr Antheil an den socialpolitischen und religiösen Bewegungen der Jahre 1490–1536 (=Erläuterungen und Ergänzungen zu Janssens Geschichte des deutschen Volkes I.5 u. 6) 1900.

Gerteis, Klaus: Die deutschen Städte in der frühen Neuzeit. Zur Vorgeschichte der ‚bürgerlichen Welt'. 1986.

Geschichte der freien Reichsstadt Uiberlingen. Anhang zum zweyten Theile des Lesebuches 1790. ²1954.

Gismondi, Michael A.: „The Gift of Theory": A Critique of the Histoire des Mentalités. In: Social History 10 (1985) S. 211–230.

Gmelin, [Moritz]: Aus Visitationsprotokollen der Diözese Konstanz von 1571–1586. In: ZGO 25 (1873) S. 129–204.

Goertz, Hans-Jürgen: Pfaffenhaß und groß Geschrei. Die reformatorischen Bewegungen in Deutschland 1517–1529. 1987.

Götz, Hannelore: Würzburg im 16. Jahrhundert. Bürgerliche Vermögen und städtische Führungsschichten zwischen Bauernkrieg und fürstbischöflichem Absolutismus (=Veröffentl. des Stadtarchivs Würzburg 2)1986.

Gollwitzer, Heinz: Bemerkungen über Reichsstädte und Reichspolitik auf der Wende vom 15. zum 16. Jahrhundert. In: Civitatum Communitas. Studien zum europäischen Städtewesen. Festschrift Heinz Stoob zum 65. Geburtstag. Hg. Helmut *Jäger*, Franz *Petri*, Heinz *Quirin*. 2 (=Städteforschung Reihe A 21.2) 1984. S. 488–516.

Gotthard, Axel: Von Herren und Bürgern. Auseinandersetzungen in der Reichsstadt Überlingen 1791–1796 (=Geschichte am See 23) 1984.

Graf, Klaus: Gmünd im Spätmittelalter. In: Geschichte der Stadt Schwäbisch Gmünd. Hg. Stadtarchiv Schwäbisch Gmünd. 1984. S. 87–184.

Greiner, Christian: Die Politik des Schwäbischen Bundes während des Bauernkrieges 1524/1525 bis zum Vertrag von Weingarten. In: Zeitschrift des historischen Vereins für Schwaben 68 (1974) S. 7–94.

Greyerz, Kaspar von: The Late City Reformation in Germany. The Case of Colmar

1522–1628 (=Veröffentl. des Instituts für Europäische Geschichte Mainz 98. Abt. für Abendländische Religionsgeschichte) 1980.

Greyerz, Kaspar von: Introduction. In: Kaspar von *Greyerz* (Hg.): Religion and Society in Early Modern Europe 1500–1800. London 1984. S. 1–14.

Greyerz, Kaspar von: Religion und Gesellschaft in der frühen Neuzeit (Einführung in Methoden und Ergebnisse der sozialgeschichtlichen Religionsforschung). In: Société Suisse d'Histoire Economique et Sociale 3.3 (1984) S. 13–36.

Greyerz, Kaspar von: Stadt und Reformation: Stand und Aufgaben der Forschung. In: ARG 76 (1985) S. 6–63.

Guggisberg, Hans R.: The Problem of ‚Failure‘ in the Swiss Reformation: Some Preliminary Reflection. In: E. I. *Konri*/Tom *Scott* (Hg.): Politics and Society in Reformation Europe. Essays for Sir Geoffrey Elton on his Sixty-Fifth Birthday. Hampshire-London 1987. S. 188–209.

Hafner, T[obias]: Die evangelische Kirche in Ravensburg nebst einigen Notizen über das Schulwesen, die Bibliothek und den Humanisten Hummelberger. 1884.

Hajjé-Kervévan, Nicole el: Sociologie du Clergé Forézien (1650–1789). In: Histoire, Economie et Société 4 (1985) S. 497–517.

Hahn, Alois: Die Rezeption des tridentinischen Pfarrerideals im westtrierischen Pfarrklerus des 16. und 17. Jahrhunderts. Untersuchungen zur Geschichte der katholischen Reform im Erzbistum Trier (=Publications de la Section Historique de l'Institut G.-D. de Luxembourg 90) 1974.

Hamm, Bernd: Frömmigkeit als Gegenstand theologiegeschichtlicher Forschung. Methodisch-historische Überlegungen am Beispiel von Spätmittelalter und Reformation. In: Zeitschrift für Theologie und Kirche 74 (1977) S. 464–497.

Hansen, Joseph: Die lutherische Gemeinde in Aachen im Laufe des 16. Jahrhunderts. In: Joseph *Hansen*: Beiträge zur Geschichte von Aachen. 1. 1886. S. 21–80.

Harzendorf, Friedrich: Die Einwohnerzahl der Stadt Überlingen um 1500. In: ZGO 91 (1939) S. 188–193.

Harzendorf, Fritz: Unpersönliche Steuerzahler in den Überlinger Steuerbüchern von 1444–1800. In: SchVGB 68 (1941/42) S. 23–38.

Harzendorf, Fritz: Die Zunftverfassung der Reichsstadt Überlingen. In: SchVGB 73 (1955) S. 99–122.

Harzendorf, Fritz: Die Überlinger Zunftverfassung im 15. Jahrhundert. In: SchVGB 80 (1962) S. 1–11.

Hasenclever, Adolf: Balthasar Merklin, Propst zu Waldkirch, Reichsvizekanzler unter Karl V. In: ZGO 73 (1919) S. 485–502; 74 (1920) S. 36–80.

Hauptmeyer, Carl-Hans: Verfassung und Herrschaft in Isny. Untersuchungen zur reichsstädtischen Rechts-, Verfassungs- und Sozialgeschichte, vornehmlich in der Frühen Neuzeit (=Göppinger Akademische Beiträge 97) 1976.

Hauptmeyer, Carl-Hans: Probleme des Patriziats oberdeutscher Städte vom 14. bis zum 16. Jahrhundert. In: ZGO 40 (1977) S. 39–58.

Hecht, Josef: Das St. Nikolaus-Münster in Überlingen. Der Bau und seine Ausstattung. 1938.

Hecht, Winfried: Die Johanniterkommende Rottweil (=Veröffentl. des Stadtarchivs Rottweil 2) 1971.

Heitzenröder, Wolfram: Reichsstädte und Kirche in der Wetterau. Der Einfluß des städtischen Rats auf die geistlichen Institute vor der Reformation (=Studien zur Frankfurter Geschichte 16) 1982.

Hengst, Karl: Kirchliche Reformen im Fürstbistum Paderborn unter Dietrich von Fürstenberg (1585–1618). Ein Beitrag zur Geschichte der Gegenreformation und Katholischen Reform in Westfalen (=Paderborner Theologische Studien 2) 1974.

Hengst, Karl: Jesuiten an Universitäten und Jesuitenuniversitäten. Zur Geschichte der Universitäten in der Oberdeutschen und Rheinischen Provinz der Gesellschaft Jesu im Zeitalter der konfessionellen Auseinandersetzung (=Quellen und Forschungen aus dem Gebiet der Geschichte N.F. 2) 1981.

Herborn, Wolfgang: Die politische Führungsschicht der Stadt Köln im Spätmittelalter (=Rheinisches Archiv 100) 1977.

Herzig, Arno: Die Beziehung der Minoriten zum Bürgertum im Mittelalter. In: Die alte Stadt. Zeitschrift für Stadtgeschichte, Stadtsoziologie und Denkmalspflege 6 (1979) S. 21–53.

Heß, Marianne: Die Hexenprozesse in der Reichsstadt Überlingen (1549–1610). Interpretationen und Quellen zu den Betroffenen und ihrer Umwelt sowie zu den Ursachen und Gründen. Staatsexamensarbeit masch. Konstanz 1984.

Hesslinger, Helmo: Die Anfänge des Schwäbischen Bundes. Ein Beitrag zur Geschichte des Einungswesens und der Reichsreform unter Kaiser Friedrich III. (=Forschungen zur Geschichte der Stadt Ulm 9) 1970.

Heuschen, Diethelm: Reformation, Schmalkaldischer Bund und Österreich in ihrer Bedeutung für die Finanzen der Stadt Konstanz 1499–1648 (=Schriften zur Kirchen- und Rechtsgeschichte 36) 1969.

Heuschmid, Hermann: Die Lebensmittel-Politik der Reichsstadt Überlingen bis zum Anfall an Baden. Diss. Freiburg 1909.

Hoberg, Hermann: Das Bruderschaftswesen am Oberrhein im Spätmittelalter. In: HJB 72 (1952) S. 238–252.

Hörger, Hermann: Kirche, Dorfreligion und bäuerliche Gesellschaft. Strukturanalysen zur gesellschaftsgebundenen Religiosität ländlicher Unterschichten des 17. bis 19. Jahrhunderts, aufgezeigt an bayerischen Beispielen 1 (= Studien zur altbayerischen Kirchengeschichte 5) 1978.

Hofacker, Hans-Georg: Die Reformation in der Reichsstadt Ravensburg. In: ZWLG 29 (1970) S. 71–125.

Hofacker, Hans-Georg: Die schwäbische Herzogswürde. Untersuchungen zur landesfürstlichen und kaiserlichen Politik im deutschen Südwesten im Spätmittelalter und in der frühen Neuzeit. In: ZWLG 47 (1988) S. 71–148.

Hofmann, Hanns Hubert: Der Staat der Deutschmeister. Studien zu einer Geschichte des Deutschen Ordens im Heiligen Römischen Reich Deutscher Nation (=Studien zur Bayerischen Verfassungs- und Sozialgeschichte 3) 1964.

Holl, Konstantin: Fürstbischof Jakob Fugger von Konstanz (1604–1626) und die katholische Reform der Diözese im ersten Viertel des 17. Jahrhunderts (=Studien aus dem Collegium Sapientiae zu Freiburg im Breisgau 1) 1898.

Hollerbach, Marion: Das Religionsgespräch als Mittel der konfessionellen und politischen Auseinandersetzung im Deutschland des 16. Jahrhunderts (=Europäische Hochschulschriften Reihe 3 165) 1982.

Holzer, Gottfried: Der Streit der Konfessionen in der Reichsstadt Ravensburg. Diss. masch. Tübingen 1950.

Hommers, Peter: Stadt Pfullendorf im Linzgau am Bodensee. 1970.

Hsia, R. Po-chia: Society and Religion in Münster, 1535–1618 (=Yale Historical Publications Miscellany 131) New Haven-London 1984.

Hsia, R. Po-chia: Civic Wills as Source for the Study of Piety in Muenster, 1530–1618. In: Sixteenth Century Journal 14 (1983) S. 321–348.

Huber, Manfred: Die Durchführung der tridentinischen Reform in Hohenzollern (1567–1648) 1963.

Huber, Max: Städtearchiv und Reichsstandschaft der Städte im 16. Jahrhundert. In: Ulm und Oberschwaben 35 (1958) S. 94–113.

Humpert, Theodor: Chorherrenstift, Pfarrei und Kirche St. Stephan in Konstanz. 1957.

Hundsnurscher, Franz: Die finanziellen Grundlagen für die Ausbildung des Weltklerus im Fürstbistum Konstanz vom Tridentinischen Konzil bis zur Säkularisation mit einem Ausblick auf die übrigen nachtridentinischen Bistümer Deutschlands. Diss. Freiburg 1968.

Imhof, Arthur E.: 1580–1650 als Forschungsaufgabe für die Sozialgeschichte. Deutsche und schweizerische Beispiele. In: Martin *Bircher*/Walter *Sparn*/Erdmann *Weyrauch* (Hg.): Schweizerisch-deutsche Beziehungen im konfessionellen Zeitalter. Beiträge zur Kulturgeschichte 1580–1650 (=Wolfenbütteler Arbeiten zur Barockforschung 12) 1984. S. 1–55.

Irsigler, Franz: Stadt und Umland in der Historischen Forschung: Theorien und Konzepte. In: Neithard *Bulst*/Jochen *Hoock*/Franz *Irsigler* (Hg.): Bevölkerung, Wirtschaft und Gesellschaft. Stadt-Land-Beziehungen in Deutschland und Frankreich 14. bis 19. Jahrhundert. 1983. S. 13–38.

Isenmann, Eberhard: Reichsstadt und Reich an der Wende vom späten Mittelalter zur frühen Neuzeit. In: Josef *Engel* (Hg.): Mittel und Wege früher Verfassungspolitik. Kleine Schriften 1 (=Spätmittelalter und Frühe Neuzeit 9) 1979. S. 9–223.

Isenmann, Eberhard: Die deutsche Stadt im Spätmittelalter 1250–1500. Stadtgestalt, Recht, Stadtregiment, Kirche, Gesellschaft, Wirtschaft. 1988.

Jacob, Walter: Politische Führungsschicht und Reformation. Untersuchungen zur Reformation in Zürich 1519–1528 (=Züricher Beiträge zur Reformationsgeschichte 1) 1970.

Jäger, Herbert: Reichsstadt und Schwäbischer Kreis. Korporative Städtepolitik im 16. Jahrhundert unter der Führung von Ulm und Augsburg (=Göppinger Akademische Beiträge 95) 1975.

Jahns, Sigrid: Frankfurt, Reformation und Schmalkaldischer Bund. Die Reformations-, Reichs- und Bündnispolitik der Reichsstadt Frankfurt am Main 1525−1536 (=Studien zur Frankfurter Geschichte 9) 1976.

Jarausch, Konrad H./*Arminger*, Gerhard/*Thaller*, Manfred: Quantitative Methoden in der Geschichtswissenschaft. Eine Einführung in die Forschung, Datenverarbeitung und Statistik. 1985.

Jattkowski, Helmut: Die Rottweiler Pfarrkirchen bis 1530. Ein Beitrag zur schwäbischen Rechtsgeschichte. Diss. masch. Tübingen 1950.

Jecht, Horst: Studien zur gesellschaftlichen Struktur der mittelalterlichen Städte. In: VSWG 19 (1926) S. 48−85.

Jedin, Hubert/*Bäumer*, Remigius: Die Erforschung der kirchlichen Reformationsgeschichte seit 1876/seit 1931 (=Erträge der Forschung 34) 1975.

Johag, Helga: Die Beziehungen zwischen Klerus und Bürgerschaft in Köln zwischen 1250 und 1350 (=Rheinisches Archiv 103) 1977.

Jütte, Robert: Obrigkeitliche Armenfürsorge in deutschen Reichsstädten der Frühen Neuzeit. Städtisches Armenwesen in Frankfurt am Main und Köln (=Kölner Historische Abhandlungen 31) 1984.

Junginger, Fritz: Geschichte der Reichsstadt Kaufbeuren im 17. und 18. Jahrhundert. Diss. 1965.

Kähni, Otto: Die Beziehungen zwischen der Reichsstadt Offenburg und der Landvogtei Ortenau. In: Die Ortenau 29 (1949) S. 109−124.

Kähni, Otto: Reformation und Gegenreformation in der Reichsstadt Offenburg und Landvogtei Ortenau. In: Die Ortenau 30 (1950) S. 20−37.

Kallen, Gerhard: Die oberschwäbischen Pfründen des Bistums Konstanz und ihre Besetzung (1275−1508) (=Kirchenrechtliche Abh. 45/46) 1907.

Kammerer, Immanuel: Kirchliche Geschichte Isnys im Mittelalter. In: BlWKG 56 (1956) S. 75−98.

Kammerer, Immanuel: Die Reformation in Isny. In: BlWKG 54 (1954) S. 3−64.

Kammerer, Immanuel: Die Stellung des Ravensburger Humanisten Michael Hummelberg zur Reformation. In: BlWKG 57/58 (1957/1958) S. 26−43.

Katzinger, Willibald: Die Bruderschaften in den Städten Oberösterreichs als Hilfsmittel der Gegenreformation und Ausdruck barocker Frömmigkeit. In: Jürgen *Sydow* (Hg.): Bürgerschaft und Kirche (=Stadt in der Geschichte. Veröffentl. des Südwestdeutschen Arbeitskreises für Stadtgeschichtsforschung 7) 1980. S. 97−112.

Keck, Sigmund/*Koberg*, Gerda: Überlingen. Franziskaner-Konventualen. In: Alemannia Franciscana Antiqua 14 (1970) S. 193−254.

Keck, Sigmund/*Koberg*, Gerda: Terziarinnen „auf der Wies". In: Alemannia Franciscana Antiqua 14 (1970) S. 255−260.

Keck, Sigmund/*Koberg*, Gerda: Terziarinnen St. Gallen. In: Alemannia Franciscana Antiqua 14 (1970) S. 261−273.

Keck, Sigmund/*Koberg*, Gerda: Terziarinnen „Armenhaus". In: Alemannia Franciscana Antiqua 14 (1970) S. 274−277.

Keller, Erwin: Bischöflich-konstanzische Erlasse und Hirtenbriefe. Ein Beitrag zur Seelsorgegeschichte im Bistum Konstanz. In: FDA 102 (1982) S. 16−59.

Keller, Siegmund: Patriziat und Geschlechterherrschaft in der Reichsstadt Lindau (=Deutschrechtliche Beiträge I.5) 1907.

Kießling, Rolf: Bürgerliche Gesellschaft und Kirche in Augsburg im Spätmittelalter. Ein Beitrag zur Strukturanalyse der oberdeutschen Reichsstadt (=Abh. zur Geschichte der Stadt Augsburg 19) 1971.

Kießling, Rolf: Stadt und Kloster. Zum Geflecht herrschaftlicher und wirtschaftlicher Beziehungen im Raum Memmingen im 15. und in der 1. Hälfte des 16. Jahrhunderts. In: Ingrid *Bàtori* (Hg.): Städtische Gesellschaft und Reformation (=Spätmittelalter und Frühe Neuzeit 12) 1980. S. 155–190.

Kießling, Rolf: Das Umlandgefüge ostschwäbischer Städte vom 14. bis zur Mitte des 16. Jahrhunderts. In: Hans K. *Schulze* (Hg.): Städtisches Um- und Hinterland in vorindustrieller Zeit (=Städteforschung Reihe A 22) 1985. S. 33–60.

Kintz, Jean-Pierre: La Société Strasbourgeoise du Milieu du XVIe Siècle à la Fin de la Guerre de Trente Ans 1560–1650. Essai d'Histoire Démographique, Economique et Sociale (=Association des Publications près des Universités de Strasbourg) Paris o.J. [1981].

Kirchgässner, Bernhard: Das Steuerwesen der Reichsstadt Konstanz 1418–1460. Aus der Wirtschafts- und Sozialgeschichte einer oberdeutschen Handelsstadt am Ausgang des Mittelalters (=Konstanzer Geschichts- und Rechtsquellen 10) 1960.

Kirchgässner, Bernhard: Wirtschaft und Bevölkerung der Reichsstadt Eßlingen im Spätmittelalter (=Esslinger Studien 9) 1964.

Kirchgässner, Bernhard: Möglichkeiten und Grenzen in der Auswertung statistischen Urmaterials für die südwestdeutsche Wirtschaftsgeschichte im Spätmittelalter. In: Wilfried *Ehbrecht* (Hg.): Voraussetzungen und Methoden geschichtlicher Städteforschung (=Städteforschung Reihe A 7) 1979. S. 75–100.

Klaiber, Ludwig: Beiträge zur Wirtschaftspolitik oberschwäbischer Reichsstädte im ausgehenden Mittelalter (Isny, Leutkirch, Memmingen und Ravensburg) (=Beihefte zur VSWG 10) 1927.

Kläui, Paul: Rottweil und die Eidgenossenschaft. In: ZWLG 18 (1959) S. 1–14.

Klaus, B.: Zur Geschichte der kirchlichen Verhältnisse der ehemaligen Reichsstadt Schwäbisch Gmünd und des von ihr abhängigen Gebiets. In: WVjhLG N.F. 11 (1902) S. 257–288; 13 (1904) S. 66–110.

Klaus, B.: Zur Geschichte der Klöster der ehemaligen Reichsstadt Schwäbisch Gmünd. In: WVjhLG N.F. 20 (1911) S. 5–67.

Klein, Adolf: Die Kölner Kirche im Zeitalter der Glaubensspaltung und der katholischen Erneuerung. In: Almanach für das Erzbistum Köln. 2. Folge. Hg. Dieter *Froitzheim* u. Adam *Wienand*. 1982. S. 334–405.

Kluckhohn, August: Urkundliche Beiträge zur Geschichte der kirchlichen Zustände, insbesondere des sittlichen Lebens der katholischen Geistlichen in der Diöcese Konstanz während des 16. Jahrhunderts. In: Zeitschrift für Kirchengeschichte 16 (1896) S. 590–625.

Köhler, Walter: Züricher Ehegericht und Genfer Konsistorium. 1–2. (=Quellen und Abh. zur Schweizerischen Reformationsgeschichte II. Serie 7/10) 1932–1942.

Koehne, Carl: Die 1461 vorgenommenen Einschränkungen der Zunftbefugnisse in der Reichsstadt Überlingen und die Reformation Kaiser Sigmunds. In: ZGO 84 (1932) S. 28–44.

Kohls, Ernst-Wilhelm: Evangelische Bewegung und Kirchenordnung. Studien und Quellen zur Reformationsgeschichte der Reichsstadt Gengenbach (=Veröffentl. des Vereins für Kirchengeschichte in der evangelischen Landeskirche in Baden 25) 1966.

Kohls, Ernst-Wilhelm: Evangelische Bewegung und Kirchenordnung in oberdeutschen Reichsstädten. In: ZSRG KA 84 (1967) S. 110–134.

Kramm, Heinrich: Studien über die Oberschichten der mitteldeutschen Städte im 16. Jahrhundert. Sachsen-Thüringen-Anhalt. 1–2 (=Mitteldeutsche Forschungen 87/1 u. 2) 1981.

Kramml, Peter F.: Kaiser Friedrich III. und die Reichsstadt Konstanz (1440–1493). Die Bodenseemetropole am Ausgang des Mittelalters (=Konstanzer Geschichts- und Rechtsquellen 29) 1985.

Kraus, Johann Adam: Zu Weihbischof Melchior Fattlin. In: FDA 75 (1955) S. 307–314.

Der Kreis Überlingen: Überlingen und der Linzgau am Bodensee (=Heimat und Arbeit) 1972.

Kriedte, Peter: Die Hexen und ihre Ankläger. Zu den lokalen Voraussetzungen der Hexenverfolgungen in der frühen Neuzeit – Ein Forschungsbericht. In: ZHF 14 (1987) S. 47–71.

Kroemer, Barbara: Die Einführung der Reformation in Memmingen. Über die Bedeutung ihrer sozialen, wirtschaftlichen und politischen Faktoren (=Memminger Geschichtsblätter Jg. 1980) 1981.

Kühn, Johann: Die Geschichte des Speyrer Reichstages 1529 (=Schriften des Vereins für Reformationsgeschichte 146) 1929.

Kurze, Dietrich: Pfarrerwahlen im Mittelalter. Ein Beitrag zur Geschichte der Gemeinde und des Niederkirchenwesens (=Forschungen zur kirchlichen Rechtsgeschichte und zum Kirchenrecht 6) 1966.

Kurze, Dietrich: Der niedere Klerus in der sozialen Welt des späten Mittelalters. In: Beiträge zur Wirtschafts- und Sozialgeschichte des Mittelalters. Festschrift für Herbert Helbig zum 65. Geburtstag. Hg. Knut *Schulz*. 1976. S. 273–305.

Lachmann, Theodor: Sagen und Bräuche am Überlinger See. Neu bearb. von Mathilde *Maier* u. Karl *Sättele*. ²1976.

Lakusen, Johann: Zur Entstehung des ersten Überlinger Stadtrechtes. In: ZGO 67 (1913) S. 206–212.

Der Landkreis Biberach 1. Bearb. Abt. Landesbeschreibung des Staatsarchivs Sigmaringen. Hg. Landesarchivdirektion Baden-Württemberg in Verbindung mit dem Landkreis Biberach (=Kreisbeschreibungen des Landes Baden-Württemberg) 1987.

Lang, Peter: Die Ulmer Katholiken im Zeitalter der Glaubenskämpfe: Lebensbedingungen einer konfessionellen Minderheit (=Europäische Hochschulschriften Reihe XXIII 89) 1977.

Lang, Peter Thaddäus: Die Ausformung der Konfessionen im 16. und 17. Jahrhundert: Gesichtspunkte und Forschungsmöglichkeiten. In: Jean-Marie *Valentin* (Hg.): Gegenreformation und Literatur. Beiträge zur interdisziplinären Erforschung der katholischen Reformbewegung (=Beihefte zum Daphnis 3) Amsterdam 1979. S. 13−20.

Lang, Peter Thaddäus: Konfessionsbildung als Forschungsfeld. In: HJB 100 (1980) S. 479−493.

Lang, Peter Thaddäus: Die tridentinische Reform im Landkapitel Mergentheim bis zum Einfall der Schweden 1631. In: RBJKG 1 (1981) S. 143−171.

Lang, Peter Thaddäus: Neue Tendenzen in der englischen Klerusforschung. Ein Bericht. In: HJB 102 (1982) S. 468−476.

Lang, Peter Thaddäus: Die Bedeutung der Kirchenvisitation für die Geschichte der Frühen Neuzeit. Ein Forschungsbericht. In: RBJKG 3 (1984) S. 208−212.

Lang, Peter Thaddäus: Die Kirchenvisitationsakten des 16. Jahrhunderts. In: RBJKG 6 (1987) S. 133−153.

Langwerth von Simmern, Ernst Frh.: Die Kreisverfassung Maximilians I. und der schwäbische Reichskreis in ihrer rechtsgeschichtlichen Entwicklung bis zum Jahr 1648. 1896.

Lau, Franz: Der Bauernkrieg und das angebliche Ende der lutherischen Reformation als spontane Volksbewegung. In: Walther *Hubatsch* (Hg.): Wirkungen der deutschen Reformation bis 1555 (=Wege der Forschung 203) 1967. S. 68−100.

Laube, Adolf: Die Reformation als soziale Bewegung. In: Zeitschrift für Geschichtswissenschaft 33 (1985) S. 424−441.

Lauer, Hermann: Die theologische Bildung des Klerus der Diözese Konstanz in der Zeit der Glaubenserneuerung. In: FDA 47 (1919) S. 113−164.

Laufs, Adolf: Der Schwäbische Kreis. Studien über Einungswesen und Reichsverfassung im deutschen Südwesten zu Beginn der Neuzeit (=Untersuchungen zur deutschen Staats- und Rechtsgeschichte N. F. 16) 1971.

Laufs, Adolf: Zur verfassungsgeschichtlichen Einheit und korporativen Politik der schwäbischen Reichsstädte in der frühen Neuzeit. In: Esslinger Studien 15 (1969) S. 49−74.

Lehmann, Hartmut: Frömmigkeitsgeschichtliche Auswirkungen der ‚kleinen Eiszeit‘. In: Wolfgang *Schieder* (Hg.): Volksreligiosität in der modernen Sozialgeschichte (=GG Sonderh. 11) 1986. S. 31−50.

Leist, Jörg: Reichsstadt Rottweil. Studien zur Stadt- und Gerichtsverfassung bis zum Jahr 1546. 1962.

Lepper, Herbert: Reichsstadt und Kirche im späten Mittelalter und der frühen Neuzeit. Aspekte zur Quellenlage und zum Forschungsstand der Geschichte der Reichsstadt Aachen 1400−1650. In: Wilfried *Ehbrecht* (Hg.): Voraussetzungen und Methoden geschichtlicher Städteforschung (=Städteforschung Reihe A 7) 1979. S. 28−46.

Lepper, Herbert: Reichsstadt und Kirche. Die Auseinandersetzungen um die Verfassung des Aachener Sendgerichts im Zeitalter der Reformation und Gegenreformation. In: ZSRG KA 66 (1980) S. 371–392.

Leutze, Hans: Die Rechtsform der Altarpfründen im mittelalterlichen Wien. In: ZSRG KA 68 (1951) S. 221–302.

Lindenberg, Jürgen: Stadt und Kirche im spätmittelalterlichen Hildesheim (=Quellen und Darstellungen zur Geschichte Niedersachsens 61) 1963.

Looz-Corswarem, Clemens von: Die Kölner Artikelserie von 1525. Hintergründe und Verlauf des Aufruhrs von 1525 in Köln. In: Franz *Petri* (Hg.): Kirche und gesellschaftlicher Wandel in deutschen und niederländischen Städten der werdenden Neuzeit (=Städteforschung Reihe A 10) 1980. S. 65–153.

Lortz, Joseph: Die Reformation in Deutschland. ⁶1982.

Lottes, Günther: Popular Culture and the Early Modern State in the 16th Century Germany. In: Steven L. *Kaplan* (Hg.): Understanding Popular Culture Europe from the Middle Ages to the Nineteenth Century (=New Babylon. Studies in the Social Sciences 40) Berlin-New York-Amsterdam 1984. S. 147–188.

Lottin, Alain: Lille. Citadelle de la Contre-Réforme? (1598–1668) Dunkerque 1984.

Lütge, Friedrich: Deutsche Sozial- und Wirtschaftsgeschichte. Ein Überblick. ³1966.

Macco, Hermann Friedrich: Zur Reformationsgeschichte Aachens während des 16. Jahrhunderts. Eine kritische Studie. 1907.

Mack, Eugen: Die kirchliche Steuerfreiheit in Deutschland seit der Dekretalengesetzgebung (=Kirchenrechtliche Abh. 88) 1916.

Maier, Konstantin: Die Konstanzer Diözesansynoden im Mittelalter und in der Neuzeit. In: RBJKG 5 (1986) S. 53–70.

Marchal, Guy P.: Das Stadtstift. Einige Überlegungen zu einem kirchengeschichtlichen Aspekt der vergleichenden Städtegeschichte. In: ZHF 9 (1982) S. 461–473.

Marchal, Guy P.: Die Dom- und Kollegiatstifte der Schweiz. In: Helvetia Sacra. Hg. Albert *Bruckner*. Abt. II.2: Die weltlichen Kollegiatstifte der deutsch- und französischsprachigen Schweiz. 1977. S. 27–102.

Maron, Gottfried: Das Schicksal der katholischen Reform im 16. Jahrhundert. Zur Frage nach der Kontinuität in der Kirchengeschichte. In: Zeitschrift für Kirchengeschichte 88 (1977) S. 218–229.

Marte, J. D.: Die auswärtige Politik der Reichsstadt Lindau von 1530–1532. Diss. Heidelberg 1904.

Martimort, Aimé-Georges: Handbuch der Liturgiewissenschaft. 1–2. 1963–1965.

Maschke, Erich: Die Schichtung der mittelalterlichen Stadtbevölkerung Deutschlands als Problem der Forschung. In: Erich *Maschke*: Städte und Menschen. Beiträge zur Geschichte der Stadt, der Wirtschaft und Gesellschaft 1959–1977 (=VSWG Beih. 68) 1980. S. 157–169.

Maschke, Erich: Verfassung und soziale Kräfte in der deutschen Stadt des späten Mittelalters, vornehmlich in Oberdeutschland. In: *Ebda*. S. 170–274.

Maschke, Erich: Mittelschichten in deutschen Städten des Mittelalters. In: *Ebda*. S. 275–305.

Maschke, Erich: Die Unterschichten der mittelalterlichen Städte Deutschlands. In: *Ebda.* S. 306–379.

Matheus, Michael: Trier am Ende des Mittelalters. Studien zur Sozial-, Wirtschafts- und Verfassungsgeschichte der Stadt Trier vom 14. bis 16. Jahrhundert (=Trierer Historische Forschungen 5) 1984.

Maurer, Anton: Der Übergang der Stadt Konstanz an das Haus Oesterreich nach dem schmalkaldischen Krieg. In: SchVGB 23 (1904) S. 3–86.

McDonnell, Ernest William: Art. Beginen/Begarden. In: Theologische Realenzyklopädie 5 (1980) S. 404–411.

Meisel, Peter: Die Verfassung und Verwaltung der Stadt Konstanz im 16. Jahrhundert (=Konstanzer Geschichts- und Rechtsquellen 8) 1957.

Meisner, Joachim: Nachreformatorische katholische Frömmigkeitsformen in Erfurt (=Erfurter Theologische Studien 26) 1971.

Meister, Joseph: Kirchenpolitik der Grafen von Fürstenberg im 16. Jahrhundert. In: FDA 37 (1909) S. 1–64.

Meyer, Manfred: Die Haltung der Vertreter der Freien und Reichsstädte von 1521 bis 1526. In: Jahrbuch für Geschichte des Feudalismus 5 (1981) S. 181–235.

Messmer, Kurt: Zum Luzerner Patriziat im 16. Jahrhundert. In: Kurt *Messmer*/Peter *Hoppe*: Luzerner Patriziat. Sozial- und wirtschaftsgeschichtliche Studien zur Entstehung und Entwicklung im 16. und 17. Jahrhundert (=Luzerner Historische Veröffentl. 5) 1976. S. 31–214.

Middlefort, H. C. Erik: Witch Hunting in Southwestern Germany 1562–1684. The Social and Intellectual Foundations. Stanford 1972.

Mischlewski, Adalbert: Die Gegenreformation in der Reichsstadt Memmingen. In: ZBLG 40 (1977) S. 59–73.

Mistele, Karl-Heinz: Die Bevölkerung der Reichsstadt Heilbronn im Spätmittelalter (Eine sozialgeschichtliche Untersuchung an Hand der Steuerbücher des 15. und 16. Jahrhunderts) (=Veröffentl. des Archivs der Stadt Heilbronn 8) 1962.

Mitterauer, Michael: Probleme der Stratifikation in mittelalterlichen Gesellschaftssystemen. In: Jürgen *Kocka* (Hg.): Theorien in der Praxis des Historikers (=GG Sonderh. 3) 1977. S. 13–43.

Möllenberg, Johanna: Die Reichsstadt Überlingen im Dreißigjährigen Krieg. Diss. masch. Tübingen 1953.

Moeller, Bernd: Johannes Zwick und die Reformation in Konstanz (=Quellen und Forschungen zur Reformationsgeschichte 28) 1962.

Moeller, Bernd: Reichsstadt und Reformation (=Schriften des Vereins für Reformationsgeschichte 180) 1965.

Moeller, Bernd: Das religiöse Leben im deutschen Sprachgebiet am Ende des 15. und am Ende des 16. Jahrhunderts. In: Comité International des Sciences Historiques. XIIe Congrès International des Sciences Historiques. Paris 1965.

Moeller, Bernd: Frömmigkeit in Deutschland um 1500. In: ARG 56 (1965) S. 5–31.

Moeller, Bernd: Stadt und Buch. Bemerkungen zur reformatorischen Bewegung in Deutschland. In: Wolfgang J. *Mommsen* (Hg.): Stadtbürgertum und Adel in der

Reformation. Studien zur Sozialgeschichte der Reformation in England und Deutschland (=Veröffentl. des Deutschen Historischen Instituts London 5) 1979. S. 25−39.

Mörke, Olaf: Rat und Bürger in der Reformation. Soziale Gruppen und kirchlicher Wandel in den welfischen Hansestädten Lüneburg, Braunschweig und Göttingen (=Veröffentl. des Instituts für Historische Landesforschung der Universität Göttingen 19) 1983.

Mogge, Brigitta: Studien zum Nürnberger Reichstag von 1524. In: Mitteilungen des Vereins für Geschichte der Stadt Nürnberg 62 (1975) S. 84−101.

Mogge, Winfried: Nürnberg und der Landsberger Bund (1556−1598). Ein Beitrag zur Geschichte des Konfessionellen Zeitalters (=Nürnberger Werkstücke zur Stadt- und Landesgeschichte 18) 1976.

Molitor, Hansgeorg: Frömmigkeit in Spätmittelalter und früher Neuzeit als historisch-methodisches Problem. In: Festgabe für Ernst Walter Zeeden. Hg. Horst *Rabe*, Hansgeorg *Molitor* u. Hans-Christoph *Rublack* (=Reformationsgeschichtliche Studien und Texte. Supplementbd. 2) 1976. S. 1−19.

Moraw, Peter/*Press*, Volker: Probleme der Sozial- und Verfassungsgeschichte des Heiligen Römischen Reiches im späten Mittelalter und in der Frühen Neuzeit (13.-18. Jahrhundert). In: ZHF 2 (1975) S. 95−108.

Moraw, Peter: Über Typologie, Chronologie und Geographie der Stiftskirche im deutschen Mittelalter. In: Untersuchungen zu Kloster und Stift. Hg. Max-Planck-Institut für Geschichte (=Veröffentl. des Max-Planck-Instituts für Geschichte 68. Studien zur Germania Sacra 14) 1980. S. 9−37.

Muchembled, Robert: Kultur des Volkes − Kultur der Eliten. Die Geschichte einer erfolgreichen Verdrängung. [2]1984.

Muchow, Ludwig: Zur Geschichte Überlingens im Bauernkrieg. In: SchVGB 18 (1889) S. 47−80.

Müller, Edwin: Das Strafrecht der früheren freien Reichsstadt Überlingen. Diss. Borna-Leipzig 1911.

Müller, Gerhard: Reformation und Stadt. Zur Rezeption der evangelischen Verkündigung (=Akademie der Wissenschaften und Literatur Mainz. Abh. der Geistes- und Sozialwissenschaftlichen Klasse Jg. 1981 11) 1981.

Müller, Karl Otto: Die oberschwäbischen Reichsstädte. Ihre Entstehung und ältere Verfassung (=Darstellungen aus der Württembergischen Geschichte 8) 1912.

Müller, Karl Otto: Der Hauskalender des Überlinger Chronisten Jakob Reutlinger. In: SchVGB 47 (1918) S. 196−235.

Müller, Siegfried: Stadt, Kirche und Reformation. Das Beispiel der Landstadt Hannover. 1987.

Müller, Wolfgang: Der Wandel des kirchlichen Lebens vom Mittelalter in die Neuzeit, erörtert am Beispiel Breisach. In: FDA 82/83 (1962/1963) S. 227−247.

Müller, Wolfgang: Die Kaplaneistiftung (praebenda sine cura) als spätmittelalterliche Institution. In: Von Konstanz nach Trient. Festgabe für August Franzen. Hg. Remigius *Bäumer*. 1972. S. 301−319.

Müller, Wolfgang: Der Beitrag der Pfarreigeschichte zur Stadtgeschichte. In: HJB 94 (1974) S. 69–88.

Münch, Paul: Zucht und Ordnung. Reformierte Kirchenverfassungen im 16. und 17. Jahrhundert (Nassau-Dillenburg, Kurpfalz, Hessen-Kassel) (=Spätmittelalter und Frühe Neuzeit 3) 1978.

Münch, Paul: Kirchenzucht und Nachbarschaft. Zur sozialen Problematik des calvinistischen Seniorats um 1600. In: Kirche und Visitation. Beiträge zur Erforschung des frühneuzeitlichen Visitationswesens in Europa. Hg. Ernst Walter *Zeeden* u. Peter Thaddäus *Lang* (=Spätmittelalter und Frühe Neuzeit 14) 1984 S. 216–248.

Mullett, Michael: The Counter-Reformation and the Catholic-Reformation in Early Modern Europe. London-New York 1984.

Natale, Herbert: Das Verhältnis des Klerus zur Stadtgemeinde im spätmittelalterlichen Frankfurt. Diss. Frankfurt/M. 1957.

Naujoks, Eberhard: Obrigkeitsgedanke, Zunftverfassung und Reformation. Studien zur Verfassungsgeschichte von Ulm, Eßlingen und Schwäbisch Gmünd (=Veröffentl. der Kommission für geschichtliche Landeskunde in Bad.-Württ. Reihe B 3) 1958.

Nesner, Hans-Jörg; ,Hexenbulle‘ (1484) und ,Hexenhammer‘ (1487). In: Georg *Schwaiger* (Hg.): Teufelsglaube und Hexenprozesse. 1987. S. 85–102.

Neuer-Landfried, Franziska: Die Katholische Liga. Gründung, Neugründung und Organisation eines Sonderbundes 1608–1620 (=Münchner Historische Studien. Abt. Bayerische Geschichte 9) 1968.

Neuhaus, Helmut: Reichsständische Repräsentationsformen im 16. Jahrhundert. Reichstag-Reichskreistag-Reichsdeputationstag (=Schriften zur Verfassungsgeschichte 33) 1982.

Neuhaus, Helmut: Der Augsburger Reichstag des Jahres 1530. Ein Forschungsbericht. In: ZHF 9 (1982) S. 167–211.

Neumaier, Helmut: Territorium und ius circa sacra. Die spätmittelalterlichen Priestereide in der Grafschaft Hohenlohe. In: BlWKG 82 (1982) S. 5–37.

Niederstätter, Alois: Kaiser Friedrich III. und Lindau. Untersuchungen zum Beziehungsgeflecht zwischen Reichsstadt und Herrscher in der zweiten Hälfte des 15. Jahrhunderts. 1986.

La Nouvelle Histoire. Hg. Jacques *Le Goff*, Roger *Chartier* u. Jacques *Revel*. Paris 1978.

Nyhus, Paul L.: The Franciscans in South Germany 1400–1530: Reform and Revolution (=Transaction of the American Philosophical Society N.S. 65 T. 8 1975) Philadelphia 1976.

Obser, Karl: Der Überlinger Maler Marx Weiß († 1580) und seine Familie. In: ZGO 71 (1917) S. 131–136.

Oediger, Friedrich Wilhelm: Über die Bildung der Geistlichen im späten Mittelalter (=Studien und Texte zur Geistesgeschichte des Mittelalters 2) 1953.

Oehme, Ruthard: Joannes Georgius Tibianus. Ein Beitrag zur Kartographie und Landesbeschreibung Südwestdeutschlands im 16. Jahrhundert (=Forschungen zur deutschen Landeskunde 91) 1956.

Oexle, Otto Gerhard: Die mittelalterlichen Gilden: Ihre Selbstdeutung und ihr Beitrag zur Formung sozialer Strukturen. In: Albert *Zimmermann* (Hg.): Soziale Ordnungen im Selbstverständnis des Mittelalters. 1. 1979. S. 203–226.

Offergeld, Peter: Lebensnormen und Lebensformen der Kanoniker des Aachener Marienstifts. In: Zeitschrift des Aachener Geschichtsvereins 92 (1985) S. 75–101.

O'Malley, John W.: Catholic Reform. In: Steven *Ozment* (Hg.): Reformation Europe: A Guide to Research. St. Louis 1982. S. 297–319.

Ortner, Franz: Reformation, katholische Reform und Gegenreformation im Erzstift Salzburg. 1981.

Ozment, Steven E.: The Reformation in the Cities. The Appeal of Protestantism to Sixteenth-Century Germany and Switzerland. New Haven-London 1975.

Pennings, Heinrich: Die Religionsunruhen in Aachen und die beiden Städtetage zu Speier und Heilbronn 1581 und 1582. In: Zeitschrift des Aachener Geschichtsvereins 27 (1905) S. 25–108.

Petri, Franz: Karl V. und die Städte im Nordwestraum während des Ringens um die politisch-kirchliche Ordnung in Deutschland. In: Jahrbuch für Westfälische Kirchengeschichte 71 (1978) S. 7–31.

Pfeiffer, Gerhard: Der Augsburger Religionsfriede und die Reichsstädte. In: Zeitschrift des Historischen Vereins für Schwaben 61 (1955) S. 213–321.

Pfeiffer, Gerhard: Das Ringen um die Parität in der Reichsstadt Biberach. In: BlWKG 56 (1956) S. 3–75.

Pfeiffer, Gerhard: Das Verhältnis von politischer und kirchlicher Gemeinde in den deutschen Reichsstädten. In: Walther Peter *Fuchs* (Hg.): Staat und Kirche im Wandel der Jahrhunderte. 1966. S. 79–99.

Pfister, Christian: Das Klima der Schweiz von 1525–1860 und seine Bedeutung in der Geschichte von Bevölkerung und Landwirtschaft. 1–2 (=Academica helvetica 6.1 u. 2) ²1985.

Press, Volker: Calvinismus und Territorialstaat. Regierung und Zentralbehörden der Kurpfalz 1559–1619 (=Kieler Historische Studien 7) 1970.

Press, Volker: Stadt und territoriale Konfessionsbildung. In: Franz *Petri* (Hg.): Kirche und gesellschaftlicher Wandel in deutschen und niederländischen Städten der werdenden Neuzeit (=Städteforschung Reihe A 10) 1980. S. 251–296.

Press, Volker: Die Erblande und das Reich von Albrecht II. bis Karl VI. (1438–1740). In: Robert A. *Kann*/Friedrich E. *Prinz* (Hg.): Deutschland und Österreich. Ein bilaterales Geschichtsbuch. 1980. S. 44–88.

Press, Volker: Die Bundespläne Kaiser Karls V. und die Reichsverfassung. In: Heinrich *Lutz* (Hg.): Das römisch-deutsche Reich im politischen System Karls V. (=Schriften des Historischen Kollegs 1) 1980. S. 55–106.

Press, Volker: Schwaben zwischen Bayern, Österreich und dem Reich 1486–1805. In: Pankraz *Fried* (Hg.): Probleme der Integration Ostschwabens in den bayerischen Staat. Bayern und Wittelsbach in Ostschwaben (=Augsburger Beiträge zur Landesgeschichte Bayerisch-Schwabens 2) 1982. S. 17–78.

Press, Volker: Die Reichsstadt in der altständischen Gesellschaft. In: Johannes *Ku-*

nisch (Hg.): Neue Studien zur frühneuzeitlichen Reichsgeschichte (=ZHF Beih. 3) 1987. S. 9–42.

Rabe, Horst: Frühe Stadien der Ratsverfassung in den Reichslandstädten bzw. Reichsstädten Oberdeutschlands. In: Bernhard *Diestelkamp* (Hg.): Beiträge zum spätmittelalterlichen Städtewesen (=Städteforschung Reihe A 12) 1982. S. 1–17.

Rädle, Fidel: Das Jesuitentheater in der Pflicht der Gegenreformation. In: Jean-Marie *Valentin* (Hg.): Gegenreformation und Literatur. Beiträge zur interdisziplinären Erforschung der katholischen Reformbewegung (=Beihefte zum Daphnis 3) Amsterdam 1979. S. 167–199.

Rapp, F[rançois]: Réformes et Réformation à Strasbourg. Eglise et Société dans la Diocèse de Strasbourg (1450–1525) (=Associations des Publications près des Universités de Strasbourg. Collection de l'Institut des Hautes Etudes Alsaciennes 23) Paris 1974.

Redlich, Otto: Der Reichstag von Nürnberg 1522–1523. 1887.

[*Reichlin-Meldegg*, Hermann Frh. von]: Geschichte der Familie Reichlin von Meldegg. Gesammelt v. Hermann Frh. von *Reichlin-Meldegg*, ergänzt u. hg. von Hermann Frh. von *Reichlin-Meldegg*. 1881.

Reinhard, Wolfgang: Gegenreformation als Modernisierung? Prologomena zu einer Theorie des konfessionellen Zeitalters. In: ARG 68 (1977) S. 226–251.

Reinhard, Wolfgang: Möglichkeiten und Grenzen der Verbindung von Kirchengeschichte mit Sozial- und Wirtschaftsgeschichte. In: Grete *Klingenstein*/Heinrich *Lutz* (Hg.): Spezialforschung und ‚Gesamtgeschichte‘. Beispiele und Methodenfragen zur Geschichte der frühen Neuzeit (=Wiener Beiträge zur Geschichte der Neuzeit 8) 1982. S. 243–278.

Reinhard, Wolfgang: Zwang zur Konfessionalisierung? Prologomena zu einer Theorie des konfessionellen Zeitalters. In: ZHF 10 (1983) S. 257–277.

Reinhardt, Rudolf: Restauration, Visitation, Inspiration. Die Reformbestrebungen in der Benediktinerabtei Weingarten von 1567 bis 1627 (=Veröffentl. der Kommission für geschichtliche Landeskunde in Bad.-Württ. Reihe B 11) 1960.

Reinhardt, Rudolf: Die Beziehungen von Hochstift und Diözese Konstanz zu Habsburg-Österreich in der Neuzeit. Zugleich ein Beitrag zur archivalischen Erforschung des Problems ‚Kirche und Staat‘ (=Beiträge zur Geschichte der Reichskirche in der Neuzeit 2) 1966.

Reinhardt, Rudolf: Wann wurde Balthasar Merklin als Bischof von Konstanz bestätigt? In: RBJKG 1 (1982) S. 251–254.

Remling, Ludwig: Bruderschaften als Forschungsgegenstand. In: Jahrbuch für Volkskunde N.F. 3 (1980) S. 89–112.

Rieber, Albrecht: Das Patriziat von Ulm, Augsburg, Ravensburg, Memmingen, Biberach. In: Deutsches Patriziat 1430–1740. Hg. Hellmuth *Rössler* (=Schriften zur Problematik der deutschen Führungsschichten in der Neuzeit 3) 1968. S. 299–351.

Riezler, Sigmund: Das Überlinger Stadtrecht. In: ZGO 29 (1877) S. 294–322.

Roder, Christian: Zur Lebensgeschichte des Pfarrers Dr. Johannes Schlupf in Überlingen. In: FDA 43 (1915) S. 257–289.

Roder, Christian: Überlingen und der Hegau im Anfange des Schweizerkriegs 1499.
In: SchVGB 29 (1900) S. 17–30.

Rödel, Walter Gerd: Das Großpriorat Deutschland des Johanniter-Ordens im Übergang vom Mittelalter zur Reformation anhand der Generalvisitationsberichte von
1494/95 und 1540/41. ²1972.

Rössler, Hans: Geschichte und Strukturen der evangelischen Bewegung im Bistum
Freising 1520–1571 (=Einzelarbeiten aus der Kirchengeschichte Bayerns 42) 1966.

Rohrer, Franz: Reformbestrebungen der Katholiken in der schweizerischen Quart
des Bisthums Konstanz 1492 bis 1531. Mit besonderer Rücksicht auf die fünf Orte.
In: Der Geschichtsfreund. Mitteilungen des historischen Vereins der fünf Orte 33
(1878) S. 1–66.

Roth, Rudolph: Geschichte der ehemaligen Reichsstadt Leutkirch und der Leutkircher Haide oder nachherigen Obere-Landvogtei der jetzigen politischen Gemeinden Gebrazhofen, Herlazhofen & Wachzenhofen. 1–2. 1869–1872.

Roth von Schreckenstein, [K. H. Frh.]: Kaiser Ferdinand I. in Überlingen 21./22. Jan.
1563. In: Zeitschrift für deutsche Kulturgeschichte 1 (1856) S. 330–337.

Roth von Schreckenstein, K. H. Frh.: Die Insel Mainau. Geschichte einer Deutschor-
dens-Commende vom XIII. bis zum XIX. Jahrhundert. 1873.

Rublack, Hans-Christoph: Die Einführung der Reformation in Konstanz von den
Anfängen bis zum Abschluß 1531 (=Quellen und Forschungen zur Reformationsgeschichte 40) 1971.

Rublack, Hans-Christoph: Forschungsbericht Stadt und Reformation. In: Bernd
Moeller (Hg.): Stadt und Kirche im 16. Jahrhundert (=Schriften des Vereins für
Reformationsgeschichte 190) 1978. S. 9–26.

Rublack, Hans-Christoph: Politische Situation und reformatorische Politik in der
Frühphase der Reformation in Konstanz. In: Josef *Nolte*/Hella *Tompert*/Christof
Windhorst (Hg.): Kontinuität und Umbruch. Theologie und Frömmigkeit in
Flugschriften und Kleinliteratur an der Wende vom 15. zum 16. Jahrhundert
(=Spätmittelalter und Frühe Neuzeit 2) 1978. S. 316–334.

Rublack, Hans-Christoph: Gescheiterte Reformation. Frühreformatorische und
protestantische Bewegungen in süd- und westdeutschen geistlichen Residenzen
(=Spätmittelalter und Frühe Neuzeit 4) 1978.

Rublack, Hans-Christoph: Probleme der Sozialtopographie der Stadt im Mittelalter
und in der frühen Neuzeit. In: Wilfried *Ehbrecht* (Hg.): Voraussetzungen und
Methoden geschichtlicher Städteforschung (=Städteforschung Reihe A 7) 1979.
S. 177–193.

Rublack, Hans-Christoph: Nördlingen zwischen Kaiser und Reformation. In: ARG
71 (1980) S. 113–133.

Rublack, Hans-Christoph: Eine bürgerliche Reformation: Nördlingen (=Quellen
und Forschungen zur Reformationsgeschichte 51) 1982.

Rublack, Hans-Christoph: Political and Social Norms in Urban Communities in the

Holy Roman Empire. In: Kaspar von *Greyerz* (Hg.): Religion, Politics and Social Protest. Three Studies on Early Modern Germany. London 1984. S. 24–60.

Rublack, Hans-Christoph: Is there a ‚New History' of the Urban Reformation? In: E. I. *Konri*/Tom *Scott* (Hg.): Politics and Society in Reformation Europe. Essays for Sir Geoffrey Elton on his Sixty-Fifth Birthday. Hampshire-London 1987. S. 121–141.

Ruckgaber, Heinrich: Geschichte der Frei- und Reichsstadt Rottweil. 1–3. 1835–1838.

Rupprecht, Hans-Ulrich Frh. von: Die Memminger Patrizier. In: Memminger Geschichtsblätter 1981/1982. S. 5–144.

Rüth, Bernhard: Biberach und Eberbach. Zur Problematik der Pfarrinkorporation in Spätmittelalter und Reformationszeit. In: ZSRG KA 70 (1984) S. 134–169.

Rüth, Bernhard: Der Prediger Bartholomäus Müller und die Biberacher Reformation. In: BC – Heimatkundliche Blätter für den Kreis Biberach 5.1 (1982) S. 15–20.

Rummel, [Anton]: Die Gegenreformation zu Biberach von 1548–1618. In. Schwäbisches Archiv 29 (1911) S. 17–22, 39–45.

Rundstedt, Hans-Gerd von: Die Regelung des Getreidehandels in den Städten Südwestdeutschlands und der deutschen Schweiz im späten Mittelalter und im Beginn der Neuzeit (=VSWG Beih. 19) 1930.

Russell, Paul A.: Lay Theology in the Reformation. Popular Pamphleteers in Southwest Germany 1521–1525. Cambridge 1986.

Saalfeld, Dietrich: Die Wandlungen der Preis- und Lohnstruktur während des 16. Jahrhunderts in Deutschland. In: Wolfram *Fischer* (Hg.): Beiträge zu Wirtschaftswachstum und Wirtschaftsstruktur im 16. und 19. Jahrhundert (=Schriften des Vereins für Socialpolitik N. F. 63) 1971. S. 9–28.

Sabean, David Warren: Landbesitz und Gesellschaft am Vorabend des Bauernkriegs. Eine Studie der sozialen Verhältnisse im südlichen Oberschwaben in den Jahren vor 1525 (=Quellen und Forschungen zur Agrargeschichte 26) 1972.

Sättele, Karl: Bürgermeisterwahl um 1600 in der Reichsstadt Überlingen. In: Badische Heimat 46 (1966) S. 64–68.

Safley, Thomas Max: Let No Man Put Asunder. The Control of Marriage in the German Southwest: A Comparative Study 1500–1600 (=Sixteenth Century Texts and Studies 2) Kirksville/Miss. 1984.

Safley, Thomas Max: Marital Ligitation in the Diocese of Constance, 1551–1620. In: The Sixteenth Century Journal 12 (1981) S. 61–77.

Schäfer, Friedrich: Wirtschafts- und Finanzgeschichte der Reichsstadt Überlingen am Bodensee in den Jahren 1550–1628 (=Untersuchungen zur Deutschen Staats- und Rechtsgeschichte 44) 1893.

Schaefer, Heinrich: Pfarrkirche und Stift im Deutschen Mittelalter (=Kirchenrechtliche Abh. 3) 1903 (ND 1962).

Schellhass, Karl: Zur Geschichte der Gegenreformation im Bistum Konstanz. In: ZGO 71 (1917) S. 3–43, 187–240, 375–413, 493–514; 72 (1918) S. 316–347, 449–495; 73 (1919) S. 145–181, 273–299.

Scherer, J. P.: Geschichte des Heilig-Geistspitals der ehemaligen Reichsstadt Überlingen am Bodensee. 1897.

Scheurle, Albert: Wangen im Allgäu. Das Werden und Wachsen der Stadt. ³1976.

Scheurle, Albert: Die reformatorische Bewegung in Wangen im Allgäu. In: Ulm und Oberschwaben 38 (1967) S. 132−143.

Schilling, Heinz: Niederländische Exulanten im 16. Jahrhundert. Ihre Stellung im Sozialgefüge und im religiösen Leben deutscher und englischer Städte (=Schriften des Vereins für Reformationsgeschichte 187) 1972.

Schilling, Heinz: Bürgerkämpfe in Aachen zu Beginn des 17. Jahrhunderts. In: ZHF 1 (1974) S. 175−231.

Schilling, Heinz: Die politische Elite nordwestdeutscher Städte in den religiösen Auseinandersetzungen des 16. Jahrhunderts. In: Wolfgang J. *Mommsen* (Hg.): Stadtbürgertum und Adel in der Reformation. Studien zur Sozialgeschichte der Reformation in England und Deutschland (=Veröffentl. des Deutschen Historischen Instituts London 5) 1979. S. 235−308.

Schilling, Heinz: Konfessionskonflikt und Staatsbildung. Eine Fallstudie über das Verhältnis von religiösem und sozialem Wandel in der Frühneuzeit am Beispiel der Grafschaft Lippe (=Quellen und Forschungen zur Reformationsgeschichte 68) 1981.

Schilling, Heinz: Dortmund im 16. und 17. Jahrhundert − Reichsstädtische Gesellschaft, Reformation und Konfessionalisierung. In: Dortmund. 1100 Jahre Stadtgeschichte. Festschrift. Hg. Gustav *Luntowski* u. Norbert *Reinmann*. 1982. S. 151−201.

Schilling, Heinz: The European Crisis of the 1590s: the Situation in German Towns. In: Peter *Clark* (Hg.): The European Crisis of the 1590s. Essays in Comparative History. London 1985. S. 135−155.

Schilling, Heinz: Vergleichende Betrachtungen zur Geschichte der bürgerlichen Eliten in Nordwestdeutschland und in den Niederlanden. In: Heinz *Schilling*/Herman *Diederiks* (Hg.): Bürgerliche Eliten in den Niederlanden und in Nordwestdeutschland. Studien zur Sozialgeschichte des europäischen Bürgertums im Mittelalter und in der Neuzeit (=Städteforschung Reihe A 23) 1985. S. 1−32.

Schilling, Heinz: Die deutsche Gemeindereformation. Ein oberdeutsch-zwinglianisches Ereignis vor der ,reformatorischen Wende' des Jahres 1525? In: ZHF 14 (1987) S. 325−332.

Schilling, Heinz: Die Konfessionalisierung im Reich. Religiöser und gesellschaftlicher Wandel in Deutschland zwischen 1555 und 1620. In: HZ 246 (1988) S. 1−45.

Schindling, Anton: Humanistische Hochschule und freie Reichsstadt. Gymnasium und Akademie in Straßburg 1538−1621 (=Veröffentl. des Instituts für Europäische Geschichte Mainz 77. Abt. Universalgeschichte) 1977.

Schindling, Anton: Die Reformation in den Reichsstädten und die Kirchengüter. Straßburg, Nürnberg und Frankfurt im Vergleich. In: Jürgen *Sydow* (Hg.): Bürgerschaft und Kirche (=Stadt in der Geschichte. Veröffentl. des Südwestdeutschen Arbeitskreises für Stadtgeschichtsforschung 7) 1980. S. 67−88.

Schindling, Anton: Kirche, Gesellschaft, Politik und Bildung in Straßburg. Aspekte der Reformationsgeschichte. In: Grete *Klingenstein*/Heinrich *Lutz* (Hg.): Spezialforschung und ‚Gesamtgeschichte'. Beispiele und Methodenfragen zur Geschichte der frühen Neuzeit (=Wiener Beiträge zur Geschichte der Neuzeit 8) 1982. S. 169–188.

Schindling, Anton: Reichskirche und Reformation. Zu Glaubensspaltung und Konfessionalisierung in den geistlichen Fürstentümern des Reiches. In: Johannes *Kunisch* (Hg.): Neue Studien zur frühneuzeitlichen Reichsgeschichte (=ZHF Beih. 3) 1987. S. 81–112.

Schlemmer, Karl: Gottesdienst und Frömmigkeit in der Reichsstadt Nürnberg am Vorabend der Reformation (=Forschungen zur fränkischen Kirchen- und Theologiegeschichte) 1980.

Schlenck, Wolfgang: Die Reichsstadt Memmingen und die Reformation (=Memminger Geschichtsblätter Jg. 1968) 1969.

Schmid, Hermann: Die Säkularisation der Ordenshäuser in Überlingen. In: SchVGB 94 (1976) S. 69ff.

Schmid, Hermann: Zur Geschichte der Malteser-Kommende in Überlingen 1257–1807. In: Badische Heimat 58 (1978) S. 333–342.

Schmid, Hermann: Die Staats-, Kirchen-, Rechts- und ökonomischen Verhältnisse der Reichsstadt Überlingen um 1802. In: SchVGB 102 (1984) S. 185–206.

Schmidt, Georg: Der Städtetag in der Reichsverfassung. Eine Untersuchung zur korporativen Politik der Freien und Reichsstädte in der ersten Hälfte des 16. Jahrhunderts (=Veröffentl. des Instituts für Europäische Geschichte Mainz 113. Abt. Universalgeschichte) 1984.

Schmidt, Georg: Die Haltung des Städtecorpus zur Reformation und die Nürnberger Bündnispolitik. In: ARG 75 (1984) S. 194–233.

Schmidt, Heinrich Richard: Reichsstädte, Reich und Reformation. Korporative Religionspolitik 1521–1529/30 (=Veröffentl. des Instituts für Europäische Geschichte Mainz 122. Abt. Religionsgeschichte) 1986.

Schmidt, Peter: Das Collegium Germanicum in Rom und die Germaniker. Zur Funktion eines römischen Ausländerseminars (1552–1914) (=Bibliothek des Deutschen Historischen Instituts in Rom 56) 1984.

Schmitz, Rudolf: Der Zustand der süddeutschen Franziskaner-Konventualen am Ausgang des Mittelalters. Diss. Düsseldorf 1914.

Schmitz, Walter: Verfassung und Bekenntnis. Die Aachener Wirren im Spiegel der kaiserlichen Politik (1550–1616) (=Europäische Hochschulschriften Reihe III 202) 1983.

Schmitz, Walter: Möglichkeiten und Grenzen der Toleranz im späten 16. Jahrhundert. – Bonifacius Colin als katholischer Bürgermeister im protestantischen Rat der Reichsstadt Aachen (1582–1598). In: Zeitschrift des Aachener Geschichtsvereins 90/91 (1983/84) S. 149–164.

Schmitz, Wolfgang: Buchdruck und Reformation in Köln. In: Jahrbuch des Kölnischen Geschichtsvereins 55 (1984) S. 117–154.

Schnabel-Schüle, Helga: Distanz und Nähe. Zum Verhältnis von Pfarrern und Gemeinden im Herzogtum Württemberg vor und nach der Reformation. In: RBJKG 5 (1986) S. 339–349.

Schneider, Jürgen: Die Studienstiftung des Biberacher Bürgermeisters Gottschalck Klock an der Universität Tübingen (1594–1962) (=Biberacher Studien 1) Diss. Tübingen 1973.

Schöttle, Joh. Evang.: Geschichte von Stadt und Stift Buchau samt dem stiftischen Dorfe Kappel. 1884 (ND 1977).

Schreiber, Georg: Tridentinische Reformdekrete in deutschen Bistümern. In: ZSRG KA 69 (1952) S. 395–452.

Schreiber, Heinrich: Melchior Fattlin, Zweiter Stifter des sogenannten Karthäuser-Hauses. 1832.

Schröder, Tilman Matthias: Das Kirchenregiment der Reichsstadt Esslingen. Grundlagen – Geschichte – Organisation (Esslinger Studien 8) 1987.

Schröder, Wilhelm Heinz: Kollektive Biographien in der historischen Sozialforschung: Eine Einführung. In: Wilhelm Heinz *Schröder* (Hg.): Lebenslauf und Gesellschaft. Zum Einsatz von kollektiven Biographien in der historischen Sozialforschung (=Historisch-Sozialwissenschaftliche Forschungen 18) 1985. S. 7–17.

Schröteler, Josef: Die Erziehung in den Jesuiteninternaten des 16. Jahrhunderts. 1940.

Schütze, Wolfgang: Oligarchische Verflechtung und Konfession in der Reichsstadt Ravensburg 1551/52–1648. Untersuchungen zur sozialen Verflechtung der politischen Führungsschichten. Diss. Augsburg 1981.

Schuler, Peter-Johann: Bischof und Stadt vor Beginn der Reformation in Konstanz. In: Josef *Nolte*/Hella *Tompert*/Christof *Windhorst* (Hg.): Kontinuität und Umbruch. Theologie und Frömmigkeit in Flugschriften und Kleinliteratur an der Wende vom 15. zum 16. Jahrhundert (=Spätmittelalter und Frühe Neuzeit 2) 1978. S. 300–315.

Schultze, Alfred: Stadtgemeinde und Reformation (=Recht und Staat in Geschichte und Gegenwart 11) 1918.

Schulz, Knut: Handwerksgesellen und Lohnarbeiter. Untersuchungen zur oberrheinischen und oberdeutschen Stadtgeschichte des 14. bis 17. Jahrhunderts. 1985.

Schulze, Albert: Bekenntnisbildung und Politik Lindaus im Zeitalter der Reformation (=Einzelarbeiten aus der Kirchengeschichte Bayerns. Fotodruckreihe 3) Diss. Erlangen-Nürnberg 1971.

Schulze, Hagen: Mentalitätsgeschichte – Chancen und Grenzen eines Paradigmas der französischen Geschichtswissenschaft. In: GWU 36 (1985) S. 247–270.

Schulze, Winfried: Reich und Türkengefahr im späten 16. Jahrhundert. Studien zu den politischen und gesellschaftlichen Auswirkungen einer äußeren Bedrohung. 1978.

Schulze, Winfried: Deutsche Geschichte im 16. Jahrhundert 1500–1618. 1987.

Schulze, Winfried: Gerhard Oestreichs Begriff ‚Sozialdisziplinierung in der Frühen Neuzeit‘. In: ZHF 14 (1987) S. 265–302.

Schupp, Johann: Denkwürdigkeiten der Stadt Pfullendorf. 1967.

Schupp, Johann: Kulturchronik der Wallfahrtskirche Maria Schray bei Pfullendorf. 1952.

Schwineköper, Berent: Beobachtungen zum Lebensraum südwestdeutscher Städte im Mittelalter, insbesondere zum engeren und weiteren Einzugsbereich der Freiburger Jahrmärkte in der zweiten Hälfte des 16. Jahrhunderts. In: Erich *Maschke*/Jürgen *Sydow* (Hg.): Stadt und Umland (=Veröffentl. der Kommission für geschichtliche Landeskunde in Bad.-Württ. Reihe B 82) 1974. S. 29—53.

Scribner, Bob: Cosmic Order and Daily Life: Sacred and Secular in Pre-Industrial German Society. In: Kaspar von *Greyerz* (Hg.): Religion and Society in Early Modern Europe 1500—1800. London 1984. S. 17—32.

Scribner, R[obert] W.: Why was there no Reformation in Cologne? In: Bulletin of the Institute of Historical Research 49 (1976) S. 217—241.

Scribner, Robert W.: Sozialkontrolle und die Möglichkeit einer städtischen Reformation. In: Bernd *Moeller* (Hg.): Stadt und Kirche im 16. Jahrhundert (=Schriften des Vereins für Reformationsgeschichte 190) 1978. S. 57—65.

Scribner, R[obert] W.: For the Sake of Simple Folk: Popular Propaganda for the German Reformation (=Cambridge Studies in Oral and Literate Culture 2) Cambridge 1981.

Scribner, R[obert] W.: Interpreting Religion in Early Modern Europe. In: European Studies Reviews 13 (1983) S. 89—105.

Scribner, R[obert] W.: Ritual and Popular Religion in Catholic Germany at the Time of the Reformation. In: Journal of Ecclesiastical History 35 (1984) S. 47—77.

Scribner, Robert W.: The German Reformation. Atlantic Highlands N.J. 1986.

Sea, Thomas F.: Imperial Cities and the Peasants' War in Germany. In: Central European History 12 (1979) S. 3—37.

Seidenfaden, Ingrid: Das Jesuitentheater in Konstanz. Grundlagen und Entwicklung. Ein Beitrag zur Geschichte des Jesuitentheaters in Deutschland (=Veröffentl. der Kommission für geschichtliche Landeskunde in Bad.-Württ. Reihe B 26) 1963.

Seifert, Arno: Weltlicher Staat und Kirchenreform. Die Seminarpolitik Bayerns im 16. Jahrhundert (=Reformationsgeschichtliche Studien und Texte 115) 1978.

Sellin, Viktor: Mentalität und Mentalitätsgeschichte. In: HZ 241 (1985) S. 555—598.

Semler, Alfons: Überlingen. Bilder aus der Geschichte einer kleinen Reichsstadt. 1949.

Semler, Alfons: Weihbischof Melchior Fattlin in Überlingen. In: FDA 74 (1954) S. 181—194.

Semler, Alfons: Die Überlinger Friedhöfe. In: FDA 75 (1955) S. 292—300.

Semler, Alfons: Die Seelsorger der Pfarrei Überlingen. In: FDA 77 (1957) S. 89—135.

Semler, Alfons: Geschichte des Heilig-Geist-Spitals in Überlingen am Bodensee. 1957.

Semler, Alfons: Die Leopold-Sophien-Bibliothek in Überlingen. In: SchVGB 75 (1957) S. 117—132.

Senn, Mathias: Alltag und Lebensgefühl im Zürich des 16. Jahrhunderts. In: Zwingliana 14 (1974—1978) S. 251—262.

Seubert, Josef: Untersuchungen zur Geschichte der Reformation in der ehemaligen freien Reichsstadt Dinkelsbühl (=Historische Studien 420) 1971.

Sieh-Burens, Katharina: Oligarchie, Konfession und Politik im 16. Jahrhundert. Zur sozialen Verflechtung der Augsburger Bürgermeister und Stadtpfleger 1518–1618 (=Schriften der Philosophischen Fakultäten der Universität Augsburg. Histor.-Sozialwissenschaftliche Reihe 29) 1986.

Sieglerschmidt, Jörn: Territorialstaat und Kirchenregiment. Studien zur Rechtsdogmatik des Kirchenpatronatsrechts im 15. und 16. Jahrhundert (=Forschungen zur kirchlichen Rechtsgeschichte und zum Kirchenrecht 15) 1987.

Smolinsky, Heribert: Stadt und Reformation. Neue Aspekte der reformationsgeschichtlichen Forschung. In: Trierer Theologische Zeitschrift 92 (1983) S. 32–44.

Specht, Thomas: Geschichte der ehemaligen Universität Dillingen (1549–1804) und der mit ihr verbundenen Lehr- und Erziehungsanstalten. 1902.

Specker, Hans Eugen: Vergleich zwischen der Verfassungsstruktur der Reichsstadt Ulm und anderer oberdeutscher Reichsstädte mit der eidgenössischer Stadtrepubliken. In: Martin *Bircher*/ Walter *Sparn*/Erdmann *Weyrauch* (Hg.): Schweizerisch-deutsche Beziehungen im konfessionellen Zeitalter. Beiträge zur Kulturgeschichte 1580–1650 (=Wolfenbütteler Arbeiten zur Barockforschung 12) 1984. S. 77–99.

Speh, Johann: Beiträge zur Reformationsgeschichte des oberen Neckargebietes: Rottweil und Hohenberg. Diss. masch. Tübingen 1920.

Staiger, X.: Die Stadt Überlingen am Bodensee sonst und jetzt mit ihrem Bade und ihrer nächsten Umgebung. 1859.

Steichele, Antonius von/*Schröder*, Alfred: Das Bistum Augsburg. 6: Das Landkapitel Kaufbeuren. 1896–1904.

Stengele, Benvenut: Linzgovia Sacra. Beiträge zur Geschichte der ehemaligen Klöster und Wallfahrtsorte des jetzigen Landkapitels Linzgau. 1887.

Stengele, Benvenut: Beiträge zur Geschichte des Ortes und der Pfarrei Andelshofen im Linzgau. In: FDA 24 (1895) S. 291–304.

Stenzel, Karl: Johann Heinrich Eschlinsbergers Kollektaneen und Aufzeichnungen zur Geschichte Überlingens. In: ZGO 75 (1921) S. 202–225.

Stettner, Walter: Pfarrei und mittelalterliche Stadt zwischem oberem Neckar und oberer Donau. In: ZWLG 25 (1966) S. 131–181.

Stieve, Felix: Die Reichsstadt Kaufbeuren und die baierische Restaurations-Politik. Ein Beitrag zur Vorgeschichte des dreißigjährigen Krieges. 1870.

Störmann, Anton: Die städtischen Gravamina gegen den Klerus am Ausgang des Mittelalters und in der Reformationszeit (=Reformationsgeschichtliche Studien und Texte 24–26) 1916.

Stolz, Dieter H.: Überlinger Stadtgeschichtsforschung seit 1930. In: Esslinger Studien 12/13 (1966/1967) S. 239–247.

Stolze, Alfred Otto: Der Sünfzen zu Lindau. Das Patriziat einer schwäbischen Reichsstadt. Hg. Bernhard *Zeller*. 1956.

Stratenwerth, Heide: Reformation in der Stadt Osnabrück (=Veröffentl. des Instituts für europäische Geschichte Mainz 61. Abt. Abendländische Religionsgeschichte) 1971.

Stüdeli, Bernhard E. J.: Minoritenniederlassung und mittelalterliche Stadt. Beiträge zur Bedeutung von Minoriten- und anderen Mendikantenanlagen im öffentlichen Leben der mittelalterlichen Stadtgemeinde, insbesondere der deutschen Schweiz (=Franziskanische Forschungen 21) 1969.

Süssmuth, Hans (Hg.): Historische Anthropologie. 1987.

Sydow, Jürgen: Bürgerschaft und Kirche im Mittelalter. Probleme und Aufgaben der Forschung. In: Jürgen *Sydow* (Hg.): Bürgerschaft und Kirche (=Stadt in der Geschichte. Veröffentl. des Südwestdeutschen Arbeitskreises für Stadtgeschichtsforschung 7) 1980. S. 9–25.

Tanner, Albert: Anmerkungen zu einer Sozialgeschichte der Religion. In: Société Suisse d'Histoire Economique et Sociale. Religiosität – Frömmigkeit = Popular Culture. Jahreskongreß 11. Nov. 1983. 3.3 (1984) S. 1–6.

Telle, Wilhelm: Die Überlinger Befestigungen. In: SchVGB 54 (1926) S. 142–203.

Teufel, Wilhelm: Die Geschichte der evangelischen Gemeinde in Schwäbisch Gmünd (=Gmünder Hefte 2) 1950.

Thoma, Werner: Die Kirchenpolitik der Grafen von Fürstenberg im Zeitalter der Glaubenskämpfe (1520–1660). Ein Beitrag zur Geschichte der Kirchenreform und Konfessionsbildung (=Reformationsgeschichtliche Studien und Texte 87) 1963.

Thomas, Keith: Religion and the Decline of Magic. Studies in Popular Beliefs in Sixteenth-and Seventeenth-Century England. Harmondsworth [7]1985.

Tits-Dieuaide, Marie-Jeanne: L'Evolution des Prix du Blé dans quelques Villes d'Europe Occidentale du XVe au XVIIIe Siècle. In: Annales. Economies, Sociétés, Civilisation 42 (1987) S. 529–548.

Tremp-Utz, Kathrin: Das Kollegiatstift St. Vinzenz in Bern. Von der Gründung 1484/85 bis zur Aufhebung 1528 (=Archiv des Historischen Vereins des Kantons Bern 69) 1985.

Trevor-Roper, Hugh R.: Der europäische Hexenwahn des 16. und 17. Jahrhunderts. In: Claudia *Honegger* (Hg.): Die Hexen der Neuzeit. Studien zur Sozialgeschichte eines kulturellen Deutungsmusters. 1978. S. 188–234.

Trüdinger, Karl: Stadt und Kirche im spätmittelalterlichen Würzburg (=Spätmittelalter und Frühe Neuzeit 1) 1978.

Trugenberger, Volker: Zwischen Schloß und Vorstadt. Sozialgeschichte der Stadt Leonberg im 16. Jahrhundert. 1984.

Tüchle, Hermann: Das Bistum Konstanz und das Konzil von Trient. In: Georg *Schreiber* (Hg.): Das Weltkonzil von Trient. Sein Werden und Wirken. 2. 1951. S. 171–191.

Tüchle, Hermann: Die oberschwäbischen Reichsstädte Leutkirch, Isny und Wangen im Jahrhundert der Reformation. In: ZWLG 29 (1970) S. 53–70.

Tüchle, Hermann: Die oberdeutschen Städte, der Reichstag von Augsburg und die Confessio Augustana. In: Erwin *Iserloh* (Hg.): Confessio Augustana und Confutatio. Der Augsburger Reichstag 1530 und die Einheit der Kirche (=Reformations-geschichtliche Studien und Texte 118) 1980. S. 279–285.

Tüchle, Hermann: Von der Reformation bis zur Säkularisation. Geschichte der katholischen Kirche im Raum des späteren Bistums Rottenburg-Stuttgart. 1981.

Überlingen. Bild einer Stadt. Hg. Stadt Überlingen in Rückschau auf 1200 Jahre Überlinger Geschichte 770–1970. 1970.

Ulbrich, Claudia: Oberschwaben und Württemberg. In: Horst *Buszello*/Peter *Blickle*/Rudolf *Endres* (Hg.): Der deutsche Bauernkrieg. 1984. S. 97–133.

Ullersperger, Franz Xaver: Beiträge zur Geschichte der Pfarrei und des Münsters in Überlingen. 1879 (zugleich: SchVGB 9 (1878) S. 1–76).

Valentin, Jean-Marie: Le Théâtre des Jésuites dans les Pays de Langue Allemande (1554–1680). Salut des Ames et Ordre des Cités. 1–3 (=Berner Beiträge zur Barockgermanistik 3) 1978.

Valentin, Jean-Marie: Gegenreformation und Literatur: Das Jesuitendrama im Dienst der religiösen und moralischen Erziehung. In: HJB 100 (1980) S. 240–256.

Vasarhelyi, Hanno: Einwanderung nach Nördlingen, Esslingen und Schwäbisch Hall zwischen 1450 und 1550. In: Erich *Maschke*/ Jürgen *Sydow* (Hg.): Stadt und Umland (=Veröffentl. der Kommission für geschichtliche Landeskunde in Bad.-Württ. Reihe B 82) 1974. S. 129–165.

Vater, Wolfgang: Bauernkrieg, Reformation und Ansätze zur katholischen Reform in der Reichsstadt Rottweil. Staatsexamensarbeit masch. Freiburg 1964.

Veit, Ludwig Andreas/*Lenhart*, Ludwig: Kirche und Volksfrömmigkeit im Zeitalter des Barock. 1956.

Vierordt, Karl-Friedrich: Geschichte der evangelischen Kirche in dem Großherzogtum Baden. 2. 1856.

Vogler, Bernard: Vie Réligieuse en Pays Rhénans dans la seconde Moitié du XVIe Siècle (1556–1619). 1–3. Lille 1974.

Vogler, Bernard: Le Clergé Protestant Rhénan au Siècle de la Réforme (1555–1619) (=Association des Publications près des Universités de Strasbourg) Paris o.J. [1976].

Vogler, Bernard: Die Ausbildung des Konfessionsbewußtseins in den pfälzischen Territorien zwischen 1555 und 1619. In: Festgabe für Ernst Walter Zeeden. Hg. Horst *Rabe*, Hansgeorg *Molitor* u. Hans-Christoph *Rublack* (=Reformationsge-schichtliche Studien und Texte Supplementbd. 2) 1976. S. 281–289.

Vogler, Bernard: L'Alsace du Siècle d'Or et de la Guerre de Trente Ans 1520–1648 (=L'Histoire de l'Alsace 4) Wettolsheim 1977.

Vogler, Bernard: Die Entstehung der protestantischen Volksfrömmigkeit in der rheinischen Pfalz zwischen 1555 und 1619. In: ARG 72 (1981) S. 158–196.

Vogler, Emil: Leutkirch im Allgäu. Geschichte, Wirtschaft und Kultur im Spiegel der Jahrhunderte. 1963.

Wagner, Emil: Die Reichsstadt Schwäbisch Gmünd in den Jahren 1531–45; 1546–48; 1548–1565; 1565 bis 1576; vom Tode Kaiser Maximilians II. 1576 bis zum Anfang des 17. Jahrhunderts. In: WVjhLG 7 (1884) S. 7−17; 9 (1886) S. 1−14; N.F. 1 (1892) S. 86−120; N.F. 2 (1893) S. 282−325; N.F. 10 (1901) S. 161−199.

Walchner, K.: Geschichte der Stadt Pfullendorf vom Jahre 916 bis 1811. 1825.

Warmbrunn, Paul: Zwei Konfessionen in einer Stadt. Das Zusammenleben von Katholiken und Protestanten in den paritätischen Reichsstädten Augsburg, Biberach, Ravensburg und Dinkelsbühl von 1548 bis 1649 (=Veröffentl. des Instituts für europäische Geschichte Mainz. Abt. für abendländische Religionsgeschichte 111) 1983.

Weckerle, Ernst: Der Schwertletanz zu Überlingen, seine Geschichte und sein Ursprung. In: Badische Heimat 23 (1936) S. 226−236.

Weckerle, Ernst: Die Nachbarschaften und der Nachbarschaftstrunk zu Überlingen. In: Badische Heimat 23 (1936) S. 237−243.

Westermann, Ascan: Die Stellung der oberschwäbischen Städte zum Schwäbischen Bund in den Jahren 1519−1522. 1910.

Westermann, Ascan: Die Türkenhilfe und die politisch-kirchlichen Parteien auf dem Reichstag zu Regensburg 1532 (=Heidelberger Abh. zur mittleren und neueren Geschichte 25) 1910.

Wettges, Wolfram: Reformation und Propaganda. Studien zur Kommunikation des Aufruhrs in süddeutschen Reichsstädten (=Geschichte und Gesellschaft. Bochumer Historische Studien 17) 1978.

Weyrauch, Erdmann: Die politische Führungsgruppe in Colmar zur Zeit der Reformation. In: Wolfgang J. *Mommsen* (Hg.): Stadtbürgertum und Adel in der Reformation. Studien zur Sozialgeschichte der Reformation in England und Deutschland (=Veröffentl. des Deutschen Historischen Instituts London 5) 1979. S. 215−234.

Wienand, Adam: Der Johanniter-Orden. Der Malteser-Orden. Der ritterliche Orden des hl. Johannes vom Spital zu Jerusalem. Seine Aufgaben, seine Geschichte. [2]1977.

Wiesflecker, Hermann: Die Städtepolitik Kaiser Maximilians I. In: Mitteilungen des oberösterreichischen Landesarchivs 14 (1984) S. 13−25.

Willburger, August: Die Konstanzer Bischöfe Hugo von Landenberg, Balthasar Merklin, Johann von Lupfen (1496−1537) und die Glaubensspaltung (=Reformationsgeschichtliche Studien und Texte 34/35) 1917.

Willoweit, Dietmar: Genossenschaftsprinzip und altständische Entscheidungsstrukturen in der frühneuzeitlichen Staatsentwicklung. Ein Diskussionsbeitrag. In: Gerhard *Dilcher*/Bernhard *Distelkamp* (Hg.): Recht, Gericht, Genossenschaft und Policey. Studien zu Grundbegriffen der germanistischen Rechtshistorie. Symposion für Adalbert Erler. 1986. S. 126−138.

Wohleb, J. L.: Staatsbesuch König Ferdinands I. in Überlingen. Aus der Überlinger Chronik des Andreas Dafrid. In: Das Bodenseebuch 31 (1944) S. 53−55.

Wohlfeil, Rainer: Der Wormser Reichstag von 1521. In: Fritz *Reuter* (Hg.): Der Reichstag zu Worms von 1521. Reichspolitik und Luthersache. 1971. S. 59−154.

Wohlfeil, Rainer: Einführung in die Geschichte der deutschen Reformation. 1982.

Wolfart, K.: Geschichte der Stadt Lindau im Bodensee. 1−2. 1909.

Württembergisches Städtebuch. Hg. Erich *Keyser* (=Deutsches Städtebuch 4) 1962.

Wunder, Gerd: Die Bürger von Hall. Sozialgeschichte einer Reichsstadt 1216—1802 (=Forschungen aus Württembergisch Franken 16) 1980.

Zander, Claus: Jesuitentheater und Schuldrama als Spiegel trierischer Geschichte. In: Kurtrierisches Jahrbuch 5 (1965) S. 64—88.

Zeeden, Ernst Walter: Katholische Überlieferungen in den lutherischen Kirchenordnungen des 16. Jahrhunderts (=Katholisches Leben und Kämpfen im Zeitalter der Glaubensspaltung 17) 1959.

Zeeden, Ernst Walter: Die Entstehung der Konfessionen. Grundlagen und Formen der Konfessionsbildung im Zeitalter der Glaubenskämpfe. 1965.

Zeeden, Ernst Walter: Deutsche Kultur in der Frühen Neuzeit (=Handbuch der Kulturgeschichte) 1968.

Zeeden, Ernst Walter: Konfessionsbildung. Studien zur Reformation, Gegenreformation und katholischen Reform (=Spätmittelalter und Frühe Neuzeit 15) 1985.

Zeeden, Ernst Walter/*Lang*, Peter Thaddäus (Hg.): Kirche und Visitation. Beiträge zur Erforschung des frühneuzeitlichen Visitationswesens in Europa (=Spätmittelalter und Frühe Neuzeit 14) 1984.

Zenz, Emil: Balthasar Merklin von Waldkirch. Stiftsherr, Reichsvizekanzler und Bischof. In: Kurtrierisches Jahrbuch 23 (1983) S. 47—55.

Zimmermann, Gunter: Spätmittelalterliche Frömmigkeit in Deutschland: Eine sozialgeschichtliche Nachbetrachtung. In: ZHF 13 (1986) S. 65—81.

Zimmermann, Wolfgang: Hexenverfolgungen in Konstanz 1546—1679. Staatsexamensarbeit masch. Tübingen 1987.

Zoege von Manteuffel, Claus: Die Bildhauerfamilie Zürn 1606—1666. 1—2. 1969.

Zschunke, Peter: Konfession und Alltag in Oppenheim. Beiträge zur Geschichte von Bevölkerung und Gesellschaft einer gemischtkonfessionellen Kleinstadt in der frühen Neuzeit (=Veröffentl. des Instituts für europäische Geschichte Mainz. Abt. für abendländische Religionsgeschichte 115) 1984.

A. Überlingen und die oberschwäbischen Reichsstädte

I. Einleitung: Die katholische Reichsstadt Überlingen

1. Überlingen: Eine konfessionelle Ausnahme?

Jedes Jahr an Sonntag Trinitatis, nachdem in der Woche zuvor die Bürger der Reichsstadt Überlingen einen neuen Rat gewählt hatten, wurde die erste konstituierende Sitzung des Kleinen Rats mit dem gleichen Ritual eingeleitet, dem Entscheid der Obrigkeit über den Glauben: *[...] und nach beschehner glückhwünschung würdet der erst rathschlag fürgenommen, namblichen ob man bey der althen, wahren, unverfelscheten catholischen kürchen verpleiben, auch den wochenlichen creuzgang den ainen sambstag gen Bürnaw, den anderen zuo unser lieben frawen zuo der außfürung halten und wie von althem gepreuchig gewesen fürnämen wölle*[1]. Die Frage, die den Ratsherren hier vorgelegt wurde, war natürlich eine rein rhetorische, das Ergebnis stand von vornherein fest, wie schon die Formulierung nahelegt. Denn welcher Ratsherr könnte und wollte wohl gegen den Verbleib bei der *wahren kürchen* votieren? Dennoch lohnt es, nach dem Sinn, der sich hinter diesem Ritual verbarg, zu fragen, gibt er doch den Blick frei auf das Selbstverständnis des Rats. Besagt dieser *erste rathschlag* doch nicht weniger, als daß die Herren des Rats der Auffassung waren, die Entscheidung über den rechten Glauben aller Einwohner der Stadt, über deren Seelenheil, um es in der Sprache der Zeit zu formulieren, fiele allein in die Kompetenz der politischen Obrigkeit. Die Katholizität der Stadt wäre danach allein ihr Werk gewesen, konfessionelle Option und Entwicklung Überlingens unmittelbarer Ausfluß des städtischen Ratsregiments.

Damit ist das Thema dieser Arbeit angeschlagen. Während allenthalben in den Freien und Reichsstädten des Heiligen Römischen Reiches in den 1520er Jahren die Ideen Martin Luthers verbreitet und meist enthusiastisch begrüßt wurden, verhinderte der Überlinger Rat mit Erfolg, daß sich seine Untertanen der neuen Lehre zuwandten; während die meisten städtischen Obrigkeiten es nicht wagten, das Wormser Edikt von 1521 zu publizieren, das die Lektüre und Verbreitung lutherischer Schriften verbot, setzte es der Überlinger Rat ohne jedes Zögern durch; und während die Mehrzahl der Reichsstädte sich denn auch in den Jahren nach 1517 der Reformation anschloß, blieb Überlingen der alten Kirche treu[2]. Wie läßt sich diese konfessionelle Konservativität erklären? War es tatsächlich in erster Linie der Rat, der dafür verantwortlich war, oder gab es noch andere Ursachen? Bereits die Zeitgenossen waren sich

---

[1] StadtAÜb I/54/148, 1596 Mai 30. Wann diese Formulierung eingeführt wurde, ist nicht bekannt. Zur Ratswahl vgl. Kap. V.

[2] Zur städtischen Reformationsgeschichte vgl. die in Kap. II angegebene Lit.

über diese Frage uneins, wie eine Kontroverse zwischen dem Überlinger Rat und dem Konstanzer Weihbischof Melchior Fattlin aus dem Jahr 1543 belegt. Denn während Fattlin die Treue der Überlinger zum alten Glauben dem Erfolg seiner in Überlingen gehaltenen Predigten zuschrieb, behauptete der Rat, daß sie in erster Linie seinem energischem Eintreten für die alte Kirche zu verdanken gewesen sei[3].

Diesen Disput der Zeitgenossen zu beurteilen, und das heißt zugleich, nach den Gründen der Katholizität Überlingens zu forschen, ist die eine Aufgabe dieser Arbeit. Gerade das Beispiel einer katholischen Reichsstadt wirft des weiteren die Frage auf, wie sich dort das kirchliche und religiöse Leben im Unterschied zu den vielen protestantisch gewordenen Schwesterstädten entwickelt hat. Bildete sich in Überlingen eine eigene katholische Identität, welche Denken und Glauben der Einwohner prägte? Diese beiden Fragen nach Ursache und Entwicklung der Katholizität Überlingens zu beantworten – soweit die Quellen dies erlauben –, ist das Ziel dieser Arbeit.

Auf den ersten Blick mutet die ,Reformationsgeschichte' der Bodenseestadt fast wie ein Anachronismus an, wie die berühmte Ausnahme, welche die Regel, die reichsstädtische Reformation, bestätigt. Doch das seit der Arbeit von Bernd *Moeller* fast zum geflügelten Wort avancierte Begriffspaar „Reichsstadt und Reformation"[4] beschreibt nur einen Teil der Wirklichkeit. *Moeller* wies zwar zu Recht darauf hin, daß es in fast allen Reichsstädten reformatorische Regungen gegeben hatte, doch thematisierte er vor allem den Beginn der Reformationszeit, nicht aber ihren Erfolg auf lange Sicht[5]. Ein Blick auf das Zahlenverhältnis von protestantischen und katholischen Reichsstädten zu Ende des 16. Jahrhunderts zeigt aber, daß fast 30% der Mitglieder des Städtecorpus katholisch geblieben sind, und, zieht man davon die große Anzahl kleiner und kleinster Kommunen, die sich darunter fanden, ab, immerhin noch ungefähr 10% übrig blieben[6]. Dazu zählten z. B. die ,Großstadt' Köln und Aachen im Nordwesten des Reiches sowie die im Süden gelegenen Mittelstädte[7] Schwäbisch Gmünd, Rottweil, Überlingen und auch das elsässische Schlettstadt. Gewiß, die katholischen Kommunen waren unter den Reichsstädten eine Minderheit, von einer Ausnahme kann allerdings kaum gesprochen werden. Deshalb scheint es geboten, sich am Beispiel einer Stadt diesem von der Forschung bislang kaum beachteten Thema zuzuwenden[8]. Überlingen bietet sich dafür an, da es zum einen „unter den ganzen katholischen Reichsstädten die erste in Schwaben [war]"[9], wie es die offizielle Geschichtsschreibung der Stadt noch gegen Ende des 18. Jahrhunderts stolz für sich in Anspruch nahm, und zum anderen reformatorische Ideen so gut wie keine Spur in der Stadt hinterlassen hatten. Da Überlingen zudem in enger Nachbarschaft

---

[3] Vgl. GLA 225/463 fo. 17 ff. Ausführlicher dazu Kap. VII.

[4] *Moeller*, Reichsstadt.

[5] Vgl. *ebda* S. 9 f.

[6] Vgl. *Enderle*, Reichsstädte.

[7] Diese Klassifizierung nach *Gollwitzer* S. 498 f. *Gollwitzer* unterscheidet zwischen Metropolen, Reichsstädten mittlerer Größe, kleinen und kleinsten Kommunen.

[8] Zur Forschungslage vgl. Kap. II.

[9] *Geschichte* S. 16.

zu einer Reihe schon früh protestantisch gewordener Städte wie Konstanz, Lindau oder Memmingen lag, stellt sich um so dringlicher die Frage, warum die Reformation dort einen so günstigen Boden vorfand und hier überhaupt keine Wurzeln schlug[10]?

Die Geschichte des katholischen Überlingen lenkt also den Blick über das engere Thema hinaus auf zwei Bereiche: auf die Geschichte der katholischen Reichsstädte sowie zugleich auch auf die Reformationsgeschichte der benachbarten oberschwäbischen Kommunen. Diese beiden Themenkomplexe bilden denn auch den größeren Rahmen, innerhalb dessen die Analyse der Überlinger Verhältnisse angesiedelt ist und der überhaupt erst, wie noch genauer zu zeigen ist, eine solche Analyse ermöglicht.

2. Überlingen und die oberschwäbischen Reichsstädte

Gerade wenn man die territoriale Lage sowie den geschichtlichen Werdegang Überlingens betrachtet, muß es umso mehr Erstaunen hervorrufen, daß die Reformation dort so ohne jede Wirkung geblieben war. Ein erster Blick auf die Geschichte der Stadt mag diese Behauptung verdeutlichen. 1275, nach dem Aussterben der Staufer, hatte König Rudolf I. Überlingen als Reichsstadt anerkannt[11], 1397 erwarb sie von König Wenzel das Ammannamt als Pfand, 1415 verpfändete König Sigismund der Stadt die Reichssteuer[12]. Der Rat hatte damit wesentliche Rechte erworben, welche die reichsunmittelbare Stellung der Stadt sicherten. Dazu kam im Laufe des 15. Jahrhunderts der Erwerb eines beachtlichen Territoriums[13], in dem die Stadt allerdings nur die niedere, nicht aber die hohe Gerichtsbarkeit besaß. Diese lag bei den Grafschaften Heiligenberg und Nellenburg – Anlaß für zahlreiche Streitigkeiten und Prozesse vor den Reichsgerichten[14].

Doch nicht Konflikte mit den benachbarten kleinen Territorien prägten die Geschichte der Bodenseestadt, sondern die enge Einbindung in die oberschwäbische Städtelandschaft[15], eine der dichtesten des Alten Reiches (vgl. Abb. 1). Überlingen

---

[10] Bereits *Wolfart* 1 S. 273, bemerkte: „Warum eine Stadt kirchlich und politisch auf die Seite des neuen Evangeliums trat, bedarf stets der Erklärung weniger, als warum eine andere im Gefolge der alten Kirche und Habsburgs ging."

[11] *Semler*, Überlingen S. 48.

[12] Nach *Bühler* S. 159, Anm. 7. Zur geschichtlichen Entwicklung Überlingens vgl. auch: *Überlingen* S. 19 ff.; *Kreis Überlingen* S. 145 ff.

[13] Überlingen besaß im 16. Jahrhundert drei städtische Vogteien mit 36 Dörfern, Weilern und Höfen, dem städtischen Spital gehörten 33 Dörfer, Weiler und Höfe (*F. Schäfer* S. 28 f., 80, 94 ff.); vgl. *Semler*, Geschichte S. 14 ff., zu den Erwerbungen des Spitals, sowie *Baumann*, Territorien S. 14 f., 33. – Allgemein vgl. *Blickle*, Territorialpolitik S. 54 ff., 68 f.

[14] Vgl. zur hohen Gerichtsbarkeit dieser Territorien *Baumann*, Territorien S. 3 ff. Auf die Konflikte im einzelnen kann hier nicht eingegangen werden; reichhaltiges Material dazu bieten die städtischen Rats- und Missivprotokolle. Zu den Auseinandersetzungen mit den Grafen von Werdenberg, die bis 1534 Inhaber Heiligenbergs waren, vgl. z. B. die verschiedenen Verträge, ediert in: Oberrheinische Stadtrechte S. 138, 352 ff., 358; oder auch Mitteilungen.

[15] Vgl. *K. O. Müller*, Reichsstädte; *Eitel*, Reichsstädte.

und Ravensburg bildeten die Zentren einer westlichen Gruppe, um die sich die kleineren Städte Pfullendorf, Buchhorn, Lindau und Wangen gruppierten; Isny, Kempten und Leutkirch orientierten sich stärker an Memmingen, dem Zentrum der östlichen Gruppe. Die an der Peripherie gelegenen Städte Kaufbeuren und Biberach sowie das winzige Buchau zählten zwar auch zu den oberschwäbischen Reichsstädten, besaßen aber keine so ausgeprägten Bindungen dazu wie die anderen[16]. Mit Abstrichen kann auch das spätestens seit Ende des 15. Jahrhunderts nach einer engeren Zusammenarbeit mit der Eidgenossenschaft strebende Konstanz noch zu der Gruppe der oberschwäbischen Reichsstädte gerechnet werden[17].

Alle diese Städte besaßen untereinander enge politische und verfassungsrechtliche Bindungen. Bereits 1275 hatte z.B. ein großer Teil von ihnen das Überlinger Stadtrecht übernommen[18]; alle besaßen eine sogenannte Zunftverfassung, die sich im Laufe des 14. Jahrhunderts ausgebildet hatte und zumindest nominell den in den Zünften organisierten Bürgern wichtige politische Mitsprache- und Entscheidungsrechte einräumte[19]. Daneben gab es aber auch noch bis zum Beginn der Reformation enge politische Kontakte und Bündnisse. Bereits im 14. und 15. Jahrhundert hatten sich immer wieder einige der „oberen Städte", wie sie sich nannten, in regionalen Bündnissen zusammengeschlossen. Mit der Gründung des Schwäbischen Bundes intensivierte sich diese politische Zusammenarbeit noch. Jetzt trafen sich die oberen Städte regelmäßig auf eigenen Städtetagen, um ihr Gewicht innerhalb des Bundes durch vorher abgesprochene gemeinsame Voten zu erhöhen[20].

Doch ungeachtet enger politischer Bindungen und struktureller Gemeinsamkeiten säte die Reformation auch unter den oberen Städten den Keim der Zwietracht. Während Überlingen und die kleineren Trabantenstädte Pfullendorf, Buchhorn, Wangen und Buchau katholisch blieben, setzte sich in Konstanz, einem Vorreiter der Reformation im Südwesten, und den anderen Städten die Reformation – wenn auch mit jeweils unterschiedlichem Erfolg – durch. Das hieß: Der Glaube trennte fortan auch die Reichsstädte Oberschwabens; deren politische Interessen mußten sich den jeweiligen konfessionellen Optionen beugen[21].

Gerade die unterschiedliche Reformationsgeschichte der oberschwäbischen Städte verlangt nach einer Erklärung, insbesondere nach einer Erklärung der Katholizität Überlingens und der anderen katholisch gebliebenen Reichsstädte. Denn soviel ist bereits deutlich geworden: Überlingen lag inmitten eines Zentrums früher städtischer Reformation, inmitten der Kommunikationslinien der neuen Lehre. Was sich in den

---

[16] Belege und Begründungen dazu in Kap. VI, Anm. 16.

[17] Vgl. *ebda.* Gerade in neueren Arbeiten wird betont, daß die während des gesamten 15. Jahrhunderts noch recht enge Bindung von Konstanz an die oberschwäbischen Reichsstädte sich erst gegen Ende des Jahrhunderts allmählich löste.

[18] *Semler*, Überlingen S. 48: Das Stadtrecht wurde übernommen von Ravensburg, Pfullendorf, Buchhorn, Wangen, Memmingen und Kaufbeuren.

[19] Vgl. *Eitel*, Zunftherrschaft.

[20] Vgl. dazu ausführlicher und mit Belegen Kap. VI.

[21] Vgl. Kap. III.

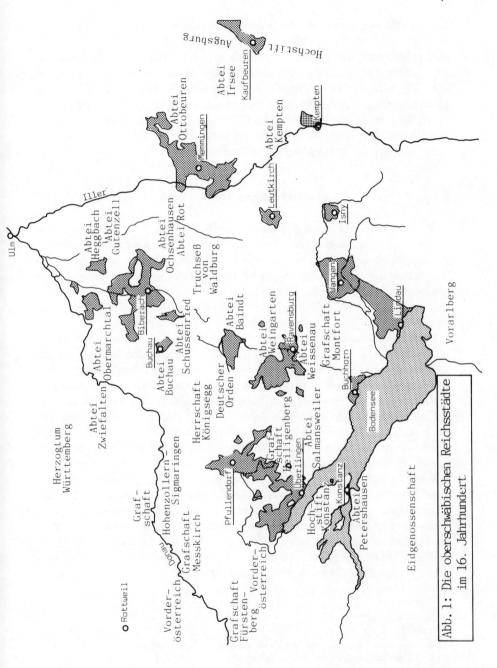

Abb. 1: Die oberschwäbischen Reichsstädte im 16. Jahrhundert

Nachbarstädten ereignete, welche Ideen dort von der Kanzel herab und über Flugschriften verbreitet wurden, blieb seinen Einwohnern gewiß nicht verborgen. Hätte sich in Überlingen wie in Memmingen oder anderen Städten eine reformatorische Bewegung gebildet, so wäre dies dem Historiker im nachhinein nur als selbstverständlich erschienen. Doch eben dies ist nicht geschehen. Es gibt also keine auf der Hand liegende Erklärung für die Katholizität Überlingens, im Gegenteil, auf den ersten Blick muß dieses Ergebnis der Überlinger ‚Reformationsgeschichte' sogar überraschen. Will man sich nun nicht mit dem Zufall als Erklärung begnügen[22], bedarf es einer sorgfältigen Analyse der Überlinger Verhältnisse.

3. Methode und Fragestellung

Wie kann man nun aber das Phänomen der Katholizität Überlingens überhaupt erklären? Geht es hier doch im Grunde um ein Ereignis – das der Reformation –, welches überhaupt nicht stattgefunden hat. Damit ist die Frage der methodischen Vorgehensweise angeschnitten. Anders als bei den vielen städtischen Reformationsgeschichten ergibt sich weder aus den Ereignissen um die Einführung der Reformation eine folgerichtige Erklärung, noch lassen sich direkte kausale Verbindungen zwischen den Ereignissen und den Strukturen der Stadt herstellen.

Das aus sich selbst heraus auf Anhieb nicht Erklärbare muß, auch um überhaupt als historisches Problem erkannt zu werden, zunächst einmal aus dem Blickwinkel der protestantisch gewordenen Städte betrachtet werden; deren Reformationsgeschichte(n) geben Themen- und Fragestellungen vor, die dann am Beispiel einer katholisch gebliebenen Stadt auf ihre Bedeutung hin geprüft werden. Worin unterschieden oder glichen sich die politischen, sozialen, kirchlichen und religiösen Verhältnisse in dem katholischen Überlingen von denen der ‚Reformationsstädte'? Dies ist die Leitfrage, welche sowohl das Augenmerk auf die historisch individuellen und singulären Umstände Überlingens lenkt als auch das Problem städtischer Reformation an sich thematisiert und die bislang von der Forschung erarbeiteten Erklärungsmodelle auf ihren Wert hin befragt. Welches waren z. B. die entscheidenden Faktoren, die dafür verantwortlich waren, daß eine Reformation erfolgreich verlief oder scheiterte oder auch – wie im Falle Überlingens – überhaupt nicht stattfand? Gerade der oberschwäbische Raum mit seiner so überaus dichten Städtelandschaft, in welcher protestantische und katholische Städte dicht beieinander lagen, bietet für die Beantwortung dieser Fragen dank der breiten Vergleichsmöglichkeiten die denkbar günstigsten Voraussetzungen[23].

---

[22] *Veit/Lenhart* S. 2: „Die Geschichte der Spaltung in den Freien Reichsstädten legt fast die Vermutung nahe, als ob in ihnen der Zufall über die Religion entschieden habe, da bei ganz gleichen Verhältnissen die eine Stadt katholisch blieb, die andere lutherisch, eine dritte zwinglianisch und eine vierte paritätisch wurde".

[23] Zur Notwendigkeit eines Vergleichs vgl. auch *Blickle*, Gemeindereformation S. 77.

Zugleich wird damit versucht, im Sinne einer „histoire totale"[24] die Strukturen und Lebensbedingungen Überlingens möglichst umfassend zu beschreiben, in der Absicht, damit gleichsam den Entscheidungshorizont der Einwohner Überlingens, den der Obrigkeit wie der Untertanen, zu rekonstruieren, der sie – bewußt oder unbewußt – dazu brachte, am alten Glauben festzuhalten. Diese Forderung nach einer umfassenden Untersuchung der städtischen Strukturen ergibt sich zwangsläufig aus der Sache selbst, dem Prozeß der Konfessionsbildung, handelte es sich doch hier um einen Vorgang, „... der sich nicht nur auf das Kirchliche beschränkte, sondern mit darüber hinaus alles Öffentliche und Private in Mitleidenschaft riß und tief in die Lebensbereiche des Politischen und Kulturellen eindrang"[25]. Religiöse Entwicklungen hingen letztlich ebenso von politischen und sozialen Bedingungen wie von geistigen und kulturellen Strömungen ab, und nicht zuletzt auch von den Bedürfnissen und Leidenschaften einzelner[26]. Nur eine breit angelegte Untersuchung vermag diesem komplexen Phänomen gerecht zu werden; nur so vermeidet man die Gefahr, die Bedeutung einzelner Faktoren überzubewerten; und nur so läßt sich die Katholizität Überlingens in ihrem Ausgangspunkt wie ihrer Entwicklung als Ergebnis der spezifischen Strukturen und historischen Bedingungen der Bodenseestadt begreifen.

Diese Vorüberlegungen erklären denn auch die Gliederung der Arbeit. Die grundlegenden Fragen und Arbeitshypothesen werden entwickelt in einem kurzen Diskurs zur neueren Forschung (Kap. II), vor allem aber in einem Einleitungskapitel (Kap. III), das die Geschichte Überlingens, die Ereignisse in der Reformationszeit, aber

---

[24] Zum Gebrauch dieses Terminus sind zwei Anmerkungen zu machen: 1. Eine histoire totale im Sinne einer völligen Rekonstruktion der Geschichte kann es natürlich niemals geben, und diese Arbeit erhebt auch nicht den Anspruch, das Gesamt der Überlinger Geschichte darstellen zu können. Mit diesem Begriff soll eine bestimmte Weise des Geschichtsverständnisses bezeichnet werden, das Geschichte als ein Beziehungsgeflecht verschiedener Bereiche und Strukturen ansieht, die sowohl einzeln untersucht als auch in ihrem Zusammenhang erkannt werden müssen; vgl. nur *Braudel* S. 59 f.: „... für den, der die Welt begreifen will, handelt es sich darum, eine Hierarchie der Kräfte, der Strömungen, der besonderen Bewegungen festzulegen und dann die Konstellation des Ganzen wieder in den Griff zu bekommen". Vgl. zu dem Begriff auch *H. Schulze* S. 249. Da die Konfessionsbildung alle Lebensbereiche tangierte, ergibt sich bereits aus dem Thema eine Nähe zum Konzept der histoire totale. 2. Histoire totale ist ein Begriff der sogenannten „Nouvelle Histoire" (vgl. dazu: *Nouvelle Histoire*; zur Rezeption in Deutschland u.a. *Süssmuth*; kritisch dazu: *Gismondi* S. 211 ff.). Die Nouvelle Histoire hat nun selber mehrere Phasen durchlaufen, die sich voneinander abheben, so daß auch der von ihr geprägte Begriff der histoire totale jeweils etwas anders verstanden wurde. Diese Entwicklung kann hier nicht erörtert werden; es sei nur darauf verwiesen, daß die vorliegende Arbeit nicht von der neuesten Tendenz, die Mentalitätsgeschichte als entscheidenden Schlüssel zum Verständnis der Gesamtgeschichte anzusehen (vgl. zur Mentalitätsgeschichte neuerdings nur *Sellin* S. 555 ff., mit Lit.), ausgeht, sondern von einer prinzipiellen Gleichwertigkeit verschiedener Strukturen.

[25] *Zeeden*, Konfessionen S. 7.

[26] Vgl. zu dieser grundsätzlichen Feststellung u.a. *Greyerz*, Introduction. S. 1; *Chaunu* 1 S. 15: „On ne voit pas bien, à priori, ce que l'on peut tenir au-dehors d'une synthèse d'histoire religieuse. La relation ontologique affecte, consciemment ou inconsciemment, tous les secteurs de la vie; tous les secteurs de la vie influencent l'homme individu et l'homme social dans sa relation à Dieu".

auch in den folgenden Jahrzehnten, im Vergleich mit allen oberschwäbischen Reichsstädten darlegt[27]. Die beiden Hauptteile sind vorwiegend den strukturellen Bedingungen der Stadt gewidmet. Zunächst werden Sozial- und Wirtschaftsstruktur (Kap.
IV), die Struktur der politischen Führungsschicht (Kap. V) sowie die politischen
Interessen der Stadt, also deren Außenpolitik (Kap. VI), behandelt. Damit werden
zentrale, die Interessen und Lebensbedingungen der Bevölkerung wie der politischen
Führung formende Faktoren erörtert. Ein zweiter Hauptteil beschäftigt sich mit den
kirchlichen und religiösen Verhältnissen. In drei ebenfalls strukturgeschichtlich aus-
gerichteten Kapiteln werden die Lebensbedingungen des Welt- und des Ordensklerus
(Kap. VII und VIII) sowie das religiöse Leben in der Stadt (Kap. IX) thematisiert.
Abgeschlossen wird dieser Teil mit einem Kapitel, das, Ereignis- und Strukturge-
schichte verbindend, die kirchlichen, religiösen und kulturellen Veränderungen gegen Ende des 16. Jahrhunderts diskutiert (Kap. X). In einem Schlußteil werden dann
die eingangs aufgestellten Arbeitshypothesen unter Einbeziehung der in den beiden
Hauptteilen gewonnenen Ergebnisse nochmals aufgegriffen (Kap. XI) und an einem
Vergleich aller katholischen Reichsstädte (Kap. XII) geprüft.

---

[27] Obwohl der im 16. Jahrhundert anlaufende Prozeß der Konfessionsbildung seinen Höhepunkt im 17. Jahrhundert erreichte und gerade der für eine katholische Reichsstadt so zentrale
Vorgang der katholischen Reform erst um 1600 voll einsetzte und bis ins 18. Jahrhundert reichte,
beschränkt sich die vorliegende Untersuchung auf die Zeit bis zum Ausbruch des Dreißigjährigen Krieges. Ein weiteres Ausgreifen hätte den Rahmen der Arbeit gesprengt, und da sich die
wesentlichen Entwicklungen bereits vor 1618 abzeichneten, scheint diese Zäsur auch sachlich
vertretbar zu sein.

II. Zum Stand der Forschung

1. Die katholischen Reichsstädte

Die in den Jahren der Reformation katholisch gebliebenen Reichsstädte sind von der Forschung lange Zeit vernachlässigt worden[1]. Weder zu den katholischen Reichsstädten der elsässischen Decapolis noch zu denen Oberschwabens gibt es neuere, umfassendere Arbeiten. Die im Grunde so erstaunliche Tatsache, daß eine Reichsstadt katholisch blieb und womöglich nicht einmal eine reformatorische Bewegung erlebt hatte, fand kaum Beachtung. Das Interesse der Historiker wandte sich entweder katholischen Minderheiten in protestantischen Reichsstädten zu[2] oder protestantischen Minderheiten in katholischen Reichsstädten, und das hieß dann zumeist gescheiterten reformatorischen Bewegungen[3]. Neben Rottweil und Schwäbisch Gmünd[4] gilt dies vor allem für Aachen. Die dortige Reformationsgeschichte zog aus zwei Gründen das Augenmerk der Historiker auf sich: Zum einen, weil hier fast eine erfolgreiche Reformation stattgefunden hätte – und nicht wegen der letztlich doch bewahrten Katholizität –, und zum anderen wegen der reichspolitischen Implikationen der gescheiterten Aachener Reformation[5].

Nur eine Arbeit beschäftigte sich mit einer von der Reformation kaum aufgewühlten Stadt: Am Beispiel Kölns stellte Robert W. *Scribner* ausdrücklich die Frage: Why was there no reformation in Cologne[6]? Und kam zu dem Ergebnis, daß die Katholizität in Köln, ebenso wie in anderen Städten die Reformation, Ausdruck der spezifisch

---

[1] Dies dokumentieren die dürftigen Bemerkungen zu den katholischen Städten in der neueren Gesamtdarstellung von *Gerteis* S. 118, ebenso wie der Umstand, daß *Brecht/Ehmer* S. 390, in dem Abschnitt über die katholischen Territorien des Südwestens bei der Aufzählung der katholisch gebliebenen Reichsstädte eine der wichtigsten, nämlich gerade Überlingen, nicht nennen. – Eine erste zusammenfassende Erörtung der Geschichte aller katholischen Reichsstädte bei *Enderle*, Reichsstädte.

[2] Vgl. *Lang*, Katholiken; *Fuchs* S. 141 ff. In diesem Zusammenhang können auch die Arbeiten zu den bikonfessionellen Reichsstädten genannt werden; vgl. *Warmbrunn*; *François*.

[3] Vgl. dazu die in Anm. 4 u. 5 angeführte Lit. – Fälle gescheiterter Reformationen am Beispiel mehrerer landsässiger Bischofsstädte untersuchte *Rublack*, Gescheiterte Reformation; vgl. zu Landstädten des Bistums Freising *Rössler*. Mit protestantischen Minderheiten in landsässigen bayerischen Städten beschäftigte sich auch *Christ* S. 212 ff.

[4] *Brecht*, Rottweil S. 5 ff., faßt die ältere Lit. zusammen; vgl. *Ehmer*, Althammer S. 46 ff.; *Ders.*, Schwäbisch Gmünd S. 185 ff. Zur älteren Lit. vgl. Kap. XII.

[5] Vgl. W. *Schmitz*, Verfassung, mit Verweis auf die ältere Lit.; vgl. auch Kap. XII.

[6] *Scribner*, Cologne S. 217 ff. – Im Unterschied zu den katholischen Reichsstädten wurde die Katholizität der geistlichen Territorien zusammenfassend erörtert durch *Schindling*, Reichskirche S. 81 ff.

städtischen Verhältnisse gewesen war, im Grunde also auch als ein „urban event"[7] verstanden werden kann, nur daß eben in diesem Fall die politischen Interessen sowie die gesellschaftlichen Bedingungen den Verbleib beim alten Glauben favorisierten. Geht man, wie *Scribner* das tut, von der prinzipiellen Gleichwertigkeit der möglichen konfessionellen Optionen aus, so wird das bislang auf die Frage der Einführung oder des Scheiterns der Reformation verengte Thema erweitert auf die grundsätzliche Frage: Welche Bedingungen lenkten die konfessionelle Option einer Stadt in die eine oder andere Richtung?

Neuerdings hat Hans R. *Guggisberg* diese Frage auch für die katholischen Städte der Eidgenossenschaft gestellt, wobei seine Studie vor allem wegen des komparatistischen Ansatzes zu interessanten Ergebnissen kommt[8]. So arbeitet er als einen der wesentlichen Gründe für die Katholizität der von ihm untersuchten Städte die spezifischen wirtschaftlichen und politischen Interessen heraus, welche sie von den Hochburgen des Protestantismus wie Zürich oder Bern unterschieden und die wiederum den Rat zumeist zu einem konsequenten Festhalten am alten Glauben führten. Die Thesen von *Guggisberg* decken sich damit teilweise mit den Ergebnissen der vorliegenden Arbeit.

Ausführlichere monographische Studien zu katholischen Städten streifen indes in der Regel die Jahre der Reformation nur am Rande und wenden sich vornehmlich der zweiten Hälfte des 16. und dem 17. Jahrhundert zu, der Epoche der katholischen Reform. Wegen ihrer wertvollen methodischen und inhaltlichen Anregungen wären hier insbesondere die Arbeiten von R. Po-chia *Hsia*[9] über die katholische Landstadt Münster und von Alain *Lottin* zur Geschichte Lilles in den Zeiten der Gegenreformation zu nennen[10]. Materialreiche Darstellungen bieten ferner noch die Untersuchungen von August *Brecher* und Fritz *Dommann* zur Geschichte der katholischen Reform in Aachen und dem schweizerischen Zug[11].

Welche Gründe aber können das Forschungsdefizit zum Thema der katholischen Reichsstadt erklären? Eine nicht unerhebliche Rolle spielte dabei wohl der Umstand, daß die Mehrheit der katholischen Reichsstädte zu den reichsstädtischen Winzlingen wie Buchau oder Zell am Harmersbach gehörte. Der katholischen Reichsstadt haftete damit der Ruch der Bedeutungslosigkeit an, dem auch gegenteilige Beispiele, wie das der katholischen Großstadt Köln oder des in seiner Region durchaus einflußreichen Überlingen, nichts anzuhaben vermochten. Die reichspolitische Perspektive verstellte hier den Blick auf die katholischen Reichsstädte. Denn es liegt auf der Hand, daß diese im Unterschied zu den protestantisch gewordenen Städten nicht gezwungen

---

[7] Vgl. *Scribner*, Cologne S. 240 f., in Anspielung auf das vielzitierte Diktum von *Dickens*.

[8] Vgl. *Guggisberg* S. 188, auch zur prinzipiellen Relevanz des Themas: „After all the Reformation as an historical phenomenon can hardly be studied where it was barely attempted or did not occur at all. However, to explore failure and the reasons for it also remains an important task which the historian must not avoid. It has been neglected and repressed for far too long".

[9] *Hsia*, Society.

[10] *Lottin*.

[11] *Brecher*; *Dommann*.

waren, sich gegenüber dem Kaiser zu legitimieren und durch bündnispolitische Initiativen abzusichern, und deshalb auch weniger aus dem Schatten der Habsburger hervortraten. Die Katholizität dieser Städte wurde denn auch in der Regel mit der engen Bindung an die Habsburger oder andere katholische Territorien erklärt[12]. Damit wird zwar ein wesentlicher Gesichtspunkt getroffen, aber zumeist bleibt man zum einen die Erklärung schuldig, welche konkreten Interessen gerade diese Städte an die Seite der Habsburger brachte; und zum anderen bleibt die Frage offen, warum andere Städte, die ebenfalls vor der Reformation enge Bindungen an katholische Mächte besessen hatten, sich trotzdem der Reformation zuwandten[13]. Völlig zu Recht hat daher in einem neueren Forschungsbericht Anton *Schindling* die Forderung erhoben, sich den vernachlässigten katholischen Reichsstädten zuzuwenden[14].

2. Stadt und Konfessionsbildung

Das Phänomen der katholischen Reichsstadt wird man nicht erklären können ohne Rückgriff auf die Ergebnisse der Forschung zur städtischen Reformations- und Konfessionsgeschichte. Das Thema Stadt und Konfessionsbildung umfaßt dabei zwei Teilthemen: die Einführung bzw. das Scheitern oder Nicht-Stattfinden der Reformation und die daran anschließende Phase der Konfessionsbildung[15].

Daß neue Ideen zuallererst in den Städten, den kirchlichen und kulturellen Zentren des Reiches, umgeschlagen wurden, daß sie gerade hier ein aufgeschlossenes und aufnahmebereites Publikum fanden, ist eine unbestrittene Prämisse städtischer Kir-

---

[12] Vgl. *Press*, Reichsstadt S. 18 ff.; auch *Becker* S. 90, betont, daß sich die katholische Kirche dort halten konnte, wo sie Rückhalt an nahen Territorialgewalten hatte. *Hofacker*, Reformation S. 93 ff., führt die relativ späte Reformation in Ravensburg ausdrücklich auf den Einfluß des habsburgischen Landvogtes zurück.

[13] Wenn z. B. *Buck* S. 486, pauschal erklärt: „Reichsstädte wie Rottweil und Überlingen waren ja nicht nur von Österreich abhängig, sondern auch der traditionellen Kirche anhängig", so kann diese unbelegte Behauptung nicht mehr überzeugen, sobald man sich das Beispiel Lindaus vor Augen führt. Lindau, das ein eigenes Schutzbündnis mit den Habsburgern besaß, schloß sich nämlich trotz dieser engen Bindung bereits früh der Reformation an; vgl. dazu Kap. VI. Die Art der jeweiligen Bindung an die Habsburger und deren Einfluß auf die konfessionelle Option der Städte bedarf also einer genaueren und stärker differenzierenden Erklärung.

[14] *Schindling*, Kirche S. 187. Ähnlich auch *Guggisberg* (wie Anm. 8). – *Greyerz*, Stadt S. 6 u. passim, geht zwar unter anderem auch auf die Arbeit von *Scribner* (wie Anm. 6) ein, ohne aber – mangels entsprechender Arbeiten – ebenso wie *Rublack*, Forschungsbericht S. 25, das Thema der Katholizität einer Stadt näher zu problematisieren.

[15] Die Forschung konzentrierte sich bislang auf das erste Thema, die städtische Reformation. Nach und nach rücken jetzt indes auch die Folgen des reformatorischen Umbruchs, die Implementierung neuer konfessioneller und kultureller Normen und Weltbilder in den Mittelpunkt des Interesses. Vgl. nur z. B. *Rublack*, New history S. 133. – Im folgenden soll nun kein ausführlicher Forschungsbericht vorgelegt werden (vgl. dazu Anm. 17). Ergebnisse und Kontroversen der Forschung werden nur insoweit aufgegriffen, als sie für die Fragestellungen dieser Arbeit relevant sind.

chen- und Religionsgeschichte[16]. So kann es nicht verwundern, daß der Siegeszug der Reformation hier seinen Ausgang nahm, deren tatsächlichen Erfolg kann man damit aber genauso wenig erklären wie die Existenz katholischer Kommunen. Wirkliche Erkenntnis der Ursachen städtischer Konfessionsgeschichte bedarf differenzierterer Betrachtung.

Die Forschung zum Thema Reichsstadt und Reformation[17] wandte sich bislang vor allem zwei Themen zu: Zunächst galt es die Frage zu klären, warum die reformatorische Botschaft Luthers bzw. Zwinglis[18] gerade in den Städten so großen Widerhall fand. Und als zweites, weshalb die Reformation auf lange Sicht ungeachtet mancher, nicht unerheblicher Widerstände so erfolgreich war? Welche Faktoren begünstigten ihre Etablierung und Institutionalisierung? Geht man nun von dem Fall einer katholischen Reichsstadt aus, so müssen diese beiden Fragen nach Rezeption und Institutionalisierung umgedreht werden: Warum wurden dort die neuen Ideen nicht oder nur ansatzweise rezipiert und damit die mögliche Formierung einer reformatorischen Bewegung vereitelt? Wer verteidigte und stützte hier die alte Kirche, und weshalb konnte dies gelingen? Auch in katholischen Reichsstädten wie Überlingen oder Köln reagierte nun, wie noch zu zeigen ist, die Bevölkerung grundsätzlich positiv auf die reformatorische Botschaft. Doch es gelang hier der Obrigkeit, eine weitergehende Rezeption mit all ihren Folgeerscheinungen zu verhindern. Deshalb muß im Falle einer katholischen Reichsstadt die Analyse bei den Gruppen ansetzen, die in bewußter Opposition zu den ‚lutherischen Neuerungen' ihrer Zeit standen und deren Wirken letztlich die Katholizität der Stadt garantierte. Das Thema der Rezeption kann so auf den Aspekt ihrer Verhinderung eingegrenzt werden[19], so daß sich von

---

[16] Auf die besondere Form städtischer Religiosität weisen z. B. *Lottin* S. 10, hin, oder *Galpern*, Religions S. 124. Auch *Conrad* S. 49 u. passim, unterstreicht das besondere Gewicht der Städte, wenn sie feststellt, daß auch auf dem Land die reformatorische Botschaft über die Städte rezipiert wurde.

[17] Eine Übersicht über den Stand der Forschung geben: *Rublack*, Forschungsbericht S. 9 ff.; *Becker* S. 82 ff.; *Smolinsky* S. 32 ff.; *Greyerz*, Stadt S. 6 ff.; H. R. *Schmidt* S. 2 ff. – Knapp zusammenfassend vgl. auch: *Wohlfeil*, Einführung S. 118 ff.; *Brady*, Social History S. 167 ff.; *Blickle*, Reformation S. 79 ff.; *Ders.*, Gemeindereformation S. 76 ff.; und neuerdings *Goertz* S. 120 ff.

[18] Auf die unterschiedliche Rezeption lutherischer und zwinglianischer Theologie in den Städten wird im folgenden nicht eingegangen. Vgl. dazu vor allem *Moeller*, Reichsstadt, sowie *Blickle*, Gemeindereformation.

[19] Da hier auf das Thema der Rezeption nicht weiter eingegangen wird, seien die wichtigsten Positionen der Forschung umrissen. Im großen und ganzen lassen sich derzeit drei, sich zum Teil überschneidende Ansätze erkennen, die den unbestrittenen Erfolg der neuen Lehre beim Gemeinen Mann erklären sollen: 1. Zum einen wird auf den verbreiteten Antiklerikalismus hingewiesen (vgl. z. B. *Rapp* S. 435 ff.; zusammenfassend auch *Goertz* S. 121 f.), der auch von der evangelischen Flugblattpropaganda in ihrem Sinne instrumentalisiert wurde (vgl. dazu *Scribner*, Propaganda). 2. *Moeller* erklärt den Erfolg der reformatorischen Theologie damit, daß sie dem städtischen Selbstverständnis, das von dem genossenschaftlichen Gedanken einer communitas christiana getragen gewesen sei, entsprochen habe (vgl. *Moeller*, Reichsstadt). Die These *Moellers* etwas anders akzentuierend, betont auch Peter *Blickle*, daß gerade das Gemeindeverständnis, insbesondere der Theologie Zwinglis, auffallende Nähe zu dem des Gemeinen Mannes besessen habe (vgl. *Blickle*, Gemeindereformation). 3. In bewußter Stellungnahme gegen *Moel-*

selbst eine Konzentration auf die politischen und kirchlichen Führungsgruppen ergibt, die sich mit Erfolg reformatorischer Einflüsse erwehrten.

Der Argwohn, insbesondere der politischen Obrigkeit, gegenüber der Reformation scheint zunächst verständlich zu sein, sah sie doch durch die reformatorischen Bewegungen die politische und gesellschaftliche Ordnung und damit ihre eigene Macht bedroht. Da zugleich aber auch vielerorts Teile der städtischen Räte offenkundig mit der Lehre der Reformatoren sympathisierten und sich gerade diese Gruppe in zahlreichen Städten letztlich auch durchsetzte, sieht sich der Historiker mit dem Problem konfrontiert, die oft von Stadt zu Stadt divergierende Haltung der Ratsgremien gegenüber der Reformation und ihre Bedeutung für deren Einführung angemessen zu beurteilen, eine Aufgabe, die durch die Existenz reformatorischer Bewegungen noch weiter erschwert wird. Gebührte nun diesen das Verdienst, der Reformation zum Durchbruch verholfen zu haben, oder beschleunigten sie nur einen vom Rat ohnehin eingeleiteten Reformationsprozeß? Diese beiden, auf die Schlagworte Rats- bzw. Volksreformation verkürzten Thesen markierten die Pole der älteren Forschung.

Anknüpfend an ältere Arbeiten, betonen z.B. Winfried *Becker* oder Wolfram *Wettges*, daß in erster Linie der Rat, dem es vor allem um seine kirchenpolitischen und obrigkeitlichen Interessen ging, für die Einführung der Reformation verantwortlich gemacht werden muß, war er doch schließlich auch der eigentliche Nutznießer der Reformation[20]. Dagegen sehen Franz *Lau*, Heinz *Schilling* oder Thomas A. *Brady* den Druck der Gemeinde als entscheidenden Faktor, dem der Rat letztlich, fast wider Willen, nachgegeben habe, um seine politische Stellung zu wahren[21]. Eine daran anknüpfende, synthetisierende Interpretation versucht Olaf *Mörke*, dessen These zufolge die „... Reformation ‚von unten‘ oder ‚von oben‘ lediglich zwei Seiten derselben Sache darstellen ..."[22], da innerhalb des überschaubaren Sozialgefüges der Stadt von einer engen, wechselseitigen Verbundenheit der verschiedenen städtischen Gruppen ausgegangen werden muß. Die Reformation resultierte demzufolge aus einem Zusammenspiel von Rat und Gemeinde. Gegen diese vermittelnde Interpretation legen Peter *Blickle* und Richard Heinrich *Schmidt* neuerdings das Schwergewicht wieder auf die Seite der Gemeinde. Sie war in dem Prozeß der Einführung der Reformation – zumindest bis 1525 – das eigentlich handelnde Subjekt, wohingegen

---

ler bestreitet Thomas A. *Brady*, daß das Ideal des korporativ organisierten Gemeinwesens der Realität entsprochen habe; diese sei vielmehr von dem Antagonismus zwischen der politischen Führungsschicht und den Untertanen geprägt gewesen, und damit sei die Rezeption letztlich auf sozialpolitische Ursachen zurückzuführen (vgl. *Brady*, Ruling Class; konzentriert: *Ders.*, Republiken); zu der Kontroverse vgl. auch die Beiträge von *Moeller* und *Brady* in: *Mommsen*. Kritisch zu Brady vgl. auch *Schindling*, Kirche S. 175 ff.

[20] Vgl. *Becker* S. 82 ff.; *Wettges* S. 7 ff.

[21] Vgl. *Lau* S. 72 ff.; *Schilling*, Elite S. 238 f., 302 ff.; *Brady*, Ruling Class S. 292 f. – Zusammenfassend dazu vgl. auch R. H. *Schmidt* S. 6 f.

[22] *Mörke* S. 9 f. – Bereits *Ozment* S. 123 ff., 131, weist auf die Interdependenz von Klerus, Gemeinde und Rat bei der Einführung der Reformation hin.

der Rat nur reagierte und mehr schlecht als recht die Entwicklung zu steuern suchte[23]. Dabei boten dieser These zufolge vor allem Städte mit Zunftverfassung der Gemeinde über den Großen Rat wichtige Mitwirkungsmöglichkeiten, welche entscheidend zum Erfolg der Reformation beitrugen.

Gerade die Frage, wer in den Jahren der Reformation an der politischen Willensbildung in den Reichsstädten den entscheidenden Anteil besaß, ist mithin umstritten. Bei dieser Kontroverse gilt es anzusetzen, wenn man den Fall einer katholischen Reichsstadt untersucht. Dabei stößt man hier zumeist auf das Phänomen, daß der Rat sich geschlossen und massiv gegen die Verbreitung reformatorischer Ideen in seiner Stadt wandte – und dies in der Regel mit Erfolg. Der Schlüssel zum Verständnis des ‚reformatorischen Geschehens‘ liegt hier eindeutig beim Rat, der eindrucksvoll demonstrierte, daß es durchaus möglich war, gegen den Strom der Zeit schwimmend, den Gemeinen Mann bei der alten Kirche zu halten[24].

Wenn auch die Untersuchung einer katholisch gebliebenen Reichsstadt von selbst zu einer gewissen Überbetonung der Rolle des Rats verleiten mag, so findet eine solche Gewichtung doch auch Bestätigung durch andere städtegeschichtliche Monographien. Bereits Walter *Jacob* unterstrich am Beispiel Zürichs, daß die positive Einstellung der Mitglieder der politischen Führung gegenüber der Reformation entscheidend zu deren Erfolg beitrug. Erdmann *Weyrauch* und Kaspar von *Greyerz* wiesen auf die zentrale Rolle des Rats in der sogenannten Spätreformation hin[25]. Und neuerdings läßt die Studie von Katharina *Sieh-Burens* zur Verflechtung innerhalb der Augsburger Führungsschicht erkennen, in welch hohem Maß die verschiedenen Parteiungen innerhalb des Rats und ihre je unterschiedliche Haltung gegenüber der Reformation den Gang der Augsburger Reformationsgeschichte bestimmten[26]. Nicht nur bei der Verhinderung, auch bei der Einführung der Reformation gilt es, die Schlüsselrolle des Rats zu beachten.

Als eines der Kernprobleme städtischer Reformationsgeschichte erweist sich somit die adäquate Beurteilung des Handlungsspielraums des Rats. Gehen *Blickle*, aber auch *Brady* davon aus, daß der Rat – zumindest zeitweise – zur Sicherung seiner Herrschaft der Gemeinde Zugeständnisse machen mußte, deren Irrevozibilität dann den Erfolg des reformatorischen Prozesses sicherte, impliziert dagegen die These der Ratsreformation einen dem Druck der Gemeinde überlegenen Handlungsfreiraum des Rats. Jede Analyse dieses Problems muß denn auch versuchen, beide Perspektiven, den Druck und die politischen Optionen von unten wie von oben, aufzugreifen und ihrem jeweiligen Anteil am reformatorischen Geschehen gerecht zu werden. So

---

[23] Vgl. *Blickle*, Gemeindereformation S. 101 ff.; und knapp zusammenfassend *Ders.*, Dialektik S. 88 f.; H. R. *Schmidt* S. 6 ff. Kritisch zu Blickle vgl. *Schilling*, Gemeindereformation S. 325 ff.

[24] Vgl. *Guggisberg* S. 203: „Indeed the resistance against reforming activities in all four cities clearly originated from the secular authorities".

[25] Vgl. *Jacob* S. 63, 81; *Weyrauch* S. 218, 227; *Greyerz*, Late City.

[26] Vgl. *Sieh-Burens* S. 150 ff. Die Bikonfessionalität der Stadt basierte wesentlich darauf, daß sich proreformatorische und altgläubige Gruppen in der Führungsschicht gegenüberstanden.

gilt es, am Beispiel Überlingens die Sozialstruktur der Stadt auf das Maß des tatsächlich vorhandenen sozialen Konfliktpotentials hin zu untersuchen, um erkennen zu können, ob sich das katholische Überlingen hierin möglicherweise von anderen Städten unterschied. Zugleich gilt es aber auch, die Möglichkeiten politischer und gesellschaftlicher Kontrolle, welche der Rat besaß und die es ihm erlaubten, seine Entscheidungen gegenüber der Gemeinde durchzusetzen, im Auge zu behalten[27]. Damit wird vom sozialgeschichtlichen bereits zum verfassungsgeschichtlichen Aspekt des Themas übergeleitet: Garantierte die Zunftverfassung tatsächlich, wie das *Blickle* behauptet, der Gemeinde effektive Mitwirkungsrechte? Und: Wie lief eigentlich im Rat, der ja letztlich irgendwie zu der konfessionellen Herausforderung der Zeit Stellung beziehen mußte, der Prozeß der Meinungsbildung und Entscheidungsfindung ab? Wer definierte die Interessen der Stadt?

Waren es bei den reformatorischen Bewegungen ursprünglich genuin religiöse Impulse, die sich dann mit sozialen und politischen Forderungen verbinden konnten, so spielten bei den Entscheidungen der politischen Führung eben in weitaus stärkerem Maß außenpolitische Interessen und Abhängigkeiten der Stadt eine Rolle[28]. Das rationale politische Kalkül unterschied den Rat von der Gemeinde, und zu Recht wird betont, daß vielfach der Rat zwischen die Mühlsteine der evangelischen Forderungen der Gemeinde und der von ihm klar erkannten politischen Abhängigkeit vom Kaiser geriet[29]. Es wäre aber voreilig, daraus zu folgern, daß mit der Einführung der Reformation letztlich doch die Gemeinde dem Rat ihr Konzept aufgezwungen hätte, das dieser dann in modifizierter, obrigkeitlicher Version realisierte. Gerade das Beispiel der katholischen Reichsstädte wird deutlich machen, daß die politischen Möglichkeiten des Rats nicht unterschätzt werden dürfen.

Unbestritten ist, daß der Rat auf lange Sicht das Geschehen diktierte und daß es hierzu wohl auch keine politische Alternative gab. Dies belegt die Institutionalisierung der Reformation ebenso wie das ‚Kirchenregiment' katholischer Magistrate[30]. Gerade dieser zweiten, zeitlich viel umfassenderen Phase nach der Einführung bzw. Abwehr der Reformation beginnt sich die Forschung erst jetzt mit zunehmendem Interesse zuzuwenden. Das Problem reichsstädtischer Reformation – oder Nicht-Reformation – läßt sich, dies tritt immer deutlicher zutage, nicht auf die kurze Phase des Ringens um die ‚rechte' konfessionelle Option reduzieren. Man wird der Bedeutung der Reformation nur dann gerecht werden, wenn man die Entwicklung, welche sie ausgelöst hat, mit berücksichtigt. Die Arbeiten von Lorna Jane *Abray* und R. Po-

---

[27] Vgl. allgemein dazu *Scribner*, Sozialkontrolle S. 57 ff.

[28] *Greyerz*, Stadt S. 33, verweist auch auf die Bedeutung der ‚Außenbeziehungen' der Städte für den Verlauf der Reformationsgeschichte. Vgl. bislang dazu: *Jahns*; *Brecht*, Reichsstädte S. 180 ff.; G. *Schmidt*, Städtecorpus S. 194 ff.; R. H. *Schmidt*.

[29] Vgl. dazu insbesondere *Brady*, Turning Swiss S. 185 u. passim.

[30] Daß für die Durchführung der Reformation, den Erlaß von Kirchen- und Zuchtordnungen neben dem Klerus allein der Rat verantwortlich zeichnete, ist communis opinio der Forschung. Beispielhaft zum Kirchenregiment eines städtischen Magistrats vgl. T. M. *Schröder*; zum ‚Kirchenregiment' auf katholischer Seite vgl. Kap. VII.

chia *Hsia*[31] zeigen am Beispiel der Städte Straßburg und Münster, daß mit der Einführung der Reformation oder ihrer Abwehr die eigentliche Umwälzung erst ihren Anfang nahm. Sowohl in dem protestantischen Straßburg wie in dem katholischen Münster arbeiteten die Geistlichen, dort das protestantische Pastorenkollegium, hier vor allem die Jesuiten, mit Eifer daran, die Bevölkerung auf das jeweilige Bekenntnis einzuschwören. Und das hieß auch, einen neuen Standard religiöser und sittlicher Normen zu implementieren.

Dieser Prozeß der Konfessionsbildung[32] wurde bislang vor allem am Beispiel der Territorien und weniger dem der Städte untersucht, wobei in jeweils unterschiedlicher Akzentuierung einmal die Reform von Kirche und Klerus, das andere Mal der Prozeß der Sozialdisziplinierung oder die Entwicklung moderner Staatlichkeit im Vordergrund standen[33]. Die dort entwickelten Fragestellungen können vielfach auf den städtischen Bereich übertragen werden. Am Beispiel Überlingens soll neben der politischen Führungsgruppe vor allem der Klerus in den Blick genommen werden, die Entwicklung seines Sozialprofils im Laufe des 16. Jahrhunderts. Ziel muß es sein, ein Modell der Konfessionsbildung aufzustellen, das sowohl die Phase der konfessionellen Option umfaßt als auch den dadurch inaugurierten säkularen Transformationsprozeß[34]. Dabei soll dann nicht nur auf Wechselwirkungen zwischen politischen, sozialen und konfessionellen Entwicklungen und auf einen möglichen Einfluß der Territorien[35] geachtet, sondern auch gezielt nach konkreten Ursachen der gegen Ende des 16. Jahrhunderts anhebenden Konfessionalisierung gefragt werden. Im Falle einer katholischen Reichsstadt kommt es vor allem darauf an, zu sehen, inwieweit und in welchen Formen diese vielfältigen Wechselwirkungen zwischen Konfessionalisierung und politischen, gesellschaftlichen und kulturellen Prozessen sich im städtischen Raum entfalteten und von welchen Kräften sie vorangetrieben wurden.

3. Zur Reformationsgeschichte der oberschwäbischen Reichsstädte

Die Reformationsgeschichte der oberschwäbischen Reichsstädte, vor deren Hintergrund die Ereignisse und Bedingungen der Überlinger Geschichte nachgezeichnet

---

[31] *Abray*; *Hsia*, Society.

[32] Vgl. *Zeeden*, Konfessionen; *Ders.*, Konfessionsbildung. Einen ausführlichen Forschungsbericht bietet *Schilling*, Konfessionskonflikt S. 15 ff.; ein detailliertes Forschungsprogramm umreißt *Lang*, Konfessionsbildung S. 479 ff.; *Ders.*, Ausformung S. 13 ff. Zum Stand der Diskussion vgl. *Reinhard*, Konfessionalisierung S. 257 ff.; *Schilling*, Konfessionalisierung S. 1 ff.

[33] Vgl. u.a. *Bartmann*; *Huber*; *Coenen*; *Press*, Calvinismus; B. *Vogler*, Vie Religieuse; *Münch*, Zucht; *Schilling*, Konfessionskonflikt; *Ortner*.

[34] Als Beispiele für mögliche Phasen konfessioneller Entwicklung vgl. *Endriss* S. 289 ff., oder umfassender *Schilling*, Konfessionalisierung S. 1 ff.

[35] Auf die enge wechselseitige Verbindung von Städten und Territorien und den Einfluß der Städte auf die territoriale Reformation wies bereits hin: *Press*, Stadt S. 251 ff. – Daß auch die Gegenreformation von den Städten ihren Ausgang nahm, behauptet *Brückner* S. 564: „Auch die Gegenreformation setzte ein Jahrhundert später in den Städten an, zog im Wallfahrtswesen die Landgemeinden erst nach".

werden sollen, ist recht gut erforscht. Die Arbeiten von *Buck, Rublack, Kroemer, Schlenck, Schulze* und *Hofacker* geben, wenn auch mit unterschiedlicher Intensität, Einblick in Ereignisse und Ursachen der Reformation in Konstanz, Memmingen, Lindau und Ravensburg[36]. Ältere Arbeiten von *Alt* und *Erhard* liegen vor zu Kaufbeuren und Kempten[37]. Da *Alt* zudem die Periode der Gegenreformation behandelt und mit der neueren Arbeit *Warmbrunns* auch die Entwicklung der Bikonfessionalität in Ravensburg und Biberach erforscht ist[38], sind die Voraussetzungen für den Vergleich zwischen den Überlinger Verhältnissen und denen der umliegenden oberschwäbischen Reichsstädte gegeben.

4. Literatur und Quellen zur Geschichte Überlingens

Zur Geschichte Überlingens im 16. Jahrhundert, insbesondere zur Kirchen- und Konfessionsgeschichte gibt es dagegen nur wenige neuere und ausführlichere Darstellungen[39]. Zur Wirtschafts- und Verfassungsgeschichte liegen mit der älteren Arbeit Friedrich *Schäfers* und der vergleichenden Untersuchung Peter *Eitels* zwei grundlegende Werke vor[40], die Geschichte des Bauernkriegs und der Hexenverfolgungen sind ausführlich aufgrund der Quellen durch Ludwig *Muchow* und Marianne *Heß* geschildert[41], zur Kirchengeschichte gibt es dagegen nur einige Aufsätze Alfons *Semlers* und eine Quellenedition von Karl *Obser*[42]. Das Problem der Katholizität Überlingens wurde bislang denn auch nicht ausführlich diskutiert. Als Erklärung wurde entweder auf den Einfluß des Pfarrherrn Dr. Johann Schlupf und des zeitweise in Überlingen predigenden Weihbischofs Melchior Fattlin hingewiesen oder auf die jeder Neuerung abholde Gesinnung des Rats sowie den ‚konservativen Sinn' der Überlinger Einwohner[43]. Ein Erklärungsversuch, der auch die politischen und sozialen Bedingungen berücksichtigte, wurde nicht unternommen.

---

[36] Mit modernen, sozialgeschichtlichen Fragestellungen, die v.a. darauf abzielen, die Träger der Reformation dingfest zu machen, arbeiteten *Rublack*, Konstanz, und *Kroemer*. Traditionellen, stärker ereignisgeschichtlichen Ansätzen verpflichtet sind *Buck*; *Schlenck*; A. *Schulze*. Zentrales Problem bei der Bearbeitung der Ravensburger Reformationsgeschichte ist die knappe Quellenbasis, die erschöpfend ausgewertet wurde von *Hofacker*, Reformation.

[37] *Alt*; *Erhard*.

[38] *Warmbrunn*.

[39] Eine Übersicht über Arbeiten zur Überlinger Geschichte gibt *Stolz* S. 239 ff.

[40] F. *Schäfer*; *Eitel*, Zunftherrschaft.

[41] *Muchow* S. 47 ff.; *Heß*.

[42] *Semler*, Fattlin S. 181 ff.; *Ders.*, Seelsorger S. 89 ff.; *Obser*. Zu älteren oder weniger grundlegenden Arbeiten vgl. das Literaturverzeichnis.

[43] Vgl. *Semler*, Fattlin S. 181, der die verschiedenen Akzentuierungen wie folgt zusammenfaßt: „Bei der Glaubensspaltung im 16. Jh. hielt die Reichsstadt Überlingen treu zur katholischen Sache, entsprechend dem konservativen Sinn der größtenteils bäuerlichen Bevölkerung, die Neuerungen abhold war. Ein wesentliches Verdienst daran, daß der Rat auch nicht einen Augenblick schwankte, gebührt dem damaligen Pfarrer Dr. Johann Schlupf, ...".

Die vorliegende Arbeit basiert deshalb zu großen Teilen auf archivalischen Quellen. Die erhaltenen Steuerbücher und Ratswahllisten bilden den Grundstock für die Kapitel über Sozial- und Verfassungsgeschichte, die Korrespondenzen und Instruktionen des Rats erlauben es, die Außenpolitik der Stadt in ihren Grundzügen zu skizzieren. Die Informationen zur Kirchengeschichte und zum Klerus sind aus vielen unterschiedlichen Quellen zusammengetragen: aus knappen Einträgen in den Ratsprotokollen, den Reversen der Kleriker, Investitur- und Visitationsprotokollen sowie einigen erhaltenen Stiftungslisten und anderem Aktenmaterial[44].

Eine Quelle eigener Art stellen die Kollektaneen des Überlinger Bürgermeisters Jakob Reutlinger (1600–1611) dar[45]. Sie enthalten in ungeordneter Reihenfolge sowohl – für die Überlinger Geschichte belanglose – Abschriften aus diversen Chroniken, Kopien als auch teilweise Originale städtischer Akten und Urkunden, knappe Notizen zur Geschichte der Stadt sowie eine reiche Sammlung zeitgenössischer Flugblätter der zweiten Hälfte des 16. Jahrhunderts, meist katholischer Provenienz, und zahlreiche zeitgenössische Sprüche und Lieder. Was Reutlinger kaum bietet, sind persönliche Betrachtungen und Bemerkungen zur Geschichte seiner Heimatstadt wie generell der seiner Zeit. Die Sammlung Reutlingers ist deshalb zunächst aus zwei Gründen interessant: wegen des darin enthaltenen Materials aus dem städtischen Archiv und weil die Kollektaneen als Ganzes die Interessen und den Horizont eines bewußt katholischen Zeitgenossen widerspiegeln[46].

Auch die Aufzeichnungen des Lehrers der Überlinger Lateinschule, Sebastian Pfau, haben weniger den Charakter einer Chronik als den eines Tagebuchs[47]. Chronologisch geordnet finden sich dort knappe Notizen zu den Ereignissen seiner Gegenwart, die sowohl die Geschichte Überlingens wie auch seine eigenen persönlichen Umstände betreffen und von ihrer Art her anderen zeitgenössischen ‚Chroniken‘ gleichen[48]. Explizit der Geschichte Überlingens gewidmet ist die Stadtbeschreibung des Schulmeisters und Humanisten Joannes Georgius Tibianus (Schinbain),

---

[44] Auf die Quellen im einzelnen wird hier nicht eingegangen; vgl. dazu jeweils die Anmerkungen derjenigen Kapitel, die wesentlich auf einem bestimmten Quellenbestand aufbauen.

[45] StadtAÜb Kollektaneen Jacob Reutlingers, 14 Bde. – Zur Person wie zu dem Werk vgl. zusammenfassend *Semler*, Überlingen S. 101 f.; ausführlich: Boell S. 31 ff. u. 342 ff.; K. O. *Müller*, Hauskalender S. 196 ff.; *Brednick* S. 42 ff.

[46] Die Kollektaneen Reutlingers werden denn auch zusammen mit einigen anderen Schriften Überlinger Zeitgenossen als Zeugnis für das konfessionelle Selbstverständnis Überlinger Bürger herangezogen; vgl. Kap. IX u. X. Da es sich aber größtenteils um Material handelt, das sich nicht eigens auf die Überlinger Geschichte bezieht, sondern generell das Selbst- und Weltverständnis eines Katholiken gegen Ende des 16. Jahrhunderts widerspiegelt, bedarf die Detailanalyse dieses Materials einer eigenen Studie.

[47] StadtAÜb VII/23/2515 Tagebuch des Sebastian Pfau, eines Lehrers der lateinischen Sprache an der hiesigen Schule von 1600 bis 1632.

[48] Einen großen Raum nehmen z. B. Wetterbeobachtungen, Hinweise auf Kometen und andere auffallende Himmelserscheinungen ein; daneben finden sich auch Hinweise zur Zeitgeschichte, wie z. B. zu dem Reichstag 1608, dem Tod von Reichsfürsten etc. – Andere Überlinger Chroniken der Zeit, wie die des Ratsherrn Georg Han (1574–1597), des späteren Bürgermeisters Andreas Dafrid (1622–1634) oder des Ratsherrn Johann Heinrich Eschlinsberger (1631–1654),

doch auch diese knappe, dem Genre der humanistischen ‚Städtelob-Literatur' zuge-
hörige Arbeit ist eher als Spiegel des Selbstverständnisses der städtischen Oberschicht
von Interesse denn als Quelle zur eigentlichen Stadtgeschichte. Noch aufschlußrei-
cher in diesem Zusammenhang sind die religiösen Traktate von Tibianus sowie die
seines Zeitgenossen Conrad Hagers, eines Überlinger Kaplans[49].

Das Material ist also ingesamt sehr disparat, sowohl was die Art als auch den
Umfang betrifft, da naturgemäß gegen Ende des 16. Jahrhunderts die Menge der
erhaltenen Quellen zunimmt. Wie bei jeder historischen Arbeit setzen auch hier die
Quellen die Grenzmarken der Interpretation. Innerhalb dieser Grenzen das Feld der
Interpretation, soweit es möglich ist, auszuschreiten, wird in den folgenden Kapiteln
versucht.

---

bieten kein über die angegebenen Quellen hinausführendes relevantes Material. Vgl. dazu
zusammenfassend *Semler*, Überlingen S. 102; ausführlich: *Stenzel* S. 202 ff.; Hahn.

[49] Zur Persönlichkeit von Tibianus vgl. *Oehme*. Dort ist auch die Stadtbeschreibung von
Tibianus in deutscher Übersetzung ediert. Den lateinischen Text bei Baier S. 457 ff. Zu den
religiösen Schriften s. Kap. X.

III. Überlingen und die oberschwäbischen Reichsstädte im Zeitalter der Glaubenskämpfe (1519–1618)

1. Einleitung

Die Konfessionsgeschichte der oberschwäbischen Reichsstädte[1] läßt sich in vier Phasen einteilen: In der ersten, von 1519 bis 1546 dauernden Phase fielen die konfessionellen Entscheidungen für oder gegen die Reformation. In diesem Zeitraum wurde die reformatorische Entwicklung weitgehend von den Städten selber bestimmt, von den neu entstandenen reformatorischen Bewegungen und von der Politik der jeweiligen Obrigkeit gegenüber diesen Kräften. Die politische Abhängigkeit von dem Reichsoberhaupt spielte in diesen Jahren eine geringe Rolle, da Karl V. unter dem außenpolitischen Druck der Osmanen und der Franzosen die Zügel im Reich notgedrungen etwas schleifen ließ und auch Ferdinand I. von den österreichischen Erblanden aus nur behutsam, ohne energisch nachzusetzen, seinen Einfluß auf die Reichsstädte geltend zu machen suchte. Dies änderte sich mit dem Schmalkaldischen Krieg, dem Erlaß des Interims und der Verfassungsänderung von 1551/1552. Wenn es dem Kaiser auch nicht gelang, das Rad der reformatorischen Entwicklung zurückzudrehen, so vermochte er es doch, zumindest in den oberschwäbischen Reichsstädten, anzuhalten. Er stoppte die in manchen Städten noch unvollendete reformatorische Entwicklung und setzte mit seinen Entscheidungen die Wegmarken für die konfessionelle Entwicklung in den folgenden Jahrzehnten. In der dritten Phase, die mit dem Augsburger Religionsfrieden von 1555 begann und Mitte der 1570er Jahre zu Ende ging, bewirkte der durch den Religionsfrieden begonnene Prozeß der Verrechtlichung zunächst eine Milderung der konfessionellen Gegensätze; zugleich deutete sich bereits an, daß von nun an die Konfessionsgeschichte der Reichsstädte eng mit der Entwicklung im Reich gekoppelt war. Jetzt war es nicht mehr der Rat allein, der die konfessionelle Entwicklung steuerte; der Religionsfriede setzte, insbesondere in den bikonfessionellen Städten, seiner Kompetenz deutliche Grenzen, und kaiserliche Kommissionen, die nun bei der Regelung konfessioneller Fragen meistens mitwirkten, ließen keinen Zweifel aufkommen, daß daran nicht zu rütteln war. Das Ende der halkyonischen Jahre nach dem Religionsfrieden läutete auch in den oberschwäbischen Reichsstädten eine Ära zunehmender Konfessionalisierung ein. Die Obrigkei-

---

[1] Eine zusammenfassende Darstellung gibt es dazu bislang nicht. Einen Überblick geben: *Brecht/Ehmer* S. 63ff., 161ff., 399ff.; *Tüchle*, Reformation S. 15ff.; *Willburger* S. 102ff.

ten legten Wert auf konfessionelle Konformität im Innern; außenpolitisch begannen sie sich immer mehr an den konfessionellen Parteiungen im Reich zu orientieren.

Am Ablauf dieser vier Phasen orientiert sich der Aufbau des folgenden Kapitels. Dabei soll neben der Darstellung der Ereignisse zugleich versucht werden, die unterschiedlichen Typen der Reformationsgeschichte der oberschwäbischen Reichsstädte herauszuarbeiten. Allein vom Zeitpunkt der Einführung her lassen sich bereits drei Typen unterscheiden: Als erstes wären diejenigen Städte zu nennen, die sich schon in den 1520er Jahren der Reformation öffneten; zu dieser Gruppe zählten Konstanz, Lindau, Isny, Kempten, Memmingen und Biberach. Eine zweite Gruppe, Ravensburg, Leutkirch und Kaufbeuren, schloß sich erst zwischen 1544 und 1546 der Reformation an, wohingegen eine dritte Gruppe, an deren Spitze Überlingen stand, gefolgt von Buchhorn, Pfullendorf, Wangen und Buchau, konsequent und beständig am alten Glauben festhielt.

2. Die ,frühe' Reformation in Konstanz, Memmingen, Lindau, Isny, Kempten und Biberach 1519–1532

Die Vorreiter der Reformation in Oberschwaben waren Konstanz und Memmingen. In der Bischofsstadt Konstanz predigte 1519 Jakob Windner, ehemaliger Helfer zu St. Stephan und seit 1519 Pfarrer zu St. Johann, als erster in lutherischem Sinn. Ab Ende 1521 erhielt er Unterstützung durch Bartholomäus Metzler, den Pfarrer zu St. Stephan, und 1522 wurde sogar die vom Domkapitel zu vergebende Münsterprädikatur Johannes Wanner, einem der neuen Lehre zuneigenden Prädikanten, verliehen[2]. Eine vom Rat nicht gehinderte reformatorische Bewegung existierte denn auch bereits seit 1521[3]. Doch nicht nur unter der Bevölkerung, sondern auch bei Teilen des Konstanzer Humanistenkreises und innerhalb des Rats fanden die reformatorischen Ideen Anklang[4]. Ab Herbst 1523 förderte der Rat bewußt und offen die reformatorische Entwicklung und nahm Wanner gegen Angriffe des Bischofs in Schutz. Mit dem Predigtmandat vom 9. Febr. 1524, das von allen Prädikanten schriftgemäße Predigt forderte und vor allem die noch katholisch predigenden Geistlichen treffen sollte, legte der Rat den ersten gesetzlichen Grundstein der Reformation. In den nächsten Jahren ging er unter Rücksichtnahme auf eine kleine Gruppe altgläubiger Mitglieder zwar vorsichtig, aber doch zugleich zielstrebig daran, das Kirchenwesen zu reformieren[5]. Ab 1527, nachdem Bischof und Domkapitel die Stadt verlassen hatten[6], konnte

---

[2] *Rublack*, Konstanz S. 16. Zur Konstanzer Reformationsgeschichte vgl. auch noch: *Buck*; *Moeller*, Zwick. Dort auch Verweis auf die ältere Lit. Zusammenfassend *Heuschen* S. 52 ff.

[3] *Rublack*, Konstanz S. 17.

[4] Vgl. *ebda.* S. 17 ff., 42. Anfang 1525 wurden dann auch die Konstanzer Ambrosius Blarer und Johannes Zwick vom Rat als Prediger eingesetzt.

[5] Vgl. *ebda.* S. 24 ff.; zum Predigtmandat vgl. auch *Buck* S. 104.

[6] Bischof Hugo von Hohenlandenberg war am 24. Aug. 1526 nach Meersburg gezogen, woraufhin die Domherren nach und nach ebenfalls Konstanz verließen, ihre Residenz indes nicht

er relativ ungehindert die Reformation vorantreiben. 1528 wurde die Messe verboten, 1529 den Bürgern untersagt, die Messe auswärts zu besuchen,[7] und 1531 mit dem Erlaß der Zuchtordnung die erste Phase der Reformation abgeschlossen[8].

Vom zeitlichen Ablauf her glich die Reformation in Memmingen derjenigen in Konstanz. Auch hier machte sich schon früh, wahrscheinlich ebenfalls 1519, der städtische Prädikant Christoph Schappeler zum Fürsprecher einer reformatorischen Theologie, und auch er fand rasch Anhänger sowohl unter den Einwohnern als auch unter dem Rat[9]. Bereits 1521 war mindestens die Hälfte der Ratsmitglieder nachweislich proreformatorisch eingestellt[10]. Daß der Rat 1522 ein Predigtmandat erließ, das schriftgemäße Predigt forderte, und daß er 1523 seinem Prädikanten vor den Angriffen des Bischofs von Augsburg Schutz gewährte, kann denn auch nicht weiter überraschen und unterstreicht die Parallelität der Vorgänge in den beiden Städten[11]. Anders als in Konstanz geriet aber der Memminger Rat unter den Druck einer sich mehr und mehr radikalisierenden reformatorischen Bewegung, welcher die behutsame Reformationspolitik ihrer Obrigkeit nicht mehr genügte. Während des Bauernkriegs zeichnete sich sogar zeitweise die Gefahr einer Zusammenarbeit zwischen dieser innerstädtischen Opposition und den aufständischen Bauern ab[12]. Selbst der proreformatorische Ausgang einer Disputation Anfang 1525 festigte die Stellung des Rats nur kurzfristig[13]. Es schien, als ob nicht mehr der Rat, sondern die reformatorische Bewegung den Gang der reformatorischen Entwicklung bestimmen sollte – doch nur für kurze Zeit. Denn als im Zusammenhang mit dem Bauernkrieg am 3. Juni 1525 Truppen des Schwäbischen Bundes in Memmingen einrückten, mußten Schappeler und die Anführer der reformatorischen Bewegung Hals über Kopf die Stadt verlassen. Der Rat war wieder Herr der Lage, wenn auch nur zum Preis einer partiellen Rekatholisierung der Stadt[14]. Freilich sollte dies nur ein kurzes Zwischenspiel bleiben. Bezeichnend für die Einstellung des Rats war, daß er nach dem Reichstag zu Speyer 1526 wieder seine alte Reformationspolitik aufgriff, bereits 1527 die Gottesdienstformen modifizierte und die 1525 oktroyierte altgläubige Predigt verbot, 1528 die Messe vollends beseitigte und 1532 eine Zuchtordnung erließ[15]. Auch wenn in Memmingen die Reformationsgeschichte weitaus dramatischer und wechselvoller

---

nach Meersburg, sondern nach Überlingen verlegten, wo im Laufe des Aprils 1527 die letzten vier der bis dahin noch in Konstanz residierenden Mitglieder des Domkapitels eintrafen. Am 29. April hielt das Kapitel dann seine erste Sitzung in Überlingen ab. Vgl. dazu K. *Braun* S. 90 ff.; *Willburger* S. 91 ff.; *Buck* S. 120; *Semler*, Fattlin S. 3182 f.; GLA 61/7239 fo. 169v, 172.

[7] *Rublack*, Konstanz S. 46, 74.

[8] Zu dieser Periodisierung vgl. *Buck* S. 152; zur Konstanzer Zuchtordnung vgl. Hauß.

[9] Vgl. *Kroemer* S. 70 f.; *Schlenck* S. 30 ff.

[10] *Kroemer* S. 71: 1521 waren 12 Ratsherren proreformatorisch, 5 galten als Anhänger der alten Kirche, und von 7 ist die Haltung zur Reformation nicht bekannt.

[11] Vgl. vor allem *Kroemer* S. 72 ff.

[12] *Ebda.* S. 112 ff.

[13] *Ebda.* S. 101 ff.

[14] *Ebda.* S. 130 ff.; *Schlenck* S. 52 ff.

[15] *Schlenck* S. 60 f., 64.

verlaufen war als in Konstanz, am Ende hatten die Räte beider Städte dasselbe Ziel erreicht: eine von ihnen kontrollierte und ihren religiösen wie kirchenpolitischen Anschauungen Rechnung tragende Reformation der Kirche.

Auch in Lindau, Isny, Kempten und Biberach gewann die reformatorische Lehre schon früh zahlreiche Anhänger. Spätestens ab 1523 wurde hier überall in reformatorischem Sinn gepredigt: in Lindau ab 1523 durch den Lesmeister der Franziskaner Michael Hug und den Pfarrvikar Sigmund Röttlin[16], in Isny durch den städtischen Prädikanten Konrad Frick[17], in Kempten durch Sixt Rummel, den Pfarrer von St. Mang, und seine Helfer sowie den Pfarrvikar der Lorenzkirche[18], in Biberach durch zwei unbekannte Geistliche sowie ab 1524 wohl auch durch den Spitalkaplan und Prädikanten Bartholomäus Müller[19]. Überall wurden die Prädikanten vom Rat in Schutz genommen oder zumindest geduldet, von einigen Ratsmitgliedern meist sogar aktiv unterstützt. Damit war praktisch die Entscheidung zugunsten einer Reformation des Kirchenwesens gefallen, zumal auch hier die reformatorisch gesonnenen Ratsmitglieder auf den starken Anhang, den die Prädikanten unter der Bevölkerung gefunden hatten, verweisen konnten. Es war denn auch nur noch eine Frage der Zeit, bis die entsprechenden legislativen Maßnahmen zur Reformation des Kirchenwesens durchgeführt wurden. Die weitere Entwicklung verlief ähnlich wie in Konstanz und Memmingen. Nachdem sich die reformatorische Predigt etabliert hatte, wurde als nächstes die Messe verboten; in Kempten bereits 1525[20], in Lindau 1528[21], in Isny[22] und Biberach 1531[23]. Eine Kirchen- oder Zuchtordnung markierte auch hier in der Regel das Ende des reformatorischen Prozesses[24].

Nur in Biberach war die Einführung der Reformation nicht ganz so glatt verlaufen, wie es die angeführten Daten erscheinen lassen. Es war hier nicht gelungen, eine konfessionelle Konformität der städtischen Führungsschicht in dem Maße, wie sie in den anderen Städten erreicht wurde, herzustellen. Ein beachtlicher Teil des städtischen Patriziats hielt der alten Kirche die Treue. Am Beginn der offiziellen Einführung der Reformation stand denn auch eine Abstimmung in den Zünften über die Annahme des Reichstagsabschieds von 1529. Der größte Teil der Bevölkerung stand,

---

[16] A. *Schulze* S. 7, 11 f.

[17] *Kammerer*, Reformation S. 4.

[18] *Erhard* S. 10.

[19] *Essich* S. 16; *Rüth*, Müller S. 16.

[20] *Erhard* S. 14.

[21] A. *Schulze* S. 27.

[22] *Kammerer*, Reformation S. 21 f.

[23] *Essich* S. 26.

[24] In Lindau sollen bereits 1527 oder 1528 erste Zuchtmandate erlassen worden sein, die dann 1532 durch eine unter dem Einfluß Wolfgang Capitos und Johannes Zwicks entstandene Ordnung ersetzt wurden; vgl. A. *Schulze* S. 27, 80; *Köhler* 2 S. 186 f. – Isny orientierte sich an der Memminger Ordnung; der Zeitpunkt der Einführung und der Inhalt sind allerdings nicht bekannt; vgl. *Kammerer*, Reformation S. 31 f.; *Köhler* 2 S. 208 ff. – Zu Biberach und Kempten gibt es keine Nachrichten über Kirchen- und Zuchtordnungen. *Warmbrunn* S. 56, schreibt nur – ohne näheren Beleg – von der Einführung einer Kirchenordnung nach Schweizer Vorbild.

wie das Ergebnis zeigt, hinter der Reformation. Doch die konfessionell gespaltene Führungsschicht war einer der Ansatzpunkte für die spätere Bikonfessionalität der Stadt[25].

Bis 1531/1532 war also in diesen Städten die erste Phase der Reformation größtenteils abgeschlossen. Mit einer im Februar 1531 in Memmingen von den evangelischen Städten abgehaltenen Tagsatzung, die sich mit Fragen der Neuordnung des Kirchenwesens befaßte, wurde dann die zweite Phase der organisatorischen und geistigen Festigung des neuen Kirchenwesens eingeleitet[26]. Was bei der Betrachtung der ersten Phase auffällt, ist die zeitliche Parallelität der Abläufe. Fast überall hatte sich bis 1523/1524 eine vom Rat protegierte reformatorische Predigt etabliert, die gegen Angriffe der geistlichen Obrigkeit verteidigt wurde. Die Messe, zentrales Merkmal der alten Kirche, wurde aber zumeist erst nach dem reformationsfreundlichen Entscheid des Speyrer Reichstags von 1526 abgeschafft – außer der Druck reformatorischer Bewegungen hatte die Entwicklung forciert; jetzt erst begann man auch damit, systematisch das Kirchenwesen umzugestalten. Die Zentren der Entwicklung waren unbestritten Memmingen und vor allem Konstanz; ihre Ordnungen dienten den anderen Städten als Vorbild. So wirkten auch die Konstanzer Reformatoren Ambrosius Blarer und Johannes Zwick in fast allen oberschwäbischen Städten beim Aufbau des neuen Kirchenwesens mit[27]. Konstanz war auch die einzige unter den oberschwäbischen Städten, wo die Reformatoren zum Teil aus den führenden Familien der Stadt selbst stammten. Der eng mit den führenden Familien der Stadt verbundene Konstanzer Humanistenkreis, die engen Beziehungen zu Zürich sowie das durch den Gegensatz zu Bischof und Domkapitel geprägte Klima der Stadt dürften für diese Sonderstellung verantwortlich gewesen sein, die sich auch darin ausdrückte, daß hier die Initiative in noch stärkerem Maß vom Rat und weniger von der Bevölkerung ausging als in den anderen Städten. Doch hinsichtlich des zeitlichen Ablaufs und des Ergebnisses gab es keine Unterschiede.

3. Die ‚späte‘ Reformation in Kaufbeuren, Ravensburg und Leutkirch 1539–1545

Anders war die Entwicklung in Kaufbeuren, Ravensburg und Leutkirch verlaufen. In allen drei Städten hatte es zwar schon früh, wenn auch in unterschiedlicher Intensität, Sympathien für die Reformation gegeben, doch dauerte es noch geraume Zeit, bis sie sich endgültig etablieren konnte. Eine breitere reformatorische Bewegung war in den 1520er Jahren nur in Kaufbeuren entstanden, wo seit 1523 der Spitalkaplan und Inhaber der Honoldschen Prädikatur, Jakob Lutzenberger, evangelisch predig-

---

[25] Vgl. zusammenfassend zur Biberacher Reformationsgeschichte *Warmbrunn* S. 55 ff.; und neuerdings *Landkreis Biberach* S. 679.

[26] Vgl. Fabian, Beschlüsse S. 119 ff.

[27] Konstanzer Reformatoren waren in den 1530er Jahren in Memmingen, Kempten, Biberach und Isny tätig.

te[28]. Die Haltung des Rats war geteilt. Erst auf Druck der Bevölkerung kam es 1525 zu einem Religionsgespräch, dessen vom Rat sehr zurückhaltend formuliertes Ergebnis eine erste Annäherung an die Reformation signalisierte[29]. Dem altgläubigen Teil des Rats gelang es allerdings mit Hilfe der Truppen des Schwäbischen Bundes, die 1525 im Zusammenhang mit dem Bauernkrieg in Kaufbeuren eintrafen, die reformatorische Bewegung zu unterdrücken. Im Unterschied zu Memmingen, wo das Eingreifen des Schwäbischen Bundes nur Episode geblieben war, hielt der Kaufbeurer Rat das nächste Jahrzehnt über am alten Glauben fest[30]. Noch 1536 schloß sich die Stadt der Donauwörther Einung, einem auf neun Jahre abgeschlossenen Bündnis meist katholischer Stände, an[31]. Ein deutliches Zeichen dafür, daß hier die Anhänger der Reformation im Rat nicht diesen Einfluß besaßen wie z.B. in Memmingen. Zugleich begann sich aber ab Mitte der 1530er Jahre eine erneute Hinwendung zur Reformation abzuzeichnen. Wieder spielten dabei der Rat, in dem proreformatorisch gesonnene Persönlichkeiten Führungspositionen erhielten, und der Inhaber der Honoldschen Prädikatur, Matthias Espenmüller, zusammen. 1543 wurde das Abendmahl unter beiderlei Gestalt gereicht, 1544 ein zweiter reformatorischer Prediger eingestellt[32]. Bemerkenswert ist, daß die Kaufbeurer einem theologischen Sonderweg anhingen, nämlich der spiritualistischen Theologie Caspars von Schwenckfeld, der sich im April 1545 sogar für einige Zeit in Kaufbeuren aufhielt[33]. Unter dem Druck der anderen protestantischen Städte sah sich Kaufbeuren dann allerdings gezwungen, am 5. Aug. 1545 die Confessio Augustana anzunehmen. In diesem Jahr wurden die katholischen Geistlichen ausgewiesen und eine Kirchenordnung nach Augsburger Vorbild erlassen. Mit dem Beitritt zum Schmalkaldischen Bund 1546 war die Reformation in Kaufbeuren dann vollends abgeschlossen[34].

Auch in Ravensburg brachten erst die Jahre 1544 und 1545 den Durchbruch der neuen Lehre[35]. Gegenüber Kaufbeuren war allerdings der Einfluß reformatorischer Ideen in der Frühzeit der Reformation ungleich schwächer gewesen. Zwar wurde einigen Angehörigen des Zunftbürgertums und dem Ravensburger Humanisten Michael Hummelberg bereits zu Beginn der zwanziger Jahre Sympathien für die Reformation nachgesagt[36], doch der Rat hielt die Stadt noch bewußt und ohne Mühe beim alten Glauben[37]. Erst 1538 entstand das Gerücht, wonach sich in Ravensburg mehr

---

[28] *Alt* S. 15.
[29] *Ebda.* S. 17 f., 23 ff.
[30] *Ebda.* S. 40 ff.
[31] Vgl. *Steichele/Schröder* S. 279; vgl. zu dem Bund auch Kap. VI.11.
[32] *Alt* S. 44, 57 ff.
[33] *Ebda.* S. 60.
[34] *Ebda.* S. 63 ff.
[35] Vgl. zusammenfassend zur Ravensburger Reformationsgeschichte *Warmbrunn* S. 58 ff.; ausführlich: *Hofacker*, Reformation S. 71 ff. Die wichtigsten Quellen zur Ravensburger Reformationsgeschichte sind ediert bei: Müller.
[36] Vgl. *Kammerer*, Hummelberg S. 38 f.
[37] Müller S. 3: 1523 wurde einem neuen Pfarrherrn noch ausdrücklich aufgetragen, beim alten Brauch der Kirche zu bleiben und keine Neuerungen einzuführen.

und mehr lutherische Gedanken verbreiten würden[38], und ab 1540 wurde die spätere Wendung zur Reformation vorbereitet durch einen verstärkten Einfluß der Zünfte im Rat, welche die bis dahin dominierenden Geschlechter verdrängten[39]. Der Siegeszug der Reformation begann auch hier mit reformatorischer Predigt und einem Predigtmandat des Rats vom 17. Okt. 1544, das allerdings noch nicht die schriftgemäße Predigt forderte, sondern nur den Geistlichen jegliche gegenseitige Polemik untersagte[40]. Der Rat hielt sich noch bedeckt, doch als er den offenkundig lutherisch predigenden Helfer Konrad Konstanzer gegenüber dem geistlichen Gericht in Schutz nahm, hatte er den ersten Schritt in Richtung Reformation getan[41]. Zum endgültigen Wechsel des Bekenntnisses kam es, als die Gesellschaft der Büchsenschützen sich weigerte, an altgläubigen Zeremonien teilzunehmen, und zugleich der Dissens zwischen dem altgläubigen Pfarrer und den Helfern sich zuspitzte. Am 12. Okt. 1545 beschlossen Rat und Gemeinde, sich der ,neuen Religion' anzuschließen[42]. 1546 wurde daraufhin die Messe verboten, der katholische Klerus ausgewiesen, eine Zuchtordnung nach Konstanzer Vorbild erlassen und der Anschluß an den Schmalkaldischen Bund vollzogen[43].

Etwas unklar bleibt die Haltung des Rats zu Leutkirch. Schon 1525 wollte der Rat die schriftgemäße Predigt einführen, war aber nicht in der Lage, einen Prädikanten zu besolden. In den nächsten Jahren blieb Leutkirch offiziell beim alten Glauben, doch beklagte sich bereits 1533 Johann Fabri, Inhaber der Leutkircher Pfarrei, über lutherische Tendenzen der Einwohner, insbesondere der Weberzunft. Anscheinend bestand innerhalb der Bevölkerung eine latente Neigung zum Protestantismus, die allerdings erst 1546, nach dem Tod des katholischen, aus einer Leutkircher Ratsfamilie stammenden Pfarrers Ulrich Freyherr, zum Durchbruch kam. Jetzt forderten die Bürger die Anstellung eines evangelischen Predigers, worauf der Rat, auch unter dem Druck des Schmalkaldischen Bundes, den Schritt zur Reformation der Stadt vollzog[44].

Kennzeichnend für alle drei Städte war, daß die Reformation im Rat zunächst keine oder nur wenige Anhänger gefunden hatte. Dem Rat war es dann jeweils gelungen, die Stadt über längere Zeit beim alten Glauben zu halten, obwohl in Kaufbeuren sogar eine breitere reformatorische Bewegung existiert hatte. Der späteren Reformation gingen dann zumeist personelle Veränderungen in der politischen Führung voraus. Die Institutionalisierung der Reformation lief dann gegenüber den Städten der ersten

---

[38] Vgl. ebda. S. 3 f.

[39] Vgl. *Dreher*, Patriziat 31 S. 382; *Schütze* S. 18 f. Die 1530 vollzogene Auflösung der Ravensburger Handelsgesellschaft gilt als ein Grund für die Schwächung des Patriziats.

[40] Vgl. Müller S. 14 f.

[41] Ebda. S. 26 f.

[42] Ebda. S. 27 f.

[43] *Hofacker*, Reformation S. 93 ff.

[44] Grundlegend zur Leutkircher Reformationsgeschichte: *Roth* 1 S. 198 ff. Auf seiner Arbeit gründen im wesentlichen auch die zusammenfassenden Darstellungen von: *Tüchle*, Reichsstädte S. 53 ff.; E. *Vogler* S. 48 ff.

Phase in einem ungleich kürzeren Zeitraum ab: Von der ersten reformatorischen Predigt bis zum Erlaß der Kirchenordnung dauerte es nur noch zwei Jahre. Auch in den vierziger Jahren besaß die Reformation, dies haben die Beispiele gezeigt, durchaus noch genügend Anziehungskraft, um den Glaubenswechsel einer Stadt bewirken zu können.

4. Städte ohne Reformation: Überlingen, Pfullendorf, Buchhorn und Wangen

Trotz der unbestrittenen Attraktivität der reformatorischen Botschaft blieben aber vier oder, falls man das kleine Buchau noch dazurechnet[45], fünf Reichsstädte beim alten Glauben. Dabei war es bei der dichten Kommunikation unter den oberen Städten und den engen persönlichen Beziehungen der Einwohner untereinander unvermeidlich gewesen, daß die Bevölkerung von den neuen Ideen und den Veränderungen in den anderen Städten erfuhr. Doch gelang es den bewußt am alten Glauben festhaltenden Obrigkeiten, jeden möglichen Ansatzpunkt einer reformatorischen Bewegung rasch und wirkungsvoll zu beseitigen. Als in Buchhorn der Priester Paulin Adler protestantischer Neigungen verdächtigt wurde, entließ ihn Abt Gerwig von Weingarten mit Hilfe des Propstes von Hofen. Der Rat scheint dabei keinerlei Versuche unternommen zu haben, seinen Priester zu unterstützen[46]. In Pfullendorf scheint es dem Rat ebensowenig Mühe gemacht zu haben, die Stadt dem alten Glauben zu erhalten[47]. In Wangen gab es zwar Sympathien für die Reformation, doch ist unklar, wie tief diese in der Bevölkerung verwurzelt gewesen waren und ob man, wie *Scheurle* das tut, von einer reformatorischen Bewegung sprechen kann[48]. Auf alle Fälle hielt der Rat am alten Glauben fest und konnte z. B. noch 1552 ohne Mühe die Forderung von Teilen der Bevölkerung nach einem evangelischen Prädikanten abweisen[49].

---

[45] Im folgenden soll auf Buchau nicht weiters eingegangen werden. Die Stadt stand unter dem dominierenden Einfluß des Buchauer Damenstifts, das über die Pfarrei Kappel, dessen Filiale die Buchauer Pfarrei war, auch das Patronatsrecht in Buchau besaß; vgl. *Schöttle* S. 109.

[46] Vgl. *Beschreibung des Oberamts Tettnang* S. 745.

[47] Zur Geschichte Pfullendorfs in der Reformationszeit gibt es aufgrund der Quellenlage keine umfassendere Darstellung. Vgl. allgemein *Walchner*; *Schupp*, Denkwürdigkeiten; *Hommers*.

[48] *Scheurle*, Bewegung S. 132, der das vorhandene Quellenmaterial umfassend auswertet, widerlegt überzeugend die These von *Baumann*, Forschungen S. 257 ff., wonach Wangen kurzzeitig protestantisch gewesen wäre. *Tüchle*, Reichsstädte, gründet denn auch weitgehend auf *Scheurle*. Die Angaben in den Quellen sind allerdings zu knapp, als daß bereits von einer reformatorischen Bewegung gesprochen werden kann. Die wenigen Hinweise lassen eher vermuten, daß es sich, wie auch in Überlingen (s. unten), um vereinzelte Fälle von Lutheranern gehandelt hat. Erst für die Zeit nach 1555 lassen sich mehrere Fälle überzeugter Lutheraner mit Sicherheit nachweisen; vgl. dazu *Scheurle*, Bewegung S. 137 ff.

[49] *Scheurle*, Bewegung S. 136.

Besonders die Ereignisse der 1520er Jahre in Überlingen vermitteln einen Eindruck davon, wie es gelingen konnte, in einer Stadt den alten Glauben zu erhalten. Die Politik des Überlinger Rats hob sich scharf gegen die Laisser-faire-Politik oder gar die bewußte Protektion reformatorisch predigender Prädikanten, wie sie in den anderen Städten gang und gäbe war, ab. Und zwar nicht aus Desinteresse oder Unkenntnis – der Rat beobachtete sehr genau, was in anderen Städten vorging[50] –, sondern weil er sich bewußt für eine altgläubige Politik entschieden hatte, wie ein Schreiben des Rats an den Bürgermeister Hans Freyburg dokumentiert: *Wir halten uns auch noch alhie ob gott will als from christen und wellen uns mit der gotz hilf understeen, kein endrung noch newerung in[reissen] lassen [...] Es understet sich auch nemannds bey uns ainiche lutherische newerung noch ler, dieweil wir so hart darob seyen und sein wöllen herfür zespringen wann wir wöllen [...]*[51]. Dies war 1524 geschrieben worden[52], und von dieser religionspolitischen Linie wich der Rat auch in den folgenden Jahren um kein Jota ab. Auf Kompromisse ließ er sich in dieser Frage nicht ein, weder nach innen noch nach außen. So nahm er es in Kauf, daß die politischen Beziehungen zu den protestantisch werdenden Städten abbrachen[53], erreichte dafür aber, daß sich in Überlingen keine reformatorische Bewegung formierte.

Dies verdankte er nicht zuletzt, wie er selbst betont hatte, seinem frühzeitigen und unnachgiebigen Eingreifen. Denn daß auch die Überlinger die allerorten propagierten neuen Ideen diskutierten, war unvermeidlich. Bereits 1522 war z. B. der Goldschmied Christian Kettenacker wegen prolutherischer Äußerungen und Kritik am Pfarrherrn ins Gefängnis gekommen, gegen die Urfehde, ohne Erlaubnis des Rats nicht mehr die Stadt zu verlassen, aber wieder auf freien Fuß gesetzt worden[54]. Zwischen 1524 und 1528 scheint es noch verschiedentlich ähnliche Fälle gegeben zu haben[55]. Im Zentrum der Kritik stand dabei der Pfarrer, dem vorgeworfen wurde, *das evangelium nit recht zu predigen*, und daß *namlich die vier doctores Hyronymus, Augustinus, Ambrosius*

---

[50] Vgl. z. B. GLA 225/1260, 1524 April 13, Bericht Hans Freyburgs an Überlingen, über die Entwicklung der reformatorischen Bewegung in Augsburg; ebda. 1526 März 6, Bericht Freyburgs über Maßnahmen des Ulmer Rats bezüglich der Kirchengüter und über den Stand der reformatorischen Vorgänge.

[51] StadtAÜb Mp. 1523–26 fo. 150vf.

[52] Daß der Rat auch schon zuvor sich eindeutig gegen die ‚Lutherei‘ ausgesprochen hatte, belegt z. B. ein Brief des österreichischen Regierungssekretärs Veit Suter an die Regierung in Innsbruck vom 19. Dez. 1523, wonach es in Überlingen *der lutherischen sache halb ... von gnaden gots ganntz wol [stet]* (zit. nach *Muchow* S. 56); oder die Kündigung des für Überlingen tätig gewesenen Konstanzer Advokaten Dr. Wolfgang Mangold wegen seines Glaubens am 30. Dez. 1524, nachdem man, wie der Rat betonte, ein Jahr lang zugewartet habe (StadtAÜb Mp. 1523–26 fo. 150).

[53] Vgl. dazu Kap. VI.5.

[54] StadtAÜb I/32/356 fo. 53r; vgl. dazu auch den Hinweis bei E. *Müller* S. 138.

[55] Vgl. StadtAÜb I/37/390: In einem Bündel ungeordneter Gerichtsakten liegen einige undatierte Aktenstücke, bei denen es sich wahrscheinlich um Mitteilungen des Pfarrers an den Rat handelt, in denen er auf verschiedene, wegen ihres Glaubens verdächtige Personen hinweist. Namentlich genannt werden: Georg Beck, Meister Hans Franck, der Steinmetz, sein Knecht ‚der Ruess‘ und einige Dienstboten (vgl. zu dieser Gruppe Anm. 57).

und Gregorius [...] nüntz anders geschriben denn fablen[56]. Kirchenkritische und lutherische Tendenzen scheint es dabei vor allem unter den Dienstboten und Gesellen sowie unter neu eingebürgerten Einwohnern gegeben zu haben[57]. Sie kamen wohl öfters von Orten, wo sie bereits mit der neuen Lehre infiziert worden waren. 1529 verbot der Rat denn auch den Bürgern, Dienstboten einzustellen oder zu behalten, die nicht die alten Bräuche der Kirche einhielten[58].

Gefahr für die ‚Rechtgläubigkeit' der Stadt ging aber weniger von diesen wenigen Fällen möglicher Lutheraner aus als von den Predigten des franziskanischen Lesmeisters. Zweimal, in der Fastenzeit 1525 und 1526, hatte er lutherisch gepredigt, weshalb er jeweils und im März 1526 für immer der Stadt verwiesen wurde[59]. Obwohl er 1526 nach nur fünf Predigten sein Amt aufgeben mußte, hatte sich bereits ein Kreis von Anhängern um ihn gebildet. Denn dem Rat wurde berichtet, *das ettlich burger in ir statt sigend, die flaysch und lutherische buchlin kouffend, ouch dem lesmayster und sinem anhang in irem fraflen ungegrindten predigen gestand gebend und gefallens*

---

[56] Ebda.

[57] Vgl. ebda. Auf einem Brief des Pfarrers wurde – vermutlich durch einen städtischen Schreiber – vermerkt, daß Wolf Melzung aus Hagenau und Sigmund Hurenbach aus Lindau nur dann länger in Überlingen dienen könnten, wenn sie sich des Disputierens gänzlich enthielten. Auch die Magd Melchior Becks wurde verdächtigt, lutherisch zu sein. Die Aussage des Claus Bentz, der dem Rat über einen wandernden Gesellen berichtete, der sich als Lutheraner zu erkennen gegeben hatte, weist ebenfalls auf die Bedeutung der Gesellen und Dienstboten für die Verbreitung der neuen Lehre hin; vgl. StadtAÜb I/32/356. – Vgl. allgemein dazu *Schulz* S. 140ff., 161f.

[58] StadtAÜb Reutlinger 11.2 fo. 80r.

[59] Die Angaben in der Lit. zu diesem zentralen Vorgang sind uneinheitlich und unvollständig. *Muchow* S. 56, verweist nur auf die Ausweisung 1526, während *Eubel* S. 109, und *Keck/Koberg*, Franziskaner-Konventualen S. 220, allein den Fall von 1525 anführen. Nur *Semler*, Seelsorger S. 102, spricht von zwei Ausweisungen, allerdings ohne nähere Erläuterung und Datierung. Die unvollständigen Angaben dürften zum Teil darauf zurückzuführen sein, daß in dem Missivpro- tokollband 1523–26 die Missive des Jahres 1525 nicht immer in chronologischer Reihenfolge eingetragen sind und beide Vorgänge zeitlich parallel, nur jeweils im Abstand eines Jahres in der Fastenzeit abgelaufen waren. Ein Vergleich der verschiedenen Quellen belegt aber, daß es sich um zwei Ausweisungen gehandelt haben muß. Am 16. März 1525 schrieb der Kustos der Franziskaner Heinrich Stolleisen an den Rat, daß er für den ausgewiesenen Lesmeister einen neuen, zuverlässigeren schicken werde (Roth von Schreckenstein, Geschichte 23 S. 10). Der Rat betonte in seinem Antwortschreiben, daß er ihm das Recht, Konventualen einzusetzen oder abzuberufen, nicht nehmen wolle, doch daß er andererseits daran interessiert sei, *taugenliche guardian, lesmeister und priester* zu haben (StadtAÜb Mp. 1523–26 fo. 206, 1525 März 20). Der Ausweisung des Jahres 1526 liegt ein Ratsmandat vom 3. März 1526 zugrunde (StadtAÜb Reutlinger 11.2 fo. 51r). Am 16. März berichtete der Rat dem Kustos über die Ausweisung (StadtAÜb Mp. 1523–26 fo. 239v) und am 25. März seinem auswärts weilenden Bürgermeister Freyburg (ebda. fo. 242v). Am 26. Juni schließlich teilte Stolleisen dem Rat mit, daß er ihnen nun einen neuen Lesmeister schicken werde, der das Wort Gottes nach altem Brauch verkünde (GLA 225/1185 fo. 7). Die Quellen überliefern allerdings nicht die Namen der ausgewiesenen Lesmeister, doch legen die Hinweise in den Quellen nahe, daß es sich um zwei verschiedene Persönlichkeiten gehandelt haben dürfte. Stolleisen hatte dem Rat 1525 schließlich zugesichert, einen neuen Lesmeister zu schicken.

darab tragen[60]. Die Mandate des Rats, die den Einwohnern auferlegten, *in ir statt sich der lutherischen nuw erdacht ungegrunten seckten und fraßlen handlungen in kainerlay weg nit beladen, annemen, noch denselben predicanten nit audientz geben, sunder von inen ziehen [...] wöllen*[61], die rasche Entlassung des Predigers und die sofortige Besetzung des Predigtamtes bei den Franziskanern mit einem Weltpriester[62] führen deutlich vor Augen, für wie gefährlich der Rat diesen Proteus einer reformatorischen Bewegung hielt. Hatten zu dieser Zeit doch auch schon einige Bürger damit angefangen, dem Pfarrer das Seelgerät zu verweigern, worauf sie vom Rat ultimativ aufgefordert wurden, dies binnen Monatsfrist abzustellen[63].

Man kann mit gutem Grund vermuten, daß auch in Überlingen eine breitere reformatorische Bewegung entstanden wäre, wenn der Rat, wie in anderen Städten, die Predigten seines Lesmeisters und die Praktiken der Einwohner geduldet hätte. Daß zwischen 1526 und 1529 der Rat alle Anstrengung aufbieten mußte, seinen Kurs gegenüber der Gemeinde durchzusetzen, indiziert eine gerade in diesen Jahren erlassene Serie von Kirchen- und Zuchtmandaten, die den Einwohnern unter anderem den Besuch der Messe und die Befolgung der jährlichen Beichtpflicht einschärften[64]. Ob sich eine solche Bewegung auch durchgesetzt hätte, darüber kann nur spekuliert werden; eines ist aber deutlich geworden: Auch die Überlinger standen den neuen Ideen prinzipiell aufgeschlossen und interessiert gegenüber. Nicht die religiöse Mentalität der Einwohner, was auch erstaunlich gewesen wäre, sondern allein die rigorose Religionspolitik des Rats unterschied Überlingen von seinen Nachbarstädten.

Die Nähe zu anderen Städten, die sich der Reformation zugewandt hatten, erhöhte natürlich die Gefahr des Übergreifens der neuen Ideen auf Überlingen. Für den März 1526 ist z.B. der Versuch des Bludenzer Arztes Hieronymus Heuser überliefert, in Überlingen für die Sache der Reformation Stimmung zu machen. Bezeichnend ist, daß er sich zunächst in aller Öffentlichkeit an den Überlinger Stadtarzt Antonius Klumpp wandte – vielerorts waren gerade die oft humanistisch gebildeten Stadtärzte Anhänger der Reformation[65] –, dem er unterstellte, heimliche Sympathien für die Reformation zu hegen. Ob dies tatsächlich zutraf, ist sehr ungewiß, jedenfalls war

---

[60] StadtAÜb Reutlinger 11.2 fo. 48vff.

[61] Ebda.

[62] Ebda. Mit der Predigt bei den Franziskanern wurden die Kapläne Erhard Rugg und Hans Bauser beauftragt.

[63] Ebda. fo. 44vf. – Daß es auch noch nach 1526 gerade unter den mit der neuen Lehre sympathisierenden Bürgern Verbindungen gab, zeigt das Verhörprotokoll des Hans Hofer (GLA 225/975; StadtAÜb I/31/356C; vermutlich um 1530), der unter anderem angab, Kontakt zu dem bereits früher schon verdächtigten Steinmetz Hans Franck (s. Anm. 55) gehabt zu haben.

[64] Zu den Mandaten des Rats vgl. Kap. X.7. Einen ähnlichen Vorgang gab es in dem ebenfalls katholischen Schlettstadt, wo sich der Rat mit einer weitaus gefährlicheren reformatorischen Bewegung auseinandersetzen mußte und in dieser kritischen Phase ebenfalls verstärkt auf das Mittel der Zucht- und Kirchenmandate zurückgriff; vgl. *Gény* S. 196.

[65] So z.B. in Ravensburg, wo die beiden Ärzte Mathias Ülin und Joachim Egellius sich zur Sache des Evangeliums bekannten; vgl. *Kammerer*, Hummelberg S. 39; oder in Rottweil, wo sich Valerius Anshelm für die Reformation engagierte; vgl. *Brecht*, Rottweil S. 9.

Klumpp nicht bereit gewesen, dies gegenüber Hofer zuzugeben. Immerhin hatte er es vorgezogen, sich mit ihm bei der Erörterung dieser Frage auf lateinisch zu unterhalten. Nach seinem Mißerfolg bei Klumpp versuchte Heuser dann in der Gaststätte zur Krone eine öffentliche Diskussion über die Frage des rechten Glaubens zustandezubringen, indem er sich an die Stadtknechte mit der provozierenden Frage wandte, wann denn Überlingen endlich den wahren Glauben annehmen wolle[66]. Seine Argumente und Bemühungen scheinen insgesamt aber wenig Erfolg gezeitigt zu haben, zumal er wahrscheinlich auch bald die Stadt verlassen hatte[67]. Wichtiger und vor allem wohl stetiger wird der Einfluß aus dem benachbarten Konstanz gewesen sein. Der Fall des Konstanzer Buchhändlers Hans Schäfer läßt vermuten, daß reformatorische Flugschriften vor allem aus Konstanz nach Überlingen kamen. Auf Veranlassung des Stadtschreibers hatte der Rat Anfang Juli 1528 dessen auf dem Überlinger Markt angebotene Traktate und lutherische Bücher eingezogen[68]. Darüber hinaus kam es auch immer wieder zu persönlichen Kontakten zwischen Einwohnern von Konstanz und Überlingen[69].

Auch die Argumentation, der sich die verschiedenen Anhänger und Propagandisten der Reformation in Überlingen bedienten, zeugt von dem Konstanzer Einfluß. Im Zentrum stand bei allen die Kritik am Pfarrer, an seiner scholastischen Predigt, die sich an den Kirchenvätern orientiere, nicht aber am Evangelium. Der Lesmeister soll gar behauptet haben: *[...] man habe das evangelium nie recht prediget. Sag er also das evangelium seye bisher vertunklet mit vil glossen geprediget worden, das es der gemein man nit hab wol megen verston [...]*[70]. Die Haltung des Pfarrers scheint von ihnen als größter Hemmschuh einer Reform empfunden worden zu sein. Ferner finden sich Äußerungen, welche die Macht der Heiligen und der Mutter Gottes sowie die Auferstehung nach dem Tode in Frage stellen[71]. Die Argumente ähneln, auch in ihrer Gewichtung, damit durchaus denen, die in Konstanzer Flugschriften jener Jahre zu lesen waren[72]. Neben dieser inhaltlichen Kritik versuchte man auch mit mehr suggestiven Argumenten die Menschen für die Reformation einzunehmen. So verwies Heuser z.B. auf die zu erwartende Strafe, falls man bei dem alten Unglauben bliebe, und daß die Mehrheit der großen Reichsstädte sich bereits für Luther entschieden habe, weshalb es wahrscheinlicher sei, daß sich Überlingen irre als die großen und

---

[66] Vgl. StadtAÜb I/34/379A; VII/18/2466.

[67] Über eine Bestrafung Heusers ist nichts bekannt. Es liegen nur die Kundschaftsprotokolle vor (s. Anm. 66).

[68] Vögeli 2.2 S. 1353 f.

[69] Vgl. dazu die Ausführungen unten (Anm. 84) zum Verhältnis Überlingens zu Konstanz sowie die ungeordneten Gerichtsakten, StadtAÜb I/37/390, die einige Fälle von Auseinandersetzungen zwischen Konstanzer und Überlinger Einwohnern protokollieren.

[70] StadtAÜb Reutlinger 11.2 fo. 48vff.

[71] Vgl. dazu unten die Ausführungen zum Fall Hans Hofers, aber auch StadtAÜb I/32/356 fo. 53r, wonach der als Anhänger der neuen Lehre verdächtigte Kettenacker behauptet haben soll: *Unser frow, die hailigen und der absterbenden mentschen seelen seyen noch nit im hymel [...]*.

[72] Vgl. dazu *Rublack*, Konstanz S. 27 ff.

mit gelehrten Männern wohlversehenen Städte[73]. Die Anhänger des alten Glaubens beriefen sich dagegen auf die Tradition des Glaubens der Vorfahren, auf die Treue zum Kaiser und die Gefahr der inneren Konflikte, die mit der neuen Lehre einhergingen[74].

Daß die Räte in Konstanz, Memmingen und den anderen, protestantisch werdenden Städten bei der Einführung der Reformation meist keine allzu großen innenpolitischen Hürden zu überwinden hatten, ist bei dem Anklang der neuen Lehre unter der Bevölkerung verständlich. Daß es dagegen dem Überlinger Rat gelang, die Bevölkerung auf seiner religionspolitischen Linie zu halten, ist weitaus schwerer zu erklären. Einerseits dürften hier die Strafandrohungen in den Ratsmandaten und die demonstrativ betonte Ablehnung der neuen Lehre eine Rolle gespielt haben, wie eine Formulierung des Dr. Antonius Klumpp, die so auch von anderen Bürgern verwendet wurde, widerspiegelt. Klumpp verteidigte sich gegenüber Heuser mit den Worten: *[...] man wils* [die Lehre Luthers] *alhie nit lyden, die ding seyen recht oder nitt [...]*, und darüber hinaus betonte er, es sei in Überlingen bei Verlust von Leib und Leben verboten, der neuen Lehre anzuhängen[75]. Nicht mit der Wahrheit des Glaubens, sondern mit der Anpassung an die Verordnungen der Obrigkeit wird hier die eigene konfessionelle Position gerechtfertigt. Neben der äußerlichen Anpassung findet sich andererseits auch die Verinnerlichung der durch Rat und Klerus propagierten altgläubigen Position. Auseinandersetzungen mit Konstanzer Bürgern, aber auch die Entgegnungen auf reformatorische Propaganda belegen dies[76].

Auf alle Fälle scheint aber den Mandaten des Rats eine entscheidende Rolle zugekommen zu sein. Er ließ gegenüber der Gemeinde keine Zweifel an seiner antilutherischen Haltung aufkommen und brachte dies auch immer wieder in den Zünften zum Ausdruck[77]. Geschickt verstand es der Rat dabei, seinen Religionsmandaten gerade den Charakter des Religiösen zu nehmen, indem er sie meist nicht allein, sondern immer zusammen mit anderen Zuchtmandaten, die z.B. das *gotzlästern* oder die ‚Unfuhr auf der Gassen‘ untersagten, verkünden ließ[78]. Die ‚Lutherei‘, so wurde

---

[73] Wie Anm. 66.

[74] Vgl. die Zeugenaussagen ebda. sowie StadtAÜb Reutlinger 11.2 fo. 62vf.

[75] StadtAÜb VII/18/2466. Dieselbe Formulierung gebrauchte z. B. auch die Magd Waldpurga Hedler bei ihrer Aussage über die verdächtige Magd Melchior Becks; vgl. StadtAÜb I/37/390. Bei diesen Zeugenaussagen ist natürlich zu beachten, daß die Zeugen gegenüber der Obrigkeit ihre Rechtgläubigkeit unter Beweis zu stellen trachteten. Trotzdem sind die Formulierungen aufschlußreich, zeigen sie doch, wie die Zeugen unbewußt ihre eigene Katholizität mit den Geboten des Rats in Verbindung brachten.

[76] Vgl. die Zeugenaussagen ebda. und StadtAÜb I/34/379A.

[77] StadtAÜb Mp. 1523–26 fo. 239r: *[...] und von newen alls luterysche leer, disputationen, ursachen und anhang, flaisch und ayer essern und andern eingerissnen spott, gesag und unzuchten in zunften ernstlich verpietten, und darneben geschafft haben, alt löblich bruch und gewonhait der kirchen zuhalten, wie unsere vorderen gepflegt haben.* StadtAÜb Gerichtsprot. 1528/29 fo. 9r: *Desgleichen soll auch in zunften verkundt werden, das man bey dem alten glauben bestendigklich und vest beleibe, und mit beichten und in anderm thue wie dann in zünften hievor verkundt seye. Welcher das uberfieren wurd, wollen meine herren mit ernst strafen.*

[78] Vgl. nur das Mandat zur Ausweisung des Lesmeisters; wie Anm. 59.

damit suggeriert, war nicht nur eine Glaubenssache; wer ihr anhing, machte sich neben der Ketzerei vor allem auch des bürgerlichen Ungehorsams schuldig.

Da sich der Rat zudem in kritischen Jahren, wie 1526, als er den Lesmeister entließ, oder 1534, als man mit einem Angriff Herzog Ulrichs rechnete, seine religionspolitische Linie durch den Großen Rat legitimieren ließ[79], war es für den einzelnen kaum mehr möglich, sich gegen den Konfessionsentscheid seiner Obrigkeit zu wenden. Überlingen war damit im 16. Jahrhundert neben Pfullendorf, Buchhorn und Wangen hinsichtlich der Religion die stabilste Reichsstadt im ganzen südwestdeutschen Raum und unter den größeren altgläubigen Reichsstädten des Südwestens die einzige, in der es keine reformatorische Bewegung gegeben hatte[80].

5. Territoriale Lage und Reformation

Die jeweils unterschiedlichen Optionen für oder gegen die Reformation führten zu einer Polarisierung unter den oberschwäbischen Reichsstädten. Auf der einen Seite stand die protestantische Gruppe, mit Konstanz und Memmingen an der Spitze, die sich zunächst dem zwinglianischen Zürich zuwandte, später aber den Anschluß an den Schmalkaldischen Bund suchte[81]; auf der anderen Seite exponierte sich unter den katholischen Städten vor allem Überlingen, das z.B. 1527 dem aus Konstanz geflohenen Domkapitel Zuflucht gewährte und damit auch nach außen seine Katholizität vor aller Augen unter Beweis stellte[82]. Bereits seit 1525 war denn auch jede politische Zusammenarbeit zwischen den Städten der beiden Gruppen abgerissen[83]. Zugleich war man indes auf beiden Seiten bemüht, Konflikte, die zu unabsehbaren politischen Verwicklungen mit all ihren negativen wirtschaftlichen Folgen hätten führen können, möglichst im Keime zu ersticken und schiedlich beizulegen, ohne damit jedoch die Trennung in irgendeiner Form leugnen zu wollen[84].

---

[79] Ebda. u. GLA 61/7240 fo. 168vff.

[80] Vgl. Kap. XII zu den anderen katholischen Reichsstädten.

[81] Zur Konstanzer Außenpolitik zwischen 1510 und 1527 vgl. vor allem *Buck* S. 447 ff.; aber auch *Heuschen* S. 37 ff., und *Rublack*, Situation S. 316 ff. Zu Lindau vgl. neben A. *Schulze* S. 39 ff., 114 ff., auch noch *Marte*. Generell zur Außenpolitik der protestantischen Städte vgl. *Fabian*, Beschlüsse.

[82] Zum Erhalt der Katholizität Überlingens trug die Präsenz des Domkapitels in der Stadt wahrscheinlich wenig bei, sie unterstrich nur nach außen die konfessionspolitische Haltung der Stadt, wie die Durchsicht der Protokolle des Domkapitels (GLA 61/7239–7241) und des Überlinger Rats (StadtAÜb Rp.) vermuten läßt. Die Beziehungen des Kapitels zur Stadt waren sehr lose, eine ganze Reihe von Domherren hielt sich oft auch über längere Zeit überhaupt nicht in Überlingen auf. 1542 wechselte das Kapitel seine Residenz und zog nach Radolfzell, nachdem es unter der Überlinger Bevölkerung unter anderem wegen der Lebensführung einiger Domherren und deren Verkauf von Wein auf dem Überlinger Markt zu Mißstimmungen gekommen war und der Rat daraufhin dem Kapitel die Aufenthaltserlaubnis kündigte.

[83] Vgl. dazu Kap. VI.3.

[84] Konflikte konnten zum einen entstehen zwischen den Einwohnern der beiden Städte, die enge wirtschaftliche Kontakte pflegten (vgl. Kap. IV.2), wie z.B. ein Streit zwischen Jos Kofer

Betrachtet man die territoriale Lage dieser beiden Gruppen, der neun protestantischen und fünf katholischen Städte (vgl. Abb. 2), so fällt auf, daß Überlingen, Pfullendorf, Buchhorn und das erst spät reformierte Ravensburg sich vorwiegend im Westen
Oberschwabens konzentrierten, während Memmingen, Kempten und Isny eine protestantische Gruppe im Osten bildeten. Wenn auch das im Süden in direkter Nachbarschaft zu der katholischen Gruppe liegende Lindau sich nicht in dieses Schema
einfügt – die an der Peripherie liegenden Städte Biberach und Kaufbeuren sowie das
ohnedies mehr zur Schweiz hin orientierte Konstanz können zunächst einmal außer
Betracht gelassen werden –, so erhebt sich doch die Frage, ob diese Trennung in einen
katholisch-bikonfessionellen Block im Westen und eine protestantische Gruppe im
Osten als eine Folge territorialer Lage und politischer Abhängigkeiten verstanden
werden muß? Ob mithin nicht äußere, politische Zwänge die konfessionelle Option
der oberschwäbischen Reichsstädte beeinflußten oder gar wesentlich bestimmten?[85]

Territoriale Lage und politische Abhängigkeit – damit ist natürlich in erster Linie
der Einfluß der katholischen Territorien und insonderheit des Hauses Österreich
angesprochen, zu deren Klientel alle kleineren Stände Oberschwabens gemeinhin
gerechnet werden. Doch, und dies war für die reformatorische Entwicklung von
eminentem Einfluß, gerade in den 1520er und 1530er Jahren trat dieser traditionell
starke Einfluß der Habsburger kaum zutage. Wegen seiner anderweitigen Verpflichtungen konnte der Kaiser in jener Zeit nur versuchen, mit Hilfe von Briefen und

---

von Überlingen und einem Schuhmacher aus Konstanz indiziert, in dessen Verlauf Kofer die
Konstanzer allesamt als *ketzerische und lutherische bösewichter* bezeichnet hatte; vgl. StadtAÜb
I/37/390, 1529 [Juli 30]. Vor allem aber scheint es zu Auseinandersetzungen zwischen Konstan-
zern und den nach Überlingen geflohenen Konstanzer Geistlichen gekommen zu sein (neben
dem Domkapitel hatten Konstanzer Beginen sowie der Abt von Petershausen, Gebhard Dornsperger, wahrscheinlich ein Verwandter des späteren Überlinger Bürgermeisters Caspar Dornsperger, den Schutz des katholischen Überlingen gesucht). Vgl. dazu den Briefwechsel zwischen
beiden Städten anläßlich eines Streites zwischen dem Domherrn Graf von Lupfen und dem
Konstanzer Bürger Mang Wackerli; nach: Vögeli 2.2 S. 1392 f.; Roth von Schreckenstein,
Geschichte 23 S. 15 ff. Daß sich in der öffentlichen Meinung Überlingen zum altgläubigen
Gegenpol von Konstanz entwickelte, läßt auch das 1527 in Konstanz aufgekommene Gerücht
vermuten, wonach der Domprediger Pyrata Teile des Kirchenschatzes nach Überlingen transportiert hätte; vgl. *Rublack*, Konstanz S. 77. Größere Konflikte erwuchsen daraus allerdings
nicht, da beide Seiten daran interessiert waren, die gegenseitigen wirtschaftlichen Kontakte zu
erhalten; vgl. dazu Kap. IV.2.
[85] In der Lit. wird immer wieder damit argumentiert. So betont *Dreher*, Geschichte 1 S. 384,
daß sich Ravensburg erst der Reformation anschloß, als von seiten des habsburgischen Landvogts kein Eingreifen mehr zu befürchten war; und auch *Alt* S. 42, begründet das lange Verhar-
ren Kaufbeurens beim alten Glauben damit, daß die Stadt völlig von katholischen Territorien
umgeben war. Noch dezidierter bei *Stieve* S. 8. Selbst die Zeitgenossen benutzten ähnliche
Argumente. So nahm z. B. der Überlinger Rat gegenüber Ferdinand I. für sich das Verdienst in
Anspruch, dank seiner entschiedenen Haltung die umliegenden Städte und Territorien beim
alten Glauben gehalten zu haben. Vgl. StadtAÜb Mp. 1539–42 fo. 8 f.: *Namblich das wir, wie
hievor gekert, bey dem alten christenlichen glauben und religion und der kay. und kho. mayt.
beharen und ettlichen anderer stetten umb uns, auch der landtschaft aus gnaden des allmechtigen
ursach geben auch also zubeleiben [...].*

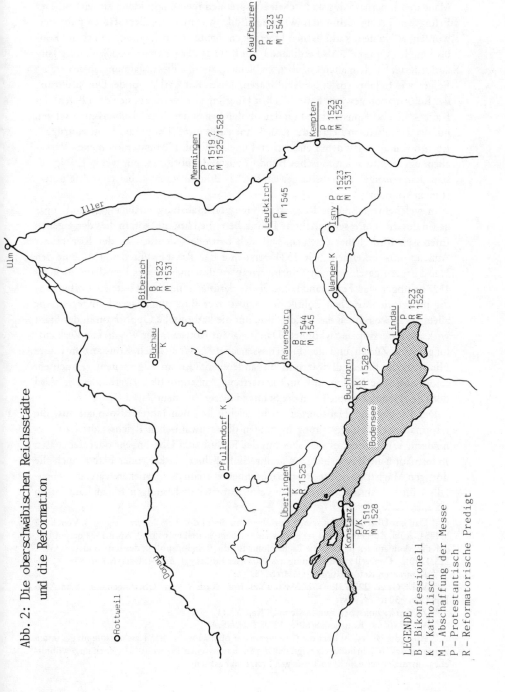

Abb. 2: Die oberschwäbischen Reichsstädte und die Reformation

LEGENDE
B – Bikonfessionell
K – Katholisch
M – Abschaffung der Messe
P – Protestantisch
R – Reformatorische Predigt

Mandaten innerhalb der städtischen Ratsgremien meinungsbildend zu wirken. Der Erfolg war gering. Schon das Wormser Edikt war nicht in allen Städten publiziert worden, allein dem katholischen Überlingen diente es zur Legitimation seiner konfessionellen Option[86]. Als Ferdinand I. auf Bitte des Truchsessen von Waldburg Isny aufforderte, bei dem alten Glauben zu bleiben, zeitigte diese Mahnung ebensowenig Folgen wie 16 Jahre später bei Kaufbeuren, dessen Rat Karl V. vor der Durchführung der Reformation gewarnt hatte[87]. Selbst Überlingen widersetzte sich dem Befehl des Kaisers, sich bei Konstanz und Lindau für den Erhalt des alten Glaubens einzusetzen, mit der zutreffenden Begründung, daß ihnen dies nur Schimpf und Spott einträge[88]. Ebenso war allen seit dem Leutkircher Tag vom 5. Juli 1524 unternommenen Versuchen, ein effektives katholisches Bündnis zustandezubringen, nur wenig Erfolg beschieden, solange die Habsburger ein solches Bündnis nicht selber tatkräftig unterstützen konnten[89].

In welchem Maße eine Reichsstadt eine von Habsburg unabhängige und sogar gegen dessen Interessen gerichtete Politik betreiben konnte, sofern dies den eigenen Interessen förderlicher erschien, läßt sich besonders deutlich an der Konstanzer Außenpolitik erkennen. Seit 1524 versuchte der Rat bewußt den 1510 mit den Habsburgern geschlossenen Schirmvertrag zu destruieren, was ihm denn auch bis 1527 gelungen war. Ferdinand I. und die Regierung in Innsbruck traten der offenkundig proreformatorischen Politik des Konstanzer Rats nur zögernd entgegen, vor allem auch, weil ihnen das Geld fehlte, um die katholische Opposition in der Stadt wirksam unterstützen zu können. Damit war für Konstanz der Weg frei zu Verhandlungen mit Zürich und der Eidgenossenschaft[90]. Wenn auch Konstanz in dieser Hinsicht ein Einzelfall war und die anderen Städte im allgemeinen versuchten, reformatorische Innenpolitik und kaisertreue Außenpolitik zu verbinden, so wird doch der Handlungsspielraum der Städte in dieser Zeit deutlich[91].

Der Einfluß der Habsburger allein reichte in jenen Jahren also nicht aus, die reformatorische Umgestaltung in einigen oberschwäbischen Reichsstädten zu verhindern. Wie verhielt es sich aber mit der Katholizität Überlingens oder der späten Reformation in Ravensburg? War ihr Einfluß hier stärker, oder hätten auch die dortigen Magistrate jederzeit, sofern es ihnen vorteilhaft erschienen wäre, den ebenfalls früh im Ansatz vorhandenen reformatorischen Regungen freien Lauf lassen

---

[86] Daß der Überlinger Rat seinen Entscheid mit dem Edikt begründete, zeigt z. B. Vögeli 2.2 S. 1354. Auch Bürgermeister Freyburg wies in einem Schreiben vom 13. April 1524 darauf hin, daß die Mandate des Reiches die Richtschnur für die Religionspolitik des Rats bildeten (GLA 225/1260). – Generell zur Bedeutung des Wormser Edikts vgl. *Brecht*, Edikt S. 482, 489.

[87] *Kammerer*, Reformation S. 11; *Alt* S. 78.

[88] Vgl. GLA 225/731, 1527 Mai 6, Reskript Karls V. an Überlingen, u. StadtAÜb Mp. 1526–30 fo. 74, 79vf.

[89] Zu den katholischen Bündnissen vgl. Kap. VI.11.

[90] Vgl. *Rublack*, Konstanz S. 60 ff., 120 ff.; *Buck* S. 447 ff.

[91] Auch die Übersicht über die Geschichte der oberschwäbischen Reichsstädte im gesamten Zeitraum des 16. Jahrhunderts zeigt, daß die Städte zwischen 1519 und 1546 einen ungewöhnlichen, normalerweise nicht vorhandenen Freiraum besaßen.

können? Diese Fragen eindeutig zu beantworten, ist im Rahmen dieser ersten und notgedrungen oberflächlichen Übersicht kaum möglich, müssen dazu doch die politischen Interessen der einzelnen Städte genauer aufgeschlüsselt werden[92]. Die Präsenz des habsburgischen Landvogts im westlichen Oberschwaben, die den Habsburgern schon lange als Mittel diente, um in dieser Region Einfluß zu nehmen[93], dürfte gewiß eine gewichtige Rolle gespielt haben. Indes gilt es auch zu bedenken, daß Überlingen nur Anstößer der Landvogtei war[94] und sich auch in Ravensburg dann doch noch die Reformation durchsetzte, ganz zu schweigen von Lindau, das sich bereits sehr früh für die Reformation entschieden hatte[95]. Territoriale Abhängigkeiten dürften mithin in sehr vermittelter Weise die konfessionellen Optionen der Räte beeinflußt haben – allenfalls bei den kleineren katholischen Städten wie Pfullendorf oder Buchhorn könnten sie eine entscheidende Rolle gespielt haben, da diese sich in der Regel Überlingen anschlossen[96], was auch die relative Geschlossenheit der katholischen Gruppe erklärte –, insgesamt jedoch dürften die wesentlichen Motive, zumindest für die Einführung der Reformation, sich aus den inneren Verhältnissen der einzelnen Städte ergeben haben.

6. Reformatorische Predigt und kirchliche Verhältnisse

Dort müssen denn auch zunächst die Gründe für den so unterschiedlichen Verlauf der Reformation gesucht werden. Die Frage, warum die neue Lehre beim Gemeinen Mann so rasche und fast einhellige Zustimmung fand, soll und kann hier nicht diskutiert werden[97]. Das Thema dieses Kapitels ist die Frage nach dem Erfolg oder Mißerfolg der Reformation. Welche Gruppen hatten daran den entscheidenden Anteil? Wie mußte die Konstellation der jeweiligen städtischen Verhältnisse beschaffen sein, um eine Option für oder gegen die Reformation zu ermöglichen? Als die wichtigsten Faktoren, die dabei berücksichtigt werden müssen, haben sich herausgeschält: die reformatorische Predigt durch einen Prädikanten, die Unterstützung oder Ablehnung dieser Predigt durch die Obrigkeit und die Reaktion der Bevölkerung auf diese Predigt und auf die Maßnahmen des Rats.

Conditio sine qua non einer gelungenen städtischen Reformation war die reformatorische Predigt[98]. In fast allen oberschwäbischen Städten, selbst in Überlingen, gab es, zumindest für kurze Zeit, einen Geistlichen, der im Sinne der Reformation predigte. Und überall fand er auch rasch Zuspruch von seiten der Bevölkerung. Doch

[92] Vgl. dazu für Überlingen ausführlicher Kap. VI.
[93] Vgl. *Hofacker*, Herzogswürde S. 124.
[94] *Ebda.* S. 131.
[95] Zu Lindau vgl. ausführlicher Kap. VI.2.
[96] Vor allem Pfullendorf und Buchhorn ließen sich auf Reichs- und Städtetagen meist durch Überlingen vertreten, dessen Position sie sich denn auch in der Regel anschlossen; vgl. Kap. VI.
[97] Vgl. dazu die in Kap. II.2. angegebene Lit.
[98] Worauf in der Lit. wiederholt hingewiesen wurde, vgl. nur *Pfeiffer*, Verhältnis S. 86 f.

nur dort konnte sich um diese Geistlichen eine reformatorische Bewegung gruppieren, wo der Rat sie gewähren ließ. Warum nun wurde in Memmingen der lutherisch predigende Prädikant vom Rat in Schutz genommen, während in Überlingen der Lesmeister, der nichts anderes tat, der Stadt verwiesen wurde? Ein Blick auf die kirchlichen Verhältnisse der verschiedenen Städte zeigt, daß es einige auffallende Gemeinsamkeiten unter den protestantischen Städten auf der einen und den katholischen auf der anderen Seite gab.

Kennzeichnend für diejenigen Städte, die sich frühzeitig der Reformation zugewandt hatten, war der Umstand, daß es – mit Ausnahme von Lindau – überall ein von der Stadt berufener Prädikant war, welcher die neue Lehre verkündete. Meistens war er schon länger in der Stadt tätig gewesen, so daß er bei der Bevölkerung oder im Rat einen gewissen Rückhalt besaß. Dazu kam, daß gerade in diesen Städten, wo es einen städtischen Prädikanten gab, die kirchlichen Verhältnisse dem Rat oft ein Dorn im Auge waren, da die eigentlichen Inhaber der Pfarreien von auswärtigen Patronatsherren, mit denen es immer wieder Reibereien gab, ernannt wurden.

In Konstanz z.B. hatte sich Jakob Windner dem Rat durch sein seelsorgerliches Engagement während der Pestepidemie 1519 empfohlen, worauf er mit Unterstützung des Rats Pfarrer zu St. Johann geworden war[99]. Die beiden anderen Konstanzer Prädikanten, Bartholomäus Metzler und Johannes Wanner, wurden von dem Konstanzer Humanistenkreis um Ambrosius Blarer protegiert, denen es sogar gelang, 1522 Wanner die Münsterprädikatur zu verschaffen, da es anscheinend an geeigneten anderen Kandidaten gefehlt hatte[100]. In Lindau hatte sich der Inhaber der Pfarrei, Johannes Fabri, durch die Weigerung, seiner Residenzpflicht nachzukommen, in Mißkredit gebracht[101]. Insofern ist es nicht weiter verwunderlich, daß der Rat den lutherisch predigenden Lesmeister der Franziskaner und den Pfarrvikar in Schutz nahm. In Isny war das Ansehen des Pfarrers, eines Konkubinariers, denkbar schlecht; des öfteren hatte sich der Rat über ihn bei seinem Ordinarius beschwert[102]. Der Rat hatte hier zudem ein offenkundiges Interesse, das Patronatsrecht des Abtes von Hirsau einzuschränken[103]. Die reformatorische Bewegung scharte sich um den schon länger in Isny predigenden städtischen Prädikanten Konrad Frick. Ebenso problematisch war das Verhältnis des Rats zum Inhaber der Pfarrei in Biberach. Der Patronatsherr, das Kloster Eberbach, ließ die Pfarrei durch einen seiner Konventualen versehen. Der Bitte des Rats, die 1519 vakante Stelle mit dem seit 1509 in Biberach im Spital predigenden Bartholomäus Müller zu besetzen, war das Kloster nicht nachgekommen[104]. Müller sympathisierte spätestens seit 1524 mit der neuen Lehre und war entscheidend am Aufbau des protestantischen Kirchenwesens in Biberach

---

[99] *Rublack*, Konstanz S. 16.

[100] *Ebda.* S. 18f.

[101] A. *Schulze* S. 9ff.

[102] *Kammerer*, Reformation S. 5.

[103] Vgl. *Kammerer*, Geschichte S. 83f.; zu den kirchlichen Verhältnissen in Isny vgl. auch *Benediktinerklöster* S. 3321f.

[104] Vgl. *Rüth*, Müller S. 16; *Ders.*, Biberach S. 134ff.

beteiligt. Ähnliche Konflikte gab es in Kempten, wo der Fürstabt Kollator der städtischen Pfarrei war[105]. Auch in Memmingen waren die beiden Pfarrkirchen auswärtigen Orden inkorporiert[106]. Entscheidend war hier aber wohl, daß die zentrale Gestalt der Reformation, der seit 1513 amtierende Prädikant Christoph Schappeler, sich schon vor der Reformation unter der Bevölkerung durch seine die sozialen Zustände kritisierenden Predigten einen gewissen Anhang verschafft hatte[107].

Die Verhältnisse in Kaufbeuren glichen denen der Städte der ersten Gruppe. Patronatsherr der Pfarrei war das Domkapitel zu Augsburg. Der Inhaber der Pfarrei blieb denn auch katholisch, die frühe reformatorische Bewegung wie die Bewegung der 1530er Jahre fand ihren geistlichen Mittelpunkt in dem Inhaber der Honoldschen Prädikatur[108]. Von dem bislang fast überall typischen Schema – auswärtiger Patronatsherr, städtischer Prädikant – wichen erstmals die Verhältnisse in Ravensburg etwas ab. Hier gab es zu Beginn der Reformationszeit keinen Prädikanten. Es predigte allein der Pfarrer, und der Rat achtete auch bewußt darauf, daß er keine Neuerungen einführte[109]. Lutherisch predigte zum erstenmal 1544 der Helfer Konrad Konstanzer, dessen Predigt der Rat unter anderem deshalb duldete, weil im Unterschied zu den beiden Pfarrherren, die von den Klöstern Weingarten und Weißenau ernannt wurden, die Bindung der Helfer an den Rat enger war[110]. Der Rat schützte also auch hier die der Stadt stärker verpflichteten Kleriker gegen auswärtige Patronatsherren. In Leutkirch waren die Verhältnisse ähnlich. Einen Prädikanten gab es nicht, so daß allein der Pfarrer die Predigt versah. Solange ein altgläubiger Priester in Leutkirch tätig war, blieb die Stadt denn auch – zumindest offiziell – beim alten Glauben[111].

In allen drei Städten dieser Gruppe bestand also bis 1546 eine qualifizierte katholische Predigt. In Kaufbeuren, weil die erste reformatorische Bewegung gescheitert war, in Ravensburg und Leutkirch, weil es dort überhaupt keine Prädikanten gegeben hatte und die Pfarrherren von der neuen Lehre nicht infiziert waren. Allerdings lassen sich auch hier deutliche kirchenpolitische Interessen erkennen, die mit dazu beitrugen, daß der Rat schließlich protestantisch predigende Geistliche, die in den 1530er und 1540er Jahren auftraten, gegen Patronatsherr und Bischof in Schutz nahm.

Die Verhältnisse in den katholischen Städten glichen denen der zweiten Gruppe insofern, als es meistens keinen Prädikanten gab und auch das Patronatsrecht nicht in den Händen der Stadt lag. Zumindest im Falle Überlingens war aber das Verhältnis zwischen Rat und Patronatsherrn, dem Deutschordenskomtur auf der Mainau, frei

---

[105] *Erhard* S. 3 f.

[106] *Kroemer* S. 22 ff.

[107] *Ebda.* S. 66 f.

[108] *Alt* S. 23 ff.

[109] Zu den kirchlichen Verhältnissen in Ravensburg vgl. *Holzer* S. 9 ff.; *Dreher*, Patriziat S. 8 ff.

[110] Vgl. Müller S. 30: Der Rat nahm für sich das Recht in Anspruch, daß der Pfarrer Helfer nur mit seiner Zustimmung anstellen und entlassen könne.

[111] *Roth* 1 S. 202.

von Spannungen, da dem Rat in der Praxis weitgehende Mitspracherechte bei der Besetzung der Pfarrei eingeräumt wurden[112]. Dazu kam, daß im Unterschied zu den Städten der ersten Gruppe die Pfarrherren in den katholischen Städten in der Regel ein sittliches und theologisches Niveau besaßen, das sich mit dem der evangelischen Prädikanten messen konnte. Das Beispiel Überlingens zeigt besonders deutlich, daß die Städte, in denen das Predigtamt allein vom Pfarrer und seinen Helfern versehen wurde, darauf achteten, qualifizierte Geistliche zu erhalten. Ein theologisches Studium wurde hier vorausgesetzt, und wenn möglich wurde anscheinend sogar der theologische Doktorgrad verlangt. Der Überlinger Pfarrer, Dr. Johann Schlupf, vertrat denn auch während der Sturmjahre der Reformation konsequent die Position der alten Kirche. Nicht minder eindeutig war die Position eines seiner Nachfolger, des ehemaligen Pfarrers der ulmischen Landstadt Geislingen, Dr. Georg Oswald, der nach der Ausweisung durch den Ulmer Rat nach Überlingen gekommen war, wo er bis zu seinem Tode 1541 blieb[113]. Dazu predigte von 1528 bis 1545 der Konstanzer Weihbischof Melchior Fattlin mit großem Erfolg an den hohen Festtagen in Überlingen[114]. Wangen besaß zwar eine Prädikatur, doch scheinen Predigt und Persönlichkeit des Pfarrherrn die der Prädikanten übertroffen zu haben; in Buchhorn dürfte die Predigt allein Aufgabe des Pfarrers gewesen sein[115].

Auf den ersten Blick zeichnet sich eine klare Kongruenz zwischen den kirchlichen Verhältnissen und der konfessionellen Option ab. Überall dort, wo es einen städtischen, die neue Lehre propagierenden Prediger gab und wo zugleich der Rat kirchenpolitisch noch nicht saturiert war, konnte die Reformation einen raschen und durchschlagenden Erfolg verzeichnen. Die Einführung der Reformation verzögerte sich oder fand überhaupt nicht statt in jenen Städten, wo allein der reguläre Pfarrherr die Kanzel versah. Dies zeugt von dem hohen Rang der Predigt für die Meinungsbildung unter der Bevölkerung, es wäre aber verfehlt, die Ursachen für Erfolg oder Mißerfolg der Reformation allein bei den kirchlichen Verhältnissen suchen zu wollen. Dagegen spricht zunächst einmal das Beispiel Kaufbeurens, das sich nicht eindeutig in das hier skizzierte Schema einfügt. Die Majorität des Rats stand hier nämlich der Reformation zunächst ablehnend gegenüber, trotz kirchenpolitischer Interessen und trotz der Existenz eines von den Einwohnern unterstützten Prädikanten. Soviel kann aber immerhin festgehalten werden: Zwischen der Existenz eines Prädikanten und vom Rat als mißlich empfundenen kirchlichen Verhältnissen bestand ein direkter Zusammenhang, welcher der Reformation den Weg geebnet hat. Denn der Rat neigte hier zur Protektion ‚seiner‘ Prädikanten. Die kirchlichen Verhältnisse dürften also die

---

[112] Vgl. Kap. VII.2.

[113] Ebda.

[114] Ebda.

[115] *Scheurle*, Wangen S. 120: 1470 war in Wangen eine Prädikatur gestiftet worden, doch sollte der Prädikant wie ein Kaplan dem Pfarrer untergeordnet sein. In Ulrich Wyser soll Wangen zudem in den Jahren der Reformation einen hervorragenden Pfarrer besessen haben; vgl. auch *Tüchle*, Reichsstädte S. 66. – Zu den kirchlichen Verhältnissen Buchhorns vgl. *Baur*, Geschichte 53 S. 147 ff.

jeweilige konfessionelle Option des Rats mitbeeinflußt haben, insbesondere eine Option zugunsten der Reformation; jedoch sollte man deren Einfluß nicht überbewerten, denn auch die katholischen Städte besaßen zur Zeit der Reformation in Oberschwaben nirgends das Patronatsrecht.

7. Der Einfluß reformatorischer Bewegungen

Die Erörterung der kirchlichen Verhältnisse hat bereits gezeigt, daß ganz unbestritten in allen oberschwäbischen Reichsstädten eine enge Affinität zwischen reformatorischer Botschaft und Bevölkerung bestand. Überall, wo über längere Zeit reformatorische Ideen verkündet wurden, wuchs scheinbar fast zwangsläufig eine reformatorische Bewegung heran[116]. Nichts läge nun auf den ersten Blick näher, als ihr den maßgeblichen Anteil am Erfolg der Reformation zuzusprechen. Doch das Entstehen reformatorischer Bewegungen war sowenig zwangsläufig wie ihr Erfolg. Dies legen gerade die Beispiele der katholisch gebliebenen Städte nahe, aber auch die Städte der zweiten Gruppe, wo erst spät, wie in Ravensburg, eine solche Bewegung entstand oder wo es auch, wie in Kaufbeuren, gelungen war, eine fast erfolgreiche reformatorische Bewegung wieder für ein Jahrzehnt zu unterdrücken. Das Entstehen einer reformatorischen Bewegung war also an bestimmte Bedingungen geknüpft. Je nach Lage der Dinge konnte sich das Interesse an der reformatorischen Botschaft so weit verdichten, daß es zum Entstehen einer reformatorischen Bewegung führte; zugleich war es aber auch möglich, die Menschen im Schoß der alten Kirche zu halten.

Ein Phänomen verdient dabei besondere Aufmerksamkeit: Der Erfolg der reformatorischen Predigt war zwar groß, doch nirgends fand sie uneingeschränkte Zustimmung bei allen Bürgern. Solange sich in den Städten der ersten Gruppe noch katholische Prediger halten konnten, bestanden katholische Minderheiten fort, die durchaus bewußt an ihrem Glauben festzuhalten gedachten. In Konstanz verteidigte z.B. der Dominikaner Pyrata, dem 1524 das Domkapitel an Stelle Wanners die Münsterprädikatur übertragen hatte, in seinen Predigten nicht ohne Erfolg die alte Kirche. Für wie gefährlich der Rat dessen Predigten hielt, dokumentieren die zahlreichen Maßnahmen, mit denen er den Besuch der Predigten Pyratas zu verhindern suchte[117]. Und noch nach 1527, als mit dem Auszug des Domkapitels auch die katholische Predigt ihr Ende fand, mußte er Bürgern das Auslaufen zu katholischen Gottesdiensten verbieten[118]. Auch in Memmingen hielt sich bis 1527 noch ein katholischer Geistlicher[119], und gerade in den Städten, wo weiterhin neben der protestantischen Predigt eine katholische existierte, wie in Memmingen, Kaufbeuren oder

---

[116] Zum Begriff der reformatorischen Bewegung und Bedingungen ihrer Entstehung vgl. *Scribner*, Sozialkontrolle S. 63 f.

[117] Vgl. *Rublack*, Konstanz S. 38 f., 98 f.

[118] *Ebda.* S. 74: Nach dem Verbot der Messe duldete der Rat noch bis 1529, daß Bürger auswärts altgläubige Gottesdienste besuchten, schritt dann aber dagegen ein.

[119] Vgl. *Schlenck* S. 59 f.

Konstanz, suchten die Prädikanten, sekundiert von ihrem Anhang, diese mittels eines Religionsgesprächs zu beseitigen[120]. Ein deutliches Zeichen dafür, daß die reformatorische Predigt kein Monopol auf den Erfolg bei dem Gemeinen Mann besaß. Und zugleich ein Beweis, wie wichtig generell die Predigt, sei sie katholisch oder reformatorisch, für die religiöse Meinungsbildung war. Eine qualifizierte katholische Predigt, dies legt jedenfalls das Beispiel Überlingens nahe, konnte, sofern ihr der Rat jede Konkurrenz vom Leibe hielt, ebenfalls religiöse Meinung formen, zumindest aber die Formierung einer reformatorischen Bewegung mit all ihren Folgen verhindern[121]. Ohne den Kristallisationskern einer reformatorischen Predigt entstand also auch keine reformatorische Bewegung, und die alte Kirche konnte sich behaupten.

Die Durchschlagskraft einer reformatorischen Bewegung hing ferner eng mit dem sozialen Klima einer Stadt zusammen. Dies belegen besonders die Ereignisse in Memmingen, wo die Weberzunft – auch in anderen Städten ein wichtiger Herd reformatorischer Strömungen[122] – mit dazu beitrug, daß sich zu den religiösen Forderungen soziale und politische gesellten und die reformatorische Bewegung sich zur innerstädtischen Opposition entwickelte. Der Rat geriet dort zeitweise in die Defensive, und es schien, als ob er die Reformation nur vorantriebe, um diesem Druck ein Ventil zu schaffen[123].

Doch auch hier muß eine Einschränkung gemacht werden: Nirgends, auch nicht in Memmingen, drückten die reformatorischen Bewegungen auf Dauer den Ereignissen ihren Stempel auf. Ob eine Reformation stattfand oder nicht, hing nicht von der Existenz einer reformatorischen Bewegung ab, sondern davon, ob die politische Obrigkeit deren Ideen teilte oder nicht. Gerade der Vergleich zwischen den Ereignissen in Kaufbeuren und Memmingen unterstreicht dies. In beiden Städten bestand 1525 dieselbe Ausgangssituation: Die Truppen des Schwäbischen Bundes hatten den bereits begonnenen Reformationsprozeß gewaltsam gestoppt. Während nun aber in Memmingen dieser Prozeß bald wieder weitergeführt wurde, eben weil der Rat in seiner Mehrheit proreformatorisch war, wurde er in Kaufbeuren aufgehalten; hier majorisierten noch einmal die Altgläubigen den Rat. Gewiß, die Existenz einer solchen Bewegung konnte den Rat unter Druck setzen und diejenigen Gruppen

---

[120] Zu Religionsgesprächen kam es unter dem Druck der reformatorischen Bewegungen in Memmingen und Kaufbeuren. Die Ergebnisse formulierte aber der Rat. In Konstanz gab es verschiedene Versuche von seiten der Reformatoren, eine Disputation zustandezubringen, die aber am Widerstand des Rats, der die reformatorische Entwicklung nicht forcieren wollte, scheiterten; vgl. *Rublack*, Konstanz S. 52 ff.; *Schlenck* S. 42 f.; *Alt* S. 18 ff. – Vgl. zusammenfassend *Hollerbach*.

[121] In Überlingen unterstrich bereits Weihbischof Fattlin, der dort zwischen 1529 und 1542 predigte, die Bedeutung seiner Predigten für die Katholizität der Stadt; vgl. GLA 225/463 fo. 17 f., 1543 Mai 20, Fattlin an Überlingen; u. Kap. VII.5.

[122] Z.B. in Kaufbeuren und Leutkirch und auch in anderen Städten, wie z.B. in Basel; vgl. *Schulz* S. 118.

[123] Zur reformatorischen Bewegung in Memmingen vgl. *Kroemer* S. 82 ff. – Die These, wonach die Reformation für den Rat nur ein Mittel war, um seine eigene Stellung zu behaupten, formulierte am prägnantesten *Brady*, Ruling Class S. 292.

innerhalb des Rats, die reformationsfreundlich waren, stärken, doch Herr des Geschehens blieb der Rat, auch wenn er, wie im Falle Memmingens oder Kaufbeurens, auf Hilfe von außen angewiesen war.

Ob eine reformatorische Bewegung entstand und inwieweit sie die Entwicklung vorantrieb, hing also von den verschiedensten Umständen ab. Die Existenz eines reformatorischen Predigers, der zugleich Rückhalt im Rat besaß, scheint eine notwendige Prämisse gewesen zu sein. Das unbestreitbare Interesse der Bevölkerung an der reformatorischen Botschaft allein reichte jedenfalls nicht aus, um eine länger bestehende Bewegung am Leben zu erhalten. Dabei dürfte wohl auch eine Rolle gespielt haben, daß die Vorstellungen über den Inhalt der neuen Lehre oft vage, ungereimt und oberflächlich waren. Der Fall des nach Überlingen eingewanderten Hans Hofer mag dies exemplarisch verdeutlichen. Hofer, der wegen prolutherischer Äußerungen ins Gefängnis gekommen war, gab nach längerem Verhör schließlich zu, früher Lutheraner gewesen zu sein; ebenso gestand er ein, auch in Überlingen die ihm vorgeworfenen Äußerungen getan zu haben. Obwohl er sich nun ausdrücklich als Lutheraner bezeichnete, vertrat er zugleich in der Frage der Taufe eine wiedertäuferische Position und in der Abendmahlsfrage eine oberflächlich rationalistische, eventuell zwinglianisch beeinflußte Anschauung. Im Zentrum seiner Aussagen stand dabei die Behauptung, ein Gott, der sich in eine Hostie zwingen lasse, könne kein wahrer und mächtiger Gott sein[124]. Damit war die Ablehnung der Messe wie auch der Heiligenverehrung impliziert. Dies war freilich ein Einzelfall, doch weist er auf das grundsätzliche Problem hin, daß die reformatorische Botschaft vielfach in modifizierter, der Mentalität des Volkes angepaßter Form rezipiert wurde, die oft nur mehr wenig mit den Intentionen der Reformatoren gemein hatte.

8. Rat und Reformation

Conditio sine qua non einer erfolgreichen städtischen Reformation war also, soviel ist bereits deutlich geworden, nicht allein die Existenz eines Prädikanten und einer reformatorischen Bewegung, sondern zuvorderst ein in seiner Mehrheit der Reformation zuneigender Rat, der den Prädikanten zunächst einmal gewähren ließ. Man kann also eine Hierarchie von Bedingungen erkennen, welche bei der Einführung der Reformation eine Rolle spielten: An deren Spitze standen der Einfluß und die Entscheidung des Rats.

In allen Städten der ersten Gruppe duldete oder förderte der Rat seine Prädikanten, am ausgeprägtesten in Konstanz, wo infolge des Gegensatzes zwischen Rat und Bischof die reformatorische Bewegung schon früh „unter dem Schutz des Rates"[125]

---

[124] StadtAÜb I/31/356C; GLA 225/975. Da Hofer seinen Überzeugungen abschwor, wurde das über ihn verhängte Todesurteil suspendiert – solange er jedenfalls nicht rückfällig würde – und ihm nur verboten, die Stadt ohne Erlaubnis des Rats zu verlassen.
[125] *Rublack*, Konstanz S. 96.

stand, aber auch in Lindau und Isny, wo der Rat jeweils mit den kirchlichen Verhältnissen unzufrieden war[126]. Und auch in Memmingen war es, wie *Kroemer* vermutet,
eine ‚Führungsgruppe‘, die gezielt den Prozeß der Reformation steuerte[127]. Die erste
Stellungnahme für die Reformation bestand meist darin, daß der Rat den städtischen
Prädikanten vor der Verfolgung durch das geistliche Gericht in Schutz nahm. Auch
wenn dies zunächst durchaus traditioneller städtischer Kirchenpolitik zu entsprechen
schien, so ließ sich doch die systemsprengende Wirkung einer solchen Politik nicht
verbergen, sobald die geistliche Jurisdiktion des Bischofs in Frage gestellt wurde.
Genau dies taten aber die Räte, die sich dabei der Weite und Neuartigkeit ihrer
Forderungen durchaus bewußt waren, wie z.B. der ‚Reformationsplan‘, den der
Konstanzer Rat seit 1524 besaß, vermuten läßt[128].

Komplizierter verlief die Entwicklung in den Städten der zweiten Gruppe und in
Biberach, da hier die Mehrheitsverhältnisse innerhalb der städtischen Führungsschicht nicht eindeutig waren oder sich im Laufe der Reformationsjahre änderten, wie
z.B. in Ravensburg. In Biberach ließ der Rat zwar auch „den Dingen ihren Lauf"[129],
doch daß er noch 1530 auf den Reichstag zu Augsburg sowohl einen protestantischen
als auch einen altgläubigen Ratsherrn abordnete, weist auf die Spannungen innerhalb
der Führungsschicht hin[130]. Welche Folgen eine Pattsituation innerhalb des Rates
haben konnte, läßt sich gerade am Beispiel Kaufbeurens gut erkennen. Hier wechselten sich bis 1525 der die Reformation fördernde Blasius Honold und der altgläubige
Matthias Klammer im Amt des Bürgermeisters ab. Bis 1525 wurde die reformatorische Bewegung vorsichtig gefördert, nach 1525 gelang es Klammer mit Hilfe des
Schwäbischen Bundes, die Stadt wieder für längere Zeit zum alten Glauben zurückzuführen. Honold wurde nicht mehr zum Bürgermeister gewählt[131]. Seit 1536 versah
mit Matthias Lauber wieder ein Anhänger der Reformation das Bürgermeisteramt.
Jetzt setzte auch die allmähliche Öffnung gegenüber dem Protestantismus ein[132].
Gerade in Ravensburg, Biberach und Kaufbeuren wurde der Reformationsprozeß
entweder so spät oder nur unvollständig durchgeführt, daß sich katholische Minderheiten halten konnten, die dann in Ravensburg und Biberach dank der Intervention
Karls V. später sogar wieder die politische Führung übernehmen konnten.

Eindeutig war die Situation wiederum in den altgläubigen Städten. Ohne erkennb-
ren inneren Dissens verteidigte hier der Rat den alten Glauben. Diese innere Kohä-
renz war eine wichtige Voraussetzung, um Mandate gegen die ‚Lutherey‘ in den
Zünften auch mit Erfolg durchsetzen zu können. Ganz bewußt achtete der Rat denn
auch darauf, daß in seine eigenen Reihen keine in Glaubensfragen verdächtigen

---

[126] Zu Lindau und Isny vgl. die Ausführungen oben. Eine genaue Rekonstruktion der
Position einzelner Ratsherren gibt es für diese Städte nicht.
[127] *Kroemer* S. 84 f.
[128] Vgl. dazu *Rublack*, Konstanz S. 31 f.
[129] *Rüth*, Müller S. 16.
[130] *Essich* S. 24 f.; *Landkreis Biberach* S. 688 f.
[131] *Alt* S. 39 ff.
[132] *Ebda.* S. 59 ff.

Personen aufgenommen wurden. In Überlingen entzog er z.B. zwei Bürgern, die selbständig, ohne zuvor die Obrigkeit zu unterrichten, einem Gerücht über heimliche Verhandlungen zwischen dem Weihbischof Fattlin und dem protestantischen Konstanzer Rat nachgegangen waren, das passive Wahlrecht[133].

Die drei nach dem Zeitpunkt der Einführung bzw. der Ablehnung der Reformation unterschiedenen Typen korrespondieren also jeweils mit unterschiedlichen Stellungnahmen der Angehörigen des Rats gegenüber der Reformation. Während es in den früh protestantisch gewordenen Städten bald eine den Rat majorisierende Gruppe proreformatorischer Ratsherren gab, hielten sich in den Städten der zweiten Gruppe Anhänger der alten Kirche und der Reformation zeitweise die Waage, wobei sich allmählich die Gewichte zugunsten der Neugläubigen verschoben. Es gelang aber nirgends, den Einfluß der Altgläubigen gänzlich zu eliminieren. Die Städte der dritten Gruppe glichen denen der ersten, nur daß hier die Mehrheit sich frühzeitig für die alte Kirche entschieden hatte. Überall dort, wo die politische Führungsschicht geschlossen hinter einer konfessionellen Option stand, war in der Regel die konfessionelle Einheit der Stadt gewährleistet. Dort aber, wo sich die Führungsschicht über der Frage der rechten konfessionellen Option zerstritt, stand am Ende die Bikonfessionalität[134].

Den Gang der städtischen Reformationsgeschichte bestimmte also zumeist eine schon früh gefällte, bewußte Entscheidung des Rats für oder gegen die neue Lehre, auch wenn sich die Räte wohl nicht der Konsequenzen ihrer Entscheidung in der ganzen Breite bewußt gewesen sein dürften. Ließ der Rat dabei die reformatorischen Prädikanten gewähren, formierte sich bald eine reformatorische Bewegung, die dann eine Eigendynamik entwickelte, welche zwar mancherorts den Rat unter Druck setzte, ihn wohl aber nirgends zu einer Entscheidung gegen seinen ausdrücklichen Willen zwang. Mißt man dem Druck der reformatorischen Bewegungen das entscheidende Verdienst an der Einführung der Reformation zu, wie das z.B. *Brady* oder auch *Blickle* tun, so unterschätzt man die Möglichkeiten der Obrigkeit. Gerade das Beispiel der katholisch gebliebenen Reichsstädte belegt, daß es durchaus möglich war, die Entstehung einer reformatorischen Bewegung zu verhindern, wie das in Überlingen der Fall war, oder auch, wie in einigen anderen katholischen Reichsstädten[135], sich gegen eine bereits entstandene Bewegung durchzusetzen.

---

[133] StadtAÜb I/37/390: Es handelte sich um Claus Spengler und Hans Hermann. Beide wurden zusätzlich noch zu einer Geldstrafe von je 20 lbd verurteilt, da sie ihre Neugier in den Verdacht gebracht hatte, Lutheraner zu sein. Ob dies tatsächlich zutraf, läßt sich nicht nachweisen.

[134] Vgl. zu dem hier nicht behandelten Augsburg *Sieh-Burens* S. 150 ff., deren Ergebnisse die angeführte These stützen.

[135] Vgl. Kap. XII u. *Enderle*, Reichsstädte, insbesondere zu den Ereignissen in Rottweil und Gmünd.

9. Die Einführung des Interims 1548—1552

Die Obrigkeit und mit Abstrichen Bevölkerung und Prädikanten bestimmten bis 1546 die reformatorische Entwicklung. Doch danach wurden sie mit einem zusätzlichen Faktor konfrontiert: der Reichs- und Religionspolitik Karls V. Konstanz, das die Opposition gegen die Habsburger am weitesten getrieben hatte, wurde nach dem Schmalkaldischen Krieg von spanischen Truppen eingenommen und zur österreichischen Landstadt degradiert[136]. In den anderen protestantischen Reichsstädten Oberschwabens mußte das Interim eingeführt werden. Der Ablauf war dabei in den meisten Städten ähnlich. Die Städte zögerten zunächst die Annahme hinaus, sahen sich dann aber auf Druck des Kaisers dazu genötigt, das Interim offiziell anzunehmen und seine Beschlüsse durchzuführen. Zugleich versuchten sie aber, auf irgendeine Weise die evangelische Predigt beizubehalten, was ihnen meist auch eine Zeitlang glückte. Spätestens ab 1551 mußten aber nach wiederholten Ermahnungen des Kaisers die letzten protestantischen Geistlichen entlassen werden.

In Lindau lehnte die Gemeinde zweimal die Annahme des Interims ab, doch erklärte schließlich der Rat am 13. Aug. 1548 das Interim für angenommen, erreichte zugleich aber auch beim Kaiser einige Zugeständnisse. So durften die evangelischen Prediger zunächst in der Stadt bleiben[137]. Isny führte im November 1548 das Interim durch, behielt aber gleichzeitig die protestantische Kinderlehre bei[138]. Der Kemptener Rat hatte das Interim am 23. Juni 1548 angenommen und am 28. Juli offiziell eingeführt, ohne allerdings die evangelische Predigt zu verbieten. Zwei Jahre später mußte er seinen Prädikanten entlassen, doch erst am 25. Aug. 1551 verließen die letzten evangelischen Geistlichen die Stadt[139]. Im Osten Oberschwabens war es vor allem der Bischof von Augsburg, der auf die Einhaltung des Interims pochte. In Memmingen mußten auf sein Drängen ab 1550 in St. Martin wieder katholischer Gottesdienst gehalten und 1551 die evangelischen Prediger vollends entlassen werden[140]. Ähnlich war es Kaufbeuren ergangen, wo der Rat zwar am 28. Juni 1548 das Interim angenommen hatte, doch erst 1551 der Inhaber der Honoldschen Prädikatur die Stadt verließ[141]. Auch in Leutkirch, wo mit der Einführung des Interims die katholischen Geistlichen wieder in die Stadt zurückkehrten, gelang es nicht, die Evangelischen vollends zu verdrängen. Ihnen blieb die Spitalkirche erhalten[142].

Einen größeren Erfolg verzeichnete das Interim nur in Ravensburg. Hier wurde, nachdem es am 14. Juni 1548 angenommen worden war, das katholische Kirchenwesen weitgehend wieder restauriert. Den Evangelischen blieb nur die Karmeliterkirche, die sie ab 1550 zudem mit dem Orden teilen mußten. Der Rat bemühte sich zwar

---

[136] Vgl. *Maurer* S. 3 ff.
[137] A. *Schulze* S. 131 ff.
[138] *Kammerer*, Reformation S. 49 ff.
[139] *Erhard* S. 52 ff.
[140] *Mischlewski* S. 61.
[141] *Alt* S. 87 f.
[142] *Roth* S. 206 f.; E. *Vogler* S. 54.

um evangelische Prediger, erreichte aber nur, daß sogenannte Lektionenleser das Evangelium vortrugen. Ravensburg war auch die einzige Stadt, in der während des Interims wieder ein Teil der Bürgerschaft zum alten Glauben konvertierte[143].

Bis 1551 war also fast überall das Interim, wenn auch mit einigen Abstrichen und ohne großen Erfolg, eingeführt worden – ausgenommen in Biberach. Hier standen sich der vom Kloster Eberbach eingesetzte katholische Pfarrherr und der von der Bevölkerung unterstützte evangelische Prädikant unversöhnlich gegenüber, und keine Seite war bereit, die Kompromißbestimmungen des Interims zu praktizieren. Der seit der Verfassungsänderung von 1552 katholischen Ratsmehrheit blieb nur übrig, diesen Status quo zu erhalten. Faktisch wurde damit seit 1548 das Simultaneum praktiziert[144].

Nach dem Passauer Fürstentag von 1552 führten die rein evangelischen Städte wie Lindau, Isny, Kempten und Memmingen wieder den evangelischen Gottesdienst ein, ohne allerdings ihre Stadt ganz von einigen altgläubigen Institutionen freihalten zu können, deren Existenz dann durch den Augsburger Religionsfrieden von 1555 garantiert wurde. In Lindau mußte der Rat den katholischen Gottesdienst im reichsunmittelbaren adligen Damenstift dulden[145], in Memmingen blieben die beiden Pfarrkirchen noch für einige Zeit geistlichen Orden inkorporiert[146], und in Isny und Kempten blieben jeweils die Klostervorstädte katholisch[147].

Auch in Ravensburg wurde 1552 mit dem Neuaufbau des evangelischen Kirchenwesens begonnen, doch blieben zugleich die während des Interims restaurierten katholischen Einrichtungen erhalten, so daß die Stadt Institutionen und Menschen beider Konfessionen beherbergte[148]. In Biberach sah die Lage ähnlich aus, da hier das Simultaneum auch in der Folge weiterbestand, vor allem weil nach der Verfassungsänderung durch Karl V., wie in Ravensburg, die Mehrheit des Rats katholisch war[149]. Auch in Leutkirch und Kaufbeuren konnten große Teile der katholischen Institutionen erhalten werden, obwohl die Bevölkerung und der Rat mehrheitlich evangelisch waren. In Kaufbeuren wurde sogar nach 1552 das ansonsten überall abgeschaffte Interim noch für einige Jahre beibehalten[150].

Zu einer spektakulären Rekatholisierung war es, sieht man einmal von der gewaltsamen Eroberung Konstanz' ab, nirgends gekommen. Der einmal erreichte Stand der Reformation konnte nicht mehr zurückgedreht werden, doch zugleich waren ihrer

---

[143] *Warmbrunn* S. 92 ff.

[144] *Ebda.* S. 88 ff.; *Pfeiffer*, Parität S. 10 ff.

[145] A. *Schulze* S. 166 f. Der Lindauer Rat erreichte allerdings, daß die Äbtissin im Tausch gegen die Pfarrei Lindenberg im Allgäu auf die Pfarrkirche St. Stephan verzichtete.

[146] *Mischlewski* S. 59 ff. Das Patronatsrecht über die Kirchen St. Martin und Unserer lieben Frau blieb jeweils dem Antoniterorden bzw. dem Heilig-Geist-Orden erhalten. Dazu kam, daß bis auf das der Augustinerinnen alle Klöster während der Reformation katholisch geblieben waren.

[147] *Warmbrunn* S. 12.

[148] *Ebda.* S. 203 ff., 256 ff.

[149] *Ebda.* S. 210 ff., 223 ff.

[150] *Alt* S. 93.

weiteren Ausbreitung nun Grenzen gesetzt. Darüber hinaus hatte die katholische Kirche Terrain zurückgewinnen können. In allen Städten der zweiten Gruppe und in Biberach, wo sich der Rat nie vollständig der Reformation angeschlossen hatte, waren die zentralen kirchlichen Einrichtungen wieder in ihren Besitz übergegangen. Die Kirche besaß damit in diesen Städten zumindest institutionell und finanziell ein, im Vergleich zum Bekenntnis der Bevölkerung, überproportional großes Gewicht. Nur in Memmingen, Lindau, Kempten und Isny war ihr institutioneller Einfluß gering; in allen anderen Städten besaß sie aber gute Ausgangspositionen, die sie im Zeitalter der Gegenreformation dann auch zu nutzen verstand.

10. Die halkyonischen Jahre nach dem Augsburger Religionsfrieden von 1555

In den Jahrzehnten nach 1555 prägte der Augsburger Religionsfriede das konfessionelle Klima in den oberschwäbischen Städten; er diente den einzelnen Stadtobrigkeiten in religionspolitischen Fragen als Richtschnur. Mit konfessioneller Neutralität nach außen und fast so etwas wie konfessioneller Indifferenz nach innen kann das Verhalten der Räte in jenen Jahren umschrieben werden[151].

Diese unpolemische und die gegebenen Verhältnisse anerkennende Haltung findet besonders in den Weisungen gegenüber den Geistlichen ihren Ausdruck. Hatte der Überlinger Rat während der Reformationszeit noch die polemische Predigt seines Pfarrherrn als flankierende Maßnahme seiner eigenen Religionspolitik gebilligt, so änderte sich dies nach 1555. Jetzt beurlaubte er z. B. den Pfarrer Vinzenz Hardweg, weil dieser, entgegen den neuen Direktiven des Rats, *[...] mit seinem predicieren, mit iniurieren, schmehen und antasten, nit allain der augspurgischen confessionsverwandten stennd, sonnder auch ains erbarn raths halber über und wider alle und jede getrewe verwarnungen [...] auch ergangne reichsabschid an offner cantzel in die sachen geschickt*[152]. Und auch sein Nachfolger, dessen Verhältnis zum Rat prinzipiell gut war, wurde ermahnt, weil er den *gegenthail unser alten catholischen religion* in seinen Predigten zu hart angegriffen hatte[153]. Es sei nun einmal offensichtlich, so die pragmatische Argumentation des Rats, daß nicht einmal Karl V. die Existenz und Verbreitung der neuen Lehre habe verhindern können, weshalb man ihr im Religionsfrieden das Existenzrecht habe zuerkennen müssen. Dort werde auch ausdrücklich betont, daß jede der beiden im Religionsfrieden genannten Konfessionen bei ihrem Glauben gelassen werden müsse. An diese Bestimmungen müsse sich der Rat nun

---

[151] Da die Geschichte der oberschwäbischen Reichsstädte in der zweiten Hälfte des 16. Jahrhunderts nur unzureichend erforscht ist, kann es sich bei diesem Urteil wie auch bei den folgenden Ausführungen nur um einen, sich auf einzelne Beispiele stützenden ersten Versuch einer Interpretation handeln.

[152] StadtAÜb Rp. 1556–66 fo. 251vf.

[153] Ebda. fo. 346ff.

einmal halten. Nach längerer Unterredung lenkte der Pfarrer ein, und in der Folge scheint er sich auch an die ihm auferlegten Beschränkungen gehalten zu haben[154].

Genau dieselbe Auffassung vertrat auch der Rat von Wangen. Noch 1578 kritisierte er seinen Pfarrer wegen dessen unfriedsamen Predigten und den Angriffen gegen Luther[155]. Und in Ravensburg beklagte der Klerus ausdrücklich, daß sich der Rat vor eindeutigen konfessionellen Stellungnahmen hüte[156]. Auch in Kaufbeuren kam es zu Spannungen zwischen Rat und Pfarrer wegen dessen polemischen Predigten. Und auch hier berief sich der Rat ausdrücklich auf den Religionsfrieden, als er dem Drängen des protestantischen Klerus, den katholischen Kultus in der Stadt zu verbieten, nicht nachgab. Ja, der Rat ging sogar so weit, seinem Klerus die Reformation der katholisch gebliebenen Dörfer seines Territoriums zu untersagen[157].

Daß der irenischen Haltung des Überlinger Rats nicht allein juristische und pragmatische Gründe zugrunde lagen, lassen Vorwürfe des Pfarrherrn vermuten, der 1561 in seinen Predigten behauptet hatte, ein Teil der Ratsherren läse heimlich ketzerische Bücher und Schriften[158]. Ein Vorwurf, den vier Jahre zuvor bereits der Bischof zu Konstanz erhoben hatte. Dieser war sogar so weit gegangen, Teilen des Rats Sympathien für die Reformation nachzusagen[159]. Auch wenn er damit zweifelsohne zu weit ging, so indizieren doch beide Aussagen, daß in jenen Jahren eine gewisse konfessionelle Indifferenz geherrscht hat. Dies unterstreichen auch die Forschungen *Warmbrunns*, der für die bikonfessionellen Städte Ravensburg und Biberach nachgewiesen hat, daß die Konfessionsschranken in jener Zeit noch relativ leicht überbrückt wurden[160].

Daß man überall bestrebt war, konfessionelle Konflikte schiedlich zu regeln, dokumentieren auch die Verträge, die in all den Städten geschlossen wurden, in denen das Zusammenleben nebeneinander bestehender katholischer und protestantischer Institutionen geregelt werden mußte. Am frühesten gelang dies in dem katholischen Pfullendorf, wo der seit 1534 protestantische Abt zu Königsbronn, das zu Württemberg gehörte, das Patronatsrecht besaß[161]. In Ravensburg verständigte man sich 1554

---

[154] Ebda.

[155] *Scheurle*, Bewegung S. 139.

[156] *Holzer* S. 55f. Der Prädikant Melhorn beklagte sich beim Rat ausdrücklich darüber, daß dieser nichts gegen die Auseinandersetzungen zwischen Zwinglianern, Lutheranern und Katholiken unternehme, weshalb viele Bürger nicht wüßten, ob sie sich dem Evangelium oder dem Papsttum zuwenden sollten.

[157] *Alt* S.99; *Stieve* S. 24ff.

[158] Wie Anm. 154. Vgl. auch Kap. VII, Anm. 185. Wuhrer hatte vom Rat sogar eine Durchsuchung der Häuser nach lutherischen Schriften gefordert.

[159] Roth von Schreckenstein, Denunziationsschriften S. 140f.; vgl. zu dem Kontext, der verdeutlicht, wie es zu diesen Vorwürfen kam, Kap. VII.2.

[160] *Warmbrunn* S. 388.

[161] Der protestantische Patronatsherr hatte auf die kirchlichen Verhältnisse in Pfullendorf selbst keinen Einfluß gewinnen können, da der Rat bei den Verhandlungen von der Regierung in Innsbruck unterstützt wurde; vgl. LAIn Kop. 1538—41 fo. 377vf, 384, 542v. 1546 hat nach Kop. 1545—46 fo. 335v, der königliche Rat Johann Knoller einen Vertrag zwischen Königsbronn und Pfullendorf ausgehandelt, der die Besetzung und Verwaltung der Pfarrei regeln sollte. Der

über die simultane Benutzung der Karmeliterkirche[162], in Kaufbeuren 1557 und 1558 über die Mitbenutzung der Pfarrkirche durch die Evangelischen – der überwältigenden Mehrheit der Bevölkerung –, und in Leutkirch kam es 1562 zu einer Regelung mit dem Abt von Weingarten über die Rechte und Einkünfte der Protestanten[163]. Überall wahrten die Katholiken zwar ihre Rechte, anerkannten zugleich aber die sachliche Notwendigkeit, den Protestanten einen Teil der Einkünfte zu überlassen und eine Mitbenutzung der Kirchen zu erlauben.

Typisch für jene Jahre war, daß, kam es einmal zu Konflikten zwischen den Konfessionen, diese meist mit Hilfe kaiserlicher Kommissionen beigelegt wurden, die sich bemühten, dem Recht des Religionsfriedens Geltung zu verschaffen, und dabei sichtlich bedacht waren, eine möglichst neutrale, vermittelnde Haltung einzunehmen. In Biberach war es z. B. Ferdinand I., der, nachdem wegen gegenseitiger Schmähungen zwischen dem evangelischen Prediger und dem katholischen Helfer eine kaiserliche Kommission hatte eingesetzt werden müssen, entschied, daß der Städteartikel des Religionsfriedens einzuhalten und jede Polemik zu unterlassen sei. Zugleich wurde durch eine Erhöhung der Ratssitze die Position der Evangelischen in diesem Gremium gestärkt[164]. Und in Memmingen gestand eine kaiserliche Kommission dem Rat 1569 gar das Recht zu, in der katholischen Kirche zu ‚Unserer Frauen‘ auch evangelischen Gottesdienst abhalten lassen zu dürfen[165]. Damit trug sie der konfessionellen Realität Memmingens Rechnung, auch wenn sie damit rechtliche Positionen der katholischen Kirche preisgab.

Überall war deutlich das Bemühen zu spüren, den konfessionellen Elan des Klerus zu mäßigen und, sofern es die Lage der Dinge erforderte, unter pragmatischer Anerkennung der bestehenden Verhältnisse zu einem Einvernehmen mit der anderen Konfession zu kommen. Daß es in diesen Jahren nur wenig konfessionelle Konflikte gegeben hatte, dürfte nicht nur daran gelegen haben, daß der Konfessionsbildungsprozeß noch in vollem Gange war, wie das *Warmbrunn* behauptet[166], sondern vor allem auch an der Ausstrahlung des Augsburger Religionsfriedens.

Inhalt ist an dieser Stelle nicht wiedergegeben; Knoller fragte nur an, ob man den Vertrag konfirmieren könne.

[162] Bei dem Zustandekommen des Vertrags waren auch zwei Überlinger Ratsherren beteiligt gewesen; vgl. StadtAÜb Rp. 1552–56 fo. 121r, 127r.

[163] Vgl. wie Anm. 158 u. *Roth* 1 S. 243 ff.; ferner *Angst* S. 43: Eigentlicher Patronatsherr der Leutkircher Pfarrei St. Martin war das Zisterzienserstift Stams in Tirol, das 1547 dem Weingartener Abt jedoch die Nutzung des Patronatsrechtes überließ. Abt Gerwig Blarer hatte es auf diese Weise geschickt verstanden, einen möglichen Übergang des Rechts an den Leutkircher Rat zu hintertreiben.

[164] *Pfeiffer*, Parität S. 14 f., 17. – Daß das vermittelnde Eingreifen kaiserlicher Kommissionen auch in anderen Städten üblich war, zeigt für Ulm: *Lang*, Katholiken, S. 110 f.

[165] *Mischlewski* S. 61.

[166] *Warmbrunn* S. 388.

11. Der Beginn der Konfessionalisierung

Ab Mitte der 1570er Jahre verschlechterte sich das konfessionelle Klima nach und nach. Die Obrigkeiten drängten auf konfessionelle Konformität ihrer Untertanen; in den bikonfessionellen Städten mehrten sich die Konflikte und provozierten das Eingreifen des Kaisers und der Reichsstände; und die seit dem Religionsfrieden in den Hintergrund getretene politische Polarisierung unter den Städten machte sich wieder bemerkbar. Erstmals finden sich jetzt Nachrichten, daß der Überlinger Rat gegen die wenigen Fälle konfessioneller Abweichler, die es in der Stadt gab, vorging. Als z. B. der Schlossermeister Jos Stadelhofer 1574 mit seinen Gesellen religiöse Konventikel abhielt *[...] und sich ainer newen religion anmaßen wellen [...]*, wurde er sofort verwarnt[167], ebenso wie verschiedene andere Personen, die in den nächsten Jahren noch des Luthertums verdächtig waren[168]. Bürgerannahmen wurden von der Katholizität des Petenten abhängig gemacht[169], und selbst einem Ausbürger, der sich zu Nürnberg mit einer Lutheranerin verheiratet hatte, hielt man das Bürgerrecht nur unter der Bedingung, daß er katholisch bliebe, aufrecht[170]. Ähnliche Tendenzen lassen sich auch in Wangen feststellen[171].

Interessanterweise scheint man in den protestantischen Städten schon früher konfessionelle Gleichgültigkeit bekämpft zu haben. In Lindau wurden z. B. bereits 1560 mehrere Bürger, die an der Beerdigung eines Katholiken teilgenommen hatten, mit dem Bann belegt[172]. Und hier war es denn auch nicht der Rat, welcher der Polemik des Pfarrers entgegentrat, sondern der katholische Kaiser, der den Rat wegen seiner konfessionellen Haltung ermahnte[173]. Rudimentäre Ansätze zu tatsächlicher Toleranz gab es nur in den bikonfessionellen Städten. Doch auch hier schritt die fortschreitende Konfessionalisierung rasch darüber hinweg[174].

Gerade in den bikonfessionellen Städten oder in den evangelischen Städten, wo sich katholische Institutionen in größerem Umfang erhalten hatten, kam es zugleich am ehesten zu Konflikten. Am geringsten waren die Spannungen noch in Ravensburg. Hier hatten sich die Katholiken im Rat allmählich die Mehrheit gesichert; zudem konnten sie sich der Unterstützung durch eine stabile und ansehnliche katholische Bevölkerungsgruppe sicher sein. Das Simultaneum in der Karmeliterkirche funktionierte relativ reibungslos, und einen Kalenderstreit gab es kaum, da der Rat – vor

---

[167] StadtAÜb Rp. 1573–87 fo. 91v.

[168] Ebda. fo. 117r, 260r. Insgesamt waren es mindestens 13 Personen, die zwischen 1573 und 1580 den Ratsprotokollen zufolge im Verdacht standen, Lutheraner zu sein.

[169] Vgl. StadtAÜb Rp. 1603–07 fo. 387r; Rp. 1607–12 fo. 107, 138r, 453r; Rp. 1613–17 fo. 97v, 251r, 278r, 323v.

[170] StadtAÜb Rp. 1603–07 fo. 132vf.

[171] *Scheurle*, Bewegung S. 141.

[172] *Wolfart* 1 S. 394 f.

[173] A. *Schulze* S. 169 f. Anlaß war die Behinderung der Religionsausübung des katholischen Patriziers Mürgel gewesen.

[174] Vgl. *Warmbrunn* S. 388 f.

allem aus wirtschaftlichen Gründen – schon 1584 den neuen Kalender angenommen hatte[175]. In dem überwiegend protestantischen Leutkirch gab der Rat in der Kalenderfrage erst 1603 nach, nachdem offenkundig geworden war, daß sich Württemberg, von dem Leutkirch Unterstützung erhofft hatte, gegen die kompromißlose Haltung des habsburgischen Landvogts nicht durchsetzen konnte[176].

Am härtesten verliefen die Auseinandersetzungen in Kaufbeuren und Biberach. In Biberach war daran vor allem das krasse Mißverhältnis zwischen dem Rat, in dem die Katholiken die Mehrheit besaßen, und der überwiegend protestantischen Bevölkerung schuld. Schon seit den sechziger Jahren hatten die Protestanten immer wieder versucht, mehr politische Rechte zu erhalten, ohne allerdings größere Erfolge verzeichnen zu können. Seit 1575 brachten sie ihr Anliegen immer wieder bei dem Kurfürstenrat und bei protestantischen Reichsständen vor, wobei sie vor allem an der Kurpfalz und Württemberg Rückhalt suchten, doch ohne durchgreifenden Erfolg, da wiederum Bayern und der Erzbischof von Mainz auf seiten der Katholiken diesen Bestrebungen entgegenarbeiteten. Demgegenüber versuchte der katholische Rat 1607 und 1610 mit Hilfe kaiserlicher Kommissionen – die dann allerdings nicht zustandekamen – das Simultaneum an der Martinskirche aufzulösen, doch erst 1628 gelang es, den Protestanten das Recht der Mitbenutzung zu entziehen[177]. In Kaufbeuren schürten weniger die katholischen Einwohner als der Herzog von Bayern und der Bischof von Augsburg das Feuer des konfessionellen Konflikts. Ab 1586 versuchten sie die ebenfalls von beiden Konfessionen benutzte Pfarrkirche für die Katholiken zurückzugewinnen. 1588 und 1602 waren kaiserliche Kommissionen in der Stadt, wobei erst die zweite Kommission den gewünschten Erfolg brachte. Zuvor hatten die Habsburger noch einen eher vermittelnden Kurs gesteuert, ferner hatte auch der Druck des erst 1598 zum Bischof von Augsburg gewählten Heinrich von Knöringen gefehlt[178]. 1604 wurde denn auch in dem überwiegend protestantischen Kaufbeuren der neue Kalender eingeführt[179].

Im Gegensatz zur Reformation war die Gegenreformation eine Sache der Territorien, bei denen die Städte jeweils Unterstützung suchten. Nur in Biberach, wo sich der katholische Rat dem starken Druck einer protestantischen Mehrheit ausgesetzt sah, hatte der Rat aus eigenem Antrieb versucht, die nach 1555 geschaffene Situation zu verändern. Ansonsten ging die Initiative vor allem von Bayern aus, dem die bikonfessionellen Verhältnisse einen willkommenen Testfall für seine gegenreformatorische Politik boten[180]. Für die katholischen Städte war dabei die vor allem auf der Ebene des Bistums von den Bischöfen propagierte und zum Teil auch gegen Ende des

[175] *Ebda.* S. 228, 382 f.
[176] *Roth* 1 S. 249 ff.
[177] Vgl. vor allem *Pfeiffer*, Parität S. 19 ff.
[178] *Alt* S. 100 ff.; *Stieve* S. 43 ff.
[179] *Stieve* S. 90.
[180] *Ebda.* S. 53 f. So soll sich der bayerische Kanzler geäußert haben, daß das am nächsten zu Bayern gelegene Kaufbeuren nur ein Testfall sei, dem im Falle des Erfolgs Biberach, Memmingen und Kempten folgen sollten.

Jahrhunderts praktizierte katholische Reform von Bedeutung. Abgesehen von den politischen Implikationen – der Konstanzer Bischof entwickelte sich im Schwäbischen Kreis immer mehr zum konfessionspolitischen Widerpart des württembergischen Herzogs und suchte die katholischen Stände um sich zu scharen – gingen Impulse zur Reform des städtischen Kirchenwesens vornehmlich von den Bischöfen und ihrer Umgebung aus[181].

Eindeutig trieb in jenen Jahren die katholische Seite die Entwicklung voran. Zugleich suchten aber auch die Protestanten, soweit sie es vermochten, ihre Position zu verbessern. So war es z. B. in Memmingen dem Rat 1599 gelungen, den katholischen Gottesdienst in der Kirche zu ‚Unserer Frauen‘ vollends abzuschaffen[182]. Während also 1560 noch beide Kirchen in katholischer Hand gewesen waren und dem Rat 1569 nur das Mitbenutzungsrecht der Pfarrkirche eingeräumt worden war, hatte sich in dem rein evangelischen Memmingen zu Ende des Jahrhunderts die Sachlage umgekehrt: Der Rat hatte nun beide Pfarrkirchen unter seinen Einfluß gebracht. Die Tendenz war also auf beiden Seiten die gleiche, nur daß für die Protestanten die Ausgangsposition im allgemeinen schlechter war als für die Katholiken.

Die zunehmende Konfessionalisierung machte sich auch auf außenpolitischer Ebene bemerkbar. Auf den Kreistagen bildeten sich konfessionelle Parteiungen, und, zum Teil wider ihre Interessen, sahen sich die Städte im Vorfeld des Dreißigjährigen Krieges zum Anschluß an die großen Konfessionsbünde gezwungen. Hatten die Städte in der ersten Hälfte des Jahrhunderts im Windschatten der Reichspolitik ihre Reformationspolitik noch relativ ungestört entwickeln können, so mußten sie jetzt den Preis für die konfessionellen Entscheidungen jener Jahre bezahlen.

12. Zusammenfassung

Nach diesem Überblick über die Konfessionsgeschichte der oberschwäbischen Reichsstädte können die ersten Hypothesen und die sich daraus ergebenden Fragestellungen formuliert werden.

– Zum Verständnis städtischer Reformationen scheint es grundlegend zu sein, das

---

[181] Erste, allerdings ergebnislose Anläufe zu einer kirchlichen Reform im Bistum Konstanz markierten die Synoden von 1549 in Markdorf und 1567 in Konstanz. Die Widerstände gegen die vorsichtigen Reformbestrebungen Bischof Christoph Metzlers (1549–1561) waren zu groß, und sein Nachfolger, Marx Sittich von Hohenems (1561–1589), hielt sich die meiste Zeit in Rom auf, so daß die Publikation der Edikte des Trienter Konzils ohne Wirkung blieb. Erst Kardinal Andreas von Österreich (1589–1600) und Bischof Jakob Fugger (1604–1626) machten mit den Reformmaßnahmen ernst. Jetzt setzte eine regelmäßige Visitationstätigkeit ein, jetzt unternahm man mit der Synode von 1609 einen erneuten Versuch, dem Tridentinum Geltung zu verschaffen. Auch wenn dies nur teilweise gelang, so hatte sich doch das kirchenpolitische und seelsorgerliche Engagement der Bischöfe eindeutig gewandelt. Vgl. zu diesem Thema *Willburger*; *Holl*; *Reinhardt*, Beziehungen; *Baier*, Markdorfer Diözesansynode; *Ders.*, Konstanzer Diözesansynode; *Maier*; *Tüchle*, Bistum Konstanz.

[182] *Mischlewski* S. 61.

enge und wechselseitige Verhältnis der drei Faktoren: Rat, Prädikanten (kirchliche Verhältnisse) und Bevölkerung zu sehen. Nur wenn man diese drei Faktoren in ihrem Zusammenspiel zu erkennen versucht, läßt sich eine befriedigende und monokausale Erklärungen vermeidende Begründung für den Erfolg oder das Scheitern städtischer Reformationen finden. Die oft verwirrende Individualität der jeweiligen Stadtgeschichte hat dabei ihre Ursache in dem je unterschiedlichen Gewicht der einzelnen Faktoren.

– Unter diesen drei Faktoren kam allerdings dem Rat eine Schlüsselfunktion zu. Je nachdem wie die Mehrheitsverhältnisse im Rat beschaffen waren, entwickelte sich der reformatorische Prozeß. Er konnte früh von einem mehrheitlich reformatorischen Rat gelenkt werden, er konnte sich bei unklaren oder sich verändernden Konstellationen verzögern oder bei einem mehrheitlichen Votum für den alten Glauben auch unterdrückt werden. Der Einfluß der Prädikanten wie der von deren Predigten stimulierten reformatorischen Bewegungen hing also jeweils von den Mehrheitsverhältnissen im Rat ab.

– Geht man von dieser Prämisse – daß die Obrigkeit die entscheidende Schlüsselfunktion für den reformatorischen Prozeß darstellte – aus, so gilt es die verschiedenen Faktoren in ihrem Bezug zum Rat zu sehen. Da die reformatorische Botschaft überall von der Bevölkerung rasch und mit Zustimmung rezipiert wurde, muß man deshalb im Falle Überlingens, wo das Entstehen einer reformatorischen Bewegung durch den Rat verhindert wurde, fragen, welche sozialen Bedingungen es dem Rat erlaubten, seine konfessionelle Option bei der Bevölkerung so mühelos durchzusetzen. Inwieweit unterschied sich die Sozialstruktur Überlingens von der anderer, benachbarter Reichsstädte (Kap. IV)?

– Ferner gilt es, die für die katholisch gebliebenen Reichsstädte auffallende Homogenität der Obrigkeit zu erklären, das heißt, die Struktur der politischen Führungsschicht muß untersucht werden. Wie viele Personen partizipierten in welchem Maß an der politischen Macht? Wie lief die Entscheidungsbildung innerhalb des Rates ab? Kurz: In welcher Beziehung standen Verfassungsstruktur und konfessionelle Entwicklung (Kap. V)?

– Gerade wenn man davon ausgeht, daß die Katholizität einer Stadt in erster Linie von der Entscheidung der Obrigkeit abhing, muß nach den konkreten politischen Interessen der Stadt gefragt werden. Das heißt, die Außen- und Reichspolitik muß daraufhin untersucht werden, inwieweit sie die konfessionelle Option des Rats beeinflußt haben könnte (Kap. VI). Daneben gilt es aber auch, mögliche kirchenpolitische Interessen im Blick zu behalten[183], wenn auch der Vergleich der oberschwäbischen Städte vermuten läßt, daß sie eher bei einer Entscheidung für als gegen die Reformation eine Rolle spielten.

An diesen ersten Themenkomplex muß sich ein zweiter anschließen, der über die Bedingungen der Katholizität hinaus das Problem der konfessionellen Entwicklung

---

[183] Diese werden für Überlingen in Kap. VII angeschnitten.

thematisiert. Hier gilt es, die verschiedenen Phasen des 16. Jahrhunderts in den Blick zu nehmen.

– Bis 1546 konnten sich die oberschwäbischen Reichsstädte, sofern die inneren Verhältnisse dies begünstigten, problemlos der Reformation anschließen. Der Schwäche der Habsburger, der fehlenden Präsenz des Kaisers im Reich verdankten die städtischen Magistrate ihren relativ großen Handlungsspielraum. Man kann diese Jahre als die Phase der politischen Konfessionsbildung bezeichnen. Schon bald zeichnete sich eine politische Polarisierung unter den Städten verschiedener Konfession ab, doch prägten die unterschiedlichen Bekenntnisse noch nicht in dem Maße, wie es später der Fall sein sollte, Denken und Verhalten der Menschen.

– Die Entwicklung nach 1546 zeigt, daß der Handlungsspielraum des Rats nicht die Regel, sondern die Ausnahme war. Das Eingreifen des Kaisers hatte zunächst zur Folge gehabt, daß nicht einmal in den protestantischen Reichsstädten die katholischen Institutionen völlig beseitigt werden konnten. In den bikonfessionellen Städten sowie in Kaufbeuren und Leutkirch hatte die Kirche sogar einen überproportional großen Anteil der kirchlichen Besitztümer und Rechte bewahren können.

– Mit dem Augsburger Religionsfrieden entspannte sich die politische Polarisierung, konfessionelle Probleme wurden nun möglichst auf rechtlichem Wege gelöst. Sowohl innen- als auch außenpolitisch war für die Räte – nicht aber für den Klerus – der Konfessionskonflikt ins zweite Glied zurückgetreten. Andere Themen prägten den politischen und gesellschaftlichen Alltag. Zugleich wird deutlich, daß von nun an die konfessionelle Entwicklung in den Städten eng mit derjenigen im Reich verzahnt war. Selbstständigen konfessionspolitischen Initiativen, wie sie für die ersten Jahre der Reformation so charakteristisch waren, war nun jede Grundlage entzogen.

– Die Ende der 1570er Jahre in allen Städten ungefähr zur gleichen Zeit einsetzende Konfessionalisierung wirft wieder eine Reihe von Fragen auf, so vor allem nach den auslösenden Faktoren. Denn jetzt erst begann der Prozeß der Konfessionsbildung seine eigentliche Tiefenwirkung zu entfalten, jetzt erst setzte der säkulare Umwälzungsprozeß ein, der die politische, gesellschaftliche und kulturelle Entwicklung im weitesten Sinne tangieren und mitgestalten sollte[184].

---

[184] Die Ursachen der Konfessionalisierung werden vor allem in Kap. X. erörtert, doch werden Teilaspekte auch bereits in den anderen Kapiteln, die bestimmte Themen Überlinger Geschichte im Längsschnitt behandeln, gestreift.

B. Wirtschaft, Gesellschaft und Politik Überlingens als Faktoren der Konfessionsbildung

IV. Wirtschaft und Bevölkerung, Sozialordnung und Besitzverteilung: Bedingungen und Erscheinungsformen sozialer Stabilität

1. Einleitung

Die konfessionelle Konservativität Überlingens wurde begünstigt durch die Haltung der Bevölkerung, denn sie akzeptierte die bewußt gegen jede kirchliche Neuerung gerichtete Politik ihrer Obrigkeit ohne erkennbaren Widerstand. Das war, wie die Beispiele anderer Städte gezeigt haben, in dieser Zeit nicht ohne weiteres selbstverständlich; gerade Ende des 15. und Anfang des 16. Jahrhunderts wurden die Städte vielfach von sozialen Konflikten erschüttert – ein idealer Nährboden für die reformatorischen Bewegungen[1]. Die Ereignisse der Reformationszeit müssen deshalb vor dem Hintergrund der jeweiligen sozialen Verhältnisse interpretiert werden, Ereignis- und Sozialgeschichte gehören untrennbar zusammen[2]. Weder der politische Handlungsspielraum des Rats noch das religiöse Verhalten der Bevölkerung können ohne Kenntnis des sozialen Umfelds angemessen beurteilt und verstanden werden. Versteht man nun die konfessionelle Option einer Stadt auch als eine politische Entscheidung, so stellt sich die Frage, inwieweit die sozialen Verhältnisse diese Option ermöglicht und beeinflußt haben. Warum, so könnte man die Frage im Falle Überlingens noch zugespitzter formulieren, gab es dort keinen sichtbaren Dissens zwischen Rat und Einwohnern, wo die Religionspolitik des Rats doch offenkundig dem Trend der Zeit, dem auch hier faßbaren Interesse und Bedürfnis der Bürger an der neuen Lehre zuwiderlief?

Anscheinend war das soziale Konfliktpotential so gering, daß der Rat bei seinen politischen Entscheidungen freie Hand hatte. Um nun das Maß und die Ursachen dieser so auffallenden sozialen Stabilität – das gesamte 16. Jahrhundert über läßt sich nicht die kleinste Spur eines Aufbegehrens, einer Revolte gegen den Rat erkennen – verstehen zu können, gilt es, die Sozialstruktur Überlingens zu untersuchen. Dazu sind zwei Vorbemerkungen zu machen: Die Sozialstruktur einer Stadt ist ein komplexes und vielschichtiges Phänomen. Die neuere sozialgeschichtliche Forschung ist sich nun darüber einig, daß es nicht ausreichen kann, die Sozialstruktur allein über eine Analyse der sozialen Schichtung erfassen zu wollen[3]; ist es doch schon umstritten,

---

[1] Vgl. u.a. *Endres*, Zünfte S. 153 f.

[2] Vgl. dazu grundsätzlich u.a. *Dülmen*, Religionsgeschichte S. 36 ff.; *Brady*, Social History S. 161 ff. Zur Position marxistischer Geschichtsschreibung vgl. *Laube* S. 424 ff.

[3] Darauf verwies schon *Maschke*, Schichtung S. 373, 376. Vgl. ferner *Ehbrecht*, Ordnung S. 87; *Ellermeyer* S. 139, 144 f.

inwieweit die Gesellschaften des Mittelalters und der Frühen Neuzeit überhaupt mit Hilfe stratifikatorischer Methoden angemessen interpretiert werden können[4]. Nicht nur die sogenannten objektiven Faktoren, wie z. B. die Vermögensverteilung, sondern auch die subjektiven Faktoren, wie Prestige oder Selbstverständnis, sollen, so wird gefordert, berücksichtigt werden[5]. Ziel all dieser Ansätze ist es, die Gesamtstruktur eines Sozialsystems zu rekonstruieren[6]. Ganz unabhängig von der Frage, inwieweit dies überhaupt realisierbar ist, wird der Historiker in der Praxis aber zunächst mit einem anderen Problem konfrontiert: der Quellenlage. Eine umfassende Analyse der Sozialstruktur frühneuzeitlicher Gesellschaften ist in der Regel aufgrund der Quellenlage überhaupt nicht möglich[7]. Dies gilt auch für die vorliegende Untersuchung.

Zum anderen muß betont werden, daß dies auch überhaupt nicht das Ziel dieses Kapitels sein kann. Die sozialen Bedingungen der Stadt sollen nur herangezogen werden, um die konfessionelle Entwicklung miterklären zu helfen. Es geht hier nur um die Bedingungen und Erscheinungsformen der sozialen Stabilität Überlingens als einer der wesentlichen Voraussetzungen der Katholizität der Stadt. Deshalb scheint es legitim zu sein, von der Diskussion, wie ein Sozialsystem als Ganzes erfaßt werden könne, abzusehen und nur die vielfältigen Perspektiven und Ansätze, welche die neuere Forschung bereitstellt[8], zu benutzen – soweit die Quellen dies zulassen –, um mögliche Relationen zwischen den sozialen Verhältnissen und der konfessionellen Konservativität erkennen zu können.

Die Sozialstruktur einer Stadt hing von deren Wirtschaftsstruktur (Kap. IV.2) und den demographischen Grundgegebenheiten ab (Kap. IV.3); sie gaben die entscheidenden Rahmenbedingungen vor[9]. Darauf wird denn auch als erstes in diesem Kapitel eingegangen. Die Erörterung der Wirtschaftsstruktur ist auch deshalb von besonderem Interesse, da sie zugleich die spezifischen Abhängigkeiten und Interessen der Stadt, welche der Rat bei all seinen politischen Entscheidungen stets bedenken mußte,

---

[4] *Mitterauer* S. 41 f. Kritisch dazu *Ellermeyer* S. 125 ff.

[5] Knapp zusammenfassend vgl. zu diesem Problem auch *Gerteis* S. 163 ff.; ausführlicher *Isenmann*, Stadt S. 250 ff.

[6] Umstritten ist allerdings die Vorgehensweise. Da die Summierung verschiedener Ansätze und Aspekte noch nicht zu einem Gesamtbild führt, ist strittig, ob diese über eine der eigentlichen Untersuchung vorausgehende theoretische Reflexion der Bedingungen sozialer Systeme erreicht werden kann oder ob sich erst aus der Beschäftigung mit der Lebenswelt der Vergangenheit der rote Faden fassen läßt, der zur Erkenntnis der je eigenen und andersartigen gesellschaftlichen Verhältnisse führt. Zu diesem grundsätzlichen methodischen Problem der Sozialgeschichte vgl. nur die Kontroverse zwischen Jürgen *Kocka* und Hans *Medick* in *Süssmuth* S. 49 ff., 73 ff. Speziell zur städtischen Sozialgeschichte vgl. *Ellermeyer* S. 135, der vor der eigentlichen Schichtungsanalyse eine Definition der als System von Wirkungszusammenhängen zu verstehenden Sozialstruktur verlangt, oder *Bechtold* S. 16, zur grundsätzlichen Forderung, ein Gesamtbild der sozialen Wirklichkeit erstellen zu wollen.

[7] Dies betonen auch *Bàtori/Weyrauch* S. 29 ff.

[8] An wichtigen neueren Monographien wären zu nennen: *Friedrichs*, Urban Society; *Füglister*; *Bechtold*; *Bàtori/Weyrauch*; *Trugenberger*; *Matheus*; *Götz*.

[9] Darauf verwies bereits *Jecht* S. 70.

zu erkennen gibt. Erst danach können die zwei wesentlichen Themen städtischer Sozialgeschichte erörtert werden: die Einbindung der Bevölkerung in die korporative Organisation der Stadt (Kap. IV.4) und die soziale Ungleichheit, wie sie die Verteilung des Besitzes widerspiegelt (Kap. IV.5).

2. Wirtschaft und Finanzen im 16. Jahrhundert

Immer wenn der Überlinger Rat an den Kaiser supplizierte, ihm bei der Türkenhilfe einen Nachlaß zu gewähren, brachte er dasselbe Argument vor. Nämlich: *[...] das Uberlingen ain schwere narung und bey inen allain den rebpaw und weinwachs, sonst khain ander gangenschafft nit hat. Uff welchen rebpaw dieser bodenseeischen statt, vor andern landsorten, ain mercklichen costen geet. [...] und wann sich ain miswachs oder fähl jar zutregt, so mag der gemain man der enden, da denen inn zway oder drey jarn darnach nit wol wider erholen oder ergetzt werden. Desgleichen hat es auch alda khainen gewerb. Auch nit wie ander stätt inn dem heiligen reich, zufäll grosser meut, zöll oder dergleichen nutzbarkheiten [...]*[10]. Die Stadt sei verschuldet, sie besäße weder Gewerbe noch Handel, sondern würde nur von ihrem Weinanbau und dem Kornmarkt leben – so lautete stets der Tenor der verschiedenen Klagen des Rats. Deshalb könnte sie, wie der Rat dem Kaiser begreiflich zu machen suchte, nicht in gleichem Maße belastet werden wie andere, vor allem von ihrem Fernhandel lebende und entsprechend kapitalkräftigere Reichsstädte. Dieses Argument war, ohne sie beim Namen zu nennen, eindeutig auf die benachbarten oberschwäbischen Reichsstädte gemünzt. Der Überlinger Rat war sich der im Vergleich zu den benachbarten Reichsstädten besonderen Wirtschaftsstruktur seiner Stadt durchaus bewußt und versuchte, daraus Kapital zu schlagen[11]. Denn während das wirtschaftliche Rückgrat der oberschwäbischen Reichsstädte die Textilproduktion und der darauf basierende Fernhandel bildeten, besaß in Überlingen die gewerbliche Produktion allenfalls lokale Bedeutung; die Einwohner lebten hier in erster Linie vom Anbau, Ausschank und Export ihres Weins[12]. Exportiert wurde er über Lindau in das östliche Schwaben, nach Isny, Memmingen und Kempten, darüber hinaus nach Tirol und Bayern, zum Teil sogar bis nach Landshut und München[13]. Wirtschaftliche Verhältnisse dieser Art waren zwar keine prinzipielle Besonderheit – „der Weinbau stellte in den stark verstädterten Regionen des deutschen Südwestens geradezu ein ‚städtisches' Gewer-

---

[10] HHStA Mainzer Erzk. Archiv, Matr. u. Mod., Fasz. 3 fo. 34vf, 1555 Dez. 2.
[11] Grundlegend zur Wirtschaftsgeschichte Überlingens im 16. Jahrhundert immer noch: F. *Schäfer*. *Heuschmid* basiert fast ausschließlich auf *Schäfer* und Oberrheinische Stadtrechte und ist von geringem wissenschaftlichen Wert. Zusammenfassend vgl. *Eitel*, Wirtschaftsgeschichte S. 9ff.
[12] Zur Wirtschaftsgeschichte der oberschwäbischen Reichsstädte vgl. *Klaiber*; *Eitel*, Reichsstädte. – Zu Überlingen vgl. F. *Schäfer* S. 64; *Möllenberg* S. 45f.
[13] F. *Schäfer* S. 63. Vgl. auch StadtAÜb Rp. 1552–56 fo. 4, 6v, 33vf, 120v, 198v, 164vf.

be dar"[14] –, und auch in Ravensburg und Lindau wurde Wein angebaut[15], doch keine
der oberschwäbischen Reichsstädte lebte so ausschließlich vom Weinbau wie Überlingen, keine besaß eine derartige wirtschaftliche Monokultur.

Während die Einwohner der Stadt hauptsächlich vom Weinanbau lebten, war für
die Finanzen der Stadt der Überlinger Wochenmarkt von zentraler Bedeutung[16].
Neben dem Verkauf des eigenen Weins diente er vor allem dem Umschlag von Korn.
Wie wichtig dem Rat die Zolleinnahmen daraus waren, belegt das 1547 von Karl V.
der Stadt gewährte Marktprivileg, wonach im Umkreis von zwei Meilen kein anderer
Markt errichtet werden durfte[17]. Der Rat suchte damit die Bedeutung der Stadt als
wichtigsten Umschlagplatz für Korn im gesamten Bodenseeraum zu wahren. Der
Einzugsbereich dieses Wochenmarkts spiegelt dabei recht deutlich die wirtschaftlichen Verflechtungen der Stadt wider. Das angelieferte Getreide kam vor allem aus den
im Hinterland der Stadt liegenden Territorien; aus den Gebieten der Klöster Salem,
Wald und Zwiefalten, aus den vorderösterreichischen Territorien sowie den Grafschaften Heiligenberg, Zollern, Waldburg, Zimmern und Montfort[18]. In Überlingen
wurde dann das Getreide von Händlern aus der Schweiz und aus Konstanz aufgekauft
und mit Hilfe der Überlinger Schiffsfuhrleute, die hierfür das Monopol besaßen, nach
Konstanz und anderen am Südufer des Bodensees gelegenen Häfen transportiert[19],
von wo aus es dann auf dem Landweg in die getreidearme Schweiz verfrachtet
wurde[20].

Überlingen war damit hinsichtlich seiner politischen und wirtschaftlichen Beziehungen gespalten. Gehörte es politisch zum Kreis der oberschwäbischen Reichsstädte, mit denen es neben politischen auch wirtschaftliche Fragen beriet, wie z.B. das

---

[14] *Gerteis* S.130.

[15] Zu Ravensburg vgl. *Klaiber* S. 100, 103; zu Lindau vgl. *Wolfart* 1 S. 210ff.

[16] *Ammann*, Untersuchungen S. 390f., bescheinigt dem Überlinger Wochenmarkt insgesamt
eine gewisse, allerdings nicht genauer zu bestimmende Leistungsfähigkeit. Die wenigen erhaltenen städtischen Rechnungen belegen, daß der Gredzoll neben der Jahressteuer eine der wichtigsten Einnahmequellen war; vgl. *Bühler* S. 168f., Tab. 1.

[17] Oberrheinische Stadtrechte S. 383 f. – Die Bedeutung des Privilegs ist in der Lit. allerdings
umstritten. Während F. *Schäfer* S. 70, betont, daß damit Meersburg als mögliche Konkurrenz
ausgeschaltet wurde, und auch *Semler*, Überlingen S. 58 f., ohne Einschränkung allein die
Vorteile des Privilegs erwähnt, darf nach *Eitel*, Wirtschaftsgeschichte S. 18, die Wirkung des
Privilegs nicht überschätzt werden, da andere, bereits bestehende Märkte davon nicht betroffen
wurden.

[18] Vgl. StadtAÜb Mp. 1567–69 fo. 154ff.; Mp. 1605–06 fo. 65ff., Briefe des Rats an benach-
barte Stände wegen Verlegung des Wochenmarktes bzw. Durchführung von Münzedikten. Der
Kreis der Adressaten spiegelt ziemlich genau den Einzugsbereich des Marktes wider.

[19] Vgl. StadtAÜb Rp. 1518–30 fo. 72r. Konstanz wird die Bitte, eine eigene Fahrt zu haben,
abgelehnt.

[20] Nach *Rundstedt* S. 35ff., 45, 85, war Überlingen einer der Hauptmärkte für St. Gallen,
Luzern und die Innerschweiz sowie für Konstanz. Nach *Möllenberg* S. 56, besuchten Getreide-
händler aus Bern, Luzern, Solothurn, Basel, Stein sowie dem Bregenzer Wald und dem Allgäu
den Überlinger Markt.

Problem des Fürkaufs oder der im Umlauf befindlichen geringen Münzen[21], so war es doch wirtschaftlich zugleich so eng mit den umliegenden Territorien und der Eidgenossenschaft verbunden, daß es ohne Rücksprache mit ihnen keine Entscheidung treffen konnte. Dies mußte 1529 der Überlinger Gesandte auf einem Tag der oberen Städte zu Biberach zugeben, als er versuchte, um Verständnis für die Überlinger Position zu werben. Denn: *[...] das ain statt Uberlingen am ort, da dann die ring mintz genomen und gegeben wird gelegen und auch dhain anderer marckt und gewerb nit in ir statt dann korn und weinkauf haben und halten, wölche märckt von iren nachpurn der prelaten, grafen und adelle leute gesucht und geprucht werden, hinder oder one derselben vorwissen und zugeben wissen noch kunden meine herrn von Uberlingen in sollichen abschid nit zuverwilligen [...]*[22]. Gute Beziehungen zu den benachbarten Territorien waren für Überlingen damit von existenziellem Interesse. Stockte die Getreidezufuhr einmal, verlöre die Stadt eine ihrer wichtigsten Einnahmequellen[23].

Etwas weniger Rücksicht mußte die Stadt dagegen auf die zweite Gruppe ihrer Handelspartner, die Eidgenossen, nehmen, die ja selber auf das Getreide aus Oberschwaben angewiesen waren. Wieviel den Schweizern an dem Überlinger Kornmarkt gelegen war, zeigt die am 25. April 1552 während des Fürstenkriegs den sich in Pfullendorf aufhaltenden Kriegsfürsten von zwölf Schweizer Gesandten vorgebrachte Bitte, Überlingen als ihren Kornkasten nicht zu belagern. Andernfalls würden sie ihre Soldaten aus Frankreich zurückrufen und dafür sorgen, daß Überlingen und das gleichfalls wichtige Lindau sich halten könnten[24]. Verschiedene Verträge, z.B. über das Problem des Fürkaufs, mit Konstanz, Radolfzell, Schaffhausen und Stein dokumentieren das beiderseitige Interesse an guten wirtschaftlichen Beziehungen[25].

Überlingen besaß damit wirtschaftliche Verbindungen zu konfessionell unterschiedlichen Mächten, wenn auch katholische Territorien überwogen. Der Rat war deshalb auch daran interessiert, daß konfessionelle und politische Konflikte nicht den wirtschaftlichen Austausch beeinträchtigten. Seine wirtschaftlichen Interessen verteidigte er sogar gegen Wünsche der Habsburger, die 1527 die Stadt aufgefordert hatten, den übermäßigen Kornkauf durch Schweizer Händler bei ihnen abzustellen. Der Rat ging darauf nicht ein, sondern verwies auf die existenzielle Bedeutung des Kornmarkts für die Stadt. Er war nur bereit, öffentlich verkünden zu lassen, daß in Überlingen gekauftes Korn nicht an Feinde des Kaisers oder des Schwäbischen

---

[21] Vgl. u.a. StadtAÜb Mp. 1526−30 fo. 228vf; GLA 225/720. − Zum Problem der Münzverschlechterung im 16. Jahrhundert vgl. *Lütge* S.268f.

[22] StadtAÜb Mp. 1526−30 fo. 231.

[23] Vgl. *Rundstedt* S. 6, 30ff.

[24] Politische Correspondenz 5 S. 312 Anm. 1 u. 5.

[25] Vgl. GLA 225/720. 1532 wurde wegen des Fürkaufs von Korn ein Vertrag geschlossen zwischen Überlingen, Schaffhausen, Stein und Radolfzell, 1534 zwischen Überlingen und Konstanz; andere Städte, u.a. Lindau, traten diesem Vertrag noch bei. Über den Vertrag wurden folgende Schweizer Städte unterrichtet: Zürich, Appenzell, Chur, St. Gallen sowie Feldkirch, Bischofszell, Arbon, ferner der Abt von St. Gallen und der Thurgauer Landvogt.

Bundes verkauft werden solle[26]. Und sogar diese geringfügige Maßnahme spielte er dann gegenüber dem protestantischen Konstanz noch herunter, indem er auf eine Anfrage des dortigen Rats betonte, daß es sich dabei um eine allgemeine, auf Befehle des Kaisers zustandegekommene Erklärung gehandelt habe, die sich keineswegs gegen Konstanzer Händler richte[27].

Nicht nur Überlingen, auch den anderen Mächten war sehr daran gelegen, wie das Beispiel der Schweiz gezeigt hat, die wirtschaftlichen Verbindungen ungeachtet konfessioneller Gegensätze intakt zu erhalten. Trotzdem darf nicht übersehen werden, daß Überlingen als einzige unter den oberschwäbischen Reichsstädten auf gute Beziehungen zu den katholischen Territorien angewiesen war. Nur Lindau und Buchhorn besaßen ebenfalls noch einen Kornmarkt von überregionaler Bedeutung, wobei er aber in Lindau, wo zugleich auch noch der Fernhandel eine Rolle spielte, nicht diese zentrale und existenzielle Bedeutung einnahm wie in Überlingen[28]. In allen anderen Reichsstädten diente der Kornmarkt dagegen nur der Deckung des eigenen Bedarfs[29]. Aufgrund seiner ausschließlich agrarischen Wirtschaftsstruktur unterschied sich das Beziehungsnetz Überlingens von dem der benachbarten Reichsstädte. Dies hatte zunächst einmal zur Folge, daß die Stadt ungleich stärker in der Region verwurzelt war. Zugleich stellt sich damit auch die Frage, wie sich diese Wirtschaftsstruktur auf die wirtschaftliche Entwicklung und die finanzielle Potenz der Stadt auswirkte und inwieweit sich Überlingen hierin von anderen Reichsstädten vergleichbarer Größe unterschied.

Eine positive konjunkturelle Entwicklung ist die Voraussetzung wirtschaftlicher Prosperität. Wie war es nun damit in Überlingen bestellt? Ein erstes Indiz für den Konjunkturverlauf bietet die Entwicklung des Preises für Wein, des wichtigsten Produkts der Stadt (s. Abb. 3)[30]. Für das gesamte 16. Jahrhundert gilt, daß die Preise für Agrarprodukte stetig anstiegen, und zwar stärker als die für gewerbliche Waren[31]. Diesen Trend bestätigen auch, wie nicht anders zu erwarten war, die Überlinger Weinpreise. Betrug der durchschnittliche Preis zwischen 1496 und 1505 noch 10 lbd, so war er zwischen 1526 und 1535 schon auf 18 lbd gestiegen und erreichte in dem Jahrzehnt zwischen 1585 und 1594 mit fast 50 lbd seinen Höchststand (s. Tab. 1). Im Laufe des 16. Jahrhundert war der Weinpreis um ungefähr das Vierfache gestiegen, der Anstieg lag damit über dem des Preises für Getreide[32]. Der Preisanstieg korreliert

---

[26] StadtAÜb Mp. 1526–30 fo. 41vf.

[27] Ebda. fo. 52vf.

[28] Zu Lindau wie Anm. 15. Zu Buchhorn vgl. *Beschreibung des Oberamts Tettnang* S. 732 ff.

[29] Vgl. *Klaiber* S. 49.

[30] *Schulz* S. 410, ist grundsätzlich zuzustimmen, wenn er konstatiert, daß man bisher zu Unrecht den Preisreihen für Wein zuwenig Beachtung geschenkt hat, zumal gerade der Wein in einigen oberdeutschen Städten eine große Rolle spielte und neben Brot als Grundnahrungsmittel betrachtet werden kann.

[31] Vgl. *Abel* S. 122 ff.; *Saalfeld* S. 9 ff.

[32] Nach *Abel* S. 122, war der Getreidepreis von 1500 bis 1600 um 255 v.H. gestiegen. Dieses Ergebnis wird generell bestätigt durch *Tits-Dieuaide* S. 531 f., 546, doch ist zu beachten, daß die Steigerungsraten in den einzelnen Städten und Regionen sehr unterschiedlich ausfallen konnten.

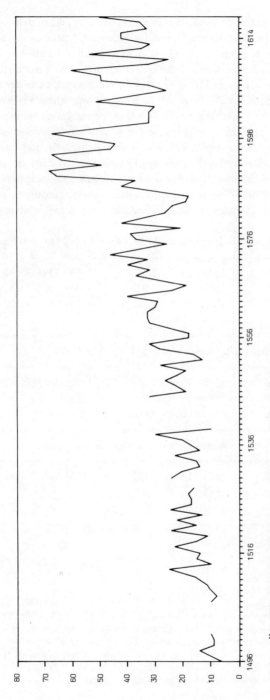

Abb. 3: Überlinger Weinpreise 1496−1535/1545−1618 in lbd

dabei unmittelbar mit den zurückgehenden Ernteerträgen, die in dem Jahrzehnt bis 1594 ihren Tiefststand erreichten. Von entscheidender Bedeutung ist hier, daß die Preissteigerung die Mißernten bei weitem nicht kompensieren konnte, wie der sinkende Quotient aus Ernteertrag und Preis deutlich macht. Konkret hieß dies: Während Überlingen in der ersten Hälfte des 16. Jahrhunderts noch von der allgemeinen Agrarkonjunktur profitierte – als reine Weinbaustadt wahrscheinlich in noch stärkerem Maße als andere Ackerbürgerstädte – und als gewerbearme Stadt die negativen Folgen, die eine Steigerung der Lebenshaltungskosten auf den Absatz gewerblicher Produkte hatte, kaum zu spüren bekam[33], trübte sich dieses Bild in der zweiten Jahrhunderthälfte. Der sinkende Wert des Quotienten aus Ernteertrag und Preis signalisiert einen erheblichen Rückgang des Realeinkommens; die in immer kürzeren Zyklen hochschnellenden Preise zeugen von dicht aufeinanderfolgenden Agrarkrisen. Die Wirtschaft Überlingens war ohne Zweifel in eine schwere Krise geraten.

Tab 1: 10jährige Durchschnittspreise für Wein 1496–1535/1545–1614 in lbd[34]

1496–1505: 10,00	1545–1554: 22,50	1585–1594: 49,90
1506–1515: 13,44	1555–1564: 26,90	1595–1604: 35,30
1516–1525: 17,80	1565–1574: 33,70	1605–1614: 41,00
1526–1535: 17,88	1575–1584: 28,40	

10jähriger durchschnittlicher Ernteertrag 1545–1614 in Fuder

1545–1554: 3187,6	1575–1584: 2864,6	1605–1614: 2090,1
1555–1564: 2766,9	1585–1594: 1231,2	
1565–1574: 2467,2	1595–1604: 1988,7	

Quotient aus durchschnittlichem Ernteertrag und Preis

1545–1554: 141,67	1575–1584: 100,87	1605–1614: 50,98
1555–1564: 102,86	1585–1594: 24,67	
1565–1574: 73,21	1595–1604: 56,34	

[33] Vgl. zu diesem Problem *Bog* S. 26.
[34] Vgl. generell zu allen Tab. u. Abb. Kap. XIV. Dort werden die den Abb. u. Tab. zugrundeliegenden Daten angegeben und auch die jeweiligen Quellen genannt. – Alle Preise werden in diesen wie in den folgenden Tab. in lbd angegeben, obwohl zur besseren Vergleichbarkeit eine Umrechnung in fl. wünschenswert gewesen wäre. Doch ganz abgesehen von den methodischen Problemen, die eine solche Umrechnung mit sich brächte, arbeiten zunächst einmal fast alle Quellen mit der Einheit des Pfundes, ebenso wie die darauf gründende Lit.; vgl. nur z.B. *Eitel*, Zunftverfassung. Daher bot sich die Übernahme dieser Vorgaben an.

Die Entwicklung des Überlinger Weinpreises stellt dabei keinen Sonderfall dar, wie der Vergleich mit anderen Städten zeigt. Zwar sind die für Würzburg erhaltenen Preisreihen zu lückenhaft, um einen genauen Vergleich durchführen zu können, doch wird zumindest deutlich, daß der allgemeine Trend und die Höhe der Preise ungefähr übereinstimmten[35]. Für die fränkische Landstadt Kitzingen dagegen, ebenfalls eine reine Weinbaustadt wie Überlingen, ist eine vollständige Preisreihe ab 1540 überliefert[36]. Sowohl die Entwicklung der Preise wie auch die jährlichen Schwankungen entsprechen sich ziemlich genau. Während die Preise bis 1550 nur langsam stiegen, beschleunigte sich ab der Jahrhundertmitte der Preisanstieg; zugleich vergrößerten sich auch die Spannen zwischen Höchst- und Niedrigpreisen. Der Höhepunkt dieser Hausse fiel in die Jahre zwischen 1585 und 1600, danach flachte der Trend etwas ab, blieb aber auch noch zu Beginn des 17. Jahrhunderts auf einem insgesamt hohen Niveau[37].

Diese Entwicklung des Weinpreises war eine unmittelbare Folge der im Laufe des 16. Jahrhunderts eingetretenen klimatischen Veränderungen, der sogenannten kleinen Eiszeit. Während der bis 1564 dauernden Warmphase stiegen die Preise nur unmerklich an, schnellten dagegen in den folgenden Jahrzehnten, vor allem in Jahren mit überdurchschnittlich nassen Herbsten, wie 1573, 1586, 1587 und 1594, rapide hoch[38]. Wetter und Ernteerträge bestimmten in hohem Maß den Rhythmus der Überlinger Wirtschaft. Entscheidend für die Krise war der Umstand, daß die Ernteeinbußen nicht durch die höheren Preise kompensiert wurden, sondern zu einem realen Einkommensverlust führten, der in den 1580er und 1590er Jahren vor allem diejenigen Einwohner, die nur in geringem Umfang eigene Rebgärten besaßen oder gar nur als selbständige Pächter arbeiteten, schwer getroffen haben dürfte. Denn gerade diese Gruppe war auf den jährlichen Absatz ihrer Ernte angewiesen. Für die Wohlhabenden konnte die Preisentwicklung dagegen ganz andere Folgen zeitigen. Sie waren nicht auf den jährlichen Verkauf ihrer Ernte angewiesen und konnten somit in Jahren mit guten Erträgen und niedrigen Preisen Vorräte anlegen, die ihnen bei den großen, von Jahr zu Jahr infolge der wechselnden Witterungen stark schwankenden Preisen in Jahren mit hohem Preisniveau beträchtliche Profite versprachen. Der Wein eignete sich damit ideal als Objekt für Spekulanten, für Produzenten und Händler also, die sich eine größere Vorratshaltung leisten konnten, um in Jahren mit hohem

---

[35] Zu den Würzburger Weinpreisen vgl. *Elsas* 1 S. 516 f. Rechnet man die Würzburger Maße auf Überlinger Verhältnisse um (nach *ebda.* S. 155 f., entsprach 1 Würzburger Fu 898,56 l, während das Überlinger Fu nach *Semler*, Geschichte 76, 1152 l umfaßte), so stieg der Würzburger Weinpreis von 12 lbd im Jahr 1501 auf 44 lbd 1618. Zwar sind nur einzelne Werte überliefert, doch entsprechen sie dem Trend einer Vervierfachung der Preise.

[36] *Bàtori/Weyrauch* S. 175.

[37] Auch *Schulz* S. 412, 414, errechnet für die oberrheinischen Städte eine Vervierfachung des Weinpreises.

[38] Vgl. *Pfister* 1 S. 118 ff.; 2 S. 81, 88, wonach in der nahegelegenen Schweiz nach 1564 die Weinmosterträge kontinuierlich zurückgingen, während in den Jahrzehnten zuvor der Weinbau floriert hatte. Der Zusammenhang zwischen Ernteertrag und Preisentwicklung wird damit bestätigt.

Preisniveau große Gewinne erzielen zu können. Weinbau und -handel boten damit zunächst einmal den Vermögenden gute Erwerbschancen.

Daß die Erntekrisen sich alles in allem negativ auf das Vermögen der Überlinger auswirkten, indiziert die Entwicklung des Gesamtvermögens der Überlinger Einwohner und des davon abhängigen Steueraufkommens (s. Abb. 4 und 5). Beide stagnierten nach 1558, wenn man von der Kurve der persönlichen Steuerzahler ausgeht, obwohl gerade in jenen Jahren die Inflation erst so recht zum Tragen kam und man eigentlich mit einem Anstieg der Vermögenswerte gerechnet hätte. Die aus den Steuerbüchern gewonnenen Angaben scheinen damit die bisherigen Ergebnisse zu bestätigen. Der auf den ersten Blick so einfache und einleuchtende Zusammenhang trügt indes etwas, die Rekonstruktion der historischen Wirklichkeit ist nicht so leicht, wie es zunächst scheinen mag. Dies liegt vor allem daran, daß die aus den Steuerbüchern gewonnenen Zahlen nur sehr unvollkommen die tatsächliche Vermögensverteilung widerspiegeln. Vor der Interpretation dieser Graphiken ist deshalb eine knappe Vorbemerkung zu den methodischen Problemen der Auswertung der Überlinger Steuerbücher unerläßlich[39].

Als Quellengrundlage für das Vermögen der Überlinger Einwohner wurden die Steuerbücher der Jahre 1496, 1528[?], 1558, 1568, 1578, 1588, 1597, 1608 und 1617 herangezogen. Der Kern des Problems ist nun folgender: Die Veranlagungssätze, nach denen das Vermögen in den Steuerbüchern eingetragen ist, sind nicht bekannt, jedoch muß davon ausgegangen werden, daß sie sich im Laufe der Jahre veränderten. Das heißt: Bei Veränderungen der Vermögensentwicklung kann nie genau gesagt werden, ob sich nun tatsächlich die Wohlhabenheit der Einwohner oder nur die Veranlagungssätze verändert haben. Zwischen 1528 und 1558 läßt sich eine ungewöhnlich hohe, die Inflationsrate weit übertreffende Steigerung des Gesamtvermögens festzustellen. Zieht man vergleichsweise noch die Werte für das Jahr 1552 heran, so ergibt sich, daß man die Steigerung genau auf die Jahre zwischen 1552 und 1558 datieren kann[40]. Verantwortlich war dafür eine Veränderung der Veranlagungsgrundsätze, wobei unklar ist, ob sie sukzessive oder auf einen Schlag erfolgte[41]. Andere Erklärungen gibt es nicht, zumal eine reale Steigerung der Vermögenswerte in so kurzer Zeit auszuschließen ist. Die Angaben des Rats hierüber sind nun allerdings sehr vage, die Veranlagungsgrundsätze sind sowieso weder für die Zeit davor noch danach bekannt[42]. Ob und inwieweit die Überlinger in der ersten Jahrhunderthälfte

---

[39] Vgl. dazu ausführlicher und mit Belegen Kap. XIII. Da die Erörterung dieses methodischen Problems etwas vom eigentlichen Thema wegführt, wird im folgenden nur soweit darauf eingegangen, als es zum Verständnis des Kapitels erforderlich ist.

[40] *Eitel*, Zunftherrschaft S. 125, errechnet für 1552 ein Gesamtvermögen von 353 000 lbd und für 1527 von 354 800 lbd, womit er etwas unter den Angaben dieser Arbeit liegt, da er z.B. Michibürger nicht mitgerechnet hat. 1558 betrug das Gesamtvermögen der persönlichen Steuerzahler dann bereits 881 554 lbd; vgl. zu den Daten Kap. XIV.

[41] HHStA Mainzer Erzk. Archiv, Matr. u. Mod., Fasz. 27 fo. 254 ff.: In einer Supplik an den Kaiser wegen der zu hohen Belastung durch die Türkenhilfe erklärte der Rat, daß er deswegen bereits die Steuern habe erhöhen müssen, wodurch zum einen der Gemeine Mann in Überlingen stärker belastet sei als der anderer Städte und zudem eine Reihe großer Vermögen deshalb

Abb. 4: Die Entwicklung des Vermögens 1496–1617

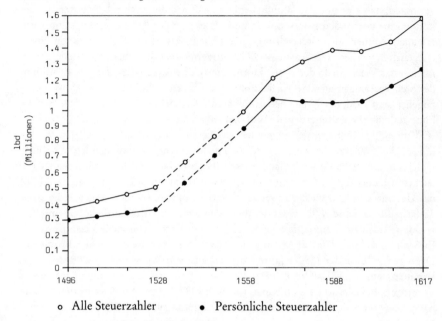

o Alle Steuerzahler   • Persönliche Steuerzahler

Abb. 5: Die Entwicklung des Steueraufkommens 1496–1617

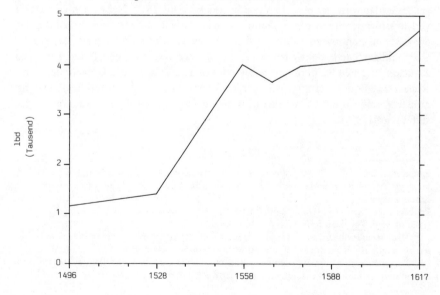

reicher geworden sind, läßt sich also exakt nicht mehr feststellen. Man kann nur vermuten, daß eine gewisse Wohlhabenheit als Folge der noch relativ guten Agrarkonjunktur vorhanden gewesen sein muß, da es sich der Rat ansonsten kaum hätte erlauben können, den Steuerdruck zu erhöhen. Als erstes Ergebnis kann somit festgehalten werden: Der Anstieg des Gesamtvermögens der Überlinger Steuerzahler um fast das Vierfache in der ersten Jahrhunderthälfte ist zunächst auf eine Erhöhung der Steuerveranlagungssätze zurückzuführen. Offenkundig stieg, worauf noch einzugehen sein wird, der Finanzbedarf der Stadt. Zugleich deutet aber die Steuererhöhung auf eine ebenfalls gestiegene Wohlhabenheit der Einwohner hin.

Während bis 1568 das Vermögen der persönlichen Steuerzahler parallel zum Vermögen aller Steuerzahler – hierin sind auch nichtpersönliche Steuerzahler, wie Zünfte, Klöster etc. enthalten – stieg, änderte sich dies bis 1597. Ursache dafür war auch die leicht zurückgegangene Einwohnerzahl (s. Abb. 6). Interessant ist nun, daß nach 1597 das Gesamtvermögen wieder etwas anstieg, die Einwohnerzahl dagegen 1617 ihren Tiefststand erreichte. Hier wird deutlich, daß sich die wirtschaftliche Gesamtentwicklung doch auch zumindest tendenziell an der Entwicklung des Vermögens der Einwohner ablesen läßt, ungeachtet der erwähnten interpretatorischen Probleme. Denn genau Mitte der 1590er Jahre hatte das aus dem Weinanbau gewonnene Einkommen seinen Tiefststand erreicht (s. Tab. 1), ebenso wie das zu versteuernde Vermögen. Beide erholten sich nun etwas nach 1597. Insgesamt bleibt jedoch festzuhalten, daß der reale Wert der Vermögen zurückgegangen sein muß, da gerade ab den 1560er Jahren die Preissteigerung voll zum Tragen kam. Da eine Senkung der Veranlagungsgrundsätze für die Steuer in der zweiten Jahrhunderthälfte unwahrscheinlich ist[43], belegt die Stagnation der Nominalvermögenswerte nach 1568 , daß sich die Agrarkrise negativ auf die Wohlhabenheit der Einwohner auswirkte. Etwas schwieriger zu erklären ist der erneute Vermögensanstieg bis 1617. Neben den sich etwas verlangsamenden Agrarkrisen könnte hierfür natürlich wiederum eine Erhöhung der Steuerveranlagungssätze verantwortlich gewesen sein. Die Veränderung des Mittelwerts und der Standardabweichung (s. Tab. 2), interpretiert vor dem Hintergrund der zurückgegangenen Bevölkerung, weist indes eher auf eine gewisse Umverteilung und Konzentration des Vermögens hin. Eine Vermutung, die durch die Begünstigung großer Vermögen infolge der Agrarkrisen mit ihren hohen Preisschwankungen gestützt wird.

---

mittlerweile die Stadt verlassen habe. Dazu gehörten nach ebda. fo. 311: Christoph Reichlin von Meldegg, Alexander von Mendlißhover, Christoph Betz, die Kinder Jacob Etschenreutes, die Erben Caspar Dornspergers und ‚der alten Achbegkhin‘ [wahrscheinlich die Witwe Ernst Echbeggs, vgl. Kap. XV]. Diese Supplik ist die einzige Quelle, in der die Erhöhung der Steuer erwähnt wird. Vgl. dazu Kap. XIII.

[42] Dies ist ein Problem, mit dem sich jede sozialgeschichtliche Untersuchung zur spätmittelalterlichen und frühneuzeitlichen Stadtgeschichte auseinandersetzen muß. Vgl. dazu Kap. XIV.

[43] Bei der steigenden finanziellen Belastung der Stadt in der zweiten Hälfte des 16. Jahrhunderts durch die Türkenhilfe (s. unten) dürfte der Rat kaum die Steuer gesenkt haben.

Tab. 2: Die Entwicklung des Vermögens 1496–1617
Mittelwert und Standardabweichung

Jahr	Mittelwert	Standardabweichung[44]
1496	328	725
1528	413	881
1558	930	1943
1568	1156	2363
1578	1180	2200
1588	1227	2262
1597	1243	2488
1608	1251	2586
1617	1570	3412

Als erstes, noch vorläufiges Fazit bleibt festzuhalten: Auch wenn die Entwicklung des steuerpflichtigen Vermögens infolge der nicht überlieferten Veranlagungsgrundsätze nicht unmittelbar die tatsächlichen Vermögensverhältnisse widerspiegelt, so läßt sie doch Rückschlüsse auf die tendenzielle Entwicklung des Besitzes der Einwohner zu. Und hier deutet alles darauf hin, daß die durch Mißernten, Teuerung und den daraus resultierenden sinkenden Realeinkommen charakterisierte Wirtschaftskrise seit den 1570er Jahren zunächst eine Stagnation, eventuell gar einen Rückgang der realen Vermögenswerte bewirkte und auf lange Sicht – infolge der leicht zurückgehenden Bevölkerung – zu einer verstärkten Konzentration des Besitzes führte. Die zu Beginn des Jahrhunderts noch ‚goldenen Jahrzehnte‘ hatten ihren Glanz verloren, die Stadt erlebte eine Depression, welche den wirtschaftlichen, finanziellen, aber auch politischen Rückgang einleitete, der dann durch den Dreißigjährigen Krieg verstärkt und gleichsam besiegelt wurde.

In welchem Maß die wirtschaftliche Konjunktur und die finanzielle Potenz der Stadt von ihrer agrarischen Struktur abhingen, zeigt auch ein Vergleich mit den Vermögenswerten anderer Städte. Erneut wird dabei auch deutlich, daß die Vermögen einer Stadt niemals ohne die Berücksichtigung der jeweils spezifischen Wirtschaftsstruktur interpretiert, geschweige denn direkt miteinander verglichen werden können. Der prinzipielle Trend der Vermögensentwicklung war dabei in anderen Städten durchaus dem in Überlingen ähnlich. Wie dort stiegen die Vermögen im Laufe des 16. Jahrhunderts um ungefähr das Drei- bis Vierfache, anders als in Überlingen nahmen die Vermögenswerte dort stetig und ohne Unterbrechung zu; anders als in Überlingen scheinen die Räte dort auch nicht zu einer überproportionalen

---

[44] Mit Hilfe der Standardabweichung läßt sich erkennen, in welchem Umfang die Werte der Grundgesamtheit, in diesem Fall die Angaben der Steuerbücher, vom Mittelwert abweichen; vgl. *Jarausch/Arminger/Thaller* S. 97f. Zum Variationskoeffizienten, dem Quotienten aus Standardabweichung und Mittelwert s. Tab. 5.

Erhöhung der Steuer genötigt gewesen zu sein. Zwischen 1505/1506 und 1617/1618 erhöhte sich z.B. das Vermögen in Ravensburg um über das Dreifache[45], in Schwäbisch Hall zwischen 1545 und 1618 um das Doppelte[46]. Im Unterschied zu Überlingen beschleunigte sich die Entwicklung in Ravensburg allerdings erst ab den 1580er Jahren. Der Anstieg an sich ist also weniger bemerkenswert als die Höhe und der Verlauf. Während in Hall und Ravensburg die Vermögenswerte allem Anschein nach parallel zur Inflationsrate anstiegen, gab es in Überlingen einige Jahrzehnte zuvor, zwischen 1552 und 1558, einen auf die Erhöhung der Veranlagungsgrundsätze zurückgehenden Sprung, dem in den folgenden Jahrzehnten, in denen die Vermögenswerte eigentlich hätten steigen sollen, keine auffallende Erhöhung mehr folgte. Alles deutet also darauf hin, daß in Überlingen in jener Zeit die realen Vermögenswerte sanken, der Steuerdruck zugleich aber verhältnismäßig größer als in anderen Städten gewesen ist.

Die relativ hohen, denen anderer Städte durchaus gleichkommenden Vermögenswerte dürften zu einem Gutteil darauf zurückzuführen sein. Dies gilt es zu beachten, wenn man den Nominalwert und das Vermögen pro steuerpflichtigem Haushalt miteinander vergleicht. So brachten es die Einwohner Ravensburgs im Jahre 1521 auf ein Gesamtvermögen von 470 800 lbd, Überlingen kam 1528 auf 370 959 lbd, lag aber, da es etwas weniger Einwohner zählte, beim Vermögen pro Haushalt noch vor Ravensburg[47]. Nur Memmingen, das 1521 Vermögenswerte von 1 080 700 lbd zur Steuer heranziehen konnte, übertraf die beiden Städte um einiges; im Durchschnitt versteuerten die Haushalte in Memmingen doppelt soviel wie in Ravensburg und Überlingen[48]. Zieht man die von der Größe her ebenfalls noch vergleichbaren, wirtschaftlich aber anders strukturierten Städte Nördlingen und Hall heran, so zeigt sich, daß in der zweiten Jahrhunderthälfte das Vermögen pro Haushalt in Überlingen stets höher lag[49].

Es wäre jedoch falsch, daraus zu folgern, daß die Überlinger einen relativ hohen Vermögensstandard besessen hätten. Interpretiert man die hohen Werte pro Haushalt vor dem Hintergrund der Wirtschafts- und Finanzstruktur der Stadt, so ergeben sich andere Folgerungen. Alles deutet darauf hin, daß die finanziellen Ressourcen der Weinbaustadt geringer waren als die von Fernhandelsstädten und daß deshalb die

---

[45] Die Angaben nach *Dreher*, Patriziat 33 S. 6f. Von 1505/06 bis 1561/62 war das Vermögen um 135 v.H. gestiegen, bis 1582 um 202 v.H. und bis 1617/18 um 338 v.H.

[46] Nach *Wunder* S. 187, 189. 1545 versteuerten 1124 Haushalte 485 000 fl, 1618 1179 Haushalte 1 045 000 fl. Von 1400 bis 1545 war das Vermögen um 138 v.H. gestiegen, bis 1618 um 298 v.H.

[47] Errechnet nach *Eitel*, Zunftherrschaft S. 119, 144 f. Das Vermögen pro Haushalt betrug in Ravensburg 1521 403 lbd, in Überlingen 1528 413 lbd.

[48] Nach *ebda.*: Das Vermögen pro Haushalt betrug in Memmingen 880 lbd.

[49] 1578 lag das Vermögen pro Haushalt in Überlingen bei 1180 lbd, 1617 bei 1251 lbd; in Nördlingen 1579 bei 454 fl, 1615 bei 869 fl und in Hall 1618 bei 886 fl. Auch das Nördlinger Beispiel zeigt wiederum, daß hier die Vermögen parallel zur allgemeinen Preisentwicklung stiegen, die Überlinger Werte mithin Ausnahmecharakter besitzen. Grundlage für die Nördlinger Werte sind die Angaben bei *Friedrichs*, Urban Society S. 321. Zu den Haller Werten s. Anm. 46.

Einwohner über die Jahressteuer stärker belastet wurden. Denn in Hall oder Ravensburg bildete die Jahressteuer nur einen relativ kleinen Teil der städtischen Einnahmen[50], für die Überlinger Finanzen war sie hingegen eine der wichtigsten Einnahmequellen[51]. Es liegt daher auf der Hand, daß hier die Jahressteuer als eine der wenigen ergiebigen Einnahmequellen so weit wie möglich ausgeschöpft werden mußte. Nach dieser Interpretation spiegeln die hohen Vermögenswerte weniger eine Wohlhabenheit der Stadt wider als einen überdurchschnittlichen Steuerdruck. Ein Blick auf die finanziellen Verhältnisse der Stadt soll die Plausibilität dieser These unterstreichen.

Während der Erwerb eines großen Territoriums im 15. Jahrhundert noch auf gesunde städtische Finanzen schließen läßt, deutete sich im darauffolgenden Saeculum ein Umschwung an. Für die Jahre 1516 wie 1560 sind eindeutige Hinweise auf akute Finanzprobleme überliefert. 1516 mußten wegen der wachsenden Schuldenlast Leibrentenkapitalien zur Zinsablösung herangezogen werden[52], und 1560 stellte die Stadt, um den Bau des Münsters vollenden zu können, vorläufig alle städtischen Bauten ein und versuchte rigoros die Ausgaben zu kürzen[53]. Genauere Nachrichten über die Höhe der Verschuldung in der ersten Hälfte des 16. Jahrhunderts fehlen, so daß man die wichtige Frage, ob es sich hier nur um vorübergehende Schwierigkeiten oder um strukturelle Probleme gehandelt hat, nicht beantworten kann. Daß 1555 die Stadt nur ungefähr 20 000 fl Schulden hatte[54], spräche eher für das erstere. Denn der eigentliche Anstieg der Schulden setzte erst jetzt mit den ständig steigenden Türkensteuern ein. Hatte Überlingen zwischen 1519 und 1555 nominell nur ca. 23 000 fl an das Reich abführen müssen, so hatte sich diese Summe für die Zeit zwischen 1556 und 1606 auf 128 000 fl erhöht[55], wobei Kreiskontributionen und Bürgschaften für den

---

[50] Vgl. *Wunder* S. 189; *Dreher*, Patriziat 33 S. 5 ff.

[51] Die Struktur der verschiedenen überlieferten Stadtrechnungen ist zum Teil sehr unterschiedlich, da anscheinend nicht immer alle Posten gleichermaßen berücksichtigt wurden, so daß nur mit Vorbehalt Aussagen über die Finanzen der Stadt getroffen werden können. Vgl. dazu *Bühler* S. 162 ff.; *F. Schäfer* S. 188 ff. u. *Möllenberg* S. 90 ff. Danach betrugen die durchschnittlichen jährlichen Einnahmen 1575 und 1595 ca. 22 000 fl, in den Jahren nach 1608 ca. 30 000 fl. Davon entfielen ca. 6–7000 fl auf die Aufnahme von Hauptgut, ca. 4700 fl brachte die Jahressteuer, die damit, abgesehen von der Schuldenaufnahme, den wichtigsten Einzelposten darstellte. Die wohl nicht unbeträchtlichen Einnahmen aus dem Territorium sind dabei allerdings nicht berücksichtigt; vgl. dazu *Semler*, Geschichte S. 43, u. *F. Schäfer* S. 80. Einer Aufstellung der städtischen Einnahmen von 1577 zufolge, die einer Supplik an den Kaiser beigelegt war und deshalb wohl auch bewußt niedrig gehalten war, beliefen sich die Einnahmen auf ca. 10 000 fl, wovon 1/3 allein durch die Jahressteuer gedeckt wurde; vgl. HHStA Mainzer Erzk. Archiv, Matr. u. Mod., Fasz. 27 fo. 73 ff.

[52] StadtAÜb Rp. 1507–18 fo. 174; Obser, Quellen S. 15. 1522 wurden auch die Arbeiten am Münster eingestellt und erst 1544 wieder aufgenommen.

[53] Obser, Quellen S. 17.

[54] Vgl. HHStA (wie Anm. 51) fo. 254 ff., wonach 1555 die Stadt jährlich 940 fl Zinsen bezahlen mußte, was 18 800 fl Schulden entspräche (bei der damals üblichen Verzinsung von 5%).

[55] Zwischen 1519 und 1555 mußten die Stände 73 1/2 Römermonate und zwischen 1556 und 1606 409 Römermonate aufbringen; vgl. W. *Schulze*, Geschichte S. 221. Nach der moderierten Matrikel von 1545 mußte Überlingen 6 Reiter und 60 Fußknechte (312 fl) pro Monat stellen; vgl. HHStA (wie Anm. 51) fo. 287 f. Wieviel Überlingen tatsächlich bezahlte, ist nicht genau zu eruieren, da ihm der Kaiser bis 1567 immer wieder Nachlässe gewährte; vgl. dazu Kap. VI.7.

Kaiser noch gar nicht mitgerechnet wurden[56]. Zu Beginn des 17. Jahrhunderts war denn auch das Schuldenkonto der Stadt mit ca. 120 000 fl belastet – ein signifikantes Indiz für die katastrophalen Folgen der Türkensteuern[57].

Das entscheidende Handicap Überlingens scheint die Struktur seines Finanzhaushalts gewesen zu sein. Die von den Bürgern erhobene Jahressteuer bildete hier eine der wichtigsten Einnahmen, während Ravensburg oder Hall sich durch andere Einnahmequellen einen Vorsprung sicherten. Die agrarische Wirtschaftsstruktur Überlingens scheint also durchaus ambivalente Auswirkungen gehabt zu haben. In der ersten Jahrhunderthälfte profitierte die Stadt von der günstigen Agrarkonjunktur, während die häufigen Mißernten spätestens ab den 1570er Jahren einen der Inflationsrate angepaßten realen Vermögenszuwachs verhinderten. Eine zweite negative Konsequenz stellte die allem Anschein nach überdurchschnittliche steuerliche Belastung der Einwohner dar. Denn die finanzielle Leistungsfähigkeit der Stadt dürfte hinter der anderer Reichsstädte vergleichbarer Größe etwas zurückgestanden haben, wobei die wirtschaftliche Depression ab den 1570er Jahren den Abstand eventuell noch vergrößert hatte. Ein, wie noch zu zeigen ist, für die politischen Interessen der Stadt nicht unerheblicher Faktor, der die Entscheidungen des Rats ebenso beeinflußte wie die enge Einbindung in das von katholischen Territorien dominierte Umland.

3. Demographische Entwicklung und Lebensraum

Nach der Wirtschaftsstruktur muß noch auf den zweiten, die sozialen Verhältnisse gestaltenden Faktor eingegangen werden: die Entwicklung der Bevölkerung. In Überlingen setzen nun die Kirchenbücher, die klassische Quelle der historischen Demographie, zu spät ein[58], um noch herangezogen werden zu können, weshalb auf die Angaben der Steuerbücher zurückgegriffen werden muß. Ihnen läßt sich aber nur die Zahl der steuerpflichtigen Haushalte, nicht die der Einwohner entnehmen. Nun ist es nicht unproblematisch, aus dieser Angabe die Zahl der Einwohner hochzurechnen; da andere Quellen fehlen, bleibt es aber die einzige und im allgemeinen von der Forschung auch akzeptierte und praktizierte Möglichkeit, sich ein Bild über Zahl und Entwicklung der Bevölkerung zu verschaffen[59].

Spektakuläre Veränderungen zeigt der langfristige Trend nicht (s. Abb. 6). Auf den ersten Blick fällt die unterschiedliche Entwicklung zwischen der Kurve aller Steuerzahler, welche auch unpersönliche Steuerzahler enthält, und derjenigen der persönli-

---

[56] Vgl. F. *Schäfer* S. 159.

[57] Nach StadtAÜb Mp. 1609/10 fo. 286 ff., hatte die Stadt seit 1593 ca. 160 000 fl Reichs- und Kreishilfen bezahlt, wofür 50 000 fl Schulden aufgenommen werden mußten. Vgl. dazu auch F. *Schäfer* S. 159, wonach zusammen mit den Kapital- und Zinsbürgschaften für den Kaiser sich die Schuldsumme auf ca. 120 000 fl belief.

[58] Die im KaPAÜb aufbewahrten Tauf- und Ehebücher setzen erst 1597 ein.

[59] Vgl. zu dieser Frage zusammenfassend *Gerteis* S. 52 ff.; oder auch *Bàtori/Weyrauch* S. 38 f. *Götz* S. 53, arbeitet z. B. ebenfalls mit dem Multiplikator 4,5 (s. unten).

Abb. 6: Die Entwicklung der Bevölkerung 1496–1617

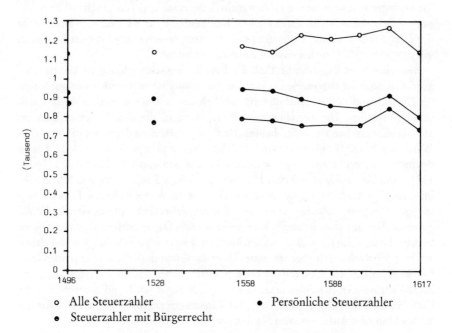

o   Alle Steuerzahler   •   Persönliche Steuerzahler
•   Steuerzahler mit Bürgerrecht

chen Steuerzahler auf. Während die Gesamtzahl bis 1597 fast stetig stieg, sank die
Zahl der steuerpflichtigen Haushalte. Sie hatten 1558 mit 947 den Höchststand
erreicht, gingen bis 1597 auf den Stand von 852 zurück und fielen, nach einer
kurzfristigen Erholung, mit 805 Haushalten im Jahre 1617 auf den niedrigsten Stand
des Untersuchungszeitraumes. Nicht ganz so negativ verlief die Entwicklung, wenn
man von den Haushalten diejenigen der Michibürger abzieht, also nur den Trend bei
den eigentlichen Bürgerhaushalten verfolgt. Der Rückgang war hier merklich geringer, 1597 zählte die Stadt mit 763 Haushalten nur 31 weniger als 1558. Der zwischen
1528 und 1558 sichtbare Aufwärtstrend konnte also nicht das ganze 16. Jahrhundert
über durchgehalten werden, nach der Jahrhundertmitte ging die Gesamtzahl der
Einwohner bis 1597 kontinuierlich zurück. Multipliziert man die Zahl der Haushalte
mit 4,5, so dürfte Überlingen 1528 etwa 4040 Einwohner gezählt haben, 1558 ca.
4260, 1597 ca. 3830 und 1617 gar nur noch ca. 3625[60]. Unter den oberschwäbischen

[60] F. *Schäfer* S. 42 f., multiplizierte die Zahl der Haushalte mit 5 und kam so für die Jahre 1444,
1530 und 1608 auf etwas höhere Zahlen. *Harzendorf*, Einwohnerzahl S. 190 ff., versuchte
aufgrund der Liste des Gemeinen Pfennigs von 1496 zu einer genaueren Zahl zu kommen. Er
rechnete aus 884 Haushalten 2345 erwachsene Personen hoch und erschloß eine wahrscheinliche

Reichsstädten gehörte Überlingen damit aber immer noch zu den größten; nur Memmingen und Ravensburg zählten mehr[61], Biberach ungefähr gleich viel Einwohner[62]. Alle anderen Städte waren kleiner; Kaufbeuren könnte Überlingen an der Zahl der Einwohner noch am nächsten gekommen sein, während Lindau oder Leutkirch mit ca. 450 bis 500 Haushalten deutlich darunter lagen[63].

Bemerkenswert ist, daß seit 1558 die Bevölkerungsentwicklung rückläufig war, geht man doch im allgemeinen von einem kontinuierlichen Bevölkerungswachstum im Deutschland des 16. Jahrhunderts aus[64]. Mehrere Gründe müssen in Betracht gezogen werden. Die verschiedenen Pestepidemien, die den Bodenseeraum im 16. Jahrhundert heimsuchten, behinderten zunächst einmal ein kontinuierliches Wachstum[65]. Die Epidemien von 1517 bis 1519 und von 1610 bis 1612 hatten deutliche Einbrüche zur Folge, während die Seuchen von 1564 bis 1567, 1574 bis 1575, 1585 bis 1588 und 1593 bis 1595 weniger krasse Folgen zeitigten. Doch wird immerhin verständlich, warum gerade nach 1558 die demographische Entwicklung insgesamt negativ verlaufen war – fast in jedem Jahrzehnt hatte es eine Epidemie gegeben. Die aus den Steuerbüchern gewonnenen Daten dürften allerdings einen Umstand verschleiern: daß es wahrscheinlich kurzfristige Erholungen und damit stärkere Schwankungen gegeben hatte, als es die Graphik (s. Abb. 6) erkennen läßt. Die in zehnjährigem Abstand erhobenen Daten geben zudem meistens auch den Stand kurz nach einer Epidemie an, so daß sie den negativen Trend eventuell zu sehr betonen. Daß es stärkere kurzfristige Schwankungen gegeben hat, darauf weist die Entwicklung der Aufnahme von Neubürgern hin (s. Abb. 7 und Tab. 3)[66].

Anzahl von Kindern aus der durchschnittlichen Geburtenrate der Jahre 1597–1610; insgesamt rechnete er für 1496 mit ca. 3300 Einwohnern.

[61] Nach *Schlenck* S. 19, soll es 1521 915 Steuerzahler und 1206 Habenichtse in Memmingen gegeben haben; *Eitel*, Zunftherrschaft S. 119, rechnet mit 1228 persönlichen Steuerzahlern. Nach *Eirich* S. 46, wurden bei der Abstimmung 1530 871 Männer gezählt. – Für Ravensburg rechnet *Eitel*, Zunftherrschaft S. 119, mit 1167 Steuerzahlern für 1521 und 1081 für 1552.

[62] *Warmbrunn* S. 142, rechnet mit ungefähr 5000 Einwohnern in der zweiten Hälfte des 16. Jahrhunderts. *Württembergisches Städtebuch* S. 329, nennt für 1500 3500 Einwohner.

[63] *Wolfart* 1 S. 330; E. *Vogler* S. 40. Zu Kaufbeuren vgl. *Junginger* S. 127 f. Er rechnet für 1545 mit 2413, für 175 mit 3230 und für 1600 mit 2664 Einwohnern, doch gewinnt er diese Angaben aus zum Teil disparaten Quellen, so daß die Vergleichbarkeit nur eingeschränkt gewährleistet ist.

[64] Vgl. zusammenfassend W. *Schulze*, Geschichte S. 22 f.

[65] Vgl. *Eitel*, Studien S. 59 ff. – Zu Überlingen vgl. die Ordnungen des Rats: StadtAÜb I/53/140 fo. 47, 65; I/54/156 fo. 97; Rp. 1588–96 fo. 37v, 287; Rp. 1607–12 fo. 310r, 369r, 391r. Nach den zweifelsohne übertriebenen Angaben des Schulmeisters Sebastian Pfau (StadtAÜb VII/23/2515 Bl. 114v, 117r) sollen 1611 3500 Personen an der Pest gestorben sein.

[66] Die Quellengrundlage für den folgenden Abschnitt bildet die Kombination der beiden Bürgerannahmebücher (StadtAÜb Bürgerannahmebuch 1523–1672 (A) u. 1559–1677(B)). Beide Bücher weisen Lücken auf, und zudem wechselt zum Teil die Art der Einträge. In Quelle A werden ab 1553 auf einmal auch Bürger aufgeführt, die ihr Bürgerrecht aufschworen, und ab 1560 werden nur noch Bürger eingeschrieben, denen ihr Bürgerrecht aufgehalten wurde. Dafür bringt ab 1559 dann Quelle B die Einträge für die Neubürger (für dieses eine Jahr sind die Einträge zum Teil doppelt geführt worden). Ab 1552 werden auch in den Ratsprotokollen die

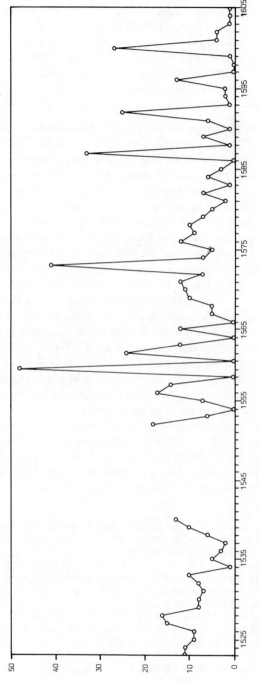

Abb. 7: Die Bürgerannahmen 1523−1540/1552−1605

Tab. 3: Neunjährige Durchschnittswerte der Neubürgerannahmen
1523−1541/1561−1605

1523−1531: 10,44	1561−1569: 8,44	1588−1597: 6,44
1532−1541: 6,33	1570−1578: 12,67	1598−1605: 4,33
1552−1560: 14,67	1579−1587: 7,11	

Die Spitzenwerte der Bürgerannahmen weisen keine genaue Übereinstimmung mit den jeweiligen Pestwellen auf, immerhin aber wurden meist unmittelbar vor oder nach einer solchen Epidemie auffallend viele Neubürger angenommen. Insgesamt lag die Rate der jährlich aufgenommenen Neubürger mit neun Personen pro Jahr relativ niedrig – die restriktive Einwanderungspolitik des Rats mag dafür mit eine Ursache gewesen sein[67] – und ging nach 1580 sogar noch weiter zurück.

Noch ein weiterer Grund kann den Rückgang erklären. Entgegen dem Trend der demographischen Entwicklung weist die Kurve aller in den Steuerbüchern verzeichneten Steuerzahler eine eindeutige und – bis 1608 jedenfalls – kontinuierliche Steigerung auf. Da die Zahl der steuerpflichtigen Kleriker und Institutionen ungefähr gleichgeblieben war, können nur die auswärtigen Steuerzahler Ursache dieser Entwicklung gewesen sein. Auffallend ist dabei, daß nicht die Zahl der Fremden, die in Überlingen steuerpflichtiges Vermögen besaßen, und genausowenig die der auf dem Land lebenden Bürger, sondern die der Ausbürger, also der in anderen Städten wohnenden Überlinger Bürger, nach 1568 rapide angestiegen war und die restlichen Jahrzehnte ungefähr auf diesem Niveau blieb (s. Abb. 8). Die hohe Abwanderungsrate dürfte also eine weitere Ursache des Bevölkerungsrückganges gewesen sein. Geht man der Sache genauer nach und fragt, wer eigentlich, ohne sein Bürgerrecht aufzugeben, in jenen Jahren Überlingen verlassen hat, so stellt man fest, daß es sich vorwiegend um Angehörige der Oberschicht gehandelt hat, die in auswärtige Dienste getreten waren. So hatten z. B. in Feldkirch, Sigmaringen, Oberndorf und Markdorf Überlinger Bürger das Amt des Stadtschreibers inne; ferner finden wir Überlinger als Stadtarzt in Schwäbisch Gmünd oder als Lehrer in Biberach oder aber in den Diensten Bayerns, Habsburgs, Öttingen-Wallersteins, Fürstenbergs und des Bischofs von Konstanz[68].

Neubürger verzeichnet. Ein Vergleich der Bürgerannahmebücher mit den Einträgen in den Ratsprotokollen von 1560 bis 1575 ergab, daß die Bürgerannahmebücher fast vollständig alle Neubürger enthalten. Nur die Jahreszahlen stimmen nicht immer überein, was daran liegen dürfte, daß zwischen der in den Ratsprotokollen festgehaltenen Aufnahme und dem Ablegen des Bürgereids oft einige Zeit verstrich. Daß die Bürgerannahmebücher vollständig sind, lassen auch die absoluten Zahlen vermuten. *Eitel*, Herkunft S. 128, registrierte für die Zeit von 1422 bis 1496 1040 Neubürger. Im 16. Jahrhundert waren es für den Zeitraum von 70 Jahren 614. Trotz des Rückgangs stimmt die Größenordnung ungefähr überein. Auch die durchschnittliche jährliche Einbürgerungsrate in Ravensburg mit 8 bzw. 9 Personen entsprach derjenigen Überlingens; vgl. hierzu *Württembergisches Städtebuch* S. 405.

[67] Vgl. dazu unten.

[68] Nach StadtAÜb Steuerbuch 1578 fo. 90rff. lebten: Conrad Moser als Schulmeister in

Abb. 8: Ausbürger und Ausleute 1496–1617

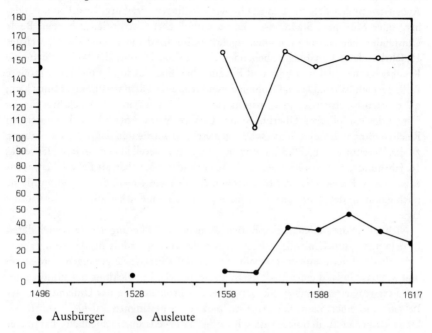

● Ausbürger   ○ Ausleute

Zwei Umstände sind an dieser Entwicklung bemerkenswert: zum einen der plötzliche Anstieg nach 1568, und zum anderen die Orte und Territorien, die Überlinger
Bürger anzogen. Nur zwei Reichsstädte sind darunter, das katholische Gmünd und

---

Gmünd, Conrad Butzlin als Stadtschreiber in Raspach, Medardus Thaw als Verwalter in
Markdorf, Hans Erhard Ringler als Amtmann in Wallerstein, Dr. Hans Han als Obervogt in
Mindelheim, Dr. Johann Jacob Langhans als Advokat bei der Kurie in Konstanz, Dr. Joachim
Butzlin als Arzt in Rottweil. Im Steuerbuch 1588 fo. 84rff. werden zusätzlich noch genannt: Dr.
Gregorius Klumpp als Arzt in Gmünd, Jacob Hager als Stadtschreiber in Markdorf, Johann
Hager als Kanzler in Konstanz, Johann Wolf Karfer als Stadtschreiber in Sigmaringen, Mag.
Johann Keller als Stadtschreiber in Oberndorf, Mag. Hieronymus Lutz in Biberach, Mag. Hans
Schinbain in Riedlingen. Das Steuerbuch 1597 fo. 87ff., nennt noch: Dr. Georg Ernsperger in
Eichstätt, Dr. Friedrich Pfister als Arzt in Biberach, Dr. Medardus Beringer in Konstanz,
Johannes Schochner als Stadtschreiber in Engen, Dr. Matthias Meher als Syndicus in Ravens-
burg, J. Andreas Stebenhaber in Sigmaringen, Gebhard Hagenweiler als salemischer Hofmeister
in Saulgau, Wolfgang Fauber als Obervogt in Wiesensteig. Das Steuerbuch 1608 fo. 78 ff., enthält
zudem: Dr. Hans Waibel als Advokat des Konsistoriums in Konstanz, Reichardt Ulrich Vischer
als Obervogt im österreichischen Egloffs, Johann Leuthin als salemischer Pfleger in Ehingen,
Dr. Medardus Beringer als Kanzler in St. Gallen, Dr. Johann Conrad Dornsperger, Stockach. Im
Steuerbuch 1617 fo. 83 ff., werden genannt: Dr. Michael Weiglin, Haigerloch, Dr. Johann Jacob
Sattler, Pfullendorf, Hieronymus Michel, Stadtschreiber in Waldsee. – Diese Angaben sind nicht
vollständig. Es wurden nur Ausbürger aufgeführt, die entweder zu den führenden Familien der
Stadt gehörten (s. Kap. V.4.) oder von denen aus den Einträgen hervorging, daß sie in auswärti-
gen Diensten standen.

das bikonfessionelle, von einem überwiegend katholischen Rat regierte Biberach. Ansonsten finden sich nur Landstädte wie Riedlingen, Freiburg, Ensisheim, Landsberg oder München, Städte also, die zu katholischen Territorien gehörten. Beide Umstände scheinen eng zusammenzugehören. Infolge der in den siebziger Jahren des 16. Jahrhunderts allmählich anhebenden Konfessionalisierung der Politik dürfte die Konfession der gelehrten Räte und Beamten bei ihrer Auswahl eine immer größere Rolle gespielt haben. Da ein Großteil dieser Gruppe aus dem städtischen Milieu kam, die meisten Reichsstädte aber protestantisch geworden waren, bot sich hier für die Bürger des katholischen Überlingen eine Chance. War die Stadt bis dahin unter den Reichsstädten politisch relativ isoliert gewesen, so wurde nun dafür die Verbindung zu den Territorien enger[69]. Eine Entwicklung, die generell in der zweiten Hälfte des 16. Jahrhunderts zu beobachten ist, bezeichnenderweise aber im Falle Überlingens eng mit dem Bekenntnis der Stadt zusammenzuhängen schien. Begünstigt wurde sie noch dadurch, daß Oberschwaben im Machtbereich meist katholischer Territorien lag.

Nicht allein die zahlenmäßige Entwicklung der Bevölkerung, sondern auch deren Beziehungen zum Umland, gewissermaßen der Aktionsradius der Überlinger verdient also Aufmerksamkeit. Deshalb muß auch der Frage nachgegangen werden, ob und wie das Umland einer Stadt deren konfessionelle Entwicklung beeinflußte oder auf diese reagierte. Zuerst stellt sich dabei das Problem, wie das Umland oder der Lebensraum einer Stadt einigermaßen präzise zu bestimmen ist. Den Begriff des Umlands genau zu definieren ist schwierig, da jeweils unterschiedliche Parameter herangezogen werden können[70]. Immerhin läßt sich hierbei eine gewisse Hierarchie feststellen. Von grundlegender Bedeutung war immer die wirtschaftliche Struktur der Stadt, ihre Rolle als Markt, wobei unterschieden werden muß, ob es sich um eine Fernhandels- oder Ackerbürgerstadt gehandelt hat[71]. Davon hing zum Teil auch ab, wie hoch die Einwanderungsrate war und woher die Neubürger kamen. Mit dem Wirtschaftsgebiet und dem Einwanderungsbereich sind denn auch die beiden wichtigsten Parameter des Lebensraums einer Stadt erfaßt[72]. Der Begriff des Lebensraums[73] veranschaulicht dabei am besten, worum es hier geht: dasjenige Gebiet zu bestimmen, innerhalb dem ein Netz persönlicher Beziehungen und Kontakte der Einwohner der Stadt mit denen des Umlands bestand.

---

[69] Beispielhaft dafür war die enge Verflechtung zwischen der Überlinger Führungsschicht und der Beamtenschaft der benachbarten fürstenbergischen Grafschaft. Nach 1559 stammten allein fünf fürstenbergische Amtleute aus Überlingen; vgl. *Asch* S. 224.

[70] Vgl. dazu *Irsigler* S. 13 ff.; *Schwineköper* S. 29 ff.; *Kießling*, Umlandgefüge S. 33 ff. Zusammenfassend mit weiterer Lit. *Isenmann*, Stadt S. 231 ff. Als Beispiel für die Untersuchung des Umlands einer Stadt vgl. *Kintz* S. 109 ff.

[71] Von der zentralen Rolle des Markts geht bereits *Ammann* in seiner grundlegenden Arbeit aus; vgl. *Ammann*, Lebensraum S. 290, 313.

[72] Eigens mit dem Thema der Einwanderung befaßt sich *Vasarhelyi* S. 129 ff.

[73] *Irsigler* S. 16, kritisiert diesen von *Ammann* verwendeten Terminus wegen seiner problematischen Implikationen mit der jüngeren Geschichte und schlägt vor, von einer „Theorie der zentralen Orte" zu sprechen.

Der Einzugsbereich Überlingens korreliert denn auch auffallend mit den wichtigsten Verkehrswegen der Stadt[74]. Die Neubürger kamen zum einen aus dem Gebiet am Nordufer des Bodensees, von Feldkirch, Bregenz, Lindau und Meersburg, also dem Transportweg des Überlinger Weins, und zum anderen aus dem oberschwäbischen Hinterland, dem Getreidelieferanten des Überlinger Marktes. Daß der größte Teil allerdings aus Dörfern der näheren Umgebung stammte, ist eine Erscheinung, die generell für alle Städte der Frühen Neuzeit, auch für große Fernhandelsstädte, typisch war[75].

Vergleicht man nun den Einzugsbereich des 15. Jahrhunderts, den *Eitel* bereits untersucht hat[76], mit dem des 16., so lassen sich einige interessante Veränderungen erkennen. *Eitel* war zu dem Ergebnis gekommen, daß Überlingen trotz seiner agrarischen Struktur einen ähnlichen Einzugsbereich und auch eine entsprechend große Anziehungskraft besessen hatte wie z. B. die Fernhandelsstadt Ravensburg. Für eine Reichsstadt typisch war der Umstand, daß ein beträchtlicher Teil der Neubürger ebenfalls aus Reichsstädten stammte, und zwar im Falle Überlingens vorwiegend aus Ulm, Ravensburg, Konstanz und Pfullendorf, gefolgt von Memmingen, Kempten, Lindau, Biberach und Buchhorn – naturgemäß war die Verflechtung mit den oberschwäbischen Reichsstädten besonders eng. Allerdings ist zu beachten, daß ungefähr gleich viel Einwanderer aus den Landstädten der Region kamen[77].

Im 16. Jahrhundert (s. Abb. 9) änderte sich zwar die Struktur dieses Einzugsbereiches nicht grundlegend, doch gab es einige auffallende Verschiebungen[78]. Zunächst fällt auf, daß der Zuzug aus dem Schweizer Raum stark zurückgegangen war. St. Gallen, das mit 10 Nennungen im 15. Jahrhundert noch zu den wichtigsten Herkunftsorten der Neubürger zählte, fällt im 16. Jahrhundert völlig aus. Und auch die Bedeutung der Städte insgesamt nahm ab. Stammten im 15. Jahrhundert noch ca. 50% der Neubürger aus Städten, so ging diese Rate auf ca. 25% zurück. Zugleich verschoben sich die Gewichte zwischen Reichs- und Landstädten.

93 Neubürger kamen im 16. Jahrhundert aus Landstädten, nur 83 dagegen aus Reichsstädten[80]. Vor allem gegen Ende des Jahrhunderts begannen die Landstädte

---

[74] Eine insgesamt typische Erscheinung; vgl. *Vasarhelyi* S. 155 f.

[75] Vgl. *ebda.* S. 145 f.; *Ammann*, Lebensraum S. 286.

[76] *Eitel*, Neubürger S. 127 ff.

[77] *Ebda.* S. 128: 270 Neubürger zogen aus Städten zu, davon 135 aus Reichsstädten.

[78] Zur Quellengrundlage s. Anm. 66.

[79] Von 614 erfaßten Neubürgern ist von 458 der Herkunftsort bekannt. 246 kamen aus Dörfern, 36 wohnten bereits seit längerem in Überlingen. Von den 83 aus Reichsstädten stammenden Neubürgern kamen 32 zwischen 1523 und 1540, 33 zwischen 1552 und 1579 und nur noch 18 nach 1580. Umgekehrt verlief der Trend bei den Landstädten. Zwischen 1552 und 1579 kamen von dorther 51 Neubürger, in den Zeiträumen davor und danach waren es je 21.

[80] Die Zahlenangaben zu den einzelnen Städten geben jeweils an, wieviele Personen bzw. Familien aus dieser Stadt im betreffenden Zeitraum nach Überlingen gezogen waren. Bei den Überlinger Neubürgern dürfte es sich um Personen gehandelt haben, die schon seit längerem in der Stadt wohnten, ohne aber in das volle Bürgerrecht aufgenommen worden zu sein. – Die Karte erfaßt nur Reichs- und Landstädte Oberschwabens, nicht die zahlreichen Dörfer oder weiter entfernt liegende Städte. Die letzteren seien deshalb hier genannt: Augsburg (3/1/0),

84

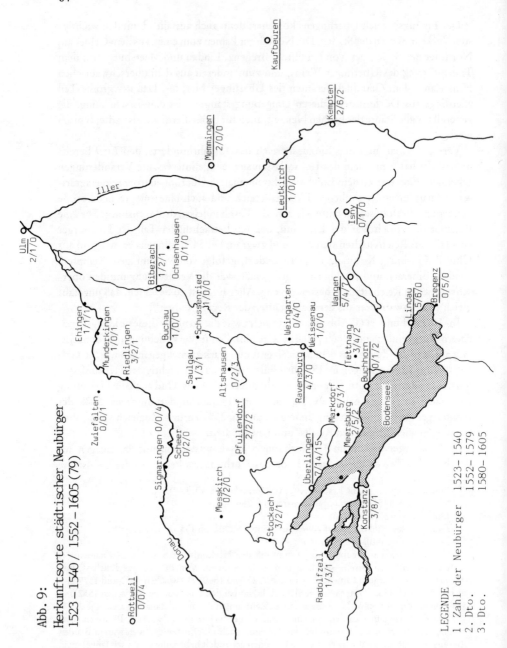

Abb. 9:
Herkunftsorte städtischer Neubürger
1523 – 1540 / 1552 – 1605 (79)

Kaufbeuren

Kempten
2/6/2

Memmingen
2/0/0

Leutkirch
1/0/0

Iller

Isny
0/1/0

Ulm
2/1/0

Biberach
1/2/1

Ochsenhausen
0/1/0

Wangen
5/4/7

Bregenz
0/5/0

Lindau
5/6/0

Ehingen
1/1/1

Munderkingen
1/0/1

Riedlingen
3/2/1

Buchau
1/70/0

Schussenried
1/0/0

Weingarten
0/4/0

Weissenau
1/0/0

Ravensburg
4/3/0

Tettnang
3/4/2

Buchhorn
0/1/2

Saulgau
1/3/1

Altshausen
0/2/3

Markdorf
5/3/1

Bodensee

Zwiefalten
0/0/1

Sigmaringen 0/0/4

Scheer
0/2/0

Pfullendorf
2/2/2

Meersburg
2/5/2

Überlingen
2/14/15

Messkirch
0/2/0

Konstanz
3/8/1

Stockach
3/2/1

Radolfzell
1/3/1

Donau

Rottweil
0/0/4

LEGENDE
1. Zahl der Neubürger   1523 – 1540
2. Dto.   1552 – 1579
3. Dto.   1580 – 1605

Abb. 9: Herkunftsorte städtischer Neubürger 1523–1540/1552–1605[80]

immer stärker das Feld zu beherrschen, der Kreis der Reichsstädte, aus denen Überlingen Zuzug erhielt, wurde immer kleiner. Nur aus Pfullendorf, Wangen und Kempten kamen kontinuierlich während des ganzen 16. Jahrhunderts Einwanderer in die Bodenseestadt, aus Lindau und Ravensburg lassen sich noch bis 1579 Zuzüge nachweisen, während Augsburg, Ulm und Memmingen nach 1540 ganz ausfielen[81]. Ab 1580 spielte auch plötzlich Rottweil als Herkunftsort wieder eine Rolle, zur selben Zeit also, als auch die politischen Bindungen mit dieser Stadt enger wurden[82]. Mit dem zurückgehenden Anteil der städtischen Neubürger erhöhte sich automatisch die Bedeutung der Zuwanderung aus dem ländlichen Raum, wobei hier vor allem die in der engeren Umgebung oder gar im Überlinger Territorium gelegenen Dörfer das Bild bestimmten. Insgesamt wird also im 16. Jahrhundert der Einzugsbereich, vor allem in der zweiten Jahrhunderthälfte, immer ländlicher – eine Entwicklung, die der agrarische Charakter der Stadt gefördert haben mag. Zugleich verstärkte sich mit dem zurückgehenden Anteil der aus Reichsstädten stammenden Neubürger die Bindung zu den altgläubigen Territorien, deren Gemeinden und Städte den Reichsstädten den Rang abliefen.

Andere Quellen bestätigen die aus den Bürgerannahmebüchern gewonnenen Ergebnisse. Das Abzugsbuch der Stadt[83], das diejenigen Bürger aufführt, welche die Stadt verließen, enthält für die Jahre 1584 bis 1591 nur Wangen, Pfullendorf und Rottweil als mehrfach genannte Reichsstädte, einmal angeführt werden Frankfurt/M., Basel und Biberach. Unter den Landstädten rangierten Saulgau, Tuttlingen, Radolfzell und Konstanz vor Villingen, Rottenburg am Neckar und Würzburg. Mit Schaffhausen und Heidelberg werden nur zwei protestantische Landstädte genannt. Auch die Herkunft der Ehepartner Überlinger Bürger weicht von diesem Schema nicht ab[84]. Zunächst fällt hier der große Anteil derjenigen auf, die vom Land kamen, ferner daß Lindau, Ravensburg und Pfullendorf die einzigen mehrfach genannten Reichsstädte sind, an Landstädten dagegen Konstanz, Meersburg und Radolfzell sowie Stockach, Mengen, Saulgau und Feldkirch mehrmals angeführt werden.

Damit erweist sich neben der Wirtschaftsstruktur auch das Bekenntnis der Stadt als ein den Lebensraum seiner Einwohner gestaltender Faktor. Nachdem die meisten benachbarten Reichsstädte sich der Reformation zugewandt hatten, wurde der Kon-

---

Colmar (0/2/0), Esslingen (0/0/1), Gmünd (0/1/0), Nürnberg (1/1/0), Schweinfurt (1/0/0), Straßburg (0/2/0), Blaubeuren (0/1/0), Heidenheim (0/1/0), München (0/1/1), Neumarkt/Oberpfalz (0/0/1), Rottenburg/N. (0/2/2), Feldkirch (0/2/0), Villingen (0/2/0), Waldshut (0/0/1), Würzburg (1/0/0).

[81] 1538 siedelte der Patrizier Hans Schulthaiß aus Ravensburg nach Überlingen über; bereits 1535 hatte der Memminger Patrizier Onofrius Stebenhaber das Überlinger Bürgerrecht erworben. Eventuell spielten dabei konfessionelle Gründe eine Rolle.

[82] Vgl. dazu Kap. VI.10.

[83] StadtAÜb Abzugs-Buch 1584–1684. Zwischen 1591 und 1631 weist das Abzugsbuch eine Lücke auf, so daß hier nur eine Stichprobe durchgeführt werden konnte.

[84] Nach EAF Ha 126–146 (Protokolle des geistlichen Gerichts). Aus den Eheprozessen, in die Überlinger Bürger verstrickt waren, konnte – wiederum nur als Stichprobe – die Herkunft der Überlinger Ehepartner ermittelt werden.

takt zu den kleineren katholischen Reichsstädten wie Wangen, Pfullendorf und Buchhorn und zu den Landstädten der katholischen Territorien enger. Nur enge wirtschaftliche Kontakte, wie sie zu Konstanz oder Lindau bestanden, schwächten diese Tendenz etwas ab. Zwar, und dies muß betont werden, dürfte der von den katholischen Territorien dominierte Lebensraum der Stadt die konfessionelle Option des Rats nicht oder nur sehr indirekt über die wirtschaftlichen Abhängigkeiten beeinflußt haben – Beispiele protestantisch gewordener Reichsstädte mit einem ähnlich strukturierten Umland belegen dies –, doch die konfessionelle Stabilität, die zu keinem Zeitpunkt gefährdete Katholizität der Stadt dürfte dadurch gefördert worden sein. So hatte z. B. eine vorwiegend von katholischen Territorien umgebene Stadt wie Straßburg das ganze 16. Jahrhundert über Probleme mit eingewanderten Katholiken, von denen sich – im Gegensatz zur überwiegenden Mehrheit – ein kleiner Teil nicht assimilieren wollte und dem Klerus damit Anlaß zur Sorge bot[85]. Und die große Anzahl katholischer Dienstboten, die Ende des 16. Jahrhunderts in Memmingen arbeiteten, dienten, zum Mißvergnügen des Rats, dem Bischof von Augsburg als willkommener Anlaß gegenreformatorischer Aktivitäten[86]. Probleme solcher Art kannte der Überlinger Rat kaum. Fast alle Zuwanderer kamen aus altgläubigen Städten und Dörfern. Die konfessionelle Entwicklung der Stadt wurde durch ihr Umland stabilisiert.

4. Unterstützung und Kontrolle: Zur Funktion städtischer Korporationen

Die Lebensbedingungen der Stadt als Ganzes, ihre wirtschaftliche Struktur und im Zusammenhang damit auch ihr Lebensraum haben also bereits die Katholizität begünstigt und indirekt wohl auch die konfessionelle Option des Rats beeinflußt. Sie prägten aber natürlich auch die Sozialstruktur und das soziale Klima. Um so mehr muß danach gefragt werden, ob und wie die soziale Organisation der Stadt und die sozialen Verhältnisse der einzelnen Gruppen und Schichten den einmal gefällten Glaubensentscheid ermöglichten und mittrugen.

Das soziale System der Stadt des Mittelalters und der Frühneuzeit gründete auf dem Gedanken der Genossenschaft. In der Forschung ist nun umstritten, ob materielle Ungleichheit und die eklatante Konzentration des Besitzes in den Händen Weniger die genossenschaftlichen Ideale und Normen allein zu einer Ideologie der jeweils herrschenden ,Ratsaristokratie' degradierten, also der Antagonismus sozialer Klassen die Realität angemessen widerspiegelte, oder ob die Existenz städtischer Korporationen solche nicht zu leugnenden Gegensätze zumindest teilweise überbrücken half. Spitzt man das Problem in zugegeben etwas vereinfachender Weise auf diesen Gegensatz zu, so verstellt man sich den Zugang zu einer Lösung, die versucht, beide Perspektiven zu integrieren, ja davon ausgeht, daß beide Perspektiven integriert

---

[85] Vgl. *Abray* S. 116 ff.
[86] Vgl. *Mischlewski* S. 64.

werden müssen, die sozialanthropologische, die von dem genossenschaftlich geprägten Wertesystem und Selbstverständnis ausgeht, und die soziologische, welche die Gesellschaft nach objektiv meßbaren Kriterien des Besitzes zu kategorisieren sucht. Beide Ansätze bilden gleichsam nur die zwei Seiten einer Medaille, die jeweils vorhandene, aber nur partikuläre Aspekte sozialer Realität erfassen können. Denn die Städte verstanden sich als Genossenschaften, sie wurden durch korporative Gemeinschaften konstituiert, und zugleich bestand eine ständische Hierarchie und teilweise extreme soziale Ungleichheit. Beides wurde nicht als Gegensatz verstanden, sondern existierte nebeneinander und war ineinander verzahnt[87]. Um die Bedeutung der Korporationen für das soziale Gefüge der Stadt erkennen und einschätzen zu können, soll im folgenden vornehmlich auf ihre Funktion im Sozialsystem eingegangen werden. So soll verdeutlicht werden, daß die städtische Genossenschaft nicht ausschließlich als Gegensatz oder alternatives Modell einer ständischen Gesellschaftsauffassung verstanden werden muß, sondern damit durchaus vereinbar war. Auf zwei Aspekte soll in diesem Zusammenhang eingegangen werden: auf die hierarchische Struktur der Korporationen[88] sowie deren soziale Funktionen, die sich aus den spezifischen Anforderungen einer städtischen Gesellschaft ergaben, die aber nicht eine von den Zeitgenossen akzeptierte ständische Gesellschaftsordnung automatisch sprengen mußte.

Daß sich bei der sozialen Organisation der Stadt korporative und hierarchische Momente vereinten, zeigen besonders anschaulich zeitgenössische Prozessionsordnungen[89]. Sie spiegeln gleichsam die gesellschaftliche Struktur der Stadt wider, zwar geregelt durch die Obrigkeit, aber doch auf der Grundlage gewachsener Traditionen. Die höchste Wertschätzung genoß in Überlingen die Fronleichnamsprozession. Einer Ordnung aus dem Jahr 1579 kann man entnehmen, wie sie in Überlingen organisiert war[90]. Angeführt wurde die Prozession von den verschiedenen Bruderschaften der Stadt. Zunächst kam die St. Sebastians-Bruderschaft, wie sich die Gesellschaft der Büchsen- und Armbrustschützen nannte[91], danach die Bruderschaften der Scherer-, Schneider-, Bader- und Bäckergesellen. Der besondere, ausschließlich religiöse Cha-

---

[87] Der Kontroverse zwischen *Moeller* und *Brady* über die wesentlichen Faktoren städtischer Reformation liegen diese jeweils unterschiedlichen Auffassungen über die soziale Wirklichkeit städtischer Gesellschaften zugrunde; vgl. die in Kap. II.2 angegebene Lit. sowie *Brady*, Reply S. 11 f., u. *Moeller*, Stadt S. 25 f. Eine grundlegende Zusammenfassung zu diesem Thema bei *Isenmann*, Stadt S. 291 ff.

[88] Vgl. dazu auch Kap. V.4 zur Organisation des Rats.

[89] In der Lit. wurde denn auch bereits öfters zur Veranschaulichung städtischer Sozialstruktur darauf zurückgegriffen. Vgl. z. B. nur *Rublack*, Konstanz S. 139 ff.; *Benedict* S. 1 ff.

[90] In allen katholischen Städten, vor und nach der Reformation, nahm die Fronleichnamsprozession einen zentralen Platz ein; vgl. nur *Schlemmer* S. 260 ff.; *Brecher* S. 141 ff. – Zur Bedeutung in Überlingen vgl. nur die Bemerkungen in der zeitgenössischen Stadtbeschreibung des Tibianus (bei: *Oehme* S. 131); vor allem aber StadtAÜb IV/13/1582, welches eine genaue Beschreibung der Prozession bietet und für die Jahre nach 1579 auch verzeichnet, wer jeweils als Himmelsträger fungierte.

[91] Zu den einzelnen Bruderschaften vgl. Kap. IX.3 u. X.4.

rakter der Bruderschaft zu St. Ulrich wurde dadurch hervorgehoben, daß zwischen ihr und den anderen Bruderschaften die Franziskaner, Vertreter des Heilig-Geist-Spitals und der Kapelle St. Jos eingeordnet waren. Nach den Bruderschaften folgten die Zünfte: Fischer-, Metzger-, Schneider-, Küfer- und Schuhmacherzunft. Die Repräsentanten der Bäcker und Rebleute, der beiden mitgliederstärksten Zünfte, gingen nicht wie die anderen Zünfte vor, sondern nach dem Sakrament – Zeichen ihrer quantitativ dominierenden Stellung in der Stadt. Zwischen den ersten Zünften und dem Sakrament waren Vertreter der alten Mutterkirche zu Aufkirch, des in Überlingen ansässigen Johanniterordens und die Überlinger Priesterschaft plaziert. Nach den Zünften kam der Rat, dem die Gemeinde folgte. Die ganze Prozession gruppierte sich also um das vom Pfarrer getragene Sakrament, dem der Stadtammann voranging und dessen Himmel von den beiden Bürgermeistern, dem obersten Zunftmeister und einem patrizischen Ratsmitglied getragen wurde.

Zweierlei führt diese Ordnung vor Augen: Zunächst bot die Prozession der Gemeinde ein Sinnbild des genossenschaftlichen Charakters der Stadt. Jeder Bürger gehörte mindestens einer dieser Organisationen an, deren Vertreter vor oder nach dem Sakrament gingen. Deutlich wird aber auch der unterschiedliche gesellschaftliche Rang der einzelnen Korporationen, je nachdem wie nahe oder entfernt sie vom Allerheiligsten plaziert waren. Vor allem aber wird die besondere Stellung der Obrigkeit und insbesondere ihrer führenden Vertreter vor Augen geführt. Sie bildeten das Herzstück dieser Ordnung, ihre religiös legitimierte Führungsposition wird eindrucksvoll hervorgehoben[92]. Eine Untersuchung der Überlinger Sozialstruktur darf deshalb nicht – gerade die Ordnung der Fronleichnamsprozession hat dies erneut gezeigt – an den städtischen Korporationen, dem institutionalisierten Ausdruck städtischen Selbstverständnisses, vorübergehen. Jeder Bürger war in sie eingebunden, ihren Regeln unterworfen und konnte sich nur innerhalb dieses Rahmens entfalten. Ihre Normen und Funktionen organisierten das soziale Leben der Stadt.

Trotz – oder vielleicht gerade wegen – der faktisch unbestreitbaren Ungleichheit orientierte sich die soziale Organisation der Stadt an den Normen der Einigkeit, Gemeinschaft und Solidarität[93]. Dies bezeugen Bruderschaften und Zünfte ebenso wie der große Wert, der verwandtschaftlichen Beziehungen beigemessen wurde. Die zahlreichen Unsicherheiten und Unwägbarkeiten des Lebens konnte der einzelne nur mit Hilfe solcher Gemeinschaften bestehen[94]. Die Unterstützung ihrer Mitglieder, Hilfe bei der Bewältigung alltäglicher Probleme, das waren einige der wichtigsten Aufgaben dieser Organisationen. Untrennbar verbunden mit dieser Unterstützung war aber auch die Kontrolle derjenigen, die diesen Vereinigungen angehörten oder, da es sich ja oft um Zwangsmitgliedschaften handelte, angehören mußten. Denn die

---

[92] Dies unterstreicht auch StadtAÜb IV/13/1582 (s. Anm. 90), denn der Hauptzweck der dort überlieferten Ordnung scheint es gewesen zu sein, jeweils festzuhalten, wer von der engeren Führungsschicht den Himmel über dem Sakrament tragen durfte. Vgl. dazu auch Kap. V.4.

[93] Vgl. dazu *Rublack*, Norms S. 26f.

[94] Vgl. z.B. *Muchembled* S. 39ff., 114f., der besonders auf diese Bedeutung der korporativen Organisation der Städte verweist.

Stärke der Gemeinschaften beruhte zu einem wesentlichen Teil auch auf der Geschlossenheit und Konformität ihrer Mitglieder; nur so konnte man sich jederzeit auf den einzelnen verlassen. Entsprechend stark wurden damit auch das Verhalten und Handeln des einzelnen von diesen Gemeinschaften geprägt. Das religiöse Leben, die konfessionelle Entwicklung der Stadt läßt sich damit nicht nur als Summe der Anschauungen und Bekenntnisse der einzelnen Einwohner verstehen, sondern deren religiöse Anschauungen entwickelten sich bereits in und mit den Gemeinschaften, in denen sie lebten. Individuelle Abweichungen waren zwar sicher immer möglich und kamen auch immer wieder vor, doch auf Dauer konnten sich nur solche Auffassungen durchsetzen, die sich gegenüber der Gemeinschaft rechtfertigen ließen und von dieser akzeptiert wurden oder die zumindest so viel Zustimmung fanden, daß sie nicht einfach unterdrückt und ausgeschaltet werden konnten.

Die gesamte Bürgerschaft, vereint durch das Bürgerrecht und den Bürgereid, bildete die größte und umfassendste Gemeinschaft der Stadt. Vor allem die Obrigkeit war darauf bedacht, daß den Bürgern der Wert dieses Privilegs bewußt blieb[95] und daß neuaufgenommene Bürger gewissen Standards entsprachen. Auch wenn im Vordergrund finanzielle Interessen standen – jeder Neubürger mußte ein Vermögen von mindestens 100 lbd nachweisen können –, so achtete sie doch gleichermaßen darauf, daß grundlegende sittliche Kategorien eingehalten wurden. Ohne den Nachweis seiner ehelichen Geburt konnte z. B. niemand das Bürgerrecht erwerben. Die Verpflichtung, mindestens 15 Jahre in der Stadt zu bleiben, sollte darüber hinaus eine dem Zusammenhalt und der Identifikation mit der Gemeinschaft nachteilige Fluktuation verhindern[96].

Ziel der Obrigkeit war es, die wirtschaftliche und soziale Stabilität des Gemeinwesens zu festigen. In Krisenzeiten, wie z. B. dem Bauernkrieg oder wenn allgemein die Gefahr eines Krieges bestand, versuchte die Obrigkeit auch ganz bewußt, das Gemeinschaftsgefühl der Einwohner zu stärken. Im April 1525, als Überlingen von den aufständischen Bauern bedroht wurde, hatte der Rat die Gemeinde *[...] mit aidspflichten zusamen verpunden und geschworen zu rettung und beschirmung unser statt und vaterlands, leib, er und gut und aller unser vermögen zusamensetzen [...], wie fromen, redlichen leuten [...] zustatt, und alß bey ain ander zu sterben [...]*[97]. Dieser Appell verdeutlicht aber zugleich auch den ideologischen Charakter dieses Gemeinschaftsgefühls. Gerade wenn es die ganze Stadt betraf, mußte diese Norm den Einwohnern eigens noch einmal eingeschärft werden[98].

---

[95] Dies läßt z. B. der jährlich abzulegende Bürgereid erkennen; vgl. Oberrheinische Stadtrechte S. 168f. – Grundsätzlich zur Bedeutung des Eids vgl. *Ebel.*

[96] Nach StadtAÜb Bürgerannahmebuch Bl. 2. Ursprünglich mußte ein Neubürger 50 lbd entrichten, später wurde dieser Eintrag durchgestrichen und durch 100 lbd ersetzt. Gab jemand vorzeitig sein frischerworbenes Bürgerrecht auf, mußte er 15 lbd bezahlen. Diese Bestimmungen glichen im großen und ganzen denen in anderen Städten. Vgl. z. B. nur zu Konstanz *Meisel* S. 165, 175. In Konstanz betrug ab 1592 die Taxe für Neubürger ebenfalls 100 lbd.

[97] StadtAÜb Mp. 1523–26 fo. 169f. Ein typischer Vorgang, wie das gleiche Verhalten des Nördlinger Rats 1525 erkennen läßt; vgl. hierzu *Rublack*, Nördlingen S. 44ff.

[98] Vgl. dazu grundsätzlich *Rublack*, Norms S. 39f., 46ff.

Bedenkt man die soziale Ungleichheit, so nimmt dies nicht wunder. Gerade von den sozial und rechtlich schlechter Gestellten sah man denn auch das Gemeinwesen in erster Linie bedroht. Dies wird deutlich an der Behandlung der Michibürger, Bürgern zweiter Klasse, welche die Auflagen des Bürgerrechts nicht erfüllen konnten und sich deshalb nur als Schutzbürger in der Stadt aufhalten durften[99]. Jedes Jahr im Herbst wurde z. B. im Rat der Michirodel, das Verzeichnis aller Michileute, verlesen, wobei Bettelvogt und die Pfleger der einzelnen Viertel über eventuelle Probleme Bericht erstatten sollten[100]. So war den Michileuten unerlaubtes Betteln verboten, ferner sollten sie sich gegenüber der Bürgerschaft „unschädlich" verhalten[101]. Den Michibürgern wurde damit von vornherein unterstellt, ein Element sozialer Unruhe und wirtschaftlicher Parasität zu sein. Der Rat war deshalb auch daran interessiert, die Zahl der Michibürger möglichst klein zu halten, auch wenn er aus wirtschaftlichen Gründen – so wurden sie als Rebknechte zum Bebauen der Weingärten gebraucht – auf die Annahme von Michibürgern nicht ganz verzichten konnte[102].

Funktionierte die Gemeinschaft auf der Ebene der ganzen Stadt also nur bedingt, so änderte sich dies, wenn man auf die Ebene der Zünfte zurückgeht. Jeder Bürger mußte, um am wirtschaftlichen und politischen Leben der Stadt teilhaben zu können, in einer Zunft eingeschrieben sein[103]. Doch gingen Funktion und Bedeutung der Zünfte noch über diese Bereiche hinaus. Als „totales soziales Phänomen"[104] reglementierten sie auch das Leben ihrer Mitglieder in sozialer und religiöser Hinsicht. Bei Konflikten zwischen Zunftmitgliedern war die erste, für die Vermittlung zuständige Instanz der Zunftmeister. Und zwar nicht nur, weil er die jurisdiktionelle Kompetenz besaß, Streitigkeiten in der Zunftstube zu richten und zu bestrafen[105], sondern weil mit seinem Amt auch die Pflicht verbunden war, unter seinen Zunftgenossen den Frieden und damit die Solidarität und Geschlossenheit der Zunft zu wahren[106]. Damit

---

[99] Oberrheinische Stadtrechte S. 553 f. Michileute wurden jeweils zu Martini angenommen. Sie mußten einen Bürgen stellen und versprechen, im Falle der Not nicht der Stadt zur Last zu fallen. Wie andere Bürger wurden sie allerdings zu militärischen Leistungen verpflichtet. Daß ihre Aufnahme immer als Gnade von seiten der Stadt verstanden wurde und oft an bestimmte Dienste gebunden war, zeigt anschaulich ein Mandat von 1609. Damals, als eine schwere Pestwelle grassierte, wurden Michileute nur angenommen, sofern sich ihre Frauen zur Krankenpflege verpflichteten; nach StadtAÜb Rp. 1607–12 fo. 207v.

[100] Vgl. z. B. StadtAÜb Rp. 1552–56 fo. 20v, 119v.

[101] Vgl. ebda.

[102] Im Laufe des 16. Jahrhunderts nahm auch die Zahl der Michileute ab; vgl. unten Abb. 14. Daß die Michileute vornehmlich im Rebbau beschäftigt waren, legt die Einteilung in drei Kategorien nahe; zur ersten Gruppe gehörten diejenigen, die als Rebknechte Rebgärten bestellten, zur zweiten diejenigen, die Rebgärten gepachtet hatten, und zur dritten schließlich diejenigen, die eigenes Vermögen besaßen (vgl. dazu die Ordnungen des Rats wie Anm. 99 u. 100).

[103] Vgl. *Eitel*, Zunftherrschaft S. 22 ff., der vor allem auf die politischen und wirtschaftlichen Funktionen der Zünfte eingeht.

[104] *Oexle* S. 206. – Grundlegend zur Bedeutung der Zünfte vgl. auch *Black*.

[105] Vgl. dazu *Eitel*, Zunftherrschaft S. 28 f.

[106] Vgl. neben dem Eid der Zunftmeister (s. dazu *Eitel*, Zunftherrschaft S. 27 f.) als Beispiel praktischer Anwendung StadtAÜb I/37/390 [o.D.], Kundschaftsprotokoll zu einem Streit zwischen Kilian Reichlin von Meldegg und Franz Blattner. Martin Wiertel, Zeuge dieses Streits,

mußte sich der Zunftmeister aber auch für das Verhalten der Zunftangehörigen interessieren. Die dadurch praktizierte Sozialkontrolle reichte über die eigentlichen Zunftmitglieder hinaus und umfaßte auch die gerade wegen des häufigen Wechsels besonders verdächtige Gruppe der Gesellen und Dienstboten. Jeder Bürger war verpflichtet, Gesellen oder Dienstboten, die er anstellte, zuerst dem Zunftmeister vorzustellen[107]. Die Obrigkeit erließ 1616 sogar eine Verordnung, wonach Dienstboten, die zehn Jahre lang treu gedient hatten, in das Bürgerrecht aufgenommen werden konnten[108]. Der allzu häufige Wechsel von Dienstboten sollte auf diese Weise eingeschränkt werden.

Die Voraussetzung dieser Praxis war, daß die Zunftmeister selber den von ihnen geforderten Standards entsprachen. Taten sie dies nicht, griff der Rat ein. Der Zunftmeister Jacob Schrieff wurde z.B. wegen seines offensichtlichen Jähzorns aufgefordert, daß er *[...] seine zunftige in irn anligen guotwilliglich anhören welle*[109], und der Zunftmeister Jos Keßler mußte sich wegen seiner Lebensführung – Trunkenheit und Unfleiß wurden ihm vorgeworfen – verantworten[110]. Mißstimmungen zwischen Zunftmeister und Zunftmitgliedern suchte der Rat nach Möglichkeit auszuräumen, weil dadurch letztlich die Autorität des Rats selbst, dem ja die Zunftmeister kraft ihres Amts angehörten, in Frage gestellt wurde. Im Laufe des 16. Jahrhunderts begann denn der Rat auch immer stärker reglementierend in die Angelegenheiten und Selbständigkeit der Zünfte einzugreifen[111], um sich deren Funktionsfähigkeit sicher zu sein.

Daß die Kontrolle aber nicht nur von oben nach unten lief, sondern die Zunftmitglieder selber in ein System gegenseitiger Kontrolle miteinbezogen waren, wird deutlich sichtbar an der Einrichtung der sogenannten ‚Lismer‘, die es in ähnlicher Form auch in anderen Reichsstädten gab[112]. Sie sollten den zahlreichen Mandaten des Rats gegen das zeitübliche ‚Gotzlästern‘, Schwören, Fluchen und Zutrinken Nachdruck verleihen. Aufgabe der Lismer war es, in den Zunftstuben darauf zu achten, wer diese Gebote übertrat, und diejenigen dann anzuzeigen. In jeder Zunft wurden die Lismer mit Hilfe eines Losverfahrens ausgewählt. Der Zunftmeister schrieb die

---

hatte einen der Kontrahenten, nämlich Blattner, gedrängt, zu seinem Zunftmeister zu gehen, um mit ihm den Konflikt beizulegen. Offensichtlich fungierte der Zunftmeister als erster Ansprechpartner, wenn es galt, irgendwelche Konflikte schiedlich zu regeln.

[107] StadtAÜb Rp. 1496–1518 fo. 29; Rp. 1603–07 fo. 384vf.

[108] StadtAÜb Rp. 1613–17 fo. 271r.

[109] StadtAÜb Rp. 1573–87 fo. 461r, 463v.

[110] StadtAÜb Rp. 1597–1603 fo. 160v.

[111] Diese Tendenz zeigt sich z.B. bei der Wahl der Christoffel. Wurden sie 1553 noch durch *freye ersatzung und wahl* ermittelt (StadtAÜb Rp. 1552–56 fo. 61r), so wurde 1616 dekretiert, daß die Wahl *allain durch die herren zunftmaister und aylfer und nit die zünftigen solle angesehen und verricht werden* (StadtAÜb Rp. 1613–17 fo. 298v), wobei einer der Christoffel aus den Elfern, der andere aus der Gemeinde genommen werden sollte. Bezeichnend für die Abhängigkeit vom Rat ist auch ein Vorgang von 1596, wonach Zunftmeister und Elfer (von welcher Zunft, ist nicht angegeben) es nicht wagten, die Entschuldigung des Zunftmitglieds Hans Jacob Mesmer, der Zunftmeister und Elfer vor versammelter Zunft beleidigt hatte, ohne Vorwissen des Rats anzunehmen (StadtAÜb Rp. 1588–96 fo. 392vff).

[112] Vgl. *Kroemer* S. 22, wonach es auch in Memmingen *haimliche kontschafter* gab.

Namen aller Zunftmitglieder, ausgenommen die des Elfers, auf Zettel, aus denen dann bei großen Zünften vier und bei kleineren zwei Zettel gezogen wurden. Die so ermittelten Zunftmitglieder wurden für die nächsten vierzehn Tage mit dem Amt des Lismers beauftragt. Wer gewählt worden war, mußte geheimgehalten werden; nur Zunftmeister und Beisassen waren darüber informiert. Die Zettel derjenigen, die einmal ausgelost worden waren, wurden ausgeschieden, so daß auf diese Weise jedes Zunftmitglied einmal dieses Amt übernehmen mußte. Gaben die Lismer nachweislich ihnen bekannte Verfehlungen nicht an, so mußten sie selber mit einer Strafe rechnen[113].

Inwieweit dieses System wechselseitiger Kontrolle nun tatsächlich funktionierte, läßt sich mangels entsprechender Quellen nicht mehr feststellen. Doch schon das System an sich ist aufschlußreich. Die Kontrolle religiöser und moralischer Normen war nicht eindeutig hierarchisiert, sie war nicht ausschließlich das Monopol der Obrigkeit, sondern jeder Bürger war verpflichtet, daran mitzuwirken, um dann natürlich mit seiner ihm vorgesetzten Obrigkeit zusammenzuarbeiten. Jeder war für das Verhalten der anderen mitverantwortlich, keinem durfte es gleichgültig sein, was die anderen taten, redeten oder dachten.

Warum dies so war, mag eine Zeugenaussage der Nachbarschaft des Jacob Haini illustrieren. Haini und seiner Frau war vorgeworfen worden, seine Kinder aus erster Ehe zu vernachlässigen, worauf *dann sein nachpauren sagen und halten, das nit ain wunder wer, das ain gantze statt darumb unglück hette, das es also elent von der stiefmutter gehalten wirtt [...]*[114]. Das von der Obrigkeit oft und gerne vorgebrachte Argument, die Sünden und das Fehlverhalten aller Bürger würden auf die ganze Stadt zurückfallen[115], findet sich gleichermaßen auch in der Mentalität der Einwohner. Darüber hinaus zeigt dieses Beispiel, daß die gegenseitige Kontrolle nicht nur in den Zunftstuben und unter den Zunftgenossen stattfand, sondern auch auf der Ebene der Nachbarschaften.

Die Nachbarschaft war nicht nur eine lose, zufällige Form menschlicher Beziehung, sondern in den sogenannten Nachbarschaften eigens organisiert[116]. Die bisherige Literatur zu den Überlinger Nachbarschaften basiert im wesentlichen auf der Arbeit *Lachmann*s, der davon ausgeht, daß 1611, nach der großen Pestepidemie, die Nachbarschaften gegründet wurden[117]. Doch die Nachbarschaften gab es auch schon früher. Bereits im 16. Jahrhundert war es Tradition, daß sich die Nachbarn am St. Andreas-Tag zu einem gemeinsamen Mahl trafen und auch an Johannis, zur

---

[113] Zur Wahl der Lismer vgl. StadtAÜb I/53/140 fo. 106 f. Der Rat dekretierte auch wiederholt, daß Lismer verordnet werden sollten. So z. B. 1528, 1555 und 1564; vgl. StadtAÜb Reutlinger 11.2 fo. 73r; I/54/147 fo. 76; Rp. 1556−66 fo. 443r. Anscheinend wurde in den Zünften diese Pflicht von Zeit zu Zeit vernachlässigt. Vgl. zum Kontext auch Kap. X.7.

[114] StadtAÜb I/37/390 [o.D.].

[115] Vgl. dazu Kap. X.7.

[116] Auf die zentrale Funktion der Nachbarschaften in der vorindustriellen Zeit macht z. B. aufmerksam: *Münch*, Kirchenzucht S. 242 (mit Verweis auf weitere Lit.).

[117] *Lachmann* S. 138 ff.

Sonnwendfeier, den Abend gemeinsam verbrachten, um gegenseitige Versöhnung zu feiern und sich der nachbarschaftlichen Pflichten im Falle von Krieg und Seuchen zu versichern[118]. 1611 wurde dann nur unter Mitwirkung der Obrigkeit der religiöse Charakter dieser Bräuche – der Gedanke der gegenseitigen Versöhnung – stärker betont und die Form durch das Einsetzen eigener Nachbarschaftspfleger institutionalisiert.

Wie eng soziales und religiöses Leben zusammenhingen, zeigt sich besonders prägnant bei der Betrachtung von Sinn und Funktion der Nachbarschaften. Denn neben der Pflege dieser religiös inspirierten Bräuche dienten die Nachbarschaften vor allem der gegenseitigen Unterstützung, wie die zahlreichen Fürbitten bei der Obrigkeit belegen[119], und zugleich auch der wechselseitigen Kontrolle[120]. Wer sich in die nachbarliche Gemeinschaft nicht einfügen wollte, mußte damit rechnen, falls die persönlichen Ermahnungen der Nachbarn nichts fruchteten, beim Rat angezeigt zu werden[121]. Ähnliche Bedeutung kam den Freundschaften, also der Verwandtschaft zu, wobei es hier allerdings mehr um persönlichere Fragen ging, bei denen aber auch der Rat als Appellations- und Schiedsgericht diente[122].

Unterstützung und Kontrolle – zwischen diesen beiden Polen spielte sich das in den verschiedensten Gemeinschaften eingebundene Leben der Überlinger ab. Daß damit der Entfaltung individueller, abweichender Anschauungen Grenzen gesetzt waren, liegt auf der Hand. Selbst kleine Konventikel möglicher Lutheraner wurden z. B. vom Rat bald entdeckt, wie die wenigen Fälle gezeigt haben, in denen der Rat dagegen vorgegangen war[123]. Die verschiedenen Formen der Kontrolle endeten also

---

[118] Vgl. StadtAÜb I/37/390 [o.D.]; Rp. 1588–96 fo. 4v. Auch *Weckerle*, Nachbarschaften S. 240, vermutet, daß die Nachbarschaften bereits früher bestanden haben, wobei er sich auf eine erste urkundliche Erwähnung von 1520 oder 1529 stützt, wonach eine Nachbarschaft eine Wallfahrt nach Birnau unternommen hatte. Wie viele Nachbarschaften es im 16. Jahrhundert gab, ist nicht bekannt. *Harzendorf*, Steuerzahler S. 29 f., zählte für das 17. und 18. Jahrhundert ingesamt 19.

[119] Dabei konnten unter Umständen sogar bestehende Tabus überwunden werden, wie die Supplik von 1554 für die Witwe des Nachrichters dokumentiert, der entgegen der ursprünglichen Befehle des Rats auf Bitten der Nachbarschaft erlaubt wurde, weiter in Überlingen wohnen zu dürfen; vgl. StadtAÜb Rp. 1552–56 fo. 111vf.

[120] Vgl. z. B. die Ordnung für die Nachbarschaft von St. Jodok von 1747 (nach *Weckerle*, Nachbarschaften S. 238), deren grundsätzliche Intention sich von der des 16. Jahrhunderts wohl kaum unterschieden haben dürfte. *Auch wenn etwa in der Nachbarschaft fremde oder hiesige liederlicher Leute aufgehalten und beherbergt würden, wodurch große Sünd und Laster, ja viel Ärgernis sowohl Tag als nachts zu besorgen, solle Herr Gassenpfleger auf jedes Anzeigen des ehrliebenden Nachbarn, damit die Ehre Gottes und seiner jungfräulichen Mutter befördert, die hochsträflichen Sünden in der Nachbarschaft verhütet und wir von aller göttlichen Strafe befreit werden ... – diese liederlichen Leut mit allem Ernst und Eifer ab der Nachbarschaft mit obrigkeitlicher Hilf suchen zu treiben.*

[121] Vgl. z. B. StadtAÜb Rp. 1552–56 fo. 159r, Klagen der Nachbarn gegen Hans Berwart, oder StadtAÜb I/31/356D [o.D.], Klagen gegen Hans Has.

[122] Vgl. als typische Vorkommnisse: StadtAÜb Rp. 1552–56 fo. 45vf; Rp. 1556–66 fo. 334v; Rp. 1603–07 fo. 360.

[123] Vgl. Kap. III Anm. 168 u. 169.

alle beim Rat. Das mußte nun aber nicht heißen, daß die korporative Organisation der Stadt jede Neuerung bereits im Ansatz vereitelte. Es heißt nur, daß Umwälzungen, wie z. B. die Reformation, nur dann Aussicht auf Erfolg hatten, wenn sie sich nicht gegen dieses soziale System, sondern in und mit ihm entfalteten. Die Reformation in den Städten, genauso wie die Katholizität, mußte von den Korporationen getragen werden.

Daß gerade konfessionelle Entscheidungen nicht allein eine Sache des Individuums, sondern der Korporationen waren, denen es angehörte, indizieren die Stellungnahmen der Zünfte in einigen oberschwäbischen Reichsstädten. Denn ebenso wie sich nachweisen läßt, daß eine Zunft besonders stark der Reformation zuneigte, findet sich auch das Phänomen, daß sich der Widerstand gegen die neue Lehre in einer Zunft konzentrierte. In Konstanz war dies z. B. die Fischerzunft[124], und im Falle Biberachs fällt auf, daß bei der Abstimmung von 1529 fast immer nur ein oder zwei, höchstens einmal sieben Personen für die Annahme des Reichsabschieds votierten, während es in der Schneiderzunft 23 waren[125]. Das Meinungsbild scheint stark durch die Zunft beeinflußt worden zu sein, und damit stellt sich die Frage, wer dort meinungsbildend wirkte. Und hier dürfte die Obrigkeit, repräsentiert durch die Zunftmeister, eine nicht unerhebliche Rolle gespielt haben – schließlich waren die Zünfte selber auch hierarchisch und nicht demokratisch organisiert[126]. Das korporative System konnte also sowohl zugunsten der Reformation als auch der Katholizität wirken, je nachdem wie die Mehrheit der Obrigkeit dachte und handelte. Denn in den Zünften besaßen die Vertreter der Obrigkeit sowie die angesehensten und vermögendsten Mitglieder auch einen überproportional großen Einfluß – sie wirkten meinungsbildend.

In diesem Zusammenhang muß nochmals darauf verwiesen werden, daß die städtischen Korporationen, auch die Zünfte, nicht allein der politischen Partizipation ihrer Mitglieder dienten, sondern auch – und vielleicht zuerst – der wechselseitigen Einbindung der Einwohner in die städtische Gemeinschaft. Eine Einbindung, die eine starke gesellschaftliche Kontrolle mit sich brachte, deren Effektivität und Akzeptanz aber wohl auch mit darauf beruhten, daß sie dem einzelnen zugleich konkrete Vorteile sozialer Sicherheit und Solidarität versprach. Betrachtet man die städtischen Genossenschaften unter dieser Perspektive, so trugen sie gewiß ihren Teil zur sozialen Stabilität bei – und kamen damit den obrigkeitlichen Ansprüchen des Rats zupaß.

Die Funktionsfähigkeit dieses Systems hing natürlich von gewissen Voraussetzungen ab. So zum einen von der Geschlossenheit des Rats. Die war nun in Überlingen gewährleistet. So gab es innerhalb des Rats offenkundig keine verschiedenen Meinungen, was Rückwirkungen auf die Haltung der Zünfte gegenüber den Optionen der Obrigkeit hätte haben können. Ferner schlossen sich niemals größere Gruppen der Einwohnerschaft gegen den Willen des Rats zusammen. Das aber hing auch mit der

---

[124] Vgl. *Rublack*, Konstanz S. 99.
[125] Vgl. *Essich* S. 114 f.
[126] Vgl. dazu Kap. V.2.

materiellen Lage der Einwohner, dem möglichen Maß sozialer Spannungen, insgesamt also der Verteilung des Besitzes zusammen. Darauf muß nun noch eingegangen werden.

5. Die soziale Schichtung

Wenn auch das Vermögen nicht die einzige Kategorie war, welche den sozialen Status bestimmte, so war es doch eine der wichtigsten[127]. Darauf, daß die Steuerbücher, auf denen die folgende Auswertung basiert, die tatsächlichen Vermögensverhältnisse nur tendenziell wiedergeben können, wurde bereits hingewiesen[128]. Neben der möglichen Modifikation der Veranlagungsgrundsätze spielen dabei noch einige andere Faktoren eine Rolle, auf die hier nicht näher eingegangen wird[129]; nur sollte man eben – und deshalb diese Vorbemerkung – bei all der scheinbaren Exaktheit der Statistik deren aus quellentechnischen Problemen resultierende Relativität nicht vergessen. Immerhin – und dies rechtfertigt wiederum eine solche Analyse – liefert die Auswertung dieser quantitativen Quellen Erkenntnisse, die auf anderem Wege nicht zu erhalten sind.

Die agrarische Wirtschaftsstruktur der Stadt prägte eindeutig auch die Besitzstruktur der Einwohner, wie die Untersuchung der Vermögensarten belegt. Die Überlinger Steuerbücher unterscheiden verschiedene Vermögensarten, von denen immobiler und mobiler Besitz, Aigen und Varend, sowie verpfändete Besitztümer, Pfandschaft, die wichtigsten bildeten. Schlüsselt man nun deren jeweiligen Anteil am Gesamtvermögen auf (s. Abb. 10), so zeigt sich ein die anderen Vermögensarten weit überragender Anteil des Aigen, wenn er auch teilweise auf die Modifikation der Veranlagungsgrundsätze zurückzuführen ist[130], wohingegen sich z. B. in einer Handelsstadt wie Konstanz Aigen und Varend die Waage hielten[131]. Eine derart vom immobilen Besitz an Häusern und Weingärten dominierte Vermögensstruktur mußte auch die wirtschaftliche und soziale Mobilität weitgehend bestimmen. Eine schnelle Akkumulation großer Vermögen, wie sie der Besitz mobilen Kapitals erlaubte, war für die meisten Überlinger nicht möglich.

Dies dokumentiert auch die Höhe des Vermögens der reichsten Überlinger Einwohner. Während 1497 die zwanzig reichsten Ravensburger ein Durchschnittsvermögen von 10701 lbd versteuerten, brachten es die Überlinger nur auf 3688 lbd. Gegen Ende des Untersuchungszeitraums hatte sich die Relation zwar etwas zugunsten der Überlinger Reichen verschoben – sie nannten 1617 ein Durchschnittsvermögen von 17087 lbd ihr eigen, die Ravensburger Reichen 1612 32241 lbd –, das Un-

---

[127] Vgl. *Bàtori/Weyrauch* S. 56 ff.
[128] Vgl. oben S. 70.
[129] Vgl. dazu Kap. XIII.
[130] Vor allem der überproportionale Anstieg des Aigen ab 1558 läßt dies erkennen.
[131] Vgl. *Bechtold* S. 20, wobei betont werden muß, daß diese Angabe für das 15. Jahrhundert gilt. Doch die Ergebnisse von *Götz* S. 100, für Würzburg indizieren, daß eine solche Verteilung generell für agrarisch strukturierte Städte typisch war.

Abb. 10: Die Entwicklung der Vermögensarten Aigen, Varend und Pfandschaft
1496–1617

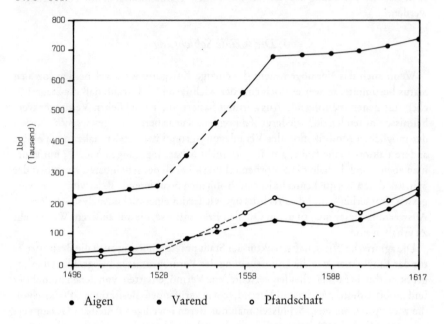

● Aigen   ● Varend   ○ Pfandschaft

gleichgewicht selbst blieb aber weiterhin erhalten[132]. Die verhältnismäßig geringere
Wohlhabenheit der Überlinger Reichen war ein Faktor, der sich auch auf die Struktur
der politischen Führungsschicht auswirkte. Darauf wird noch zurückzukommen
sein[133].

Allein schon die wesentlich auf dem immobilen Vermögen gründende Besitzstruktur verhieß also soziale Stabilität. Über die Verteilung des Besitzes unter den Einwohnern, über die tatsächlich herrschende soziale Ungleichheit ist damit jedoch noch
nichts ausgesagt. Darauf soll nun eingegangen werden. Zur Feststellung sozialer
Ungleichheit gibt es mehrere Möglichkeiten, die jeweils unterschiedliche Vor- und
Nachteile besitzen. Deshalb sollen hier mehrere Methoden kombiniert werden, um
die Schwächen der einzelnen Methoden soweit wie möglich zu kompensieren. Nach
einem vor allem in der älteren Forschung häufig angewandten Verfahren wird unter-

---

[132] Die Ravensburger Angaben wurden errechnet nach *Schütze* S. 22. Daß 1558 die Überlinger
die Ravensburger Werte übertrafen (sie besaßen durchschnittlich 10289 lbd gegenüber einem
Ravensburger Vermögen von 8179 lbd für das Jahr 1552), lag an der Veränderung der Veranlagungssätze in Überlingen und vielleicht auch an einem gewissen wirtschaftlichen Rückgang in
Ravensburg.
[133] Vgl. Kap. V.4.

sucht, wie sich die Einwohner auf verschiedene Vermögensgruppen verteilten[134]. Sieht man von der Willkür ab, die all diesen Einteilungen eignet, so liegt das größte Problem darin, daß keine Vergleiche über einen längeren Zeitraum möglich sind, ohne irreführende Ergebnisse zu erhalten. Da man für das 16. Jahrhundert von einer kontinuierlichen Preissteigerung ausgehen muß, müßten die Vermögen immer wieder parallel zur Inflationsrate verändert werden, was in der Regel nicht möglich ist, da für jene Zeit kaum genaue Preisindizes erstellt werden können. Der Vorteil dieses Verfahrens liegt allein in seiner Anschaulichkeit. Man erhält einen Überblick, wie groß zu einem bestimmten Zeitpunkt der Anteil verschiedener Vermögensgruppen an der Bevölkerung der Stadt war. Die Vergleichbarkeit über einen längeren Zeitraum bleibt gewährleistet, wenn Ober-, Mittel- und Unterschicht nach ihrem Verhältnis zum Mittelwert bestimmt werden[135]. Nur mit Einschränkungen ist es allerdings möglich, auf diese Weise verschiedene Städte zu vergleichen. Denn das Verhältnis von Vermögen und sozialer Schichtung variierte von Stadt zu Stadt, je nachdem, wie hoch der Mittelwert war[136]. Ideal, um mehrere Städte zu vergleichen, ist die Darstellung der Besitzkonzentration mit Hilfe von Lorenzkurven und Dezilen[137]. Zudem scheint ein weiterer Vorteil dieses Verfahrens darin zu liegen, daß die Einteilung nach willkürlich gewählten Vermögensgruppen umgangen wird. Doch muß dabei ein Nachteil in Kauf genommen werden: Veränderungen bei der zahlenmäßig meist dominierenden, aber wirtschaftlich kaum ins Gewicht fallenden Unterschicht werden nicht erkennbar. Im folgenden wird nun die Verteilung des Vermögens mit Hilfe der drei genannten Methoden dargestellt.

Die Überlinger Steuerbücher sind bis 1552 schon einmal von *Eitel* bearbeitet worden, der die Verteilung der Einwohner auf verschiedene Vermögensgruppen untersuchte[138]. Dehnt man den Untersuchungsbereich bis 1617 aus (s. Abb. 11), so scheinen dessen Ergebnisse zunächst bestätigt zu werden. Der von ihm konstatierte Trend, wonach die Größe der untersten Vermögensgruppe kontinuierlich abnahm, läßt sich für das gesamte 16. Jahrhundert erhärten, ebenso wie die Dominanz mittlerer Vermögensgruppen, wenn auch das Maß der Veränderungen in der zweiten Hälfte des Jahrhunderts deutlich geringer war. Vor allem die mittleren und großen Vermögensgruppen blieben fast konstant. Erst 1617 zeichnete sich wieder eine gewisse Veränderung ab, wobei sie vor allem die beiden obersten und die unterste Vermögensgruppe betraf, die beide gleichermaßen zurückgingen. Die unterste Vermögens-

---

[134] Zur Kombination mehrerer Methoden vgl. auch *Götz* S. 77. – Kritisch zur Einteilung nach Vermögensgruppen vgl. *Bàtori/Weyrauch* S. 36 f.; *Dirlmeier*, Untersuchungen S. 491, 519, der vor allem die Willkür bei der Festlegung von Vermögensgrenzen kritisch bewertet.

[135] Vgl. zu dieser Methode *Bàtori/Weyrauch* S. 61.

[136] *Ebda.* wird als Obergrenze für die Unterschicht der halbe Mittelwert festgelegt. Liegt jetzt aber der Mittelwert relativ hoch, z. B. über 200 fl, so werden dort Einwohner zur Unterschicht gezählt, die anderswo zur Mittelschicht gehörten. Deshalb mußte diese Methode für Überlingen auch etwas modifiziert werden; vgl. dazu unten Anm. 139.

[137] Vgl. zu diesem Verfahren *ebda.* S. 93 ff.; *Fügedi* S. 58 ff.

[138] *Eitel*, Zunftherrschaft S. 120.

98

Abb. 11: Die Entwicklung der Vermögensgruppen 1496–1617
Vermögensgruppen (von unten nach oben): 1. Bis 100 lbd. 2. Bis 500 lbd. 3. Bis
1 000 lbd. 4. Bis 2 000 lbd. 5. Bis 5 000 lbd. 6. Bis 35 000 lbd.

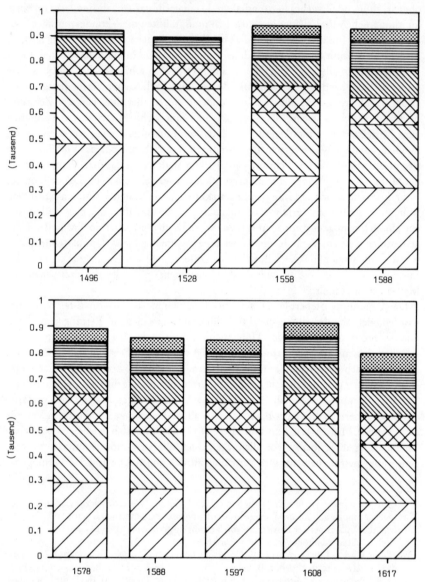

gruppe stellte jetzt nicht einmal mehr 30% der Einwohner. Gerade der Rückgang der unteren Schicht birgt aber einige Probleme in sich. Der Wert eines Vermögens bis 100 lbd wurde infolge der Inflation natürlich immer geringer, weshalb aus dem Rückgang nicht einfach, wie dies *Eitel* noch getan hat, auf eine Abnahme der sozialen Ungleichheit geschlossen werden kann. Veränderungen der Besitzverteilung lassen sich auf diese Weise nicht ausreichend präzise erfassen. Immerhin kann soviel festgestellt werden: Während des ganzen 16. Jahrhunderts besaßen in Überlingen die Mittelschichten eine wichtige Stellung.

Teilt man die Schichten nach ihrem jeweiligen Verhältnis zum Mittelwert ein[139], so wird dies bestätigt; zugleich werden die Schwächen der obigen Darstellung korrigiert (s. Abb. 12). Die drei folgenden Graphiken zeigen nun jeweils den prozentualen Anteil der drei Schichten an der Bevölkerung und am Gesamtvermögen. Diese von der Preisentwicklung abgekoppelte Methode belegt, daß von einem kontinuierlichen Rückgang der Unterschicht nicht die Rede sein kann. Als augenfälligstes Ergebnis drängt sich erneut der Eindruck einer erstaunlichen Stabilität auf. Sowohl der prozentuale Anteil der Schichten am Gesamtvermögen wie auch an der Bevölkerung veränderte sich kaum. Zugleich wird deutlich, daß, wie in vielen anderen Städten auch, die im Schnitt nicht einmal ganz 10% der Bevölkerung zählende Oberschicht mit über 50% den größten Anteil am Vermögen besaß. Die Mittelschicht, ca. 40% der Bevölkerung, verfügte über ca. 40% des Gesamtvermögens. Mittel- und Oberschicht teilten damit fast gleichmäßig das Vermögen unter sich auf. Keine der beiden Schichten dominierte indes eindeutig das wirtschaftliche Leben der Stadt.

Die Besitzverhältnisse waren also erstaunlich stabil, wie auch Konzentrationsindex, Gini-Koeffizient und Variationskoeffizient[140] zeigen (s. Tab. 4), die sich während des gesamten Untersuchungszeitraumes kaum veränderten. Diese Stabilität, und dies muß betont werden, bezieht sich zunächst aber nur auf die sich kaum verändernde Aufteilung des Vermögens unter den verschiedenen Schichten, nicht aber auf eine ausgeglichene Verteilung. Davon kann keine Rede sein, denn der Anteil der Unterschicht an der Bevölkerung lag stets über 50%. Beide Seiten der Medaille, die strukturelle Stabilität der Besitzverhältnisse sowie die hohe Besitzkonzentration in den Händen verhältnismäßig weniger, läßt die Darstellung nach Dezilen erkennen (s. Abb. 13).

Der Konzentrationsindex (s. Tab. 4) zeigt, daß sich die Vermögensverteilung in Überlingen nicht prinzipiell von der anderer Reichsstädte unterschied. In dem landsässigen Kitzingen lag er trotz ähnlicher Wirtschaftsstruktur unter dem Überlinger Wert, während in der Reichsstadt Esslingen, wo der Weinbau ebenfalls einen wichti-

---

[139] Im Unterschied zu *Bàtori/Weyrauch* (wie Anm. 136) wird als Obergrenze für die Unterschicht 1/3 des Mittelwerts festgelegt. 1496 lag der Mittelwert in Überlingen bei 338 lbd. Halbierte man diesen Wert nur, subsumierte man noch Einwohner mit einem Vermögen von fast 170 lbd unter die Ärmsten.

[140] Den Variationskoeffizienten erhält man, indem man die Standardabweichung durch den Mittelwert teilt (s. Tab. 2). Der Vorteil dieser Angabe liegt darin, daß man ein von der Maßeinheit unabhängiges Streuungsmaß erhält; vgl. dazu *Jarausch/Arminger/Thaller* S. 97 f.

Abb. 12: Die soziale Schichtung 1496–1617: Unter-, Mittel- und Oberschicht

1. Die Unterschicht

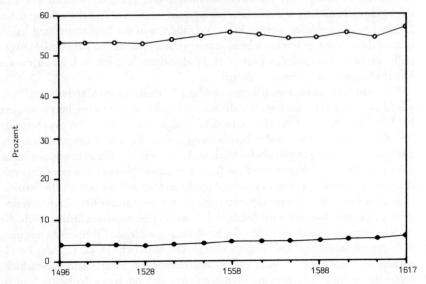

2. Die Mittelschicht

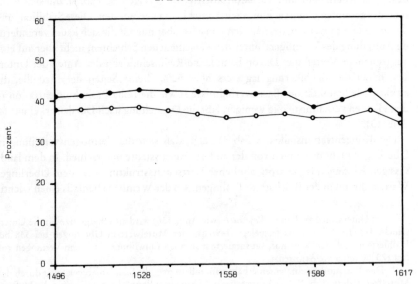

3. Die Oberschicht

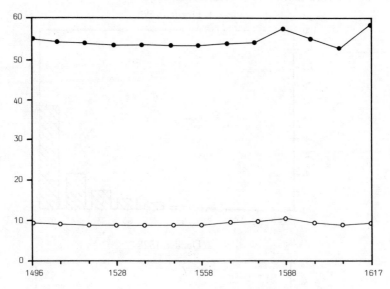

● Anteil am Vermögen   ○ Anteil an der Bevölkerung

Tab. 4: Konzentrationsindex, Gini- und Variationskoeffizient

Konzentra- tionsindex	Gini-Koef- fizient	Variations- koeffizient
1496: 0,3601	0,7203	2,21
1528: 0,3597	0,7195	2,13
1558: 0,3623	0,7247	2,09
1568: 0,3590	0,7180	2,04
1578: 0,3557	0,7115	1,86
1588: 0,3567	0,7135	1,84
1597: 0,3601	0,7202	2,00
1608: 0,3551	0,7103	2,07
1617: 0,3617	0,7235	2,17

Abb. 13: Die Dezilen 1496−1617

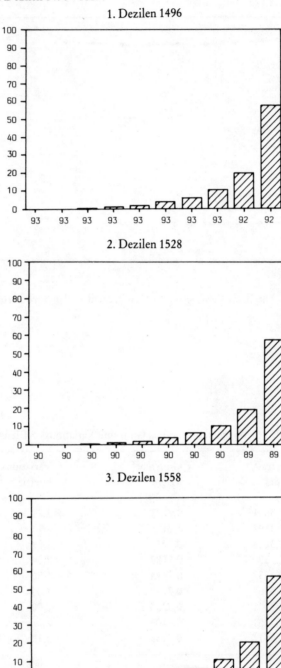

1. Dezilen 1496

2. Dezilen 1528

3. Dezilen 1558

4. Dezilen 1568

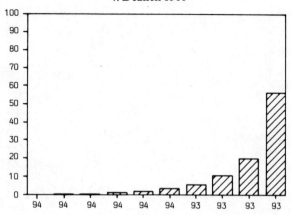

5. Dezilen 1578

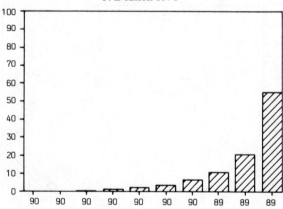

6. Dezilen 1588

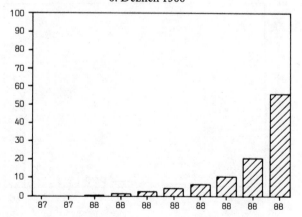

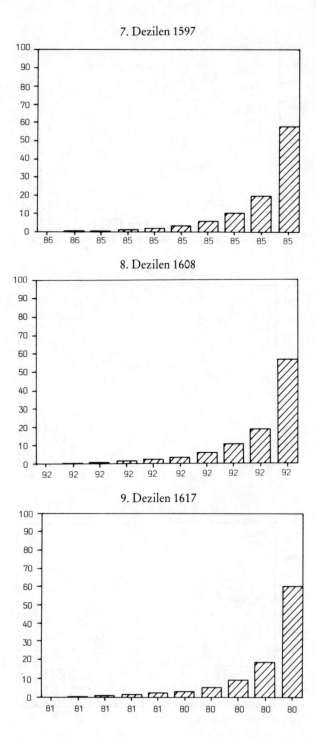

7. Dezilen 1597

8. Dezilen 1608

9. Dezilen 1617

gen Wirtschaftszweig darstellte, der Konzentrationsindex zwar etwas niedriger aus-
fiel, aber doch ungefähr der Größenordnung der Überlinger Werte entsprach[141].
Trotz des verhältnismäßig hohen Konzentrationsindexes – in Konstanz lag er allerdings noch etwas höher, zumindest im 15. Jahrhundert[142] – darf nicht übersehen
werden, daß die Besitzverteilung in anderen oberschwäbischen Reichsstädten noch
einseitiger war. Die Zahl der Armen und Habnits, die in den Steuerbüchern zum Teil
überhaupt nicht erfaßt sein dürften, war z.B. in einer Stadt wie Memmingen wesentlich höher als in Überlingen[143]. Das beeinflußte zwar die Vermögenskonzentration
wenig, wohl aber die tatsächlichen sozialen Spannungen.

Es reicht mithin nicht aus, nur die Vermögensverteilung insgesamt zu berücksichtigen. Gerade die Vermögensstruktur der einzelnen Vermögensgruppen und Schichten
muß genauer erfaßt und aufgeschlüsselt werden. Dann wird auch deutlich, daß die
Stabilität der Besitzverhältnisse durchaus auch Brüche und Risse aufwies. Zunächst
soll die Unterschicht genauer in den Blick genommen werden. Erich *Maschke* rechnet
zur Unterschicht vor allem die Habnits, Gesellen und Dienstboten, also alle diejenigen, die kein Vermögen besaßen oder nicht in das Bürgerrecht aufgenommen worden
waren[144]. Im folgenden soll aber auch noch die unterste Vermögensgruppe – entsprechend der bisherigen Analyse – noch zur Unterschicht gezählt werden. Zweifelsohne
waren es aber die Habnits und die Michileute, die zu den exponiertesten Gruppen der
Unterschicht zählten und die deshalb als erste untersucht werden sollen. Im Unterschied zu der ansonsten mehr gleichförmigen Entwicklung der verschiedenen Schichten weist die Kurve dieser Gruppe stärkere Schwankungen auf (s. Abb. 14). Die Zahl
der Michibürger stieg zwischen 1496 und 1568 stark an und fiel danach wieder ebenso
kontinuierlich ab. Noch ungleichmäßiger sah die Entwicklung bei der Gruppe der
Vermögenslosen aus. Nachdem 1528 mit 229 Haushalten[145] ein Höhepunkt erreicht
war, ging aber auch ihre Zahl langfristig zurück. Ungefähr ein Drittel der Habnits
stellten die Michibürger; unter den Michibürgern waren es im Durchschnitt mehr als
die Hälfte, die kein Vermögen besaßen (s. Tab. 5), und nur ganz wenige besaßen mehr
als 100 lbd. Auffallend ist nur, daß ab 1558 die Zahl derjenigen, die wenigstens etwas
Vermögen besaßen, zugenommen hatte. Doch entsprach dies insoweit dem Trend, als
allgemein die Vermögenswerte in jenem Zeitraum gestiegen waren und der Wert der
kleinen Vermögen somit geringer einzuschätzen ist.

---

[141] *Fügedi* S. 74, gibt für einige Städte den Konzentrationsindex an (hier Gini-Koeffizient; vgl.
dazu *Bàtori/Weyrauch* S. 95). Nur Zürich, Freiburg und Konstanz wiesen einen höheren
Konzentrationsindex auf, während Esslingen und Nördlingen mit 0,689 und 0,608 unter demjenigen Überlingens lagen. Der Kitzinger Wert schwankte nach *Bàtori/Weyrauch* S. 96, zwischen
1515 und 1590 zwischen 0,582 und 0,630.
[142] *Fügedi* S. 74.
[143] Vgl. *Eitel*, Zunftherrschaft S. 117 ff.
[144] *Maschke* S. 321 f.
[145] Gerade bei den Habnits dürfte es sich oft um alleinstehende Personen gehandelt haben,
also um Haushalte mit nur wenigen Personen, da besonders oft Frauen oder zur Miete wohnende Personen als Habnits genannt werden.

Tab. 5: Vermögensverteilung bei den Michibürgern 1496−1617

	ohne Ver-mögen %	mit Ver-mögen %	Vermögen bis 100	Vermögen bis 500	Vermögen über 500 lbd
1496:	85,96	15,08	5	2	
1528:	84,92	15,08	9	7	1
1558:	60,13	39,87	47	11	3
1568:	57,63	42,27	42	27	13
1578:	58,16	41,84	38	16	4
1588:	69,00	31,00	11	17	3
1597:	57,30	42,67	24	13	1
1608:	65,75	34,25	13	12	0
1617:	52,30	47,70	18	12	1

Abb. 14: Die Michibürger und Habnits 1496−1617

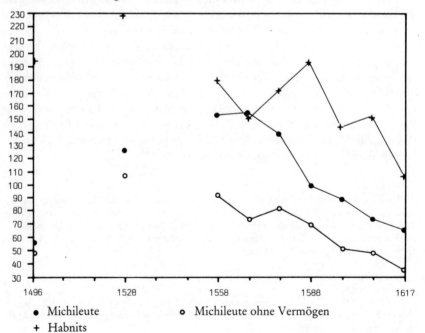

● Michileute   ○ Michileute ohne Vermögen

+ Habnits

Vergleicht man die Zahl der Habnits mit derjenigen der gesamten Unterschicht, so ging sie zwar gegenüber deren gleichbleibender Zahl zurück, immerhin aber stellten die Habnits im Schnitt doch davon ein Drittel. Zudem muß man zur Gruppe der Vermögenslosen auch noch die in den Steuerbüchern überhaupt nicht erfaßte Gruppe der Gesellen und Dienstboten rechnen. Aus dem Jahr 1566 ist nun ein Verzeichnis aller in Überlingen verdingten Dienstboten überliefert[146]. Danach gab es insgesamt 431 Dienstboten, 190 Knechte und 241 Mägde. Auffallend dabei ist, daß nur in wenigen Haushalten mehr als ein Knecht oder eine Magd beschäftigt war; selbst Patrizier oder Bürgermeister besaßen selten mehr Personal. Ungefähr 10% der Bevölkerung gehörten damit zu den Dienstleuten. Auch wenn dies im Vergleich zu anderen Städten ein eher niedriger Wert war[147], so muß doch die Größe der Unterschicht noch nach oben korrigiert werden. Sie dürfte ungefähr 60% der Bevölkerung gestellt haben, von denen ungefähr 25% kein Vermögen versteuerten.

Da die Steuerbücher keine Berufsangaben enthalten, läßt sich keine sichere Aussage über die Berufsstruktur der Unterschicht treffen. Doch dürfte es sich bei einem großen Teil von ihnen um Rebknechte oder selbständig arbeitende Rebleute gehandelt haben, die sich gegen ein bestimmtes Entgelt zur Bestellung von Rebgärten verdingten[148].

Wie sah nun aber die Vermögensstruktur der verschiedenen Schichten aus? Untersucht man, wieviel Anteil am Gesamtbesitz der Vermögensarten die einzelnen Schichten hatten (s. Abb. 15) und wie sich dieser Besitz auch auf die einzelnen Vermögensgruppen verteilte (s. Abb. 16), so zeigt sich, daß das Aigen, der immobile Besitz, bei der Unterschicht eine bedeutend geringere Rolle spielte als bei der Mittelschicht. Die leichte Zunahme von Aigen und Pfandschaft im Laufe des 16. Jahrhunderts wurde durch den Rückgang des Varend wieder ausgeglichen. Gerade der Rückgang des Varend, der wichtigsten Vermögensart der Unterschicht, indiziert, daß sich zwischen 1528 und 1597 die Vermögensverhältnisse in der Unterschicht etwas verschoben haben. Versucht man die Unterschicht noch weiter zu differenzieren, so läßt sich dies genauer belegen. Gerade die Ärmsten verloren, im Unterschied zur allgemeinen Entwicklung der Unterschicht wie auch der anderen Schichten, in dieser Zeit real an Vermögen. Der Mittelwert des Vermögens derjenigen, die nur bis 50 lbd besaßen, ging genau in diesem Zeitraum zurück (s. Tab. 6).

Der Grund für diesen Rückgang dürfte in dem sinkenden Anteil an immobilem Vermögen gelegen haben. Zwischen 1496 und 1558 sank in der Vermögensgruppe bis 100 lbd der Anteil am Aigen rapide (s. Abb. 16); in der nächsten Gruppe stieg er zwar

---

[146] StadtAÜb Dienstherrenverzeichnis 1566. Die Liste wurde anläßlich der Reichssteuer 1566 angelegt. Für einen Knecht mußte man 2 ßd, für eine Magd 1 ßd entrichten.

[147] Nach *Kroemer* S. 20, lag in Memmingen der Anteil der Knechte und Mägde bei 28,7%. Auch die Angaben bei *Schulz* S. 42, zu Freiburg (12%), Basel (14%) und Nürnberg (18,5%) zeigen, daß der Anteil in Überlingen, entsprechend der relativ geringen Wohlhabenheit der Oberschicht, insgesamt eher gering war.

[148] Vgl. dazu auch Anm. 101. – Zur Berufsgruppe der selbständig arbeitenden Reb- und Gartenleute vgl. *Schulz* S. 439.

Tab. 6: Die Entwicklung der Vermögensgruppe bis 50 lbd 1496–1617

	Zahl	Vermögen	Mittelwert
1496	387	4402 lbd	11,37
1528	350	2909	8,31
1558	297	2259	7,61
1568	260	2469	9,50
1578	253	1184	7,45
1588	234	1118	4,78
1597	223	3929	9,00
1608	213	1868	8,77
1617	155	1572	10,14

nicht, wie es bei allen anderen Gruppen der Fall war, er blieb aber immerhin auf
ungefähr gleichem Niveau. Innerhalb der Unterschicht muß also nochmals differenziert werden zwischen der Gruppe der Besitzlosen und Ärmsten, die vor allem
Varend besessen hatten, und denjenigen, die über einen gewissen, wenn auch kleinen

Abb. 15: Die Verteilung der Vermögensarten auf die Vermögensschichten
1496–1617

1. Unterschicht

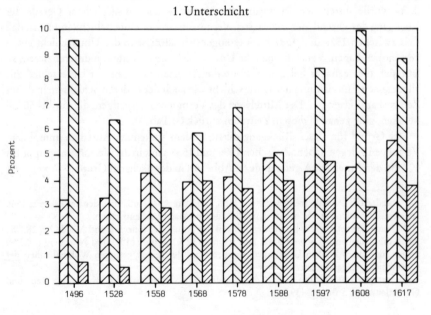

2. Mittelschicht

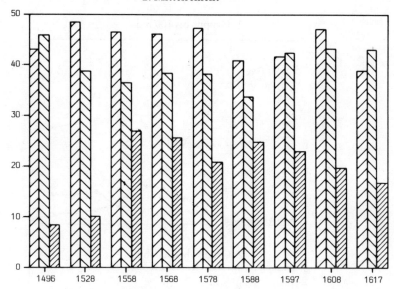

3. Oberschicht

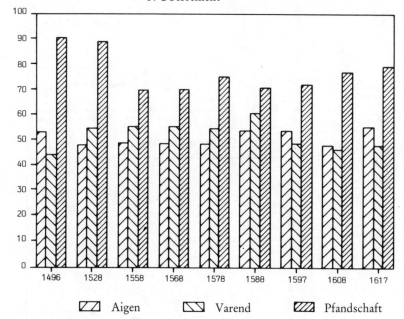

Abb. 16: Die Verteilung der Vermögensarten auf die Vermögensgruppen

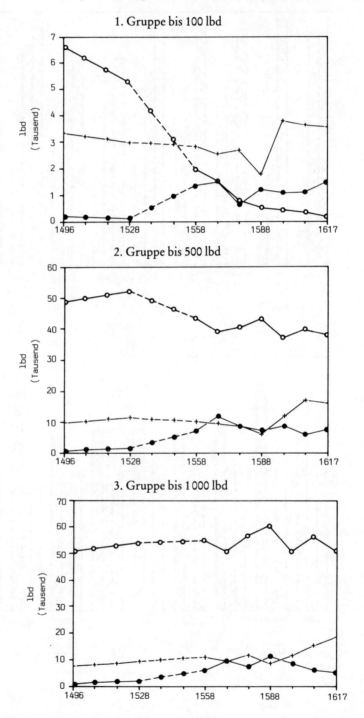

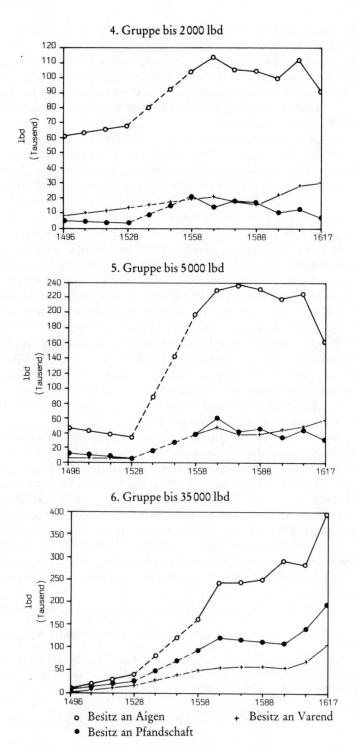

4. Gruppe bis 2 000 lbd

5. Gruppe bis 5 000 lbd

6. Gruppe bis 35 000 lbd

o Besitz an Aigen   + Besitz an Varend
● Besitz an Pfandschaft

Anteil an Aigen, wahrscheinlich einige Rebgärten, verfügen konnten. Insgesamt fällt auf, daß die beiden unteren Vermögensgruppen nicht an dem allgemeinen Anstieg des Vermögens partizipierten und gerade bei den Ärmsten der Anteil an Aigen weiter abnahm. Zwar sank auch ihr Anteil an der Bevölkerung – infolge der Inflation und der Veränderung der Veranlagungsgrundsätze –, doch als Ergebnis kann man festhalten, daß sich von immerhin ca. 30% der Bevölkerung die Vermögensstruktur im Laufe des 16. Jahrhunderts verschlechterte.

Als die eigentlichen Nutznießer der wirtschaftlichen Entwicklung erweisen sich die Mittel- und Oberschicht, und hier insbesondere die Vermögensgruppen zwischen 2 000 und 5 000 lbd. Der durch die Steuererhöhung verursachte Anstieg der Vermögenswerte ging zu weiten Teilen auf diese Gruppen zurück; sie besaßen folglich den Hauptanteil an der wichtigsten Vermögensart, dem Aigen. Der immobile Besitz übertraf bei dieser Mittelschicht[149] Varend und Pfandschaft um das Mehrfache und war gegenüber diesen beiden Vermögensarten nach 1528 auch überproportional angestiegen. Die Angehörigen dieser Schicht konnten damit zwar keine großen Gewinne erzielen, aber sie besaßen eine solide materielle Grundlage. Womit eher Vermögen erworben werden konnte in Überlingen, läßt sich der Vermögensstruktur der Oberschicht entnehmen. Ungefähr 80% des Besitzes an Pfandschaft befand sich in ihren Händen. Es waren also vor allem Geld- und Kreditgeschäfte, welche die Überlinger Oberschicht tätigte. Daneben verfügte sie auch über ungefähr die Hälfte des Besitzes an Aigen und Varend; das heißt, daß sie wahrscheinlich auch stärker als die Mittelschicht am Handel, vornehmlich wohl mit Wein, beteiligt war. Bemerkenswert ist noch der Anstieg aller drei Vermögensarten nach 1597 bzw. 1608 gerade bei der obersten Vermögensgruppe, der eindeutig zu Lasten der mittleren Vermögensgruppen ging. Vor allem wohl die Epidemie von 1611 scheint zu einer Besitzkonzentration zugunsten der Reichen geführt zu haben.

Die genauere Untersuchung der Entwicklung der Vermögensarten bei den einzelnen Vermögensgruppen hat Veränderungen sichtbar werden lassen, wie sie die Stabilität der Vermögensverteilung zunächst nicht hätte vermuten lassen. Daß es zu gewissen Verschiebungen gekommen war, belegt auch eine kurze Betrachtung der Sozialtopographie[150] (s. Abb. 17). In den Steuerbüchern wird die Stadt in elf Steuerviertel eingeteilt, wobei Prima Pars, Geiggers Brückhlin, Secunda Pars und Rathaus die zentralen Viertel bildeten[151]. Während nun die Einwohnerzahl sich in allen Vierteln kaum änderte, es also keinerlei auffallende Verlagerung gab, weist die Entwicklung der Vermögensrate ein ganz anderes Bild auf. In den zentralen Vierteln Prima Pars, Geiggers Brückhlin und Secunda Pars stiegen die Vermögen überpropor-

---

[149] Zum Problem der genauen Einordnung der Mittelschichten vgl. *Maschke*, Mittelschichten S. 275 ff.

[150] Zum Problem der Sozialtopographie vgl. *Denecke* S. 161 ff.; *Rublack*, Sozialtopographie S. 177 ff.

[151] Die weiteren Steuerviertel waren: Vischerheuser, Dorf, Altdorf, Hawloch, Heldtor, Kunkelgasse, Held und Mühlen. Die Viertel Rathaus und Heldtor werden erstmals in dem Steuerbuch 1528 genannt, zuvor waren sie unter Secunda Pars eingeordnet.

Abb. 17: Die Entwicklung der Einwohnerzahl und des Vermögen in den einzelnen Steuervierteln 1496–1617

1. Einwohner und Vermögen: Vischerheuser, Dorf, Altdorf

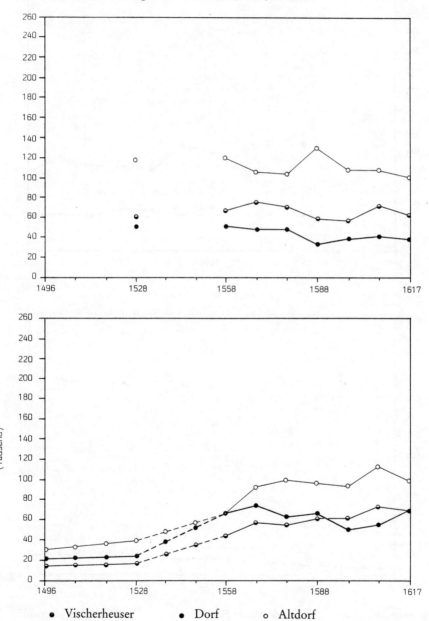

2. Einwohner und Vermögen: Hawloch, Prima Pars, Geiggers Brückhlin

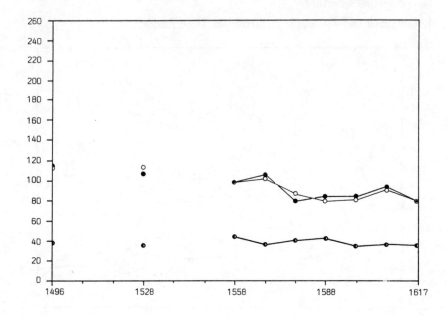

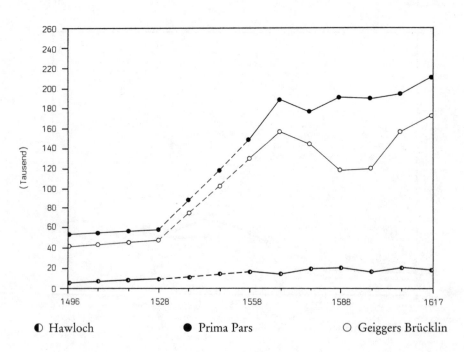

◑ Hawloch   ● Prima Pars   ○ Geiggers Brücklin

3. Einwohner und Vermögen: Secunda Pars, Rathaus, Heldtor

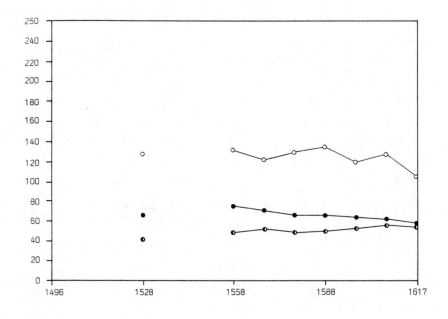

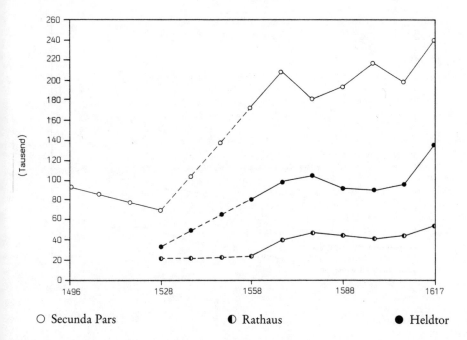

○ Secunda Pars   ◑ Rathaus   ● Heldtor

4. Einwohner und Vermögen: Kunkelgasse, Held und Mühlen

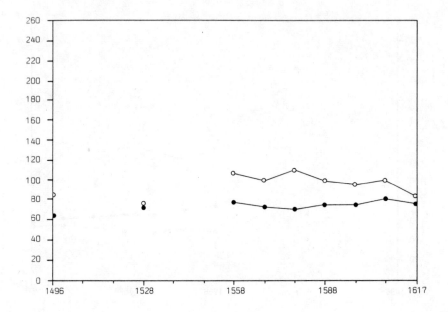

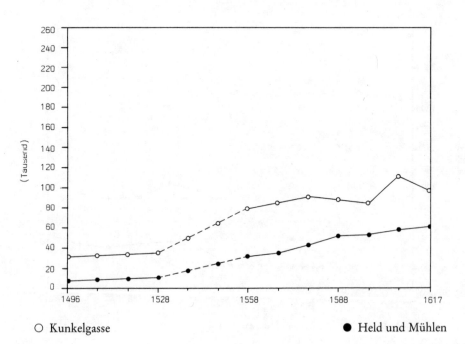

○ Kunkelgasse   ● Held und Mühlen

tional stärker an als in den übrigen. Die mittleren und großen Vermögen begannen sich immer stärker in einigen, zentral gelegenen Vierteln zu konzentrieren, während die unteren Vermögensschichten verstärkt in die am Stadtrand gelegenen Quartiere abgedrängt wurden[152]. Erneut zeigt sich, daß die Vermögensentwicklung im Laufe des 16. Jahrhunderts die Wohlhabenden auf Kosten der Ärmeren begünstigte.

6. Zusammenfassung: Wirtschafts- und Sozialstruktur und konfessionelle Konservativität

Die Katholizität Überlingens, dieser Eindruck drängt sich schon nach den ersten Blicken auf die Wirtschafts- und Sozialstruktur auf, fiel unter den oberschwäbischen Städten ebenso auf wie die agrarische Wirtschaftsstruktur der Stadt. Die konfessionelle Konservativität scheint sich direkt aus den ökonomischen Verhältnissen ableiten zu lassen. Eine derartige Vereinfachung wird dem Thema freilich nicht gerecht, schließlich machte die Reformation anderswo auch nicht vor reinen Ackerbürgerstädten halt. Doch zweifelsohne schufen die wirtschaftlichen Gegebenheiten wichtige strukturelle Voraussetzungen. Zum einen beherrschten, wie das Kapitel über die Außenpolitik noch deutlicher wird erkennen lassen, die wirtschaftlichen Gegebenheiten die Interessen der Stadt und damit das politische Kalkül des Rats. Die enge wirtschaftliche Einbindung in das von katholischen Territorien dominierte Umland sowie die im Vergleich zu anderen Städten wahrscheinlich geringere finanzielle Leistungsfähigkeit Überlingens dürften bei wichtigen Entscheidungen des Rats immer berücksichtigt worden sein. Sie stützten denn übrigens auch die Katholizität der Stadt, wie die Herkunftsorte der zum größten Teil aus den katholischen Dörfern und Landstädten der Region stammenden Neubürger unterstreichen.

Zum andern drückte die Wirtschaftsstruktur auch den sozialen Verhältnissen ihren Stempel auf. Zunächst wäre hier an die das ganze Jahrhundert über fast gleichbleibende Vermögensverteilung und an die dominierende Rolle des immobilen Besitzes zu denken. Trotz der hohen Besitzkonzentration, die belegt, daß sich in Überlingen die Verhältnisse nicht grundsätzlich von denen anderer Städte unterschieden, war damit der Grund gelegt für die soziale Stabilität der Stadt, die zudem durch die besondere Struktur der Überlinger Unterschicht entscheidend gestützt wurde. Denn: Es stellten zwar auch in Überlingen die Armen, wie in anderen Städten, einen erklecklichen Anteil der Bevölkerung – zwischen 30 und 50%, je nachdem, wo man die Höchstgrenze des Vermögens setzt –, doch unterschied sich die Struktur der Überlinger Unterschicht von derjenigen der meisten oberschwäbischen Reichsstädte; nicht die Größe war entscheidend, sondern die Zusammensetzung dieser Schicht. In Memmingen wie auch in Kaufbeuren und Biberach und in geringerem Maß in Ravensburg waren es vor allem Weber, die, infolge der zu Beginn des 16. Jahrhunderts rückläufigen Konjunktur im Leinen- und Barchenthandel, ein soziales Unruhepotential bilde-

---

[152] Eine insgesamt typische Entwicklung; vgl. nur *Götz* S. 149 ff., zu Würzburg.

ten[153]. In Überlingen gab es nun kein Tuchgewerbe, hier stellten Rebknechte und Rebleute den Löwenanteil der Unterschicht. Das hatte zwei Folgen: Diese Berufsgruppe war weniger von der Konjunktur abhängig, da Rebgärten immer bebaut werden mußten und die Zahl der dafür notwendigen Arbeitskräfte gleich blieb. Zum zweiten waren sie stärker dem Rat verpflichtet. Denn da ein Teil von ihnen immer nur saisonal beschäftigt war, sah sich der Rat gezwungen, wohl um den städtischen Almosenfonds zu entlasten und, gewiß auch, um soziale Unruhen zu vermeiden, sie den Winter über auf Kosten der Stadt zu beschäftigen[154]. Opposition gegen die Obrigkeit versprach nun in diesem Fall keinerlei Vorteile, im Gegenteil, sie hätte unweigerlich den Verlust dieser sozialen Fürsorge nach sich gezogen.

Als zweites wäre in diesem Zusammenhang noch auf die in der ersten Hälfte des Jahrhunderts positive Agrarkonjunktur hinzuweisen. Die relativ geringen Preisschwankungen erlaubten ein gleichmäßiges und einigermaßen gesichertes Einkommen. Auch dies dürfte der sozialen Stabilität zugute gekommen sein. Erst gegen Ende des Jahrhunderts änderte sich dies. Mehrere Agrarkrisen wie Pestepidemien führten zu einem leichten Rückgang der Bevölkerung, zumindest der steuerzahlenden, sowie des Realeinkommens der Einwohner, da die Preissteigerungen den Rückgang der Ernteerträge nicht zu kompensieren vermochten. Betroffen war davon in erster Linie die Unterschicht. Die Mittel- und insonderheit wohl die Oberschicht vermochten dagegen aus den extremen Preisschwankungen durch gezielte Spekulation mit Wein Gewinne zu erwirtschaften. Ihr Vermögen blieb erhalten bzw. stieg teilweise noch, während dasjenige der Ärmeren zurückging.

Die agrarische Struktur der Stadt trug damit entscheidend dazu bei, daß es trotz der evidenten und eklatanten Ungleichheit kaum sozial motivierte innerstädtische Konflikte gab. Die Funktionsfähigkeit des sozialen Systems der Stadt blieb damit erhalten, zumal gerade die korporative Organisation der Gesellschaft mit zu deren Stabilität beitrug. Die wechselseitige Kontrolle ließ abweichendes Verhalten schnell publik werden, wodurch die Einbindung in die einzelne Korporation noch verstärkt wurde, die wiederum dann stark die Meinung ihrer Angehörigen beeinflußte. Meinungsbildend in den wichtigsten politischen Korporationen, Rat und Zünften, waren aber

---

[153] Zu den sozialen Spannungen in Memmingen vgl. *Eirich* S. 46 f.; *Kroemer* S. 48 ff., 59 ff. – Die Größe der einzelnen Zünfte läßt jeweils auch Rückschlüsse auf die Sozialstruktur zu. So stand in Memmingen unangefochten die Weberzunft an der Spitze, ebenso wie in Kaufbeuren, während in Ravensburg Schneider- und Rebleutezunft vor der Weberzunft rangierten; vgl. *Eitel*, Zunftherrschaft S. 143 f. In anderen Städten wie Biberach, Leutkirch, Kempten dürften auch die Weber an erster Stelle gestanden haben, da ihre Wirtschaft ebenfalls auf dem Leinwandhandel beruhte. Vgl. *Landkreis Biberach* S. 705, wonach es um 1500 in Biberach 400 Webstühle gab und der Export des Biberacher Barchents den wichtigsten Wirtschaftszweig der Stadt bildete.

[154] Dies geht hervor aus einer Supplik des Rats an den Kaiser wegen der Reichshilfe; vgl. HHStA Mainzer Erzk. Archiv, Matr. u. Mod., Fasz. 27 fo. 254. Der Rat behauptete dort, daß die Mehrheit des Gemeinen Mannes Rebbauern wären, die *zu gemeindern bauen*, das heißt, als selbständige Rebleute arbeiteten, und im Winter *zu stadtwerck und grabendienst* herangezogen und aus dem Stadtsäckel erhalten werden müßten.

gerade die reichsten und politisch einflußreichsten Persönlichkeiten, galten in den städtischen Korporationen doch ständisch-hierarchische Werte und Anschauungen. Die genossenschaftliche Organisation der Stadt an sich begünstigte damit weder eine Option für die neue Lehre noch für den alten Glauben, sie war gewissermaßen konfessionell neutral. Worauf es ankam, waren die Option der Führungsschicht und das Maß der sozialen Spannungen, von dem ihr politischer Handlungsspielraum mit abhing. Es muß deshalb nach der Gruppe gefragt werden, die in Überlingen die politischen Entscheidungen traf und die Interessen der Stadt definierte. Wer stand eigentlich hinter dieser so konsequent durchgehaltenen Konfessionspolitik?

V. Macht und Herrschaft:
Verfassung und Struktur der politischen Führungsschicht

1. Einleitung

Überlingen hob sich gegenüber den meisten oberschwäbischen Reichsstädten durch die geschlossene prokatholische Haltung des Rats ab. Nun gehörte aber auch Überlingen zu denjenigen Reichsstädten Oberdeutschlands, wo im Laufe des Spätmittelalters „... das Reich – neben Italien – eine städtische Kultur hervorgebracht hat, die hinsichtlich ihrer politischen Komponenten wegen der weitreichenden Autonomie der zünftisch fundierten Gemeinde einmalig ist"[1]. Doch nicht die Gemeinde, sondern der Rat war in Überlingen die gestaltende Kraft, als es in den sogenannten Sturmjahren der Reformation darum ging, die Altgläubigkeit der Stadt zu wahren; der Katholizität der Stadt lag seine politische Konzeption zugrunde.

Damit stellt sich die Frage nach der Verfassungswirklichkeit der Überlinger Zunftverfassung und der Struktur dieser so unerschütterlich katholischen Führungsschicht. Daß die Reichsstädte zu Beginn des 16. Jahrhunderts von kleinen, oligarchische Züge aufweisenden Gruppen geführt wurden, ist mittlerweile communis opinio der Forschung[2]. Dem steht allerdings entgegen, daß zumindest in den Städten mit Zunftverfassung theoretisch die Macht bei den Zünften lag, denn die Zunftgenossen besaßen das Recht, ihre Zunftmeister und Zunftvorstände zu wählen, die in der Regel dann als Wahlmännergremium für den Kleinen Rat, die eigentliche politische Obrigkeit, fungierten. Peter *Blickle* und Richard Heinrich *Schmidt* betonen denn auch den Unterschied zwischen Städten mit Zunftverfassung und patrizischem Regiment. Trotz der Oligarchisierung besaßen die Zünfte, so *Blickle*, im Großen Rat „ein Gremium von höchster politischer Wirksamkeit"[3]. Und gerade den zünftisch verfaßten Städten wird eine besondere Affinität zur Reformation im zwinglianischen Sinne bescheinigt. Wie läßt sich aber damit vereinbaren, daß Überlingen, ungeachtet seiner Zunftverfassung, eine Hochburg des Katholizismus blieb? War die Stadt doch nur die berühmte Ausnahme von der Regel? Oder war der politische Handlungsspielraum des Rats generell größer, als es z. B. *Blickle* oder auch *Brady* annehmen?[4]

---

[1] *Blickle*, Gemeindereformation S. 179.
[2] Vgl. dazu nur an neueren, beispielhaften Monographien: *Jacob*; *Eitel*, Zunftherrschaft; *Brady*, Ruling Class; *Bátori/Weyrauch*; *Herborn*; S. *Müller*.
[3] *Blickle*, Gemeindereformation S. 178.
[4] Vgl. *Blickle*, Gemeindereformation S. 177; R. H. *Schmidt* S. 20, 330 f.; *Brady*, Ruling Class S. 292 f., sowie die Ausführungen in Kap. II.2. Wenn auch *Blickle* und *Brady* die Ursachen für die Rezeption der reformatorischen Botschaft durch die Gemeinde jeweils etwas anders beurtei-

Um diese Frage beantworten zu können, muß auf die tatsächliche Macht des Rats und den Einfluß der Zünfte eingegangen werden. Wie funktionierte die Überlinger Zunftverfassung in der Praxis? Dazu soll nach einer kurzen Deskription der Verfassung[5] vor allem die jährliche Ratswahl untersucht werden (Kap. V.2). Sie war der genuine Ausdruck des Einflusses der Zünfte, und gerade deshalb müssen die Mechanismen, nach denen sie ablief, sorgfältig analysiert werden. Im Anschluß daran werden die Ereignisse um die karolinische Verfassungsänderung von 1552 dargelegt und erörtert (Kap. V.3). Sie können einen Eindruck davon vermitteln, weshalb der Rat die Zunftverfassung der Stadt so zäh und erbittert gegenüber dem Kaiser verteidigte. Eine Untersuchung der politischen Führungsschicht (Kap. V.4), insbesondere auch der führenden Persönlichkeiten (Kap. V.5 u. 6), lenkt dann den Blick auf die Personen, bei denen die Fäden der Macht zusammenliefen und die wesentlich die Geschicke der Stadt gestalteten[6].

2. Die Überlinger Zunftverfassung und die jährliche Ratswahl

Überlingen besaß, wie alle anderen Reichsstädte Oberschwabens auch, eine Zunftverfassung[7]. Zu Beginn des 14. Jahrhunderts war es den Zünften gelungen, das Herrschaftsmonopol der Geschlechter zu durchbrechen[8]. Im Laufe des 15. Jahrhunderts hatte sich dann die Form der Verfassung entwickelt, die – von geringfügigen Änderungen abgesehen – bis 1803 das politische Leben der Stadt bestimmte[9]. Anders als z. B. in Ravensburg, wo auch nach dem Übergang zur Zunftverfassung die Geschlechter meistens Bürgermeister und Ammann stellten und damit einen überragenden politischen Einfluß hatten wahren können[10], stellten in Überlingen die Zünfte

---

len, so sind sie sich doch darin einig, daß der Rat die reformatorischen Ideen im wesentlichen nur infolge des Drucks der Gemeinde aufgegriffen habe, um deren politischen Forderungen auf diese Weise abzulenken.

[5] Da *Eitel*, Zunftverfassung, bereits eine ausführliche Darstellung zur Überlinger Verfassungsgeschichte vorgelegt hat, braucht darauf nicht ausführlich eingegangen zu werden.

[6] Die Grundlage dieses Abschnitts bildet eine Prosopographie der politischen Führungsschicht (Mitglieder des Kleinen Rats und des Gerichts) von 1500–1570 und 1574–1630. Für die Zeit bis 1570 konnte dabei auf das von *Eitel* erarbeitete Material zurückgegriffen werden, das für die folgenden Jahrzehnte durch eigene Quellenstudien ergänzt wurde; vgl. dazu Kap. XV. – Die Bedeutung der prosopographischen Vorgehensweise braucht hier nicht eigens erörtert zu werden; vgl. dazu nur als Einführung *Schröder* S. 7 ff.

[7] Vgl. K. O. *Müller*, Reichsstädte; *Eitel*, Zunftherrschaft.

[8] Allgemein zur ‚Zunftrevolution‘ vgl. *Maschke*, Verfassung S. 170 ff. – Im Unterschied zu den meisten oberschwäbischen Städten scheint diese Änderung in Überlingen ohne innere Konflikte zustandegekommen zu sein; vgl. *Eitel*, Zunftherrschaft S. 19. Irgendwann zwischen 1298 und 1324 jedenfalls etablierte sich die Herrschaft der Zünfte; vgl. auch F. *Schäfer* S. 12 f., u. zum Problem der Datierung *Lakusen* S. 206 ff.

[9] Zur Verfassung kurz vor der Mediatisierung vgl. *Schmid*, Verhältnisse S. 189 f.; *Gotthard*.

[10] Vgl. *Schütze* S. 18 f.

traditionsgemäß einen Bürgermeister; dazu kam der Einfluß des obersten Zunftmeisters im Rat, von der zahlenmäßigen Überlegenheit der zünftischen Ratsmitglieder ganz zu schweigen. Fast hat es sogar den Anschein, als ob die Verfassung des katholischen Überlingen infolge eines relativ schwachen Patriziats den Zünften einen noch stärkeren Einfluß gewährte, als es in manch anderen, später protestantischen Städten wie Memmingen oder Ravensburg der Fall war. Auf alle Fälle trug in Überlingen die Zunftverfassung ihren Namen zu Recht.

Zunftverfassung, das hieß theoretisch, daß die politische Willensbildung und die Delegation der Herrschaft ausschließlich von den Zünften ausgingen. In Überlingen waren es sieben Zünfte (Rebleute, Bäcker, Schuhmacher, Küfer, Schneider, Metzger und Fischer) und die patrizische Gesellschaft zum Löwen, gleichsam als achte Zunft, die die Basis des politischen Systems der Stadt bildeten[11]. Die Zunftmitglieder wählten sich jedes Jahr ihren Zunftvorstand, Zunftmeister und Elfer, die dann als Wahlmännergremium den Kleinen Rat, die amtierende Obrigkeit, wählten. Bei wichtigen politischen Entscheidungen versicherte sich die Obrigkeit zudem noch ausdrücklich der Unterstützung des Großen Rats[12].

Rein formal ging also die Macht von den alle Vollbürger umfassenden Zünften aus, die zugleich auch als Kontrollinstanz der Obrigkeit fungierten. Dieses modern anmutende System wurde aber in der Praxis durch verschiedene Umstände modifiziert und eingeschränkt: 1. In einer Zeit ständischer Gesellschaftsordnung waren auch die Zünfte hierarchisch strukturiert. 2. Die Wahlen liefen nach den Anschauungen vormoderner Gesellschaften ab. Sie waren also weder frei noch gleich oder gar geheim. 3. Zwar besaß theoretisch jeder Bürger das passive Wahlrecht, in der Praxis aber konnten es sich nur wenige leisten, ein nichtbesoldetes Amt zu übernehmen. 4. Der Kleine Rat verstand sich als von Gott legitimierte Obrigkeit und maßte sich damit das Recht an, bei allen Angelegenheiten der Zünfte wie auch der einzelnen Bürger, gleich welcher Art sie waren, ein gewichtiges Wort mitzureden[13]. Doch bevor auf diese Einschränkungen näher eingegangen wird, sei noch kurz das politische System in seinen Grundzügen weiter dargestellt.

Der Kleine Rat bildete die eigentliche städtische Obrigkeit. Er vereinigte exekutive, legislative und judikative Funktionen; er erließ Verordnungen und Mandate und sorgte auch dafür, daß sie ausgeführt wurden; er besaß die hohe Gerichtsbarkeit in der Stadt und war Appellationsinstanz in zivilrechtlichen Fällen, die in erster Instanz vor dem unteren Stadtgericht behandelt wurden; er bestimmte die Richtlinien der Politik der Stadt in weitestem Sinne, und damit hatte er auch, dem eigenen Selbstverständnis zufolge, über die Konfession seiner Untertanen zu entscheiden. Wer gehörte nun zum Kleinen Rat? Zunächst einmal der neue Bürgermeister, der in diesem Gremium

---

[11] Zur Entwicklung der Zünfte seit ihrer Gründung vgl. F. *Schäfer* S. 35 ff.; *Koehne* S. 32 ff. Zu ihrer Organisation vgl. auch *Lachmann* S. 151 ff., und zu ihrer berufsmäßigen Gliederung und ihrer Größe *Eitel*, Zunftherrschaft S. 139 ff.

[12] Vgl. Kap. III Anm. 79.

[13] Vgl. *Naujoks* S. 11 ff.

den Vorsitz führte, sowie sein Stellvertreter, der alte Bürgermeister, ferner der Ammann, der Vorsitzender des unteren Stadtgerichtes war. Danach kamen die sieben neuen Zunftmeister, die jeweils eine der sieben Zünfte vertraten und von denen einer als oberster Zunftmeister fungierte, sowie die sieben alten Zunftmeister, auch die Kleinen Räte genannt, die wiederum gleichermaßen auf alle Zünfte verteilt waren. Aus der Gesellschaft zum Löwen saßen fünf bzw. später vier Vertreter im Rat[14]. Insgesamt waren es also 22 bzw. 21 Personen, zu denen eventuell noch die acht Richter des unteren Stadtgerichts treten konnten, wenn wichtige Entscheidungen zu treffen waren[15].

Im Unterschied zu einigen anderen Städten mit Zunftverfassung war in Überlingen also festgelegt, daß jede Zunft genau gleich im Regiment der Stadt vertreten war. Dies galt auch für das untere Stadtgericht, dessen acht Richter ebenfalls aus den sieben Zünften und dem Löwen genommen wurden. Alle Berufsgruppen waren demnach in der Obrigkeit repräsentiert. Rein formal war damit ausgeschlossen, daß bestimmte Zünfte und damit bestimmte Berufsgruppen, die wirtschaftlich potenter waren als andere, einen überproportional hohen Einfluß gewinnen konnten. Wie es in Wirklichkeit aussah, darauf wird nachher noch einzugehen sein.

Die ranghöchste und politisch auch einflußreichste Position war zweifelsohne die des neuen Bürgermeisters. Er hatte den Vorsitz im Rat inne und führte dort die Umfrage durch, er vertrat in der Regel auch die Stadt bei Reichs-, Kreis- und Städtetagen. Die Bürger und die Mitglieder des Großen Rats schworen mit ihrem jährlichen Bürgereid ausdrücklich – neben dem Kleinen Rat als Ganzes – auch dem jeweiligen Bürgermeister den Gehorsam[16]. Von den beiden Bürgermeistern war in Überlingen traditionsgemäß immer einer Mitglied der Gesellschaft zum Löwen, während der andere aus der Reihe der Zunftmeister gewählt wurde[17].

Schwerer einzuordnen ist die Stellung des Ammanns. Zwar rangierte er an dritthöchster Stelle in der Ratshierarchie, sein politischer Einfluß scheint aber um einiges geringer gewesen zu sein. 1501 z.B. wurde der Bürgermeister des Vorjahres, Hans Menlishover, wegen seines schlechten Gesundheitszustandes mit dem Amt eines Ammanns abgefunden[18]. Mit dem lange Jahre amtierenden Ammann Gregor Han gab es Schwierigkeiten, weil er wiederholt geklagt hatte, bei der Beratung wichtiger politischer Entscheidungen übergangen zu werden[19]. Das Prestige des Amtes übertraf

---

[14] Ab 1574 werden in den Ratswahllisten erstmals nur vier Löwenelfer genannt, während es bis 1545 jeweils fünf waren.

[15] Vgl. StadtAÜb I/53/143, 1557 März 3. Dies galt auf alle Fälle für die Jahre zwischen 1552 und 1563, den Jahren also, als auch in Überlingen die karolinische Verfassung Gültigkeit besaß. Allerdings kam es auch noch 1565 zu einem gemeinsamen Beschluß von Räten und Richtern (StadtAÜb Rp. 1556–66 fo. 464vf), so daß man vermuten kann, daß es sich hier um eine öfters praktizierte Möglichkeit handelte.

[16] Oberrheinische Stadtrechte S. 168 f.

[17] Zu Kompetenz und Aufgaben der Bürgermeister vgl. *Eitel*, Zunftherrschaft S. 66 ff.

[18] Hahn fo. 50v.

[19] Vgl. StadtAÜb Rp. 1603–07 fo. 100 f.; Rp. 1607–12 fo. 212–217.

wohl dessen politischen Wert, was auch daran erkenntlich ist, daß im 16. Jahrhundert niemals ein Ammann zu einem Bürgermeister gewählt wurde. Das Amt des Ammanns bildete im städtischen Cursus honorum eine Endstation, der Aufstieg zu dem höchsten Amt war seinen Inhabern versperrt. Im Unterschied zum Vorsitzenden des Stadtgerichts diente dagegen das Amt des einfachen Gerichtsmitglieds in der Regel als Sprungbrett für eine Ratskarriere.

Eingeschränkt wurden die Kompetenzen des Kleinen Rats nur durch den Großen Rat. Er umfaßte die Elfer der sieben Zünfte sowie den Elfer der Gesellschaft zum Löwen, die unter dem Vorsitz der sieben Zunftmeister tagten – insgesamt also 88 bzw. 95 Personen, da nicht eindeutig geklärt werden kann, ob die Zunftmeister konstitutiv zum Großen Rat gehörten[20]. Der Große Rat mußte konsultiert werden, wenn die Satzungen der Stadt geändert werden sollten oder wenn es um wichtige, die ganze Stadt betreffende Anliegen ging. Traditionell wurde er jedes Jahr im Herbst einberufen, wenn die Zeit der Weinlese festgesetzt werden mußte; auch die jährlichen Steueranschläge wurden nie ohne den Großen Rat beschlossen, und ein Teil der städtischen Ämter wurde ebenfalls von ihm vergeben[21]. Vorbereitet wurden diese Entscheidungen allerdings immer im Kleinen Rat. Die Abstimmung im Großen Rat diente damit vor allem als Legitimation gegenüber den Bürgern, da es sich um Entscheidungen handelte, von denen diese unmittelbar betroffen waren[22]. Zugleich demonstrierte der Große Rat als Wahlmännergremium, das Bürgermeister und die Kleinen Räte sowie die Richter wählte, auch, daß die Obrigkeit gegenüber den Bürgern verantwortlich und von diesen abhängig war. In eigenartigem Widerspruch hierzu stand allerdings der Eid der Großräte, mit dem sie Bürgermeister, Zunftmeister und Kleinen Räten als ihrer Obrigkeit Gehorsam schworen[23]. Gerade die Institution des Großen Rats verkörperte in besonderer Weise den Widerspruch zwischen den obrigkeitlichen Ansprüchen des Kleinen Rats und dem korporativen Grundprinzip der zünftischen Verfassung. Wie wurde nun dieser Widerspruch eigentlich in der Praxis überbrückt? Und warum provozierte er keine größeren Konflikte?

Wie diese bisher nur rein formal beschriebene Verfassung in der Praxis funktionier-

---

[20] Vgl. *Eitel*, Zunftherrschaft S. 59 f., dessen Ausführungen über die Zusammensetzung des Großen Rats allerdings unzureichend sind. GLA 225/1352, geht jedenfalls von 95 Personen aus. Bei dieser Quelle handelt es sich um einen undatierten, aber wohl aus dem 18. Jahrhundert stammenden Bericht über die Restauration der Zunftverfassung von 1559, der wahrscheinlich aus der Feder Johann Joseph Ignaz Kolers stammen dürfte (vgl. dazu Anm. 21). In der Praxis jedenfalls dürfte der Große Rat nie allein, sondern immer zusammen mit den Zunftmeistern getagt haben.

[21] Vgl. *Eitel*, Zunftherrschaft S. 59 f.; StadtAÜb Ratswahllisten; aber auch Koler § 15. Obwohl es sich hier um eine tendenziöse, vom Großen Rat in Auftrag gegebene Darstellung handelt (vgl. *Gotthard* S. 35), stützte sich Koler doch auf Quellenmaterial, weshalb, mangels anderer Quellen, auch seine Arbeit für die Zeit des 16. Jahrhunderts herangezogen werden kann und muß.

[22] Zu ähnlicher Einschätzung des Großen Rats in anderen Städten vgl. *Meisel* S. 39 f.; *Messmer* S. 152.

[23] Oberrheinische Stadtrechte S. 169.

te, das veranschaulicht besonders eindrucksvoll die jährliche, zu Pfingsten stattfindende Neuwahl des Rats[24]. An diesem Vorgang läßt sich paradigmatisch erkennen, welchen Einfluß die Zunftmitglieder und die Großräte tatsächlich besaßen. Das wichtigste und in der bisherigen Literatur nirgends ausführlich erörterte Ereignis fand gleich zu Beginn der Ratswahl statt. Es war, und dies ist bezeichnend für die Verfassung jener Zeit, informeller Art. So trafen sich immer am Mittwoch vor Christi Himmelfahrt, nach dem Kreuzgang gen Birnau, die sieben amtierenden Zunftmeister auf dem Rathaus, wo sie zusammen mit dem Stadtschreiber berieten, wer bei der bevorstehenden Wahl zum Bürgermeister gewählt werden sollte[25]. Das Ergebnis dieser Vorbesprechung teilten die Zunftmeister dann am nächsten Tag, an Christi Himmelfahrt, jeweils ihren Elfern, also den Mitgliedern des Großen Rats, mit. Diese hatten damit Gelegenheit, den Wahlvorschlag der Zunftmeister zu diskutieren[26], und die Zunftmeister konnten sich ein Bild über die Stimmung bei den Großräten und die Aufnahme ihres Vorschlags machen. Die sieben Zunftmeister trafen sich denn auch noch am selben Tag, um sich über die jeweiligen Reaktionen ihrer Elfer auszutauschen. Bevor das eigentliche Ritual der jährlichen Neuwahl des Rates überhaupt begonnen hatte, waren damit die Würfel schon gefallen und über das Herzstück, die Wahl der Bürgermeister, bereits entschieden.

Die offizielle Wahl fand dann am Pfingstmontag statt. Nachdem sich die Zunftmeister wohl am Sonntag nochmals über die Haltung ihrer Elfer rückversichert hatten,

---

[24] Eine knappe und unvollständige Darstellung bei *Harzendorf*, Zunftverfassung S. 107 f.; und eine mehr populär gehaltene Schilderung bei *Sättele* S. 64 ff.; vgl. auch Oberrheinische Stadtrechte S. 162 ff. – Die folgende Darstellung stützt sich vor allem auf StadtAÜb I/54/148 *Pfingstordnung und besetzung des regiments* (1596 Mai 30), u. I/54/149 [o.D., aber wahrscheinlich von 1581, da dieser Fasz. eine 1581 anläßlich seiner Wahl gehaltene Rede des Bürgermeisters Eslinsberger in derselben Handschrift enthält]. Auf dieselben Quellen stützte sich wahrscheinlich bereits Koler (s. Anm. 21). Beide Quellen stammen nun aus der Zeit nach 1563, also nach der Restauration der 1552 abgeschafften Zunftverfassung. Deshalb bestünde die Möglichkeit, daß es zwischen der Zunftverfassung von vor und nach 1563 Unterschiede gegeben hätte. Daß dies wohl nicht der Fall war, läßt die Praxis der Ämterbesetzung (s. dazu Kap. V.4) vermuten; vgl. ferner Anm. 25.

[25] Daß sich die 7 Zunftmeister zuvor untereinander absprachen, belegen auch neben den in Anm. 24 genannten Quellen StadtAÜb Rp. 1597–1603 fo. 168r; Rp. 1603–07 fo. 174v. Der zeitlich früheste Beleg für die Existenz eines informellen, die Wahl vorab dirigierenden Gremiums findet sich in der 1552 oktroyierten karolinischen Verfassung (Oberrheinische Stadtrechte S. 393). Deshalb könnte man vermuten, daß dieses Gremium aus der karolinischen in die 1559 bzw. 1563 restaurierte Zunftverfassung übernommen worden sein könnte, daß also zwischen den Zunftverfassungen von vor 1552 und nach 1559 bzw. 1563 doch gewisse Unterschiede bestanden hätten. Die Identität oder Nicht-Identität beider Verfassungen läßt sich nun mangels Quellen nicht eindeutig belegen. Die hinsichtlich ihrer Struktur identischen Wahlergebnisse der Zeit von vor 1552 und nach 1563 (s. dazu Kap. V.4) belegen allerdings, daß unabhängig von der genauen Form eines solchen Gremiums auch vor 1552 informelle Absprachen stattgefunden haben müssen, daß sich die Verfassungswirklichkeit also vor 1552 und nach 1563 nicht unterschied.

[26] Nur GLA 225/1352, berichtet, daß die Elfer einzeln von ihren Zunftmeistern um ihre Meinung gefragt wurden.

begann der Große Rat unter dem Vorsitz der sieben Zunftmeister am Montag im Kloster der Franziskaner mit der Wahl der beiden Bürgermeister, nicht ohne zuvor in einem Hochamt um den Beistand des Heiligen Geistes gebetet zu haben[27]. Die Umfrage führte der Stadtschreiber durch. Er begann damit bei dem obersten Zunftmeister und sammelte anschließend die Voten der übrigen sieben Zunftmeister, entsprechend derem Rang, ein. Die Voten der Großräte wurden von den zwei ältesten Zunftmeistern eingesammelt. Nach dem gleichen Prinzip wurde auch der alte Bürgermeister gewählt, mit dem einzigen Unterschied, daß der Stadtschreiber seine Umfrage nicht bei dem obersten, sondern bei dem an zweiter Stelle rangierenden Zunftmeister begann. Gewählt war jeweils, wer die einfache Mehrheit der Stimmen auf sich vereinigen konnte. Abgegeben wurden die Voten wahrscheinlich mündlich[28]. Nach Abschluß der Wahl wurde den bisherigen Amtsinhabern gedankt und ihnen wie auch dem gesamten Kleinen Rat das Ergebnis der Neuwahl mitgeteilt, das allerdings noch gegenüber der Bürgerschaft bis Donnerstag geheimgehalten wurde. Am gleichen Tag wählte man in den Zünften einen neuen Zunftmeister und einen neuen Elfer.

Am Mittwoch nach Pfingstmontag trafen sich wiederum die sieben Zunftmeister (diejenigen des zu Ende gehenden Amtsjahres und nicht die am Montag erwählten), um sich über die Wahl des Stadtammannes und der Kleinräte, also der sogenannten alten Zunftmeister, zu unterreden. Am Donnerstag versammelten sich dann im Franziskanerkloster erneut die Großräte, um nach demselben Ritual den Stadtammann, die sieben alten Zunftmeister, die Räte aus dem Löwen und die Richter zu wählen. Mit der Umfrage wurde dabei fortlaufend bei dem jeweils als nächstes an die Reihe kommenden Zunftmeister begonnen. Bis Sonntag Trinitatis, dem jährlichen Schwörtag, wurden die Ergebnisse weiterhin geheimgehalten.

Am Sonntag Trinitatis trafen sich zunächst die sieben neuen Zunftmeister auf dem Rathaus, um einen obersten Zunftmeister zu wählen und sich wegen der Session der übrigen zu vergleichen[29]. Nachdem das Ergebnis dieser Wahl den übrigen Mitgliedern des Kleinen Rates mitgeteilt worden war, nahm jedes Ratsmitglied den ihm gebührenden Platz ein, und die erste konstituierende Sitzung des neuen Kleinen Rats begann. In ihr wurde nur die Treue der Stadt zum alten Glauben bekräftigt[30], danach ging der Rat in die Gred, wo Bürger, Michileute und Dienstleute zum jährlich abzulegenden Bürgereid versammelt waren. Ihnen wurde das Ergebnis der Ratswahl durch den Stadtschreiber verkündet, danach wurden die Statuten der Stadt verlesen und den Ratsmitgliedern wie den Bürgern der Eid abgenommen[31].

Am Montag danach wählten Bürgermeister und die sieben neuen Zunftmeister die Elfer der Gesellschaft zum Löwen. Ferner wurde die Ordnung der Fronleichnams-

---

[27] Dies nur bei Koler § 30.

[28] Vgl. ebda. § 23. Koler führt an, daß im Grunde ein eigener Wahlgang des Großen Rats gar nicht notwendig sei, da nach dem Votum der Zunftmeister die Großräte ohnehin wüßten, für wen sie votieren sollten.

[29] Zur Session vgl. unten.

[30] Vgl. Kap. I Anm. 1.

[31] Zu den verschiedenen Eidesformeln vgl. Oberrheinische Stadtrechte S. 166 ff.

prozession abgeklärt, wobei im Zentrum die Frage stand, wer zu einem der vier Himmelsträger verordnet wurde. In der Regel waren es die beiden Bürgermeister, der älteste Löwenrat und der oberste Zunftmeister. Immer wieder mußte allerdings wegen Krankheit oder Abwesenheit ein anderes Ratsmitglied ernannt werden. Nominiert wurden dann in der Regel solche Mitglieder, die als potentielle Nachfolgekandidaten für die höchsten Ämter galten[32]. Auch auf diese Weise konnte schon in aller Öffentlichkeit demonstriert werden, wer nach Ansicht dieses Gremiums eligabel war und wer nicht. Schließlich unterredeten sich auch Bürgermeister und Zunftmeister, wer zu den hohen, vom Kleinen Rat zu vergebenden Ämtern gewählt werden sollte. Am Freitag dieser Woche wurden dann die städtischen Ämter vergeben, zum Teil durch den Großen, zum Teil durch den Kleinen Rat[33]. Der Abschluß der jährlichen Neubesetzung des Rats und der städtischen Ämter wurde dann genauso begangen wie der Anfang – mit einem Kreuzgang nach Birnau.

Der gesamte Wahlvorgang läßt verschiedenes deutlich werden: So fällt z.B. die enge Verflechtung der Wahl mit religiösen Zeremonien auf. Das ist für diese Zeit nicht

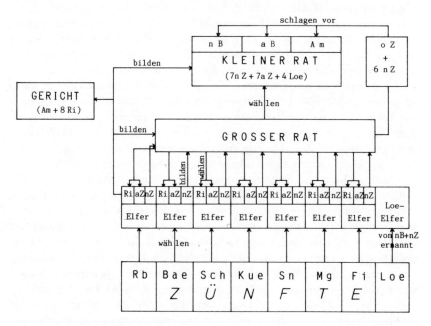

Abb. 18: Schema der Überlinger Zunftverfassung

---

[32] Vgl. StadtAÜb IV/13/1582; s. dazu auch Kap. IV.4.
[33] Vgl. StadtAÜb Ratswahllisten. Die meisten Ämter wurden durch zwei Personen versehen, so daß in der Regel ein Amtsträger vom Großen und einer vom Kleinen Rat nominiert wurde, wobei aber die wichtigsten Ämter meist nur von Kleinräten bekleidet wurden; vgl. dazu auch Kap. V.4.

weiter bemerkenswert, doch werfen diese Vorgänge ein bezeichnendes Schlaglicht auf das Selbstverständnis der Obrigkeit. Der Gewählte erhielt, wurde er von jemand zu diesem Amt erwählt, der zuvor um Erleuchtung durch den Heiligen Geist gebetet hatte, gleichsam eine religiöse Legitimation. Er war nicht allein vom Großen Rat gewählt, sondern von Gott in seinem Amt gewollt – Bürgermeister und Kleiner Rat waren damit die von Gott eingesetzte Obrigkeit. Zugleich wurde das Selbstverständnis der Stadt als katholische Reichsstadt durch die bewußt katholischen Zeremonien unterstrichen. In erster Linie aber offenbart sich der wahre Charakter dieser Wahl, die mehr einem Ritual als einer Wahl in modernem Sinne glich[34]. Alle wichtigen Entscheidungen waren vorab durch die sieben Zunftmeister getroffen worden, sie kontrollierten und dirigierten den Ablauf der Wahl. Und sie, die ja zur Obrigkeit gehörten und deren Kern bildeten, waren natürlich an deren personeller Kontinuität interessiert[35], die sie auf diese Weise auch erreichten.

Die Wahlmechanismen in den anderen oberschwäbischen Reichsstädten glichen wahrscheinlich denen in Überlingen. In Memmingen oder Wangen praktizierten z. B. die Zunftmeister ebenfalls ein Präsentationsrecht, und auch in Konstanz leitete ein Wahlmännerausschuß die Wahl, bei der die Stimmen offen abgegeben wurden[36].

Diese Erkenntnis wirft einige Fragen auf: Welche Mechanismen waren es genau, die es dieser Gruppe erlaubten, die Wahl nach ihren Wünschen zu lenken? Warum hielten sich die Großräte an diese Vorschläge? Welcher Einfluß blieb den Zunftgenossen noch? Immerhin besaßen sie ja das Recht, Zunftmeister und Elfer zu wählen. Zunächst einmal muß man den genauen Ablauf der Wahl analysieren. Er folgte immer einem hierarchischen Modell. Als erstes gab der Ranghöchste, der oberste Zunftmeister, seine Stimme ab, danach folgten die übrigen Zunftmeister entsprechend ihrem Rang. Jetzt erst wurden durch den Stadtschreiber die Stimmen der Großräte eingesammelt. Analog verlief die Umfrage im Rat, wo ebenfalls die dort herrschende und in der Sitzordnung zum Ausdruck gebrachte Hierarchie beachtet wurde, und wahrscheinlich auch bei den Wahlen in den Zünften. Mit den ersten Voten wurden bestimmte Entscheidungen vorgegeben, und je später jemand sein Votum abgeben durfte, umso schwieriger dürfte es gewesen sein, von der Meinung der Mehrheit abzuweichen; vor allem wenn sich schon eine Majorität für einen Kandidaten oder für eine bestimmte Lösung entschieden hatte. Das Gewicht der ersten Voten war damit bedeutend größer als das der nachfolgenden. Rang und Prestige einer Persönlichkeit garantierte auch deren Stimme ein besonderes Gewicht. Die Folge war: Auch Wahlen waren zumeist nur Ausdruck des Willens der engeren politischen Führungsschicht.

Ferner gilt es zu bedenken, daß auch in den Zünften wiederum eine kleine Gruppe, die Elfer, dominierten. An ihnen konnte der Zunftmeister einen Rückhalt haben, um

---

[34] *Specker* S. 85, verwendet ebenfalls den Begriff des Rituals zur Charakterisierung der Ratswahl, allerdings für die Zeit nach 1552, obwohl er im Grunde auch schon für die Jahrzehnte zuvor seine Berechtigung hat.

[35] Vgl. *Naujoks* S. 13.

[36] Vgl. *Schlenck* S. 15 f.; *Kroemer* S. 17; *Scheurle*, Wangen S. 31; *Meisel* S. 28 f., 31.

die Entscheidungen des Rats bei den Zunftgenossen in das rechte Licht zu rücken und um die Stimmung in den Zünften auszuloten. Zunftmeister und Elfer wurden nun zwar von allen Zunftgenossen gewählt, doch auch hier gab es, wie bei der Wahl von Bürgermeistern und Räten, eine Vorabsprache. Zunftmeister und Elfer trafen sich am Pfingstsonntag, einen Tag vor der Neuwahl, und es ist wahrscheinlich, daß auch hier über einen Wahlvorschlag verhandelt wurde, den man den Zunftmitgliedern am nächsten Tag unterbreitete[37]. Wie sonst ließe sich erklären, daß über Jahre hinweg immer wieder dieselben Personen in zweijährigem Abstand zum neuen Zunftmeister gewählt wurden? Dazu kam, daß sich auch in den Zünften im Laufe des 16. Jahrhunderts der obrigkeitliche Gedanke immer stärker durchzusetzen begann[38]. Daß in den Zünften und im Großen Rat gewählt wurde, hieß eben nicht, daß jeder Zunftgenosse den gleichen Einfluß besaß. Das Gewicht eines Votums korrespondierte mit der hierarchischen Struktur in den Zünften. Und daß jeder Bürger das passive Wahlrecht besaß, hieß des weiteren nicht, daß auch jeder gleichermaßen eligabel war. Wen sie für wählbar hielt, dies verstand die jeweilige Führungsgruppe im Rat oder in den Zünften geschickt nach außen deutlich zu machen[39].

Warum wurde dieses System nun allseits akzeptiert? Zwei Gründe können dies erklären helfen: Weil es zum einen dazu keine personellen Alternativen gab; denn als 1579 die Fischerzunft einen neuen Richter wählen mußte – der Vorgänger war zum Spitalmeister angenommen worden –, supplizierte sie beim Rat, daß sie keinen geeigneten Kandidaten hätte, worauf sie den Bescheid erhielt, daß man ihr jemand aus einer anderen Zunft verordnen werde, *wann und aber sey nit als verfaßt, die deß vermögens seyen sollich ampt ohn irn unwiderbringlichen schaden auß zuo warten*[40]. Die von Erich *Maschke* wieder aufgegriffene These Max *Webers* von der Abkömm-lichkeit findet auch hier ihre Bestätigung. Dazu kam als zweites: Daß bestimmte Personen mehr Einfluß und einen höheren Rang hatten als andere, wurde in einer ständisch formierten Gesellschaft prinzipiell akzeptiert – zumindest solange man der Meinung war, daß sie die Interessen der einzelnen Zünfte wie der ganzen Stadt vertraten[41].

---

[37] Vgl. StadtAÜb I/54/148.

[38] Vgl. Kap. IV Anm. 113.

[39] Für die Führungsämter wurde dies z. B. anläßlich der Fronleichnamsprozession getan; vgl. oben u. Kap. IV.4. Ähnliche Mechanismen gab es auch in den Zünften. So erklärte z. B. Michael Hagenweiler, als er wegen seiner ‚Unbescheidenheit' bei der Wahl eines neuen Zunftmeisters in der Küferzunft vor beide Bürgermeister und seinen Zunftmeister zitiert wurde, unter anderem: *[…] so werde er von den fürgesetzten etwan an den ersten oder anderen disch zue sitzen ervordert* (StadtAÜb Rp. 1588–96 fo. 239r). Das heißt, auch in den Zünften bestand eine genaue Sitzordnung, die den jeweiligen Rang eines Zunftmitglieds widerspiegelte. Eine weitere Mög-lichkeit, die Wahl zu beeinflussen, bestand auch darin, daß man eligable Kandidaten von einer Zunft in eine andere verschob, die gerade keinen passenden Kandidaten besaß. Dies war auch der eigentliche Anlaß des Konflikts mit Hagenweiler gewesen.

[40] StadtAÜb Rp. 1573–87 fo. 223r.

[41] Auch H. R. *Schmidt* S. 22, konstatiert, daß prinzipiell das Prinzip der Abkömmlichkeit anerkannt wurde.

Gerade die Wahlmechanismen sowie die Abstimmungsprozedur im Rat zeigen, daß das genossenschaftliche Prinzip der Zunftverfassung nicht in erster Linie die gleichmäßige Teilhabe der Ratsmitglieder und darüber hinaus, auf der Ebene der Zünfte, der Zunftgenossen intendierte, sondern daß die Korporationen, seien es der Rat oder die Zünfte, einem ständischen Gesellschaftsmodell verpflichtet waren. Und das hieß in der Praxis: Die Entscheidungsfindung lief von oben nach unten; politische Macht und Einfluß konzentrierten sich auf wenige, an der Spitze der korporativ organisierten Gruppen stehenden Personen[42]. Eine solche Interpretation der Zunftverfassung rückt denn von selbst die Bedeutung des Rats, insonderheit seiner führenden Personen, für die konfessionelle Option der Stadt in ein anderes Licht.

Ein Mitwirken von unten ermöglichte die Zunftverfassung nur insofern, als sie ein gewisses Maß an Öffentlichkeit schuf. Die Zunftgenossen wurden über Entscheidungen des Elfers bzw. bei wichtigen Fragen des Rats unterrichtet. Die Obrigkeit mußte damit ihre Entscheidungen begründen und rechtfertigen können. Zugleich erhielt sie so aber auch die Möglichkeit, die Reaktion und die Stimmung in den Zünften zu erkunden. Zwar hatten die Zunftgenossen damit keinen Anteil an der Konzeption der städtischen Politik und an den personellen Entscheidungen der Zunftmeister, doch brachte die Zunftverfassung immerhin die prinzipielle Abhängigkeit der Obrigkeit von den Bürgern zum Ausdruck. Dies war wichtig, denn das politische Selbstwertgefühl der Bürger darf nicht allein mit der Elle des tatsächlichen politischen Einflusses gemessen werden. Auch die formale Teilhabe an der Macht besaß bereits einen Wert für sich. Dies läßt sich ablesen an der Reaktion des Überlinger Rats und der Einwohner auf die karolinische Verfassungsänderung von 1552. Zum ersten und einzigen Mal im Laufe des 16. Jahrhunderts bekam der Rat deswegen den Unmut und den Druck der damit unzufriedenen Bürger zu spüren.

3. Die Verfassungsänderung Karls V. 1552–1559/1567

Nach dem Schmalkaldischen Krieg stand Karl V. im Zenit seiner Macht. Die Beseitigung der Zunftverfassung in den oberdeutschen Reichsstädten war ein Ergebnis seines für kurze Zeit erweiterten Handlungsspielraumes. Die politische Aufwertung des Patriziats sollte dabei nicht nur die altgläubigen Kräfte, sondern insgesamt die Stellung der städtischen Obrigkeiten stärken, weshalb auch katholische Kommu-

---

[42] Diese These wie insgesamt die Interpretation dieses Abschnitts greift auf Überlegungen von Dietmar *Willoweit* zurück, der entgegen der Kommunalismus-These von Peter *Blickle* davon ausgeht, daß das Genossenschaftsprinzip nicht von unten seine Impulse empfangen habe, sondern als Ergebnis altständischer Entscheidungsstrukturen zu begreifen ist; vgl. *Willoweit* S. 127, 134 f. In modifizierter und die spezifische Verfassungsform der Städte berücksichtigender Form kann diese These auch zum besseren Verständnis der Funktion und des Funktionierens städtischer Korporationen beitragen.

nen wie Schwäbisch Gmünd oder Überlingen davon nicht ausgenommen wurden[43].
Am 16. Nov. 1551 war dem Überlinger Rat in einem kaiserlichen Kredenzschreiben
die vorgesehene Verfassungsänderung angekündigt worden, am 5. Dez. folgte das
Insinuationsschreiben, in dem er aufgefordert wurde, *etlich wenig personen* zu einem
Ausschuß zu verordnen, der zusammen mit dem kaiserlichen Kommissar die Änderung vornehmen könne[44]. Der Tenor der Überlinger Antwort war einhellig ablehnend. Wie keine andere Reichsstadt, sogar noch stärker als das ebenfalls katholische
Gmünd, sträubte sich die Bodenseestadt gegen die Absichten des Kaisers[45]. Aufmerksamkeit verdienen dabei die Argumente des Überlinger Rats.

Neben dem in allen Supplikationen an die Habsburger üblichen Hinweis auf ihre
Glaubenstreue, ihre Leistungen für den Kaiser und das Haus Habsburg, stellten die
Räte diesmal in den Mittelpunkt ihrer Argumentation die Sorge um das Verhalten der
Bürgerschaft. Die Einrichtung der Zünfte habe bisher die Einigkeit der Bürgerschaft
wahren können, würde sie aber nun abgeschafft, geriete zunächst die Obrigkeit in den
Verdacht, durch ihr Fehlverhalten diese Änderung provoziert zu haben. Hätten sie
bisher immer eine gehorsame Gemeinde gehabt, so würde sich dies ändern, wenn sie
die Bürger über die Pläne des Kaisers unterrichteten, *[...] dieweil wir wissen, das si
von der freihait der zünften und dem gebrauch der jerlichen stattbesatzung nit gern
komen oder weichen [...]*[46].

Entsprechend schwierig gestalteten sich zunächst auch die Verhandlungen mit dem
kaiserlichen Kommissar Hans Has. Am 17. Febr. 1552 war er zusammen mit Abt
Gerwig von Weingarten in Hofen bei Buchhorn angekommen, wo ihm eine Überlinger Delegation vorschlug – unter Verweis auf ihr Schreiben an Karl V. –, bei ihnen von
einer Änderung der Verfassung abzusehen[47]. Has lehnte dies zwar kategorisch ab,
doch ließen die Überlinger so schnell nicht locker. Drei Tage später brachten sie
dieselbe Supplik noch einmal vor, die sie dieses Mal allerdings nicht nur durch den
Kleinen, sondern auch durch den Großen Rat hatten bestätigen lassen. Erst nachdem
ihnen Has ausdrücklich versichert hatte, daß sich auch nach einer direkten Beschwerde bei Hof nichts ändern werde, wurde ihm am 21. Febr. mitgeteilt, daß Großer und
Kleiner Rat sich entschlossen hätten, ihn anzuhören. Am nächsten Tag ritt Has

---

[43] Vgl. dazu immer noch *Fürstenwerth*. Zum Stand der Forschung vgl. Naujoks, Zunftverfassung S. 11 ff.

[44] Oberrheinische Stadtrechte S. 388 f. – Ausführlich auf die Verfassungsänderung in Überlingen ging bislang nur F. *Schäfer* S. 29 ff., ein; *Eitel*, Zunftherrschaft S. 74 ff., gibt nur einen kurzen
Abriß.

[45] Vgl. Naujoks, Zunftverfassung S. 281.

[46] Oberrheinische Stadtrechte S. 391.

[47] Abt Gerwig Blarer hatte am 12. Febr. dem Überlinger Rat angeboten, sie über die Pläne von
Has zu unterrichten (StadtAÜb Mp. 1551–54 fo. 69r). Zugleich korrespondierte er mit dem in
seinen Diensten stehenden Dr. Jacob Kessenring, einem Neffen des ehemaligen Bürgermeisters,
den er als einen Kenner der Überlinger Verhältnisse um Vorschläge zur künftigen Besetzung des
Geheimen Rats bat (Blarer 2 S. 190 f.). Anscheinend versuchte Blarer, der die kaiserlichen Pläne
unterstützte, gegenüber den Überlingern als Vermittler aufzutreten.

zusammen mit Wilhelm Truchseß von Waldburg in Überlingen ein[48]. Der Rat dürfte mittlerweile eingesehen haben, daß weiterer Widerstand wenig sinnvoll war. Er änderte deshalb seine Taktik. Wenn es schon nicht gelingen wollte, ganz um die ungeliebte Neuerung herumzukommen, so sollte sie wenigstens soweit wie möglich abgeschwächt werden. Das Ergebnis, auf das man sich schließlich einigte, läßt noch spüren, wie zäh und mit wieviel Widerstand von seiten der Überlinger verhandelt wurde und wie sie mit allen Mitteln versucht hatten, zumindest der äußeren Form nach so viele Elemente der alten Zunftverfassung wie möglich zu bewahren[49].

Zwar wurden die Zünfte abgeschafft und damit einem der zentralen Anliegen Karls V. Genüge getan, doch blieben immerhin vier der sieben Zunftstuben, nun Quartierhäuser genannt, bestehen[50]. Ferner wurde dem kaiserlichen Kommissar der Fortbestand eines 77 Personen umfassenden Großen Rats abgerungen. Has hatte ursprünglich nur 20 genehmigen wollen, doch dem Rat war es gelungen, den Großen Rat in fast derselben Form, wie er bisher bestanden hatte, beizubehalten[51]. Mit Ausnahme der Löwenelfer dürften wieder alle alten Zunftelfer dort vertreten gewesen sein. Und auch alle Personen, die zuvor im Kleinen Rat gesessen hatten, konnten wieder mit einem hohen Amt bedacht werden. Zwar war der Kleine Rat auf 17 Sitze reduziert worden, doch nur unter dem Zugeständnis, daß gleichzeitig die Zahl der Richter auf 12 erhöht wurde[52]. Kleiner Rat und Gericht zusammen zählten damit wie zuvor wieder 29 Personen. Einschneidende Veränderungen hatte man allerdings bei dem Herzstück der Verfassung, das die formale Teilhabe aller Bürger am Regiment zum Ausdruck brachte, dem Wahlverfahren, hinnehmen müssen. Nicht mehr der Große Rat, sondern ein vom Kleinen und dem neugeschaffenen Geheimen Rat dominierter Wahlmännerausschuß wählte die Nachfolger für freiwerdende Stellen – und zwar auf Lebenszeit. Entgegen der beschwörenden Feststellung des Rats, daß man die Ordnung der Wahl zum Rat wie auch der Umfrage im Rat habe erhalten können[53], war in Wirklichkeit die jährliche Wiederwahl beseitigt. Ferner war mit dem

---

[48] Naujoks, Zunftverfassung S. 284 ff.

[49] Vgl. ebda. S. 283 f. – Die Verhandlungen mit Has müssen Anfang März beendet worden sein; vgl. das Dankesschreiben von Has vom 2. März für die übersandte Mitgliederliste des Großen Rats (StadtAÜb I/53/143). Am 9. März verehrte ihm der Rat 100 Taler (StadtAÜb Mp. 1551–54 fo. 73).

[50] Vgl. StadtAÜb I/53/140. Die Stadt hatte alle Zunfthäuser aufgekauft, doch behielten die Häuser der Rebleute, Bäcker, Küfer und Schuhmacher, also der wichtigsten Zünfte, ihre Funktion als Versammlungsorte. Das Haus der Metzger wurde durch das Spital genutzt, das der Schneider fand als Salzhaus und das der Fischer als Wein- und Schmalzhaus Verwendung.

[51] Vgl. Naujoks, Zunftverfassung S. 288 f.

[52] Vgl. ebda. – Daß nach F. *Schäfer* S. 31, der Kleine Rat nur noch aus Patriziern bestehen sollte, ist unzutreffend.

[53] Vgl. StadtAÜb Rp. 1552–56 fo. 2. Obwohl die neue Verfassung vorsah, *[...] das jedes jars uff den tag, do jetzund die enderung deß raths beschehen [4. Aug.], die wahl und besatzung des raths furgenomen und das auch der burgermaister, an den das ampt den nechsten kompt, die umbfrag haben solle*, so wurde doch durch die kaiserlichen Kommissare zugelassen, *[...] das es nun hinfurter angeregter zwayen puncten der jarlichen enderung und umbfrag halben, bei aller diser statt hergebrachter gewonhait und gebrauch besteen und bleiben [...] solle.* Das hieß aber

Geheimen Rat ein ganz neues, die Kompetenzen des Kleinen Rats begrenzendes Gremium geschaffen worden[54].

Doch auch mit diesen – letzten Endes freilich nur kosmetischen – Änderungen der ursprünglichen Pläne von Has stieß die neue Verfassung, wie der Rat zu Recht vorhergesehen hatte, bei der Bevölkerung auf wenig Gegenliebe. Zwar kam es zu keinem größeren Konflikt, doch mußte der Rat des öfteren gegen das ‚Murmurieren' unter der Bevölkerung vorgehen[55]. Und selbst Ratsmitglieder beschwerten sich über die neue Ordnung; sie allerdings in erster Linie, weil die tägliche Verwaltungspraxis schwieriger geworden war[56].

Als der Rat dann bereits 1559 bei dem neuen Kaiser, Ferdinand I., darum supplizierte, die alte Zunftverfassung restaurieren zu dürfen, verwies er denn auch auf die Irrung, die zwischen Obrigkeit und Bürgern, sowie den Verdruß, der unter den Ratsmitgliedern entstanden sei[57]. Der Hofrat, vor dem dies verhandelt wurde, wollte zunächst allerdings nicht erlauben, daß die alte Verfassung zur Gänze wiederhergestellt würde. Er akzeptierte allerdings einen Kompromißvorschlag des Überlinger Bürgermeisters Han. Danach sollten nicht alle 7 Zünfte, sondern nur fünf ‚Quartiere' und die Gesellschaft zum Löwen wie von alters her den Großen Rat wählen, der nun wiederum das Recht haben sollte, jährlich Bürgermeister und Kleinräte zu wählen. Praktisch war damit die alte Ordnung wiederhergestellt, Abweichungen waren jetzt wirklich nur noch äußerlich[58]. 1563, anläßlich eines Besuchs Kaiser Ferdinands in Überlingen, gelang es dann, die alte Zunftverfassung völlig zu restaurieren[59].

Abgesehen von Reutlingen und den Überlinger Trabantenstädten Pfullendorf und Buchhorn war eine solche Restauration nirgends sonst gelungen[60]. Und daß sie hatte gelingen können, war sicher auch dem Einsatz und Bemühen des Rats zu verdanken gewesen. Woher rührte also dieses Interesse an der Wiedereinführung der Zunftver-

---

nur, daß die Wahl wieder wie früher an Pfingsten durchgeführt wurde. Es änderte indes nichts an der Tatsache, daß die Ordnung der Wahl verändert worden war. Doch wird das Bestreben des Rats erkennbar, durch das Beibehalten formaler Elemente der alten Wahlordnung die Unterschiede zur alten Verfassung möglichst nicht deutlich werden zu lassen.

[54] Zu der neuen Verfassung insgesamt, auf deren einzelne Bestimmungen hier nicht eingegangen werden soll, vgl. Oberrheinische Stadtrechte S. 392 ff.; Naujoks, Zunftverfassung S. 288 ff.

[55] StadtAÜb Rp. 1552–56 fo. 58.

[56] Ebda. fo. 11.

[57] Die Quellen sind ediert bei Koler S. 94 ff.

[58] Die Bewilligung dieser Änderungen hatte der Kaiser am 29. Jan. 1559 erteilt (HHStA RHR Bad. Akten 5 Fasz. 17 Nr. 134), das Privileg selber wurde am 10. Juli erteilt (Oberrheinische Stadtrechte S. 406).

[59] Bewilligung und Privileg sind beide am 24. Jan. 1563 ausgestellt (vgl. wie Anm. 58). – Zu dem Besuch Ferdinands in Überlingen vgl. auch *Roth von Schreckenstein*, Ferdinand I. S. 330 ff.; *Wohleb* S. 53 ff.

[60] Vgl. Naujoks, Zunftverfassung S. 26, 342, zu Reutlingen. In Pfullendorf wurde die alte Verfassung ebenfalls 1563 wiederhergestellt, in Buchhorn dagegen erst 1571, da Abt Gerwig Blarer der Supplik der Buchhorner opponiert hatte; *vgl. Beschreibung des Oberamts Tettnang* S. 737. – In Ravensburg durfte man zwar die Zünfte wieder einführen, doch gehörten dort die Zunftmeister nicht mehr automatisch dem Rat an; vgl. *Dreher*, Patriziat 33 S. 23 f.

fassung, für die er sich so vehement eingesetzt hatte? Schließlich war seine Macht nicht eingeschränkt worden, im Gegenteil. Verschiedene Gründe dürften eine Rolle gespielt haben, und es wird kaum möglich sein, zu beurteilen, welches die entscheidenden waren. So hatte es eine Reihe praktischer Probleme gegeben, da auf den Zünften nicht nur das politische, sondern auch das wirtschaftliche und soziale System der Stadt aufbaute. Dies zeigt jedenfalls die Kritik der Handwerker an den schnell erlassenen neuen Ordnungen[61]. Auf diese konkreten Probleme soll hier aber nicht näher eingegangen werden, sondern nur auf die prinzipielle Kritik.

Mit der Abschaffung der Zunftverfassung hatte der Rat seine Glaubwürdigkeit bei der Bevölkerung verloren. Bei allen außen- und konfessionspolitischen Entscheidungen hatte er sich bis dato immer auf seine guten Beziehungen zum Kaiser berufen – und nun sah er sich desavouiert[62]. Damit war es schwieriger geworden, sich bei der Bevölkerung durchzusetzen. Und dies ohne Grund. Denn die alte Verfassung hatte das Regiment der führenden Familien genauso gut garantiert, ja, da es weniger Konflikte mit sich brachte, sogar noch besser als die neue Verfassung. Im Falle Überlingens waren also die Zünfte und die darauf beruhende Verfassung ein Element, das soziale und politische Stabilität garantierte; sonst hätte sich die Obrigkeit wohl kaum mit solcher Verve für ihre Wiedereinführung engagiert.

Für die Bürger und den Kleinen Rat ging es dabei weniger um die Frage politischer Macht, praktisch änderte sich ja wenig, wie gleich noch deutlicher dargelegt wird, sondern um ihr bürgerliches Selbstverständnis und ihre Ehre. In einer Gesellschaft, in der das Ansehen, das Wahren des Gesichts, eine zentrale Rolle spielte, waren Zeremonien wie das jährliche Wahlritual von nicht geringer Bedeutung für das Selbstverständnis der Bürger[63]. Gerade dieses Wahlritual, zumindest dem Schein nach, aufrechtzuerhalten, hatte sich der Rat noch in den Verhandlungen mit Has, wenn auch vergebens, alle erdenkliche Mühe gegeben. Mit der Restauration von 1563 war dann dem Bedürfnis der Bürger nach dem Erhalt traditioneller Ordnungen und politischer Werte Genüge getan worden, und zugleich hatte die katholische und dem Kaiser verpflichtete Obrigkeit das Gesicht gegenüber den Bürgern wahren können. Die tatsächliche Machtverteilung änderte sich nicht, die Verfassung funktionierte nach 1563 genauso wie vor 1552, wie die prosopographische Untersuchung der Ratsmitglieder noch zeigen wird.

---

[61] Vgl. z. B. StadtAÜb Rp. 1552–56 fo. 11, 55r.

[62] Vgl. Oberrheinische Stadtrechte S. 391: *So tragen wir fürsorg, nachdem der gemain man bei uns großer gnaden, darinen gemaine statt und dero zugewandten bei merermelter kais. maj. steen, solle verwönnt, si werden jetz das widerspill vermuten und uns verargwonen, als ob wir inen unser verschulden verhalten wölten.*

[63] Nach *Burke* S. 20 f., der hinsichtlich der frühneuzeitlichen Gesellschaft von „Kulturen der Ehre" spricht, war dies ein nicht zu unterschätzendes Moment.

4. Die Struktur der politischen Führungsschicht

Allein schon die Deskription des Wahlverfahrens hat belegt, daß der Einfluß einiger weniger Ratsmitglieder überproportional groß war und daß schon das praktizierte Wahlverfahren an sich die Herrschaft einer Oligarchie nicht nur begünstigen, sondern geradezu unausweichlich zur Folge haben mußte. Der Erfolg, mit dem dieses Wahlverfahren ohne irgendwelche Änderung während des Untersuchungszeitraumes funktionierte, weist zudem darauf hin, daß ein derartiger Trend zur Oligarchisierung prinzipiell von den Bürgern wie den Mitgliedern des Großen Rates akzeptiert wurde[64]. Dieser in allen Reichsstädten erkennbare Trend darf deshalb nicht von vornherein als Ärgernis oder als Ursache städtischer Konflikte angesehen werden. Erst zusammen mit anderen Problemen oder wenn ein gewisses Maß überschritten wurde, geriet er in das Kreuzfeuer der Kritik. Deshalb soll zunächst versucht werden, Ausmaß und Entwicklung der Oligarchisierung in Überlingen zu beschreiben.

Für die Zeit von 1440 bis 1570 konnte *Eitel* bereits feststellen, daß es in Überlingen im Vergleich zu anderen oberschwäbischen Reichsstädten zwar die stärksten Oligarchisierungstendenzen gegeben hatte, doch zugleich der Kreis der Familien, die am Regiment der Stadt partizipierten, immer noch recht groß war, von einer Oligarchie im eigentlichen Sinne also nicht gesprochen werden kann[65]. Im folgenden sollen jeweils die Entwicklungen zwischen 1500 und 1570 sowie zwischen 1574 und 1630 miteinander verglichen werden[66]. Vorweg kann dabei als Ergebnis formuliert werden, daß der grundsätzliche Trend während des ganzen 16. Jahrhunderts ungefähr gleich blieb, also schon zur Zeit der Reformation die Machtkonzentration ein Maß erreicht hatte, das bis zu Beginn des Dreißigjährigen Krieges weitgehend konstant blieb.

Rein formal wurden sowohl Bürgermeister als auch Zunftmeister jeweils nur auf ein Jahr gewählt. In der Praxis aber versahen sie ihr Amt lebenslang, indem sie jeweils alternierend neuer und alter Bürger- bzw. Zunftmeister wurden. Zwischen 1500 und 1570 sind von 37 Ratsmitgliedern die Sterbedaten bekannt. 21 davon hatten bis zu

---

[64] Vgl. nur die Bemerkungen von Tibianus, der ohne jede Scheu in seiner Stadtbeschreibung davon spricht, daß wenige Personen die Führung der Stadt unter sich teilten: *Haec urbs trifariam, in plebem, magistratum et patricios antiqua generis claritudine insignes divisa est. Inter quos viginti quinque fere honestiores sunt, apud quos summa rerum et imperii est publicosque honores illi soli et magistratus a plebe separati obeunt, in quorum manibus latae leges et summum ius repositum est* (zit. nach Baier S. 471; deutsch bei *Oehme* S. 136).

[65] *Eitel*, Zunftherrschaft S. 78, 84.

[66] Ein Vergleich ist allerdings nur mit Einschränkungen möglich, da die prosopographischen Daten für die Zeit von 1500 bis 1570 lückenhaft sind. Nur für die Jahre von 1529 bis 1545 sind Ratswahllisten überliefert, für die übrigen Jahre können die Mitglieder der Führungsschicht nur teilweise eruiert werden (für das Jahr 1505 z. B. nennt *Eitel* nur 3 neue Zunftmeister und 7 Räte, für 1510 nur 8 Räte, und ähnliches gilt für die anderen Jahre auch). Bei der Berechnung der Durchschnittswerte ergeben sich dadurch natürlich Verzerrungen; für die Jahrzehnte nach 1574 sind dagegen die Mitglieder von Gericht und Kleinem Rat jeweils vollständig erfaßt. Zur Quellengrundlage vgl. Kap. XV; zur Methode wie Anm 6.

ihrem Tode ein Ratsamt bekleidet, bei sechsen ist dies anzunehmen[67], und nur fünf schieden früher aus dem Amt aus. In der Zeit von 1574 bis 1630 bekleideten von 50 Ratsmitgliedern, deren Daten bekannt sind, 45 ihr Amt bis zu ihrem Lebensende. Insgesamt gilt also für das gesamte 16. Jahrhundert, daß in der Praxis jeder, der einmal in den Rat gewählt wurde, diesem bis an sein Lebensende angehörte. Was die kaiserliche Verfassungsänderung von 1552 eigens vorgeschrieben hatte, wurde also de facto bereits seit Jahrzehnten praktiziert.

Auch an der durchschnittlichen Amtsdauer der einzelnen Ratsmitglieder änderte sich im Laufe des 16. Jahrhunderts wenig. Die Bürgermeister amtierten sowohl zwischen 1500 und 1570 als auch zwischen 1574 und 1630 im Schnitt ca. 9 Jahre[68], die übrigen Ratsmitglieder 8 (1500−1570) bzw. 10 Jahre (1574−1630), wobei die Amtsdauer der patrizischen Räte mit 12 Jahren noch geringfügig höher war. Die obersten Zunftmeister kamen in beiden Zeiträumen jeweils auf 3 Jahre. Deutlich geringer war die durchschnittliche Amtszeit der Mitglieder des Gerichts. Sie gehörten diesem Kollegium im Schnitt nur 3 (1500−1570) bzw. 5 (1574−1630) Jahre an. Der Grund für diese kurze Amtszeit lag allerdings vorwiegend darin, daß die meisten Richter in den Kleinen Rat aufstiegen, sobald dort die Stelle des betreffenden neuen oder alten Zunftmeisters freigeworden war[69].

Es gelang auch immer wieder neuen Familien und Personen, in den Kreis der Ratsfamilien aufzusteigen. Die 275 Personen, die zwischen 1500 und 1630 dem Gericht und Kleinen Rat angehörten, stammten aus insgesamt 139 Familien. 91 Familien waren es zwischen 1500 und 1570, 76 zwischen 1574 und 1630[70]. Darunter waren nur 28 Familien kontinuierlich über den gesamten Zeitraum im Regiment vertreten, während 48 Familien, über 60% also, neu in den Kreis der Obrigkeit aufgenommen worden waren. Geht man also vom Rat als Ganzes aus, dann muß die These *Eitels*, daß nur unter Vorbehalt von einem oligarchischen Regiment gesprochen werden kann, akzeptiert und als für das gesamte 16. Jahrhundert zutreffend anerkannt werden.

---

[67] Es handelt sich dabei um diejenigen, die zwischen 1557 und 1570 gestorben sein müssen, in der Zeit also, für die es keine vollständigen Daten gibt; vgl. Anm. 66.

[68] *Eitel*, Zunftherrschaft S. 80 f., kommt auf 5,2 Jahre, da er ohne ersichtlichen Grund jeweils nur die Amtsjahre des neuen Bürgermeisters, nicht aber die von altem und neuem Bürgermeister, wie es hier getan wurde, als Berechnungsgrundlage heranzieht.

[69] Zwischen 1500 und 1570 blieben von 79 Richtern nur 23 ihr ganzes Leben im Gericht. Von den Ratsmitgliedern waren 53 zuvor im Gericht gewesen, 63 waren direkt in dieses Gremium gelangt. Zwischen 1574 und 1630 blieben 29 Personen zeitlebens im Gericht, 58 gehörten beiden Kollegien an, und 41 waren direkt in den Kleinen Rat gewählt worden. Wegen der teilweise unvollständigen Daten kann man davon ausgehen, daß wahrscheinlich die Zahl derjenigen, die direkt in den Rat gelangt sind, in Wirklichkeit noch etwas kleiner war.

[70] Da die genauen Verwandtschaftsbeziehungen sich nur in den wenigsten Fällen ermitteln lassen, wurden alle Personen gleichen Namens als einer Familie zugehörig betrachtet. Da in den meisten Fällen Personen gleichen Namens in einer Zunft eingeschrieben waren, besitzt man ein Indiz, das die Verwandtschaft vermuten läßt, wenn auch umgekehrt die Tatsache verschiedener Zunftzugehörigkeit nicht gegen eine Verwandtschaft spricht, da oft Mitglieder führender Familien von einer Zunft in die andere verschoben wurden.

Untersucht man allerdings genauer, wie viele regierungsfähige Familien es in Überlingen gab, das heißt wie viele das Kriterium der Abkömmlichkeit erfüllten, so zeigt sich, daß die tatsächlich im Rat vertretenen Familien dieses Potential nahezu ausschöpften. Dies wird erkenntlich, wenn man diejenigen 10% der Einwohner, die den meisten Besitz versteuerten, also die gesamte erste Dezile, daraufhin untersucht, ob sie Familien angehörten, die im Rat oder Gericht vertreten waren[71]. Folgendes ergab sich: Von jeweils 85 Personen waren im Schnitt nur 15 Personen nicht im Rat vertretenen Familien zuzurechnen. Zu Beginn des 16. Jahrhunderts war dieser Kreis noch ein wenig größer gewesen, im Schnitt standen 22 Personen für die Jahre 1496 und 1528, die nicht direkt zu Familien der politischen Führungsschicht gehörten, 13 Personen für die Jahre von 1558 bis 1617 gegenüber. Von dieser kleinen Gruppe war nun wieder ein Teil dem Kreis der ‚Doktoren', das heißt städtischer Advokaten, Beamten sowie den Stadtärzten zuzurechnen, Personen also, die sich selber auch als zur Elite der Stadt zugehörig betrachteten[72]. Die relativ ‚offene Oligarchie' Überlingens umfaßte also fast alle wohlhabenden Familien der Stadt. Damit wird klar, warum es zu dieser Führungsschicht keine personelle Alternative gab. Die Wirtschaftsstruktur der Stadt hatte dazu geführt, daß der Wohlstand der Überlinger Oberschicht geringer war als der in den anderen oberschwäbischen Städten. Der Möglichkeit eines personellen Revirements waren damit deutliche Grenzen gesetzt[73].

Doch reicht es nicht aus, den Rat als die Obrigkeit schlechthin anzusprechen, die in ihrer Gesamtheit und ohne Unterschiede an der Macht teilhatte und die politischen Entscheidungen bestimmte. Beschränkt man sich auf eine Analyse der Oligarchisierungstendenzen, also der sozialen Komponente der Verfassungswirklichkeit, so ergibt sich nur ein unzulängliches Bild der tatsächlichen Herrschaftspraxis. Die politische Komponente gehört unerläßlich zu einem umfassenden Bild dazu. Verschiedene Indizien weisen nämlich darauf hin, daß von einem Konzentrationsgefälle der Macht innerhalb des Rats ausgegangen werden muß. Zunächst zeigt schon die Verteilung des Vermögens gravierende Unterschiede. Zwischen 1574 und 1630 betrug das durchschnittliche Vermögen der Bürgermeister 12899 lbd, das der obersten Zunftmeister 8469 lbd; die Ratsmitglieder besaßen dagegen im Schnitt ‚nur' 6182 lbd und die

---

[71] Zwischen 1496 und 1617 schwankte die Größe der 1. Dezile zwischen 80 und 92 Personen. Für diese Auswertung wurde generell von einem Wert von 85 ausgegangen. Dabei wurden nicht nur diejenigen als Angehörige der Führungsschicht berücksichtigt, die gerade in einem Ratsgremium saßen, sondern alle, die ratsfähigen Familien angehörten, da ja Verwandte nicht gleichzeitig im Rat sitzen durften. Vgl. zu dieser Methode S. *Müller* S. 72 ff.

[72] Vgl. dazu den Ratsbeschluß zur Rangfolge der verschiedenen Mitglieder der Führungsschicht bei Prozessionen nach StadtAÜb Rp. 1588—96 fo. 72vf: *Beide herrn burgermaister und stattamman wie von altersher den vorgang haben sollen und dann nach ernannten dreyen heuptern soll allwegen der eltist rath auß dem löwen und mit ime der eltist doctor und alß volgends allwegen ain rathsfreundt und ain doctor mit ime gehen und dem doctor die ehr der rechten seiten gelaßen werden.*

[73] Vgl. Kap. IV.5. – In manchen Städten war es oft so, daß wirtschaftlich potente homines novi die Reformation nutzten, um in eine sich abschottende Führungsschicht eindringen zu können; vgl. z.B. *Ehbrecht*, Formen S. 151 f.; S. *Müller* S. 147 ff. Diese Möglichkeit fehlte in Überlingen.

Richter 5935 lbd. Rang und Einfluß innerhalb des Rates waren deutlich mit dem jeweiligen Vermögen gekoppelt. Nicht ganz so prägnant war diese Abstufung in der ersten Jahrhunderthälfte, doch die Kluft zwischen Bürgermeistern und den übrigen Ratsmitgliedern war auch zu dieser Zeit schon beträchtlich. Mit einem durchschnittlichen Vermögen von 4860 lbd besaßen die amtierenden Bürgermeister mehr als das Zweifache der einfachen Ratsmitglieder, die es im Schnitt auf 2084 lbd Vermögen brachten.

Die Konzentration wichtiger Funktionen in den Händen weniger zeigt sich auch bei der Übernahme verschiedener Ämter[74]. Das wichtigste Amt, das der Stüblinsherrn[75], die die Finanzen der Stadt verwalteten, wurde zwischen 1574 und 1630 siebenmal von späteren Bürgermeistern[76], dreimal von einem obersten Zunftmeister und fünfmal von einem Ratsmitglied übernommen. Das eines Spitalpflegers hatten inne: vier spätere Bürgermeister, zwei Ammanne, sieben oberste Zunftmeister und fünf Räte. Von den zwanzig Pflegern der Spend, des städtischen Almosenfonds, wurden vier später in das Amt des Bürgermeisters gewählt, einer war Ammann, zwei oberste Zunftmeister, neun Mitglieder des Kleinen Rats und vier Angehörige des Gerichts. Eine ähnliche Abstufung zeigt sich auch bei den kirchlichen Pflegämtern. Auf den ersten Plätzen rangierten hier die Ämter der Pfleger des Barfüßerklosters, der Terziarinnen zu St. Gallen und der Pfarrkirche St. Nikolaus[77]. Auch hier dominierten wieder spätere Bürgermeister und oberste Zunftmeister, während weniger wichtige Ämter, wie das eines Pflegers der vacierenden Pfründen oder der alten Mutterkirche St. Michael zu Aufkirch, von Ratsmitgliedern oder Richtern übernommen wurden[78]. Auch bei der Kumulation mehrerer Ämter war vor allem die engere Führungsschicht vertreten. Von den 21 Personen, die 3, 4 oder 5 Ämter auf sich vereinigten, waren 7 spätere Bürgermeister, 2 Ammanne, 5 oberste Zunftmeister und 7 nur Mitglieder des Kleinen Rats.

Neben einem typischen Cursus honorum[79] läßt sich das Bestreben erkennen, wichtige Ämter möglichst mit Angehörigen der engeren Führungsgruppe zu beset-

---

[74] Es wurde nicht die Besetzung aller, sondern nur einiger ausgewählter, besonders wichtiger Ämter untersucht, wie das der Stüblinsherrn, der Spitalpfleger und der Pfleger der Pfarrkirche, die dann mit der Besetzung weniger wichtiger Ämter verglichen wurde. – Zur Möglichkeit anhand der Besetzung verschiedener, nach ihrer Bedeutung gestaffelter Ämter Rückschlüsse auf die Stellung von Ratsmitgliedern zu ziehen, vgl. grundsätzlich *Bàtori/Weyrauch* S. 226 ff.

[75] Bis 1542 in den Ratswahllisten als Seckelmeister bezeichnet.

[76] Die Bürgermeister selbst wurden nicht zu Amtsinhabern gewählt, hatten aber kraft ihres Amtes bestimmte Funktionen, wie z. B. die eines Pflegers der Pfarrkirche, inne.

[77] Von den 12 Pflegern des Franziskanerklosters waren 3 spätere Bürgermeister, 4 oberste Zunftmeister und 5 Ratsmitglieder. Von 14 Pflegern der Schwestern zu St. Gallen waren 5 spätere Bürgermeister, 4 oberste Zunftmeister, 2 Ammanne und 3 Ratsmitglieder. Von den 16 Pflegern der Pfarrei waren 4 spätere Bürgermeister, 2 oberste Zunftmeister, 8 Räte und 1 Richter.

[78] Von den 6 Pflegern der vacierenden Pfründen waren 6 Räte und 1 Richter. Von den 7 Pflegern von St. Michael zu Aufkirch waren 1 oberster Zunftmeister, 5 Räte und 1 Richter.

[79] Vgl. *Rublack*, Konstanz S. 102, zur dortigen Ämterlaufbahn.

zen[80], wobei neben machtpolitischen Gründen auch deren Erfahrung in der Verwaltungspraxis eine Rolle gespielt haben dürfte. Geht man davon aus, daß mit der Übernahme eines wichtigen Amtes auch ein erhöhter Einfluß verbunden war, so zeigt sich deutlich, daß nur eine kleine Gruppe innerhalb des Rats, in erster Linie die späteren Bürgermeister und obersten Zunftmeister, an diesem Einfluß partizipierte. Die Verwaltung der Ämter belegt also die These der Machtkonzentration innerhalb des Rats. Zugleich wird sichtbar, wie die Ämter als Selektionsinstrumente dienen konnten. Wer sich einmal als Spitalpfleger oder als Stüblinsherr bewährt hatte, konnte als Prätendent für die höchsten Stellen innerhalb des Rats gelten. Dabei darf nicht vergessen werden, daß es wiederum das informelle Gremium der beiden Bürgermeister und der sieben neuen Zunftmeister war, das die Besetzung dieser Ämter kontrollierte[81].

Auch bei der Amtsdauer der einzelnen Ratsmitglieder muß stärker differenziert werden. Teilt man die einzelnen Ratsmitglieder nach den Amtsjahren in vier Gruppen ein, so ergibt sich folgendes Bild: Zwischen 1574 und 1630 saßen 11 Personen länger als 20 Jahre im Kleinen Rat, 8 amtierten zwischen 16 und 20 Jahren, 23 zwischen 10 und 15 Jahren, während dagegen 47 Personen, über die Hälfte also, unter 10 Amtsjahren blieb. Für den Zeitraum von 1500 bis 1570 ist der Trend wegen der unvollständigen Daten noch etwas deutlicher ausgeprägt. 4 Ratsmitglieder amtierten länger als 20 Jahre, 10 zwischen 16 und 20 Jahren, 24 zwischen 10 und 15 Jahren und 74 weniger als 10 Jahre. Da mit wachsender politischer Erfahrung auch der Einfluß und der Rang innerhalb des Kleinen Rats gestiegen sein dürften, so belegen auch diese Angaben wiederum das Machtgefälle innerhalb der Obrigkeit.

Vergleicht man nun die Personen, die besonders lange Mitgliedszeiten im Kleinen Rat aufwiesen, mit den Familien, die während des gesamten Untersuchungszeitraumes mit mindestens zwei Familienmitgliedern im Kleinen Rat vertreten waren, ergibt sich: Von den 33 Ratsmitgliedern mit einer Amtszeit über 15 Jahre gehörten nur 8 nicht diesen führenden Familien an; die übrigen 25 Personen verteilten sich auf 18 Familien, von denen 9 bei der patrizischen Gesellschaft zum Löwen eingeschrieben waren. Von diesen 47 Familien haben wiederum 13 einen Bürgermeister gestellt, allerdings nur die Schulthaiß und Kessenring mehr als einmal. Neben der Gesellschaft zum Löwen ragen besonders Küfer-, Bäcker- und Schneiderzunft mit mehrfachen Nennungen hervor. Die nominell gleichmäßige Vertretung der Zünfte wurde also praktisch begrenzt durch die unterschiedliche Bedeutung ihrer Vertreter. Damit zeigt sich, daß die ärmeren Zünfte, trotz der nominell gleichmäßigen Verteilung im Rat, praktisch doch etwas weniger Einfluß besaßen.

---

[80] Vgl. StadtAÜb Rp. 1552–56 fo. 85r, wonach der Rat in der Zeit der Verfassungsänderung beschloß, Ämter zuerst mit Ratsmitgliedern zu besetzen, und erst wenn deren Zahl nicht ausreichte, auf die Richter zurückzugreifen.

[81] StadtAÜb Ratswahlliste 1617–29 Bl. 161v: *[...] ahn obgemeltem tag reden beyde herren burgermaister, desgleichen die 7 herren zunftmaister, von hernachvolgenden ämptern und setzen es hernach ain ainem klainen und grossen rath.*

Tab. 7: Die führenden Ratsfamilien 1500–1630[82]

Familie	Zunft	A.	B.	C.
Angelmüller	Bae	3		
v. Bayer	Loe	5	1	
Besserer	Loe	8	1	1
Betz	Loe	12	2	
Blum	Loe/Fi	3		
Brähin	Kue	6		
Dafridt	Sch	2	1	
Dinner	Kue	3		
Enderlin	Bae	2	2	
Echbegg	Loe	5	1	1
Erlinholtz	Rb	5		
Eslinsberger	Loe	3	1	
Etschenreute	Sn	2		
v. Freyburg	Loe	2	1	1
Fürnabuch	Bae	4	1	
Hagenweiler	Kue	3		
Han	Loe/Sch	5	2	
Heubler	Loe/Mg	3	1	
Hirt	Kue	2		
Jouch	Bae	3		
Langhans	Kue	2		
Kern	Sn/Rb	2		
Kessenring	Loe/Mg	6	3	
Kessler	Kue/Rb	3	1	
Küne	Mg/Sch	2		
Kuonenmann	Mg	2	1	
Mader	Kue/Sn	4		
Mesmer	Rb	2	1	
Moser	Loe/Sch/Fi	3	1	
Mülhaimer	Rb/Sn	3		
Nier	Kue/Bae	2	2	
Öchslin	Mg/Sn	2		
Reichlin v. Meldegg	Loe	7	2	1
Reutlinger	Kue/Sch	5	1	
Rohnbühel	Rb/Kue/Bae/Sch/Fi	5	2	

[82] Zu den Kriterien der Auswahl vgl. Anm. 70. – Spalte A. enthält, wie viele Personen einer Familie ein Ratsamt bekleideten, Spalte B., wie viele von ihnen länger als 15 Jahre amtierten, und Spalte C., wie viele Bürgermeister waren.

Tab. 7: Die führenden Ratsfamilien 1500–1630[82]

Familie	Zunft	A.	B.	C.
Saltzman	Rb/Fi	2	1	
Schaller	Sn/Sch	2		
Schmid	Mg/Bae/Rb	5		
Schneider	Sn	3	1	
Schochner	Mg	4	2	
Schrieff	Kue/Fi	2		
Schulthaiß	Loe	3	3	
Stebenhaber	Loe	2	1	
Übelacker	Mg	2		
Ungemut	Sn	3		
Waibel	Bae/Rb	8	1	1
Wanger	Sn	2		

Die mit dem Machtgefälle korrespondierende hierarchische Ordnung innerhalb der politischen Führungsschicht wird besonders anschaulich durch die Sitzordnung, die Session des Rats, illustriert. Am Sonntag Trinitatis wurde sie in der ersten Sitzung des Kleinen Rats festgelegt, nachdem sich zuvor die Zunftmeister über ihre Session verständigt hatten. Jedes Mitglied des Kleinen Rates wurde durch den Stadtschreiber an den ihm zustehenden Platz loziert. Den Vorsitz führte der neue Bürgermeister, Platz 2 bis 4 nahmen alter Bürgermeister, Ammann und oberster Zunftmeister ein. Danach kamen auf der *neuen zunftmeisterbank* die übrigen 6 Zunftmeister. *Auf der rechten handt gegen den löwen* saßen die Kleinräte, die Räte mit den Rangnummern 18 bis 20 hatten ihren Platz *auf der linken seit gegen dem stüblin werts*, während der letzte ganz unten auf der Zunftmeisterbank saß[83]. Die patrizischen Räte hatten dabei keine eigenen Plätze. Je nach Alter und Amtsdauer rangierten sie auf der Bank der Kleinräte, ohne von den zünftischen Räten besonders getrennt zu sein[84].

Im allgemeinen rückten mit dem Tod eines Ratsmitgliedes die übrigen Ratsmitglieder automatisch vor, während der neu Hinzugewählte auf den letzten Rang loziert wurde, entweder auf den letzten Platz bei den Kleinräten oder den neuen Zunftmeistern. Dieses System wurde fast immer peinlich genau eingehalten, bis auf wenige

[83] Nach StadtAÜb Ratswahlliste 1574–1585. Zwischen 1574 und 1604 enthalten die Listen Angaben über die Session, das heißt zu jedem Rats- oder Gerichtsmitglied wird eine Zahl, der Rang seines Platzes, angegeben. Für diesen Zeitraum läßt sich also die Karriere der einzelnen Mitglieder exakt rekonstruieren.

[84] Vgl. z.B. die Karriere des Onofrius Stebenhaber, der über Rang 21, 20, 18 und 14 schließlich mit Rang 12 im Laufe seiner langen Amtszeit den höchsten Rang eines Kleinrats erreicht hatte.

Ausnahmen. Und interessanterweise handelte es sich bei diesen Ausnahmen fast immer um Persönlichkeiten, die später zu den höchsten Ämtern gewählt wurden. Ein Beispiel sei genannt: Jacob Reutlinger wurde 1587 zum erstenmal zu einem Zunftmeister gewählt und rangierte auf Platz 10. 1590 war er auf der Bank der Kleinräte auf Nr. 19 vorgerückt, 1591 auf der neuen Zunftmeisterbank auf Nr. 9, 1592 aber übersprang er plötzlich auf der Bank der Räte 7 Plätze und saß auf dem ersten Platz mit der Nr. 11; im folgenden Jahr wurde er zum obersten Zunftmeister gewählt, 7 Jahre später war er Bürgermeister[85]. Der Karrieresprung Reutlingers bietet einen schlagenden Beweis dafür, daß im Rat selbst die ‚Kronprinzen‘ für die höchsten Ämter gekürt und dem offiziellen Wahlmännergremium, dem Großen Rat, dann präsentiert wurden. Die Verteilung der Ämter, die Bevorzugung einzelner Ratsmitglieder bei der Session, die öffentliche Demonstration des Ranges bei der jährlichen Fronleichnamsprozession, all dies dokumentiert, daß im Rat wie auch bei den Bürgern stets bekannt gewesen sein muß, wer zum Kreis der eigentlichen Führungsgruppe und deren Anwärtern gehörte und wer nicht. Ganz offenkundig spiegelt die Sessionsordnung des Rats auch den tatsächlichen politischen Einfluß wider. Denn diese Sitzordnung war nicht nur eine Frage des Prestiges. Wer nämlich ganz vorne saß, wurde bei der Umfrage als erster um seine Meinung gefragt. Und damit war wieder, wie schon bei der Wahlordnung, die Möglichkeit verbunden, Entscheidungen zu dirigieren und vorzuformulieren[86].

Dieser Umstand muß bei allen Entscheidungen des Rats mitbedacht werden. An der Willensbildung und Entscheidungsfindung im Rat hatte die engere Führungsgruppe den größten Anteil. Zudem besaß gerade die Meinung der beiden Bürgermeister besonderes Gewicht. Im Unterschied zu den übrigen Ratsmitgliedern waren sie mit allen laufenden Angelegenheiten vertraut, sie führten in der Regel auswärtige Verhandlungen und konnten daher als besonders sachkundig gelten. Waren denn auch einmal der oder die Bürgermeister nicht in der Stadt anwesend, wurden auswärtige Gesandte oder schriftliche Anfragen meist mit der Begründung vertröstet, daß man ohne den Bürgermeister keine Entscheidung fällen könne. Auch wenn es sich dabei oft um eine dem Rat gerade gelegen gekommene Ausrede gehandelt haben dürfte, so gibt es doch auch Beispiele, wo die Begründung gewiß der Wahrheit entsprach[87].

---

[85] Die Karriere des obersten Zunftmeisters Andreas Dafrid, der später Bürgermeister wurde, wies einen ähnlichen Sprung auf wie diejenige Reutlingers, während die beiden anderen obersten Zunftmeister, Lorenz Pschor und Caspar Pfeiner, die beide nicht in das höchste Amt aufrückten, kontinuierlich im Laufe ihrer Ratsmitgliedschaft nach vorne gerückt waren und damit gleichsam zwangsläufig irgendwann einmal zu obersten Zunftmeistern gewählt werden mußten.

[86] StadtAÜb Rp. 1552—56 fo. 126r. 1555 wurde z.B. beschlossen, daß der Bürgermeister das Recht haben solle, bei Gegenständen, die einer ganzen Umfrage, also einer Befragung aller Ratsmitglieder nicht bedürften, die Umfrage aufzuheben *und ain mehrs daruber zumachen.* Auch diese, wohl v.a. aus verwaltungstechnischen Gründen getroffene Maßnahme, indiziert die höhere Qualität der ersten Voten.

[87] Vgl. z.B. StadtAÜb Reutlinger 13 fo. 291. 1520 schickten die Räte einen Brief des Ulmer

Welch herausragende Bedeutung dem Sachverstand der engeren Führungsgruppe zukam, läßt z. B. ein Gutachten aus dem Jahr 1544 erkennen[88]. 1544 verordnete der Rat einen Ausschuß, der die Frage überdenken sollte, ob der Städtetag dieses Jahres besucht werden sollte oder nicht. Der Hintergrund war, daß sich Überlingen wegen seiner Katholizität immer mehr innerhalb der Städtekurie isoliert hatte. Deshalb galt es, die prinzipielle außenpolitische Position der Stadt zu überdenken. Dem Ausschuß gehörten nun an: beide Bürgermeister, der oberste Zunftmeister, der älteste Löwenrat und ein weiterer Zunftmeister, Jacob Hager, mit damals 23 Amtsjahren eines der erfahrensten Mitglieder des Ratskollegiums. Auf den Inhalt des Gutachtens braucht hier noch nicht eingegangen zu werden, doch zweierlei ist aufschlußreich: wer zu diesem Ausschuß verordnet wurde; und daß die Instruktion des Rats für die dann doch abgeschickten Gesandten zum Teil wörtlich die Argumente des Gutachtens übernommen hatte.

Auch wenn der Rat Wert darauf legte, daß alle politischen Entscheidungen von ihm genehmigt werden mußten – jeder Gesandte erhielt ein imperatives Mandat und eine vom Rat genehmigte Instruktion, an die er sich zu halten hatte –, so blieb den Gesandten doch immer auch Spielraum, zumal der Rat von vornherein auch manche Entscheidungen ihrem Ermessen überließ. Die Verhandlungen von 1559 auf dem Reichstag zu Augsburg um die Restauration der Zunftverfassung belegen z. B., daß Bürgermeister Han dabei durchaus selbständig verhandelte. Obwohl es in Überlingen nicht wie in Memmingen, Kempten oder Lindau einen Geheimen Rat gegeben hatte, der nur für die Außenpolitik zuständig war[89], so unterschieden sich die Verhältnisse in der Praxis nicht.

Daß der engeren Führungsgruppe aus Bürgermeister, oberstem Zunftmeister und den erfahrensten und angesehensten Räten mehr Einfluß zukam als anderen Ratsmitgliedern, hing einfach auch mit der Tatsache zusammen, daß nicht alle Ratsmitglieder gleichermaßen die Zeit, das Vermögen und die Neigung besaßen, sich so intensiv um die Angelegenheiten der Stadt zu kümmern, wie es die Führungsämter erforderten. Diese Vermutung legen jedenfalls die verschiedenen Ordnungen nahe, die wegen mangelnden Besuchs der Ratssitzungen erlassen wurden und unter anderem denjenigen einen Verweis erteilten, die *[...] die gehorsamen darnach nit destminder geschumpffiert, als ob inen mit vil raten und rechten wol seye, auß sölhen worten und maynungen auch zu zeiten vil red und handlung entspringt [...]*[90]. Das Engagement innerhalb des Rats differierte also, und man muß deshalb, wenn es gilt, bestimmte politische Entscheidungen zu erklären, fragen, welche Personen eigentlich an den Hebeln der Macht saßen, und sich näher mit dieser engeren politischen Führungs-

---

Rats an die beiden Bürgermeister und einige andere Räte weiter, die sich gerade in Konstanz aufhielten. Manche Geschäfte konnten also nur von den Bürgermeistern erledigt werden.

[88] GLA 225/736; vgl. zum Inhalt ausführlicher Kap. VI.8.
[89] *Eitel*, Zunftherrschaft S. 57 f. Grundsätzlich zur Bedeutung des Geheimen Rats vgl. *Fabian*.
[90] GLA 225/206 (identisch mit StadtAÜb Rp. 1518–30 fo. 70 f.). Vgl. auch StadtAÜb I/53/143, 1557 März 13.

gruppe beschäftigen. Nicht allein die Struktur politischer Herrschaft, sondern auch die Biographien der wichtigsten Herrschaftsträger sind von Interesse.

5. Der Kreis der engeren Führungsgruppe: Bürgermeister und Stadtschreiber

Ganz oben in der Ratshierarchie standen die beiden Bürgermeister. In der Zeit von 1500 bis 1630 waren es dabei nur zwei Familien, die Kessenring und die Schulthaiß, deren Mitglieder mehrmals das Bürgermeisteramt bekleideten. Nach welchen Kriterien wurden also die Bürgermeister ausgewählt? Reichtum war zunächst einmal die erste und grundlegende Voraussetzung, um für die vielfältigen und zeitraubenden Aufgaben eines Bürgermeisters in Frage zu kommen. Daneben spielte der familiäre Hintergrund eine Rolle: Von 14 Bürgermeistern hatte schon der Vater im Rat oder Gericht gesessen. Die meisten verfügten auch bereits über eine gewisse Amtserfahrung, sie hatten mehrere Jahre Ratsmitgliedschaft aufzuweisen und wichtige Ämter übernommen[91]. Die Karrieren Jacob Reutlingers, aber auch seines Vorgängers Mattheus Mesmer zeigen, daß auch bestimmte Fähigkeiten gefragt waren. Mesmer hatte wahrscheinlich die Universität besucht[92], und Reutlinger konnte, bevor er in den Rat kam, bereits auf eine mehrjährige Verwaltungserfahrung zurückblicken, da er unter dem Stadtschreiber Veit Spon mehrere Jahre in Überlingen als Gerichtsschreiber fungiert hatte[93]. Wolfgang Michael Beck, ein Apotheker, hatte wahrscheinlich größere Reisen, unter anderem nach Italien, unternommen[94]. Die Fähigkeiten und der Horizont der einzelnen Persönlichkeiten waren sicherlich genauso wichtige Voraussetzungen wie die erstgenannten. Auf alle Fälle waren es bei den Spitzenämtern, wie die Liste der Bürgermeister zeigt, weniger einzelne Familien, die sozusagen ‚Erbansprüche‘ auf einzelne Ämter gehabt hätten, als herausragende Persönlichkeiten, die sich durch Fähigkeit, Vermögen und einen angemessenen verwandtschaftlichen Hintergrund auszeichneten.

Die Amtserfahrung spielte eine besondere Rolle bei den obersten Zunftmeistern. Von den 19 obersten Zunftmeistern der Jahre 1574 bis 1630 haben nur 6 weniger als 10 Jahre amtiert, und 8 konnten sogar über 16 Amtsjahre aufweisen, bevor sie in dieses Amt gewählt wurden. Und von den zünftischen Bürgermeistern dieser Zeit hatten alle dieses Amt über das des obersten Zunftmeisters erreicht.

Im Laufe des 16. Jahrhunderts lassen sich beim Wechsel der Bürgermeister verschiedene Phasen unterscheiden: die Jahre von 1500 bis 1540, von 1540 bis 1580 und von 1580 bis 1620. Die wichtigsten Persönlichkeiten der ersten Phase waren Hans von

---

[91] Keiner wies weniger als 4 Amtsjahre auf, in der Regel waren es zwischen 8 und 10 Jahren; Hans Schulthaiß II brachte es sogar auf 25 Jahre.

[92] Jedenfalls hatte sich 1556 in Freiburg ein Matheus Mesmer eingeschrieben; nach Matrikel Freiburg 1 S. 416.

[93] Zur Biographie Reutlingers vgl. Boell S. 31 ff.

[94] Nach StadtAÜb Reutlinger 10 fo. 60r, hatte Beck am 26. Nov. 1540 ein Testament gemacht, weil er beabsichtigte, aus beruflichen Gründen nach Venedig und in andere Städte zu reisen.

Freyburg, Caspar Dornsperger und Jacob Kessenring. Dornsperger muß hier mit aufgeführt werden, obwohl er nur wenige Jahre Bürgermeister gewesen ist, weil er schon zuvor als Ratsmitglied bei außen- und konfessionspolitischen Entscheidungen eine zentrale Rolle spielte. Kessenring, der von 1514 bis 1540 die längste Amtszeit während der Reformationszeit aufweisen konnte, war als erster der Familie in den Rat und gleich in das höchste Amt gelangt. Abgesehen vom Bauernkrieg, trat er als Außenpolitiker nie in Erscheinung[95], auf Reichs- und Städtetagen wurde Überlingen immer durch Freyburg oder Dornsperger vertreten[96]. Freyburg, wie Dornsperger 1530 auf dem Reichstag zu Augsburg von Karl V. geadelt, vertrat Überlingen als Bundesrat im Schwäbischen Bund; Bürgermeister war er von 1521 bis 1535.

Eine der für die Überlinger Geschichte jener Zeit wichtigsten Persönlichkeiten war Caspar Dornsperger. Er scheint sehr bewußt seine Karriere gewollt und geplant zu haben – auch er war, wie Kessenring, ein Aufsteiger. 1512 jedenfalls hatte er – allerdings ohne Erfolg – versucht, in die Gesellschaft zum Löwen aufgenommen zu werden und gleichzeitig seine Mitgliedschaft in der Metzgerzunft zu behalten[97]. Während das Domkapitel in Überlingen weilte, war er es, der enge Verbindung zu den Domherren hielt[98]. Und daß er in Konfessionsfragen die entscheidende Kompetenz besaß, indiziert die Aussage Claus Spenglers, der von seinem Zunftmeister Roschacher, den er wegen der Verdächtigungen eines Konstanzers gegen den Weihbischof Fattlin um Rat gefragt hatte, folgenden Bescheid erhielt: *[...] wann der dornsperger alhie were, wöllten wir bey ime rautz pflegen, so ime die sach begegnet were, wie er sich darin halten wöllt, dann in sollhen sachen sey im gut zuhanndlen*[99]. Erneut wird damit die besondere Bedeutung einzelner, führender Persönlichkeiten für die Meinungsbildung und Kompetenzverteilung innerhalb des Rates unterstrichen. Dornsperger, der eventuell mit dem gleichnamigen Abt des Klosters Petershausen, der nach 1529 in Überlingen Zuflucht gefunden hatte, verwandt war[100], vertrat seit

---

[95] Vgl. *Muchow* S. 75 f.

[96] Bereits sein Sohn, Dr. Jacob Kessenring, hatte als Rat verschiedener, meist oberschwäbischer Territorialherren die städtische Karriere zugunsten territorialer Dienstverhältnisse aufgegeben, ohne daß dies indes den Beziehungen zu seiner Heimatstadt Abbruch getan hätte. Nach StadtAÜb III/13/1369, 1539 Juli 10, stand Dr. Jacob Kessenring noch in Diensten des Bischofs von Eichstätt. 1544 vertrat er Graf Friedrich von Fürstenberg auf dem Reichstag zu Worms (Blarer 1 S. 491 ff.), u. nach LAIn Kop. 1557–60 fo. 212 f., 1558 Juni 10, hatte Kessenring, der als Nachfolger des Landrichters in Schwaben im Gespräch war, in den Diensten verschiedener Grafen, Prälaten und Herren in Schwaben gestanden.

[97] Vgl. StadtAÜb Mp. 1510–13 fo. 41 ff., 52 ff. Die Folge war ein Konflikt zwischen dem Rat und der Gesellschaft zum Löwen gewesen, über dessen Verlauf und Ausgang allerdings nichts Näheres bekannt ist; eventuell wurde er mit Hilfe des Kaisers geschlichtet.

[98] Vgl. z. B. GLA 61/7240 fo. 180vf, 211vf. – Nach Vögeli 2.1 S. 745 f., bemühte sich Dornsperger auch 1531, wahrscheinlich im Auftrag der Regierung in Innsbruck, mit Konstanz zu verhandeln.

[99] StadtAÜb I/37/390; vgl. auch Kap. III.4.

[100] Vögeli 1 S. 435. 1529 hatte der Petershausener Abt Briefe und Wertsachen nach Überlingen schaffen lassen. Nach *Feuerstein* S. 74, soll sich der Abt zwischen 1529 und 1538 in Überlingen aufgehalten haben (Hinweis von Frau Dr. G. Koberg).

den zwanziger Jahren die Stadt zusammen mit Freyburg nach außen. Die konsequent an Österreich orientierte Politik der Stadt dürfte er entscheidend mitgeprägt haben[101]. Enge Verbindung zu Österreich besaß auch, wie die ganze Familie der Reichlin von Meldegg[102], Stoffel Reichlin von Meldegg, seit 1526 Löwenrat, 1542 alter Bürgermeister. Er war bis 1523 Vogt in Stockach gewesen, danach Vogt auf Hohenkrähen[103].

Dornsperger starb als Nachfolger Freyburgs 1539, Kessenring 1540. Die lange Periode der Bürgermeister des Reformationszeitalters war damit beendet, ein Generationswechsel brachte eine neue Führungsgruppe an die Macht. Die dominierenden Persönlichkeiten dieser Zeit waren Wolfgang Michael Beck (1552–1579) und Hans Jacob Han (1543–1568). Der Patrizier Jörg Echbegg amtierte während der Zeit der Verfassungsänderung von 1552 bis 1559 als dritter Bürgermeister. Sowohl Echbegg wie auch Hans Moser, ein später nur kurze Zeit amtierender Bürgermeister, standen zeitweise in territorialen Diensten: Echbegg als Vogt des Klosters Ochsenhausen[104], Moser als Überlinger Amtmann des Komturs auf der Mainau[105]. Beck und Han wiederum hatten beide denselben Beruf – sie waren Apotheker[106]. Über die politische und konfessionelle Einstellung und die Beziehungen dieser beiden Bürgermeister ist ansonsten wenig bekannt. Sicherlich überzogen, wenn nicht gar völlig unzutreffend dürften aber die Anschuldigungen des Konstanzer Bischofs gewesen sein, welcher der Überlinger Führungsschicht in jener Zeit vorgeworfen hatte, lutherische Schriften zu

---

[101] Nach LAIn Kop. 1542–44 fo. 256vf, 273f., diente bis 1543 ein Conrad Dornsperger, eventuell ein Verwandter, als Hauptmann König Ferdinands. Die nach Stockach ausgewanderten Nachkommen Dornspergers standen ebenfalls in österreichischen Diensten – ein Indiz für die engen Beziehungen mit der vorderösterreichischen Regierung. Vgl. dazu auch Anm. 98.

[102] Nach LAIn Kop. 1542–44 fo. 74r, u. Kop. 1543–45 fo. 245v, war Dr. Christoph Matthias Reichlin von Meldegg bewilligt worden, eine freiwerdende Advokatenstelle beim Regiment in Innsbruck zu übernehmen. Dieser Sohn Christophs avancierte später zum Rat und Marschall am kaiserlichen Hof. Sein Bruder Christoph Joachim wurde, nachdem er als Hauptmann der Reichstruppen der Städte Überlingen, Ravensburg, Pfullendorf und Buchhorn gedient hatte, ebenfalls kaiserlicher Rat. Die Nachkommen der Linie Clemens Reichlin von Meldegg blieben in Überlingen (vgl. Kap. XV), während die Nachkommen der Linie Kilians 1536 nach Ravensburg zogen, wo Jacob, ebenfalls kaiserlicher Rat, später Bürgermeister wurde; vgl. dazu *Reichlin-Meldegg* S. 42 ff.

[103] *Reichlin-Meldegg* S. 37 f.

[104] Nach Roth von Schreckenstein, Geschichte 26 S. 128, bat am 7. Sept. 1558 der Abt von Ochsenhausen, Echbegg als Vogt annehmen zu dürfen. Am 16. Okt. 1563 supplizierte nach StadtAÜb II/22/1106, Echbegg, ihn vom dem Amt des Ammanns, das ihm dieses Jahr übertragen worden war, zu befreien, da er von seinem Herrn zu einem Kreis- und Kriegsrat des Schwäbischen Kreises ernannt worden sei; vgl. auch StadtAÜb Rp. 1563–64 fo. 59.

[105] *Roth von Schreckenstein*, Mainau S. 311. Moser hatte das Amt von 1563 bis 1570 inne, sein Sohn und später sein Enkel von 1580 bis 1592 bzw. von 1602 bis 1608. Dazwischen wurde es von den Überlinger Patriziern Hans Jacob Besserer und Johann Wilhelm Betz versehen.

[106] *Eitel*, Zunftherrschaft S. 274, 282. – Es fällt auf, daß in dieser Zeit das Prinzip, daß ein Bürgermeister Patrizier sein sollte, durchbrochen wurde. Unter Umständen liegt auch eine Verwechslung mit der patrizischen Familie Han vor, da *Eitel* Han als Zunftmitglied der Schuhmacher nennt. *Eitel* führt ihn als Hans Jacob Haini, gen. Han, während er in den Quellen meist als Hans Jacob Han bezeichnet wird.

lesen, und die Gefahr einer Protestantisierung Überlingens an die Wand malte.
Immerhin war es aber gerade diese Generation, die sich durch eine gewisse konfessionelle Indifferenz auszeichnete[107]. Bedenkt man, daß sie es waren, die mit der außenpolitischen Isolierung der Stadt, einem Erbe der so einseitig prohabsburgischen
Politik ihrer Vorgänger, fertigwerden mußten[108], so ist dies vielleicht nicht mehr so
erstaunlich. Sie hatten die direkten konfessionellen Auseinandersetzungen nicht
mehr erlebt, wohl aber deren vorläufiges Ende, das durch den 1555 zu Augsburg
geschlossenen Religionsfrieden markiert wurde.

Ein neuer Abschnitt begann Anfang der 1580er Jahre. Beck war 1579 gestorben,
sein nur wenige Jahre amtierender Nachfolger Johann Burgberg 1584, der ebenfalls
relativ kurz amtierende patrizische Bürgermeister Johann Schulthaiß bereits 1580.
Die folgenden Jahrzehnte waren wiederum durch personelle Kontinuität gekennzeichnet. Zwei patrizische Bürgermeister, Hans Eslinsberger (1581–1604) und Jacob
Kessenring (1605–1622), standen jeweils ungefähr zwei Jahrzehnte der Stadt vor.
Ihnen standen drei zünftische Bürgermeister gegenüber: Matheus Mesmer
(1585–1600), Jacob Reutlinger (1601–1611) und Andreas Waibel (1612–1621). Am
meisten wissen wir über Reutlinger. Wenn es in Überlingen gegen Ende des 16. Jahrhunderts Ansätze zu einer kirchlichen und religiösen Reform gab, so war er wohl
daran beteiligt oder interessiert. Darauf verweisen seine Kollektaneen, in denen er
gegenreformatorische Flugschriften sammelte, katholische Kirchenhistoriker exzer-
pierte und für die Zeit der Gegenreformation typische Heiligenlegenden überlieferte[109]. Seine persönliche Religiosität setzte er aber auch in konkrete Maßnahmen um.
Die Aufwertung der Fronleichnamsprozession ging auf seine Anregung zurück[110],
und bei den Verhandlungen um die Gründung eines Kollegiatstifts war er an führender Stelle beteiligt[111]. Über die persönlichen Ansichten Waibels ist nichts bekannt.
Immerhin war sein Bruder Domherr des Kapitels zu Breslau[112]; eine enge Orientierung der Familie an der Kirche scheint damit nahezuliegen; Waibel selber stand
wahrscheinlich bis 1592 in den Diensten des Domstifts[113] und ein weiterer Verwandter in den Diensten des Bischofs von Konstanz[114].

Insgesamt sind die biographischen Daten zu spärlich, als daß sie weitreichende
Schlußfolgerungen zuließen. Doch verdient das Phänomen Beachtung, daß die verschiedenen Phasen der Konfessionsbildung jeweils mit einem Generationenwechsel
in der politischen Führungsschicht zusammenfielen – ein deutliches Zeichen des
engen Konnexes zwischen führenden Persönlichkeiten und strukturellen Veränderungen[115]. Bei den Biographien der Bürgermeister, gleich aus welchem Zeitabschnitt,

---

[107] Vgl. Kap. III Anm. 159 u. 160.
[108] Vgl. Kap. VI.8.
[109] Vgl. Kap. II.4.
[110] StadtAÜb Reutlinger 1 fo. 24.
[111] Vgl. Kap. X.3.
[112] Vgl. Obser, Quellen S. 102, wonach einige Stiftungen an die Kirche auf ihn zurückgingen.
[113] Vgl. StadtAÜb Rp. 1588–96 fo. 192r.
[114] Vgl. Kap. IV Anm. 71.
[115] Eine ähnliche Beobachtung am Fall Augsburgs bei *Sieh-Burens* S. 187f., die den Beginn

fällt ferner auf, daß die meisten enge Verbindungen zu den umliegenden Territorien besaßen, sei es, daß sie selbst eine Zeitlang in deren Diensten gestanden hatten oder daß, was öfters der Fall war, nahe Verwandte dort tätig waren[116]. Diese enge Verflechtung mit den Territorien galt übrigens nicht nur für die Bürgermeister, sondern auch für andere Ratsmitglieder. Von der Familie Hager war z. B. der Neffe des Zunftmeisters königlicher und kaiserlicher Rat. Auf dem Reichstag zu Regensburg 1594 war er es, der die Überlinger Gesandten beim Erwerb eines wichtigen Privilegs unterstützte[117]. Ein Sohn des obersten Zunftmeisters Veit Schochner war Advokat in Konstanz, ein anderer Verwandter Verwalter des Klosterhofs Petershausen in Überlingen[118]. Das Ratsmitglied Hans Ungemut war zuvor Hofmeister des Klosters Salem in Riedlingen gewesen[119]. Bürgermeister Beck war mit dem Landschreiber der Grafschaft Montfort zu Tettnang verschwägert[120], und der Bruder Bürgermeister Mesmers stand als Landschreiber zu Weingarten in habsburgischen Diensten[121]. Weitere Beispiele ließen sich aufzählen, doch worauf es ankommt, ist nicht der Einzelfall, sondern der Umstand, daß Überlingen als Reichsstadt nicht nur wirtschaftlich, sondern auch durch vielfältige Kontakte der Führungsschicht mit den umliegenden Territorien verbunden war[122].

Gleiches gilt auch für eine weitere Gruppe von Personen, welche die Geschicke der Stadt mitbestimmten. Gemeint sind die Stadtschreiber, die vielfach die Entscheidungen des Rats vorformulierten. Ulrich Vischer (1517–1525) trat z. B. nach seiner Tätigkeit in Überlingen unter anderem in die Dienste des Klosters Schussenried und als Vogt zu Stockach in die Habsburgs[123]. Einen Rückhalt in der Reformationszeit für seine konfessionelle Option dürfte der Rat aber vor allem an dessen zwei Nachfolgern gehabt haben. Hans Mettezelt (1526–1531) war zuvor Stadtschreiber in Wangen und Kanzler des Abtes zu Kempten gewesen. Er war mit Caspar Dornsperger verschwägert und vertrat Überlingen unter anderem auf dem Städtetag von 1528 zu Esslingen und zeitweise auch auf dem Augsburger Reichstag von 1530[124]. Sein Nachfolger,

einer verschärften Konfessionalisierung mit einem Generationenwechsel in der Führungsschicht in Bezug setzt.

[116] Daß sich solche Verbindungen seit Ende des 15. Jahrhunderts abzeichneten, lassen Ordnungen vermuten, die ein Dienstverhältnis bei gleichzeitiger Mitgliedschaft im Rat verboten; vgl. Oberrheinische Stadtrechte S. 108, 113 f., 280, 314.

[117] Oberbadisches Geschlechterbuch 1 S. 520. Dr. Gall Hager (nach StadtAÜb III/1/1141, 1549 März 23, Sohn des Gallin Hager) war seit 1581 Rat Erzherzog Ferdinands, 1592 erzherzoglicher Rat in Konstanz und seit 1601 kaiserlicher Rat. Zu dem Reichstag von 1594 vgl. Kap. VI.10.

[118] Vgl. StadtAÜb Mp. 1613 fo. 46r.

[119] StadtAÜb Mp. 1617–18 fo. 38vf.

[120] StadtAÜb III/2/1228, 1564 Okt. 8.

[121] StadtAÜb Rp. 1573–87 fo. 201v.

[122] Vgl. grundsätzlich zu diesem Phänomen *Press*, Stadt S. 251 ff.

[123] Vgl. StadtAÜb Mp. 1523–26 fo. 226v; Mp. 1526–30 fo. 28r, 184, 196vf; Rp. 1518–30 fo. 68; GLA 61/7239 fo. 278v; Roth von Schreckenstein, Geschichte 23 S. 12.

[124] Vgl. LAIn Kop.Kam. 1523 Bd. 90 fo. 42v, 393; Bd. 91 fo. 256vf; StadtAÜb Mp. 1510–13 fo. 61r; Mp. 1523–26 fo. 255vf; Mp. 1526–30 fo. 188v. Zu den Gesandtschaften vgl. Kap. V.5.

Caspar Klöckler, amtierte bis 1542 und wurde danach habsburgischer Landrichter zu Weingarten[125], ein Beweis seiner Fähigkeit wie seiner Loyalität gegenüber dem Hause Österreich. Den Habsburgern war auch daran gelegen, über den Stadtschreiber die Fortsetzung der prokatholischen Politik Überlingens soweit wie möglich zu sichern. Jacob Frankfurter, Mitglied des Regiments zu Innsbruck, der deshalb mit Klöckler korrespondiert hatte, nachdem dessen Wechsel verabredet war, bemerkte dazu nur lapidar: *Ich welt, das die von Uberlingen mit ainem guten stattschreiber versehen werden*[126]. Nachfolger Klöcklers wurde denn auch wieder jemand, der bereits zuvor in habsburgischen Diensten gestanden hatte, nämlich der Landschreiber zu Stockach, Hans Eslinsberger (1543–1552), dessen Sohn später zum Bürgermeister avancierte[127]. Damit endete die Ära der äußerlich eng mit Habsburg verbundenen Stadtschreiber. Die beiden nächsten kamen aus süddeutschen Reichsstädten. Veit Spon (1552–1573) gehörte zu der katholischen Minderheit in Ulm[128], und Oswald Hermann (1573–1601) war zuvor Procurator am Hofgericht in Rottweil gewesen[129].

Erstmals zu Beginn des 17. Jahrhunderts kam das Amt des Kanzleiverwalters, wie es jetzt genannt wurde, in die Hände eines Überlingers, und zwar mit Dr. Johann Jacob Beck (1601–1612), der zuvor in den Diensten des Klosters Weingarten gestanden hatte, in die eines Nachkommen des ehemaligen Überlinger Bürgermeisters[130]. Genau mit demselben familiären Hintergrund konnte sein Nachfolger, Dr. Johann Andreas Mesmer, aufwarten[131]. Es begann sich somit eine sozialgeschichtliche Veränderung abzuzeichnen, die auch andere Gruppen, wie den Klerus, umfaßte. Die Söhne führender Familien legten eine akademische Ausbildung ab und stellten damit ein Reservoir dar, auf das die Stadt in Zukunft bei der Besetzung wichtiger Stellen zurückgreifen konnte[132].

6. Die Gesellschaft zum Löwen

Eine weitere Gruppe, deren Einfluß und Entwicklung noch eigens betrachtet werden sollte, sind die Mitglieder der Gesellschaft zum Löwen, des Überlinger Patriziats[133]. Obwohl die Zunftverfassung in Überlingen ihnen nominell nur wenig

---

[125] Vgl. Blarer 1 S. 420; StadtAÜb III/3/1197.

[126] StadtAÜb III/3/1197, 1542 Mai 25.

[127] Vgl. Roth von Schreckenstein, Geschichte 23 S. 12; StadtAÜb I/78/815, 1543 Jan. 2; StadtAÜb Fladt, Gottesackerbuch Nr. 329.

[128] Vgl. StadtAÜb I/78/815 u. 816. Der Vogt von Markdorf hatte sich für Spon verwandt, dem in Ulm anscheinend die Beförderung verwehrt worden war. Wahrscheinlich gehörte er zu der dortigen katholischen Minderheit; vgl. dazu *Lang*, Katholiken.

[129] StadtAÜb I/78/816, 1573 März 16; Fladt, Gottesackerbuch Nr. 404.

[130] Vgl. EAF Ha. 543 fo. 49r; StadtAÜb Reutlinger 10 fo. 60r; Hahn fo. 57v.

[131] Vgl. StadtAÜb I/78/816, 1612 Dez. 10.

[132] Ein Trend, der sich auch für andere Städte nachweisen läßt; vgl. z. B. *Friedrichs*, Urban Society S. 175 ff.; zu Nordwestdeutschland *Schilling*, Vergleichende Betrachtungen S. 4.

[133] Die Frage der Definition des Patriziats kann hier nicht eigens erörtert werden. Vgl. dazu

Rechte einräumte, war ihr praktischer Einfluß in der engeren Führungsgruppe doch etwas größer[134]. Schließlich gab es eine Reihe von Ämtern, die traditionell mit Patriziern zu besetzen waren. Dazu gehörten ein Bürgermeisteramt sowie die vier Löwenräte. Dabei gilt es allerdings, genauer zu betrachten, wer von den Überlinger Patriziern dort eine Rolle spielte. Im Laufe des 16. Jahrhunderts dünnte nämlich das Überlinger Patriziat immer mehr aus[135]. Alte Geschlechter, wie die von Hersperg oder die Reichlin von Meldegg, verbanden sich mit dem reichsritterschaftlichen Adel[136], die Menlishover wanderten nach Konstanz aus und die neu aufgestiegenen von Dornsperger nach Stockach[137]; die von Hasenstein wie die von Bayer starben in der ersten Hälfte des Jahrhunderts aus[138]; die Freyburg waren zeitweise nach Villingen ausgewandert[139]. Wie dünn die personelle Substanz des Überlinger Patriziats geworden war, dokumentiert vor allem der Löwenelfer. Zum einen erreichte er seit 1620 nicht mehr seine volle Zahl, zum anderen wurden dort auch Mitglieder des Löwen aufgenommen, die allein wegen ihres Berufs in diese Gesellschaft eingeschrieben worden waren, wie die städtischen Ärzte oder der lateinische Schulmeister[140].

Aufschlußreich ist es, sich diejenigen Familien anzusehen, aus denen Angehörige in das Amt des Bürgermeisters gewählt worden waren: Dazu zählten die Echbegg, Kessenring, Schulthaiß und Eslinsberger. Die Eslinsberger waren über den Stadtschreiber in das Patriziat gelangt, die Schulthaiß 1546 aus Schwäbisch Hall nach Überlingen eingewandert[141], der patrizische Zweig der Familie Kessenring ging auf Dr. Jacob Kessenring, einen Sohn des Zunftbürgermeisters, zurück. Allein die Echbegg waren schon länger Mitglied des Löwen gewesen. In der Regel waren es also lauter neu in das Patriziat Aufgenommene, die dieses höchste Amt versahen, während die alteingesessenen Geschlechter, wie die Besserer, Betz, Reichlin von Meldegg und Han, allenfalls einen Löwenrat stellten.

Brady, Ruling Class S. 55 ff.; *Bàtori* S. 1 ff.; *Hauptmeyer*, Verfassung S. 327 ff.; *Ders.*, Probleme S. 39 ff.; *Rieber* S. 299 ff. – Das Überlinger Patriziat dürfte starke Ähnlichkeiten mit dem von Lindau, Ravensburg und Memmingen aufgewiesen haben; vgl. dazu auch *Stolze*; *Ruepprecht* S. 5 ff.; *Dreher*, Patriziat.

[134] *Rublack*, Konstanz S. 101, weist ebenfalls auf den Einfluß dank langjähriger Amtserfahrung hin. Ebenso *Eirich* S. 33 ff.

[135] Einen zahlenmäßigen Rückgang gab es auch in Konstanz, Lindau und Kaufbeuren; vgl. *Rublack*, Konstanz S. 101 f.; *Stolze* S. 67 ff.; *Junginger* S. 120 f. –Zu den Überlinger Patriziern vgl. auch Harzendorf, Einwohnerbuch 2 Einl.

[136] *Reichlin-Meldegg* S. 18: Die Reichlin, die unter anderem Besitz bei Billafingen hatten, wurden 1614 in die Reichsritterschaft aufgenommen. Zu den von Hersperg vgl. StadtAÜb III/2/1160, 1161, 1163.

[137] Vgl. Kap. IV Anm. 43.

[138] Vgl. StadtAÜb Fladt, Gottesackerbuch Nr. 67, 80, 109, 110, 644, 645.

[139] Nach StadtAÜb Rp. 1573–87 fo. 184v, erwarb 1578 J. Hans Freyburg von Villingen wieder das Überlinger Bürgerrecht.

[140] Nach StadtAÜb Ratswahlliste 1617–29, gab es 1620 nur neun Löwenelfer und in den folgenden Jahren jeweils zehn. 1624 wurde z. B. der lateinische Schulmeister Sebastian Pfau aufgenommen; auch der Gerichtsschreiber Baptist Spon gehörte dem Elfer an.

[141] StadtAÜb III/6/1279, 1546 Nov. 8.

Vier Gruppen innerhalb der Gesellschaft zum Löwen lassen sich also unterscheiden: 1. Geschlechter wie die Reichlin von Meldegg oder von Hersperg, die sich bereits zu Beginn des 16. Jahrhunderts mit dem Landadel verbanden und später zur Reichsritterschaft zählten, zugleich aber meist noch mit einem Familienmitglied im städtischen Patriziat vertreten waren, freilich keine politischen Führungsämter mehr übernahmen. 2. Alte städtische Geschlechter wie die Besserer oder Betz, die erst Anfang des 17. Jahrhunderts die Verbindung zum Adel suchten. Sie waren zwar als Kleinräte noch im Stadtregiment präsent, übernahmen aber seltener Ämter und nie Führungspositionen[142]. 3. Neu eingebürgerte oder aufgestiegene Familien wie die Kessenring, Schulthaiß oder Eslinsberger, die seit der Mitte des 16. Jahrhunderts die Führungspositionen innehatten. 4. Akademiker und andere Berufe, die in den Zünften nicht unterzubringen waren[143]. Personen aus diesem Kreis gelangten allenfalls in den Elfer der Gesellschaft, nicht aber in den Kleinen Rat. Das besondere Prestige und die Exklusivität, welche die Gesellschaft durchaus besaß, galt nur für die ersten drei Gruppen. Ihre Mitglieder gingen relativ selten eine Heiratsverbindung mit einer Zunftfamilie ein; entweder heiratete man unter sich oder mit dem umliegenden reichsritterschaftlichen Adel[144].

Politische Auswirkungen hatte der besondere Rang, den die Patrizier für sich in Anspruch nahmen, allerdings kaum. Zwischen den zünftischen und patrizischen Mitgliedern der engeren Führungsgruppe gab es keine politischen Gegensätze, Unterschiede bestanden nur hinsichtlich des Prestiges. Der Umstand, daß vor allem homines novi, nicht aber das alteingesessene Patriziat in der politischen Führungsgruppe präsent war, unterstreicht dies noch. Zugleich dokumentiert gerade die Herkunft dieser patrizischen Aufsteiger wie auch der Bildungsgang mancher zünftischer Bürgermeister, daß es sich größtenteils um Persönlichkeiten handelte, die über Erfahrungen in Politik und Verwaltung verfügten. Nicht die ständische Qualität, sondern vor allem die Professionalität dürfte das entscheidende Kriterium für den Aufstieg in die höchsten Ämter gebildet haben.

7. Zusammenfassung: Ratsregiment und Katholizität

Trotz lokaler Unterschiede glichen sich die Verfassungen der oberschwäbischen Reichsstädte: Zunftmeister und zünftische Räte dominierten im Rat. Auch wenn nun in den Reichsstädten die Mitglieder des Patriziats insgesamt eher einer konfessionell

---

[142] Vgl. *Hsia*, Society S. 19, der auch für Münster die Neigung des Patriziats, sich vom Dienst in städtischen Ämtern fernzuhalten, konstatiert.

[143] In Memmingen wurden diese Personen nicht in der Gesellschaft zum Goldenen Löwen, also bei den Patriziern, sondern in der Großzunft untergebracht; vgl. *Eirich* S. 27 f.

[144] Nur für folgende Patrizier lassen sich Ehefrauen aus zünftischen Familien nachweisen: Hans Jacob Besserer (Tochter Bürgermeister Mosers); Ferdinand Brandenburger (Tochter des obersten Zunftmeisters Schochner); Jörg Betz (Anna Furtebächin); Stoffel Betz (Katharina Klöckler); Gall Heubler (Ursula Wangner). – Auch *Schütze* S. 41, konstatiert getrennte Heiratskreise für Bürger und Patriziat in Ravensburg; anders dagegen *Eitel*, Zunftherrschaft S. 50.

konservativen Position zuneigten als die Zunftmeister[145], so kann man doch keinen Gegensatz zwischen beiden Gruppen konstruieren. In Überlingen war der gesamte Rat, in dem der Einfluß der Löwenräte sicherlich nicht bestimmend war, auf den Verbleib bei der alten Kirche fixiert. Entscheidend war die Option der im Rat führenden Persönlichkeiten.

Denn als ein zentrales Merkmal der Überlinger Zunftverfassung hat sich die Konzentration der Macht in den Händen einer kleinen Führungsgruppe herausge-schält. Infolge der hierarchischen Wahl- und Umfragemechanismen im Rat lag so-wohl die personelle Entscheidungskompetenz, die Auswahl und die Präsentation von Bürger- und Zunftmeistern, als auch die politische Entscheidungskompetenz, die Vorformulierung von Beschlüssen und Interessen, bei einer den Kleinen Rat domi-nierenden Führungsgruppe. Wenn man diese im allgemeinen akzeptierten hierarchi-schen Entscheidungsstrukturen berücksichtigt, vermeidet man einseitige, die Mög-lichkeit politischer Partizipation der Bürger überschätzende Interpretationen reichs-städtischer Verfassungswirklichkeit. Einfluß und Struktur dieser Führungsschicht und insonderheit der engeren Führungsgruppe änderten sich im Laufe des 16. Jahr-hunderts nur wenig. Das Maß der Oligarchisierung und Ämterkonzentration blieb die ganze Zeit über ungefähr auf dem gleichen Stand. Es deutete sich nur eine auch in anderen Städten erkennbare Entwicklung an, wonach der Einfluß gelehrter Juristen über das Amt des Kanzleiverwalters zunahm. Zur gleichen Zeit wurden auch die Stellen der Bürgermeister möglichst mit Personen, die Verwaltungserfahrung hatten, besetzt.

Zwei generelle Schlußfolgerungen lassen sich aus der Tatsache der starken Macht-konzentration ziehen: Die konfessionelle Option und Entwicklung einer Stadt hing weniger von den formalen Verfassungsstrukturen, von der Frage, ob patrizische oder zünftische Verfassung, ab, sondern von den realen Machtverhältnissen, Parteiungen und Interessen innerhalb der Führungsschicht. Zum zweiten lassen sich wichtige politische Entscheidungen ansatzweise personalisieren, das heißt infolge der Macht-konzentration, aber auch möglicher Sachkompetenzverteilung innerhalb des Rats sowie der überschaubaren machtpolitischen Situation der Stadt können einzelne Persönlichkeiten als Urheber bestimmter politischer Entscheidungen erkannt wer-den. Damit soll nicht einer simplifizierenden ‚Männer machen Geschichte-Theorie' das Wort geredet werden – die wirtschaftlichen und politischen Sachzwänge spielten dafür eine viel zu große Rolle –, es sollte aber doch unterstrichen werden, daß bei den

---

[145] Vgl. *Eitel*, Zunftherrschaft S. 103 f.; *Eirich* S. 58 ff.; *Stolze* S. 72 f., 173. Besonders augenfäl-lig ist diese Tendenz in Biberach, wo die Bikonfessionalität mit auf die Katholizität eines großen Teils des Patriziats zurückzuführen ist. Doch auch hier gab es einige Patrizier, die proreformato-rische Positionen vertraten; vgl. *Landkreis Biberach* S. 678, 689. Generell wäre es deshalb falsch, wie schon *Stolze* betonte, einen prinzipiellen Gegensatz zwischen der konfessionellen Haltung der zünftischen und patrizischen Führungsschicht annehmen zu wollen. Die konfessionelle Option hing auch hier sehr stark von den spezifischen Interessen und sozialen Verhältnissen der jeweiligen Stadt ab.

angeführten Machtverhältnissen der in hierarchischen Gesellschaftssystemen immer größere Einfluß einzelner Persönlichkeiten nicht außer acht gelassen werden darf.

Im konkreten Falle Überlingens scheinen nun folgende Momente für die Katholizität gewirkt zu haben: Die personellen Möglichkeiten der Führungsschicht waren hier sehr begrenzt. Infolge der agrarischen Wirtschaftsstruktur war deren Zahl und Wohlstand relativ gering, so daß die im Amt befindlichen Personen weitgehend das Potential derjenigen, die für ein Ratsamt überhaupt abkömmlich waren, ausschöpften. Es fehlten personelle Alternativen, die als Wortführer und Träger einer anderen Politik hätten agieren können. Als zweites kam hinzu: Die in der Reformationszeit regierende engere Führungsgruppe, die Bürgermeister sowie Caspar Dornsperger und sein Schwager, der Stadtschreiber Caspar Klöckler, besaßen enge Kontakte zum Haus Habsburg. Insbesondere Dornsperger scheint für die Katholizität gewirkt zu haben, und allem Anschein nach war seine Kompetenz in dieser Frage unbestritten. Wenn sich allein damit die Option für den alten Glauben gewiß nicht erklären läßt, so doch zumindest die Konsequenz, mit welcher der Rat an seiner einmal getroffenen Entscheidung festhielt. Aufmerksamkeit verdient in diesem Zusammenhang auch das Phänomen, daß die verschiedenen Phasen der Konfessionsbildung jeweils mit einem Generationenwechsel in der engeren Führungsgruppe wie wohl auch in der gesamten Führungsschicht zusammenfielen.

Geht man nun davon aus, daß die politische Führung weitgehend die Konfessionspolitik der Stadt formulierte und bestimmte, so muß danach gefragt werden, wie diese Gruppe die politischen Interessen der Stadt definierte und zu wahren suchte. Läßt sich mithin die von der Überlinger Obrigkeit so früh gefällte und konsequent durchgehaltene konfessionelle Option auf bestimmte politische Interessen zurückführen? Nachdem die Machtstrukturen und die formalen Abläufe der politischen Entscheidungsprozesse thematisiert wurden, muß sich der Blick auf die konkrete politische Situation der Stadt richten.

VI. Die Außen- und Reichspolitik 1488–1618

1. Einleitung: Zur Außen- und Reichspolitik einer mittleren Reichsstadt

Für die Obrigkeit eines freien und selbständigen, nur dem Kaiser unmittelbar unterworfenen Reichsstandes war es selbstverständlich, bei ihren Entscheidungen politische Kriterien zu berücksichtigen. Der Rat war sich der außenpolitischen Abhängigkeiten und spezifischen Interessen der Stadt wohl bewußt, ebenso der Tatsache, daß er bei all seinen Handlungen immer auch mögliche politische Konsequenzen im Auge behalten mußte. Gerade in dem altgläubigen Überlingen, wo der Rat mit Erfolg die Bürger auf seine konfessionspolitische Linie hatte einschwören können, besaß die Obrigkeit einen größeren Handlungsspielraum als in protestantischen Städten, wo der sich um die politischen Folgen seines Handelns weniger bekümmernde Gemeine Mann den Rat bedrängte. War aber vorwiegend der Rat für die konfessionelle Entwicklung der Stadt verantwortlich, dann muß man verstärkt nach politischen Interessen fragen, die er bei seiner Entscheidung berücksichtigt haben könnte. War also rationales politisches Kalkül des Rats, möglicher politischer Profit die eigentliche Ursache der konfessionellen Konservativität der Stadt? Haben außenpolitische Interessen die konfessionelle Option des Überlinger Rats beeinflußt oder gar verursacht? Eine Analyse der Überlinger Außenpolitik von 1488, dem Gründungsjahr des Schwäbischen Bundes, bis 1618, dem Beginn des Dreißigjährigen Kriegs, soll die Beantwortung dieser Frage ermöglichen.

Doch vorab muß ein erstes, grundsätzliches Problem geklärt werden: Kann man so ohne jede Einschränkung überhaupt von reichsstädtischer Außenpolitik reden[1]? Gerade eine Reichsstadt von der Größe Überlingens besaß ja kaum ausreichende Ressourcen, um z.B. Außenpolitik im Stile eines Territoriums betreiben zu können. Sie war nicht in der Lage, aus eigener Initiative zu handeln, sie konnte allenfalls auf die jeweiligen Situationen reagieren. Ihr fehlte damit ein wesentliches Moment, das man mit dem klassischen Begriff der Außenpolitik verknüpft: die Kraft, neue politische Konstellationen zu entwerfen und auch zu verwirklichen, kurz, das gesamte machtpolitische Instrumentarium. Andererseits war Überlingen ein eigener Reichsstand und bereits damit gewissermaßen gezwungen, Außenpolitik zu betreiben. Schon der Erwerb der Reichsunmittelbarkeit fiel unter diese Kategorie. Ferner wurde die Stadt

---

[1] *Dreher*, Patriziat 31 S. 264, konstatiert z.B.: „Von einer selbständigen Außenpolitik der Stadt Ravensburg und der Nachbarreichsstädte kann nach 1488 nicht die Rede sein. Über bescheidene Ansätze kam man nicht mehr hinaus". Und *Greyerz*, Stadt S. 14, 33, verwendet allgemein die Begriffe Außenpolitik und Außenbeziehungen in bezug auf die Reichsstädte nur mit Anführungszeichen.

zu Reichs- und Kreistagen geladen und mußte zu den dort behandelten Themen Stellung beziehen. Man wird also von Außenpolitik reden können und müssen, sollte sich dabei aber immer des spezifischen Charakters dieser Außenpolitik einer Reichs- stadt von der Größe Überlingens bewußt sein[2]. Ihre typischen Merkmale lassen sich in drei Punkten fassen:

Erstens: Überlingen war nicht in der Lage, allein, ohne Verbindung zu anderen Ständen außenpolitisch zu agieren, die Stadt mußte sich dem Kräfteverhältnis in ihrer Region anpassen[3]. Im Falle Überlingens wie der oberschwäbischen Reichsstädte insgesamt hieß dies: Sie gehörten zum Gefolge der im Südwesten des Reiches domi- nierenden Habsburger, zu deren Klientel sie gezählt werden[4], zumal auch gerade der Kaiser als der natürliche Verbündete der kleineren Reichsstände galt, die er gegen die Arrondierungsgelüste der Territorien in Schutz nahm. Doch hieß das nun wiederum nicht, daß die Interessen der Reichsstädte mit denen der Habsburger identisch waren, oft war sogar das Gegenteil der Fall. Der Begriff der Klientel verdeckt etwas die komplexe Struktur dieser Beziehung. Die Reichsstädte waren zwar mangels eigener Ressourcen von den Habsburgern abhängig, besaßen aber zugleich eigene Interessen, die sie so gut wie möglich vertreten mußten, und dies taten sie auch. Gerade die Ereignisse der Reformationszeit belegen, daß unter bestimmten Bedingungen auch eine Politik gegen die regionale Schutzmacht möglich war. Alle protestantischen Städte lösten sich zumindest vorübergehend vom Kaiser und gliederten sich in neu entstehende, konfessionelle Bündnissysteme ein. Eine Stadt wie Konstanz suchte sogar bewußt den Bruch mit den Habsburgern herbeizuführen[5]. Damit läßt sich aber auch die Katholizität Überlingens nicht mehr pauschal mit seiner Klientelbindung an die Habsburger erklären[6]. Es erweist sich als notwendig, auf die besonderen politi- schen Interessen der Stadt im einzelnen einzugehen[7].

[2] Allgemein zur Reichspolitik der Städte vgl. vor allem *Isenmann*, Reichsstadt S. 9 ff.; G. *Schmidt*, Städtetag; *Gollwitzer*; R. H. *Schmidt*. An wichtigen Monographien zur Außenpoli- tik einzelner Reichsstädte vgl. E. *Franz*; W. *Mogge*. Meist wird aber zu wenig zwischen den einzelnen Reichsstädten und ihren politischen Möglichkeiten differenziert, so daß unwillkürlich die politisch bedeutenderen Kommunen wie Nürnberg, Augsburg und Straßburg in das Blick- feld rücken, die spezifische Reichs- und Außenpolitik mittlerer Städte bislang aber kaum erörtert wurde.
[3] Vgl. G. *Schmidt*, Städtetag S. 195 ff.
[4] Zur Bedeutung von Klientelverhältnissen im Alten Reich vgl. generell *Moraw/Press* S. 101. Speziell zu den südwestdeutschen Verhältnissen vgl. *Brady*, Turning Swiss S. 43: „Under Maximilian I. the South German free cities more or less became clients of the Crown"; und *Press*, Schwaben S. 31 ff. Zu den Territorialbildungsversuchen der Habsburger in Schwaben vgl. auch *Hofacker*, Herzogswürde, und immer noch *Feine*, Territorialbildung.
[5] Vgl. Kap. III.5.
[6] *Press*, Reichsstadt S. 21, erklärt z. B. die Katholizität Überlingens und Rottweils damit, daß „… die Anlehnung an das österreichische Herrschaftssystem besonders ausgeprägt war …" Damit wird zweifelsohne ein entscheidender Punkt getroffen, es bleibt aber die Erklärung offen, warum gerade im Fall dieser Städte die Bindung so eng war, während andere Kommunen, wie Lindau oder Memmingen, die sich ebenfalls prinzipiell an Österreich orientierten, sich bei ihrer konfessionellen Option davon anscheinend nicht beeinflussen ließen.
[7] So auch schon E. *Franz* S. V: „Das Fundament geschichtlicher Erforschung der Reichsstädte

Zweitens: Wie sahen nun spezifisch reichsstädtische Interessen aus? Was allen Kommunen am Herzen lag, waren vor allem ihre finanziellen und wirtschaftlichen Interessen. „Städtische Reichspolitik bedeutete ganz überwiegend Reaktion auf kaiserliche Hilfsforderungen, …"[8]. Im Mittelpunkt ihrer Außenpolitik stand also für viele Reichsstädte die Frage: Wie können die finanziellen Forderungen des Reichsoberhauptes auf ein für sie erträgliches Maß gesenkt werden? Daneben spielte noch die Frage der Reichsstandschaft einzelner Städte sowie das Stimmrecht des Städtecorpus auf den Reichstagen eine Rolle.

Drittens: Ist das wesentliche Ziel reichsstädtischer Politik bekannt, bleibt noch die Frage: Welche Mittel besaßen die Reichsstädte, um ihre politischen Ziele erreichen zu können? Traditionell gehörten Schirmverträge mit dem Kaiser oder größeren Ständen zu den Mitteln reichsstädtischer Politik[9]. Doch dienten diese Bündnisse vor allem der politischen Sicherung, weniger den finanziellen Interessen der Stadt. Und gerade bei dieser Frage kollidierten ja die Interessen der Städte und der für ihre chronische Finanzschwäche bekannten Habsburger. Doch, wie noch zu zeigen sein wird, erweist sich gerade dieses Problem als Schlüssel zum Verständnis Überlinger Außen- und Reichspolitik.

Jede Beschäftigung mit der Überlinger Außenpolitik dieser Zeit muß hier ansetzen. Wie, wenn überhaupt, konnte der Rat bei der politischen Abhängigkeit und der geringen außenpolitischen Handlungsfreiheit die Interessen der Stadt wahren? Und im Rahmen dieser Untersuchung muß noch weiter gefragt werden: Inwieweit wurde die konfessionelle Option des Rats von diesem Problem beeinflußt, und wie wirkte sich die mit der Reformation anhebende Konfessionalisierung auf die außenpolitischen Möglichkeiten der Stadt aus?

Auf welchen Ebenen spielte sich nun diese Außenpolitik ab? Reichsstädtische Außenpolitik war zunächst einmal Reichspolitik. Die Reichsstädte sollten die finanziellen Lasten des Reiches mittragen, weshalb sie auch zu den Reichstagen geladen wurden. Dort mußten sie ihre finanziellen Interessen verteidigen. Als zweites spielten die Reichsstädte in den verschiedenen Regionen des Reiches eine Rolle. Diese zwei Ebenen spiegeln sich auch in der Überlinger Außenpolitik wider. Überlingen war Mitglied des Schwäbischen Bundes und arbeitete innerhalb des Bundes wiederum eng mit seinen Nachbarstädten in Oberschwaben zusammen. Seine Politik gegenüber dem Bund soll denn auch als erstes untersucht werden (Kap. V.2), danach seine Haltung im Bauernkrieg (Kap. V.3). Im Anschluß daran wird auf die eigentliche Reichspolitik der Stadt eingegangen (Kap. V.4–10). Die abschließende Frage nach der Rolle Überlingens in katholischen Bündnissystemen (Kap. V.11) führt dann wieder auf die regionale Ebene zurück.

---

muß immer bleiben die klare, scharf umrissene Erfassung des im Spezialfall untersuchten Stadtstaates".

[8] *Isenmann*, Reichsstadt S. 89.
[9] G. *Schmidt*, Städtetag S. 195.

2. Die Politik Überlingens im Schwäbischen Bund 1488–1523

In den Jahren von 1488 bis 1523 konzentrierten sich die außenpolitischen Aktivitäten Überlingens vor allem auf den Schwäbischen Bund[10]. Der 1488 gegründete Bund diente zunächst der Wahrung des Landfriedens, womit er den Interessen der kleineren Reichsstände, vor allem der auf Rechtssicherheit gegenüber den Territorien bedachten Reichsstädte entsprach. Zugleich verstärkte er aber auch die Präsenz der Habsburger im Südwesten des Reiches[11], die von den machtpolitischen Implikationen des Bundes profitierten. Damit zogen in seiner Anfangszeit beide Seiten, die Schutzmacht der kleineren Stände wie die Reichsstädte selbst, ihre Vorteile aus der Existenz des Schwäbischen Bundes. Nirgends im Reich waren die Städte zu dieser Zeit stärker an politischen Entscheidungen beteiligt als im Gebiet des Schwäbischen Bundes[12].

Tatsächlichen politischen Einfluß besaßen allerdings nicht die einzelne Reichsstadt, sondern nur mehrere Reichsstädte zusammen bzw. die im Bund auf der Städtebank vereinten Städte. Schon im 14. und 15. Jahrhundert waren allein die in Städtebünden vereinten Kommunen in der Lage gewesen, eine politische Rolle zu spielen. Gerade bei den oberschwäbischen Reichsstädten besaßen städtische Bündnisse eine lange Tradition, auch wenn im Laufe des 15. Jahrhunderts ihre politische Bedeutung mit dem Erstarken der Territorien immer mehr nachgelassen hatte[13]. Mit der Gründung des Schwäbischen Bundes kam es zu einer Renaissance der politischen Kooperation der Städte[14]. Die oberschwäbische Städtelandschaft bot hierfür auch ideale Voraussetzungen: Die geographische Nähe erlaubte eine enge und intensive Kommunikation; es gab keine dominierende große Reichsstadt, sondern nur kleine und mittlere Kommunen, die ähnliche Interessen besaßen. Innerhalb der Städte des

---

[10] Zum Schwäbischen Bund vgl. E. *Bock*; *Hesslinger*; *Laufs*, Kreis S. 58 ff.; zusammenfassend zur politischen Bedeutung des Bundes vgl. *Press*, Bundespläne S. 57 ff. – Zum Verhältnis der Reichsstädte zum Bund vgl. *Brady*, Turning Swiss S. 53 ff.

[11] Vgl. *Brady*, Turning Swiss S. 53 ff.

[12] *Gollwitzer* S. 510; *Hesslinger* S. 195.

[13] Zu den Städtebündnissen des Mittelalters vgl. *Füchtner*. Überlingen selbst war im Laufe des 14. und 15. Jahrhunderts an einer ganzen Reihe von Bündnissen beteiligt (Aufzählung in GLA 225/94). 1431 war es mit Ulm, Nördlingen, Hall und Lindau verbunden, 1441 gehörte Überlingen als Mitglied des Bundes der Bodenseestädte zugleich auch dem größeren Bund, der zwischen diesem Bund und dem niederen Bund in Schwaben geschlossen wurde, an. Dem wiederholt aufgelösten und wieder neugegründeten Bund der Bodenseestädte, in dem meist Konstanz federführend war, gehörte das Land bis zu dessen endgültigem Ende 1475 oder 1476 an; vgl. dazu *Kramml* S. 137 ff.; *Niederstätter* S. 103. Nachdem Konstanz 1470 nicht mehr beigetreten war, stand der Bund unter Überlinger Führung; vgl. Roth von Schreckenstein, Bund S. 225 ff. Nach dessen Ende schloß Überlingen, wie auch Lindau, Ravensburg und Pfullendorf, 1478 einen Schutzvertrag mit Erzherzog Sigismund von Tirol. Abgesehen von einer kurzen Renaissance zu Beginn der 1480er Jahre, als die oberen Städte sich gemeinsam auf den Nürnberger Reichstag vorbereiteten, begann dann erst wieder im Rahmen des Schwäbischen Bundes eine engere Zusammenarbeit der oberen Städte, nun allerdings ohne Konstanz.

[14] Vgl. *Brady*, Turning Swiss S. 70, 133 f.

Bundes bildeten die ‚oberen Städte', wie sie genannt wurden, denn auch eine eigene, oft gemeinsam handelnde Gruppe. Zur Vorbereitung von Bundestagen und Bundesstädtetagen trafen sie sich meist auf eigenen Städtetagen, um ihr Vorgehen miteinander abzustimmen oder über eine gemeinsame Delegation aller oberen Städte zu beschließen. Das Recht, diese oberen Städtetage auszuschreiben, lag bei Überlingen[15]. Zusammen mit Memmingen war es die politisch führende Kraft unter den Reichsstädten Oberschwabens[16].

Daß die Interessen der oberen Städte sich teilweise von denen der anderen im Bund vertretenen Reichsstädte unterschieden, hatte sich schon bei der Gründung des Bundes gezeigt. Sie standen dessen Gründung zunächst durchaus skeptisch gegenüber, da sie um ihre guten Handelsbeziehungen zur Eidgenossenschaft fürchteten[17]. Trotzdem schlossen sich alle, mit Ausnahme von Buchhorn und Konstanz, dem Bund an[18]. Die Vorteile, die der Bund mit sich brachte, schienen zunächst auch für die oberen Städte mögliche Nachteile aufgewogen zu haben, denn 1498 willigten sie – bis auf Lindau – ohne irgendwelche Vorbehalte in eine Verlängerung des Bundes ein[19].

---

[15] Vgl. GLA 225/1239, 1525 Febr. 22, Memmingen an Überlingen: Memmingen entschuldigte sich, daß es wegen der Dringlichkeit der Sache (es ging um den Bauernkrieg, vgl. unten) einen Tag der oberen Städte ausgeschrieben habe. Es wolle damit aber nicht, wie es betonte, das Ausschreiberecht Überlingens verletzen.

[16] Unter den oberen Städten bildeten Memmingen und Überlingen die politischen Zentren, um die sich jeweils eine östliche und eine westliche Gruppe scharte; vgl. *Dreher*, Geschichte 1 S. 277, 301. Überlingen übernahm allerdings erst nach der Abkehr von Konstanz von den oberen Städten diese Führungsrolle, also erst in den 1470er Jahren und vor allem innerhalb des Schwäbischen Bundes. Die Einschätzung von *Dreher*, Patriziat 31 S. 379, wonach Konstanz sich bereits seit der Mitte des 15. Jahrhunderts mit dem Vordringen der Eidgenossen immer mehr von den anderen Bodenseestädten abwandte, wurde durch *Kramml*, S. 147, 153, modifiziert. Erst ab 1483 enthielt sich Konstanz jeglicher Bündnisbestrebungen. Durch den 1510 mit Österreich geschlossenen Schirmvertrag bekam dann die Außenpolitik der Stadt ohnehin ein anderes Gesicht und andere Interessen, und erst die Reformation führte Konstanz wieder näher mit den anderen protestantischen Städten Oberschwabens zusammen; vgl. dazu auch *Rublack*, Situation S. 317 ff. Auch die Bindung der an der Peripherie gelegenen Städte Kempten, Kaufbeuren, Biberach und zum Teil auch Lindaus an die anderen oberen Städte war ungleich schwächer. Während sich Kaufbeuren stärker nach Augsburg orientierte, mit dem es 1462, 1486 und 1497 ein Bündnis eingegangen war (vgl. *Steichele/Schröder* S. 276), schloß sich Biberach stärker an Ulm an. Eine eigene Außenpolitik betrieb auch Lindau, seitdem es 1498 unter Berufung auf sein Schirmbündnis mit Österreich nicht mehr dem Schwäbischen Bund beigetreten war und auch später jeden Beitritt ablehnte; vgl. Klüpfel 1 S. 430. Diese Position scheint dabei zumindest von der tirolischen Regierung teilweise gebilligt worden zu sein, denn nach LAIn Kop. 1519–21 fo. 131 unterstützte sie bei den Verhandlungen 1520 ausdrücklich die Haltung der Stadt, die einen Beitritt zum Bund mit dem genannten Argument ablehnte. Wenn man von der gemeinsamen Politik der oberen Städte spricht, muß man sich also darüber im klaren sein, daß es sich dabei um komplexe Beziehungen von unterschiedlicher Intensität und zum Teil auch unterschiedlichen Interessen handelte.

[17] Vgl. *Dreher*, Geschichte 1 S. 303 f.; *Ders.*, Patriziat 31 S. 263; *Niederstätter* S. 109 ff., zur Haltung der oberen Städte zum Schwäbischen Bund.

[18] E. *Bock* S. 7.

[19] *Ebda.* S. 86. Zu Lindau vgl. Anm. 16 u. *Wolfart* 1 S. 184.

Erst als sich der Bund immer mehr zu einem „Kampfmittel territorialfürstlicher Machtpolitik"[20] zu entwickeln begann – 1500 war auch noch Bayern in den Bund aufgenommen worden[21] –, als Schweizerkrieg und bayerischer Krieg die Beiträge in die Höhe trieben[22], erst in dieser Zeit regte sich ernsthafter Widerstand unter den oberen Städten gegen die Politik des Bundes. So beschwerten sich die Städte bereits 1506 auf dem Bundestag zu Augsburg über die Höhe des Anschlags, den sie schließlich nur, wie sie betonten, aus Gehorsam gegenüber Maximilian I. genehmigten, allerdings nicht ohne eine Gesandtschaft an den König abzuordnen, die sich darüber beschweren sollte[23].

In den folgenden Jahren war es vor allem Überlingen, das sich zusammen mit den anderen Bodenseestädten gegen die hohen Kosten, die ihnen der Bund aufbürdete, zur Wehr setzte. Der vehemente Widerstand Überlingens gegen die stetig steigenden Beiträge wird verständlich, wenn man sich seinen Matrikularbeitrag genauer ansieht. 1488 war es genauso hoch eingestuft worden wie Memmingen, Schwäbisch Hall und Nördlingen; es rangierte noch vor Ravensburg, Biberach und Esslingen; nur Augsburg und Ulm zahlten mehr[24]. Nachdem sein Anschlag kurzfristig gesenkt worden war[25], wurde es 1512 sogar noch höher als 1488 eingestuft; sein Anschlag überstieg nun noch den von Memmingen, Hall und Nördlingen[26]. Die finanzielle Belastung war damit für Überlingen ungleich größer als für Memmingen oder Ravensburg. Beide Städte waren finanziell leistungsfähiger, Memmingen auch noch um einiges größer als das agrarisch strukturierte Überlingen[27]. Zwischen seiner politischen Führungsrolle, die es unter den oberen Städten innehatte, und seiner Finanzkraft bestand eine deutliche Diskrepanz. Dies sollte nicht ohne Auswirkungen auf seine Politik bleiben.

Die Vorbehalte Überlingens und der anderen oberen Städte gegenüber dem Bund werden immer dann faßbar, wenn über eine erneute Verlängerung des jeweils nur auf befristete Zeit abgeschlossenen Bundes verhandelt wurde. 1511 war es wieder soweit, da im folgenden Jahr der 1500 auf zwölf Jahre abgeschlossene Bundesvertrag auslief. Zentrum des Widerstandes waren die Bodenseestädte, also Überlingen, Ravensburg, Pfullendorf und Buchhorn, die, zusammen mit Biberach, Leutkirch und Wangen, den neuen Bundesvertrag nicht mehr unterzeichnen wollten, während die östliche Gruppe der oberen Städte sie nur anfangs unterstützte[28]. Auf mehreren Städtetagen von

---

[20] *Bader* S. 188.

[21] E. *Bock* S. 91.

[22] Vgl. *ebda.* S. 76, 88 ff. – Zur Geschichte Überlingens während des Schweizerkriegs vgl. *Roder*, Überlingen S. 17 ff.

[23] Vgl. GLA 225/1225a, 1506 [April 22]; 1506 [Juni 14]: Abschied des Bundestags zu Augsburg. Bei Klüpfel 1 S. 552, nur unvollständig und etwas irreführend ediert.

[24] Vgl. Klüpfel 1 S. 32 f.

[25] Ebda. 1 S. 406.

[26] Ebda. 2 S. 60 f., 72.

[27] Vgl. Kap. IV.2.

[28] Vgl. *Dreher*, Politik S. 80, der besonders auch die führende Rolle der Bodenseestädte in diesem Konflikt unterstreicht.

Februar bis April 1511 diskutierten diese Städte über eine von Überlingen vorgeschla-
gene Alternative zum Schwäbischen Bund, nämlich ein eigenes Bündnis der oberen
Städte, in das unter Umständen noch die benachbarten Prälaten, Grafen und Herren
aufgenommen werden konnten[29]. Auf einem am 1. März zu Ravensburg abgehaltenen
Städtetag wurde eine solche Verbindung prinzipiell gutgeheißen, ohne daß aber ein
definitiver Beschluß gefaßt worden wäre, da Biberach, Kempten und Isny gefehlt
hatten[30]. Zwar verhandelten die bündnisbereiten Städte bereits am 8. April in Ravensburg mit dem Adel, doch der mittlerweile von Maximilian I. auf die oberen Städte
ausgeübte Druck ließ die Gespräche scheitern[31]. Denn fünf Tage zuvor, am 3. April,
hatte der Kaiser den kleinen Ständen Oberschwabens ausdrücklich verboten, ein
eigenes Bündnis einzugehen[32]. Keine der Städte hatte danach noch gewagt, in Ravensburg verbindliche Zusagen zu geben[33]. Die Intervention des Kaisers hatte das Projekt,
bevor es Gestalt gewinnen konnte, platzen lassen.

Unabhängig davon, wie realistisch ein solches Projekt überhaupt gewesen war, ist
es von Interesse, läßt es doch erstmals die Ziele Überlingens und seiner Bundesgenos-
sen deutlicher hervortreten: Sie befürworteten ein Bündnissystem, das den Landfrie-
den in der engeren Region gewährleistete, lehnten dagegen einen größeren Bund ab,
der ihnen nur größere finanzielle Bürden bescherte, dessen politische Funktionen
aber vor allem den Interessen der Territorien und des Kaisers dienten.

Auch eine andere Variante dieses Bündnisprojekts der Bodenseestädte erwies sich
als Fehlschlag. Am 7. März 1512 hatten sie sich auf ein wiederum von Überlingen
vorgelegtes Konzept geeinigt, mit dem sie dem Kaiser und den übrigen Ständen des
Bundes gegenübertreten wollten. Dieses Konzept sah vor, daß die oberen Städte ein
eigenes Bündnis abschließen sollten, da sie wegen verschiedener Beschwerden in eine
erneute Verlängerung des Bundes nicht einwilligen könnten, zugleich boten sie dem
Kaiser an, über ihre Beziehungen zum Haus Österreich – wahrscheinlich dachte man
an ein bilaterales Sonderbündnis – zu verhandeln[34]. Offensichtlich suchten sie eine
Lösung, die ihrer Abhängigkeit vom Kaiser wie ihren finanziellen Interessen gerecht
werden konnte. Doch dem Kaiser war an solchen Vorschlägen wenig gelegen. Am
26. März hatte er die Städte nochmals aufgefordert, ihre Haltung zu überdenken. Sie
weigerten sich zunächst noch, der am 3. April 1512 in Augsburg beschlossenen

---

[29] Vgl. GLA 225/735, 1511 [Febr. 22], Abschied des Tags zu Überlingen. Daran hatten neben
Überlingen teilgenommen: Memmingen, Biberach, Kempten, Pfullendorf, Wangen, Leutkirch,
Buchhorn und Ravensburg. Zu den weiteren Städtetagen s. Anm. 30 u. 31.

[30] GLA 225/735, 1511 [März 1], [März 9], Abschiede der Städtetage zu Überlingen und
Ravensburg. Daran hatten nur noch Pfullendorf, Leutkirch, Wangen und Buchhorn teilgenommen.

[31] Ebda. 1511 [März 11], Einladungsschreiben Überlingens auf eine Tagsatzung zu Ravensburg am 8. April. GLA 225/1225a, 1511 [April 8], zu Ravensburg versammelte Städte an
Überlingen.

[32] GLA 225/735, 1511 April 3, Mandat Maximilians I.

[33] Wie Anm. 31.

[34] GLA 225/1177, 1512 [März 7], Abschied der Tagsatzung zu Ravensburg; vgl. ebda. 1512
[März 19].

zehnjährigen Erstreckung beizutreten[35]. Im Mai begann jedoch die gemeinsame Front der oberen Städte abzubröckeln, Memmingen, Biberach und Pfullendorf willigten auf dem Bundestag zu Augsburg in die Erstreckung ein[36]. Unter dem zunehmenden kaiserlichen Druck sah sich auch Überlingen gezwungen, den eigenen Rückzug vorzubereiten[37]. Im Juli 1512 schlossen sich die letzten Dissidenten dem neuen Bundesvertrag an[38]. Den Städten blieb nur noch übrig, erneut ihre Beschwerden zu formulieren und dem Kaiser vorzulegen, in der vagen Hoffnung, vielleicht doch noch Gehör zu finden[39].

Zwischen 1520 und 1522 wurde über die dritte Verlängerung des Schwäbischen Bundes verhandelt. Wieder versuchten die oberen Städte sich einem erneuten Beitritt zu entziehen oder zumindest eine Senkung ihrer Beitragspflichten zu erreichen, und wiederum gelang es ihnen nicht, sich durchzusetzen[40]. Obwohl allen Delegierten der oberen Städte bewußt war, daß nur ein gemeinsames Vorgehen Aussicht auf Erfolg versprach, und sie alle immer wieder die Einheit der oberen Städte beschworen, hielt ihre Solidarität auf Dauer den Pressionen des Kaisers und der anderen Mitglieder des Bundes nicht stand. Das Hemd ihrer Partikularinteressen lag den einzelnen Städten am Ende näher als der Rock städtischer Solidarität[41]. Im großen und ganzen wieder-

---

[35] Vgl. Klüpfel 2 S. 57f.; GLA 225/1177, 1512 [März 19], Bericht Adam Besserers an Überlingen. Danach wurden von den anderen Städten im wesentlichen die Vorschläge Überlingens akzeptiert. StadtAÜb IV/17/1806, Instruktion für die Gesandten Überlingens und Ravensburgs zum Bundestag in Augsburg; GLA 225/1253, 1512 [April 16]: Auf einer Tagsatzung zu Ravensburg (Teilnehmer: Überlingen, Ravensburg, Biberach, Pfullendorf, Wangen, Leutkirch, Buchhorn) war beschlossen worden, eine Gesandtschaft an den Kaiser zu entsenden, um ihm die Beschwerden der Städte direkt vortragen zu können. Nach GLA 225/735, 1512 [März 26], hatte der Kaiser allerdings die Städte bereits kurz zuvor aufgefordert, ihre ablehnende Haltung zu überdenken.

[36] GLA 225/1177, 1512 [Mai 23], Bericht Adam Besserers an Überlingen von einer Tagsatzung zu Ravensburg. Danach hätten Ulm und Memmingen die Erstreckung zugesagt; Wangen, Leutkirch und Buchhorn wollten auf dem nächsten Bundestag nochmals ihre Beschwerden vorbringen, notfalls aber auch in die Erstreckung einwilligen. Ebda. 1512 [Mai 30], Bericht Adam Besserers vom Bundestag zu Augsburg. Biberach und Pfullendorf hatten auf den Druck der kaiserlichen Räte hin in die Erstreckung eingewilligt, die anderen Städtegesandten an ihre Städte um neue Weisungen geschrieben. Besserer gibt dem Überlinger Rat zu bedenken, daß man im Falle einer Weigerung mit der Acht rechnen müsse; vgl. auch StadtAÜb IV/17/1806 [1512].

[37] StadtAÜb Mp. 1510–13 fo. 43vf, 1512 [Juni 3], Überlingen an Adam Besserer: Er soll den Abschied auf Hintersichbringen annehmen, zugleich aber weiterhin auf Verringerung ihrer Beiträge dringen. Sei dies nicht zu erreichen, so wolle man sich – wie man zusammen mit dem Großen Rat beschlossen habe – nicht in die Ungnade des Kaisers begeben, sondern in die Erstreckung einwilligen.

[38] *Dreher*, Politik S. 80ff.; *Ders.*, Geschichte 1 S. 340.

[39] Vgl. StadtAÜb IV/17/1806, 1512 [Aug. 29], Abschied des Tages zu Ravensburg, auf dem die Beschwerden der oberen Städte, die dem Kaiser vorgelegt werden sollten, formuliert wurden.

[40] Die bislang einzige, ausführlichere Darstellung dazu aus Memminger Perspektive bietet *Westermann*, Stellung; vgl. auch E. *Bock* S. 171ff.

[41] Die divergierenden Interessen der einzelnen Reichsstädte waren ein Grundproblem korpo-

holten sich die Trends von 1512, im Detail allerdings lassen die Ereignisse von 1520 bis 1522 einige interessante und nicht unwichtige neue Entwicklungen erkennen.

Anders als damals unterstützten diesmal zunächst alle oberen Städte die gemeinsame Politik – die westliche Gruppe um Überlingen ebenso wie die östliche um Memmingen. Selbst Biberach, Kempten und Kaufbeuren hielten sich zunächst zur Kerngruppe der oberen Städte[42]. Diesmal dauerten die Auseinandersetzungen auch länger, der Widerstand der Städte war erbitterter. Ursache dafür war vor allem der gerade beendete Krieg des Bundes gegen Herzog Ulrich von Württemberg gewesen, zu dem die Städte finanziell erhebliche Beiträge geleistet hatten und nach dessen Ende, als die Frage der Rückverteilung der Kosten anstand, die Territorien die Städte, nach deren Ansicht, zu übervorteilen trachteten[43]. Anders als 1512 traten jetzt aber auch Interessengegensätze unter den oberen Städten, vor allem zwischen Memmingen und Überlingen, noch klarer hervor. Grundsätzlich waren ihre Probleme jedoch dieselben: Die finanzielle Belastung durch den Bund war ihnen zu hoch geworden. Ein regionales Landfriedensbündnis unter dem direkten Schutz des Kaisers hätte ihnen völlig genügt, der weitgespannte Rahmen des Schwäbischen Bundes brachte ihnen dagegen keinen unmittelbaren Nutzen. Ihnen war nur daran gelegen, daß die benachbarten kleinen Reichsstände, Prälaten, Grafen und Herren, einem Landfriedensbündnis angehörten[44]. Im Detail variierten allerdings die Interessen der einzelnen Städte ebenso wie die politischen Konzeptionen zu deren Durchsetzung.

Das reichere Memmingen stellte seinen Beitritt zum Bund grundsätzlich nicht in Frage, ihm ging es vor allem um eine Senkung seiner Beiträge. Sein Widerstand hatte nur taktische Gründe, die Verhandlungsposition gegenüber dem Kaiser sollte gestärkt werden, prinzipiell wollten es die Memminger Vertreter aber nicht mit dem am

---

rativer Städtepolitik. Allein die lokale Vereinzelung stand oft schon einer einheitlichen Politik entgegen; vgl. *Laufs*, Einheit S. 52; *Gollwitzer* S. 492.

[42] Zu deren eher lockeren Einbindung in die oberschwäbische Städtelandschaft vgl. Anm. 16.

[43] Wie wichtig diese Frage den Städten war, belegen die zahlreichen Aktivitäten der oberen Städte im Jahr 1519. GLA 225/1233, 1519 [April 8]: Auf einer Tagsatzung zu Ravensburg wurde beschlossen, den Städtehauptmann zu bitten, wegen der Frage der württembergischen Kriegskosten einen Bundesstädtetag auszuschreiben. Am 11. April wurde nach Klüpfel 2 S. 168 f., der Städtetag tatsächlich ausgeschrieben, am 1. Mai zu Esslingen das Problem allerdings bis auf den nächsten Bundestag verschoben. Nach GLA 225/1233, 1519 [Juni 18], forderte Memmingen Überlingen deswegen auf, einen Tag der oberen Städte auszuschreiben. Ebda. 1519 [Nov. 20], Überlingen an den Augsburger Städtehauptmann Ulrich Arzt: Die in Wangen versammelten oberen Städte haben erfahren, daß Herzog Wilhelm von Bayern gebeten habe, ihm das württembergische Geschütz zu verehren. Die oberen Städte schlagen deshalb vor, einen Städtetag auszuschreiben. Laut ihrem Abschied (ebda. 1519 [Nov. 24]) wollten sie erreichen, daß das Geschütz entsprechend der Bundeseinung geteilt werden solle. Auf dem nach Augsburg einberufenen Städtetag scheinen sie diese Position auch durchgesetzt zu haben; vgl. Klüpfel 2 S. 180 f. *Westermann*, Stellung S. 24 f., betont auch, daß sich Memmingen zu dem Zeitpunkt den um Überlingen und Ravensburg gescharten Städten zu nähern begann, als deutlich wurde, daß die Städte die Hauptlast des württembergischen Krieges tragen sollten.

[44] Vgl. Klüpfel 2 S. 220 f., u. GLA 225/1234 o.D. [ca. 1520], zu den Beschwerden der oberen Städte und Überlingens.

Bund offensichtlich interessierten Kaiser verderben. Die gute Beziehung der oberen Städte zu den Habsburgern stand für sie nicht zur Disposition[45]. Überlingen dagegen entpuppte sich auch diesmal als Protagonist einer radikaleren Position. Für die gegenüber den anderen Städten überproportional höher belastete Stadt war die Frage der Verlängerung des Bundes von existentieller Bedeutung. Die Überlinger Obrigkeit scheute deshalb auch nicht vor dem Konflikt mit dem Kaiser zurück. Dazu kam, daß sich Überlingen auch wegen seiner geographischen Lage gefährdet fühlte; es lag am Rande des Gebiets des Bundes und in direkter Nachbarschaft zur Eidgenossenschaft. Im Falle eines Krieges mußte es als erstes mit einem Angriff der Schweizer rechnen[46].

Schon 1519 hatte unter den oberen Städten die Diskussion über die Verlängerung des Bundes begonnen[47]. Daß diesmal zunächst alle oberen Städte sich um eine gemeinsame Haltung bemühten, mag auch mit an ihrem 1519, nach dem Tode Kaiser Maximilians geschlossenen Bündnis gelegen haben, das die oberen Städte auf kurze Zeit einander wieder näherbrachte[48]. Trotz ihrer unterschiedlichen Interessen verständigten sie sich 1520 auf mehreren Städtetagen über eine gemeinsame Verhandlungstaktik[49]. Gegenüber dem Bund wollten sie darauf beharren, keinerlei Zusagen zu einer weiteren Erstreckung zu machen, bevor nicht der Kaiser selbst in Deutschland anwesend sei; ihm allein wollten sie dann ihre Beschwerden vorlegen. Damit hatten sie sich auf eine Verschleppungstaktik geeinigt, die es ihnen erlaubte, wie in einer Überlinger Instruktion formuliert worden war, sich von den anderen Ständen vorfechten zu lassen und nicht selber vorfechten zu müssen[50]. Sich auch auf gemeinsame inhaltliche Positionen zu verständigen, war ihnen anscheinend nicht gelungen. Immerhin hielten die oberen Städte auf allen Bundestagen dieses Jahres hartnäckig an ihrer Auffassung fest, obwohl sie sich darüber im klaren waren, daß sie damit bei den anderen Ständen auf wenig Verständnis stießen[51].

Intern ließ sich allerdings unter den oberen Städten der grundsätzliche Dissens nicht überspielen. Die Memminger Gesandten kritisierten die ihrer Meinung nach zu

---

[45] Klüpfel 2 S. 158: Bereits am 2. Jan. 1519 hatte sich Memmingen anläßlich des Todes Maximilians I. besorgt gezeigt, daß der Bund zerfallen könne. Auch ein Jahr später vertrat Memmingen nach ebda. S. 194 f. (Instruktion vom 14. Okt. 1520) noch diese Auffassung, denn der Memminger Gesandte sollte auf einer Tagsatzung zu Ravensburg gegenüber den anderen Städten den Nutzen des Bundes darlegen.

[46] Vgl. dazu GLA 225/1234 (wie Anm. 44).

[47] Vgl. Klüpfel 2 S. 171 f., 1519 Mai 24, Instruktion des Memminger Gesandten Ludwig Conrater.

[48] Vgl. *Dreher*, Geschichte 1 S. 348 ff. Am 17. Febr. 1519 schlossen sich Konstanz, Überlingen, Lindau, Ravensburg, Pfullendorf, Wangen und Buchhorn zusammen; Memmingen, Isny, Leutkirch und Kempten traten dem Bündnis im März bei. Anlaß war die mögliche Bedrohung Oberschwabens durch die Eidgenossen nach dem Tode des Kaisers gewesen. Nachdem deutlich wurde, daß kein Anlaß zur Besorgnis bestand, verlor das Bündnis sehr bald an Bedeutung.

[49] Vgl. *Westermann*, Stellung S. 34 ff.; Klüpfel 2 S. 183, 188, 190, 195 f.

[50] GLA 225/1234 (wie Anm. 44).

[51] Vgl. GLA 225/1234 o.D., Bericht Hans Freyburgs an Überlingen. Nach Klüpfel 2 S. 197, 1520 Nov. 11, Abschied des Bundesstädtetags zu Augsburg, waren außer den oberen Städten die übrigen Stände bereit, in die Erstreckung einzuwilligen.

forsch und unverblümt formulierte Kritik Überlingens am Bund. Sie fürchteten, beim Kaiser in Ungnade zu fallen. Die oberen Städte sollten ihrer Meinung nach jeden Anschein vermeiden, als ob sie den Bund gänzlich ablehnten. Genau dies war aber die Position Überlingens. Um eine allzu starke Radikalisierung zu verhindern, drohte Memmingen unverhohlen, sich zusammen mit Kempten, Wangen und anderen, ihre Meinung teilenden Städten von den oberen Städten zu trennen[52]. Zwar machte Memmingen seine Drohung zunächst nicht wahr, doch es fällt auf, daß gerade in dieser kritischen Phase erneut der Gedanke eines Sonderbündnisses zwischen den oberen Städten und dem umliegenden Adel auftauchte. Das Projekt war von Graf Haug von Montfort angeregt und anscheinend vor allem von Ravensburg und wohl auch von Überlingen mit Interesse aufgenommen worden. Aber wie 1511 gediehen auch diesmal die Überlegungen nicht sehr weit, die Verhandlungen kamen über erste Kontakte nicht hinaus[53].

Nachdem die oberen Städte 1520 auf mehreren Bundestagen wegen ihrer Haltung scharf angegriffen worden waren, beschlossen sie auf einer am 13. Dez. abgehaltenen Tagsatzung zu Wangen, den Gang der Dinge nicht einfach weiter abzuwarten, sondern selber die Initiative zu ergreifen. Sie wollten ihre Beschwerden direkt beim Kaiser vorbringen. Da sie sich auf eine gemeinsame Vertretung durch ein oder zwei Städte nicht hatten einigen können, beschlossen sie, daß jede Stadt jemanden zu der Delegation abordnen sollte. Das weitere Vorgehen sollte dann auf einer Tagsatzung zu Ravensburg abgesprochen werden[54]. Nach *Westermann* hatte sich damit Überlingen unter den oberen Städten vorübergehend durchgesetzt[55]. Es wollte beim Kaiser direkt dafür werben, daß die oberen Städte nicht mehr in den Bund eintreten mußten.

Anfang 1521 begann Karl V. selbst in die Verhandlungen einzugreifen. Auf einem Tag zu Biberach ließ er durch seine Räte die oberen Städte definitiv auffordern, auf dem nächsten Bundestag unmißverständlich zur Frage der Erstreckung Stellung zu beziehen[56]. Auch gegenüber den bei ihm in Worms vorstellig gewordenen Gesandten der oberen Städte wich er von dieser Position nicht ab. Deren Mission war damit gescheitert[57]. Die Städte gerieten in Zugzwang. Auf einem am 9. März 1521 in Ravensburg gehaltenen Tag deutete sich denn auch bereits das Ende der Opposition der oberen Städte an. Erstmals gaben die Städte ihre zumindest nach außen demonstrierte grundsätzliche Ablehnung des Bundes auf und erklärten, unter bestimmten Umständen in die Erstreckung einwilligen zu wollen; wenn z. B. gesichert sei, daß

---

[52] Vgl. *Westermann*, Stellung S. 40f.; Klüpfel 2 S. 194.

[53] Vgl. Klüpfel 2 S. 195f.

[54] Klüpfel 2 S. 200f.; vgl. auch GLA 225/1235, 1520 Dez. 21; RTA, J.R. 2 S. 744f. Am 19. Febr. 1521 war die Delegation vom Kaiser empfangen worden, der ihr Ansuchen allerdings ablehnte. Bereits am 23. Febr. berieten nach Klüpfel 2 S. 202, die Städte in Memmingen über das Ergebnis der Gesandtschaft.

[55] *Westermann*, Stellung S. 46ff.

[56] Klüpfel 2 S. 201, 1521 Jan. 31, Abschied des Tages zu Biberach; vgl. auch GLA 225/1235, 1521 Jan. 30.

[57] Wie Anm. 54.

auch ihre Nachbarn dem Bund beiträten[58]. Zugleich bereiteten sich Memmingen und Überlingen darauf vor, aus dem nicht mehr lange aufrechtzuerhaltenden Konsens der oberen Städte auszuscheren und ihre eigenen Wege zu gehen. Die jeweiligen Instruktionen für die auf den folgenden Tag zu Ravensburg abgeordneten Gesandten lassen dies erkennen. Der Memminger Gesandte sollte dort die übrigen Städte ultimativ auffordern, sich ihrer Verzögerungstaktik anzuschließen. Konkret hieß dies: Der nächste Bundestag in Augsburg sollte nicht besucht werden, damit man nicht gezwungen werden konnte, in die Erstreckung einzuwilligen, ohne zuvor Zugeständnisse ausgehandelt zu haben. Zugleich erteilte man dem Bund keine prinzipielle Absage, da die Beschwerden, nach deren Beseitigung sie dem Bund beiträten, den dortigen Ständen schriftlich vorgelegt werden sollten[59].

Dem Überlinger Gesandten war befohlen worden, auf dem Tag zu Ravensburg erst einmal auszuloten, ob die anderen Städte immer noch bereit wären, sich auf ein gemeinsames Vorgehen zu verständigen. Nur unter dieser Voraussetzung sollte er weiter an den Verhandlungen teilnehmen. Träte dieser Fall ein, so sollten die oberen Städte nach Ansicht Überlingens folgendes beschließen: Der Bundestag sollte besucht werden. Den Kommissaren des Kaisers sollte auf ihr Ansuchen geantwortet werden, daß die oberen Städte erst dann definitiv über eine Erstreckung beschließen könnten, wenn sie über die Haltung der anderen Stände – gemeint war wohl in erster Linie der umliegende Adel – unterrichtet seien. Damit hätte man Kaiser und Stände über die eigentliche Haltung der oberen Städte weiterhin im unklaren lassen können. Für den Fall, daß die oberen Städte nicht der Linie Überlingens folgen sollten, sah die Instruktion vor, daß sich der Gesandte in Ravensburg auf keinerlei gemeinsame Zusagen einlassen solle. In Augsburg, auf dem Bundestag, sollten dagegen direkte Verhandlungen mit den kaiserlichen Kommissaren aufgenommen werden. Ihnen sollte nach Darlegung der besonderen Probleme Überlingens der Vorschlag eines Sonderbündnisses zwischen Überlingen und den österreichischen Erblanden unterbreitet werden. Lindau, das 1498 aus dem Bund ausgetreten war, ein Sonderbündnis mit den Habsburgern geschlossen hatte und sich seitdem deren besonderer Unterstützung erfreute, mochte hier als Vorbild gewirkt haben[60]. Falls dieses Projekt keinen Anklang fände, könnte man ihnen als zweites vorschlagen, daß Überlingen dem Bund beiträte, wenn es ausreichende finanzielle Entschädigungen dafür erhielte[61].

---

[58] Klüpfel 2 S. 204f. Nach StadtAÜb IV/17/1806, 1521 [Febr. 22], hatten sich auf einem Tag zu Memmingen (Teilnehmer: Überlingen, Ravensburg, Wangen, Leutkirch, Isny, Kempten) die Städte nochmals auf eine weitere Ablehnung der Erstreckung einigen können, zumindest solange, bis sich die anderen Stände, Fürsten, Adel und Prälaten, deutlich erklärt hätten.

[59] Klüpfel 2 S. 205, 1521 März 31, Memminger Instruktion zum Tag nach Ravensburg.

[60] Vgl. dazu Anm. 16.

[61] StadtAÜb V/6/1912 o.D., Instruktion für den oberen Städtetag zu Ravensburg. Die Instruktion ist zwar undatiert, doch da eine beinahe gleichlautende Instruktion am 4. April 1521 dem Gesandten auf den Bundestag nach Augsburg mitgegeben wurde (s. Anm. 63), ist es wahrscheinlich, daß sich diese undatierte Instruktion auf den letzten Tag der oberen Städte, der vor dem Bundestag stattfand, bezieht.

Diese beiden Instruktionen markieren das Ende der bis dahin mühsam aufrechter-
haltenen Solidarität der oberschwäbischen Reichsstädte. Zugleich begann hier der
politische Sonderweg Überlingens, der die Außenpolitik der Stadt in den so bedeutsa-
men Jahrzehnten der Reformation bestimmen sollte. Nachdem deutlich geworden
war, daß sie zusammen mit den anderen Städten kaum ihre finanziellen Interessen
wahren konnte, versuchte die Stadt sich gleichsam mit einer Kehrtwendung beider
Probleme zu entledigen, mit denen sie sich konfrontiert sah: Die sich anbahnende
Isolierung unter den oberen Städten konnte durch ein bilaterales Bündnis mit den
Habsburgern kompensiert werden, und zugleich versprach sich Überlingen davon
auch eine Lösung seiner finanziellen Probleme. Diese Wende der Überlinger Außen-
politik läßt sich ziemlich genau datieren. Am 1. April war Hans Freyburg, dem
Überlinger Gesandten auf dem Bundestag zu Augsburg, noch geschrieben worden,
sich auf keinen Fall in eine Erstreckung einzulassen[62]. Am 4. April erhielt er eine
Instruktion, die im wesentlichen der oben skizzierten Anweisung, wie sie der nach
Ravensburg verordnete Gesandte erhalten hatte, entsprach[63]. Geheime Verhandlungen mit dem kaiserlichen Rat Jacob Villinger begannen dann wahrscheinlich Anfang
Juni[64].

Ein Städtetag Anfang Juli in Ravensburg zeigt, wie wenig Hoffnungen Überlingen
noch auf die anderen Städte setzte, obwohl diese sich weiterhin um ein gemeinsames
Vorgehen unter Einschluß Überlingens bemühten. Der Überlinger Gesandte, Caspar
Dornsperger, hatte eine so allgemein gehaltene Vollmacht erhalten, daß er sich nicht
in der Lage sah, den in Ravensburg ausgehandelten Abschied zu ratifizieren. Dabei
unterschied sich dieser im Grunde kaum von früheren Abschieden. Zwar erklärten
sich die Städte darin grundsätzlich bereit, dem Bund wieder beizutreten, doch nur
unter der Bedingung, daß ihre Beschwerden tatsächlich berücksichtigt würden[65]. Die
Position der anderen Städte hatte sich damit seit April kaum verändert, Überlingen
hingegen hatte insgeheim begonnen, eigene Wege zu gehen. Die in Ravensburg
versammelten Städte schienen dann auch ziemlich überrascht gewesen zu sein über
die brüskierende Antwort Überlingens auf ihre Bitte, Dornsperger eine weitergehende Vollmacht auszustellen[66]. Überlingen hatte ihnen geschrieben: *Jetzt da es zum
Treffen [auf dem Bundestag zu Augsburg] gehe, sehen sie es zum Besten aller oberen
Städte für Noth an, ehe man sich zu weit einlasse, zu erfahren, was sich jede Stadt zu
den andern zu versehen habe. Denn man merke wohl, dass mehrere Städte ihr Ding
abermals nur mit Briefen berichten wollen; etliche seien auch wieder abgefallen. [...]
Finde nun ihr Gesandter diesen Trost bei ihnen, so wollen sie nicht von ihnen gehen*

[62] StadtAÜb Reutlinger 13 fo. 294vf, 1521 [April 1], Überlingen an Hans Freyburg.

[63] GLA 225/1235, 1521 April 4.

[64] Ebda. Überlingen an Jacob Villinger: Gallus Heubler wird als Gesandter der Stadt zu ihm
geschickt, weil die Stadt *allerhand zu supplizieren habe*. Worüber genau verhandelt werden
sollte, wird nicht erwähnt.

[65] StadtAÜb IV/17/1806, 1521 [Juli 10], Schreiben der in Ravensburg versammelten Städte an
Überlingen. – Zur Haltung Memmingens in dieser Zeit vgl. Klüpfel 2 S. 210f., 1521 Juli 17.

[66] StadtAÜb IV/17/1806, 1521 Juli 18, Caspar Dornsperger an Überlingen.

und mit ihnen eine unverweisliche Antwort beschliessen helfen; wo nicht, so verant-
worte sich jede Stadt selbst, und handle und behelfe sich, wie sie es für gut hält[67].
Überlingen gab damit deutlich zu verstehen, daß es nicht bereit war, in dieser
Angelegenheit einzulenken, ganz gleichgültig, ob die anderen Städte es unterstützten
oder nicht.

Ein Bericht der Überlinger Gesandten Hans Freyburg und Caspar Dornsperger
vom Bundestag in Augsburg belegt, wie ernst es den Überlingern mit ihrem Allein-
gang war. Mit einem fast trotzigen Selbstbewußtsein waren sie bereit, auch allein auf
sich gestellt die Interessen ihrer Stadt zu vertreten, *den es gefelt nit iederman,* so
schrieben sie, *das mir also dapfer sind, das lassend mir uns gar nit steren, uff das*
welend wir by ain andren also warten bys all ober und understet uff Sanct Jacobstag zu
samen komend, dan es ist iederman ernstlich geschriben, dar uff welend wir losen wie
sich ain iede stat halten wel, werden wir dain witer von den ober steten angelangt,
welen wir aber handlen, was wir vermainend gemainer stat nutz zu sin, dan mir
kündend wol sehen, das iederman sin aigen nutz betrachtet, [...][68].
Die Befürchtungen Überlingens über das Verhalten der anderen Städte erwiesen
sich auch als zutreffend. Schon Anfang August gaben diese ihren Widerstand auf. Auf
ein am 6. Aug. 1521 erlassenes Mandat des Kaisers traten Biberach und Kaufbeuren
dem Bund bei[69], die anderen oberen Städte um Memmingen beschlossen am 7. Aug.,
auf einem Tag in Memmingen, die Erstreckung wieder anzunehmen, allerdings nicht
ohne sich weiter um Abstellung ihrer Beschwerden zu bemühen[70]. In Wirklichkeit
hieß dies aber nur, daß sie sich, wie schon 1512, letztlich nicht hatten durchsetzen
können. Trotz weiterer Verhandlungen wurden ihre Beschwerden nur zum geringsten Teil beigelegt[71]. Als sie am 17. März 1522 den neuen Bundesvertrag unterzeich-
neten, hatten sie nicht verhindern können, daß der Bund für die kleineren Reichsstände, Adel und Städte, immer weniger Vorteile brachte, den Fürsten dagegen immer
mehr Einfluß zugestand[72].
Was war aber nun mit Überlingen geschehen? Welcher Erfolg war ihrer Verhandlungstaktik beschieden gewesen? Überlingen setzte im Verlauf des Juni und Juli seine

---

[67] Klüpfel 2 S. 211, 1521 Juli 17.
[68] StadtAÜb Reutlinger 13 fo. 299f., 1521 Juli 21, Bericht Hans Freyburgs und Caspar
Dornspergers vom Bundestag zu Augsburg.
[69] E. *Bock* S. 174f.
[70] Nach Klüpfel 2 S. 212, 1521 Juli 18, beschlossen Memmingen, Ravensburg, Pfullendorf,
Isny und Buchhorn, dem Bund nur beizutreten, wenn sie *mit Ringerung ihrer ... Beschwerden*
bedacht würden. Am 7. Aug. erklärten sie nach ebda. S. 214f.: *... so wollten sie sich auch nicht*
länger sperren, sondern sich hiemit zur Erstreckung erbieten, doch unter der Bedingung, dass ihre
Beschwerden gnädiglich gehört und abgethan werden. Praktisch hatten sie damit in die Erstrek-
kung eingewilligt; vgl. auch *Westermann,* Stellung S. 62. Am 9. Okt. 1521 dankte Karl V.
Memmingen dafür, daß es wieder dem Bund beitreten wolle, und versprach dafür zu sorgen, daß
auch Prälaten und Grafen wieder beitreten; Klüpfel 2 S. 217.
[71] So das Fazit von *Westermann* S. 64.
[72] Vgl. *Laufs,* Kreis S. 134f., wonach die Einung vom 17. März 1522 die Dominanz der
Fürsten auf Kosten des Einflusses von Adel und Städten besiegelte.

direkten Verhandlungen mit den Räten des Kaisers und des Erzherzogs Ferdinand fort. Mittlerweile hatte es seine Forderungen präzisiert: In den Bund könne es nur dann wieder eintreten, so argumentierte es, wenn man seinen bisheriger Anschlag um genau die Hälfte senkte. Nachdem der Vorschlag eines Sonderbündnisses offensichtlich nicht akzeptiert worden war, fixierte es sich auf seine finanziellen Beschwerden. Diese Forderung war von den Räten Erzherzog Ferdinands wahrscheinlich bereits auf dem Bundestag zu Augsburg Ende Juli 1521 akzeptiert worden[73]; wohl nachdem abzusehen war, daß die übrigen Städte dem Bund beitreten würden. Sie wollten nicht riskieren, allein wegen der Starrköpfigkeit einer Reichsstadt die ganzen Verhandlungen aufs Spiel zu setzen oder zumindest weiter hinauszuzögern. Denn wenn Überlingen mit Erfolg weiter sich einer Erstreckung widersetzte, so befürchteten sie, könnte dieses Beispiel die Haltung vor allem der anderen Bodenseestädte, aber auch weiterer Stände negativ beeinflussen. Wäre es auch kaum möglich gewesen, allen oberen Städten Zugeständnisse zu machen, wie es diese verlangt hatten, so war dies ohne Mühe möglich, wenn es sich nur noch um eine einzelne Stadt handelte und wenn zudem die anderen Stände davon nichts erführen[74].

Doch der Plan der Innsbrucker Räte fand einen Gegner: Kaiser Karl V.. Er war nicht bereit, Überlingen ein derartiges Zugeständnis zu machen. Erführen die anderen Stände davon, entstünde seiner Meinung nach ein irreparabler Schaden. Es wäre in einer solchen Situation unmöglich, mit anderen Städten wie Augsburg oder Nürnberg über deren Beschwerden zu verhandeln[75]. Damit brachte er die Räte in ein nicht geringes Dilemma. Auf der einen Seite gab es einen unmißverständlichen Befehl des Kaisers, den sie andererseits den Überlinger Gesandten vorenthielten[76], aus der wohl nicht unbegründeten Furcht, daß ihre Verhandlungen mit der Stadt in diesem Fall platzen würden. Also versuchten sie vorerst ein Doppelspiel. Auf der einen Seite hielten sie die Überlinger mit allgemeinen Zusagen und Vertröstungen hin und versuchten zugleich über Erzherzog Ferdinand auf Karl V. einzuwirken, daß er seine ablehnende Haltung revidiere[77]. Daß ihnen dieser Balanceakt nicht allzu leicht ge-

---

[73] Vgl. LAIn Kop. 1521–23 fo. 323vff, 1522 Okt. 20, Regiment Innsbruck an Erzherzog Ferdinand. In diesem Bericht wird der gesamte Verhandlungsvorgang zusammengefaßt, ohne daß allerdings genaue Daten genannt würden. Doch läßt sich aufgrund einiger Hinweise der zeitliche Rahmen ungefähr abstecken. Auf dem Bundestag zu Augsburg [24. Juni 1521] war mit den Seestädten, vor allem aber mit Überlingen, unter Androhung der Acht verhandelt worden. Trotzdem willigte Überlingen erst in die Erstreckung ein, als ihm zugestanden wurde, bei Feldzügen des Bundes und anderen Anlagen nur jeweils die Hälfte bezahlen zu müssen. Es dauerte dann allerdings noch geraume Zeit, bis Karl V. dieses Zugeständnis der Innsbrucker Räte ratifizierte; vgl. unten.

[74] Vgl. ebda.

[75] Ebda.

[76] Ebda. fo. 325f.: [...] solche der kay. mt. ubergesandte maynung ward denen von Uberlingen durch die kaiserlichen commissarien und pundtsräte zu verhuetung, zerstorung aller handlung nit geoffnet [...].

[77] Vgl. ebda. fo. 268v, 325f., 355f. Die Schreiben sind jeweils undatiert, beziehen sich aber wahrscheinlich auf das Jahr 1522.

macht wurde, dafür sorgte dann der Überlinger Rat. Offiziell hatte Überlingen zwar der Erstreckung des Bundes zugestimmt, den 1522 geschlossenen Bundesvertrag aber nicht besiegelt. Nun drohte der Rat, die ganze Angelegenheit den anderen Bundes- ständen aufzudecken, wenn er nicht endlich eine schriftliche Bestätigung über die versprochene Halbierung seiner Beiträge zum Bund erhielte. In diesem Fall fürchte- ten die Innsbrucker Räte, daß dies *[...] ain ganze zerrüttung und verhindrung [unter den Ständen des Bundes] bringen mecht [...]*[78].

Am Ende dieses Verhandlungspokers stand dann ein Sieg der Überlinger. Am 26. März 1523 beurkundete Karl V. ein Abkommen, in dem er Überlingen zusagte, sie bei allen künftigen Anlagen des Bundes *[...] zu halbem thail gnedigklich [zu] enthe- ben und sy die von unser tirolischen camer zu iren handen auf ir ersuochen erstatten und bezalen lassen sollen und wollen [...]*[79]. Damit also die Sache vor den anderen Ständen geheimgehalten werden konnte, bezahlte Überlingen offiziell den ganzen Beitrag, erhielt dann aber insgeheim von der Kammer in Innsbruck die Hälfte wieder zurückerstattet.

Die Politik Überlingens im Schwäbischen Bund läßt beispielhaft die in dieser Form das gesamte 16. Jahrhundert über gültigen Grundprinzipien Überlinger Außenpolitik erkennen. Die politischen Interessen Überlingens und seiner Nachbarn waren im Grunde auf die engere Region beschränkt. Daneben kreiste ihr Denken vor allem um finanzielle Fragen. Zur Sicherung ihrer Interessen gab es zwei mögliche Bündnispart- ner: die benachbarten Städte und Österreich. Ironischerweise war es gerade das später protestantische und dem Schmalkaldischen Bund beigetretene Memmingen, das zu dieser Zeit viel stärker als Überlingen auf gute Beziehungen zum Reichsoberhaupt Wert legte und den Bruch mit dem Kaiser mied, während das katholische Überlingen zur Durchsetzung seiner Interessen ungerührt dem Kaiser Paroli bot. Die Fronten verliefen 1520 also genau umgekehrt als in den Jahren der Reformation. Wie läßt sich nun diese Situation, die gegenüber den anderen oberen Städten so dezidiert eigenstän- dige und allein dem eigenen Vorteil verpflichtete Außenpolitik Überlingens erklären? Auf einen Faktor wurde bereits verwiesen: die Diskrepanz zwischen der finanziellen Belastung Überlingens im Bund als Folge seines traditionell hohen oder gar überhöh- ten Prestiges und seiner im Vergleich zu den Nachbarreichsstädten schwächeren Finanzkraft. Die dafür verantwortliche agrarische Wirtschaftsstruktur trug zudem zu einer stärkeren Einbindung der Stadt in die Region bei, die nun wiederum deutlich von dem vorderösterreichischen Einfluß geprägt war. Die daraus resultierende stär- kere politische Abhängigkeit von den Habsburgern muß im Falle Überlingens daher stets ins Kalkül gezogen werden.

Wie läßt sich damit aber andererseits die Politik des Jahres 1520 wie auch diejenige von 1512 erklären, als Überlingen viel weniger als die anderen Städte den Konflikt mit

---

[78] Vgl. ebda. Überlingen hatte mit Herzog Wilhelm von Bayern verhandelt und gedroht, die ganze Sache den anderen Ständen des Bundes aufzudecken.

[79] StadtAÜb I/2/18, 1523 März 26. Eine Abschrift der Urkunde in LAIn Kop.Kam. 1523 Bd. 89 fo. 15r.

den Habsburgern scheute? Besaß die Stadt vor 1523 also doch keine prinzipiell engere Bindung an die Habsburger als z. B. Memmingen oder andere, später protestantisch gewordene Städte? War es erst der Vertrag von 1523, der den Charakter der Überlinger Klientelbindung veränderte? Da es keine Quellen, wie Briefe oder Gutachten, gibt, die einen detaillierten Einblick in die Beweggründe der federführenden Überlinger Außenpolitiker erlauben, dürften sich diese Fragen nicht endgültig klären lassen. Fest steht, daß neben der strukturellen Abhängigkeit der Vertrag von 1523 Überlingen noch enger an die Habsburger band und die traditionell enge Klientelbindung noch intensivierte. Die konkreten finanziellen Vorteile des Vertrages, welche der Rat gewiß nicht leichtfertig aufs Spiel setzen wollte, dürften seine Konfessionspolitik nachhaltig beeinflußt haben.

Welche Folgen der für Überlingen so vorteilhafte Vertrag in Zukunft noch zeitigen sollte, war damals für den Rat noch nicht abzusehen. Dank des Vergleichs mit dem Kaiser hatte er zunächst seinen Handlungsspielraum wiedergewonnen, und zwar auch gegenüber den anderen oberen Städten, mit denen Überlingen nach außen hin auf den Städtetagen wieder eng zusammenarbeitete[80]. Im Hintergrund stand aber immer das besondere Verhältnis zu Habsburg, von dem die anderen Städte nichts wußten. Nur wenn man diesen Sachverhalt kennt und zudem die zunehmende Konfessionalisierung der Politik in den folgenden Jahren im Auge behält, kann man die Überlinger Außen- und Reichspolitik in den Jahrzehnten der Reformation verstehen und erklären.

3. Überlingen und der Bauernkrieg 1525

Anfangs war indes, zumindest nach außen, die alte Einheit der oberen Städte wiederhergestellt worden. Sie überdauerte sogar noch die ersten Jahre der Reformation. Erst 1524 begann sich der konfessionelle Bruch unter den oberen Städten anzudeuten, offen zutage trat er mit einem politischen Ereignis: dem Bauernkrieg von 1525[81]. Gerade die Ereignisse des Bauernkrieges zeigen besonders prägnant, daß konfessionelle Entwicklung, soziale Verhältnisse und politische Vorgehensweise der einzelnen Städte untrennbar miteinander verbunden waren. Während Memmingen und andere protestantische Städte unter dem Druck der eigenen Bevölkerung Ver-

---

[80] Nachdem die oberen Städte der Erstreckung des Bundes zugestimmt hatten, wurde über die Abstellung ihrer Beschwerden verhandelt. Dabei traten die oberen Städte wieder gemeinsam auf, wenn auch Überlingen insgeheim parallel mit der Regierung in Innsbruck über eine schriftliche Bestätigung seiner Zugeständnisse verhandelte (s. oben). Zu den Verhandlungen, bei denen Überlingen und Memmingen wieder als Wortführer der Städte auftraten, vgl. Klüpfel 2 S. 220f., 225; GLA 225/1236, 1522 [März 6], Memmingen an Überlingen; StadtAÜb Reutlinger 13 fo. 313f., 1522 Juni 25, Hans Freyburg an Überlingen.

[81] Auch nach R. H. *Schmidt* S. 235, markiert der Bauernkrieg den Bruch unter den Städten. – Zum Bauernkrieg vgl. immer noch G. *Franz*; ein Resümee der neueren Forschung bietet *Buszello/Blickle/Endres*.

handlungen mit den aufständischen Bauern befürworteten, also einer Vermittlungspolitik das Wort redeten, gehörten Überlingen, Ravensburg und Pfullendorf zu den
„Hard-linern"[82] unter den Städten. Ihre Politik gegenüber den Bauern unterschied
sich auf den ersten Blick kaum von der des Schwäbischen Bundes und der Territorien.

In der neueren Forschung hat man sich mit der Politik dieser Städte kaum beschäftigt; hier interessierten vor allem die Verbindungen zwischen städtischen reformatorischen Bewegungen und den Haufen der Bauern sowie die Folgen des Konflikts für
die Politik des Rats[83]. Eine Politik, wie sie Überlingen vertrat, galt im Grunde als
atypisch für eine Reichsstadt. Dabei wurde aber übersehen, daß die jeweilige Bauernkriegspolitik der Städte direkt aus den verschiedenen konfessionellen und sozialen
Verhältnissen resultierte, genauso wie auch die Altgläubigkeit einer Stadt Folge
spezifischer Bedingungen war. Auch die Hard-line-Politik Überlingens war eine
typisch städtische Politik, nur eben unter anderen Vorzeichen.

Überlingen wurde im Laufe des Bauernkrieges nur dreimal selbst direkt in die
Auseinandersetzungen hineingezogen. Die Ereignisse brauchen dabei im folgenden
nur kurz resümiert zu werden, da sie von Ludwig *Muchow* bereits ausführlich
geschildert wurden[84]. Schon im Herbst 1524, als der Bauernkrieg in der Landgraf-
schaft Stühlingen seinen Anfang nahm, bat der österreichische Vogt der Grafschaft
Nellenburg, Hans Jakob von Landau, Überlingen um militärische Unterstützung[85].
Obwohl Überlingen noch gar nicht selbst bedroht war – die Stühlinger Bauern
gefährdeten zunächst vor allem den Adel im Hegau und die vorderösterreichischen
Lande –, kamen sie der Bitte des Nellenburger Vogtes nach. Die noch frische
Verbindung mit Habsburg scheint hier die Überlinger Hilfsbereitschaft etwas beflü-
gelt zu haben. Doch von Landau war mit seiner Supplik zu voreilig gewesen. Vielleicht war er auch von der sofortigen Hilfsbereitschaft der Überlinger etwas überrascht worden. Wie dem auch sei, von Landau hatte jedenfalls zu diesem Zeitpunkt
noch nicht einmal seine eigenen Truppen gesammelt, und so mußten die Überlinger
ihre bereits zum vereinbarten Treffpunkt abgesandten Truppen *zu was spott, schimpf
und nachred*[86] der Stadt wieder zurückziehen.

Dieses Debakel ließ sie in Zukunft etwas vorsichtiger werden[87], es änderte aber
nichts an ihrer grundsätzlichen Bereitschaft, die Habsburger zu unterstützen. Doch,
und dies muß betont werden, akzeptierten sie nicht vorbehaltlos das Vorgehen der
österreichischen Regierung. Als sie am 7. Okt. erneut Truppen gegen die Bauern zur

---

[82] *Sea* S. 27.

[83] Vgl. *ebda.* und *Dirlmeier*, Stadt S. 254 ff.

[84] *Muchow.* Vgl. auch *Bittel* S. 31 ff., der gegen *Muchow* betont, daß Überlingen keine
prinzipiell bauernfeindliche Politik betrieb. Auch wenn *Bittel* zu Recht auf die von *Muchow*
weniger beachteten Vermittlungsbemühungen des Rats hinweist (s. unten), so idealisiert er doch
die Zunftverfassung der Stadt, die er als tiefere Ursache dieser Vermittlungspolitik mißversteht.

[85] *Muchow* S. 58: Am 30. Sept. waren von Landau und Christoph Reichlin von Meldegg,
Überlinger Bürger und Vogt zu Hohenkrähen (vgl. Kap. V.5), vor dem Rat erschienen. Am
1. Okt. hatte der Rat ca. 400–500 Fußsoldaten abgeordnet.

[86] StadtAÜb Rp. 1518–30 fo. 57v; s. auch *Muchow* S. 58 Anm. 2.

[87] Vgl. *Muchow* S. 58 f.

Verfügung stellten, behielten sie diese unter ihrem eigenen Oberkommando[88]. Und
bevor es zur Konfrontation mit den Bauern kam, versuchten sie den Konflikt auf dem
Verhandlungswege beizulegen – und zwar mit Erfolg. Am 27. Dez. sollten die Beschwerden der Bauern, so das Ergebnis dieser Verhandlungen, vor dem Stockacher
Landgericht verhandelt werden[89]. Die Überlinger Bauernkriegspolitik wies also
durchaus städtetypische Züge auf. Solange als möglich versuchte der Rat militärische
Auseinandersetzungen zu vermeiden – dies unterschied ihn von der Politik der
meisten Territorialherren –, zugleich war er aber nicht bereit, wie sich noch zeigen
wird, irgendwelche Verbindungen zwischen Bürgern und Bauern auch nur im geringsten zu dulden – dies unterschied ihn von einer Stadt wie Memmingen. Die Bauern-
kriegspolitik Überlingens bedarf also einer differenzierteren Betrachtung. An erster
Stelle standen die eigenen Interessen und die eigene Art politischen Vorgehens. Die
Überlinger Politik gegenüber den Bauern war damit durchaus typisch für eine
Reichsstadt, aber eben für eine altgläubige, die weder von religiösen noch sozialen
Erschütterungen heimgesucht wurde.

Erst Anfang März 1525 geriet die Stadt stärker in den Strudel der sich häufenden
Aufstände[90]. Jetzt schlossen sich auch die ersten Bauern des Überlinger Territoriums
den Aufständischen an; in der Stadt selbst kam es zu Sympathiebekundungen für die
Bauern. Anders als in Memmingen oder Kempten blieb aber in Überlingen der Rat
Herr der Lage. Er verbot den Einwohnern, daß sie, wie jüngst *[…] ettliche unser
burger […] unersucht und unerlaubt der oberkait zu vermellten abgefallnen pauren,
wie sie versamelt beyainander gewest, auch gethon, ir fürnemen vernomen und
nachgedachts dasselb unter dem gemainen mann alhie in unser statt offenlich ußge-
ruofen*[91]. Die Bürger sollten dagegen, um Zwietracht und Uneinigkeit in der Stadt zu
vermeiden, *[…] leib, ehr und gut getrewlich zusamen setzen und dem vergifften
samen der newen so die lutherischen nennen evangelischen lehren, das der bey uns nit
zu weyt einwurze, [widerstehen]*[92]. Die Reformation Luthers und die Rebellion der
Bauern waren für den Rat nur die zwei Seiten einer Medaille. Gegen beide wandte er
sich mit derselben Entschiedenheit[93]. Mit Erfolg gelang es dem Rat, die städtische
Schwurgemeinschaft – Ende März hatte sich der Rat die gesamte Bürgerschaft öffentlich mit einem Treueeid verpflichtet[94] – bei ihrem Gehorsam gegenüber der Obrigkeit
zu halten. Und so sah er sich in der Lage, Angebote der Bauern, ihrer Bruderschaft
beizutreten und mit ihnen zu verhandeln, kategorisch abzulehnen[95]. In seiner betont
obrigkeitlich geprägten Auffassung ging er sogar so weit, daß er den am 22. April

---

[88] Vgl. *ebda.* S. 59f.

[89] *Ebda.* S. 60f. Durch ihre Weigerung, sofort gegen die Bauern zu Felde zu ziehen, hatten die
Überlinger von Landau zu Verhandlungen mit den Bauern gezwungen.

[90] Zu den Ereignissen in Oberschwaben vgl. *Ulbrich* S. 97ff.

[91] StadtAÜb Reutlinger 3 fo. 250vf.

[92] Ebda.

[93] Dies war eine für katholische Obrigkeiten insgesamt typische Haltung; vgl. *Buszello* S. 12.

[94] *Muchow* S. 71, nach StadtAÜb Mp. 1523–26 fo. 169vf.

[95] *Muchow* S. 70.

zwischen dem Schwäbischen Bund und dem Seehaufen geschlossenen Weingartener Vertrag ablehnte, weil er die Bauern straffrei ausgehen lasse. Vom Schwäbischen Bund versuchte er deswegen die Erlaubnis zu erhalten, entgegen den Bestimmungen des Vertrags seine eigenen Hintersassen, die sich an dem Aufruhr beteiligt hatten, bestrafen zu dürfen[96].

Die oberschwäbischen Reichsstädte lassen sich zu diesem Zeitpunkt in zwei Gruppen einteilen: Die westlich gelegenen altgläubigen Städte, mit Überlingen und Ravensburg an der Spitze, verfochten gegenüber den Bauern einen konsequent obrigkeitlichen Kurs und arbeiteten militärisch eng mit dem Schwäbischen Bund und den benachbarten Territorien zusammen. Dagegen sahen sich die der Reformation zuneigenden Städte wie Memmingen, Kempten und teilweise auch Kaufbeuren aufgrund der unsicheren Haltung ihrer eigenen Bürger gezwungen, einen vermittelnden Kurs zwischen dem Schwäbischen Bund und den Bauern zu steuern[97]. Überlingen war deshalb auch nicht mehr bereit, mit den anderen oberen Städten über das Problem der aufständischen Bauern zu verhandeln. Eine Einladung Memmingens an die oberen Städte beschied es abschlägig. Über diese Sache, so Überlingen, könne allein durch die oberen Städte *fruchtbar [...] nichts gehandelt werden*[98], dazu müßten auch noch höhere Stände gezogen werden. Im Klartext hieß dies: Die Unterdrückung des Aufruhrs war eine Angelegenheit, die nur gemeinsam mit dem Schwäbischen Bund vorgenommen werden konnte. Der Bauernkrieg offenbarte den konfessionellen und politischen Dissens, der eine je unterschiedliche Bauernkriegspolitik zur Folge hatte.

Die Grundsätze Überlinger Bauernkriegspolitik traten erneut deutlich hervor, als im Mai 1525 die Bauern im Hegau sich wieder zusammenrotteten und dabei auch Überlinger Territorium bedrohten. Am 24. Mai brach deshalb Bürgermeister Kessenring mit 1000 Mann auf, die am nächsten Tag Verstärkung erhielten von Ravensburg und Pfullendorf sowie dem Grafen von Werdenberg, dem Landkomtur des Deutschen Ordens zu Altshausen, dem Prälaten zu Salem und den bischöflichen Landstädten Meersburg und Markdorf[99]. Sobald die eigenen Interessen unmittelbar bedroht war, sahen sich Überlingen und seine Nachbarn in der Lage, schnell und wirksam zu handeln. Zugleich aber versuchte Kessenring, eine militärische Eskalation des Konflikts zu vermeiden. Wie schon im Herbst 1524 zogen die Überlinger es vor zu verhandeln. Wieder hatten sie Erfolg. Am 26. Mai wurde mit den Hegauer Bauern ein Vergleich geschlossen, in dem sie versprachen, die Untertanen obiger Städte und Territorien unbehelligt zu lassen und nicht zu ihrem Haufen zu ziehen[100]. Überlingen hielt damit den Konflikt aus dem eigenen Territorium heraus. Daß vorderösterreichisches Gebiet, Stockach und Radolfzell, weiterhin bedroht blieb, war ihm weniger

---

[96] Vgl. *Greiner* S. 75, 81; Vogt 7 S. 278 f.; *Muchow* S. 72 f.

[97] Vgl. zusammenfassend *Greiner* S. 57 f. Zur Memminger Politik vgl. *Kroemer* S. 112 ff.; zu der Kaufbeurens *Alt* S. 32 ff.

[98] StadtAÜb Mp. 1523–26 fo. 169. Ähnlich äußerte es sich gegenüber Lindau (ebda. fo. 196), wobei es hier noch explizit auf die zu erwartenden Maßnahmen des Bundes verwies.

[99] Vgl. *Muchow* S. 75 f.; Vogt 9 S. 27 f.

[100] *Muchow* S. 76; Vogt 9 S. 15 ff.

wichtig[101]. Überlingen weigerte sich sogar, dem von den Bauern belagerten Radolfzell Nachschub und Waffen zu schicken, und verwies auf Konstanz und Lindau, die beide Schirmverträge mit Österreich abgeschlossen hätten[102].

Erneut hatte es seine eigenen Interessen allen anderen Verpflichtungen vorangestellt. Seine Politik unterschied sich allerdings von derjenigen der Protestanten dadurch, daß es den Bauern keinerlei inhaltliche Zugeständnisse machte. Wie energisch gegen Aufruhr vorgegangen wurde, zeigt die Meuterei, die nach dem Abschluß des Vertrags unter den Überlinger Truppen ausgebrochen war. Ein Teil der Truppen weigerte sich, die Hand gegen die Bauern zu erheben[103]. Jetzt, als die Autorität des Rats bedroht war, gab es keinen Raum für Verhandlungen. Kessenring schlug die Meuterei mit Hilfe der treuen Truppen rasch nieder, bevor sie weitere Kreise ziehen konnte. Ein blutiges Schnellgericht sollte weitere Sympathisanten der Rebellierenden abschrecken[104].

Neben der Wahrung ihrer eigenen Interessen und ihrer betont obrigkeitlichen Politik blieb aber auch weiterhin, wie schon zu Beginn des Bauernkriegs, die Unterstützung der Habsburger ein Grundsatz ihrer Politik. Ende Juni gaben die Überlinger ihre bis dahin eingenommene ablehnende Haltung gegenüber den Bitten der tirolischen Regierung auf und unterstützten Marx Sittich von Hohenems bei seinem Kampf gegen die Radolfzell belagernden Bauern[105], was aber nicht hieß, daß sie alle Maßnahmen der Habsburger guthießen. Das überharte Vorgehen Erzherzog Ferdinands gegen die Bauern kritisierten sie scharf, provozierte es doch ihrer Meinung nach nur neue Aufstände[106].

Zusammenfassend können folgende Grundzüge der Überlinger Bauernkriegspolitik formuliert werden: Erstens: Im Bauernkrieg wird deutlich erkennbar, daß sich Überlingen eng mit den Habsburgern verbunden hatte. Wenn auch die eigenen Interessen vor den Wünschen der tirolischen Regierung rangierten und die Stadt militärische Konflikte zu vermeiden suchte – hier unterschied sich die ‚städtische' Bauernkriegspolitik von der Erzherzog Ferdinands –, so blieb die Stadt insgesamt doch ein treuer und zuverlässiger Parteigänger der Habsburger. Zweitens: Überlingen betrieb gegenüber den eigenen Bürgern und Hintersassen eine konsequent obrigkeitliche Politik. Zwar gab es auch in Überlingen Sympathien für die Bauern, doch

---

[101] Wegen dieser abwartenden Haltung mußte sich Überlingen gegenüber dem Schwäbischen Bund rechtfertigen. Es verwies dabei auf das überharte Vorgehen des Adels und der österreichischen Räte, welches ihrer Meinung nach den Aufstand der Hegauer Bauern noch zusätzlich angefacht hätte; vgl. *Muchow* S. 75; Vogt 9 S. 35.

[102] StadtAÜb Mp. 1523–26 fo. 222 ff.

[103] Vgl. z. B. StadtAÜb I/39/393 fo. 48, Urfehde des Marx Rat von Ittendorf. Er soll behauptet haben, *sein spiess sölle kain pauren stechen.*

[104] *Muchow* S. 77. Vgl. auch StadtAÜb I/39/393 fo. 47 ff. Die Urfehden bestrafter Bauern indizieren, daß vor allem Hintersassen und weniger Stadtbürger an der Meuterei beteiligt gewesen waren.

[105] Erzherzog Ferdinand hatte Überlingen mehrmals vergebens um Unterstützung gebeten; vgl. *Muchow* S. 78 f.

[106] Wie Anm. 101 u. 102.

scheint das Potential dieser Kräfte nicht so groß gewesen zu sein, als daß es den Rat hätte in ernstliche Verlegenheit bringen können. Drittens: Bauernkrieg und Reformation hingen, wie das Ratsmandat dokumentiert, für den Rat unmittelbar zusammen. Gegen beide ging er gleichermaßen energisch vor. Deshalb kann es nicht verwundern, daß die Verbindung zu den protestantischen Städten, die ja gegenüber den Bauern eine ‚unklare' Haltung eingenommen hatten, jetzt vollends abbrach. Der konfessionelle Zwiespalt schlug sich in unterschiedlichen politischen Vorgehensweisen nieder. Der Konnex von Konfession und Politik zog von nun an auch die Außenpolitik der oberen Städte in seinen Bann und veränderte die politische Landschaft wie die politischen Möglichkeiten der Städte.

4. Die Reichspolitik 1521–1524

Die Überlinger Reichspolitik unterschied sich hinsichtlich ihrer Prinzipien kaum von der Politik, welche die Stadt im Schwäbischen Bund verfolgt hatte. Alles drehte sich für den Überlinger Rat um die Frage der Reichshilfe, andere Themen waren weniger wichtig. Wieder bestimmte das finanzielle Interesse der Stadt deren politische Konzeptionen, und wieder stand sie vor der Entscheidung, ob sie gemeinsam mit den im Städtecorpus vereinten Reichsstädten sich für ihre Interessen einsetzen oder ob sie die Bindung an die Habsburger suchen sollte. Allein konnte eine Reichsstadt von der Größe Überlingens auf Reichsebene keine Politik betreiben, war doch selbst der Einfluß des Städtecorpus als Ganzes nur gering[107]. Zwei Umstände gaben hier dem Überlinger Rat die Entscheidung vor: Zum einen die so erfolgversprechende Politik im Schwäbischen Bund, und zum andern die Katholizität der Stadt. Erst aus dem Zusammenspiel beider Faktoren resultierte die in ihrer Art zeitweise singuläre Reichspolitik Überlingens.

Bei der Reichspolitik Überlingens im 16. Jahrhundert lassen sich insgesamt vier Phasen unterscheiden: Erstens: Zwischen 1521 und 1525 trat Überlingen unter den Reichsstädten nicht besonders hervor, es schloß sich im allgemeinen den anderen Reichsstädten an. Zweitens: In den zwei Jahrzehnten nach 1525 exponierte sich Überlingen dann als eine der profiliertesten katholischen Reichsstädte. Keine der anderen altgläubigen Kommunen unterstützte so bedingungslos wie Überlingen die Religionspolitik des Kaisers. Drittens: Zwischen 1546 und 1581 trat Überlingen von der Bühne der Reichspolitik fast völlig ab, von einer eigenen Überlinger Reichspolitik kann eigentlich nicht mehr die Rede sein. Viertens: Als nach 1581 die Reichspolitik immer mehr in den Sog konfessioneller Parteiungen geriet, war Überlingen plötzlich wieder auf der Ebene des Reiches präsent, wo es sich, ohne sich derart zu exponieren

---

[107] Auch wenn gerade zu Beginn der Reformation die Städte im Reich eine etwas bedeutendere Rolle gespielt haben; vgl. generell G. *Schmidt*, Städtetag S. 476 ff.; *Brecht*, Reichsstädte S. 180 ff.

wie zur Zeit der Reformation, auf seiten der katholischen Reichsstädte und -stände engagierte.

Zunächst zur ersten Phase: Auf den vier Reichstagen, die zwischen 1521 und 1524 stattfanden, war für die Überlinger Gesandten der Fall Luther keine Affäre, die ihre Reichspolitik irgendwie zu berühren schien. In Worms 1521 waren sie selbst überhaupt nicht vertreten[108], und auf den drei folgenden Reichstagen zu Nürnberg war es noch nicht der konfessionelle Gegensatz, sondern nur das Mißtrauen der kleinen und mittleren Reichsstädte gegenüber den großen Kommunen wie Augsburg und Nürnberg, das Spannungen in der Städtekurie schuf[109]. Das einzig wirklich wichtige Thema für Überlingen, aber auch z.B. für Ravensburg, war die Wormser Matrikel von 1521[110]. Wie schon im Schwäbischen Bund fühlte sich Überlingen bei weitem zu hoch eingestuft und war deshalb nicht bereit, der nach dieser Matrikel erhobenen Reichshilfe zuzustimmen. Für kurze Zeit blitzte auch wieder etwas von der alten Solidarität der oberen Städte auf, die ihr Vorgehen auf eigenen Städtetagen berieten und auch auf den Reichstagen selber ihre in dieser Frage übereinstimmenden Interessen vertraten. *Wir befinden aber dannocht, das man ain gross ufsehen uf die obern stett hat und vil mer dann wir wenen, si seien nur so tapfer und halten treulich zusamen und lassen sich nit trennen*[111], berichtete z.B. der Überlinger Stadtschreiber Ulrich Vischer vom Reichstag 1524 zu Nürnberg. Doch war es zu dieser Zeit bereits nicht viel mehr als ein Abgesang auf die politischen Möglichkeiten, die eine solche konsequent durchgehaltene Politik den oberen Städten hätte eröffnen können.

Denn zur selben Zeit hatte es auch schon erste Anzeichen einer konfessionellen Parteibildung gegeben. Auf dem Städtetag zu Esslingen wurde am 22. Juni 1523 über eine gemeinsame Instruktion und Vertretung der Städte auf dem nächsten Reichstag beschlossen. Ergebnis: Köln, Straßburg, Ulm und Überlingen wurden dazu ausge-

---

[108] Vgl. RTA, J.R. 2 S. 743. – Zur Teilnahme Überlingens an Reichstagen vor 1521 gibt es keine Quellen, die genauere Aussage über die Reichspolitik der Stadt erlaubten. – Zum Wormser Reichstag generell vgl. *Wohlfeil*, Reichstag S. 59 ff. Zu der Serie von Reichstagen bis 1526 vgl. R. H. *Schmidt* S. 34 ff.

[109] Grundsätzlich zum Problem der unterschiedlichen Interessen kleinerer und größerer Reichsstädte vgl. G. *Schmidt*, Städtetag S. 352; *Meyer* S. 232. – Zu den Nürnberger Reichstagen von 1522 bis 1524 vgl. *Redlich*; B. *Mogge* S. 84 ff. – Zu den Aktivitäten Überlingens vgl. RTA, J.R. 3 S. 185, 319, 758; GLA 225/1260, 1522 Sept. 19, Bericht Caspar Dornspergers; 1522 [Dez. 28]; Dez. 31; 1523 Jan. 7; 1524 [Febr. 22], Hans Freyburg an Überlingen.

[110] Vgl. GLA 225/1260, 1522 [Dez. 23], Hans Freyburg an Überlingen. Der Ravensburger Bürgermeister schloß sich den Verhandlungen um die Reichshilfe der Überlinger Position an; vgl. RTA, J.R. 3 S. 247f., 1522 Dez. 15, Instruktion für Heinrich Besserer.

[111] RTA, J.R. 4 S. 641. – Parallel zu den Reichstagen kamen auch jetzt wieder die oberen Städte auf eigenen Städtetagen zusammen, um sich über eine gemeinsame Politik zu den Reichstagen zu beraten; vgl. GLA 225/1236, 1522 [Aug. 7]; StadtAÜb Mp. 1523–26 fo. 42vf. Die oberen Städte lehnten es zeitweise auch geschlossen ab, sich an den Kosten der zu Karl V. nach Spanien geschickten Städtedelegation zu beteiligen; vgl. *Klüpfel* 2 S. 275; GLA 225/1238, 1524 [Juli 8]; 1524 Nov. 6. Unter Protest willigten sie schließlich ein, um sich nicht von den anderen Städten zu isolieren, die Kosten der Delegation mit zu übernehmen. Vgl. auch GLA 225/1260, 1524 [Febr. 24], Hans Freyburg an Überlingen.

wählt[112], das heißt, zwei Städte, die eindeutig altgläubig waren, und zwei, die später protestantisch wurden, wobei zumindest in Straßburg bereits eine reformatorische Bewegung existierte. Dazu fällt auf, daß wie üblich drei der großen Kommunen ausgewählt wurden und daneben das viel kleinere Überlingen. Doch es wäre verfrüht, jetzt schon von einer konfessionellen Trennung zu reden. So hatten die altgläubigen Städte, und mit ihnen Überlingen, immerhin noch den so reformationsfreundlichen Abschied von 1524 mitunterzeichnet[113], und in den Quellen gibt es keine Hinweise auf irgendwelche Bedenken von ihrer Seite. Noch war für Überlingen die ,Sache der Religion' vorwiegend eine interne, allerdings sorgfältig beobachtete[114] Angelegenheit der einzelnen Städte, welche die gemeinsamen Interessen der Städte noch nicht tangierte.

In diesen ersten Jahren der Reformation war die Überlinger Außenpolitik noch differenziert und zweigleisig. Auf der einen Seite hatte man sich im Schwäbischen Bund eng mit den Habsburgern eingelassen, und auf der anderen Seite agierte man auf Reichsebene, wo es zumindest für Überlingen fast ausschließlich um die Frage der Reichshilfe ging, gemeinsam mit den anderen Städten.

5. Die Reichspolitik 1526–1532:
Überlingen als Protagonist der katholischen Reichsstädte

Nach 1525 zeigte die Überlinger Politik dann ein anderes Gesicht; die Frage des Glaubens war auf einmal zum Schibboleth unter den Reichsstädten geworden. Die gemeinsamen Interessen der Reichsstädte besaßen für Überlingen kein Gewicht mehr, die Stadt hatte sich entschieden: Vehement und kompromißlos wie keine andere altgläubige Reichsstadt unterstützte und befürwortete sie die Religions- und Reichspolitik des Kaisers[115].

Seit dem Bauernkrieg hatte sich Überlingen von den anderen Städten abgesondert. Dabei blieb es auch in den folgenden Jahren. 1526 hatte der Rat anläßlich des Speyrer Reichstags den Ravensburgern auf deren Anfrage hin mitgeteilt, daß es unnötig sei, sich vor dem Reichstag mit anderen zu beraten[116]. Als 1527 der Abschied eines

---

[112] RTA, J.R. 4 S. 291.

[113] Nach R.H. *Schmidt* S. 147, konnten auch die altgläubigen Städte dem Abschied zustimmen, da er in der Religionsfrage keine endgültige Entscheidung fällte. Als ein Wendepunkt in der gemeinsamen Reichspolitik der Städte gilt der Städtetag zu Ulm von 1524, da sich jetzt erstmals die altgläubigen Städte klar von der neuen Lehre distanzierten; vgl. G. *Schmidt*, Städtecorpus S. 197; *Meyer* S. 223.

[114] Wie Kap. III Anm. 50.

[115] Vgl. R.H. *Schmidt* S. 303, der in erster Linie die altgläubigen Städte für den Bruch innerhalb des Städtecorpus verantwortlich macht.

[116] Nach GLA 225/1240, 1526 [Juli 7], teilte Überlingen auf eine Anfrage Ravensburg mit, daß es Unterredungen mit anderen Städten für unnötig halte. – Zum Reichstag von Speyer 1526 vgl. *Friedensburg*.

Bundesstädtetages zu Nördlingen dem Bund die Kompetenz in Glaubensfragen absprach, lehnte Überlingen die Ratifizierung dieses Abschiedes ab[117]. Und auf dem Städtetag zu Esslingen 1528 hatte der Überlinger Gesandte strikte Anweisung, alles nur auf Hintersichbringen anzunehmen, damit man später, wie es dann in der Tat auch geschah, die Ratifizierung des Abschieds verweigern könne[118]. Zugleich stand der Gesandte, der Stadtschreiber Hans Mettezelt, während des Städtetags in enger Verbindung mit der Regierung in Innsbruck, die er über den Verlauf der Verhandlungen unterrichtete[119].

Ihren Höhepunkt erreichte die prokatholische und prohabsburgische Politik Überlingens auf den vier Reichstagen von 1529 bis 1532. Zum erstenmal schälte sich auf dem Reichstag 1529 zu Speyer eine bewußt altgläubige Gruppe unter den Städten heraus, mit Überlingen an der Spitze[120]. Caspar Dornsperger, der Vertreter Überlingens, zog, wie der Memminger Gesandte beklagte, unter den oberen Städten *Ravensburg, Rotweil und Kaufbeuren fast an sich*, daneben unterstellte der Memminger auch noch dem Vertreter Kemptens, sich an Überlingen zu orientieren[121]. Die Frage des rechten Glaubens war jetzt, zumindest nach außen, zum ersten und wichtigsten Kriterium der Reichspolitik geworden. Sie verhinderte die Fortsetzung einer zumindest nach außen geschlossen erscheinenden Politik der Reichsstädte. Dabei stand für Überlingen überhaupt nicht zur Debatte, welches die Kriterien des rechten Glaubens waren. Denn: „Messen jene [die evangelischen Städte] alle Vorlagen am Evangelium, so wählt Überlingen andere Maßstäbe: es will jede Ordnung unterstützen, die der kaiserlichen Vorlage, dem Wormser Edikt und der Kirche gemäß ist"[122]. Damit ist ein grundsätzlicher Unterschied zwischen protestantischen und altgläubigen Städten angesprochen. Während sich die protestierenden Städte gezwungen sahen, ihre Opposition inhaltlich zu begründen, genügte Überlingen der Verweis auf die bisherige Ordnung. Diese war für die konfessionell konservative Überlinger Obrigkeit sakrosankt.

Das erste Axiom Überlinger Reichspolitik lautete denn auch: in Glaubensfragen sich dem Kaiser und der Mehrheit der altgläubigen Stände anzuschließen, ohne sich selber auf inhaltliche Erörterungen einzulassen[123]. Damit setzte man, und dies ist ein Charakteristikum katholischer Reichsstadtpolitik, nur die bisher eingeschlagene politische Linie fort, die aber aufgrund der sich verändernden Rahmenbedingungen, ohne eigenes Dazutun, einen ganz neuen Charakter erhielt. Scheint dieser erste

---

[117] Vgl. StadtAÜb Mp. 1526–30 fo. 96v, 101v.

[118] Vgl. ebda. fo. 144v, 147; RTA, J.R. 7.1 S. 325.

[119] RTA, J.R. 7.1 S. 328 ff. Vgl. auch G. *Schmidt*, Städtecorpus S. 199.

[120] *Kühn* S. 56, 78.

[121] Klüpfel 2 S. 338 ff., 1529 März 28, Bericht Hans Ehingers; RTA, J.R. 7.1 S. 606.

[122] *Kühn* S. 56 f.

[123] Die folgende Interpretation der Überlinger Reichspolitik basiert neben der Korrespondenz des Rats mit den Gesandten wesentlich auf deren Instruktionen, die überliefert sind in: RTA, J.R. 7.2 S. 1121 f. (nach StadtAÜb Mp. 1526–30 fo. 171 f.); StadtAÜb Mp. 1530–39 fo. 1vff, 90ff.; IV/21/1875.

Grundsatz für eine altgläubige Reichsstadt selbstverständlich zu sein, so überrascht das zweite Axiom. Denn der Überlinger Gesandte soll, so heißt es in der Instruktion zum Reichstag 1529, und die späteren unterschieden sich davon kaum, *im Städterat [...] sich befleißen, darmit der ksl. m. zimblich und vermöglich begern* [bezüglich der Reichshilfe] *nit gewaigert, sonder in möglichen dingen gehorsamlich erzaigt werde*[124]. Kurz: Er solle ohne jeden Widerspruch die Reichs- und Türkenhilfe, die der Kaiser fordere, bewilligen. Dies schien einer Kehrtwendung der Überlinger Politik gleichzukommen, nachdem sich die ganze Außenpolitik bisher nur ein Ziel gesetzt hatte: den Wormser Anschlag zu verringern und so wenig Reichshilfe zu zahlen wie nur möglich. Doch dieser außenpolitische Salto mortale war nur ein Scheinmanöver gegenüber den anderen Städten. Denn in der Instruktion heißt es weiter: *Beim ausschuß soll er dann muntlich bei den vertrüwten versuchen, ringerung der hilf für Überlingen durchzusetzen [...]*[125]. Und damit ist man beim dritten Axiom Überlinger Außenpolitik angelangt. Wie 1521 soll wieder, vorbei an allen übrigen Städten, in direkten Verhandlungen mit dem Kaiser und dessen Umgebung die finanzielle Belastung Überlingens gesenkt werden; immer noch ist diese Frage das wichtigste, für die Stadt existentielle und im Grunde einzige politische Anliegen[126]. Der finanzielle Vorteil entpuppt sich damit als eines der treibenden Motive der katholischen Politik der Überlinger. Im Grunde war ihr Eintreten für den alten Glauben ein Derivat ihrer Bindung an die Habsburger, die deshalb so eng geworden war, weil sie sich im eigentlichen Sinn des Wortes bezahlt machte. Ihre Altgläubigkeit war die Voraussetzung, diese Vorteile auch tatsächlich erhalten zu können. Denn während 1521 die Stadt mit dem Scheitern der Verhandlungen über die Erstreckung des Bundes ein Druckmittel in der Hand hatte, das es dem politischen Leichtgewicht Überlingen auf einmal erlaubt hatte, eine Schlüsselrolle zu spielen, waren es 1529 nur ihre Altgläubigkeit und der dem Kaiser so ungelegen gekommene Religionskonflikt, die ihr bei Karl V. Gehör und Zugeständnisse verschafften.

Diesmal war es nicht die Tiroler Regierung, sondern Reichsvizekanzler Balthasar von Waldkirch, seit 1530 Bischof von Konstanz[127], über den Überlingen Kontakt mit dem Kaiser hielt und der auch bemüht war, die Anliegen der Überlinger zu erfüllen[128].

---

[124] RTA, J.R. 7.2 S. 1121 f.

[125] Ebda.

[126] Vgl. dazu auch Kap. VI.7. Die Frage der Reichshilfe nahm in den Instruktionen den breitesten Raum ein und war auch das einzige Thema, zu dem die Stadt eine eigene, ihren Interessen dienende politische Konzeption entwickelte. – Generell zu den Bemühungen der katholischen Reichsstädte, sich 1529 finanzielle Vorteile aus ihrer konfessionellen Haltung zu verschaffen, vgl. *Kühn* S. 175, 247.

[127] Nach *Willburger* S. 140, 144, 159, hatte Merklin als kaiserlicher Kommissar in Überlingen das Wormser Edikt von 1521 verkündet; im Juli 1528 und im Anschluß an den Reichstag von 1530 hielt er sich jeweils für kurze Zeit in Überlingen auf. Zur Persönlichkeit Merklins wie auch zu seinen Beziehungen zu Überlingen vgl. *Hasenclever* 73 S. 499; 74 S. 36 ff.; *Zenz* S. 47 ff.; *Reinhardt*, Merklin S. 251 ff.

[128] Vgl. insbesondere RTA, J.R. 7.1 S. 790: Schriftliche Erklärung Merklins, in der er Überlingen versprach, daß es bei der Reichshilfe nur die Hälfte seines üblichen Anschlags zu zahlen hätte.

Des weiteren bestanden enge Verbindungen zu Abt Gerwig Blarer von Weingarten und dem Konstanzer Domherrn Johann Faber[129].

Auf dem Reichstag von 1530 zu Augsburg wiederholten die Überlinger Gesandten, Hans Freyburg und Caspar Dornsperger, nur die gegenüber 1529 unveränderte Position Überlingens[130]. In der Städtekurie sollten sie sich ohne jeden Kompromiß für die Proposition des Kaisers einsetzen. Neu war nur, daß Überlingen seine Wünsche an den Kaiser hochschraubte. Der Rat hatte anscheinend Morgenluft gewittert und hielt die Situation für günstig, vom Kaiser mit weitreichenden Privilegien bedacht zu werden. Was dem Rat vorschwebte, war nicht wenig: Er wollte die hohe Gerichtsbarkeit in seinem Territorium verliehen bekommen, in dem er bislang nur die niedere besaß[131]. Damit hatte er sich allerdings etwas zuviel vorgenommen; dieses Zugeständnis war auch jetzt nicht zu erhalten.

Ansonsten bemühte sich der Kaiser aber durchaus, Überlingen bei der Stange zu halten und seinen Vertretern seine besondere Wertschätzung zu zeigen. Nicht unterschätzen darf man dabei wohl auch die Wirkung der protokollarischen Ehren, mit denen er die beiden Überlinger Gesandten auszeichnete[132], die überdies noch auf dem Reichstag zu Rittern geschlagen wurden[133]. Damit schuf er ein persönliches Verpflichtungsverhältnis. Gerade in dieser Phase war auch das Verhältnis zwischen Überlingen und dem Kaiser besonders eng, denn beide Seiten zogen ihre Vorteile aus dieser Beziehung. Waren es für Überlingen vorwiegend materielle Motive, so hatte Karl V. politische Gründe. Mit Hilfe treuer, altgläubiger Städte wie Überlingen war er immer über die Verhandlungen in der Städtekurie informiert, er besaß damit gleichsam einen Horchposten in der so stark protestantisch gefärbten Städtebank[134].

Und Überlingen erfüllte diese Aufgabe. Es scheute nicht den Konflikt mit den anderen Städten, denen es unmißverständlich klargemacht hatte, daß es von den oben dargelegten Axiomen seiner Politik auf keinen Fall abweichen werde[135]. Die Spaltung unter den Städten war damit endgültig, Aussichten auf einen Kompromiß oder Solidarität in anderen Fragen zunächst illusorisch. Der Überlinger Rat vertrat den Standpunkt, daß nicht er es gewesen sei, welcher die Solidarität der Städte aufgegeben

---

[129] Vgl. GLA 225/1261 fo. 4, 12r, Berichte Hans Freyburgs und Caspar Dornspergers vom Reichstag 1530. Vgl. auch die Berichte des Memminger Gesandten, wie Anm. 121.

[130] Vgl. die Instruktion, wie Anm. 123. – Generell zu der Haltung der oberen Städte vgl. *Tüchle*, Städte S. 279 ff.

[131] Vgl. neben der Instruktion auch den Bericht des Stadtschreibers Hans Mettezelt; GLA 225/1170 fo. 1 ff.

[132] Vgl. GLA 225/1261 fo. 4, 10: Beim Empfang vor dem Kaiser gab dieser ihnen als erstes die Hand, noch vor den Gesandten von Metz; ferner wurden sie vom Kaiser in einer eigenen Audienz empfangen und vor vielen *großen herren*, wie die Gesandten eigens betonten, gelobt.

[133] Vgl. ebda. fo. 17r: Auf Betreiben Merklins waren die Überlinger Gesandten, wie auch diejenigen von Rottweil und Kaufbeuren, in den Ritterstand erhoben worden, was von den anderen Städtegesandten sorgfältig registriert wurde; vgl. Politische Correspondenz 1 S. 460.

[134] Daß Überlingen diesen Zweck auch erfüllte, belegen die Berichte der Gesandten (GLA 225/1261 u. 1170). Vgl. auch *Kühn* S. 78.

[135] Vgl. ebda.

habe, sondern die protestierenden und damit die alte Ordnung und Gemeinschaft ablehnenden Städte[136]. Gerade diese bewußte Ablehnung eines Kompromisses – die evangelischen Städte standen hier dem katholischen Überlingen freilich nicht nach[137] – führt eindringlich vor Augen, daß mit der religiösen Spaltung unausweichlich auch eine politische verbunden war.

Zudem schätzten die Überlinger Gesandten den Wert städtischer Solidarität insgesamt nicht allzu hoch ein, da letztlich doch jeder Stadt nur an ihren Partikularinteressen gelegen war[138]. Deshalb, so der unausgesprochene Schluß, der hinter diesen Überlegungen stand, sei es nur recht und billig und überdies ein Gebot politischer Klugheit, daß auch Überlingen seine Reichspolitik allein an seinem eigenen Vorteil ausrichte. Solange sie sich ihrer guten Verbindungen zum Kaiser sicher waren, scheint die Überlinger Gesandten der Konflikt mit den anderen Städten auch wenig gestört zu haben[139]. Zudem gilt es dabei zu bedenken, daß zu dieser Zeit die protestantischen Städte unter sich selber uneins und in mehrere Gruppierungen zerfallen waren, die Zahl der katholischen Städte dagegen, auch wenn die großen Kommunen fehlten, noch durchaus beträchtlich war[140]. Auch wenn sich andere katholische Städte nicht so exponierten wie Überlingen, so war die Stadt doch noch nicht isoliert.

Niemals mehr während des ganzen 16. Jahrhunderts war Überlingen auch so aktiv wie auf den vier Reichstagen von 1529 bis 1532. Jedesmal war es z.B. in einem Ausschuß vertreten[141], 1532 sogar als Vertreter aller Städte zusammen mit Köln in dem allgemeinen Ausschuß, der über die Türkenhilfe beriet. 1532 kam es deswegen auch in Regensburg zum Eklat. Dornsperger war dort, als noch relativ wenige Städte auf dem Reichstag vertreten waren, mehr durch Zufall in diesen Ausschuß gewählt worden[142]. Gegen diese Wahl protestierte nun Nürnberg mit dem Argument, daß die erkrankten Vertreter Augsburgs und Ulms nicht anwesend gewesen wären. Einen Kompromißvorschlag Kölns, wonach Nürnberg und Überlingen alternierend den Ausschuß besuchen sollten, lehnte Dornsperger unter dem Einfluß der Umgebung des Kaisers schließlich ab. Kursachsen war damit das einzige protestantische Mitglied dieses Ausschusses[143]. Überlingen, das auch zuvor schon die Sache des Kaisers

---

[136] GLA 225/1170 fo. 8. Mettezelt hatte gegenüber den protestantischen Städten behauptet, Überlingen tue nur, was ihm die *rechte, natürliche einigkeit* gebiete.

[137] Vgl. dazu nur die Ausfälle des Nürnberger Gesandten gegen Überlingen; RTA, J.R. 7.1 S. 577f.

[138] Wie Anm. 136.

[139] GLA 225/1261 fo. 4: Zur ihrer Auszeichnung vor den anderen Städten bemerkten die Überlinger Gesandten nur: *[...] der ain siecht es gern, der ander siecht es unger, des laussend wir uns ganz nützeren, wir welen allen flis ankeren und ob got wil uff solich genaid eptwas herlangen.* Vgl. ähnlich auch GLA 225/1170 fo. 5f.

[140] Zu den Gruppierungen der Städte vgl. *Tüchle*, Städte S. 279. Den Gesandtenberichten läßt sich entnehmen, daß Überlingen vor allem mit Ravensburg, Rottweil und Kaufbeuren zusammenarbeitete.

[141] Vgl. RTA, J.R. 7.1 S. 599; GLA 225/1170 fo. 12. Zum Reichstag 1532 vgl. unten Anm. 142.

[142] Vgl. GLA 225/1261 fo. 21ff., Bericht Caspar Dornspergers. Ausführlich schildert den Konflikt *Westermann*, Türkenhilfe S. 66ff.

[143] *Westermann*, Türkenhilfe S. 68. Ob Überlingen in dem Ausschuß tatsächlich die Politik

verfochten hatte, war für die übrigen Städte zu einem Störfaktor geworden. Die nach außen fast devot erscheinende Politik Überlingens gegenüber den Habsburgern, die auf städtische Solidarität so wenig Rücksicht nahm, begann auf den Widerstand der anderen, in der Mehrzahl protestantischen Städte zu stoßen. Diese versuchten sich gegen eine ‚fünfte Kolonne‘ zur Wehr zu setzen.

6. Die Reichspolitik 1533–1545: Konfrontation mit den protestantischen Städten

Eine zweite, dicht aufeinanderfolgende Serie von Reichstagen begann 1541. Überlingen war vertreten auf den Reichstagen 1541 zu Regensburg, 1542 in Speyer und Nürnberg, 1543 in Nürnberg und 1544 wieder in Speyer[144]. Die Instruktionen für die Überlinger Gesandten – bis 1543 war es meist der Stadtschreiber Caspar Klöckler – wichen kaum von den erstmals 1529 formulierten Grundsätzen ab[145]. Ziel ihrer Politik war es weiterhin, *[...] der eltern und unser selbs erlangte gnad, sovil mentschlich und muglich, zu behalten*[146]. Als geeignetes Mittel dazu sollte die kompromißlose Unterstützung der kaiserlichen Propositionen dienen, denn wiederum sollte sich die einmal *erlangte gnade* bezahlt machen, das hieß, der Überlinger Beitrag zur Reichssteuer sollte um die Hälfte gekürzt werden. Falls dies nicht gelänge, so unterstrich der Rat 1544 gegenüber seinen Gesandten, müßte man zuletzt ganz verderben[147]. Und der einzig gangbare Weg dazu war eben die unmittelbare Verhandlung mit dem Kaiser, denn zusammen mit den anderen Reichsstädten, zumal den großen, so die gewiß nicht unrealistische Einschätzung des Rats, war eine solche Verringerung nicht zu erlangen[148]. Die Aussichten direkter Verhandlungen mit dem Kaiser waren auch diesmal nicht schlecht. War es 1529 und 1530 Balthasar Merklin gewesen, der die Suppliken der Überlinger unterstützt hatte, so bot ihnen ab 1542 ihr mittlerweile zum habsburgischen Landrichter in Schwaben avancierter Stadtschreiber Caspar Klöckler seine Fürsprache beim Kaiser an[149]. Der personelle Konnex war wiederum vielversprechend.

Auf den Reichs- und Städtetagen dieser Jahre wurde aber auch erstmals der Preis,

---

des Kaisers befürwortete, oder, wie andere katholische Stände, dagegen opponierte, läßt sich nicht mehr feststellen.

[144] Auf dem Tag zu Worms April 1535 ließ sich Überlingen durch Rottweil vertreten; auch Aug. 1537 und Juni 1539 war es in Worms ebenfalls nicht anwesend, wahrscheinlich auch ohne Vertretung; vgl. *Neuhaus*, Repräsentationsformen S. 534, 538 f.

[145] Nur die Instruktion zum Reichstag 1541 ist erhalten; StadtAÜb Mp. 1539–42 fo. 86. Doch gibt die gerade zu diesen Reichstagen relativ ausführlich überlieferte Korrespondenz Einblick in die Überlinger Politik; vgl. dazu vor allem EAF Ha 542 fo. 99 ff.

[146] EAF Ha 542 fo. 112.

[147] Ebda. fo. 151.

[148] Vgl. ebda. fo. 113, 1544 März 22.

[149] Vgl. ebda. fo. 99 f., 1544 Febr. 28, Überlingen an Caspar Klöckler. Zur Person Klöcklers s. Kap. V.5.

den die Stadt für ihre durch und durch egoistische Interessenpolitik bezahlen mußte, erkennbar. Überlingen stand unter den Reichsstädten mit seiner radikal auf den Kaiser abgestimmten Politik weitgehend allein. Als z. B. auf dem Reichstag zu Speyer 1542 den Städten von den anderen Ständen wieder einmal das Recht auf Session und Stimme bestritten wurde, protestierten alle Reichsstädte gegen den Reichsabschied – alle mit Ausnahme Überlingens[150]. Es wagte nicht aus Angst, seine finanziellen Vorteile zu verlieren, den Kaiser möglicherweise zu verstimmen und die Beziehung zu den Habsburgern aufs Spiel zu setzen. Da Ravensburg und Kaufbeuren sich mittlerweile den protestantischen Städten genähert hatten und das katholische Köln auf den Reichstagen eine kompromißbereite und in keiner Weise mit der Überlingens zu vergleichende Politik vertrat[151], war Überlingen isoliert. Allein zu Rottweil bestanden noch Beziehungen, aber keine miteinander abgesprochene Politik[152]. Damit bot sich den protestantischen Städten eine günstige Gelegenheit, den Störenfried Überlingen vollends zu isolieren und aus dem Städtecorpus zu drängen.

Einen willkommenen Anlaß dazu lieferte der Streit zwischen Überlingen und einer ehemaligen Ulmer Nonne um deren Leibgeding, das zu zahlen der Überlinger Rat sich weigerte, indem er auf die gebrochenen Gelübde der Nonne und die einschlägigen Edikte des Kaisers verwies[153]. Bereits 1541 in Regensburg beschwerte sich Ulm deswegen im Städterat über die Bodenseestadt. Nachdem Überlingen von den anderen Städten ultimativ aufgefordert worden war, sich zu rechtfertigen, begründete die Stadt ihre Haltung in einem 1542 nach Nürnberg geschickten Schreiben. Die gegen sie erhobenen Vorwürfe wies der Rat in einer von den anderen Städten als brüskierend empfundenen Form zurück und betonte die Übereinstimmung seiner Haltung mit den kaiserlichen Edikten. Die protestantischen Städte verständigten sich daraufhin über einen Ausschluß Überlingens vom Städtetag. So weit kam es dann allerdings

---

[150] Politische Correspondenz 3 S. 259. – Seit dem Reichstag von 1541 hatten die Reichsstädte ihre Aktivitäten zu diesem Problem wieder forciert; vgl. *Huber*, Städtearchiv S. 101 f. Die Isolierung Überlingens zeigte sich auch bereits auf dem Städtetag zu Speyer 1541/42, als alle Städte, außer Überlingen, wegen der schnellen Erfüllung der Romzugshilfe Bedenken äußerten; vgl. G. *Schmidt*, Städtetag S. 389.

[151] Vgl. dazu G. *Schmidt*, Städtetag S. 303 f.

[152] Zur Verbindung und wechselseitigen Information zwischen Überlingen und Rottweil 1542 und 1543 vgl. GLA 225/721, 1542 [Okt. 22]; Roth von Schreckenstein, Geschichte 26 S. 126, 131.

[153] Schon seit 1527 verweigerte Überlingen einer ehemaligen Züricher Nonne, die einen Priester geheiratet hatte, das Leibgeding; StadtAÜb Mp. 1526–30 fo. 48. Ähnliche Konflikte gab es mit Konstanzer und Ulmer Bürgerinnen; RTA, J. R. 7.1 S. 608, 772; GLA 225/975 fo. 9v, 1530 [Juni 27], Hans Freyburg an Überlingen: Freyburg berichtete, daß in Ulm allenthalben behauptet würde, Überlingen halte kein Brief und Siegel, weil es einer ehemaligen Nonne aus Ulm das Leibgeding vorenthalte. Dieser Streit schwelte in den folgenden Jahren ohne Ergebnis weiter; vgl. StadtAÜb Mp. 1530–39 fo. 51, 230 f., 392vf; Mp. 1539–42 fo. 8r, 17, 75vff. Die protestantischen Städte suchten dabei mit Hilfe des Schmalkaldischen Bundes Druck auf Überlingen auszuüben; vgl. Politische Correspondenz 3 S. 41; Fabian, Quellen S. 154 ff., 161 ff. Überlingen dagegen suchte Unterstützung bei König Ferdinand; vgl. StadtAÜb Mp. 1539–42 fo. 8vff. Erst 1541 und 1542 begann man, diese Frage im Städterat zu diskutieren.

doch nicht. 1544 wurde in Speyer nochmals mit Erfolg verhandelt. Überlingen akzeptierte schließlich das Angebot, daß ein Ausschuß von vier Städten zwischen ihm und Ulm vermitteln solle[154].

Die Reaktion des Überlinger Rats auf diesen Konflikt war ambivalent. Zum einen schien ihn der Konflikt selber wenig zu genieren. Seinen 1544 in Speyer vertretenen Gesandten schrieb er, *[...] das wir ob der stött bottschafften antwurt, euch in der presentation unsers schreibens, deren von Ulm bürgerin Appolonia Stamlerin belangend, gegeben, gar kain schreckhen empfangen, ir solt euch auch der gleicher gestalt nicht bekömbern, dann was wir geschriben und angezaigt ist die lauter warhait*[155]. Auf der anderen Seite war ihm aber doch auch daran gelegen, den Anlaß dieses Konfliktes aus der Welt zu schaffen, sofern man dabei das Gesicht wahren konnte und die Mandate des Kaisers nicht übertreten mußte. So schlug er vor, der Nonne das Hauptgut zurückzuzahlen zuzüglich 5 fl Zins für jedes Jahr, in dem er ihr keine Leibrente gezahlt hatte. Dann, so meinte der Rat, könnte ihnen niemand mehr vorwerfen, der ehemaligen Nonne ihr Eigentum vorzuenthalten, und zugleich würde er auch nicht die Edikte des Kaisers verletzen, denn das Leibgeding zahlte er auf diese Weise schließlich nicht[156]. Und zudem bliebe sein reichsstädtischer Stolz gewahrt, denn niemand könne dann behaupten, *[...] das der gegenthail mit seinen anrichtungen als die frey und reichsstet uns mit irn mündtlichen und schriftlichen anzeigen und betrowungen erschreckht und uns under das joch irs gefallens gebracht*[157].

Ob und wie der Konflikt gelöst wurde, läßt sich den Überlinger Quellen nicht entnehmen. Doch markiert er das Ende der Phase einer extrem einseitig an den eigenen finanziellen Interessen und den Wünschen des Kaisers orientierten Überlinger Außenpolitik. Im Grunde markiert er das Ende einer Überlinger Reichspolitik für die nächsten vier Jahrzehnte. Denn seit 1545 war Überlingen kaum mehr auf Reichs- oder Städtetagen vertreten. Die Ursache dafür war nicht allein der Druck der anderen Städte. Die politische Sackgasse, in die sich die Überlinger mit ihrem Konfrontationskurs manövriert hatten, veranlaßte den Rat, die außenpolitische Konzeption der Stadt grundsätzlich zu überdenken und neu zu formulieren.

Bevor darauf eingegangen wird, wie sich die Überlinger Außenpolitik nach 1545 entwickelte, soll ein erstes Resümee der Außenpolitik während des Reformationszeitalters gezogen werden. Die wichtigste Triebfeder Überlinger Politik ist in der Diskrepanz zwischen politischer Bedeutung und wirtschaftlicher Leistungsfähigkeit der Stadt zu suchen. Die finanzielle Überbelastung Überlingens führte dazu, daß der Rat, noch stärker, als es bei anderen Reichsstädten auch der Fall war, fast monomanisch seine gesamte Außenpolitik allein auf die Abstellung dieser Belastung fixierte[158].

---

[154] Vgl. G. *Schmidt*, Städtetag S. 73 f.; EAF Ha 542 fo. 128 ff., 141 ff.

[155] EAF Ha 542 fo. 129. – Der Überlinger Rat war sich auch des eigentlichen Anlasses dieses Konflikts wohl bewußt, denn: *[...] wann unser glaub dem irn gleich, so wern wir sonder zwifel diss hochmuts ab und vertragen [...]*; ebda. fo. 130 f.

[156] Ebda. fo. 141 ff.

[157] Ebda. fo. 142 f.

[158] In diesem Zusammenhang muß allerdings darauf hingewiesen werden, daß Beschwerden

Ein erster Erfolg war ihm dabei im Rahmen des Schwäbischen Bundes durch den 1523 mit Karl V. geschlossenen Vertrag gelungen. Ursache dieses Erfolges war eine neue politische Konzeption, die darauf basierte, unter Umgehung der anderen Städte direkt mit den Habsburgern zu verhandeln. 1529 begann der Rat diese Konzeption auch auf die Ebene des Reiches zu übertragen. Die reichspolitische Voraussetzung, die auch diesmal einen Erfolg dieses Konzeptes versprach, war der Religionskonflikt. Die Katholizität Überlingens machte die Stadt für den Kaiser interessant. Zum einen hatte er damit einen treuen Verbündeten in der Städtekurie, zum anderen wurde, nachdem sich die Reichsstände immer offenkundiger in zwei Lager zu spalten begannen, auch die Unterstützung kleinerer Reichsstände wichtig. Der Religionskonflikt kam gewissermaßen der politischen Konzeption Überlingens entgegen, für einige Zeit verschaffte er den Forderungen der Stadt Gehör. Daß Überlingen sich dabei derart einseitig an den Kaiser band, war eine ungewollte Begleiterscheinung der konfessionellen und politischen Spaltung. Die Fixierung auf die Finanzfrage, die allein mit Hilfe des Kaisers, nicht aber mit derjenigen der Städte zu lösen war, stand ebenso wie die traditionelle Abhängigkeit von dem Haus Österreich Pate bei der zumindest nach außen extrem einseitig erscheinenden prohabsburgischen Politik, die in dieser Radikalität von keiner anderen Stadt praktiziert wurde. In welchem Ausmaß die religiösen Überzeugungen einzelner Ratsmitglieder die Katholizität der Stadt gefördert haben, kann nicht mehr beurteilt werden. Geht man aber von den politischen Interessen der Stadt aus und den Konzeptionen, mit denen sie versuchte, diese durchzusetzen, so wird deutlich, daß die Katholizität Überlingens durchaus als Folge ihrer 1521 entworfenen außenpolitischen Strategie verstanden werden kann.

7. Das Problem der Reichshilfe

Wie sah nun die Bilanz dieser Politik aus? Hat sich die Bindung an den Kaiser in den Jahren der Reformation wirklich so ausgezahlt, wie der Rat gehofft haben mag? Um diese Frage beantworten zu können, soll auf das Problem der Überlinger Reichshil-

---

gegen zu hohe Reichsanlagen charakteristisch waren für fast alle Reichsstädte und schon seit Ende des 15. Jahrhunderts immer wieder erhoben wurden; vgl. nur *Isenmann*, Reichsstadt S. 70f., 80. Auch war Überlingen nicht die einzige katholische Reichsstadt, die um finanzielle Vorteile supplizierte und diese dann auch erhielt; vgl. Anm. 126 u. G. *Schmidt*, Städtetag S. 369, 498. Das katholische Schlettstadt erreichte z. B. mit der gleichen Begründung und auch mittels der Hilfe Balthasar Merklins eine Senkung seiner Reichssteuer; vgl. *Gény* S. 90ff., 207. Der Vergleich mit den anderen oberschwäbischen Städten läßt aber begründet vermuten, daß Überlingen proportional überbelastet war und deshalb auch ein dringenderes Interesse an gerade dieser Frage besaß als andere Städte. Noch Mitte des 17. Jahrhunderts behauptete der Überlinger Bürgermeister Pflummern: *Unser statt gemeines höchstes und grundverderbliches verderben ist die matricul. Und wann die nicht reformirt und unser statt ihr anschlag nicht geringert wird, ist nicht möglich, daß wir länger … die statt erhalten mögen*; zit. nach *Möllenberg* S. 122. 1692 wurde die Matrikel dann auch von 312 fl auf 104 fl verringert!

fe[159] eingegangen werden – sie stand ja im Zentrum der Forderungen des Rats – sowie auf andere Vorteile und Privilegien, welche Überlingen vom Kaiser gewährt wurden.

Nach der in Worms 1521 beschlossenen Matrikel mußte Überlingen genauso viel Reichssteuer bezahlen wie Memmingen, Esslingen, Schwäbisch Hall oder Nördlingen und fast doppelt soviel wie Biberach, Kempten oder Ravensburg[160]. Damit war es genauso überbelastet wie schon zu den Zeiten des Schwäbischen Bundes. Und auch jetzt forderte es wieder die Halbierung dieses Anschlages. Seine Reichspolitik bescherte der Stadt dann auch die gewünschte fünfzigprozentige Kürzung. Ausdrücklich unter Bezug auf ihr Verhalten auf dem Reichstag von 1529 gestand König Ferdinand 1532 dem Rat zu, nur die Hälfte seiner Reichssteuer erlegen zu müssen. Die andere Hälfte der bereits gezahlten Hilfe wurde ihm, wie 1523, von seiner Kammer zurückerstattet[161]. Im Unterschied zu dieser Vereinbarung wurde aber kein endgültiger Vertrag geschlossen, sondern die Regelung galt nur für den einen Fall der Reichssteuer von 1532, sie war eine einmalige Gnade des Königs. Nach jeder neu festgelegten Reichsanlage mußte Überlingen damit von neuem supplizieren und immer auch von neuem seine Treue gegenüber dem Haus Habsburg unter Beweis stellen. In den folgenden Jahrzehnten spielte sich dann auch immer das gleiche Ritual ab. Überlingen bezahlte nur die Hälfte seiner Reichssteuer, worauf der kaiserliche Fiscal den Rest anmahnte[162]. Parallel dazu supplizierte es bei Kaiser und König um die Halbierung seiner Anlage und erreichte in den Jahren der Reformation auch stets sein Ziel.

In diesen Jahren schien sich die Halbierung des Anschlags fast als feste Tradition einzubürgern. 1544 läßt sich diese Verringerung nachweisen, ferner 1557[163]. Wahrscheinlich wurde diese Reduzierung der Stadt für alle Reichssteuern bis 1563 gewährt[164]. 1563 unterbrach Ferdinand I. erstmals diese routinemäßige Halbierung. Die erste Supplik der Überlinger lehnte er zunächst einmal ab, um ihnen dann auf ihre

---

[159] Zum Problem der Reichshilfe generell vgl. *Isenmann*, Reichsstadt S. 62 ff.; ferner W. *Schulze*, Türkengefahr S. 73, 79 f.

[160] Vgl. RTA, J.R. 2 S. 441; 3 S. 269.

[161] HHStA Mainzer Erzk. Archiv, Matr. u. Mod., Fasz. 27 fo. 314, 1532 Juni 17.

[162] Vgl. StadtAÜb I/76/751, 1542 Febr. 26; 1544 Dez. 23; 1558 Juli 11; Okt. 17; StadtAÜb V/9/1930, 1544 Febr. 14; Mai 21; Juni 5; Sept. 14.

[163] HHStA Mainzer Erzk. Archiv, Matr. u. Mod., Fasz. 3 fo. 186 ff.

[164] Vgl. ebda. fo. 188v; StadtAÜb I/76/751, 1560 Mai 28, Überlingen an Ferdinand: In allen seinen Suppliken verwies der Überlinger Rat darauf, daß er bis dato bei allen Reichs- und Kreisanlagen nur die Hälfte bezahlt habe. Auch bei der Kreishilfe – worauf hier nicht näher eingegangen wird – versuchte der Rat bis 1567 durchzusetzen, daß Überlingen nur den halben Anschlag entrichten müsse; vgl. nur StadtAÜb Rp. 1552–56 fo. 198, und die jeweiligen Instruktionen zu den verschiedenen Kreistagen Mp. 1551–54 fo. 174vff; Mp. 1558 fo. 82 f.; Mp. 1567–69 fo. 5 f., 245 ff., 268 ff. Erst 1571 findet sich auf einmal keine Klage mehr über die Kreishilfe, sondern nur noch der Befehl, darauf zu achten, wie man sich auf den nächsten Inquisitionstag, also der Vorbereitung auf den nächsten Moderationstag (vgl. dazu unten), vorbereiten soll.

erneute Bitte einen Nachlaß von 1 000 fl zuzugestehen[165]. Das war zwar immer noch fast die Hälfte, doch hatte der Kaiser damit die jeweilige Singularität dieses Vorgangs demonstriert. Bei der nächsten Anlage von 1567 ließ sein Nachfolger, Maximilian II., der Stadt auch nur noch ein Drittel ihrer Reichshilfe nach[166], und in den folgenden Jahrzehnten scheint die Stadt stets den vollen Betrag entrichtet zu haben[167].

Überlingen blieb damit nur noch der offizielle Weg, den alle Stände einschlagen mußten, wenn sie ihre Beiträge zu den Reichssteuern senken wollten, die Supplik um Moderation bei den verschiedenen Moderationstagen[168] und notfalls der Prozeß vor dem Reichskammergericht. Schon vor 1563 hatte sich die Stadt parallel zu ihren Sondervereinbarungen mit dem Kaiser um eine Moderation ihres Anschlages bemüht, denn allein eine solche offizielle und reichsrechtlich sanktionierte Senkung hätte ihr eine dauerhafte und kalkulierbare Erleichterung verschafft und sie von dem ständigen und ungewissen Antichambrieren bei Kaiser und König befreit. Einen kleinen Erfolg bescherte ihr aber nur der Moderationstag von 1545. Zwar senkten die Moderatoren ihren Anschlag nicht um die von ihr geforderten 50%, doch mußte sie von nun an statt 10 Reitern nur noch 6 und statt 78 Fußsoldaten nur noch 60 finanzieren[169]. 1557 wurde diese Moderation bestätigt, ungeachtet einer erneuten Supplik der Stadt[170]. Der von diesem Resultat offensichtlich enttäuschte Rat wollte mehr erreichen oder glaubte zumindest, im Interesse der Stadt mehr erreichen zu müssen. Er appellierte an das Reichskammergericht und stellte seine Beiträge zur Reichshilfe bis zu einem Bescheid des Gerichts ein[171].

Ob dieser Schritt des Überlinger Rats die Moderatoren des Tages von 1567 beeinflußte, läßt sich aus der Perspektive der Überlinger Quellen nicht feststellen. Fest steht jedenfalls, daß 1567 plötzlich die 1545 gewährte Moderation kassiert und die Stadt wieder auf den Stand der Wormser Matrikel von 1521 zurückgestuft wurde[172]. Aus der Sicht des Kaisers und der Moderatoren erwies sich dies als ein geschickter Schritt. Zwar appellierte der Rat sofort wieder an das Reichskammergericht, gestand aber nun auf einmal zu, daß er allein den moderierten Anschlag von 1545 als rechtmäßig anerkenne und seine Reichssteuern weiterhin nach diesem Anschlag entrichten werde[173]. Eben dies, die Einschätzung nach der Moderation von 1545, wurde der

---

[165] StadtAÜb I/76/751, 1563 Febr. 25; Juni 17; HHStA Mainzer Erzk. Archiv, Matr. u. Mod., Fasz. 27 fo. 255v.

[166] HHStA Mainzer Erzk. Archiv, Matr. u. Mod., Fasz. 27 fo. 248, 1567 Sept. 27, Maximilian II. an Überlingen.

[167] Vgl. dazu unten die Verhandlungen um die Moderation.

[168] Zu den verschiedenen Moderationstagen vgl. W. *Schulze*, Türkengefahr S. 338.

[169] HHStA Mainzer Erzk. Archiv, Matr. u. Mod., Fasz. 3 fo. 20f., resümiert die Verhandlungen. Vgl. auch EAF Ha 543 [o. Paginierung], *Der statt Uberlingen uberlag und moderation belangend etc.*.

[170] HHStA Mainzer Erzk. Archiv, Matr. u. Mod., Fasz. 27 fo. 34f.; Fasz. 3 fo. 1.

[171] Ebda. Fasz. 3 fo. 179, 186ff.

[172] Vgl. ebda. Fasz. 3 fo. 20f.; Fasz. 27 fo. 254ff.; GLA 225/737, 1566 Sept. 16; StadtAÜb Mp. 1567−69 fo. 24ff., 27vff.

[173] HHStA Mainzer Erzk. Archiv, Matr. u. Mod., Fasz. 3 fo. 8f., 26f.

Stadt in den folgenden Jahren zugestanden, denn in Zukunft zahlte Überlingen seine Reichssteuer nach diesem Anschlag[174]. Zwar reichte der Rat 1577 und nochmals 1595 seine üblichen Gravamina ein, doch die Hoffnung auf Erfolg scheint gering gewesen zu sein. 1595 machte der Rat sich nicht einmal die Mühe, ein neues Gravamen formulieren zu lassen; das alte von 1577 wurde einfach abgeschrieben[175]. Eine Halbierung seiner Reichshilfe, die der Rat lange Zeit auf informellem Wege erreicht hatte, war offiziell also nicht zu bekommen. Ging es um dauerhafte Zugeständnisse, so war der Kaiser zurückhaltender.

Dies belegen auch die Privilegien, welche die Stadt nach 1521 vom Kaiser erhielt. Zwar häufen sich die Privilegien gerade in der Zeit der Reformation – ganz eindeutig wurde hier die Altgläubigkeit der Stadt honoriert[176] –, doch wird man den Wert dieser Privilegien nicht überschätzen dürfen. Abgesehen von dem Prestigewert, den das 1528 verliehene neue und verbesserte Wappen besaß[177], waren es finanzielle und wirtschaftliche Vorteile, welche die Stadt erhielt. 1526 wurde ihr zugestanden, von Bürgern, welche die Stadt verließen, ein zehnprozentiges Abzugsgeld zu erheben. 1530 wurden ihre Bürger vom Rottweiler Hofgericht befreit; Prozesse gegen sie mußten fortan in Überlingen geführt werden[178]. Für die Stadt vielleicht am wichtigsten war das 1547 gewährte Marktprivileg, das die Bedeutung des Überlinger Kornmarktes sichern sollte[179]; das im gleichen Jahr erteilte Judenprivileg kann kaum als besondere Bevorzugung Überlingens angesehen werden, andere Städte erhielten ähnliche Rechte[180]. Nach 1547 erhielten die Überlinger im Grunde nur noch ein wichtiges Privileg: 1594 auf dem Reichstag zu Regensburg supplizierten sie mit Erfolg darum, auch in ihrem Territorium Ungeld erheben zu dürfen[181]. Das nächste Privileg nach 1547 war also erst in einer Zeit erteilt worden, als sich die Stadt wieder verstärkt auf Reichsebene als Parteigängerin der katholischen Stände profiliert hatte.

Die Gewährung von Privilegien korrespondierte mit dem jeweiligen reichspolitischen Engagement der Überlinger und dem Nutzen, den die altgläubige Stadt in diesen Zeiten für den Kaiser besaß. Zugleich darf deren Wert nicht überschätzt

---

[174] Nach GLA 225/725, 1603 Dez. 17, betrug der Überlinger Römermonat 312 fl, also 6 Reiter und 60 Fußsoldaten. Dies entsprach der Moderation von 1545.

[175] Wie Anm. 173. Zu der Moderation von 1577 vgl. StadtAÜb V/9/1930, 1577 Mai 13 u. 14. Zu 1595 vgl. StadtAÜb Rp. 1588–96 fo. 325v.

[176] HHStA RHR Bad. Akten 5 Fasz. 14 Nr. 131, 1530 Aug. 12: Karl V. bestätigt die Überlinger Privilegien ausdrücklich, weil sie sich *[...] in der ersten lutterischen pewrischen emporung und auffruerigen schweren leuffen mandlich und redlich gethan haben [...]*; (auch Oberrheinische Stadtrechte S. 357).

[177] Oberrheinische Stadtrechte S. 356 ff. Die verschiedenen Überlinger Privilegien werden auch aufgezählt bei StadtAÜb Reutlinger 3 fo. 305 ff.

[178] Oberrheinische Stadtrechte S. 359 ff.

[179] Vgl. Kap. IV.2.

[180] Oberrheinische Stadtrechte S. 384 f. 1566 war das Judenprivileg erweitert worden, doch war dies ohne Bedeutung.

[181] Ebda. S. 608 f. Die Verhandlungen zur Erlangung dieses Privilegs werden ausführlich geschildert in EAF Ha 543 fo. 11.

werden. Meist gewährte der Kaiser wirtschaftliche Vorteile, die ihn selbst wenig kosteten. Die einzige weitergehende politische Forderung, welche die Stadt 1530 auf dem Reichstag zu Augsburg erhoben hatte, als sie um die Belehnung mit der hohen Gerichtsbarkeit in ihrem Territorium suppliziert hatte, war ihr abgeschlagen worden. Das Interesse der Habsburger an der Bodenseestadt war also jeweils zeitlich begrenzt. Sein Höhepunkt fiel in die ersten zwei Jahrzehnte der Reformation; zu keiner Zeit war auch die Korrespondenz zwischen Überlingen und den Habsburgern so dicht[182]. Dabei war es zunächst und in erster Linie die Regierung zu Innsbruck, für die Überlingen als politisch führende Stadt Oberschwabens und als direkter Nachbar der Eidgenossen politischen Wert besaß[183]. Der Kaiser selbst war, wie die Verhandlungen von 1521 erwiesen haben, für eine besondere Begünstigung der Bodenseestadt nicht ohne weiteres zu gewinnen gewesen. Erst mit der Reformation hatte sich dies geändert. Und als die konfessionelle Spaltung reichsrechtlich fixiert war, erlosch auch die enge Kommunikation und Bevorzugung der politisch wenig gewichtigen Stadt.

8. Neuorientierung der Überlinger Reichspolitik 1544/1545

All dies dürfte auch eine Rolle gespielt haben, als der Rat 1544 daran ging, das außenpolitische Konzept der Stadt zu überdenken. Der bisherige Konfrontationskurs, der Überlingen bei den anderen Reichsstädten so verhaßt gemacht hatte[184], schien auch beim Überlinger Rat zunehmend auf Skepsis zu stoßen. Dazu kam, daß die alte Garde der Überlinger Reformationspolitiker, wie Caspar Dornsperger oder Hans Freyburg, entweder gestorben oder, wie der Stadtschreiber Caspar Klöckler, nicht mehr in Überlingen tätig war. Eine neue Generation formulierte eine neue Politik, so wäre man fast versucht zu sagen, doch so radikal waren die Wechsel in der Überlinger Außenpolitik nicht. Kontinuität rangierte vor Veränderung, zumal auch der politische Handlungsspielraum eher beschränkt war. Das hieß: Die Grundprinzipien Überlinger Außenpolitik wurden nicht in Frage gestellt, wohl aber in einigen bezeichnenden Nuancen modifiziert.

Bereits auf dem Städtetag von 1543 zu Frankfurt, auf dem erstmals Bürgermeister

---

[182] Vgl. z. B. StadtAÜb Reutlinger 3 fo. 357 ff. Zur Rücksichtnahme Österreichs auf Überlingen vgl. auch LAIn Kop. 1527–29/3 fo. 319, 1528 Okt. 6: Wegen eines Konflikts zwischen Überlingen und dem Landgericht in Madach empfahl das Regiment in Innsbruck nachzugeben, weil *[…] wir doch die bemelten von Uberlingen in disen leuffen gern pei gutem willen behalten wollen.* Zu ähnlichen Entscheidungen vgl. auch LAIn Kop. 1523–35/2 fo. 22; 1532–34/1 fo. 641v.

[183] So bat z. B. 1531 Ferdinand I. Überlingen, Boten, die aus den protestantischen Städten Zürich, Basel oder Konstanz kämen und das Überlinger Territorium passierten, festzunehmen; nach StadtAÜb Reutlinger 3 fo. 375; auch erwähnt bei *Moeller,* Zwick S. 148 f.

[184] GLA 225/736, 1544 Nov. 15: *[…] wie verhasst wir by andern stätten der nunnen halb gewest und wie verbittert wir von wegen deren so noch gegen uns in vermainten anforderungen steen werden, was schimpfetierung, beschrayung auch weiter schad und nachtail uns auch umb unser sonderung willen begegnen mochte.*

Han und Georg Echbegg die Stadt vertraten, zeichnete sich eine Veränderung ab. Hatte die Stadt sich noch 1542 vom Protest aller Reichsstädte gegen den Reichsabschied separiert, so hatten die Gesandten nun die Anweisung, bei der Frage von Session und Stimme zusammen mit den anderen Städtegesandten beim Kaiser vorzusprechen. Und falls andere altgläubige Städte in eine Protestation wegen dieser Frage einwilligten, sollten sie sich dem anschließen[185]. Zum erstenmal nach 1529 orientierte sich die Überlinger Politik nicht mehr nur an den Wünschen der Habsburger, sondern auch wieder an dem Prinzip der Solidarität mit den anderen Städten.

Daß sich in diesen Jahren in der Überlinger Außenpolitik etwas bewegte, dokumentiert ein Gutachten von 1544, das sich mit der Frage beschäftigte, ob man den 1544 nach Ulm ausgeschriebenen – und dann allerdings wieder abgesagten – Städtetag besuchen sollte oder nicht[186]. Hauptthema dieses Tages waren schon länger schwelende Auseinandersetzungen zwischen dem Herzogtum Württemberg und den Reichsstädten Esslingen und Gmünd, bei denen diese immer wieder Rückhalt bei ihren Standesgenossen suchten[187]. Zur Debatte stand damit die Frage, ob Überlingen die anderen Reichsstädte unterstützen sollte oder nicht. Zur Beantwortung dieser Frage wurde in dem Gutachten aber weit ausgeholt und die grundsätzlichen politischen Interessen und Abhängigkeiten der Stadt formuliert. Vier Argumente waren es im wesentlichen, die gegen ein gemeinsames Vorgehen mit den anderen Reichsstädten sprachen. Erstens die Glaubensspaltung; zweitens die guten Beziehungen, welche Überlingen mit seinen benachbarten Territorien besaß, so daß es selbst auf den Beistand seiner Standesgenossen nicht angewiesen schien; drittens die wirtschaftlichen Nachteile, die der Stadt aus einem Konflikt mit Württemberg erwachsen konnten, denn der Herzog könnte in diesem Fall den Verkauf von Getreide aus Württemberg auf dem Überlinger Kornmarkt verbieten; und viertens könnte ein Engagement mit den anderen Städten unabsehbare finanzielle Folgeverpflichtungen nach sich ziehen.

Für den Besuch des Städtetags sprachen vor allem zwei Argumente, die deutlich die bisherige Politik kritisierten. Zum ersten: Separierte sich Überlingen völlig von den Städten und verließe sich nur noch auf den Schutz des Kaisers, könnte es, so die Formulierung des Gutachtens, leicht geschehen, daß es vergessen würde. Denn Überlingen war auf den Kaiser angewiesen, dieser aber nicht auf Überlingen. Zum anderen: Es sei noch nicht abzusehen, welche Nachteile ihm aus einer Isolierung unter den Städten noch erwachsen könnten; vielleicht sei man selber irgendwann einmal auf deren Unterstützung angewiesen.

Die bis dahin praktizierte, radikal einseitige Unterstützung der Habsburger wurde damit in Frage gestellt. In Zukunft sollte man sich, so die Quintessenz dieses Gutach-

---

[185] Vgl. StadtAÜb V/6/1912, 1543 Juni 31, Instruktion zum Städtetag Frankfurt 1543; StadtAÜb V/9/1930, 1543 Juli 18, Zusätzliche Instruktion.

[186] GLA 225/736, 1544 Dez. 3, Einladungsschreiben Ulms; ebda. Dez. 26: Absage des Tages. Das Gutachen wie Anm. 184.

[187] Zur Haltung der Reichsstädte in dem Konflikt zwischen Württemberg auf der einen und Esslingen sowie Gmünd auf der anderen Seite vgl. G. *Schmidt*, Städtetag S. 210 ff.

tens, nach beiden Seiten absichern: Ohne die Verbindung zu den Habsburgern aufzugeben – eine Alternative dazu gab es für eine Reichsstadt, zumal eine katholische wie Überlingen, ohnehin nicht –, sollte zugleich auch der Kontakt zu den Städten gewahrt werden, zumindest dann, wenn Fragen des Glaubens nicht tangiert wurden. Die aufgrund des Gutachtens verfaßte Instruktion[188] artikuliert diese Zweigleisigkeit ausdrücklich: Man will den beiden Städten, Esslingen und Gmünd, ihren Willen tun, ohne aber beim Kaiser den Verdacht zu erwecken, sich seinem Gehorsam entziehen zu wollen. Konkret hieß dies: Die Gesandten durften keiner Entscheidung zustimmen, die irgendwie eine Spitze gegen den Kaiser besaß, ansonsten aber die Städte grundsätzlich unterstützen.

Dieses Gutachten erweist sich auch als zentrale Quelle, wenn man die grundlegenden Interessen der Stadt eruieren will. Immer wieder wird an erster Stelle mit wirtschaftlichen und finanziellen Motiven argumentiert. Die politischen Interessen Überlingens, so wird erneut deutlich, gründeten auf der besonderen Wirtschaftsstruktur der Stadt und den damit zusammenhängenden Problemen. Daneben spielte die territoriale Lage – die Stadt war eingebettet in ein Gebiet kleiner katholischer Territorien – sowie schließlich die gemeinsamen Interessen aller Reichsstädte eine Rolle. Diesen letzten Punkt hatte die Überlinger Reichspolitik in den Jahren der Reformation abgeschrieben gehabt. Jetzt erlebte er wieder eine gewisse Renaissance. Doch anders als in der Zeit vor der Glaubensspaltung war es nun bedeutend schwieriger, wenn nicht gar unmöglich geworden, die unterschiedlichen Interessen der Städte miteinander in Einklang zu bringen. Der Rat versuchte zwar die Stadt aus der politischen Sackgasse, in die sie sich manövriert hatte, herauszuführen. Ein solches Manöver war aber, solange der Religionskonflikt die Reichspolitik beherrschte, und während der Regierungszeit Karls V. war dies nun einmal der Fall, praktisch unmöglich. Man konnte nicht beiden Seiten, dem katholischen Kaiser und der Mehrheit der protestantischen Reichsstädte, zugleich gerecht werden. Im Grunde gab es für die Stadt nur einen Ausweg – und dieser wurde die nächsten vier Jahrzehnte praktiziert.

9. Die Reichspolitik 1545–1581: Abschied von der reichspolitischen Bühne

In den Jahren von 1545 bis 1575/1581, der dritten Phase Überlinger Außen- und Reichspolitik, war die Stadt aus der Reichspolitik gleichsam weggetaucht[189]. Ihr politisches Vorgehen in dieser Zeit ist rasch beschrieben: Überlingen hatte sich in den Kreis derjenigen Städte eingereiht, die nur selten Reichs- oder Städtetage besuchten und sich durch andere Reichsstädte vertreten ließen[190]. Weder 1545 noch 1555 oder

---

[188] GLA 225/736, 1545 Jan. 1.

[189] Zusammenfassend zu den Reichstagen dieser Periode mit Verweis auf weitere Lit. vgl. W. *Schulze*, Türkengefahr S. 75 ff.

[190] Es gilt zu beachten, daß es sich insgesamt um eine Periode gehandelt hat, in der die Städte generell relativ geringe reichspolitische Aktivitäten zeigten, wie z. B. für Nürnberg E. *Franz* S. 204 f., 208, belegt.

1556 besuchten Überlinger Gesandte den Reichstag, 1567, 1570 und 1576 ließ sich Überlingen durch Ulm vertreten wie auch auf den meisten Städte- und vielen Kreistagen. Nur 1557 und 1566, als die Restauration der Zunftverfassung und die Bestätigung ihrer Privilegien durch den neuen Kaiser anstanden, entsandte der Rat Vertreter zum Reichstag[191]. Allein konkrete Interessen und Wünsche der Stadt riefen also noch eine reichspolitische Aktivität hervor. Nur auf den Kreistagen war Überlingen deshalb etwas häufiger vertreten, da es auf regionaler Ebene häufig um solche konkreten, meist finanziellen Fragen ging[192]. Ansonsten vertrat Ulm die Stadt auf Reichsebene. Überlingen sicherte dabei zu, sich in allen Fragen, welche das Corpus der Reichsstädte als Ganzes beträfen, nicht von der Mehrheit der Städte absondern zu wollen[193].

Es ist das Bemühen erkennbar, verlorenes Vertrauen bei den anderen Städten wieder zurückzugewinnen. Und dies war mit am leichtesten möglich, wenn sich die Stadt reichspolitisch zurückhielt, weil sie so nicht Gefahr laufen konnte, in Konflikte verwickelt zu werden und Stellung beziehen zu müssen zwischen dem Kaiser und den Städten. Daß eine solche Politik prinzipiell gelingen konnte, war aber nur den günstigen reichspolitischen Umständen zu verdanken, der Phase konfessioneller Neutralität nach dem Augsburger Religionsfrieden[194]. Auch wenn sich die Stadt vordergründig von der reichspolitischen Bühne fernhielt, so blieb ihr politisches Geschick doch unlösbar mit dem des Reiches verbunden; dessen Entwicklung konnte sie sich, ob es nun ihren Interessen entsprach oder nicht, auf Dauer nicht entziehen.

Dies zeichnete sich schon bei der ‚Gmünder Affäre‘, welche das Ende dieser dritten Phase Überlinger Außenpolitik einleitete, ab. 1575 wollte der Gmünder Rat eine

---

[191] Zu den Reichstagen von 1559 und 1566 vgl. Kap. V.3 u. StadtAÜb Mp. 1566−67 fo. 98 f. Zur Vertretung durch Ulm auf den Reichstagen 1567, 1570 und 1576 vgl. StadtAÜb Rp. 1567−69 fo. 17; Rp. 1570−73 fo. 43; Rp. 1573−77 fo. 160v, 223v; zu den Städtetagen Regensburg 1557, Esslingen 1561, 1571 und 1574 vgl. GLA 225/737, 1557 [o.D.]; 225/739; 225/1263, 1571 Sept. 3; StadtAÜb V/7/1919, 1574 Aug. 21. – Überlingen war wahrscheinlich nur auf dem parallel zum Augsburger Reichstag von 1559 gehaltenen Städtetag durch einen eigenen Delegierten, Bürgermeister Hans Jacob Han, vertreten; vgl. GLA 225/737. – Zu den Kreistagen siehe Anm. 192.

[192] Überlingen war vertreten auf den Kreistagen 1554, Juli 1558 und Jan. 1567; vgl. StadtAÜb Rp. 1552−56 fo. 90r, 93r, 101r, 108r; Rp. 1556−66 fo. 289v; Rp. 1566−73 fo. 346vf. 1555, 1563, 1564, 1566, 1567, 1568 ließ es sich durch Ulm vertreten; vgl. StadtAÜb Mp. 1563−64 fo. 10r, 56vf, 103r, 118, 175vf; Mp. 1566−67 fo. 124v; Mp. 1567−69 fo. 58v, 178. Ab 1583 war es dann häufiger wieder durch eigene Delegierte präsent. Instruktionen für Überlinger Gesandte sind erhalten zu den Kreistagen 1558, Jan. 1567, März 1569, März 1571; vgl. StadtAÜb Mp. 1558 fo. 82f.; Mp. 1567−69 fo. 5f., 245ff., 268vff; Mp. 1570−71 fo. 154vff. Überlingen ging es dabei im wesentlichen um die Moderation seines Anschlages oder um regionale wirtschaftliche Fragen, wie das Problem der ‚geringen‘ Münzen. Überlingen wandte sich hier wegen seiner handelspolitischen Interessen jeweils gegen ein Verbot der Schweizer Münzen. Bei politischen Fragen ließ es den Gesandten freie Hand, sich nach Lage der Dinge zu entscheiden. Die Stadt versuchte, sich hier aus möglichen Kontroversen herauszuhalten.

[193] Siehe dazu jeweils die Bitten um Vertretung an Ulm, wie Anm. 191.

[194] Bereits auf dem Reichstag von 1555 waren die katholischen Reichsstädte kaum hervorgetreten; Überlingen ließ sich z. B. durch Augsburg vertreten. Nach dem Abschluß des Religionsfriedens scheinen die Städte allgemein gehofft zu haben, daß jetzt die Einigkeit im Städtecorpus wieder gestärkt werden könnte; vgl. *Pfeiffer*, Religionsfriede S. 224f., 233, 241.

kleine Minderheit protestantischer Bürger ausweisen, die aber unter Berufung auf den Augsburger Religionsfrieden dagegen protestierten und bei protestantischen Reichsstädten um Hilfe ansuchten. Auf dem Städtetag von 1575 zu Esslingen sollte dieses Problem beraten werden[195]. Ulm forderte deshalb Überlingen eigens auf, weil es sich um eine Glaubensfrage handle, diesen Tag zu besuchen[196]. Doch der Überlinger Rat war offensichtlich bestrebt, sich gerade deshalb aus dieser ganzen Angelegenheit möglichst herauszuhalten. Zunächst einmal übertrug er wiederum Ulm seine Vertretung, ohne überhaupt, wie von Ulm erbeten, zu dem Thema Stellung zu beziehen[197]. Als Ulm um Erläuterung der Vollmacht bat, wies der Rat nur darauf hin, daß er in dieser Frage nicht kompetent sei, da er sich noch nie innerhalb seiner Mauern mit einer protestantischen Minderheit konfrontiert gesehen hätte. Immerhin aber nahm Überlingen nun bei seiner Vollmacht für Ulm ausdrücklich alle Glaubensfragen aus[198]. Das war ein erstes Zeichen dafür, daß sich auf Dauer der konfessionelle Zwiespalt nicht aus der Reichspolitik heraushalten ließ; zugleich wird deutlich, daß die Stadt versuchte, anders als in der Reformationszeit die Frage der Konfession zu isolieren, damit nicht die gesamte Städtepolitik dadurch tangiert würde. Doch ließ sich nicht mehr überdecken, daß der Konfessionskonflikt die Reichsstädte wieder eingeholt hatte. Die letzte Phase Überlinger Außenpolitik vor Ausbruch des großen Konfessionskrieges im Jahre 1618 begann.

10. Die Reichspolitik 1581–1618

Erstmals nach 1545 zeigte Überlingen wieder lebhafteres reichspolitisches Engagement. Überlinger Gesandte besuchten die Reichstage von 1582 und 1594[199] sowie die meisten Städtetage jener Zeit, beginnend 1581 in Speyer bis zum Städtetag 1596 in Ulm[200]. Nach 1596 zog sich die Stadt zwar erneut auffallend zurück und ließ sich öfters vertreten, im Unterschied zur dritten Phase aber nun seltener durch Ulm, sondern zumeist durch das katholische Rottweil[201]. Nachdem 1563 Sessionsstreitig-

---

[195] Vgl. StadtAÜb V/7/1919, 1574 Sept. 1, 1575 Febr. 4 u. Juli 21. Zum Hintergrund der Ereignisse in Gmünd vgl. Kap. XII mit Lit.

[196] StadtAÜb V/7/1919, 1575 Aug. 10, Ulm an Überlingen.

[197] Vgl. StadtAÜb Mp. 1575–1577 fo. 17vf.

[198] Ebda. fo. 103vf, 108ff.

[199] StadtAÜb Rp. 1573–87 fo. 321r, 325r; Rp. 1588–96 fo. 264v. – Zum Regensburger Reichstag 1594 gibt es einen ausführlichen Bericht (EAF Ha 543), wahrscheinlich verfaßt von dem Gesandten Jacob Reutlinger; eventuell handelt es sich hier um einen eigenen, von den anderen Bänden abgetrennten Band der Kollektaneen Reutlingers (s. dazu Kap. II.4).

[200] Vgl. dazu die verschiedenen Instruktionen und Berichte der Gesandten; wie Anm. 210.

[201] In Worms 1600 sollte Rottweil Überlingen vertreten, da es aber selbst keine Gesandtschaft delegierte, vertrat erneut Ulm die beiden Städte; vgl. StadtAÜb Mp. 1598–1601 fo. 96, 99, 111 f., sowie GLA 225/1279, 1600 Nov. 16. In Ulm 1601 wiederholte sich diese Konstellation; vgl. StadtAÜb Mp. 1601–03 fo. 74vf u. GLA 225/1279, 1601 Dez. 8. In den Jahren 1606, 1607, 1612 u. 1614 bat Überlingen Rottweil um Vertretung; vgl. StadtAÜb Mp. 1605–06 fo. 209f.; Mp. 1607–08 fo. 179f.; Mp. 1611–12 fo. 157; Mp. 1614–15 fo. 83vf. 1612 hatte allerdings auch

keiten mit Rottweil beigelegt worden waren[202], entwickelte sich Rottweil zum wichtigsten politischen Verbündeten Überlingens, mit dem man jetzt auch das politische Vorgehen absprach[203].

Auch wenn Überlingen jetzt wieder auf Reichsebene Flagge zeigte, so hieß das doch nicht, daß die Stadt nun wieder ihre alte, kompromißlose Religionspolitik erneuert hätte. Deutlich ist das Bestreben spürbar, die in der dritten Phase gegenüber den Reichsstädten betriebene Goodwill-Politik nicht durch die einsetzende Konfessionalisierung der Reichspolitik zerstören zu lassen. Überlingen suchte den Ausgleich zwischen seiner konfessionellen Position, seinen politischen Interessen und seinen Abhängigkeiten. Was heißt das nun konkret? Die Bindung an die katholischen Habsburger und den Kaiser war zu einem unauflösbaren Axiom Überlinger Politik geworden. Hatten die oberschwäbischen Reichsstädte schon vor der Glaubensspaltung unter dem Einfluß Österreichs gestanden, so blieb den katholischen Reichsstädten nach der Reformation überhaupt keine andere Wahl mehr, als sich an Habsburg zu orientieren, nachdem Württemberg, die andere dominierende Territorialmacht des Südwestens, deren Unterstützung die protestantischen Reichsstädte suchten, sich 1534 für den Protestantismus entschieden hatte. Der 1521 im Rahmen des Schwäbischen Bundes noch faßbare Spielraum der Stadt gegenüber den Habsburgern war, nach der Spaltung unter den Städten, kaum mehr vorhanden. Überlingen war auf Gedeih und Verderben an die führende katholische Territorialmacht gekettet, obwohl dies seinen finanziellen und seinen politischen Interessen, die sich aus seinem Status als Reichsstadt ergaben, durchaus nicht immer entsprach. Deshalb hatte es ja nach 1545 wieder vorsichtig die Verständigung mit den Reichsstädten gesucht, die es auch in dieser Phase nicht opfern wollte. Noch 1614 bat es die in Ulm versammelten Städte, *[...] unßer außbleiben nit in ungunsten zuo vermerckhen oder dahin außzudeuthen, als wann von denselben abschwayf uns zuo machen wür gemaint, sonder erklären uns dahin, das allem dem jenig, was den erbar frey- undt reichs stätten in gemain undt zuo erhaltung ihrer im hailigen röm. reich habenden reputation, alter herkommen undt gewonhaiten, sonderlich aber der zwischen ihnen bis hero von unfürdencklichen jahren erhaltnen guotter correspondenz undt zuo ihrem aufnemen erwinschender ruoh undt friden dienstlich, nutzlich undt fürstendig errathen undt beschlossen werde khan undt mag, auch gegen ihr kay. may. als unßer von gott fürgesetzter höxster obrigkait undt sonsten anderßwerts verantwurtlich wür uns gern accomodieren undt bequemben undt nit davon absondern wöllen [...]*[204]. Weder eine

---

Rottweil den Städtetag nicht besucht; vgl. StadtAÜb Mp. 1611–12 fo. 180v. 1616 entschuldigt Überlingen sein Fernbleiben; vgl. StadtAÜb Mp. 1615–16 fo. 324. Vgl. dazu auch die Parallelüberlieferung GLA 225/1280 u. 1281.

[202] StadtAÜb VI/9/2084, 1563 Juni 6.

[203] Bereits 1581 hatte Überlingen in einem Schreiben an Pfullendorf gefordert, daß die katholischen Städte engere Korrespondenz untereinander pflegen sollten; vgl. StadtAÜb Mp. 1580–81 fo. 298. Zu besonders engen Kontakten kam es dann aber vor allem, als die Städte untereinander über die Frage des Beitritts zur Liga diskutierten; vgl. dazu Kap. VI.11.

[204] StadtAÜb Mp. 1614–15 fo. 94f.

politische Kontroverse unter den Städten noch gar ein kriegerischer Konflikt unter den Konfessionsparteien lag im Interesse der Reichsstädte.

Trotzdem konnten sich die katholischen Reichsstädte aber auf Dauer ihrer konfessionellen Position und der sich daraus ergebenden Verpflichtung nicht entziehen. Unter den Reichsstädten bildete sich eine ‚katholische‘ Partei heraus[205], und anders als noch während der Reformationszeit suchte Überlingen den Anschluß an diese Gruppierung. Die Zeit der Alleingänge war endgültig vorüber. Seit 1581 stimmte Überlingen sein Verhalten auf Städte- und Reichstagen mit den anderen katholischen Reichsstädten ab. Neben Rottweil waren es vor allem Gmünd, aber auch die paritätischen und von in der Mehrheit katholischen Obrigkeiten regierten Städte wie Ravensburg, Biberach und Dinkelsbühl und natürlich Augsburg[206]. Kleinere Städte wie Wangen, Pfullendorf und Buchhorn ließen sich meist durch Überlingen vertreten[207]. Aber nicht nur die süddeutschen katholischen Reichsstädte schlossen sich enger zusammen, auch mit denen der rheinischen Bank begann man zusammenzuarbeiten[208]. Die katholischen Reichsstädte agierten damit auf den Reichstagen gemeinsam, nicht ohne dazu ausdrücklich vom Kaiser ermuntert worden zu sein[209].

Zwei Themen waren es vor allem, bei denen sich die katholischen Reichsstädte den Voten ihrer protestantischen Standesgenossen nicht anschließen konnten. Das war zum einen die Frage der Türkenhilfe und zum anderen die des Konfessionskonflikts

---

[205] Dies zeigt besonders deutlich der detaillierte Bericht Reutlingers vom Reichstag 1594 (EAF Ha 543; wie Anm. 199). Vor der Verlesung der kaiserlichen Proposition unterredeten sich die Überlinger Gesandten bereits mit denen von Rottweil und Pfullendorf (ebda. fo. 7), und insgesamt waren sie dazu angehalten, mit den anderen katholischen Gesandten zusammenzuarbeiten. Bei Religionsfragen mußten die katholischen Städte (Köln, Augsburg, Überlingen, Rottweil, Gmünd) dann auch jeweils auf Verlangen der protestantischen Kommunen aus dem Städtecorpus austreten.

[206] In dieser Zeit begann sich auch in den bikonfessionellen Städten Augsburg und Ravensburg die katholische Ratsmehrheit verstärkt durchzusetzen. Augsburg näherte sich dann auch in den 1580er Jahren den katholischen Ständen; im Schwäbischen Kreis ersetzte es 1584 seinen protestantischen Kriegsrat durch einen Katholiken; vgl. *Warmbrunn* S. 138, 146 ff.; *Jäger* S. 292.

[207] Auf dem Reichstag von 1582 vertrat Überlingen Pfullendorf und Gmünd; vgl. StadtAÜb Mp. 1573–87 fo. 321r; 1613 vertrat es Buchhorn; StadtAÜb Mp. 1613 fo. 110vf. – Auf dem Städtetag 1583 vertrat Überlingen Pfullendorf, 1585 Wangen, Buchhorn und Pfullendorf, 1586 Gmünd, Wangen und Buchhorn, 1593 Rottweil, Pfullendorf, Wangen und Buchhorn; vgl. StadtAÜb Mp. 1583–84 fo. 65vf, 235f., 242vf; GLA 225/1274, 1593 Aug. 3.

[208] Vgl. EAF Ha 543 fo. 53: So arbeitete z.B. Köln mit Rottweil, Überlingen und Pfullendorf zusammen, als es darum ging, sich gegen eine Supplik Augsburgs auszusprechen, das wegen der Frage der Kanzlei des Städtetags mit den übrigen Städten stritt. Auch die verschiedenen Berichte Überlinger Gesandter von den Städtetagen belegen diese Entwicklung; vgl. GLA 225/1269 [o.D.], Bericht des Stadtschreibers Oswald Hermann vom Städtetag zu Dinkelsbühl 1585; GLA 225/1271, 1587 Sept. 4, Bericht vom Städtetag Ulm; GLA 225/1274 [o.D.], Bericht vom Städtetag 1593.

[209] Vgl. GLA 225/1268, 1584 Okt. 4, Rottweil an Überlingen: Rottweil hatte Überlingen auf dem Städtetag zu Speyer vertreten und schlug vor, daß die katholischen Städte in Zukunft enge Verbindung halten sollten (Anlaß war die Diskussion des Konflikts in Aachen gewesen); durch einen kaiserlichen Rat seien sie, so betonte der Rottweiler Rat, ermahnt worden, daß sie, die katholischen Städte, sich künftig auf eigenen Tagen treffen sollten.

in Aachen, wie generell alle Fragen, bei denen die Konfession mitspielte. Nach der ‚Gmünder Affäre' waren es aber vor allem die Ereignisse in Aachen[210], die regelmäßig auf den Städtetagen diskutiert wurden. Die Stellungnahme Überlingens, wie der anderen katholischen Städte, war eindeutig, ohne aber verletzend zu wirken: Jede Unterstützung für den protestantischen Rat in Aachen wurde rundweg abgelehnt, die einschlägigen kaiserlichen Mandate sollten, so die Meinung Überlingens, befolgt werden. Doch sollte zugleich an dieser Frage der gemeinsame Abschied der Städte nicht scheitern. Nur sollte in den Abschied aufgenommen werden, daß nicht alle Städte einhelliger Meinung waren, um dem Kaiser die eigenständige Position der katholischen Städte zu signalisieren[211]. Ein Kompromiß oder gar ein Nachgeben war bei konfessionellen Fragen schlechterdings unmöglich und wurde wohl auch überhaupt nicht ernstlich in Erwägung gezogen; die Einheit des Städtecorpus wollte man aber deswegen nicht aufs Spiel setzen[212].

Das zweite Thema, die Frage der Türkenhilfe, belegt die Abhängigkeit der katholischen Reichsstädte vom Kaiser, zeigt zugleich aber, daß auch die protestantischen Städte unter sich uneins waren. Wie schon zu Zeiten der Reformation unterstützte Überlingen die Forderungen des Kaisers, doch diesmal, ohne insgeheim über Erleich-

---

[210] Das zeigen die verschiedenen Instruktionen Überlingens zu den Städtetagen, auf denen die Ausführungen dieses Kapitels wesentlich beruhen; vgl. GLA 225/1269, 1584 Dez. 31, Instruktion zum Städtetag Dinkelsbühl 1585; 225/1270, 1586 Aug. 24, zum Städtetag Speyer 1586; 225/1274, 1593 Aug. 25, zum Städtetag Ulm 1593; 225/1276, 1596 Aug. 26, zum Städtetag Ulm 1596. – Zum Konflikt in Aachen vgl. ausführlich *Schmitz*, Verfassung.

[211] Auf dem Städtetag zu Dinkelsbühl sollte der Überlinger Gesandte z. B. dafür eintreten, daß die anderen Städte die Proposition des Kaisers annehmen. Falls ein entsprechender Abschied nicht erlangt werden könne, sollte er mit den anderen katholischen Städten (und solchen, die in der Frage der Reichshilfe einen prokaiserlichen Standpunkt vertraten) beraten, ob in den Abschied ein Sondervotum aufgenommen werden sollte oder nur wie früher der Vermerk, daß einige wenige Städte anderer Meinung seien; worüber sie dann die kaiserlichen Kommissare mündlich näher unterrichten würden. Daß die katholischen Städte bewußt den Konflikt vermeiden wollten, zeigt auch ihr Standpunkt bei der Frage des Städtearchivs. Zwar unterstützten sie das von einer katholischen Ratsmehrheit regierte Augsburg, doch nicht bedingungslos, damit sie sich nicht bei den anderen Städten verhaßt machten; vgl. EAF Ha 543 fo. 53v.

[212] Wie ungelegen dem Überlinger Rat z. B. konfessionelle Probleme innerhalb der Städtekurie waren, dokumentiert auch seine Stellungnahme in einem Konflikt zwischen Regensburg und einer auf Betreiben katholischer Stände zusammengetretenen kaiserlichen Kommission, die in einem Konflikt zwischen der Stadt und deren Franziskanerkloster vermitteln sollte. Gegenüber Ulm schlug der Rat vor, diese Frage nicht unter den Städten, sondern auf der Ebene des Kreises zu diskutieren; vgl. GLA 225/1279, 1600 Dez. 26. Die Intention, die sich dahinter verbarg, ist offenkundig: Auf dem Kreistag konnte sich Überlingen einer Stellungnahme entziehen, da es sich dort nur dem Votum der katholischen Mehrheit anschließen mußte. Gegenüber Wangen und Biberach machte der Rat auch deutlich, daß er konfessionelle Fragen möglichst isolieren und ihre Sprengkraft dadurch mindern wollte; vgl. StadtAÜb Mp. 1600–01 fo. 111: *[…] weil aber sollicher streit in spe die religion betrifft, so haben wir unß auch dessen dato wenig zuo beladen als anzunemen, wie wir dann in unserm der erbaren statt Ulm bey jngst gehaltnem wormbsischen stettag gegebnen gewalt den puncten religionis ebermessig expresse ußgesetzt haben […].*

terungen zu verhandeln[213]. Der Kaiser konnte der Unterstützung der Überlinger sicher sein, ohne allzu große Zugeständnisse machen zu müssen. Erstmals in dieser Phase läßt sich auch eine umfangreiche Verschuldung der Stadt nachweisen, die eingegangen wurde, um die Reichshilfe für den Kaiser aufzubringen[214]. Die verhängnisvolle Entwicklung, welche die Konfessionalisierung der Reichspolitik für Überlingen auslöste, wird damit offenkundig. Hatte die Stadt anfangs ihre finanziellen Interessen, wenn auch nur durch einen politischen Sonderweg, noch wahren können, so war sie jetzt immer wehrloser den Forderungen des Kaisers ausgeliefert.

Überlingen hatte also in dieser Phase durch den Anschluß an die katholischen Städte und sein behutsames, wenn auch in der Sache entschiedenes Vorgehen bei Konfessionsfragen die Isolierung vermieden. Doch zugleich wurde deutlich, daß sich eine Stadt wie Überlingen immer weniger den Implikationen der Konfessionalisierung der Reichspolitik entziehen konnte. Entgegen ihren eigenen Interessen stiegen die finanziellen Belastungen der Stadt, vor allem durch große Bürgschaften für den Kaiser. Politische Alternativen zu ihrer katholischen und kaisertreuen Politik waren nirgends zu erkennen.

11. Überlingen und die Bündnisse katholischer Stände 1524–1620

Die katholische Städtepartei auf Reichsebene hatte sich weitgehend unter dem Druck der konfessionellen Verhältnisse gebildet und nicht aufgrund einer freiwilligen Initiative der Städte. Es war nicht viel mehr als eine Reaktion auf umfassendere Strömungen der Reichspolitik gewesen. Hatte Überlingen aber darüber hinaus auch Anteil an einer aktiven und konstruktiven katholischen Bündnispolitik? Ging die Stadt für ihre Konfession auch umfangreichere politische Verpflichtungen ein?

In den Jahren der Reformation gab es in Oberschwaben mehrere Versuche, ein Bündnis katholischer Stände zustande zu bringen. Große Wirkung war keinem beschieden. Bereits 1524 trafen sich die katholischen Stände Oberschwabens in Leutkirch, wo sie ihre Absicht bekräftigten, das Wormser Edikt in ihren Gebieten ohne jeden Abstrich durchzuführen[215]. Überlingen hatte sich in Leutkirch durch Wangen vertreten lassen, nahm aber den dortigen Abschied an, was ihm nicht schwerfiel, da es eine solche Politik ohnehin bereits praktizierte. Die Exekution kaiserlicher Mandate war und blieb der juristische Eckpfeiler Überlinger Konfessionspolitik.

Über ein engeres Bündnis mit eigenen Statuten scheint dann erst wieder 1529 verhandelt worden zu sein. Vom 16. bis 29. Juli hatten darüber in Überlingen Vertre-

---

[213] Laut der Instruktion, wie Anm. 210. Vgl. auch W. *Schulze*, Türkengefahr S. 138. Die Reichstage jener Jahre dienten aus der Sicht des Kaisers ausschließlich der Finanzierung der Türkenabwehr.
[214] Vgl. Kap. IV.2.
[215] Vgl. *Willburger* S. 111; StadtAÜb Reutlinger 14 fo. 173 f.

ter der habsburgischen Regierungen von Innsbruck, Ensisheim und Stuttgart beraten[216]. Sie baten Abt Gerwig von Weingarten, einen Tag der altgläubigen Stände Oberschwabens auf den 13. Aug. nach Überlingen auszuschreiben. Dort sollte über ein gegenseitiges Interventionsrecht verhandelt werden[217]. Das hätte bedeutet, falls in einem Territorium reformatorische Kräfte die Überhand bekommen sollten, besäßen die anderen Mitglieder des Bundes das Recht und die Pflicht, dort einzugreifen, um das katholische Bekenntnis zu erhalten. Damit hätte man zumindest gegen ein weiteres Ausgreifen der Reformation erste Dämme errichtet. Von den Reichsstädten der Region waren neben Überlingen Ravensburg, Wangen, Pfullendorf und Buchhorn vertreten, also die ganze westliche altgläubige Gruppe[218]. Zu einem tatsächlichen Bündnis scheint es dann aber nicht gekommen zu sein. Interesse an einem derartigen regionalen Konfessionsbündnis zeigte vor allem die Regierung zu Innsbruck. Nachdem Ferdinand noch 1531 Verhandlungen zu Radolfzell mit den oberschwäbischen Ständen hatte scheitern lassen – er fürchtete die umfangreichen finanziellen Verpflichtungen, die ein solches Bündnis für das Haus Österreich mit sich brächte –, war es das Regiment zu Innsbruck, das ihn dazu überredete, die Verhandlungen wieder aufzunehmen[219]. Allerdings blieben auch sie ohne greifbares Resultat.

Zwischen 1533 und 1535 wurden die Territorialherren, vor allem die Grafen von Fürstenberg und Montfort, aktiv. Nach mehreren Tagsatzungen, zu denen auch regelmäßig die katholischen Reichsstädte eingeladen worden waren, verabschiedeten sie am 11. Mai 1535 ein Bündnisstatut, dem allerdings die Reichsstädte nicht beitraten[220]. Doch auch dieser nun tatsächlich zustande gebrachte Bund entfaltete keine große Wirkung[221].

Daß Überlingen und die anderen katholischen Reichsstädte diesem Bündnis nicht beigetreten waren, mag auch mit daran gelegen haben, daß 1535 bereits über einen Beitritt zum ‚neunjährigen kayserlichen Bund‘ verhandelt wurde. Dieser Bund sollte den 1534 endgültig zerfallenen Schwäbischen Bund ersetzen. Er diente also in erster Linie der Wahrung des Landfriedens und besaß damit keinen konfessionellen Charakter[222], doch gehörten ihm, abgesehen von Nürnberg, Windsheim und Weißenburg, nur katholische Stände an. Überlingen war ihm nach anfänglichem Zögern beigetreten – ausschlaggebend dürfte der Wunsch König Ferdinands nach einem Beitritt der Stadt gewesen sein –, nachdem es wiederum seine finanziellen Interessen, das heißt die Halbierung seines Anschlages, gewahrt hatte[223].

Nicht beigetreten war die Stadt dagegen dem größeren und wohl einzig ernstzu-

---

[216] RTA, J.R. 8.1 S. 762f.
[217] Ebda.
[218] Ebda.
[219] LAIn Kop. 1530–31/2 fo. 284rf, 1531 März 1; fo. 308r, März 28, Regiment an Ferdinand.
[220] Vgl. Blarer 1 S. 256ff.; *Willburger* S. 235ff.
[221] Der Bund ging später eventuell in dem Nürnberger Bund auf; vgl. *Meister* S. 11; *Wolfart* 1 S. 293.
[222] Vgl. *Endres*, Bund S. 85ff.
[223] Vgl. GLA 225/1249 fo. 6ff., 40f., 45ff.; StadtAÜb Mp. 1530–39 fo. 263f.

nehmenden katholischen Bündnis jener Zeit, dem 1538 gegründeten Nürnberger Bund. Ungeachtet der Aufforderungen König Ferdinands und Abt Gerwigs entschuldigte sie sich mit ihren für ein derart weitreichendes Bündnis unzulänglichen finanziellen Ressourcen[224]. Mit dem gleichen Argument lehnte sie auch die Ansuchen Karls V. ab, der 1547 und 1553 sich bemühte, ein neues Bündnis von der Art des Schwäbischen Bundes zu organisieren[225].

Insgesamt gab es also in diesen Jahren verschiedenste Versuche, im Gegenzug zu den effektiveren protestantischen Bündnissen ein katholisches Pendant zu errichten. Keiner dieser Versuche zeitigte ein ernstzunehmendes Ergebnis. Überlingen war an den meisten dieser Verhandlungen irgendwie beteiligt oder wurde zumindest zum Beitritt aufgefordert, es spielte aber nie selbst eine aktive Rolle; an einem Konfessionsbündnis war es nicht interessiert. Die alten Vorbehalte, die es schon gegenüber dem Schwäbischen Bund gehabt hatte, bestimmten auch hier die Argumentation des Rats. Die Stadt sei, so betonte er jeweils, nicht in der Lage, weitreichende Bündnisverpflichtungen zu übernehmen. Im Unterschied zu seinen protestantischen Nachbarn hatte es das katholische Überlingen, das den Kaiser und das Haus Österreich hinter sich wußte, auch überhaupt nicht nötig, eine aktive, konfessionell orientierte Bündnispolitik zu betreiben. Es konnte – und zu mehr war es im Grunde auch nicht in der Lage – abwarten, wie sich die Verhältnisse im Reich entwickelten.

Eine gemeinsame und diesmal auch effektivere Politik katholischer Städte und Stände entfaltete sich erst in den Jahrzehnten nach 1580 im Zuge der allgemeinen Konfessionalisierung der Reichspolitik. Auf Kreisebene begannen die katholischen Stände vor den jeweiligen Kreistagen eigene Tagsatzungen abzuhalten, an denen sich Überlingen aktiv beteiligte[226]. Die Stadt forderte sogar ausdrücklich ein engeres Bündnis der katholischen Stände Oberschwabens[227]; auf Reichsebene formierte sich, wie oben dargestellt, eine eigene katholische Städtepartei. Doch auch jetzt, als die Konfession immer mehr die Politik zu regieren begann, stand der Überlinger Rat einem größeren Konfessionsbündnis reserviert gegenüber. Den Beitritt zu der von

---

[224] Vgl. Blarer 1 S. 335 ff., 350 ff.; StadtAÜb Mp. 1530–39 fo. 405v, 407 f.

[225] StadtAÜb V/9/1930, 1547 Juni 8, Instruktion für Bürgermeister Han und Jörg Echbegg; GLA 225/737, 1553 April 24; Mai 26: Überlingen begründete in einem Schreiben an den Kaiser seine ablehnende Haltung mit den finanziellen Schwierigkeiten der Stadt. Andere Städte verhielten sich ähnlich; vgl. *Alt* S. 76 f. zu Kaufbeuren; *Essich* S. 59 zu Biberach. – Allgemein zu der Bedeutung dieser Pläne des Kaisers vgl. *Press*, Bundespläne S. 75, 86 ff.

[226] StadtAÜb Rp. 1573–87 fo. 356v, 358r, 372v. Überlingen sicherte dem Bischof von Konstanz jeweils zu, ihn zu unterrichten, falls auf dem Städtetag zu Dinkelsbühl Religionsfragen behandelt würden. Ferner nahm Überlingen auch an eigenen, zur Vorbereitung der Kreistage dienenden Tagen der katholischen Kreisstände teil; vgl. StadtAÜb Mp. 1585–87 fo. 208 f., 1586 Aug. 21; GLA 225/1274, 1593 Sept. 12; StadtAÜb Rp. 1607–12 fo. 37r (nach einer Unterredung mit dem Bischof von Konstanz lehnte Überlingen die Teilnahme an diesem, 1607 von Herzog Friedrich ausgeschriebenen Kreistag ab, da dort nur die Donauwörther Affäre behandelt werden sollte; vgl. auch StadtAÜb Mp. 1607–08 fo. 211 f., Überlingen an Biberach). – Zur allmählichen Konfessionalisierung der Kreispolitik vgl. auch *Laufs*, Kreis S. 397, 401; *Jäger* S. 283 ff.

[227] Vgl. StadtAÜb Mp. 1583–84 fo. 100 f.

Bayern organisierten und dominierten Liga lehnte er ab. Nur einer regionalen Schirmvereinigung katholischer Stände, die aus konkretem Anlaß – dem Durchzug protestantischer Truppen – entstanden war, schloß sich die Stadt zunächst an[228]. Erst 1613, als sich die Liga neu organisierte und als nun auch Österreich beitrat, sah sich Überlingen gezwungen, zusammen mit Rottweil und den anderen oberschwäbischen Ständen im Gefolge der Habsburger der Liga beizutreten[229]. Da wegen der bayerisch-österreichischen Rivalität die Liga für einige Jahre aktionsunfähig wurde, sah sich Überlingen zwar vorerst noch den mit seinem Beitritt verbundenen finanziellen Verpflichtungen enthoben, doch änderte sich dies mit der Neuorganisation der Liga 1619/1620[230]. Überlingen war jetzt fest in das katholische Bündnissystem verwoben; sich abseits der großen Konfessionsbündnisse zu halten war nicht mehr möglich. Damit wurde die Stadt, nolens volens, in die Ereignisse der großen Politik verwickelt, die sie selber mitzugestalten nicht die Kraft besaß, deren Kosten sie aber in vollem Umfang zu tragen hatte[231].

12. Zusammenfassung: Außenpolitik und konfessionelle Option des Rats

Reichsstädtische Außenpolitik drehte sich in hohem Maße um ein Thema: die Wahrung der eigenen finanziellen Interessen, und das hieß konkret die Abwehr relativ hoher Beiträge zu Bundes- und Reichshilfen. Die konfessionelle Option des Überlinger Rats, welche die Geschichte der Stadt in jeder Hinsicht so nachhaltig prägen sollte, war durch derart konkrete und handfeste politische Interessen motiviert gewesen. Hierzu zählten neben der strukturellen Abhängigkeit von dem Hause Österreich – Überlingen war weitaus stärker als die benachbarten Fernhandelsstädte in die von dem habsburgischen Einfluß geprägte Region eingebunden – die finanziel-

---

[228] Als 1610 die Beitrittsfrage aktuell wurde, beriet sich Überlingen zunächst mit Rottweil; vgl. StadtAÜb Rp. 1607–12 fo. 263vf; Mp. 1609–10 fo. 243 f. Wegen der zu erwartenden finanziellen Belastung lehnte es den Beitritt ab; StadtAÜb Rp. 1607–12 fo. 306; Mp. 1609–10 fo. 269f., 286ff. – Zu der regionalen Schirmvereinigung vgl. StadtAÜb Mp. 1609–10 fo. 275f., Überlingen an Rottweil: Zusammen mit den katholischen Kreisständen hat es sich *[...] in ain nachparliche correspondentz und schirmbs verainigung interims weyß eingelaßen [...]*. Wie schon 1512 und 1520 im Schwäbischen Bund zog Überlingen ein regionales Bündnis einem kostspieligeren überregionalen Bund bei weitem vor.

[229] Nach StadtAÜb Mp. 1613 fo. 31ff., 37vf, hatte sich Überlingen noch im Febr. 1613 anläßlich des vom Erzbischof von Mainz und Herzog von Bayern nach Frankfurt ausgeschriebenen Tags katholischer Stände geweigert, der Liga beizutreten. Am 23. Okt. 1613 hatte sich der Rat dann aber doch in das katholische Bündnis begeben; vgl. *Neuer-Landfried* S. 118ff., 232.

[230] Vgl. *Neuer-Landfried* S. 175, 184. Am 8. März 1620, auf einem Tag zu Überlingen, traten die schwäbischen Städte und der Adel, darunter auch Überlingen, der revitalisierten Liga wieder bei. Die Städte gingen allerdings nur unter Vorbehalt weitergehende finanzielle Verpflichtungen ein. Überlingen und Gmünd betonten, daß sie die beschlossenen 70 Monate höchstens innerhalb von drei Jahren aufbringen könnten. Insgesamt steuerte Überlingen zwischen 1620 und 1627 10740 fl zur Liga bei.

[231] Zu den Folgen des Dreißigjährigen Kriegs in Überlingen vgl. *Möllenberg*.

len Vorteile, welche der mit Karl V. geschlossene Vertrag von 1523, der eine Halbierung ihrer Beiträge im Schwäbischen Bund zusicherte, versprach.

Läßt sich nun die Option Überlingens für den Verbleib beim alten Glauben mit politischen Gründen erklären, so gilt dies indes nicht in gleichem Maße für den umgekehrten Fall, die Option für die Reformation, wie dies insbesondere die Beispiele Memmingens oder Lindaus vor Augen führen. Memmingen war um 1520 innerhalb des Schwäbischen Bundes viel stärker als Überlingen – das gerade zu der Zeit seine Beziehungen zu den Habsburgern aufs äußerste strapazierte – daran interessiert gewesen, sich das Wohlwollen des Kaisers zu erhalten. Und Lindau besaß sogar ein eigenes Schirmbündnis mit den Habsburgern. Doch diese Klientelbindungen, diese allgemeinen politischen Sachzwänge reichten dann – zumindest in den 1520er und 1530er Jahren – nicht aus, um einen Anschluß an die neue Lehre zu verhindern. Neben den strukturellen Abhängigkeiten waren es deshalb wohl vor allem unmittelbare politische Interessen, wie sie Überlingen dank der 1521 unter der Hand zugestandenen und seit 1523 vertraglich zugesicherten Halbierung seiner Anlagen im Schwäbischen Bund besaß, welche dazu führten, daß der Rat so vehement an der Katholizität der Stadt festhielt.

Die tieferen Ursachen für diese derart monomanisch am eigenen finanziellen Vorteil orientierte katholische Politik Überlingens sind in der Diskrepanz zwischen der traditionell großen politischen Bedeutung der Stadt im oberschwäbischen Raum und ihren im Vergleich dazu ungleich schwächeren finanziellen Ressourcen zu suchen. Die existentielle Bedeutung finanzieller Vorteile war somit ein wesentliches Motiv Überlinger Politik. Die Katholizität der Stadt war, aus der Perspektive der Außen- und Reichspolitik betrachtet, ein Ergebnis der besonderen, sich aus der agrarischen Wirtschaftsstruktur der Stadt ergebenden finanziellen Interessen.

Die konfessionelle Spaltung unter den Ständen des Reiches band dann Überlingen noch enger an die Habsburger, als es der Vertrag von 1523 wohl allein und unter anderen Rahmenbedingungen vermocht hätte. In den folgenden Jahrzehnten verknüpfte der Rat die Geschicke der Stadt untrennbar mit denjenigen des Kaisers und Österreichs. Auf allen Reichstagen bis 1544 erwies sich Überlingen als der treueste Gefolgsmann des Kaisers unter den Städten; immer wurde die kaiserliche Proposition scheinbar ohne jeden Vorbehalt akzeptiert. Unter der Hand ließ man sich allerdings diese Politik belohnen: Bis 1567 bezahlte Überlingen nur die Hälfte seiner in der Matrikel von 1521 festgesetzten Reichshilfe. Der 1521 entworfenen politischen Konzeption, welche eine gemeinsame Politik der oberschwäbischen Reichsstädte zugunsten einer lukrativeren Zusammenarbeit mit dem Kaiser aufgab, die dann vom Schwäbischen Bund auch auf die Reichsebene transferiert wurde, kann für fast ein halbes Jahrhundert der Erfolg nicht abgesprochen werden, den sie allerdings zu großen Teilen der 1521 noch nicht absehbaren konfessionellen Spaltung unter den Reichsständen verdankte, denn gerade die Katholizität war es, die der Kaiser honorierte und die Überlingen als politischen Trumpf ausspielen konnte.

Diese Konzeption barg aber auch Gefahren in sich. Überlingen isolierte sich unter den Reichsstädten immer mehr, zumal in den 1520er und 1530er Jahren die Überlinger Reichstagsgesandten keinerlei Anstrengung unternahmen, an einer gemeinsamen Politik der Reichsstädte irgendwie mitzuwirken. Sie verhandelten immer direkt mit den Vertrauensleuten des Kaisers, um sich ihre finanziellen Vorteile zu sichern. Ein Interesse, darüber hinaus eventuell mit anderen katholischen Reichsstädten zusammenzuarbeiten oder gar in der Frage der Reichsstandschaft der Städte gemeinsam mit protestantischen Kommunen zu agieren, bestand nicht. Die Konfessionalisierung der Überlinger Politik diente vor allem dazu, die Beziehungen zum Kaiser zu pflegen. Anfang der 1540er Jahre bekamen die Überlinger Gesandten dann die negativen Folgen ihrer radikal prokaiserlichen, jegliche städtische Solidarität mißachtenden Reichspolitik zu spüren: Die protestantischen Städte trachteten danach, Überlingen aus dem Städtecorpus abzudrängen. 1544 leitete denn auch eine neue Politikergeneration in Überlingen eine vorsichtige Kurskorrektur ein, ohne allerdings die tragende Säule der bisherigen Politik, die enge Bindung an den Kaiser, verändern zu wollen noch zu können. Jetzt versuchte man, ohne die Rücksichtnahme auf den Kaiser aufzugeben, zugleich wieder die Solidarität mit den anderen Reichsstädten zu pflegen.

Daß dies ansatzweise gelingen konnte, war eine Folge der Entspannung des Konfessionskonflikts auf Reichsebene nach dem Augsburger Religionsfrieden, da Überlingen nun zu keiner konfessionellen Parteinahme gezwungen war und sich aus der Reichspolitik zurückziehen konnte. Die Kehrseite dieser Entspannung war allerdings, daß die Habsburger nun mit der Zeit begannen, das Füllhorn der bis dahin gewährten finanziellen Vorteile zu schließen, da sie eines Horchpostens in der Städtekurie nun nicht mehr bedurften.

Die Konfessionalisierung der Reichspolitik nach 1580 leitete das Ende einer eigenständigen Überlinger Interessenpolitik, wie sie die Stadt ansatzweise einige Jahrzehnte lang hatte praktizieren können, ein. Eine Reichsstadt von der Größe Überlingens geriet nun unweigerlich in den Sog der großen konfessionellen Blöcke; ihre bis dahin mit Energie und auch Glück einigermaßen gewahrten finanziellen Interessen gingen dabei weitgehend unter – die Stadt mußte nun beträchtliche Summen an Reichshilfen, Hilfen für die Liga und Krediten für den Kaiser aufbringen. Überlingen konnte sich mithin auf Dauer den negativen Implikationen des Konfessionskonflikts nicht entziehen, mochte es auch den politischen Prinzipien und Interessen der Stadt noch so sehr zuwiderlaufen. Zwar ist an der Politik Überlingens nunmehr deutlich das Bemühen spürbar, die konfessionellen Konflikte herunterzuspielen, doch andererseits wird die eigene konfessionelle Position ohne Abstriche behauptet. Konfessionelle Kompromisse lagen außerhalb des Horizonts dieser Politiker, zumal auch gerade die katholischen Reichsstädte sich zum Schulterschluß mit den Habsburgern gezwungen sahen. Die konfessionelle Spaltung hatte Überlingen wie auch all die anderen Reichsstädte in ein unlösbares Dilemma kontradiktorischer Interessen gestürzt, das dann faktisch durch den Anschluß an die großen konfessionellen Blöcke gelöst wurde, wenn auch unter Preisgabe eigener reichsstädtischer Interessen.

C. Kirche, Klerus und Frömmigkeit in Überlingen

VII. Kirche, Rat und Weltklerus

1. Einleitung

Die Katholizität Überlingens wurde bis jetzt nur aus politik- und sozialgeschichtlicher Perspektive betrachtet. Da die konfessionelle Option sehr stark von der weltlichen Obrigkeit und deren weltlichen Interessen abhing, scheint dies legitim zu sein, doch darf man darüber nicht deren viel weiter reichende Folgewirkungen vernachlässigen, die den ganzen Bereich des Kirchlichen und Religiösen und damit in der noch nicht säkularisierten Welt des 16. Jahrhunderts auch ganz von selbst den des Kulturellen, der Lebensformen und Denkweisen der Menschen umgriffen. Mit anderen Worten: Im folgenden soll die Überlinger Kirchen- und Frömmigkeitsgeschichte behandelt werden, wobei natürlich auch darauf zu achten ist, ob und inwieweit die spezifischen kirchlichen Strukturen der Stadt deren Katholizität begünstigten; das Hauptaugenmerk dieses zweiten Hauptteils der Arbeit gilt indes den Konsequenzen der konfessionellen Option für die Kirche Überlingens und die Frömmigkeit der Einwohner. Wie reagierte die Überlinger Kirche auf die Herausforderung der Reformation? Was veränderte sich in der Bodenseestadt mit der sich im Laufe des 16. Jahrhunderts mehr und mehr verfestigenden Kirchenspaltung?

Charakter und Erscheinungsbild der Kirche werden wesentlich von den Menschen geprägt, die sie repräsentieren und organisieren. Die neuere historische Forschung beschäftigt sich deshalb nicht mehr nur allein mit den kirchlichen Institutionen und deren Verhältnis zu den weltlichen Mächten, sondern rückt die Kleriker, ihr Verhalten und Handeln sowie ihre Position innerhalb der Gesellschaft, ins Zentrum des Interesses[1]. Die Lebensformen dieser Gruppe, die aus heutiger Sicht oft allzu schnell als unpriesterlich und verweltlicht abqualifiziert und vielfach in der Literatur einfach unter den Begriff Mißstände rubriziert werden, können so in ihrem sozialen und kulturellen Kontext verstanden werden[2]. Denn auch die Geistlichen waren Kinder

---

[1] Vor allem die französische Forschung, inspiriert durch die Arbeiten von Gabriel *LeBras*, von dessen methodischen Anregungen auch noch die neueren Arbeiten zehren, hat sich als erste einer Sozialgeschichte des Klerus zugewandt; vgl. zusammenfassend *Delumeau*, Catholicisme S. 202 ff.; *Chaunu* 1 S. 147 ff. Als Beispiele neuerer Monographien vgl. B. *Vogler*, Vie Religieuse; als Teildruck davon: *Ders.*, Clergé; *Chatellier*; *Berthelot du Chesnay*; oder auch *Hagge-Kervevan* S. 497 ff. – Zum Stand der englischen Forschung vgl. *Lang*, Tendenzen S. 468 ff. – Wichtige Fragestellungen für die deutsche Forschung formulierte *Kurze*, Klerus S. 273 ff. An neueren deutschen Arbeiten vgl. *Hahn*; *Johag*; *Bàtori/Weyrauch* (mit Lit. zum protestantischem Klerus). Älteren, mehr verfassungsgeschichtlichen Fragestellungen sind verpflichtet: *Sydow* S. 9 ff.; *Heitzenröder*.

[2] Vgl. zu einem solchen Ansatz auch *Zeeden*, Überlieferungen S. 72.

ihrer Zeit und müssen zunächst einmal nach deren Maßstäben verstanden und beurteilt werden.

Das folgende Kapitel versucht daher, eine Sozialgeschichte des Überlinger Weltklerus von 1480 bis 1630 zu geben. Gerade das 16. Jahrhundert war eine Zeit des
Umbruchs, eine Zeit, in der, ausgelöst durch die Reformation und die katholische
Reform, Grundsteine für neue Entwicklungen gelegt wurden, welche die kirchlichen
und religiösen Verhältnisse oft bis zu Beginn des 19. Jahrhunderts prägten. Auch
wenn sich in Überlingen äußerlich wenig änderte – die Einrichtungen der alten Kirche
blieben weitgehend erhalten –, so muß doch gefragt werden, wie der Klerus auf die
Ereignisse der Reformation reagierte, ob und wie sich sein Erscheinungsbild und sein
Sozialprofil im Laufe dieser Umbruchzeit veränderte. Ganz von selbst drängt sich
dabei immer wieder der Vergleich mit den protestantisch gewordenen Städten auf, wo
der Klerus fast völlig in das städtische Gesellschafts- und Herrschaftssystem integriert wurde. Wie arrangierte sich nun der Klerus einer katholischen Reichsstadt mit
der dort herrschenden politischen und gesellschaftlichen Ordnung? Offiziell war er
nur seiner geistlichen Obrigkeit, dem Bischof von Konstanz, unterworfen, und er war
darüber hinaus auch nicht in die zünftisch organisierte Stadtgemeinschaft integriert.
In der Praxis aber unterschied sich, wie noch zu zeigen ist, die Stellung des katholischen Klerus gar nicht so sehr von der des protestantischen. Denn die entscheidende
Instanz war, im katholischen Überlingen wie in protestantischen Reichsstädten, der
städtische Rat. Der Beziehung des Klerus zum Rat auf der einen Seite wie auch zur
Bevölkerung andererseits muß deshalb ein besonderes Augenmerk geschenkt werden[3]. Über den gewiß vorhandenen Gemeinsamkeiten dürfen aber auch die Unterschiede zwischen protestantischen und katholischen Städten nicht vergessen werden.
Deshalb muß auch der Frage nachgegangen werden, was typische Merkmale des
katholischen Stadtklerus waren. Vor allem in diesem Zusammenhang werden die
Sozialstruktur des Klerus, seine Lebensbedingungen und, soweit die Quellenlage dies
erlaubt, auch sein Selbstverständnis und Verhalten diskutiert.

Eine Sozialgeschichte des Überlinger Klerus kann natürlich nicht von den kirchenpolitischen und wirtschaftlichen Bedingungen, unter denen die Geistlichen lebten
und arbeiteten, absehen. In dem folgenden Kapitel wird deshalb zunächst auf die
klassischen Themen städtischer Kirchengeschichte wie das Patronatsrecht (Kap.
VII.2), das Kirchenregiment des Rats (Kap. VII.3) und seinen Einfluß auf die städtische Kirche und ihre Vertreter eingegangen. Im Anschluß daran wird die finanzielle
Situation des Überlinger Kirchenwesens und die Organisation des Pfründsystems
geschildert (Kap. VII.4). Damit sind die Grundlagen umrissen, ohne welche auch die
Abhängigkeiten und Sachzwänge, mit denen die Geistlichen leben mußten, nicht
verstanden werden können. Somit kann im Anschluß daran der Klerus selbst, seine
Aufgaben (Kap. VII.5 u. 9) sowie sein Sozialprofil thematisiert werden, wobei hier

---

[3] Vgl. *Abray*, zu einer derartigen, vom Dreiecksverhältnis zwischen Rat, Klerus und Bürgerschaft ausgehenden Interpretation als Schlüssel zum Verständnis städtischer Reformationsgeschichte. Ähnlich auch für die frühen reformatorischen Bewegungen *Ozment* S. 131.

zwischen dem Seelsorgeklerus, dem Pfarrherrn und seinen Helfern (Kap. VII.6 u. 7), und dem Pfründklerus, den Kaplänen (Kap. VII.8 u. 10), unterschieden wird. Eine kurze Erörterung der Priesterbruderschaft und ihrer Funktion (Kap. VII.11) sowie ein explizit dem Vergleich von evangelischem und katholischem Klerus gewidmeter Abschnitt (Kap. VII.12) beschließen dann diese Geschichte des katholischen Klerus von Überlingen.

2. Der Wechsel des Patronatsrechts 1557

Die institutionelle Grundlage für den Überlinger Weltklerus bildeten bis 1609 die Pfarrei St. Nikolaus und die – mit einer Ausnahme – alle im 14. und 15. Jahrhundert gestifteten 32 Kaplaneipfründen. 1609 wurde die Pfarrei dann samt den dazu gehörenden Pfründen in ein Kollegiatstift umgewandelt[4]. Die kirchlichen Verhältnisse waren damit recht einfach und überschaubar, was dem Bestreben des Rats, auch auf die kirchlichen Einrichtungen Einfluß zu gewinnen, entgegenkam.

Die Kirchenpolitik des Überlinger Rats unterschied sich in nichts von der anderer städtischer Obrigkeiten des Spätmittelalters[5]. Der Rat suchte – mit einigem Erfolg – die Privilegia immunitatis et fori des Klerus einzuschränken, vor allem lag ihm aber daran, bei der Verwaltung der Kirchengüter und der Besetzung der Stellen mitzureden. Wie in vielen anderen Städten war es ihm dabei zunächst versagt geblieben, den entscheidenden Rechtstitel zu erlangen, nämlich das Patronatsrecht über die Pfarrei und die Kaplaneien[6]. Das ursprünglich beim König gelegene Patronatsrecht war auf dem Umweg über das Schweizer Kloster Engelberg 1343 an den Komtur des Deutschen Ordens auf der Mainau gekommen[7]. Pfarrei wie Kaplaneien waren damit dem Deutschen Orden inkorporiert, der Komtur konnte die Pfarrei nach Belieben durch einen Priester seines Ordens verwalten lassen, und er bezog auch die Einkünfte der Pfarrei, in erster Linie den Weinzehnten, sowie die Einkünfte aus den Stiftungsgütern der Kaplaneien, sofern diese nicht besetzt waren und damit einem Kaplan zuflossen[8]. Der einzige Rechtstitel, den der Rat besaß, war das Jus nominandi über den größten Teil der Kaplaneien[9].

---

[4] Zur Gründung des Kollegiatstiftes vgl. Kap. X.3. – Zur Geschichte der Überlinger Pfarrei im Mittelalter vgl. *Semler*, Überlingen S. 64 ff.; *Ders.*, Seelsorger S. 97 ff.; *Überlingen* S. 69; *Ullersperger* S. 17 ff. – Zu den Kaplaneipfründen vgl. Kap. VII.8.

[5] Zur städtischen Kirchenpolitik vgl. immer noch *Frölich*, Kirche S. 188 ff.; *Heitzenröder* mit Verweis auf die ältere Lit., und zusammenfassend *Isenmann*, Stadt S. 210 ff.

[6] Vgl. W. *Müller*, Pfarreigeschichte S. 83. Grundsätzlich zum Rechtstitel des Patronats vgl. *Sieglerschmidt*.

[7] Am 13. Mai 1311 verlieh Heinrich VII. das Patronatsrecht dem Abt von Engelberg, der es am 29. Mai 1343 an den Komtur auf der Mainau abtrat; vgl. dazu Lit. wie Anm. 4 und StadtAÜb Reutlinger 8 fo. 12.

[8] Zum Rechtsproblem der Inkorporation vgl. *Rüth*, Biberach, mit Lit.

[9] Wie bei Kaplaneistiftungen oftmals üblich, hatten die Stifter das Nominationsrecht dem Rat übertragen; vgl. *Kallen* S. 261 f. Zu Überlingen vgl. die Regesten der Stiftungsurkunden bei Obser, Quellen.

Die Verwaltung einer städtischen Pfarrei durch einen Orden war im allgemeinen allen städtischen Räten ein Dorn im Auge, und oft führte eine solche Inkorporation zu langwierigen Konflikten, wie das Beispiel Biberachs, aber auch anderer Städte, belegt[10]. In Biberach war die Pfarrei dem Zisterzienserkloster Eberbach inkorporiert, und dessen Abt weigerte sich beharrlich, dem Rat irgendwelche Mitspracherechte bei der Besetzung der Pfarrei einzuräumen. Der Orden, der vor allem seinen wirtschaftlichen Nutzen im Auge hatte, ließ die Pfarrei zum Mißvergnügen des Rats wie der Bevölkerung meist durch schlechtbezahlte Ordensmitglieder versehen, die den Anforderungen, die der Rat an einen Pfarrer stellte, nicht genügten.

In Überlingen hingegen sah die Lage anders aus. Der Deutsche Orden handhabte das Recht der Inkorporation auf ganz andere, bedeutend konziliantere Weise. Spätestens seit Beginn des 16. Jahrhunderts gestand der Mainauer Komtur dem Rat bei allen Personalfragen weitgehende Mitwirkungsrechte zu. Auch wenn der Rat kein einklagbares Nominationsrecht besaß, so kam die Praxis diesem fast gleich. Andere Mächte, wie der Bischof von Konstanz oder der Papst, hatten mögliche Rechte, wie z. B. die Primae preces, aufgegeben, so daß allein Deutschorden und Rat über die Besetzung entschieden[11]. Der Rat mischte sich ganz selbstverständlich in Dinge ein, die eigentlich allein dem Mainauer Komtur zustanden. Er verhandelte z. B. 1527 ohne Absprache mit dem Komtur mit Lorenz Mär über die Besetzung der Pfarrei und, nachdem der Komtur dessen Einstellung dann zugestimmt hatte, entließ ihn der Rat drei Jahre später, erneut ohne sich um die Rechte des Komturs zu kümmern[12]. Auch ohne das Patronatsrecht zu besitzen, war es für den Rat keine Frage, daß er für die Angelegenheiten der Pfarrei mit zuständig war. Sei es die Frage der Erhöhung des Einkommens des Pfarrers, der Reverse der Kapläne oder der Einschränkung der bischöflichen Jurisdiktion, alle Initiativen, welche die Kirche betrafen, gingen von ihm und nicht vom eigentlichen Patronatsherrn aus. Eine Eingabe des Altshausener Landkomturs beim Deutschmeister in Mergentheim anläßlich der Übergabe des Patronatsrechtes 1557 unterstreicht dies noch. Denn darin klagte der Komtur, daß der Rat nicht nur praktisch ein Jus nominandi beanspruche, sondern darüber hinaus z. B. auch genau vorschreibe, welche Qualifikationen ein Überlinger Pfarrherr besitzen müsse, und, falls einmal ein Pfarrer dem Rat nicht mehr genehm wäre, er diesen auch ohne weiteres absetze[13]. Dazu kam, daß die Kirchenfabrik nicht durch den Komtur,

---

[10] Zu Biberach vgl. *Rüth*, Biberach. – Ähnliche Probleme unter den oberschwäbischen Reichsstädten hatte vor allem Isny, aber auch Ravensburg, Pfullendorf, Memmingen, Kempten und Kaufbeuren, wo zu Beginn des 16. Jahrhunderts meist auswärtige geistliche Institutionen Zugriff auf die städtische Pfarrei besaßen; vgl. dazu Kap. III.6 mit Lit.

[11] Vgl. GLA 225/596 fo. 7 [Memorial ohne Datum mit wichtigen Daten zur Überlinger Kirchengeschichte]; StadtAÜb Reutlinger 9 fo. 227v. 1502 erteilte der Bischof dem Komtur auf der Mainau und dem Landkomtur das Recht, in Überlingen einen Priester ohne seine vorherige Examination annehmen und absetzen zu dürfen. Nach *Kallen* S. 268, war der Deutschorden durch ein Privileg Kaiser Maximilians I. von den primae preces des Papstes befreit.

[12] Vgl. dazu Kap. VII.7.

[13] Vgl. HStASt B 344 Bü. 266, 1557 Juli 30 (identisch mit GLA 225/452 [Kopie o.D.]).

sondern durch den Rat verwaltet wurde[14]. Und auch die Besoldung des Pfarrers und seiner Helfer stand nicht im Belieben des Komturs. Es gab darüber genaue, unter Mitwirkung des Rates ausgehandelte Vereinbarungen, an die sich der Komtur zu halten hatte[15]. Daß dem Pfarrer ein angemessenes Einkommen zur Verfügung stand und es damit möglich war, qualifizierte Geistliche zu bekommen, war eine nicht zu unterschätzende positive Folge dieser Interventionspolitik.

Doch, und dies muß betont werden, wegen dieser weitreichenden Einmischung kam es nie zu Konflikten zwischen Rat und Komtur. Allenfalls gab es einmal kleinere, unbedeutende Reibereien, weil sich die Präsentation von Kaplänen, die der Rat nominiert hatte, verzögerte[16]. Insgesamt hatte der Überlinger Rat damit das erreicht, was z.B. in Biberach der Obrigkeit von dem geistlichen Patronatsherrn verweigert worden war: ein informelles Mitspracherecht bei der Besetzung der Pfarrei.

Von seiten des Überlinger Rats sind bis 1557 auch keinerlei Anstalten nachweisbar, das Patronatsrecht zu erwerben. Wahrscheinlich ging die Initiative dazu vom Komtur auf der Mainau aus. Den Anlaß für den Wechsel des Patronatsrechts vom Deutschorden an die Stadt Überlingen lieferte der um die Entlassung des Pfarrers Vinzenz Hardweg durch den Rat entstandene Streit[17]. Am 20. Mai 1557 hatte der Große Rat beschlossen, ohne dazu eigentlich berechtigt zu sein, den Pfarrer zu beurlauben[18]. Am 29. Mai wählte der Rat den Überlinger Kaplan Konrad Kunzelmann zum neuen Pfarrer, gab dessen Ernennung allerdings noch nicht öffentlich bekannt, da zuvor mit Kunzelmann und dem Komtur auf der Mainau darüber verhandelt werden sollte[19]. Daß man das Patronatsrecht übernehmen wollte, davon war auf Überlinger Seite noch nirgends die Rede.

Welche Interessen könnten nun den Komtur bewogen haben, das Patronatsrecht aufzugeben? In erster Linie waren es wohl finanzielle Gründe. Bereits 1553 hatte es Spannungen zwischen dem Haus Mainau und Überlingen wegen des Weinzehnten gegeben. In einer um 1516 getroffenen Vereinbarung, welche den Einzug des Zehnten durch den Komtur regelte, war nämlich eigens die Bestimmung aufgenommen worden, daß der Vertrag jederzeit von beiden Vertragspartnern gekündigt werden könne. 1553 erhöhte nun Überlingen den Zoll auf den Wein und brachte zudem anscheinend den Gedanken ins Spiel, diese alten Vereinbarungen zu ändern und nicht mehr, wie es bis dahin üblich gewesen war, den Weinzehnten vom bereits gekelterten Wein zu

---

[14] Vgl. Krebs, Domkapitel Nr. 5242, 1515 Aug. 3. – Zu den Kirchenpflegern vgl. Kap. VII.3.

[15] Vgl. z.B. die Vereinbarung mit Lorenz Mär wie insgesamt die Bestimmungen über das Einkommen des Pfarrers (Kap. VII.5).

[16] Vgl. StadtAÜb Mp. 1510–13 fo. 38: Der Rat beschwerte sich beim Landkomtur Wolfgang von Klingenberg über den Komtur auf der Mainau, der mehrmals einen vom Rat nominierten und zu ihm gesandten Priester zurückgeschickt hatte.

[17] Zu den genauen Umständen des Anlasses vgl. Kap. VII.7. – Ausführlich auf den Wechsel des Patronatsrechtes gehen ein, ohne allerdings die Gründe des Komturs ausreichend zu bedenken: *Semler*, Seelsorger S. 104; *Roth von Schreckenstein*, Mainau S. 106 f.; *Camenzind* S. 71.

[18] StadtAÜb Rp. 1556–66 fo. 251vf.

[19] Ebda. fo. 253.

geben, sondern nur von den Trauben[20]. Dies aber hätte den Profit des Deutschen Ordens geschmälert. Der Streit um die Entlassung Pfarrer Hardwegs bot nun dem Komtur einen willkommenen Anlaß, wie die Bestimmungen des Vertrags belegen, sich die finanziellen Vorteile des Weinzehnten zu sichern und zugleich die seit der Reformation schwieriger gewordene Verwaltung der Pfarrei abzugeben[21].

Denn der am 17. Juli zwischen Überlingen und dem Komtur auf der Mainau geschlossene Vertrag sah folgendes vor: Überlingen erhielt die Kollatur, also das Jus nominandi und das Jus praesentandi, über die Pfarrei und alle Kaplaneien. Die Einkünfte aus den an die Pfarrei und die Kaplaneien gestifteten Güter blieben bei der Pfarrei bzw. den Pfründen und wurden durch den zukünftigen Kollator, also den Rat, verwaltet. Den Weinzehnten dagegen durfte weiterhin zum größten Teil der Deutsche Orden einziehen, die Stadt hatte nur Anspruch auf den sechsten Teil[22]. Gerade der Weinzehnt machte aber den Löwenanteil des Einkommens der Pfarrei aus. Wie hoch die Einnahmen des Weinzehnten waren, läßt sich nicht exakt angeben, da sie je nach Ernteertrag und Preis schwankten, doch im Schnitt dürfte der Komtur auf der Mainau nach 1557 jedes Jahr ungefähr 2 000 lbd eingenommen haben, während sich die Stadt mit ungefähr 450 lbd begnügen mußte[23]. Der Komtur hatte also seine finanziellen Interessen gewahrt und vor allem seine Einkünfte aus dem Weinzehnten nun in einem nicht mehr kündbaren Vertrag festschreiben können.

Überlingen und der Deutsche Orden hatten sich schnell geeinigt; in weniger als zwei Monaten war der Konflikt zwischen beiden Seiten beigelegt worden, denn der Vertrag begünstigte beide. Der Rat hatte, ohne es wohl zielbewußt angestrebt zu haben, ein traditionell von allen städtischen Obrigkeiten begehrtes Recht erworben, das ihm erlaubte, seine Kontrollfunktion gegenüber ‚seiner‘ Kirche noch auszubauen. Die Vorteile, die dem Deutschen Orden aus dem Vertrag erwuchsen, wurden bereits dargelegt. Nur eine, bei diesen Verhandlungen übergangene, Partei versuchte das Abkommen zu hintertreiben – die geistliche Obrigkeit, der Bischof von Konstanz. Er beauftragte seine Agenten in Rom zu verhindern, daß der Papst den Vertrag konfir-

---

[20] Zu diesen in der älteren Lit. nicht beachteten Vorgängen vgl. HStASt B 347 Bü. 324 fo. 32rf, 43f., 1554 Okt. 18, u. Bü. 383, 1553 Okt. 30.

[21] Daß es dem Komtur zuvorderst um finanzielle Interessen gegangen war, belegt auch seine Erklärung gegenüber dem Kapitel. Dort hatte er sich darüber beklagt, daß infolge des Pfarrermangels die Besetzung der Pfarrei immer schwieriger geworden war; vgl. HStASt B 344 Bü. 266, 1557 Juli 20 (wie Anm. 13). Zudem spielten um die Mitte des 16. Jahrhunderts im Deutschorden generell Finanzfragen eine wichtige Rolle, da der Orden zu der Zeit an der Konsolidierung seiner Finanzlage arbeitete; vgl. *Hofmann* S. 214 ff.

[22] Das Original des Vertrags in StadtAÜb IV/11/1544; eine Abschrift enthält GLA 225/452. Zum Teil ediert in Oberrheinische Stadtrechte S. 567 ff.

[23] Dies läßt sich errechnen nach StadtAÜb Rechnung der vacierenden Pfründen Bd. 1581, Einn.: Unter der Rubrik Weinzehnt wurden dort 15 Fu aufgeführt, woraus man errechnen kann, daß insgesamt der Zehnt in diesem Jahr 90 Fu betrug. 1581 kostete ein Fuder ungefähr 30 lbd. Der Zehnt besaß demnach einen Wert von ca. 2700 lbd. Zu beachten ist, daß wegen der jährlichen Schwankungen dieser Wert nur ungefähr die Größenordnung des Weinzehnten widerspiegeln kann; vgl. dazu auch die Ausführungen Kap. VII.4.

mierte[24]. Seine Argumente waren dabei nichts weniger als spektakulär und wohl nicht immer ganz zutreffend. So warf er dem Überlinger Rat vor, von lutherischen Ideen beeinflußt zu sein und das Patronatsrecht nur erworben zu haben, um Überlingen zu protestantisieren. Richtig daran dürfte allenfalls gewesen sein, daß die Überlinger Obrigkeit gegenüber konfessionellen Fragen sich in dieser Zeit ziemlich indifferent verhielt, einzelne Ratsmitglieder unter Umständen auch ketzerische Schriften lasen. Die Gefahr einer Protestantisierung dürfte aber zu keiner Zeit bestanden haben[25]. Worauf der Bischof wirklich abzielte, war die Frage der geistlichen Jurisdiktion. Er fürchtete wohl nicht ganz zu Unrecht, daß sich der Überlinger Rat gegenüber dem Klerus nun noch mehr Rechte herausnehmen würde, als es ohnehin bereits der Fall war. Erfolg war dieser Intrige indes nicht beschieden, zumal der Bischof auch nur auf inoffizieller Ebene und geheim agiert hatte, da er keinen offenen Konflikt mit der Stadt riskieren wollte[26]. Am 4. Juni 1558 ratifizierte der päpstliche Nuntius in Luzern den Vertrag, dem König Ferdinand bereits am 23. Sept. 1557 seine Zustimmung gegeben hatte[27].

Der Wechsel des Patronatsrechts fiel in eine Zeit, in der es auch anderen städtischen Obrigkeiten, gleich welcher Konfession, gelang, dieses Recht zu erwerben[28]. Während zu Beginn der Reformation sich die geistlichen Patronatsherren noch vielfach den Forderungen der Magistrate widersetzt hatten, scheinen sie es aufgrund der Ereignisse der Reformation für ratsamer gehalten zu haben, das Patronatsrecht, eventuell unter Wahrung finanzieller Vorteile, den Städten zu überlassen. Das städtische Kirchenregiment hatte – auch in den katholischen Reichsstädten – den Zenit seiner Macht erreicht.

---

[24] Vgl. Roth von Schreckenstein, Denunziationsschriften S. 139 ff., der die beiden Schreiben des Bischofs an seine Agenten in Rom ediert hat.

[25] Der Rat wie der Komtur betonten, daß die Beilegung des Konflikts zwischen ihnen nur dem Erhalt des alten Glauben nutzen könnte; vgl. HHStA RHR Bad. Akten 5 Fasz. 16 Nr. 133. Wäre dies nicht der Fall gewesen, hätte auch kaum der Bischof von Augsburg, Otto von Waldburg, seine römischen Agenten angewiesen, die Bitte der Überlinger um die Konfirmation des Wechsels zu unterstützen; vgl. GLA 225/452, 1558 Juni 19; Juli 7; 29, Bischof an Landkomtur.

[26] Vgl. Roth von Schreckenstein, Denunziationsschriften S. 133 f.

[27] Vgl. GLA 225/452, 1558 Juni 4. Der Deutschordensmeister hatte den Vertrag bereits am 1. Juli 1557 bestätigt; vgl. StadtAÜb Reutlinger 8 fo. 67, u. HHStA (wie Anm. 25). Nachdem die päpstliche Konfirmation erteilt worden war, lehnte es der Bischof ab, darüber ein Vidimus auszustellen, weshalb die Konfirmation schließlich in Radolfzell hinterlegt wurde; vgl. GLA 225/452, 1558 Sept. 28; 1559 Nov. 10; 1560 Juni 8.

[28] Generell griff seit dem späten Mittelalter der Kauf des Patronatsrechts verstärkt um sich; vgl. *Kurze*, Pfarrerwahlen S. 442. – Im oberschwäbischen Raum erwarben um die Mitte des 16. Jahrhunderts neben Überlingen Kaufbeuren (1545), Lindau (1556) und Biberach (1564/66) das Patronatsrecht, Kempten war dies bereits 1525 gelungen; vgl. zusammenfassend *Störmann* S. 251, und Kap. III.6 mit weiterer Lit. Der Memminger Rat hatte 1562 das Antoniterhaus der Stadt übernommen und damit ebenfalls eine der zwei Pfarrkirchen unter seinen Einfluß gebracht; vgl. *Mischlewski* S. 61. In anderen Städten wie Leutkirch oder Pfullendorf waren zumindest genaue vertragliche Regelungen über den Gebrauch des Patronatsrechts zustandegekommen; vgl. Kap. III.10.

3. Das Kirchenregiment des Rats

Daß die Überlinger Pfarrei einem Ritterorden inkorporiert gewesen war, mag für den relativ reibungslosen Übergang des Patronatsrechtes an die Stadt mit verantwortlich gewesen sein und ferner auch dazu beigetragen haben, daß der Rat schon vor 1557 eine in seinen Augen recht erfolgreiche Kirchenpolitik betreiben konnte. Mit dem Erwerb des Patronatsrechts hatte der Rat sein bis dahin in der Praxis schon ausgeübtes Kirchenregiment[29] nur noch rechtlich fundiert.

Bereits seit 1470 waren in Überlingen die Kapläne zur jährlichen Vermögenssteuer herangezogen worden. Darüber war zwischen Rat und Priesterschaft eigens ein Vertrag geschlossen worden, wonach die Priester eigenen Besitz wie alle anderen Bürger versteuern mußten, die zu ihrer Pfründe gehörenden Güter dagegen wie Michileute, das heißt zu einem höheren Steuersatz. Der Pfarrer und die Helfer, die ja im allgemeinen keine Pfründe besaßen, sondern besoldet wurden, waren davon ausgenommen[30]. Dazu kam, daß man wie andere Städte auch eine strikte Amortisationsgesetzgebung praktizierte, der allerdings für das 16. Jahrhundert nur noch eine geringe Bedeutung zukam, da es kaum Schenkungen oder Verkäufe an kirchliche Institutionen gab[31].

Die Geistlichen, und diesmal auch die Pfarrherren, wurden von der Stadt auch das ganze 16. Jahrhundert über zur Türkensteuer herangezogen; selbst die Mitglieder des Domkapitels mußten, als sie in Überlingen residierten, sich dazu bequemen, dem Rat diese Abgabe zu entrichten[32]. Dabei kam es jedesmal zu den immer gleichen und auch immer gleich fruchtlosen Auseinandersetzungen mit dem Bischof, namentlich in den Jahren 1549 bis 1551, 1557, 1569 bis 1571, 1578, 1583 und 1584[33]. Sobald auf einem Reichstag über eine Reichshilfe beschlossen worden war, schickte der Bischof an die Kleriker seines Bistums ein Mandat, in dem er sie aufforderte, ihm, als ihrem eigentlichen Oberhaupt, die Reichssteuer zu entrichten. Denselben Befehl erhielten sie von

---

[29] Vgl. zum Kirchenregiment städtischer Magistrate die einleitenden Ausführungen bei T. M. *Schröder* S. 9 ff.

[30] StadtAÜb IV/10/1553; Reutlinger 8 fo. 69f. Nach StadtAÜb I/8/181, mußte ein Priester, der nur Pfründgüter besaß, keine Leibsteuer zahlen, während Priester, die eigene Güter besaßen, den Bürgern gleichgestellt wurden. Im Unterschied zu den Kaplänen werden weder Pfarrherren noch Helfer in den Steuerbüchern aufgeführt. Vgl. auch *Semler*, Seelsorger S. 114, der, wohl zu Unrecht, behauptet, der Vertrag von 1470 sei nur eine freiwillige Leistung gewesen. – Generell war es im 15. Jahrhundert vielen städtischen Obrigkeiten gelungen, das Privilegium immunitatis einzuschränken; vgl. *Mack* S. 143 ff.; doch oft handelte es sich nur um Teilerfolge, wie z.B. in Frankfurt, wo innerhalb des Etters liegende Pfründgüter immer noch von der Steuer ausgenommen blieben; vgl. *Natale* S. 34.

[31] Vgl. Oberrheinische Stadtrechte S. 71 f., 308, 312 f., 426 ff. – Allgemein zum Problem der Amortisationsgesetzgebung vgl. *Heitzenröder* S. 74 f.

[32] GLA 61/7241 fo. 168, 169r, 171 ff.

[33] Vgl. dazu neben den Rats- und Missivprotokollen v.a. StadtAÜb IV/11/1542, *Acta die belegung, besteurung, collection oder contribution der gaistlichkeit und corporum piorum etc. zu reichs- auch hilfen gegen die türcken betreffend.*

ihrer weltlichen Obrigkeit, dem Überlinger Rat[34]. Dieser stimmte dabei sein Vorgehen stets mit den benachbarten katholischen Obrigkeiten ab, mit Rottweil, den Grafen von Fürstenberg, Waldburg und Hohenzollern-Sigmaringen[35]. Neben dem Reichsabschied, den der Rat jeweils so interpretierte, daß dort mit Obrigkeit die weltliche Obrigkeit gemeint sei[36], berief er sich darauf, als Protector saecularis das Jus collectandi zu besitzen[37]. Der Überlinger Rat sicherte seinen Geistlichen auch Rükkendeckung zu, falls der Bischof gegen sie auf Reichsebene rechtliche Schritte unternähme[38]. Und der Rat hatte damit Erfolg. Außer dem deswegen auch entlassenen Pfarrer Hardweg zogen es alle Priester vor, sich lieber auf einen Konflikt mit ihrem Bischof als dem Überlinger Rat einzulassen, zumal sich der Rat auch immer wieder auf den Präzedenzfall berief, den ihm die Mitglieder des Domkapitels geliefert hatten. Und deshalb blieb den bischöflichen Räten auch nicht viel mehr übrig, als *[...] es im namen gottes von höchstgedachts meins gnedigisten herrens des herrn cardinals, auch dero stift Constanz wegen, allso beschehen [zu] lassen undt geduldt [zu] tragen [...]*, wie 1579 der Obervogt von Meersburg, Stephan Wolgemut, resignierend formulierte[39]. Die Ohnmacht des Bischofs ist so offenkundig wie das von keiner Seite ernsthaft in Frage gestellte Kirchenregiment des Rats.

Weniger kraß war die Beschneidung des Privilegium fori durch den Rat, auch wenn der Bischof das gesamte 16. Jahrhundert hindurch immer wieder über die Mißachtung seiner Strafgewalt klagte. Der Überlinger Rat ließ sich in dieser Frage von zwei Grundsätzen leiten: Erstens: Alle Rechtsstreitigkeiten, die nicht ausdrücklich geistliche Angelegenheiten betrafen, gehörten vor ein weltliches, sprich städtisches Gericht, auch wenn Geistliche darin verwickelt sein sollten[40]. Zweitens: Bei tätlichen Auseinandersetzungen zwischen Klerikern und Laien besitze die weltliche Gewalt, also der Rat, das Recht, auch die Geistlichen, sofern sie den Friedgeboten nicht Folge leisteten, in Verwahrung zu nehmen, um sie dann allerdings später dem geistlichen Gericht zur Bestrafung zu überstellen[41].

---

[34] Vgl. StadtAÜb Rp. 1556–66 fo. 249 ff.; Mp. 1578–79 fo. 96; Rp. 1573–87 fo. 358vf; IV/11/1542, 1549 März 19.

[35] Vgl. neben der Korrespondenz in StadtAÜb IV/11/1542, noch StadtAÜb Mp. 1551–54 fo. 20; Mp. 1578–79 fo. 116f. Zur Praxis in den fürstenbergischen Territorien vgl. *Thoma* S. 200f.

[36] Vgl. u.a. StadtAÜb Mp. 1551–54 fo. 26vf.

[37] Vgl. StadtAÜb Mp. 1578–79 fo. 190vf; GLA 82a/698, 1579 Jan. 31.

[38] Wie Anm. 36.

[39] GLA 82a/698, 1579 Febr. 6.

[40] Vgl. dazu unten den Inhalt der Reverse der Kapläne, aber auch z.B. StadtAÜb Mp. 1563–64 fo. 40f., wonach der Rat behauptete, es sei in Überlingen alter Brauch, daß, bei einem Rechtsstreit in Schuldsachen zwischen einem Geistlichen und einem Laien, dieser vor einem weltlichen Gericht ausgetragen werde. – Allgemein zu diesem Problem vgl. *Heitzenröder* S. 130ff.; *Demandt* S. 136ff.

[41] Der Rat berief sich hier auf ein Zugeständnis Bischof Hugos von Hohenlandenberg, welches eigens in das Stadtrecht aufgenommen worden sei; vgl. die unterschiedlichen Fassungen von 1400 und 1520 nach Oberrheinische Stadtrechte S. 82, 288 (nach StadtAÜb Rp. 1507–18 fo. 95f.). Auf diese Bestimmung berief sich der Rat bei allen Auseinandersetzungen; vgl. nur StadtAÜb Mp. 1539–42 fo. 84vf.

Gerade dieser zweite Grundsatz führte immer wieder zu Kontroversen, sei es, weil der Rat noch weitere Zugeständnisse forderte, oder weil Bischof und Stift versuchten, den Einfluß der weltlichen Gewalt wieder zurückzudrängen. 1523 z. B. hatte der Rat einen seiner Kapläne, Seyfried Kolb, der einen Überlinger Bürger erschlagen hatte, in den Turm gelegt, aber nicht, wie er es eigentlich hätte tun sollen, so bald als möglich dem geistlichen Gericht übergeben. Der Rat nämlich forderte eine Bürgschaft, daß der Priester auch tatsächlich bestraft werde oder zumindest ihm, dem Rat, verbindlich zugesichert werde, daß der Kaplan im Falle seiner Freilassung keine rechtlichen Schritte gegen ihn unternehmen werde. Erst dann, so der Rat, sei an eine Auslieferung zu denken[42]. Der Rat scheint diesen Fall sogar zum Anlaß genommen zu haben, auf dem Reichstag zu Nürnberg beim päpstlichen Legaten weitergehende Rechte zu erwirken, um wenn möglich die Geistlichen nach dem Stadtrecht bestrafen zu können – was natürlich nicht gelang. Immerhin vermittelte der Legat eine gütliche Einigung[43].

Das von Bischof Hugo von Hohenlandenberg dem Rat prinzipiell zugestandene Recht, einen Geistlichen notfalls arrestieren zu dürfen, wurde 23 Jahre später vom Domkapitel wieder in Frage gestellt, als der Rat den Pfarrer von Untersiggingen hatte festnehmen lassen[44]. Dieser Fall bot dem Kapitel den Anlaß, die gängige Rechtspraxis in Frage zu stellen. Diese sah dem Domkapitel zufolge so aus: *Das sy [der Rat] umb geringfug sachen die priester einlegen und dieselben ettwelch stundt oder tag mit dem thurm strafen mögen. Darzu so sy ainen e.f.g. fengklich uberschickten, das e.f.g. denselben nach deren von Uberlingen beger und willen strafen wölle*[45]. Daß der Rat die geistliche Jurisdiktion des Bischofs im Gegensatz zu den protestantischen Obrigkeiten grundsätzlich anerkannte, hieß in der Praxis also nicht, daß er sich die Bestrafung kleinerer Vergehen nicht selbst vorbehielt und daß er bei der Bestrafung schwerer Delikte nicht versuchte, auf die Rechtsprechung des geistlichen Gerichts Einfluß zu nehmen.

Diese Praxis verteidigte der Rat auch 1567 gegen Kardinal Marx Sittich, zumal er sich in Übereinstimmung mit Rottweil und den umliegenden katholischen Territorien wußte[46]. Bezeichnend für das Klima dieser Jahre nach dem Religionsfrieden war

---

[42] Vgl. GLA 82/1566, 1523 Mai 9 (identisch mit StadtAÜb Reutlinger 3 fo. 233 f.); StadtAÜb Mp. 1523–26 fo. 21vf; Krebs, Domkapitel Nr. 7583, 7592.

[43] Vgl. StadtAÜb Mp. 1523–26 fo. 4 f., 13 f. Der Rat wollte unter anderem auch erreichen, daß Priestern, die sich unpriesterlich verhielten, ihre Lehen nicht mehr verlängert würden. Ferner sollte der Papst bewilligen, daß Kolb zur Abschreckung anderer Priester nach dem Stadtrecht abgeurteilt werden dürfe, mindestens aber mit lebenslänglichem Kerker bestraft werde. – Zur Einigung vgl. Krebs, Domkapitel Nr. 7634.

[44] Vgl. dazu GLA 82a/274 [1546].

[45] Ebda. 1546 März 23, Domkapitel an Bischof. Offensichtlich suchte das Kapitel den Bischof zu einer offensiveren Wahrnehmung seiner Rechte zu drängen.

[46] Vgl. GLA 225/603. Anlaß der Auseinandersetzung war diesmal eine von dem Überlinger Kaplan und Pfarrverweser der Pfarrei Goldbach, Bernhard Heurenbach, mit Erlaubnis des Rats in der Fastenzeit vorgenommene Trauung gewesen. Der Rat, der die Pfarrei vom Johanniterorden übernommen hatte, beanspruchte dessen Privilegien, die ihm der Bischof nicht zugestehen wollte. Ferner stand eine nicht näher bezeichnete Schlaghandlung zwischen einem Laien und Geistlichen zur Debatte. Überlingen setzte sich wegen dieses Konflikts in Verbindung mit den

dabei der Umstand, daß er sich, wohl zur nicht geringen Überraschung des Bischofs, an den Obersten des Schwäbischen Kreises, den protestantischen Herzog von Württemberg, wandte und diesen um rechtlichen Beistand gegen die Angriffe des Bischofs bat[47]. Denn am alten Herkommen und Recht – so umschrieb der Rat die Rechtspraxis – ließ er nicht rütteln[48].

Erst Kardinal Andreas von Österreich fachte im Zuge seiner Bemühungen um eine katholische Reform auch das Feuer des Konflikts um die geistliche Jurisdiktion wieder an. Doch auch ihm gelang es nicht, den Rat zu einer vertraglichen Vereinbarung, welche die beiderseitigen Rechte präzise definiert und damit den de facto vorhandenen Einfluß des Rats wohl verringert hätte, zu überreden[49]. Erst im Zuge der Errichtung des Kollegiatstifts erzielte er einen Teilerfolg[50]. Während der Rat also das gesamte 16. Jahrhundert seine Auffassung von der Kompetenz des geistlichen Gerichts weitgehend hatte durchsetzen können, änderte sich dies zu Beginn des 17. Jahrhunderts, als allenthalben im Zuge der katholischen Reform die Bischöfe versuchten, ihre Jurisdiktionsrechte wieder selbst in die Hand zu nehmen[51]. Im Falle Überlingens gelang dies allerdings nur, weil der Rat sich wegen finanzieller Probleme gezwungen sah, den Rechtsstatus der Pfarrei zu ändern und damit dem Bischof von Konstanz eine Handhabe zur schriftlichen Fixierung seiner Rechte gab.

Die Erosion der bischöflichen Kompetenzen war damit erstmals aufgehalten worden; die im Laufe des 16. Jahrhunderts erworbenen Rechte ließ sich der Rat allerdings nicht mehr nehmen. Dies galt insbesondere für seine Mitwirkungsrechte bei der Einstellung und Entlassung der Kapläne. Bereits 1518 hatte Bischof Hugo von Hohenlandenberg dem Rat nach zähen Verhandlungen zugestanden, von allen Kaplänen, die der Rat nominierte, einen Revers verlangen zu dürfen[52]. Bezeichnend für

---

Grafen von Fürstenberg, Montfort und Zollern-Sigmaringen sowie der Reichsstadt Rottweil; vgl. StadtAÜb Mp. 1567–69 fo. 77r, 80vf, 85; GLA 225/603, 1567 Aug. 2; 3; 5; 13; 20; 25.

[47] StadtAÜb Mp. 1567–69 fo. 71vf; GLA 225/603, 1567 Juli 9; 19; 31. Der Rat hatte den Kreisobersten um Schutz gebeten, falls der Bischof etwas gegen ihn unternehmen wolle. Der Bischof seinerseits monierte beim Überlinger Rat, daß diese Sache nicht vor den Kreisobersten gehörte, und bot Verhandlungen an. Auf Veranlassung Herzog Christophs, der anscheinend darauf bedacht war, einen Konflikt mit dem Bischof von Konstanz zu vermeiden, schaltete sich der Bischof von Augsburg als Vermittler ein; vgl. GLA 225/603, 1567 Juli 28; Aug. 27. Seinen Bemühungen scheint aber kein Erfolg beschieden gewesen zu sein, da wenig später der Kaplan Heurenbach doch vor das geistliche Gericht zitiert wurde; vgl. StadtAÜb Rp. 1566–73 fo. 26v. Der Ausgang der Affäre ist nicht bekannt.

[48] GLA 225/603 [o.D.], Überlingen an Bischof von Konstanz.

[49] Zu ergebnislosen Verhandlungen 1595 und 1596 zwischen Überlingen und Vertretern des Bischofs vgl. StadtAÜb Mp. 1595–97 fo. 63, 80vf, 93vf; Rp. 1588–96 fo. 352r.

[50] Vgl. Kap. X.3. Gerade in dieser Zeit gelang es dem Bischof, auch mit anderen Städten und Ständen Verträge verschiedenster Art abzuschließen, die aber alle dasselbe Ziel verfolgten. So wurde 1597 zwischen dem Rat von Luzern und dem Bischof ein Konkordat abgeschlossen und 1629 eines mit Österreich; vgl. *Holl* S. 40 f.; *Reinhardt* S. 58 ff.

[51] Vgl. dazu Kap. III Anm. 180.

[52] Zu den Verhandlungen darüber, die für Überlingen von dem Konstanzer Advokaten Dr. Wolfgang Mangold geführt worden waren, vgl. StadtAÜb Mp. 1518 fo. 31vf, 32vf, 36vf, 52 ff.;

das städtische Kirchenregiment war der Umstand, daß der Rat dieses Verfahren schon seit Jahrzehnten ohne bischöfliche Genehmigung praktiziert hatte, und daß nun Bischof Hugo die Praxis nur noch juristisch sanktionierte[53]. Der Überlinger Politik des Fait accompli hatte der Bischof, das wird hier wiederum deutlich, wenig entgegenzusetzen. Was aber bezweckte der Rat mit diesem Revers? In erster Linie hatte er damit ein Verfahren, das bei der Anstellung weltlicher Beamten schon seit längerem gang und gäbe war, auf die Kapläne übertragen, die er gleichsam zu geistlichen Beamten der Stadt degradierte[54].

Was wurde nun in diesem Revers geregelt? Jeder Priester mußte sich zunächst verpflichten, sein Pfründhaus und die zur Pfründe gehörenden Güter instand zu halten, und zur zusätzlichen Sicherheit des Rats noch zwei Bürgen stellen, die notfalls für Schäden hafteten. Ferner verpflichtete er sich, den Anordnungen der Kirchenpfleger Folge zu leisten. Dem Rat ging es also vornehmlich um die Wahrung der finanziellen Interessen der Stadt. Er wollte vermeiden, daß die kirchlichen Güter dem Stadtsäckel zur Last fielen. Zum zweiten schrieb der Rat einige grundlegende Verhaltensnormen vor: Der Kaplan mußte einen ehrsamen Lebenswandel führen und vor allem seine Residenzpflicht einhalten. Wie wichtig dem Rat gerade diese Frage war, lassen unter anderem die Fälle der beiden Kapläne Michael Hiltprand und Johannes Humpolt erkennen. Humpolt sollte nur dann verpfründet werden, wenn er, wie versprochen, seine Stockacher Pfründe auch tatsächlich resignierte[55]. Und Hiltprand, der in Überlingen verpfründet war und sich um eine auswärtige Pfarrei beworben hatte, wurde nicht erlaubt, seine Pfründe ein Jahr lang ,aufzuhalten'. Entweder solle er, so der Rat, die Pfründe entsprechend der Dotation versehen oder aber kündigen[56]. 1520 wurde sogar eigens eine Ratsverordnung erlassen, die allen Kaplänen nochmals die Residenzpflicht zwingend vorschrieb[57]. Und zum dritten achtete der Rat darauf,

---

GLA 225/1164 fo. 17f. Das Original der am 10. Mai 1518 ausgestellten Bewilligung Bischof Hugos in GLA 2/2515. Als Bsp. eines Reverses vgl. GLA 225/1164 fo. 1ff.

[53] Vgl. dazu die Angaben in Kap. XVI.

[54] Solche Reverse waren ein typisches Instrument spätmittelalterlicher Kirchenpolitik und weithin verbreitet; vgl. nur *Neumaier* S. 5ff. Vgl. auch *Frölich*, Kirche S. 273. Die Priester wurden damit nicht nur in später protestantischen Städten und Territorien ein Pendant zum weltlichen Beamten – so B. *Vogler*, Clergé S. 135, oder *Rublack*, Konstanz S. 86 –, sondern waren und blieben es auch in katholischen Städten. Die bischöfliche Genehmigung eines solchen Reverses war im übrigen keine Ausnahme; in Ulm und Gmünd und wahrscheinlich auch in Ravensburg, Biberach oder auch in dem elsässischen Schlettstadt gab es ähnliche Vereinbarungen; vgl. zu Ulm *Geiger* S. 130, u. StadtAÜb Mp. 1518 fo. 36vf, wonach sich der Überlinger Rat ausdrücklich auf ähnliche Vereinbarungen zwischen Ulm und dem Konstanzer Bischof berief. Zu Gmünd vgl. *Naujoks* S. 101; zu ähnlichen Verhandlungen Ravensburgs mit dem Bischof vgl. GLA 82a/Bd. 5 fo. 185f., 190ff.; zu Biberach und Schlettstadt vgl. Schilling S. 93, u. *Gény* S. 106f.

[55] StadtAÜb Rp. 1496–1518 fo. 83.

[56] Ebda. fo. 194; Rp. 1507–18 fo. 60.

[57] StadtAÜb Reutlinger 11.2 fo. 11. Vgl. auch StadtAÜb Mp. 1523–26 fo. 58vf, Überlingen an den Bischof von Konstanz: *Dieweyl aber in unserm clainen und grossen rat ernstlich angestechen und geordnet worden ist, das ain jeder unser belechter caplan sein pfrund selbs personlich residieren und besitzen und kainer die durch ainen andern zuversehen erlaupt werden solle […].*

daß ein Priester das Privilegium fori nicht über Gebühr ausnutzen konnte. Denn kein Priester durfte nach dem Revers einen Überlinger Bürger vor das geistliche Gericht ziehen, wenn es sich um rein weltliche Angelegenheiten handelte. Nur wenn es um die Person des Priesters oder um seine Pfründgüter ging, wurde ihm dies erlaubt.

Diese Form der Verschreibung wurde das ganze 16. Jahrhundert über beibehalten. Nach 1557 ließ sich der Rat sogar in manchen Fällen noch zusätzlich bestätigen, daß der betreffende Kaplan seine Pfründe mindestens zehn Jahre lang versehen werde[58]. In der Regel vergab der Rat auch niemals eine Pfründe, ohne daß ein Kaplan zuvor seinen Revers unterzeichnet hatte[59]; erst danach wurde er präsentiert und investiert. Dabei fällt auf, daß gerade in den Jahren nach 1557 oft zwischen dem Revers und der Investitur geraume Zeit, mitunter mehr als ein Jahr, verstrich[60]. Der Spitalpfarrer Marx Weiß versah sogar sein Amt dreizehn Jahre lang, ohne vom Bischof investiert worden zu sein[61]. Vor 1557 war etwas Vergleichbares nie vorgekommen; meistens wurden die Kapläne einige Wochen oder Monate, nachdem ihnen eine Pfründe verliehen worden war, präsentiert und investiert. Nach 1557 wurde es dagegen zur Regel, daß sich der Rat mit der Präsentation ungefähr ein Jahr Zeit ließ. Offensichtlich wollte er abwarten, wie sich ein Priester verhielt, um ihn erst nach einer gewissen Probezeit endgültig einzustellen oder zu entlassen, ohne daß die geistliche Obrigkeit Einwände erheben konnte. Der Rat ging sogar so weit, daß er einen Kaplan behielt, dem der Bischof die Investitur verweigert hatte[62]. Nichts könnte die Praxis des städtischen Kirchenregiments besser illustrieren als diese vom Rat geübte Einstellungspraxis.

Da es in Überlingen wie in den meisten anderen Städten jener Zeit bereits seit längerem Kirchenpfleger gab, welche die Verwaltung des Vermögens der Kirche und der Kaplaneien kontrollierten[63], gab es kaum einen Bereich, auf den sich der Einfluß und die Kontrolle des Rats nicht erstreckten. Das Vermögen der kirchlichen Institutionen wurde vom Rat kontrolliert, nach 1557 sogar von ihm verwaltet, die Priester wurden hinsichtlich der Privilegia fori et immunitatis, soweit es kirchenrechtlich nur möglich war, den Bürgern der Stadt gleichgestellt[64].

---

[58] Als Beispiel eines solchen Reverses s. GLA 2/2664, Revers des Felix Brendlin vom 26. Sept. 1570.

[59] Vgl. StadtAÜb Rp. 1552—56 fo. 47r; Rp. 1556—66 fo. 284v, 323r: Der Rat beschloß ausdrücklich, daß keinem Priester, wie es einige Male vorgekommen zu sein scheint, eine Pfründe ohne vorher abgeschlossenen Revers gegeben werden soll.

[60] Vgl. dazu die Angaben in Kap. XVI.

[61] 1582 erhielt Weiß die Spitalpfarrei (StadtAÜb Rp. 1573—87 fo. 355r), 1593 wurde er darauf investiert (EAF Ha 118 fo. 39r.) Bei der Visitation von 1592 wurde dies auch eigens moniert, vgl. EAF Ha 70 fo. 159r.

[62] Vgl. StadtAÜb Rp. 1556—66 fo. 276r.

[63] Kirchenpfleger von St. Nikolaus werden nach GLA 2/2973 bereits in einer am 13. Juli 1333 getätigten Stiftung erwähnt, Pfleger für St. Michael in Aufkirch nach GLA 2/2360 am 28. Sept. 1354. Die Kirchenpfleger waren, wie eine Urkunde von 1417 ausweist (GLA 2/3014), auch für die Kaplaneien zuständig. – Allgemein zu den Gründen der Entstehung der Kirchenpflegschaft im Mittelalter vgl. *Frölich*, Kirche S. 227 ff.; *Heitzenröder* S. 160 ff.

[64] Die Situation in Schlettstadt, das wie Überlingen katholisch blieb, oder in Colmar, das erst

Schon 1529 konnte deshalb der Memminger Abgeordnete auf dem Reichstag zu
Speyer von den Überlingern behaupten, daß sie *[..] vil mer eingriffen den geistlichen
geton dann wier zu Memmingen*[65]. Auch wenn aus diesem Vorwurf deutlich die
Intention des Protestanten herauszuhören ist, die eigenen Maßnahmen zu rechtfertigen, so zeigt er doch zugleich, daß auch den Zeitgenossen nicht verborgen geblieben
war, wer die Überlinger Kirche regierte. Spätestens nach dem Erwerb des Patronatsrechtes kann man ohne Übertreibung von einem katholischen Kirchenregiment
sprechen, das sich in der Praxis von dem protestantischer Städte kaum unterschied.
Wie der Rat seine Stellung gegenüber seinen Klerikern verstand, veranschaulicht z. B.
seine Reaktion, als der Kaplan Jacob Lutzelburger gegen den Willen des Rats seine
Dienerin vor dem geistlichen Gericht verklagte: *[...] damit aber der phaf sehe*, so
schrieb der Rat, *das er herren hab, hat man ime die phründt abkhündt [...]*[66]. Ein
Bericht bischöflicher Räte von 1602 resümiert das ganze Ausmaß dieses Kirchenregiments: *Erstlich machen sie sich zu herren über die caplaneien, [...] endern der
fundatoren letzten willen, addiren, subtrahiren, geben und nehmen davon, lassens
vaciren, zihen sie ein, haben ihre kirchenpfleger darüber, verrechnen sie und machen
also damit was sie wöllen, alles ohne deß bischofs wissen und willen und wider die
ausgedrukthe catholische canonische recht. [...] Zum anderen machen sie sich zu
herren über die caplän, lebendig und tot, lebendig gebithen sie ihnen beim thurm sich
wohl zuhalten, khöndten ihnen auf, inquiriren über sie, berufen sie durch die statt-
knecht, müssen sowohl türkhensteuer als auch contribution geben [...] deßgleichen in
Teutschland nicht geschicht. Tod inventiren sie über der abgestorbenen güther*[67].
Dieser Bericht signalisiert zugleich, daß Anfang des 17. Jahrhunderts der Bischof
versuchte, verlorenes Terrain wieder zurückzugewinnen. Dies gelang ihm auch ein
wenig mit Hilfe der Visitationen, vor allem aber bei der Gründung des Kollegiatstiftes. Doch insgesamt gelang es ihm nicht, das einmal etablierte Kirchenregiment
ernsthaft zu beschneiden; auch nach 1609 blieb der Rat weiterhin die dominierende
Kraft des Überlinger Kirchenwesens[68].

---

spät reformiert wurde, war ähnlich. Der Rat besaß beträchtlichen informellen Einfluß auf die
Belange der Kirche, und – wohl mit als Folge davon – hielten sich die Konflikte um die
geistlichen Standesprivilegien in Grenzen; vgl. *Demandt* S. 149 f. Auch die Verhältnisse im
spätmittelalterlichen Esslingen weisen zahlreiche Parallelen zu denen in Überlingen auf. Die
Geistlichen wurden z. B. seit dem 14. Jahrhundert besteuert, und wegen des Privilegium fori gab
es nur selten Auseinandersetzungen. Dazu kamen zahlreiche Eingriffe des Rats in das Kirchenwesen; vgl. T. M. *Schröder* S. 40 ff., 56 ff.

[65] RTA, J. R. 7.1 S. 608 Anm. 1.

[66] GLA 225/586, 1581 [Nov. 10].

[67] GLA 225/599.

[68] Vgl. *Semler*, Seelsorger S. 107: Noch 1687 beschwerte sich der Magistrat beim Propst, als
dieser ein bischöfliches Mandat, das die Fastenvorschriften, also allein theologische Fragen,
betraf, ohne seine Genehmigung von der Kanzel verlesen hatte. – Zur Neuordnung des Kirchenwesens nach 1609 und den damit einhergehenden jurisdiktionellen Modifikationen vgl.
Kap. X.3.

4. Der Fonds der vacierenden Pfründen

Bis 1557 hatte der Rat das Vermögen der Kirche nur kontrolliert, danach verwaltete er es auch noch selbst. Vom gewichtigsten Teil, dem Weinzehnten, hatte er zwar fünf Sechstel an den Komtur auf der Mainau abtreten müssen, es blieben ihm aber immer noch die für die einzelnen Kaplaneipfründen gestifteten Güter, die vor allem aus Landbesitz, in erster Linie Weingärten, und aus ewigen Zinsen bestanden[69]. Bis auf drei oder vier Kapläne, deren Pfründgüter der Rat verwalten ließ[70], zog zwar jeder Kaplan in der Regel den Ertrag seiner Pfründgüter selbst ein, da aber von den 32 Kaplaneien im Schnitt selten mehr als ein Drittel besetzt war, fielen die Güter dieser vacierenden Pfründen der Verwaltung des Rats anheim. Die daraus erzielten Einkünfte flossen in eine eigens dafür geschaffene und vom Stüblin unabhängige Kasse, den Fonds der vacierenden Pfründen, für den jährlich neu gewählte Pfleger zuständig waren[71]. Rechenschaft waren die Pfleger allein dem Rat schuldig, weder Pfarrer noch andere Geistliche erhielten Einblick in die Verwaltung des Kirchenvermögens[72].

Dieser Fonds der vacierenden Pfründen besaß durchaus gewisse Ähnlichkeit mit dem Gemeinen Kasten protestantischer Städte. Beiden Institutionen war gemeinsam, daß sie ausschließlich durch städtische Pfleger verwaltet wurden, daß die Einkünfte in erster Linie zur Besoldung der Geistlichen dienten, darüber hinaus aber auch für das städtische Schul- und Armenwesen verwandt wurden[73]. In Überlingen war das Vermögen der einzelnen Pfründen allerdings nicht unterschiedslos zusammengefaßt worden, sondern die zu einer Pfründe gehörenden einzelnen Vermögensteile blieben jeweils bei ihrer Pfründe, so daß die Kaplaneien jederzeit wieder vergeben und diese Güter dann durch den betreffenden Kaplan verwaltet werden konnten.

---

[69] Eine Aufzählung der Kaplaneien mit dem jeweiligen Einkommen gibt *Ullersperger* S. 56 ff. In den Quellen finden sich vor allem bei Reutlinger mehrmals solche Verzeichnisse, die Angaben über die Stiftung und das Einkommen der Pfründen enthalten; vgl. StadtAÜb Reutlinger 8 fo. 13 ff.; GLA 225/502. Den Stand von 1609 überliefert StadtAÜb IV/13/1594.

[70] Vgl. dazu ausführlicher Kap. VII.8.

[71] Das Amt der Pfleger der vacierenden Pfründen wird in den ab 1574 erhaltenen Ratswahllisten aufgeführt. Im allgemeinen wurde es von Mitgliedern des Kleinen Rats bekleidet. – Ähnlich wurde auch in dem katholischen Zug das Kirchenvermögen von der weltlichen Gewalt verwaltet; vgl. *Dommann* S. 147 ff., und auch die Verwaltung der Kirchengüter in Kaufbeuren, wo der Rat sowohl evangelische als auch katholische Geistliche besolden mußte, wich von diesem Muster kaum ab; vgl. *Steichele/Schröder* S. 360 f.

[72] Vor allem seit Anfang des 17. Jahrhunderts war dies ein Punkt, der in den Visitationsprotokollen regelmäßig moniert wurde; vgl. nur EAF Ha 70 fo. 259; Konstanz-Generalia, Klöster u. Orden, Kolleg.-stift Überlingen 7, Visitation 1624 oder GLA 225/570, 1624 Aug. 21.

[73] Seit dem späten Mittelalter hatten die Räte die Verwendung des kirchlichen Stiftungsvermögens zu diesen Zwecken angestrebt; vgl. *Störmann* S. 131 f. Als Beispiel einer ähnlich organisierten Verwaltung in einer protestantischen Stadt vgl. *Rublack*, Konstanz S. 116.

Die teilweise erhaltenen Rechnungsbücher der vacierenden Pfründen erlauben nun Einblicke in die finanzielle Lage der Überlinger Kirche nach 1557[74]. Das Einkommen der Pfründen bestand hauptsächlich aus Naturalien, aus Vesen, Haber und Roggen, vor allem aber aus Wein. Zwischen 1569 und 1607 wurden z.B. im Schnitt pro Jahr 101 Malter Vesen und 52 Fuder Wein geerntet. Die durchschnittlichen Einnahmen an Geld beliefen sich auf 2580 lbd, wobei hierin aber verkaufte Naturalien, die den größten Teil dieser Einkünfte ausmachten, bereits miteingerechnet sind. Um die Verteilung der einzelnen Einkommensarten erkennen zu können, sollen für ein Jahr die Einkünfte aus den verschiedenen Rubriken aufgeführt werden: 1581 nahmen die vacierenden Pfründpfleger insgesamt 3274 lbd ein, wobei aber nur 230 lbd aus Zins- und Gülteinnahmen bestanden, während aus verkauftem Wein 1063 lbd und aus verkauftem Korn 840 lbd erlöst wurden[75]. Daß in diesem Jahr zugleich noch 1063 lbd aus dem Stüblin geliehen werden mußten, weist schon auf das zentrale Problem hin, mit dem sich der Rat konfrontiert sah: Die Ausgaben zum Unterhalt der Überlinger Kirche überstiegen in der Regel die Einnahmen aus dem Kirchenbesitz.

Der Überlinger Rat mußte eben mit ungleich geringeren Einkünften die Kirche unterhalten als der Komtur auf der Mainau, bei dem nach 1557 fast die Hälfte aller Einkünfte verblieben war[76]. Die Auswertung der Rechnungsbücher zeigt dabei, daß es dem Rat, hätte er den gesamten Weinzehnten besessen, ohne allzu große Mühe möglich gewesen wäre, das Überlinger Kirchenwesen zu unterhalten; ohne diese Einkünfte erwies sich dies aber als überaus schwierig.

In den Ausgabebüchern wurden ebenfalls Geld und Naturalien in getrennten Rubriken aufgeführt. Wie die Einnahmen sind aber auch die Ausgaben zum Teil doppelt aufgeführt, da sowohl verkaufte Naturalien als auch das daraus erlöste und wieder ausgegebene Geld als Ausgaben geführt wurden. Ungefähr die Hälfte der Einnahmen aus Naturalien wurde verkauft, die andere Hälfte direkt als Besoldung dem Pfarrherrn, dem Spitalpfarrer und anderen Kaplänen gegeben. 1575 z.B. wurden 54 Malter Vesen verkauft, 30 Malter erhielt der Pfarrherr, 10 Malter der Pfarrer im Spital, 14 wurden für die Addition des Einkommens einiger Kapläne aufgewendet. Vom Wein wurden 24 Fuder verkauft und 28 direkt zum Unterhalt der Geistlichen verwendet. Insgesamt wurden zwischen 1569 und 1604 im Schnitt 104 Malter Vesen und 51 Fuder Wein ausgegeben, also jeweils der gesamte Ertrag eines Jahres[77].

---

[74] Als Quelle für die Angaben dieses Abschnittes dienten, soweit nicht anders angegeben, StadtAÜb Vacierende Pfründrechnungen (s. Quellenverzeichnis). Es wurde jeweils pro Jahr ein Rechnungsbuch für Einnahmen und eines für Ausgaben angelegt. In den Vergleich (s. Tab. 8) wurden jeweils nur die Jahre, in denen beide Bücher erhalten sind, einbezogen.

[75] An Naturalien wurden eingenommen: Vesen 104 Ma; Wein 67 Fu und 15 Fu aus dem Weinzehnt; Roggen 38 Ma; Hafer 74 Ma. Roggen und Hafer wurden im folgenden nicht für alle Jahrgänge durchgerechnet. Die weiteren Rubriken sind allesamt relativ unbedeutend: Bodenzinsen der Pfarrei 5 lb 4 ß 9 d; Extraordinarii-Zinsen 32 lb 17 ß 6 d; Hauszinsen 32 lbd u.a.

[76] Vgl. Kap. VII.2.

[77] Daß die durchschnittlichen Ausgaben an Vesen noch etwas über den Einnahmen liegen (s. Tab. 8), kommt daher, daß es bei den Rechnungsbüchern oft Lücken zwischen den einzelnen

Rücklagen konnten nur selten gebildet werden. Vergleicht man nun die durchschnittlichen Ausgaben an Geld mit den Einnahmen, so überstiegen die Ausgaben mit 4116 lbd im Schnitt die durchschnittlichen Einnahmen um ca. 38%.

Wofür wurde nun wieviel ausgegeben? Die Besoldungen, für die jeweils die Hälfte der Einnahmen an Naturalien ausgegeben wurden, rangierten 1575 mit ca. 637 lbd nur an zweiter Stelle[78]. Am meisten mußte für die Verwaltung der Pfründgüter, also den Anbau, die Pflege und die Ernte der Rebgärten aufgebracht werden. 1206 lbd wurden unter der Rubrik *den gemaindern geliehen* aufgeführt, dazu kamen noch weitere kleinere Ausgaben für die verschiedensten Arbeiten, wie z. B. 178 lbd, die *uff den herpst gegangen* waren. Mit ansehnlichen Beträgen schlugen auch die Ausgaben zur Instandhaltung der Pfründhäuser und des Pfarrhofs zu Buche; 203 lbd mußten dafür gezahlt werden[79]. 98 lbd flossen in den Säckel der Stadt, die auch von den vacierenden Pfründen die Steuer kassierte. Insgesamt verschlangen also neben dem Unterhalt der Kleriker die Verwaltung und Pflege der Kirchengüter den größten Teil der Einkünfte.

Aus dem Fonds der vacierenden Pfründen wurden nicht nur der Klerus besoldet, sondern auch der Organist, der Kantor und der lateinische Schulmeister, die insgesamt 98 lbd und etwas über 2 Fuder Wein pro Jahr erhielten. Dazu kamen dann noch 35 lbd, welche die Pfleger für die Verwaltung der vacierenden Pfründen bekamen. Ferner ließ der Rat einen Teil den Armen an bestimmten Tagen zukommen[80], zog aus dem Fonds manchmal Stipendien für angehende Priester und lieh 1577 sogar einmal dem Kaplan Felix Brendlin 7 lbd, der damals für einige Zeit in die Niederlande zog[81]. Insgesamt fallen aber diese Ausgaben kaum ins Gewicht.

Jahrgängen gibt, so daß in den Ausgaben oft noch ein kleiner Überschuß, eine *Restantz*, vom Vorjahr enthalten ist.

[78] Davon erhielt der Pfarrherr 268 lb 10 ß 7 d Sold und 58 lb 13 ß 4 d für Holz; für die Helfer wurden 70 lbd und für die Addition der Einkünfte einiger Kapläne 91 lbd ausgegeben; der Spitalpfarrer bekam 52 lb 10 ßd, der lateinische Schulmeister und Kantor 98 lb 8 ß 9 d; die Pfleger der Pfründen 35 lbd; ferner wurden noch kleinere Beträge für Rebknechte und andere Handwerker aufgeführt.

[79] Die Ausgaben für die Pfründhäuser schwankten naturgemäß von Jahr zu Jahr sehr stark. Zwischen 1569 und 1604 wurden durchschnittlich 65 lbd für die zu den Pfründen gehörenden Häuser aufgewandt und 38 lbd für den Pfarrhof.

[80] Die Armen erhielten jedes Jahr 7 Ma 4 Vi Vesen, 22 Ei Wein und an Geld 27 lb 10 ßd am Allerseelentag, 2 lb 18 ß 9 d am Gründonnerstag und 3 lb 10 ßd an sonstigen Tagen. Diese Mengen und Beträge änderten sich in dem untersuchten Zeitraum jeweils nur geringfügig.

[81] Weitere Beispiele: 1570 erhielt z. B. Franz Datz 21 lb 17 ß 6 d geliehen; 1577 der Sohn Jerg Seymers 30 lb 12 ß 6 d und später nochmals 87 lb 10 ßd.

Tab. 8: Einnahmen und Ausgaben der vacierenden Pfründen 1569—1604[82]

Jahr	Einn. Geld	Ausg. Geld	Schulden	Fehlbetrag
1569	2887 lbd	3242	769	1124
1581	3274	2776	1179	681
1584	2434	2784	557	907
1585	3136	2718	976	558
1586	3435	2619	1719	903
1587	2142	2282	1652	1792
1589	2822	2217	2397	1792
1592	1996	1869	2455	2328
1594	1689	2202	1652	2165
1595	2142	2152	1820	1830
1596	2240	2281	1740	1781
1598	2814	2457	2119	1762
1604	2884	2687	2186	1989

Jahr	Einn. Wein	Ausg. Wein	Einn. Vesen	Ausg. Vesen
1569	98 Fu	66	140 Ma	143
1581	91	51	104	120
1584	89	85	113	106
1585	43	67	117	104
1586	56	77	113	111
1587	30	44	115	123
1589	29	28	61	85
1592	32	30	96	128
1594	23	32	88	117
1595	30	29	91	90
1596	54	28	106	70
1598	60	53	94	108
1604	70	76	82	46

[82] Vgl. Anm. 74 u. 77 zur Quellengrundlage und Art der Auswertung. Die Rubrik ‚Fehlbetrag' ergibt sich aus der Differenz zwischen Einnahmen und Ausgaben, zu der die Schulden addiert wurden. Die Rubrik ‚Schulden' gibt jeweils den in den Rechnungsbüchern aufgeführten Schuldenstand wieder.

Ein Vergleich der Einnahmen und Ausgaben belegt, daß die Pfleger der vacierenden Pfründen mit einem chronischen Defizit zu kämpfen hatten. Vor allem gegen
Ende der 1580er Jahre stieg die jährliche Schuldenaufnahme stark an, da die Einnahmen in diesen Jahren zurückgegangen waren. Schuld daran dürften die schlechten
Weinernten dieser Jahre gewesen sein. Zwar war der Preis für Wein gegen Ende des
16. Jahrhunderts rapide angestiegen, doch hatte diese Steigerung nicht ausgereicht,
um die zurückgehenden Erträge auszugleichen, zumal auch die Erträge bei Vesen
leicht zurückgegangen waren. Die Folge war, daß sich die vacierenden Pfründen
immer mehr verschulden mußten. Vor allem aus dem Stüblin, der Stadtkasse, wurden
Jahr für Jahr ansehnliche Beträge zugeschossen[83]; und auch die Tatsache, daß von Zeit
zu Zeit Teile des aufgenommenen Geldes wieder an das Stüblin zurückgezahlt
wurden[84], konnte das stetige Anwachsen des Schuldenberges nicht verhindern, so daß
im Jahre 1609, bei der Gründung des Kollegiatstiftes, die vacierenden Pfründen mit
ca. 17000 fl verschuldet waren, wovon allein ca. 11000 fl bei der Stadt aufgenommen
worden waren[85].

Die immer schlechter werdende finanzielle Lage hatte denn auch sicher entscheidend dazu beigetragen, daß die Überlinger Pfarrei und die Kaplaneien in ein Kollegiatstift umgewandelt wurden, da abzusehen war, daß ohne eine Reform der Struktur
des Kirchenwesens keine Verbesserung mehr zu erreichen war. Finanziell hatte sich
der Wechsel des Patronatsrechtes auf lange Sicht für den Rat also nicht ausgezahlt,
denn 1609 übernahm er einen großen Teil der Schulden der vacierenden Pfründen.
Die Kontrolle der Kirche, so mußte er jetzt erfahren, kostete ihren Preis.

Gerade aber weil der Rat die Verwaltung des Kirchenvermögens und die Besoldung
des Pfarrherrn wie auch eines Teils der Kapläne in seine Hand genommen hatte,
spürte der Klerus von der finanziellen Misere des Kirchenvermögens nur wenig. Der
Pfarrer hatte seine vom Rat garantierte, fixe Besoldung, allein die Kapläne verwalteten
ihre Güter meist selber und bekamen damit die Folgen der Wirtschaftskrise Ende des
16. Jahrhunderts am eigenen Leib zu spüren.

5. Aufgaben und Stellung des Pfarrherrn

Beim katholischen Stadtklerus muß genau unterschieden werden zwischen dem
Parochus, dem Inhaber der Pfarrei, und den Capellani, den Inhabern der Kaplaneipfründen[86]. Allein der Pfarrer war für die Seelsorge zuständig, während die Kapläne

---

[83] Vgl. StadtAÜb Rp. 1597–1603 fo. 308r, 336r. Vgl. auch StadtAÜb Vac. Pfründrechnung,
Einn. 1604 [lose eingelegter Zettel: *Abraittung statt Überlingen*]: Danach hatte die Pfründpfleger 1603 aus dem Stüblin 649 lb 15 ß 8 d erhalten, um die laufenden Ausgaben bestreiten zu
können, und der Stadt dagegen 2 Fu 28 Ei 10 Qu Wein geliefert, so daß noch 472 lb 10 ß 8 d
Schulden übrig blieben.

[84] Vgl. ebda. und Rubrik *In das stüblin geantwurtt* der vac. Pfründrechnungen.

[85] Nach EAF Akten St. Nikol., Collegiatstift Überlingen: *uberschlag deren vacirenden pfründen*.

[86] *Kurze*, Klerus S. 281 f.; *Störmann* S. 261; A. *Braun* S. 125 f., weisen ebenfalls auf die Bedeu-

nur die auf ihre Pfründen gestifteten Messen zu lesen hatten. Zwar gab es in der Praxis immer wieder Überschneidungen, doch im allgemeinen wurde die Trennung beachtet, und, wie noch zu zeigen ist, gerade der Rat legte auch Wert darauf, daß die jeweiligen Rechte und Pflichten von beiden Seiten genau eingehalten und nicht irgendwie vermengt wurden. Da im Zuge der Reformation in den protestantischen Städten die Einrichtung der reinen Meßpfründe abgeschafft wurde, entwickelte sich die Person des Kaplans, des Meßpriesters, zu einer typisch katholischen Erscheinung, während der Pfarrherr, zumindest von seinen Aufgaben her, mit seinen protestantischen Kollegen verglichen werden kann. Auf die Aufgaben und die Stellung des Überlinger Pfarrherrn soll deshalb zunächst eingegangen werden.

Überlingen besaß nur einen Pfarrherrn; städtische und kirchliche Gemeinde waren identisch. Der Pfarrherr – schon der bei den Zeitgenossen gebräuchliche Titel sagt es – war das geistliche Oberhaupt des Überlinger Kirchenwesens, dessen Mittelpunkt und wichtigster Repräsentant, denn mangels einer eigenen Prädikaturstiftung gab es in der Kirche der Stadt keine andere ihm vergleichbare Persönlichkeit. Allenfalls Guardian und Lesmeister der Franziskaner konnten mit ihm, was ihre theologische Bildung und ihren Einfluß auf die Bevölkerung betraf, konkurrieren. Dem Rang und Einkommen der Pfarrei entsprach auch die soziale Stellung des Pfarrherrn. Er zählte zum Kreis der städtischen Führungsschicht, was der Rat auch 1558 deutlich demonstrierte, als er beschloß, in Zukunft den Pfarrer, *dieweyl derselbig jetzo gemainer statt pharrer und das ius patronatus ainem e. rath zugehörig ist, [...] hinfüro zu allen ordinarii und extra ordinarii mälern [zu] berufen*[87]. Der Pfarrer gehörte damit zu dem Personenkreis, der bei den Repräsentationsbanketten im Rahmen der jährlichen Ratswahl anwesend war[88]. Zugleich war es aber für den Rat selbstverständlich, daß er, wie andere städtische Beamte auch, der weltlichen Obrigkeit eindeutig untergeordnet blieb.

Daß seit 1557 der Pfarrer ausdrücklich der Stadt verpflichtet und von dieser angestellt war, brachte auch der mit jedem Pfarrer abgeschlossene Vertrag zum Ausdruck, in dem, ähnlich wie in den Reversen der Kapläne, Pflichten und Rechte der beiden Vertragspartner, des Kollators und des Pfarrers, genau fixiert wurden[89]. Trotz seines Ranges und seiner prinzipiellen Unabhängigkeit von der weltlichen Gewalt war auch der Pfarrer zuvorderst vom städtischen Rat abhängig. Dies belegt allein schon das Anstellungsverfahren. Schon vor der Übergabe des Patronatsrechtes war es fast ausschließlich der Rat und nicht etwa der Kollator, der sich bei einer Vakanz nach einem neuen Pfarrherrn umsah und der die Bedingungen definierte, denen ein Pfarr-

---

tung dieser Unterscheidung hin. – Vgl. allgemein zur Organisation städtischer Pfarreien *Feine*, Rechtsgeschichte S. 366 ff.

[87] StadtAÜb Rp. 1556–66 fo. 287r.

[88] Vgl. StadtAÜb I/54/149. – Der soziale Rang glich durchaus dem eines protestantischen Stadtpfarrers; vgl. z. B. *Bàtori/Weyrauch* S. 307.

[89] Vgl. dazu z. B. den 1558 mit Balthasar Wuhrer geschlossenen Vertrag: GLA 225/466 fo. 17 ff.; StadtAÜb Reutlinger 8 fo. 58 ff. Der Inhalt unterschied sich kaum von den Reversen, welche z. B. die protestantischen Prädikanten Ravensburgs abschließen mußten, wenn man einmal von der Verpflichtung auf die Augsburger Konfession absieht; vgl. dazu *Hafner* S. 50 ff.

herr zu genügen hatte. Hatte dann ein Bewerber seine Probepredigten gehalten oder sonst seine Qualitäten unter Beweis gestellt, so waren es allein Rat und Mainauer Komtur bzw. nach 1557 allein der Rat, welche über die Anstellung entschieden[90].

Nur wenn es galt, einen Pfarrherrn zu entlassen, ließ sich der Kleine Rat unter Umständen vom Großen Rat seine Entscheidung bestätigen, wie z.B. 1557 bei der Entlassung Vinzenz Hardwegs[91], doch wohl auch nur dann, wenn mit Widerstand von seiten der Gemeinde zu rechnen war. Denn nach dessen Entlassung war *[...] in der statt hin und wider under dem gemainen mann, sonderlich aber den mehrernthail von den weibern, gemain reden umbgangen, als ob man für gemelten pfarrer ain gemain fürbitt thun wölle, neben dem das auch sonst allerlei geredt werd [...]*[92]. Offensichtlich waren nicht alle mit der vornehmlich aus politischen Gründen getroffenen Entscheidung des Rats einverstanden. Doch gerade wenn der Rat seine obrigkeitliche Stellung bedroht sah, war er nicht bereit, auf Stimmungen und Wünsche der Gemeinde oder von Teilen der Gemeinde Rücksicht zu nehmen.

Vacierte einmal die Pfarrei, so war es wiederum der Rat, der für deren Verwaltung sorgte. Nach dem Tode Pfarrer Oswalds 1538 waren es z.B. der Ammann Ernst Echbegg und der Kaplan Martin Beler, die als Schaffner den Pfarrhaushalt fortführten[93]; 1581 wurde diese Aufgabe dem Überlinger Bürger Conrad Mayer übertragen, wobei der Rat bei dieser Gelegenheit auch gleich den Besitz des Pfarrhofes inventarisierte. Die Predigt übernahm diesmal der Guardian der Franziskaner[94].

Aus all dem ergibt sich, daß für jeden Pfarrer das Verhältnis zum Rat von entscheidender Bedeutung war. Wollte er sich in Überlingen halten, gelang dies nur, wenn er sich mit der weltlichen Obrigkeit arrangierte, und das hieß letzten Endes, wenn er deren Eingriffe in seine pfarrlichen Kompetenzen mehr oder weniger stillschweigend duldete. Von einem prinzipiell guten Einvernehmen zwischen katholischem Rat und katholischem Pfarrherrn darf dabei nicht ausgegangen werden, da der Pfarrherr als Vertreter der geistlichen Obrigkeit ganz von selbst in einem Konkurrenzverhältnis zur weltlichen Obrigkeit stand. Spannungen waren damit vorprogrammiert, zumal es auch immer wieder konfliktträchtige Themen, wie z.B. die Frage der Türkenhilfe, gab. Drei Ursachen waren es vor allem, die zu Konflikten führen konnten und teilweise auch geführt haben. Erstens: Wenn der Pfarrherr gegenüber dem Rat auf sein Privilegium fori pochte. Hardweg hatte das versucht, als er dem Rat die Zahlung der Türkensteuer verweigerte; aber auch Jacob Mayer forderte 1578 vom Rat, Streitigkeiten zwischen ihnen nur noch vor dem Ordinarius in Konstanz auszutragen[95]. Christoph Ullanus erklärte allgemein, nur dem Bischof untertan zu sein[96]. Zweitens:

---

[90] Vgl. dazu die Ausführungen zu den einzelnen Pfarrherren in Kap. VII.7.

[91] StadtAÜb Rp. 1556–66 fo. 215vf. Ausführlicher dazu Kap. VII.7.

[92] StadtAÜb Rp. 1556–66 fo. 252.

[93] Vgl. GLA 225/466 fo. 15f.

[94] GLA 225/586, 1581 Juni; 1581 [Juni 18].

[95] Zu Hardweg vgl. ausführlicher Kap. VII.7. Zu Mayer vgl. GLA 225/486, 1578? Juni 5.

[96] GLA 225/859 fo. 2f.: Nachdem ihm der Rat einen Verweis erteilt hatte, erwiderte Ullanus, er habe seine Obrigkeit in Konstanz und nicht in Überlingen.

Wenn der Pfarrherr versuchte, seine geistliche Autorität gegenüber dem Rat auszu-
spielen. In einer Predigt Wuhrers klang dies z. B. an, als er anläßlich der Pestwelle von
1563 die Eingriffe des Rats in den Ablauf der Gottesdienste kritisierte und dabei die
Ratsmitglieder als Kinder apostrophierte, die von ihm, als ihrem geistlichen Vater, auf
den rechten Weg geführt werden müßten[97]. Ein von Ullanus ebenfalls in einer Predigt
vorgetragener Vergleich, in dem er die weltliche Obrigkeit mit dem schlechten
Hirten, sich aber als Vertreter der geistlichen Obrigkeit mit dem guten Hirten
identifizierte, barg ähnliche Vorstellungen in sich[98]. Drittens: Wenn die Gefahr
bestand, daß sich der Pfarrer zusammen mit der Gemeinde gegen die Obrigkeit
verband. So befürchtete z. B. 1566 der Rat, daß aus der Kritik Wuhrers leicht *meuterei
entsteen* könne[99], und auch die Predigten Ullanus' könnten, wie er betonte, den
Widerwillen der Gemeinde gegen die Obrigkeit anstacheln[100]. Den konkreten Anlaß
für solche Befürchtungen bildete meist die auf soziale Ungerechtigkeiten oder falsche
politische Maßnahmen hinweisende Kritik des Pfarrers. Gerum warf z. B. 1608 dem
Rat vor, die armen Pfründner des Spitals zu vernachlässigen, selber aber das Vermögen des Spitals bei den eigenen Gastungen zu verschwenden, oder auch, die Kirchengüter schlecht zu verwalten[101]. In die gleiche Kerbe schlug Ullanus, als er 1624
behauptete, eine bessere Vorratspolitik des Rats hätte die in der Stadt herrschende
Armut verhindern oder zumindest lindern können[102]. Seine Angriffe gegen die Obrigkeit gingen aber noch weiter. So griff er pauschal die gesamte politische Führungsschicht an, als er dem Rat Korruption und plutokratisches Verhalten vorwarf[103].

Das wirksamste und auch einzige Mittel, um öffentlich wirken zu können, war für
den Pfarrer die Predigt. Mit ihr konnte er die Gemeinde ansprechen und hoffen, damit
Druck auf den Rat auszuüben. Vor allem die Predigten spiegeln deshalb die latenten
Spannungen zwischen Rat und Pfarrer wider. Deshalb ist es auch nicht verwunderlich, daß der Rat sorgsam darauf achtete, was der jeweilige Pfarrer predigte, und auch
immer wieder reglementierend eingriff. Gewisse Themen waren so für den Pfarrer
tabu. Dazu gehörten nach 1555 polemische Angriffe auf die anderen Konfessionen,
sofern sie andere Stände allzu sehr insinuierten; dazu gehörten natürlich die Kritik an
den Maßnahmen der Obrigkeit und Angriffe auf einzelne Personen[104]. Mit diesen
Vorschriften sollte dabei in erster Linie verhindert werden, daß, wie der Rat selbst

---

[97] GLA 225/734, 1563 [Mai 13].
[98] GLA 225/859 fo. 7f.; vgl. auch GLA 225/570 fo. 14v.
[99] StadtAÜb Rp. 1566–73 fo. 2r.
[100] Wie Anm. 96.
[101] StadtAÜb Rp. 1603–07 fo. 285r; Rp. 1588–96 fo. 222; Rp. 1607–12 fo. 33v.
[102] GLA 225/859 fo. 7ff.
[103] GLA 225/859 fo. 7ff.
[104] Vgl. dazu Kap. III u. Kap. VII.7. – Zu den Angriffen auf einzelne Personen vgl. StadtAÜb
Rp. 1556–66 fo. 205r; Rp. 1573–87 fo. 146vf; Rp. 1588–96 fo. 341r. Bezeichnenderweise schritt
der Rat vor allem ein, wenn Angehörige der Obrigkeit angegriffen wurden, nicht aber, wenn
z. B. der Lebenswandel des Johanniterkomturs kritisiert wurde.

formuliert hatte, die Laien zu *[...] mer nachgedencken dann nutz und frucht [...]* angeregt werden könnten[105].

Diese Vorgaben sowie die jeweils rasche Reaktion des Rats, wenn der Pfarrer einmal seine vom Rat vorgegebenen Grenzen überschritten hatte, führten denn auch dazu, daß es fast nie zu einem längeren Konflikt oder gar einem völligen Zerwürfnis mit dem Pfarrer kam. Allein der kompromißlose und unflexible Hardweg hatte es auf eine Machtprobe mit dem Rat ankommen lassen, an deren Ende seine Entlassung stand. Und damit hatte der Rat auch in aller Klarheit demonstriert, daß er nicht bereit war, von seiner Position auch nur um ein Jota abzuweichen. Der Nachfolger Hardwegs, Wuhrer, mit dem es anfangs ähnliche Probleme wegen seiner Predigten gegeben hatte, fügte sich schließlich nach einigem Zögern und Nachdenken und erklärte, in Zukunft die Vorgaben des Rats einhalten zu wollen[106]. In Überlingen war es während des gesamten 16. Jahrhunderts keinem Pfarrherrn gelungen, eine gegenüber dem Rat selbständige Position einzunehmen oder gar den Rat mit Hilfe der Bevölkerung unter Druck zu setzen. Zwischen politischer und geistlicher Führung waren die Gewichte klar verteilt, und im Streitfall war es immer der Rat, der das letzte Wort behielt.

Trotz struktureller Spannungen blieb der Konflikt die Ausnahme. Im Alltag herrschte das gute Einvernehmen zwischen Rat und Pfarrherrn vor, denn oft arbeiteten beide Seiten auch zusammen – wie gerade in den Jahren der Reformation. Der Pfarrer sprach sich bewußt und mit Unterstützung des Rats gegen die neue Lehre aus, wobei hier der Rat mit Bedacht das Instrument der Predigt für seine eigenen politischen Zwecke einsetzte, wie vor allem die Berufung des Konstanzer Weihbischofs Melchior Fattlin belegt. Am 9. Sept. 1529 hatte der Rat mit Fattlin vereinbart, daß dieser an den hohen Festtagen nach der Frühmesse in Überlingen predigen sollte, was Fattlin dann bis zum Auszug des Domkapitels nach Radolfzell auch ununterbrochen tat[107]. Fattlin selbst schrieb über sein Wirken in dieser Zeit: *Wer haut den weingarten gepflanzt, daß er also wol staitt? Bin ich nit ouch der arbaiter ayn und on roum zu riden nit der mindst? Haben ir vergessen, wie vilfeltig, würdig, ernstlich und fleissig ab ewer cantzel ich mit häller stymme zu euch geruefft und geschriewen hab bey der hailigen kirchen zebeleyben, die alten waren religion nit zu verlaussen und ist euch entpfallen, waß yrtumbs sich einreyssen thät gleich nach absterben doctor Schlupfen säligen, darumb mich dan domals die furnemsten deß rats batten, die cantzel zu versehen und den inschleychenden würmben begegnen byß uff zu ankunft eineß anderen pfarrherrn [...] Haben yr nit meer in gedächtnuß, waß sich zu tragen haut under doctor Lorentz, wie es so ubel stund. Wo werend yr styllschweigend und onwyssend gefurt worden, wäre ich allein nit gesyn [...]*[108].

Fattlin dürfte seine eigene Wirkung wohl etwas zu euphemistisch beurteilt haben, doch soviel dürfte immerhin feststehen: Der Rat kalkulierte bewußt mit der Wirkung

[105] StadtAÜb Rp. 1556–66 fo. 346 ff.
[106] Vgl. ebda.
[107] StadtAÜb Mp. 1526–30 fo. 229vf; Reutlinger 11.2 fo. 82vf.
[108] GLA 225/463 fo. 17f., 1543 Mai 20.

der Predigt auf die Bevölkerung, um diese auf seine konfessionelle Linie einzuschwören. Auch auf altgläubiger Seite war die Predigt eines der wichtigsten Instrumente zur Führung des Gemeinen Mannes, der, dies wird indirekt angedeutet, auch in Überlingen nicht einfach aus eigenem Antrieb standhaft beim alten Glauben blieb; und damit war gerade die Predigt eines Pfarrherrn eines der wichtigsten Kriterien bei dessen Berufung. Er mußte bei den Einwohnern Anklang finden und zugleich die Autorität des Rats respektieren. Nur dann paßte er in dessen Konzept.

Bei der Einstellung eines Pfarrers spielte deshalb sein Ruf als Prediger eine große Rolle. Als sich der Rat 1544 nach dem Tode Pfarrer Oswalds nach geeigneten Kandidaten umsah, erkundigte er sich z.B. bei Johann Harder, Schulmeister zu Bregenz, nach einem Priester, der dort, wie er von einem seiner Bürger erfahren hatte, vortrefflich gepredigt habe[109]; und um Balthasar Wildtperger bemühte er sich unter anderem, weil er als ein guter Prädikant galt[110]. So scheint es auch üblich gewesen zu sein, daß ein Bewerber vor der Anstellung zuerst einmal eine oder zwei Probepredigten hielt. Bei der Bewerbung Gerums wie auch der seines Nachfolgers, Johann Oswalt, war dies jedenfalls der Fall[111]. Der Rat besaß damit unter anderem die Möglichkeit, die Reaktion der Gemeinde auf den oder die Kandidaten in seine Überlegungen einzubeziehen. Einer der Mitbewerber Oswalts, der Ellwangener Stiftsprediger Georg Benkler, unterstrich denn auch gegenüber dem Rat, um damit seiner Bewerbung mehr Nachdruck zu verleihen, daß seine Probepredigt bei den Überlingern gut angekommen sei und man in der Gemeinde mit seiner Einstellung rechne[112]. Ohne die Gabe, ansprechende Predigten halten zu können, konnte sich jedenfalls kein Bewerber Chancen auf die Überlinger Pfarrei ausrechnen, und hierin unterschied sich das katholische Überlingen nicht von protestantischen Kommunen.

Doch was für Qualitäten mußte ein Pfarrherr in den Augen der Obrigkeit sonst noch vorweisen können? Zunächst einmal sollte er gelehrt sein und diese Gelehrsamkeit möglichst durch einen theologischen Doktorhut nachweisen. Jedenfalls stellte der Rat bis 1557 dem Mainauer Komtur als Kollator dieses Ansinnen[113]; andere Pfarrer war er nicht bereit zu akzeptieren, und während der Jahre der Reformation versahen auch durchweg promovierte Theologen die Pfarrei. Nach dem Tode Dr. Georg Oswalts gelang es dem Rat allerdings nicht mehr, derart qualifizierte Priester zu gewinnen, doch studiert hatten sie alle ohne Ausnahme und zumindest den Magister Artium erworben. Daß sie daneben einen exemplarischen Lebenswandel haben mußten, war ohnehin selbstverständlich. Kurz, der Pfarrherr sollte, wie der Rat selber formulierte, *[...] ain fromer, gelehrter, ehrlicher geschickter priester [...]*

---

[109] EAF Ha 542 fo. 103 f.

[110] Ebda. fo. 161 f.

[111] Vgl. jeweils die Ausführungen zu den Biographien der einzelnen Pfarrherren in Kap. VII.7.

[112] GLA 225/466 fo. 60 f.

[113] HStASt B 344 Bü. 266, 1557 Juli 30 (wie Anm. 13). – Vgl. z.B. auch GLA 225/466 fo. 39 f., die Charakterisierung Gerums durch Dr. Michael Hager, der unter anderem dessen Gelehrsamkeit und Erfahrung in der Heiligen Schrift hervorhob.

sein[114]. Und wenn der Rat dann einen Geistlichen eingestellt hatte, mußte dieser, wie die Kapläne, noch eine Probezeit von einem halben bis einem Jahr absolvieren, solange nämlich wartete der Rat mit der Präsentation des Kandidaten[115].

Geistliche mit diesen Fähigkeiten zu finden war nicht immer leicht, und eine Voraussetzung war zweifelsohne ein angemessenes Einkommen. Wieviel ein Pfarrherr erhielt, wurde dabei sowohl vor 1557 als auch danach jeweils genau vereinbart. Vor 1557 erhielt der Pfarrer jährlich 200 fl, Holz im Wert von 50 fl, 10 Fuder Wein und 25 Malter Vesen. Dazu kamen noch die Einkünfte der St. Katharina-Pfründe im Münster, die von alters her der Pfarrei inkorporiert war, und das gesamte Opfergeld[116]. Die der Pfarrei zugehörigen Gefälle und Zinsen dürfte wahrscheinlich der Patronatsherr eingenommen haben. Nach 1557 stockte der Rat dieses Einkommen sogar noch etwas auf. Mit Balthasar Wuhrer wurde 1558 vereinbart, daß er jährlich 240 lbd, also ca. 274 fl, bekam, 60 Klafter Holz und dieselbe Menge an Naturalien wie sein Vorgänger. Außerdem garantierte ihm der Rat jährliche Einnahmen aus dem Opfer von mindestens 200 fl; sollte das Opfer geringer ausfallen, war der Rat verpflichtet, die fehlende Summe zuzuschießen[117]. Die Vereinbarungen mit den Nachfolgern Wuhrers unterschieden sich davon kaum[118]. Verglichen mit anderen Städten erreichte das Einkommen des Überlinger Pfarrers eine beträchtliche Höhe. Die evangelischen Pfarrer von Kaufbeuren, Biberach oder Lindau mußten sich alle mit weniger zufriedengeben[119].

Doch ist zu beachten, daß der Überlinger Pfarrherr auch beträchtliche Ausgaben hatte. Vor 1557 mußte er die Helfer selbst besolden, den Schülern, die an hohen Festtagen und sonntags den Kirchengesang verrichteten, eine Entlohnung geben; dazu kamen die Almosen für die Armen, verschiedene Weinverehrungen und andere kleine Ausgaben[120]. Nach 1558 schuf der Rat aber auch hier gewisse Erleichterung. Er besoldete von nun an die Helfer aus dem Fond der vacierenden Pfründen, erlaubte dem Pfarrer, bestimmte traditionelle Verehrungen abzuschaffen, und erklärte sich auch bereit, anfallende Kosten bei der Renovierung und Unterhaltung des Pfarrhofes zu übernehmen[121]. Vor allem nach der Übernahme des Patronatsrechtes versuchte der Rat also die Pfarrstelle aufzuwerten, indem er das ohnehin beträchtliche Einkommen

---

[114] StadtAÜb Rp. 1556—66 fo. 253.

[115] GLA 225/517 fo. 7: 1608 beschloß er bei der Wahl Oswalts ausdrücklich, mit der Investitur ein Jahr zu warten. Daß dies die übliche Praxis war, zeigen die Daten von Vertrag und Investitur der einzelnen Pfarrherren; s. dazu Kap. VII.7.

[116] Vgl. GLA 225/466 fo. 10; 2/2562, 1528 Juni 5.

[117] Vgl. dazu den Vertrag mit Wuhrer wie Anm. 89.

[118] Vgl. GLA 225/466 fo. 28 ff.; 225/468 fo. 1 ff.

[119] Vgl. *Alt* S. 8, 89; *Rüth*, Müller S. 18; *Wolfart* 1 S. 394. Nach *Hafner* S. 51, erhielt ein Prädikant in Ravensburg 1552 100 fl, 20 Scheffel Getreide, 1 Fu Wein und 6 Klafter Holz. Zum Einkommen der Konstanzer Prädikanten in den 1530er Jahren vgl. *Heuschen* S. 120 f. Nach B. *Vogler*, Clergé S. 159, betrug 1578 das durchschnittliche Einkommen der Kleriker in den pfälzischen Territorien 200 fl.

[120] Vgl. GLA 225/466 fo. 3 ff., 11 ff.

[121] Vgl. den Vertrag mit Wuhrer wie Anm. 89.

noch weiter erhöhte. Dies war auch die einzige Möglichkeit, die dem Rat angesichts des durch die Reformation ausgelösten eklatanten Priestermangels blieb.

Welche Aufgaben und Pflichten oblagen nun dem Pfarrherrn? Zusammen mit seinen vier Helfern war er vornehmlich für die seelsorgerliche Betreuung der Einwohner zuständig, zu denen auch noch die Gemeindemitglieder der Filialkirche in Hödingen und der alten Mutterkirche in Aufkirch gezählt werden müssen. Eine seiner wichtigsten Aufgaben war die Predigt an Sonn- und Feiertagen, da es in Überlingen keine eigene Prädikatur gab; daneben mußten täglich Gottesdienste gehalten (Matutin, Messe, Vesper) und der ganze Bereich der Seelsorge abgedeckt werden[122]. Dazu gehörte neben der Austeilung der Sakramente vor allem die Versehung der Kranken und Sterbenden. Daß gerade die Vorbereitung der Menschen auf den Tod von den Geistlichen als eine wichtige Aufgabe angesehen wurde, indiziert das Testament Pfarrer Gerums, der darin betont, daß er in seinen Predigten seinen Pfarrkindern immer wieder den unausweichlichen Tod und die Notwendigkeit, sich darauf vorzubereiten, vor Augen gehalten habe[123]. Neben der Predigt dürfte dazu hauptsächlich auch die Beichte gedient haben, die traditionsgemäß vor allem während der Fastenzeit abgenommen wurde[124].

Neben diesen seelsorgerlichen Aufgaben im engeren Sinn waren mit dem Pfarramt noch andere, öffentliche Funktionen verbunden. So wirkte der Pfarrer bei der Prüfung und Auswahl der Kurzschen Stipendiaten mit, und er nahm auch an der jährlichen Visitation der Schulen teil[125]. Ferner hatte er bestimmte Pflichten im System der städtischen Sozialfürsorge. So mußte er am Sonntag, aber auch an anderen Tagen, jedem Armen, der nach der Messe vor dem Pfarrhof bettelte, einen Heller geben; arme Schüler erhielten von ihm jeden Samstag einen Pfennig, und dieselbe Summe sollte er bei den großen Kreuzgängen des Jahres den vor der Stadt bettelnden Armen spenden. Die Insassen des Leprosoriums wurden ebenfalls wöchentlich von ihm bedacht, samstags mit einem Batzen pro Person und am Neujahrstag mit einem Pfennig[126]. Caritas zu üben, sich als wohltätig zu erweisen, diese Eigenschaften gehörten untrennbar zur Figur eines guten Seelsorgers, nur daß in dem kommunalisierten und vom Rat gehandhabten Fürsorgesystem des 16. Jahrhunderts dieser exakt festlegte, wem er zu welchem Zeitpunkt wieviel zu geben hatte.

Der Pfarrherr hatte seinen festen und genau definierten Platz in der städtischen Gesellschaft, er zählte zu den Autoritäten der Stadt. Dies scheint allerdings den

---

[122] Zu den Rechten und Pflichten eines Überlinger Pfarrherrn vgl. GLA 225/466 fo. 3f. – Die Aufgaben eines Pfarrers sind in der Lit. schon öfters beschrieben worden, weshalb hier nicht näher darauf eingegangen werden muß; vgl. neben der in Anm. 86 angegebenen Lit. noch *Oediger* S. 98ff.; *Geiger* S. 127f. Wie gering die Unterschiede gegenüber evangelischen Städten, abgesehen von den Meßpflichten, waren, zeigt die fast identische Aufstellung der Pflichten bei *Bàtori/Weyrauch* S. 301.

[123] GLA 225/2108, 1607 März 15.

[124] Vgl. dazu ausführlicher Kap. IX.4.

[125] Vgl. dazu den Revers von Oswalt: GLA 225/468 fo. 1ff., 1609 April 27.

[126] GLA 225/466 fo. 6ff., 11ff.

unmittelbaren Kontakt zur Bevölkerung eher eingeschränkt zu haben. Um so größere Bedeutung kam deshalb gerade bei der Seelsorge den Helfern zu.

6. Die Helfer

Seit 1446 war jeder Überlinger Pfarrherr verpflichtet, um eine ausreichende seelsorgerliche Betreuung der Bevölkerung zu gewährleisten, vier Helfer zu unterhalten[127]. Die Helfer wurden jeweils direkt vom Pfarrer eingestellt und auch von ihm besoldet, standen also in einem privatrechtlichen Anstellungsverhältnis, weshalb es auch nur wenige Zeugnisse in den städtischen Akten über sie gibt. Doch ihre Bedeutung für die Seelsorge darf nicht unterschätzt werden. So mußten die Helfer den Pfarrer in all seinen seelsorgerlichen Funktionen vertreten können. In der Regel war es wohl oft so, daß der Pfarrer vor allem am Sonntag die Kanzel versah und die Messe las, während die Gottesdienste unter der Woche von den Helfern übernommen wurden. Die eigentliche Seelsorge, Beichte und Krankenbesuche, scheint zum größten Teil auf ihren Schultern gelegen zu haben. Dies legen jedenfalls die gegenseitigen Vorwürfe nahe, die Ullanus und seine Helfer erhoben. So bemängelte Ullanus, daß einer der Helfer in der Fastenzeit, als er eigentlich im Beichtstuhl hätte sitzen sollen, anderen Geschäften nachgegangen wäre und auch sonst die Helfer oft in der Fastenzeit, wenn das gemeine Volk beichte, die Kirche ohne Grund verließen[128]. Die in der Fastenzeit übliche Beichte, so kann man aus diesem Vorwurf herauslesen, oblag also fast ausschließlich den Helfern. Warum das so war, deutet Ullanus unbewußt selbst an, als er sich gegen den Vorwurf, einen Krankenbesuch unterlassen zu haben, mit dem Argument zur Wehr setzte: Er sei nicht zu dem Kranken gegangen, sondern habe den Helfer, bei dem der Kranke sonst zu beichten pflege, suchen lassen, *[...] damit er* [der Kranke] *nit vermainen möchte, er müsse mir etwan alß dem pfarrherrn (welches hier ungern zu beschen pflegt) beichten und also den kranckhen mit meiner gegenwertigkhait damahlen mehr erschreckht und verwürt als getröst hette*[129]. Diese Aussage ist für das Verhältnis zwischen Pfarrherrn und Bevölkerung aufschlußreich. Infolge seines sozialen Ranges und seiner Stellung zählte der Pfarrer gewissermaßen zur Obrigkeit, er war der ‚Pfarrherr', weshalb auch das Verhältnis zu ihm von Distanz und Respekt geprägt war. Er wirkte als Autorität und durch die Macht seiner Predigt, den persönlichen Kontakt bei der Beichte oder im Falle der Krankheit suchte man zu den Helfern.

Dabei ist zu beachten, daß die Helfer im allgemeinen sehr jung waren und auch häufig wechselten. Die Stelle eines Helfers war oft die erste eines jungen Priesters, die

---

[127] Vgl. EAF Konstanz-Generalia, Klöster u. Orden, Kolleg.-stift Überlingen 1, 1620 Juni 10, Ullanus an den Bischof von Konstanz. Danach wurde 1446 unter dem Pfarrherrn Rudolf Gretsch, Deutschorden, diese Bestimmung aufgerichtet.

[128] Ebda. Replik Ullanus' auf die Vorwürfe der Helfer.

[129] Wie Anm. 127.

ihm nur als Sprungbrett diente, um eine eigene Pfarrei oder Kaplaneipfründe zu erlangen[130]. Den vacierenden Pfründrechnungen läßt sich dabei entnehmen, daß die Helfer in der Regel nicht länger als zwei, höchstens einmal drei Jahre in Überlingen blieben, oft aber auch schon eher wechselten. Nur den wenigsten gelang es, in Überlingen eine Pfründe zu erhalten, da diese meist schon besetzt waren[131]. Das heißt, daß gerade für die Seelsorge der Gemeinde diejenige Gruppe unter dem Weltklerus zuständig war, welche die schwächsten Bindungen an die Stadt besaß.

Gerade bei der Gruppe der Helfer machte sich auch der in der Folge der Reformation einsetzende Priestermangel am deutlichsten bemerkbar. 1553 mußte Pfarrer Hardweg den Rat um die Erlaubnis bitten, zwei Kapläne als Helfer annehmen zu dürfen, wobei es sich allerdings nur um eine befristete Ausnahmeregelung handelte, die von der Zustimmung des Rats wie der jeweiligen Kapläne abhing[132]. Balthasar Wuhrer ließ sich deshalb 1558 in dem mit der Stadt geschlossenen Vertrag ausdrücklich zusichern, daß die Kapläne im Notfall zu Helfersdiensten zwangsverpflichtet werden könnten[133].

Um die Attraktivität der Helferstellen zu erhöhen, hatte der Rat auch 1553 vom Komtur auf der Mainau das Zugeständnis erhandelt, die damals noch vom Pfarrer zu bezahlende Besoldung der Helfer zu erhöhen, die nun jährlich 15 fl erhalten sollten, um insgesamt mit allen Accidentalia auf ca. 42 fl zu kommen[134]. Nach 1557, als der Rat die Besoldung der Helfer übernommen hatte, erhielten sie jährlich von den Pflegern der vacierenden Pfründen 40 fl[135]; Kost und Logis hatten sie beim Pfarrherrn, der auch weiterhin für ihre Anstellung zu sorgen hatte. Bis 1575, und trotz eines klaren Ratsbeschlusses in mindestens einem Fall auch noch danach, wurde den Helfern oft eine Kaplaneipfründe verliehen, damit sie auf diese Weise ein höheres Einkommen erzielen konnten[136]. Bereits 1560 hatte man im Rat deshalb beschlossen, verpfründeten Helfern keinen Sold mehr zu zahlen[137], so daß es eine Zeitlang zwei Gruppen von Helfern gab: die verpfründeten Kapläne und die eigentlichen, allein von ihrer Besoldung lebenden Helfer.

1559 besaßen z.B. Matthias Angelmüller, Hans Owen und Balthasar Rantz eine Pfründe, verrichteten aber zugleich auch Helfersdienste. Ausgerechnet mit ihnen gab

[130] Vgl. Kap. XVI zu den Karrieren Überlinger Kapläne, die oft einige Zeit vor ihrer Verpfründung als Helfer tätig waren. Zu ähnlichen Verhältnissen in Ulm vgl. *Geiger* S. 127.

[131] Nach StadtAÜb Vac. Pfründrechnungen (s. dazu Anm. 73), die jeweils aufführen, wie viele Helfer pro Jahr besoldet wurden. Zwischen 1575 und 1596 waren es nur die Helfer Matthias Bucher, Franz Datz, Melchior Baumann, Ulrich Nietpain und Johannes Imhof, die in Überlingen eine Kaplanei erhielten, wobei außer Nietpain alle gebürtige Überlinger waren.

[132] StadtAÜb Rp. 1552–56 fo. 58vf; vgl. auch HStASt B 344 Bü. 266 (wie Anm. 13): Der Komtur befürchtete, daß der Rat diese Ausnahmeregelung bald wieder zurücknehmen könnte.

[133] Wie Anm. 89.

[134] StadtAÜb Rp. 1552–56 fo. 63v.

[135] StadtAÜb Vac. Pfründrechnungen (s. dazu Anm. 73).

[136] Vgl. StadtAÜb Rp. 1566–73 fo. 26v, 93r. Veit Gneipp erhielt noch 1578 als Helfer eine Pfründe; vgl. StadtAÜb Rp. 1573–87 fo. 209v. Balthasar Wider und Michael Mayer versahen ebenfalls als Kapläne Helfersdienste; vgl. StadtAÜb Rp. 1566–73 fo. 93r; GLA 225/502.

[137] StadtAÜb Rp. 1556–66 fo. 323r.

es dann auch Disziplinarprobleme, da sie, dank ihrer Pfründe, eine dem Pfarrer gegenüber unabhängigere Stellung besaßen[138]. Daß der Rat 1575 diese Ausnahmebestimmung offiziell abschaffte, signalisiert, daß der Priestermangel nachzulassen begann[139]. Zwischen 1576 und 1596 waren nach den vacierenden Pfründrechnungen denn auch in der Regel mindestens drei, meistens sogar vier Helfer in der Stadt tätig, während es 1569 zwei bis drei und 1575 nur zwei gewesen waren[140].

Erst in den Jahren des Dreißigjährigen Krieges mußten wieder die Kapläne einspringen, weil der Pfarrherr nicht genügend Helfer fand. Ob es dabei vor allem an der unverträglichen Persönlichkeit des damaligen Pfarrers lag, wie Kapläne, Helfer und auch der Rat behaupteten, oder tatsächlich an den Zeitumständen, auf die der Pfarrer in seiner Entschuldigung rekurrierte, muß hier dahingestellt bleiben. Wahrscheinlich spielte beides zusammen, wobei gerade die strenge Auffassung Ullanus' von den Pflichten und vom Lebenswandel eines Klerikers den Helfern wenig schmeckte[141]. Hier stießen zwei verschiedene Auffassungen vom Priestertum aufeinander. Ullanus schlug deshalb dem Rat auch vor, die bei den Jesuiten ausgebildeten Kurzschen Stipendiaten zu verpflichten, nach Ablauf ihres Studiums einige Jahre in Überlingen als Helfer zu dienen, da sie eine bessere Disziplin hätten[142]. Doch davon wollte der Rat nichts wissen. Er verwies Ullanus immer wieder auf die Pflichten eines Pfarrherrn, und dazu gehörte eben auch die Sorge um eine ausreichende Anzahl von Helfern[143].

Für die Qualität der Seelsorge ist bezeichnend, daß sie fast ausschließlich in den Händen der Helfer lag, also derjenigen Geistlichen, die gleichsam noch ihre Erfahrungen erwerben mußten. Deshalb darf man freilich den Einfluß der Pfarrherren nicht geringschätzen. Die konfessionelle Solidität der Einwohner wie auch der ihnen unterstellten Helfer und Kapläne hing auch von ihrer Autorität und Überzeugungskraft ab. Schließlich waren gerade die Pfarrherren die eigentlichen Repräsentanten der Kirche.

7. Die Überlinger Pfarrherren 1506–1636

Das Gesicht der Pfarrei wurde nicht allein durch strukturelle Merkmale geprägt, sondern ebenso durch die Pfarrherren selbst. Ihre Anschauungen, ihren Lebensweg und ihren Einfluß auf die Bevölkerung zu schildern ist deshalb unumgänglich.

---

[138] Vgl. Ebda. fo. 314v.

[139] StadtAÜb Rp. 1573–87 fo. 96r.

[140] StadtAÜb Vac. Pfründrechnungen (s. dazu Anm. 73).

[141] Vgl. dazu die Ausführungen zum Verhalten der Kapläne in Kap. VII.10.

[142] EAF Konstanz-Generalia, Klöster u. Orden, Kolleg.-stift Überlingen 1, 1630, Beschwerde Ullanus'.

[143] Ebda. 1631 Juli 24, Memorial und Resolutio des Rats: Bereits am 19. Aug. 1624 war mit den Kommissaren des Bischofs eigens vereinbart worden, daß die Kapläne und Kanoniker dem Pfarrer nur dann beistehen sollten, wenn der Mangel an Helfern nicht durch den Pfarrer selbst verschuldet sei.

Zu Beginn des 16. Jahrhunderts war nach längerem wieder ein Weltpriester und kein Geistlicher des Deutschen Ordens Pfarrherr in Überlingen – Dr. Johann Schlupf, dem in der Literatur wie auch in den Quellen großer Anteil an der Katholizität der Stadt zugeschrieben wird. Schlupf war ungefähr um 1470 in Bittelbrunn in der Grafschaft Hewen-Lupfen geboren, erwarb am 6. Okt. 1501 an der Universität Freiburg den Bakkalaureus und zwei Jahre später, am 30. Aug. 1503, den Doktor der Theologie. Bereits 1501 war ihm die Überlinger Pfarrstelle verliehen worden, doch wurde sie wahrscheinlich noch bis 1506 durch einen Vertreter verwaltet[144].

Um 1520, als die reformatorische Botschaft Luthers in den oberschwäbischen Städten allmählich ihren Siegeszug begann, stand Schlupf bereits in den Fünfzigern, er war also eine Generation älter als die meisten der jüngeren Pfarrer und Prädikanten, die sich für die neue Lehre begeisterten. Dieser Umstand mag dazu beigetragen haben, daß er so entschieden am alten Glauben festhielt. Daß in Überlingen das Wormser Edikt konsequent durchgeführt wurde, das heißt, daß auch alle greifbaren lutherischen Flugschriften und Bücher verbrannt wurden, soll auf ihn zurückgegangen sein[145]. Eigene schriftliche Zeugnisse, die ein unverfälschtes Bild seiner Einstellung gegenüber der Reformation hätten geben können, gibt es nicht. Nur über den Spiegel des Briefwechsels und einiger Schriften oberschwäbischer Humanisten und Reformatoren ist sie greifbar. Und deren derbe und polemische Kritik an seiner antireformatorischen Gesinnung muß mit aller Vorsicht interpretiert werden[146]. Nur soviel kann ihr mit Sicherheit entnommen werden: Schlupf stand ohne Wenn und Aber auf seiten der altgläubigen Kirche.

Daß er dabei durchaus kein *Homo obscurus* war, wie es der Ravensburger Michael Hummelberg herablassend formuliert hatte, sondern willens und im Stande, sich ein eigenes Urteil zu bilden, belegt ein Konflikt mit den Konstanzer Prädikanten im Jahr 1523. Schlupf hatte sich mindestens eine der Predigten Wanners angehört, wohl aus Interesse, gepaart mit Neugier, um ein eigenes Urteil fällen zu können. Dies tat er dann auch, und zwar in zeitüblicher Schärfe, als er die Konstanzer Prädikanten allesamt auf der Kanzel als Ketzer diffamierte[147]. Die so gescholtenen Prädikanten forderten Schlupf darauf zu einer Disputation auf, zugleich beschwerte sich der Konstanzer Rat in Überlingen. Der Überlinger Rat entzog seinen Pfarrherrn auf geschickte Weise weiteren Vorhaltungen, indem er darauf hinwies, daß Schlupf der geistlichen Obrigkeit unterstehe und nicht ihm[148]. Über eine Fortsetzung der Kon-

---

[144] Zur Biographie Schlupfs vgl. *Roder*, Schlupf S. 257 ff., der die Quellen erschöpfend ausgewertet und zum Teil auch ediert hat; vgl. ferner *Semler*, Seelsorger S. 123 f. – Vor Schlupf war die Pfarrei durch den Deutschordenspriester Johannes Hafner versehen worden. Am 1. Febr. 1502 erlaubte der Bischof, daß die Pfarrei durch einen Stellvertreter versehen werden kann (GLA 2/2479 u. 2481). Wahrscheinlich nahmen die Deutschordenspriester Johannes Bertsch und Wilhelm Anselm diese Funktion wahr; vgl. *Semler*, Seelsorger S. 124 u. GLA 2/2058.

[145] *Roder*, Schlupf S. 271, nach einem Brief des Johannes v. Botzheim an Thomas Blarer vom 14. Sept. 1521.

[146] Vgl. ebda. S. 271 ff.; Vögeli 2.2 S. 1004 f.

[147] Vögeli 1 S. 134 ff.

[148] StadtAÜb Mp. 1523–26 fo. 64.

troverse ist nichts bekannt, wahrscheinlich hatten weder der Überlinger noch der Konstanzer Rat daran irgendein Interesse.

Schlupf war unter den Pfarrherren der Bodenseestädte zweifelsohne einer der profiliertesten Vertreter des alten Glaubens – so nahm er z.B. auch 1526 an der Disputation in Baden auf seiten des Bischofs von Konstanz teil[149] –, dessen strikte Altgläubigkeit mit den politischen Interessen des Rats korrespondierte. Andernfalls hätte er sich auch kaum in Überlingen halten können. Zugleich wird deutlich, daß in Überlingen der Pfarrer bewußt und öffentlich gegen die neue Lehre Stellung nahm und auch die Auseinandersetzung mit den Protestanten nicht scheute, aber auf diese Weise sicherlich mit dazu beitrug, daß der Gemeine Mann auch in Überlingen darüber nachdachte und diskutierte[150].

1527 starb Schlupf[151], worauf der Komtur auf der Mainau am 16. April 1527 den Deutschordenspriester Michael Herolt präsentierte[152], womit er aber beim Überlinger Rat auf wenig Gegenliebe stieß. Denn dieser verhandelte zu der Zeit bereits mit dem Badener Leutpriester Dr. Lorenz Mär, einem gebürtigen Feldkircher[153]. Und dem Rat gelang es auch, dessen Einstellung beim Komtur durchzusetzen. Am 5. Juni 1528 wurde unter Mitwirkung Caspar Dornspergers, des Stadtschreibers Hans Mettezelt und des bischöflichen Offizials Dr. Justinian Moser zwischen dem Komtur und Mär ein Vertrag über die Modalitäten von dessen Einstellung abgeschlossen[154].

Mär enttäuschte allerdings die Erwartungen des Rats. Offensichtlich gelang es ihm nicht in gleichem Maße wie Schlupf, die Bevölkerung in diesen bewegten Zeiten für einen Verbleib beim alten Glauben zu motivieren, weshalb der Rat auch noch zusätzlich den Konstanzer Weihbischof Fattlin als Prediger engagierte[155]. Daß Mär allerdings zu dieser Zeit im Sinne der Reformation wirkte, wie dies *Semler* behauptete[156], läßt sich aufgrund der vagen Andeutung Fattlins nicht eindeutig beweisen. Immerhin muß es Differenzen mit dem Rat gegeben haben, denn um 1530 kündigte ihm dieser – wohlgemerkt: der Rat, nicht der Kollator[157]. Auch der spätere Lebensweg Märs spricht gegen diese Vermutung[158]. Wahrscheinlich war es ihm nur nicht

---

[149] *Roder*, Schlupf S. 269.

[150] Auf das öffentliche Wirken Schlupfs gegen die neue Lehre läßt auch ein Brief Botzheims (wie Anm. 145) schließen: *Wie ein solcher [Aftertheologe] unser Schlupf in Überlingen ist, welcher zwei volle Jahre hindurch sich an keinen Schmähungen gegen Luther ersättigen ließ* ....

[151] Das genaue Datum ist unbekannt, wohl Febr. oder März; vgl. *Roder*, Schlupf S. 286.

[152] EAF Ha 112 fo. 66v.

[153] StadtAÜb Mp. 1526–30 fo. 44, 1527 [April 27]: Der Rat sicherte Mär zu, seine Bewerbung beim Komtur zu unterstützen.

[154] GLA 2/2562.

[155] Vgl. Kap. VII.5. – Zur Biographie Fattlins vgl. auch H. *Schreiber*, ohne daß darin allerdings auf die Überlinger Ereignisse eingegangen wird.

[156] *Semler*, Seelsorger S. 124f.; *Ders.*, Fattlin S. 185.

[157] Vgl. HStASt B 344 Bü. 266 (wie Anm. 13): Moser berichtet im Zusammenhang mit der Entlassung Hardwegs, daß vor ca. 27 Jahren Mär ebenfalls vom Rat entlassen worden sei. Da Mär aber noch amtierte, als der Rat den Vertrag mit Fattlin schloß (nach StadtAÜb Mp. 1526–30 fo. 229v), dürfte er 1530 entlassen worden sein.

[158] *Semler*, Seelsorger S. 124f.: Mär wurde 1533 Pfarrer in seiner Heimatstadt, wo er bis 1545

gelungen, reformatorische Einflüsse auszuschalten, ferner könnten seine Versuche, Neuerungen beim Gottesdienst einzuführen, beim Rat auf Befremden gestoßen sein[159]. Welche Gründe es aber letztlich waren, die den Rat zu diesem Schritt veranlaßten, läßt sich aus den Quellen nicht mehr rekonstruieren.

Über allen Zweifel erhaben ist die Katholizität seines Nachfolgers, des aus Ulm stammenden Dr. Georg Oswald. Er hatte sich bis 1531 als Pfarrer des ulmischen Geislingen hartnäckig gegen die Reformation zur Wehr gesetzt, mußte dann aber, nachdem sich auch in Ulm endgültig die Reformation durchgesetzt hatte, Geislingen verlassen[160]. Am 22. April 1532 wurde er auf die Überlinger Pfarrei präsentiert, wo er bis zu seinem Tod im Jahre 1541 blieb[161]. Von seinem seelsorgerlichen und karitativen Engagement zeugen einige namhafte Stiftungen[162]; über sein sonstiges Wirken ist nichts bekannt. Auf alle Fälle nahm Fattlin auch in diesen Jahren seine Predigtpflicht wahr.

Nach dem Tode Oswalds versuchte der Rat sogar, nachdem ein mit Dr. Friedrich von Speyer bereits geschlossener Vertrag geplatzt war[163], Fattlin als Pfarrherrn zu gewinnen. Am 2. März 1543 hatte sich der Rat mit dem Komtur über die Modalitäten geeinigt, unter denen Fattlin berufen werden könnte, und Fattlin eine Abschrift des Vertragsentwurfs zugesandt[164]. Der Weihbischof hätte danach nur am Sonntag predigen und eine Messe halten müssen, die Verpflichtungen unter der Woche wären weggefallen. Trotz dieser günstigen Bedingungen, die auch noch andere Zugeständnisse enthielten, und trotz des Interesses Fattlins kam der Vertrag nicht zustande. Das 1542 nach Radolfzell übersiedelte Domkapitel war darauf bedacht, Fattlin zu halten, zumal auch der Radolfzeller Rat, wo Fattlin mittlerweile predigte, einen Prediger dieses Ranges ungern wieder verlieren wollte[165]. Am 27. April sagte Fattlin deshalb den Überlingern ab[166].

Zum erstenmal bekam die katholisch gebliebene Stadt jetzt die Auswirkungen der Reformation zu spüren. Es wollte dem Rat nicht gelingen, einen neuen Pfarrherrn zu

---

wirkte und für den alten Glauben eintrat. Von 1532 bis 1534 war er zudem auf der St. Martinskaplanei in Überlingen investiert (s. Kap. XVI). Hätte die Entlassung tatsächlich konfessionelle Gründe gehabt, hätte der Rat diese Verleihung gewiß nicht gebilligt.

[159] Dies legen jedenfalls einige von den Kaplänen erhobene Vorwürfe nahe; vgl. GLA 225/567 fo. 1 ff.

[160] *Willburger* S. 162; *Semler*, Seelsorger S. 125. – Oswald hatte sich 1494 an der Universität Köln einschreiben lassen (Matrikel Köln 2 S. 361), so daß er, als er nach Überlingen kam, schon in den Fünfzigern gestanden haben dürfte.

[161] EAF Ha 113 fo. 128v.

[162] Nach StadtAÜb Reutlinger 9 fo. 97v, 229v, stiftete Oswald 1 000 fl an die Spend, ferner sorgte er dafür, daß zwei Schüler besoldet wurden, die einen Priester, der das Sakrament zu einem Kranken trug, im Chorrock begleiten sollten.

[163] *Semler*, Seelsorger S. 125.

[164] GLA 225/463 fo. 4 ff.; vgl. auch *Semler*, Fattlin S. 186.

[165] Vgl. *Semler*, Fattlin S. 191, nach GLA 61/7241 fo. 280vf.

[166] GLA 225/463 fo. 24. Die Absage führte zu einer Kontroverse zwischen Fattlin und dem Rat, der Fattlin vorwarf, daran schuld zu sein, daß sie nun so lange ohne Seelsorger seien; vgl. *Semler*, Fattlin S. 187.

finden. Verhandlungen mit Dr. Balthasar Wildperger von Tübingen schlugen ebenso
fehl wie diejenigen mit Mattheus Bitzlin, der Pfarrer und Dekan in dem vorderösterreichischen Waldshut war[167]. Auch der zukunftsweisende Versuch, Stadtkinder mit
Hilfe von Pfründstipendien studieren zu lassen, um so selbst den Nachwuchs für die
Pfarrstelle heranzuziehen, mißlang. So erhielt z.B. Beatus Dinner um 1550 die
Einkünfte einer Pfründe verschrieben, um damit in Ingolstadt studieren zu können;
dagegen mußte er sich nur verpflichten, später in den Überlinger Kirchendienst
einzutreten. Dinner hielt aber seine Verpflichtung nicht ein, sondern ließ sich vom
Bischof von Eichstätt als Prediger anwerben. Dies spricht zwar für seine Begabung –
der Rat hatte wohl nicht ohne Bedacht gerade ihn gefördert –, doch der Rat ließ sich
nach diesem Mißerfolg auf ein ähnliches Experiment nicht nochmals ein[168].

Erst vier Jahre nach dem Tode Oswalds konnte am 19. Jan. 1545 mit Vinzenz
Hardweg, erstmals nur ein Magister Artium und Licentiat der Theologie, ein neuer
Pfarrer präsentiert werden[169]. Hardweg war zuvor Pfarrer im Württembergischen
gewesen, zuerst in Neckartailfingen, dann in Balingen, wo er sich 1534 gegen die
Reformation ausgesprochen hatte und deshalb in das katholische Rottweil wechseln
mußte[170]. Mit ihm kam es zu den schärfsten Auseinandersetzungen, die der Rat jemals
während des 16. Jahrhunderts mit einem seiner Pfarrherren erlebte und die schließlich
auch zu dessen Entlassung und zum Wechsel des Patronatsrechts führten. Und zwar
ausgerechnet, weil sich Hardweg prononciert und engagiert für die katholische
Kirche einsetzte und schärfstens gegen den Protestantismus polemisierte. Mehrere
Umstände kamen dabei zusammen und ließen den Konflikt eskalieren. Schon 1553
gab es Friktionen wegen seiner Predigt, es ist allerdings nicht genau zu klären, worum
es ging; anscheinend hatte er den Rat in irgendeiner Form angegriffen[171]. Zum Eklat
kam es aber erst vier Jahre später. Denn nach seiner betont altgläubigen Politik zu
Beginn der Reformationszeit, die sich gut mit den Predigten Schlupfs und Fattlins
vertragen hatte, änderte sich gerade in dieser Zeit die Politik des Rats. Er propagierte
nun in konfessionellen Fragen äußerste Zurückhaltung, weshalb er auch an den
Predigten Hardwegs Anstoß nahm, da dieser andere Stände der Augsburgischen
Konfession angegriffen hatte, was dem Rat, wie er befürchtete, unter Umständen
angekreidet werden könnte[172].

Für den konfessionellen Eifer Hardwegs spricht auch der Katechismus, den dieser
verfaßt hatte und den er mit Hilfe des Überlinger Rats drucken lassen wollte. Doch

[167] EAF Ha 542 fo. 161 f., 168 f., 170.
[168] Vgl. GLA 2/2636, Revers Dinners. Das Datum ist abgerissen, voraussichtlich um 1550.
Nach StadtAÜb Reutlinger 2.1 fo. 84r, starb Dinner am 3. April 1555 als Pfarrer von Petershausen.
[169] EAF Ha 115 fo. 39v.
[170] Vgl. *Willburger* S. 299 f. Nach *Tüchle*, Reformation S. 42, galt Hardweg, der sich als
Balinger Pfarrer gegen die Einführung der Reformation in Württemberg ausgesprochen hatte,
als einer der Wortführer der Altgläubigen.
[171] StadtAÜb Rp. 1552–56 fo. 55vf; vgl. auch *Semler*, Seelsorger S. 125 f.
[172] Vgl. Kap. III.10 u. VI.9.

stieß er damit beim Rat auf taube Ohren, denn: *Dieweyl die lauf im hailigen rö. reich leider gantz geschwind und sorgklich geschaffen und dann in jüngstem zu Augspurg ergangnen reichsabschied under annderm versehen, das ain jeder stand des reichs den andern bei seiner religion [...] onangezogen pleiben lassen und aller schreiben und ußgehen der bücher bis zu nechstem reichstag einstölle. Das derhalben uß erzölten und andern mer bemögenden ursachen mit truckung beruerts catechismi diser zeit stillgestanden.* Der Rat erklärte sich nur bereit, zusammen mit den Richtern an mehreren aufeinanderfolgenden Tagen sich den Katechismus auf dem Rathaus unter Ausschluß der Öffentlichkeit vorlesen zu lassen[173]. Die Ablehnung des Druckes konterte Hardweg mit Angriffen auf den Rat, dessen religiöse Loyalität er in Frage stellte, denn der Rat mußte feststellen: *[...] das gemelter herr pfarrer abermals gantz unbeschaiden gewest und die oberkait hochlich angezogen hat, alle weg man ain sonder wolgefallen, das es so liederlich in der kürchen zugang, deßgleichen etlich under meinen herrn auch neue büchlin lesen und inen deren ding der husen voll steckt, ob wol sie nit eusserlich alß scheinen, so seyen sie doch derselben innerlich voll [...]*[174]. Zum erstenmal sah sich in Überlingen der Rat unter Druck gesetzt durch den Pfarrer, zumal dieser auch Anklang bei der Bevölkerung gefunden zu haben scheint[175]. Dabei war es typisch für die Zeit der Jahrhundertmitte, daß die politische Obrigkeit versuchte, die konfessionelle Radikalität des Klerus abzubremsen. Inwieweit die konfessionell etwas indifferente Haltung des Rats zu der Zeit in Überlingen politisch oder persönlich motiviert war, läßt sich dabei nicht mehr feststellen. Auf alle Fälle war die Kontroverse mit dem Pfarrherrn da und publik.

Den letzten Stein des Anstoßes lieferte dann die Weigerung des Pfarrers, die bereits an den Bischof von Konstanz gezahlte Türkenhilfe auch dem Rat zu entrichten[176]. In diesem Punkt fühlte sich die Obrigkeit direkt angegriffen; die hartnäckige Weigerung Hardwegs setzte ihre Reputation aufs Spiel. Am 20. Mai 1557 wurde er deshalb auf Beschluß des Großen Rats entlassen, wobei aber dieser Schritt in erster Linie mit seiner konfessionellen Polemik und nur nebenbei mit der nichtbezahlten Reichshilfe begründet wurde[177]. Der Fall Hardweg führt eindringlich vor Augen, daß es dem Rat bei seinen Pfarrherren nicht allein auf theologische Qualitäten und konfessionelle Zuverlässigkeit ankam – die waren bei Hardweg vorhanden –, sondern auch ebensosehr auf dessen Wohlverhalten.

---

[173] StadtAÜb Rp. 1552−56 fo. 181vf.

[174] Ebda. fo. 183v.

[175] Vgl. das Zitat oben (Anm. 92).

[176] Vgl. StadtAÜb Rp. 1552−56 fo. 249rff; IV/11/1542, 1557 Mai 14: Hardweg hatte, entweder voreilig oder mit Bedacht, seine Steuer bereits an den Bischof entrichtet, als er das entsprechende Mandat des Rats erhielt. Auf seine Beschwerde hin forderte ihn der Rat kurzerhand auf, das Geld vom Bischof wieder zurückzuholen oder aber zweimal zu steuern. Nach *Willburger* S. 299f., scheint Hardweg generell finanzielle Probleme gehabt zu haben (was allerdings die durchweg negative Charakterisierung Hardwegs noch nicht rechtfertigt). Eventuell trug das Zusammentreffen der kirchenpolitischen Ansprüche des Rats und der persönlichen Finanzprobleme des Pfarrers mit zur Eskalation des Konflikts bei.

[177] StadtAÜb Rp. 1556−66 fo. 251vf.

Vielleicht wählte sich der Rat mit aus diesem Grund neun Tage später den Kaplan von St. Christoph, Conrad Cuntzelmann, MA., zum neuen Pfarrer[178], denn neben seinen sonstigen Qualitäten besaß er den Vorzug, ein Stadtkind zu sein, dessen Studium an der Universität Ingolstadt vom Rat finanziell gefördert worden war[179]. Cuntzelmann nahm die Wahl allerdings nicht an, erklärte sich aber bereit, die Pfarrei ein Jahr lang zu verwalten[180].

Einen glücklichen Griff tat der Rat, als er am 7. Jan. 1558 mit Balthasar Wuhrer, MA., damals noch Pfarrer des waldburgischen Scheer, einen Vertrag über die Besetzung der Überlinger Pfarrei abschloß[181]. Präsentiert wurde er ein Jahr später[182], nachdem er eine Probezeit absolviert hatte, eine Freiheit, die sich der mittlerweile zum Patronatsherrn avancierte Rat erlauben konnte. Wuhrer war zweifelsohne einer der begabtesten Pfarrer, den Überlingen in diesem Jahrhundert besessen hatte, wie auch seine spätere Berufung zum Konstanzer Weihbischof unterstreicht[183]. Er war, für einen Überlinger Pfarrherrn ein Muß, ein guter Prediger. In seinen Predigten verteidigte er allerdings, wie auch wahrscheinlich in einigen Schriften – ebenso wie Hardweg –, zunächst offensiv den katholische Glauben[184]. Anders als Hardweg besaß er aber genügend Realitätssinn, um sich mit dem Rat zu arrangieren, als ihm dieser 1561 jegliche konfessionelle Polemik untersagte und ihm genau vorschrieb, seine Predigten auf seelsorgerliche Themen zu beschränken. Auch akzeptierte er, daß der Rat seiner Forderung, alle Haushalte nach ketzerischen Schriften durchsuchen zu lassen, nicht nachkommen wollte, aus Angst, den Konflikt mit der Gemeinde zu provozieren, zumal der Rat ihm zusicherte, den Verkauf solcher Schriften stärker als bisher zu überwachen[185]. Erneut hatte der Rat also den konfessionellen Eifer seines Pfarrherrn etwas bremsen müssen, was ihm diesmal besser gelang, da Wuhrer erkannt hatte, daß gegen den Rat eine Verbesserung oder Reform der kirchlichen und religiösen Zustände nicht zu erreichen war.

Daß Wuhrer durchaus im Sinne einer katholischen Reform wirkte, läßt seine Beteiligung an der Diözesansynode von 1567 vermuten, wo er als Lektor und Mitglied des Synodalrates vermutlich hervorragenden Anteil an der Redaktion der Statuten hatte[186]. Unter Umständen hing auch seine Berufung zum Weihbischof 1574 mit

---

[178] Ebda. fo. 253.

[179] StadtAÜb Rp. 1552–56 fo. 4vf: Das für sein Studium vorgestreckte Geld soll nach dem Abgang seiner Mutter eingezogen werden.

[180] StadtAÜb Reutlinger 6.1 fo. 75v; vgl. auch *Semler*, Seelsorger S. 126 f.

[181] Wie Anm. 87. – Nach StadtAÜb Mp. 1558 fo. 5, 7 f., bat der Rat den Truchseß von Waldburg, Wuhrer den Abzug zu erlauben. Gewissermaßen als Gegenleistung wurde 1560 der Überlinger Kaplan Lienhard Haini Pfarrer in Scheer; vgl. StadtAÜb Mp. 1560/61 fo. 46vf.

[182] GLA 225/512, 1559 Juni 14.

[183] Zur Biographie Wuhrers vgl. v.a. *Camenzind*.

[184] Vgl. *Ebda.* S. 75 f., 80: Der Rat monierte nicht nur die konfessionelle Predigt Wuhrers, sondern auch dessen *Im truck vssgangenen confession offenlich*.

[185] *Ebda.* S. 75 f.

[186] Vgl. *ebda.* S. 82 ff.; *Maier* S. 64 ff. Zur Synode allgemein vgl. auch *Baier*, Konstanzer Diözesansynode von 1567. Das Engagement Wuhrers für eine Reform der Kirche dokumentiert

seinem dort unter Beweis gestellten Engagement zusammen. Welche Punkte ihm besonders am Herzen lagen, zeigt eine kurz vor seinem Abschied verfaßte Eingabe beim Rat, worin er bat, in Zukunft darauf zu achten: daß die Bevölkerung fleißig in die Kirche gehe und keine ketzerischen Bücher lese; insgesamt der Überlinger Klerus von ihm, dem Rat, *in gunstigem bevelch* gehalten werde; darüber hinaus auch auf die Disziplin des Klerus geachtet und schließlich die Finanzen der Kirche, die einzelnen Pfründgüter, zusammengehalten werden sollen[187]. Der Katalog seiner Wünsche reichte von der Glaubenstreue des einzelnen über das Verhalten des Klerus bis zu den strukturellen Grundlagen der Kirche, umfaßte also das ganze Programm katholischer Reform.

Der Nachfolger Wuhrers, der Gmünder Pfarrer Jakob Mayer, MA., blieb nur sechs Jahre in Überlingen. Nach Abschluß des üblichen Vertrages am 6. Juni 1576 wurde er bereits ein halbes Jahr später präsentiert[188]; am 29. Mai 1581 bat er aus gesundheitlichen Gründen um seinen Abschied[189]. Andere Gründe könnten dabei aber auch mitgespielt haben. So dürfte eine 1578 verfaßte Eingabe beim Rat auf einiges Befremden gestoßen sein, denn abgesehen von beträchtlichen materiellen Erleichterungen forderte er darin, daß der Rat ihn von der Türkensteuer befreie und das Privilegium fori, zumindest was seine Person beträfe, genau beachte[190]. Auseinandersetzungen mit dem Rat wolle er, darauf lief es hinaus, nur noch vor dem Bischof austragen. Möglicherweise erregte auch sein Lebenswandel Anstoß. 1579 nämlich sah sich Wuhrer aus irgendwelchen, nicht näher bekannten Gründen veranlaßt, den Nuntius zu bitten, in Überlingen wegen des Pfarrers einzuschreiten[191]. Gewiß ist, daß Mayer nach seiner Entlassung in seiner neuen Pfarrei in Oberau an der Iller mit einer Überlinger Bürgerstochter im Konkubinat lebte[192].

Auch 1581 gestaltete sich die Suche nach einem geeigneten Pfarrherrn immer noch nicht ganz leicht. Auf Vermittlung des Freiburger Theologieprofessors Michael Hager, eines Vetters des in österreichischen Diensten stehenden Überlingers Gall

---

auch sein späteres Wirken als Weihbischof. So trat er für die Berufung der Jesuiten ein, engagierte sich für regelmäßige Visitationen und war auch maßgeblich an den Reformversuchen in der Abtei Weingarten beteiligt; vgl. *Holl* S. 185 ff.; *Reinhardt*, Restauration S. 12, 15 f.

[187] GLA 225/567 fo. 7, 1574 [Dez. 30].

[188] Vgl. *Semler*, Seelsorger S. 127 f.; GLA 2/2670; 225/466 fo. 28 ff.; EAF Ha 117 fo. 63v, 66v: Investitur am 25. Febr. 1576.

[189] StadtAÜb Rp. 1573–87 fo. 283vf.

[190] Vgl. GLA 225/486 [1578?] Juni 5. Nach StadtAÜb Rp. 1573–87 fo. 179f., scheint Mayer auch einen Streit mit den Franziskanern über das Recht, die Beichte abzunehmen, angefangen zu haben. Ferner kritisierte der Rat seine oft zu langen Predigten, die bei der Bevölkerung auf wenig Gegenliebe stießen – alles weitere mögliche Gründe für die frühe Kündigung.

[191] *Camenzind* S. 88.

[192] Vgl. StadtAÜb Rp. 1573–84 fo. 413vf, 428v; Mp. 1585–87 fo. 26vf, 41: Mayer hatte seine Köchin, eine Überlinger Bürgerstochter, geschwängert, weshalb ihm der Rat die bei seiner Entlassung zugestandenen 100 fl pro Jahr für Meßverpflichtungen kündigte. Noch Jahre später gab es deshalb Auseinandersetzungen; vgl. StadtAÜb Rp. 1588–96 fo. 87vf, 106r. Mayer hatte in diesen Jahren zweimal die Stelle gewechselt: Zunächst war er Pfarrer in Oberau an der Iller, später in Dannentzhofen (wohl Tannen, Abtei Roggenbeuren).

Hager, gelang es dann zwar am 19. Nov. 1581, mit dem Freiburger Pfarrer Dr. Georg Hänlin einen Vertrag abzuschließen, doch der Rektor der Universität, die das Patronatsrecht über die Pfarrei besaß, erlaubte den Wechsel nach Überlingen nicht[193].

Ein gutes halbes Jahr später, am 15. Juni 1582, bewarb sich, wieder auf Vermittlung Hagers, der aus dem oberschwäbischen Waldsee stammende Pfarrer von Colmar, Balthasar Gerum, um die vakante Pfarrei[194]. Hager stellte sowohl seiner Gelehrsamkeit wie auch seinem Lebenswandel ein gutes Zeugnis aus[195], und obwohl er noch ziemlich jung war, erst 1573 hatte er sich an der Universität Freiburg eingeschrieben gehabt[196], nahm ihn der Rat am 19. Juli an[197], nachdem er noch zuvor von Wuhrer und dem Freiburger Professor Jodocus Lorichius geprüft worden war[198]. Gerum blieb zeitlebens ohne Unterbrechung in Überlingen, wo er 1608 im Amt starb[199].

Wie die meisten seiner Vorgänger verfügte er über eine gute theologische Bildung. Dafür spricht neben der anscheinend gut sortierten und umfangreichen Bibliothek[200] auch die Tatsache, daß er 1590 als amtierender Pfarrer noch den theologischen Doktorgrad erwarb[201]. Im Unterschied zu Persönlichkeiten wie Wuhrer oder Hardweg scheint er aber nicht die Statur besessen zu haben, um allzu weitgehende Kontroversen mit dem Rat auszufechten. Zwar kam es immer wieder einmal zu Ermahnungen wegen seiner Predigten[202], doch gab Gerum anscheinend stets nach; es entstanden jedenfalls nie größere Konflikte daraus. Seiner mehr introvertierten Persönlichkeit[203] dürften das Studium sowie die Seelsorge mehr gelegen haben als das kirchen- und konfessionspolitische Wirken. Inwieweit er dabei im Sinne einer Reform wirkte, läßt sich nur andeutungsweise erkennen. So kritisierte er einige Male den Lebenswandel eines Teils der Kapläne, und auch am religiösen und kirchlichen Eifer der Gemeinde hatte er einiges auszusetzen[204]. Doch zu auffallenden äußeren Verän-

---

[193] Vgl. StadtAÜb Mp. 1580/81 fo. 354f., 372vf; GLA 225/466 fo. 37; 2/2671. – Nach der Absage Hänlins hatte der Rat unter Vermittlung Wuhrers mit dem würzburgischen Hofprediger Dr. Balthasar König verhandelt, allerdings ohne Ergebnis; vgl. GLA 225/466 fo. 38.

[194] GLA 225/466 fo. 4v, 1582 Juni 15.

[195] Ebda. fo. 39f., 1582 Juni 10, Hager an Überlingen.

[196] Matrikel Freiburg 1 S. 537; vgl. *Semler*, Seelsorger S. 128.

[197] GLA 2/2672, 1582 Juli 19; EAF Ha 117 fo. 124v: 1582 Dez. 26 Präsentation, 1583 Jan. 16 Investitur.

[198] StadtAÜb Rp. 1573–87 fo. 324.

[199] Vgl. *Semler*, Seelsorger S. 128.

[200] GLA 2/2108: Gerum vermachte seine Bibliothek einem seiner Neffen, falls er Priester würde, andernfalls sollte sie im Pfarrhof bleiben.

[201] Vgl. *Semler*, Seelsorger S. 128, u. StadtAÜb Rp. 1588–96 fo. 140.

[202] Vgl. Kap. VII.5.

[203] Vgl. StadtAÜb Rp. 1573–87 fo. 529r: Beide Bürgermeister, der oberste Zunftmeister und die beiden Stadtärzte sind zum Pfarrer verordnet, um *Im die melancholicii, die er gefaßt [...]*, auszureden. Reutlinger charakterisierte ihn, nach *Semler*, Seelsorger S. 129, als einen „stillen, eingezogenen" Mann, dessen Lebenswandel auch von den Visitatoren positiv bewertet wurde; vgl. EAF Ha 61 fo. 680; Ha 70 fo. 473.

[204] Vgl. dazu nur GLA 225/461, 1607 Jan. 28, Eingabe Gerums beim Rat.

derungen kam es in seiner Amtszeit nicht, auch wenn in diesen Jahren allmählich die Ideen der katholischen Reform Eingang in die Stadt fanden.

Erstmals nach dem Tode Gerums bereitete es dem Rat keinerlei Schwierigkeiten mehr, einen neuen Seelsorger zu finden. Mindestens sechs Kandidaten bewarben sich um die Stelle, darunter zwei Überlinger, die als Kurzsche Stipendiaten bei den Jesuiten studiert hatten. Der eine, Rudolf Zettel, MA., war Pfarrer zu Kaufbeuren, der andere, Jacob Keller, MA., amtierte als Pfarrer in Radolfzell. Daneben bewarben sich noch die Pfarrer von Thann und Neuenkirch sowie der Hofprediger des Stiftes Ellwangen[205]. Doch nicht einer von ihnen, sondern Johannes Oswalt von Pfullendorf, BA. und Spitalpfarrer zu Ingolstadt, erhielt im Rat die *maior vota oder die mehre stim [...]*[206]. Über das Wirken und die Persönlichkeit Oswalts ist wenig bekannt, da er bereits am 21. Okt. 1611 an der damals grassierenden Seuche starb[207]. In den Ratsprotokollen sind zwei Fälle aktenkundig geworden, in denen es zu Beleidigungen Oswalts gekommen war, doch läßt sich aufgrund dieser vereinzelten Zeugnisse nicht auf eine mögliche Antipathie der Bevölkerung schließen[208]. Unklar ist, woher die 900 fl Schulden rührten, die er hinterließ, da er ja über ein beträchtliches Einkommen verfügte[209].

Da der Rat 1611 gerade auf dem Höhepunkt der Pestwelle wohl nicht auf einen Seelsorger verzichten wollte, kürzte er das langwierige Bewerbungsverfahren rigoros ab und bestellte den seit drei Jahren amtierenden und aus Rottweil stammenden Helfer Christoph Ullanus, MA., am 11. Nov. zum neuen Pfarrherrn und Propst des seit 1609 existierenden Kollegiatstiftes. Ullanus hatte sich durch seinen exemplarischen Lebenswandel empfohlen, zudem amtierte er bereits als Vertreter Oswalts[210].

Ullanus war wieder ein für den Rat widerspenstigerer Pfarrherr. Er war nicht ohne weiteres bereit, sich als Kleriker einer weltlichen Obrigkeit unterzuordnen; und er genierte sich auch nicht, den Rat in seinen Predigten zum Teil sehr direkt und massiv anzugreifen. Deutlich läßt sich bei ihm ein erstarktes Selbstbewußtsein in seiner Rolle als Pfarrherr feststellen. Zwei Ursachen deuten sich dafür an: zum einen eine gegenreformatorisch inspirierte Frömmigkeit. Dafür spricht z. B. die Mitgliedschaft Ullanus' in einer Bruderschaft, deren Mitglieder sich verpflichtet hatten, täglich füreinander die Litanei für Unsere liebe Frau zu Loretto zu beten. Ullanus versuchte auch in

[205] Vgl. StadtAÜb Rp. 1607–12 fo. 112vf; Mp. 1607–08 fo. 313 f.; GLA 225/466 fo. 47 ff.

[206] StadtAÜb Mp. 1607–08 fo. 313 f. – Für Oswalt setzte sich neben dem Pfullendorfer Rat auch der Jesuit Jakob Gretser ein; vgl. GLA 225/466 fo. 47.

[207] Vgl. *Semler*, Seelsorger S. 128.

[208] StadtAÜb Rp. 1607–12 fo. 192r, 258v: Medardus Knecht sagte zu einem Pfullendorfer Fuhrmann: *Wan er mieße da haimbfharen und nichts zue fhueren hab, soll er den hr. pfarherrn alhie uffladen und widerum naher Pfulendorf fhueren.* Zwei anonyme Schmähschriften lauteten: *Der fatt pfarer ist ain ehebrecher, huorenbuob und ain riebenfresser, was thuot man mit ain solhen matheis.*

[209] Vgl. StadtAÜb Mp. 1611–12 fo. 97; GLA 2/2109.

[210] GLA 225/468 fo. 6 ff.; 225/517 fo. 8, 1611 Nov. 7; StadtAÜb Rp. 1607–12 fo. 382v. – Ullanus hatte wie sein Vorgänger in Freiburg studiert; vgl. Matrikel Freiburg 1 S. 715.

Überlingen dafür Mitglieder zu werben[211]. Ferner warb er bei der Bevölkerung um Teilnahme an einer Prozession zur hl. Elisabeth nach Reutte, doch wollte ihm der Rat, vor allem aus ökonomischen Gründen, deren Durchführung nicht erlauben[212]. Als zweites wäre die Aufwertung des Prestiges anzuführen, die der Überlinger Pfarrer durch die Gründung des Kollegiatstiftes, als dessen Propst er fungierte, erfahren hatte.

Dies führte nicht nur zu Konflikten mit dem Rat, sondern auch mit den Kanonikern und Kaplänen des Stiftes sowie den Helfern[213]. Und auch mit den Schwestern zu St. Gallen gab es lange Streitigkeiten um die Pfarrechte[214]. Mag auch eine etwas streitsüchtige Persönlichkeit ihren Teil dazu beigetragen haben, so läßt sich doch bei Ullanus generell das Bemühen erkennen, die Rechte des Pfarrherrn auszuweiten und eine unabhängigere Stellung zu erlangen, das heißt die aus seinem Status als Kleriker herrührenden Rechte und Privilegien auch zu nutzen. Parallel zu den bei der Frage der geistlichen Jurisdiktion erkennbaren Bemühungen des Bischofs, die Rechte der Kirche gegen Eingriffe der Laien zu behaupten, scheint auch der Überlinger Pfarrherr bei seinem Handeln von ähnlichen Intentionen geleitet gewesen zu sein.

1636 resignierte Ullanus die Pfarrei. Die Gründe sind nicht bekannt, möglicherweise spielten auch die finanziellen Probleme, die der Dreißigjährige Krieg mit sich brachte, eine Rolle[215].

Vergleicht man all die Biographien, das Leben und Wirken der Überlinger Pfarrherrn von 1506 bis 1636, so fällt zunächst auf: Die Stadt besaß fast durchweg gute, zum Teil sogar hervorragende Pfarrer. Neben Schlupf und Oswald gehörten dazu vor allem Wuhrer, Gerum und auch Hardweg, der schließlich nicht wegen fehlender Qualitäten als Pfarrer entlassen wurde, sondern das Opfer kirchenpolitischer Spannungen war. Bei allen scheint es sich um gute Prediger gehandelt zu haben, denen es zum Teil nachweislich auch gelungen war, bei der Bevölkerung Anklang zu finden; fast alle führten einen als vorbildlich empfundenen Lebenswandel; nirgends findet sich in den Akten Kritik an ihrem persönlichen Verhalten, ja, oft wird gerade dies als besonders positiv dargestellt. Pfarrherren, die wegen ihres Verhaltens irgendwie beim Rat Anstoß erregten, wie Mär oder Mayer, blieben nie lange in Überlingen. Den katholischen Pfarrherren des 16. und frühen 17. Jahrhunderts kann man also fast durchweg ein gutes Zeugnis ausstellen. Sie standen, was ihre Bildung und persönliche Integrität, aber auch ihre Abhängigkeit vom Rat und prinzipielle Konfliktpunkte mit diesem betraf, ihren protestantischen Kollegen kaum nach.

Mühe bereitete es dem Rat nur, in den Jahren zwischen 1540 und 1580 überhaupt Priester zu finden, die solchen Anforderungen auch gerecht werden konnten. Es

---

[211] GLA 225/578, 1616 Febr. 1.

[212] GLA 225/859 fo. 4 [o.D., ca. 1624].

[213] Vgl. EAF Konstanz-Generalia, Klöster u. Orden, Kolleg.-stift Überlingen 1; s. auch Kap. VII.10.

[214] Dazu ausführlicher Kap. VIII.7.

[215] GLA 225/517 Bl. 10, 1636 April 17: Der Rat nahm die Resignation von Ullanus an. Vgl. GLA 225/486, zu Klagen des Pfarrers über ausstehende Besoldungen.

gelang dann zwar immer, doch wohl nur wegen des Ranges der Pfarrei, die, was ihr Einkommen und Prestige betraf, im oberschwäbischen Raum gewiß eine der bedeutendsten unter den katholischen Stadtpfarreien war. Kein Pfarrherr stammte jedoch aus Überlingen selbst, wenn auch die meisten aus dem oberschwäbischen Raum kamen. Dabei wäre dem Rat durchaus ein Überlinger Priester als Pfarrherr willkommen gewesen, wie die Beispiele Conrad Cuntzelmanns und Beatus Dinners gezeigt haben. Es kann auch nicht allein daran gelegen haben, daß es keine Überlinger Priester gegeben hätte, welche für die Pfarrstelle qualifiziert genug gewesen wären. Ein Kaplan wie Conrad Hager, der einer der führenden Familien der Stadt angehörte, dazu einige theologische Schriften verfaßte, hätte zweifelsohne die dazu notwendige Bildung und Autorität besessen[216]. Auch von anderen Kaplänen ist bekannt, daß sie Bücher besaßen, also wohl über eine gewisse Bildung verfügten, und darüber hinaus sich auch als Prediger hören lassen konnten[217]. Doch keiner von ihnen bewarb sich jemals nach dem Tod eines Amtsinhabers um die Pfarrei, und keiner wurde vom Rat, abgesehen von Cuntzelmann, gefragt, ob er die Pfarrei übernehmen wolle. Alle waren anscheinend mit ihren Kaplaneistellen, auf denen sie zum Teil sehr lange residierten, zufrieden und hatten nicht das Bedürfnis, sich als Seelsorger zu engagieren. Der durch die Reformation ausgelöste Priestermangel betraf also vornehmlich den Seelsorgeklerus, wie auch bereits die Gruppe der Helfer hatte erkennen lassen, an denen es ebenfalls zwischen 1540 und 1580 mangelte. Der Pfründklerus wies dagegen eine andere Entwicklung auf. Die Kapläne, so deutet sich an, hatten andere Ziele und Interessen. Auf sie und die Frage, worin sie sich vom Seelsorgeklerus unterschieden, muß deshalb genauer eingegangen werden.

8. Die Kaplaneipfründen

Nachdem in den protestantischen Städten die Institution der Meßpfründen abgeschafft worden war, entwickelte sich die Position des Kaplans, des reinen Meßpriesters, zu einer spezifisch katholischen Erscheinung. Da die Kapläne in Überlingen den Seelsorgeklerus um über das Doppelte übertrafen, meist amtierten ca. 12 Kapläne in der Stadt, prägten aber gerade sie das Erscheinungsbild des katholischen Klerus nach außen. Und gerade wenn es gilt, die vielzitierten Mißstände des Klerus mit Beispielen zu belegen, sind es neben den Landgeistlichen vor allem die Meßpriester, die dazu herangezogen werden. Um die Aufgaben, das Verhalten und die Sozialstruktur dieser Gruppe geht es im folgenden. Die materielle und institutionelle Basis der

---

[216] Vgl. Kap. X.6 u. XVI.

[217] So gab es einige Kapläne, die im Rahmen ihrer Pfründen Predigtaufgaben übernehmen mußten und, wie im Falle von Balthasar Rantz, allein aufgrund ihrer guten Predigten eingestellt wurden; vgl. dazu die Ausführungen in Kap. VII.8 u. 9. – Nach GLA 2/2104, 1586 Mai 17, vermachte z. B. der Kaplan Johannes Schlichter seine Bücher dem Rat, der sie zu der *gemainen liberey* stellen sollte.

Kapläne bildeten die im Spätmittelalter gestifteten Kaplaneipfründen[218]. Das Ziel all dieser Stiftungen war es, sieht man einmal von den gesellschaftlichen Implikationen ab, zum Seelenheil der Stifter regelmäßig eine bestimmte Anzahl Messen durch einen eigens dazu bestellten Priester lesen zu lassen. Dafür mußten ein Altar und ausreichend Besitz, Pfründgüter oder Zinsbriefe, gestiftet werden, um einen solchen Priester auch unterhalten zu können.

In Überlingen gab es 32 Kaplaneipfründen. Dabei lassen sich zwei Gruppen unterscheiden: Pfründen, die von dem Inhaber nur das regelmäßige Lesen von vier bis fünf Messen pro Woche verlangten, und Pfründen, die darüber hinaus noch mit einer Prädikatur verbunden waren. Die Kapläne von St. Katharina auf dem Berg, einer Pfründe bei den Sondersiechen, und des Spitals mußten alle Sonn- und Feiertage für die Insassen beider Anstalten predigen, der Kaplan zu St. Gallen, einer von einer Nonne des Klosters St. Gallen gestifteten Pfründe, predigte regelmäßig den Klosterfrauen. Mit diesen Pfründen war dann auch eine gewisse Seelsorgepflicht verknüpft; der Kaplan des Spitals wird denn auch oft als Spitalpfarrer bezeichnet, obwohl es sich formal um eine Kaplanei handelte und alle pfarrlichen Rechte prinzipiell beim Pfarrherrn lagen[219]. Die übrigen Pfründen waren reine Meßpfründen, wobei die meisten auf Altäre in der Pfarrkirche gestiftet worden waren; nur sechs Kaplaneien gehörten zu in der Stadt oder deren Umgebung liegenden Kapellen: Zu der in der Vorstadt liegenden Kapelle St. Jodok gehörten zwei Pfründen; ferner gab es noch zwei Friedhofskapellen: St. Michael, die alte Friedhofskapelle bei dem Beinhaus, sowie St. Maria Magdalena, die bei der Verlegung des Friedhofs vor die Tore der Stadt neu errichtet worden war. Die St. Leonhard und St. Ulrich geweihten Kapellen lagen ebenfalls beide außerhalb der Stadt[220].

Unter den Kaplaneien läßt sich eine deutliche Hierarchie erkennen, je nachdem wie oft und wie lange eine Pfründe besetzt wurde. Dabei spielten neben dem Einkommen einer Pfründe vor allem die damit verbundenen Verpflichtungen eine Rolle. So waren während des 16. Jahrhunderts fast durchgehend besetzt: St. Gallen, St. Katharina auf dem Berge, St. Maria Magdalena, St. Michael, die Spitalkaplanei, St. Jodok (bis 1570)

---

[218] Zur Institution der Kaplaneipfründen vgl. W. *Müller*, Kaplaneistiftung S. 301 ff.; *Leutze* S. 221 ff.; *Frölich*, Rechtsformen S. 457 ff.; *Kallen*. – Von den 32 Überlinger Pfründen wurde nur eine nach 1500 gestiftet – St. Maria Magdalena anläßlich der Verlegung des Friedhofs; vgl. Kap. IX.2.

[219] Zur Spitalkapelle gehörten zwei Altäre; einer war dem Hl. Geist geweiht, der andere der Dreifaltigkeit. In der ersten Jahrhunderthälfte wurde bei Präsentation und Investitur oft noch unterschieden, auf welchen Altar ein Kaplan investiert wurde, spätestens ab 1554 wurde aber zumeist nur noch pauschal von der Spitalpfarrei gesprochen; vgl. StadtAÜb Rp. 1552–56 fo. 128v. Der Spitalkaplan erhielt jetzt auch von der Stadt, später von den vacierenden Pfründpflegern eine Addition zu seinem Einkommen. Zu den Aufgaben und Pfarrechten vgl. auch *Semler*, Geschichte S. 46 ff.

[220] Nach der Stadtbeschreibung des Tibianus (vgl. *Oehme* S. 132) wurde im 16. Jahrhundert in St. Ulrich und St. Leonhard kein Gottesdienst mehr gehalten, wohingegen die in der Stadt gelegene Jodokkapelle großen Zulauf verzeichnen konnte.

und St. Georg, St. Verena, St. Peter und Paul sowie St. Jacob maioris[221]. Alle Pfründen mit Predigtverpflichtung sowie die beiden Friedhofskapellen wurden vom Rat bei der Besetzung eindeutig favorisiert. Reine Meßpfründen rangierten erst an zweiter Stelle, manche wurden während des ganzen 16. Jahrhunderts überhaupt nie vergeben. Hie und da kam es allerdings auch vor, daß ein Kaplan das Einkommen von zwei oder drei Pfründen erhielt, aber nur auf eine investiert war, so daß nicht eindeutig geklärt werden kann, welche Kaplaneien nicht oder niemals besetzt waren[222].

Dem Rat war also daran gelegen, soviel zeigen allein schon die bei der Vergabe der Pfründen beachteten Kriterien, daß die Pfründen nicht zu reinen Versorgungsein-richtungen degenerierten, sondern auch zum kirchlichen Leben der Stadt beitrugen. Nur selten wurde während des 16. Jahrhunderts diese Regel durchbrochen: So wurde einmal dem bischöflichen Offizial Dr. Conrad Winterberg eine Pfründe in Überlin-gen verliehen, obwohl er natürlich deren Pflichten nicht persönlich erfüllen konn-te[223]; und zum anderen durfte Wolfgang Betz, ein offensichtlich geistesgestörtes Mitglied der Patrizierfamilie der Betz, die von eben dieser Familie gestiftete St. Seba-stians-Pfründe auch nach Ausbruch seiner Krankheit weiter behalten, um auf diese Weise versorgt werden zu können[224]. Dabei kann man erkennen, daß der Rat im Laufe des 16. Jahrhunderts immer sorgfältiger darauf achtete, daß der eigentliche Zweck der Stiftung auch erfüllt wurde: Befreiungen von der Residenzpflicht lassen sich nur bis 1530 nachweisen[225], Pfründstipendien wurden – mit Ausnahme Dinners – nach 1538 nicht mehr vergeben[226]. Nur Krankheit und Alter galten als legitime Entschuldigungen für die Nichtverrichtung der Pflichten[227]. Die Pfründen waren ja für die darauf investierten Priester zugleich auch eine Altersversorgung, da sie diese, sofern sie nicht freiwillig resignierten oder sich etwas zuschulden kommen ließen, bis zu ihrem Tode behielten. Die oft beklagte Erscheinung der Pfründenkumulation läßt

---

[221] Auswertung nach der Prosopographie der Überlinger Kapläne; s. Kap. XVI.

[222] Nach EAF Ha 70 fo. 159r, war z.B. Marx Weiß Kaplan im Spital, zu St. Maria Magdalena und zu St. Elisabeth; offiziell verliehen war ihm aber nur die Spitalkaplanei. Anscheinend versah er die anderen Kaplaneien mit, wobei unklar ist, inwieweit er deren Einkünfte vollständig nutzen durfte oder ob er nur eine Addition aus dem Fonds der vacierenden Pfründen erhielt.

[223] Nach GLA 2/2461 behielt sich der Rat allerdings das Recht vor, daß Winterberg die Kaplanei nur durch einen dem Rat genehmen Priester versehen lassen durfte.

[224] Nach StadtAÜb Rp. 1573–87 fo. 494v, erhielt Betz die Pfründe am 21. März 1586; nach Rp. 1588–96 fo. 128, war er spätestens seit 1590 geisteskrank.

[225] Vgl. dazu die Prosopographie (Kap. XVI).

[226] Folgenden Kaplänen war bis dahin erlaubt worden, ihre Pfründe zu behalten, während sie an einer Universität eingeschrieben waren: Niclaus Justinger, Johannes Syfrid und Peter Hoch-rat; vgl. Kap. XVI.

[227] Nach StadtAÜb Rp. 1607–12 fo. 47f., durfte Johannes Dorner, der leprös war und in das Spital der Sondersiechen kam, seine Pfründe, die allerdings durch andere Kapläne versehen werden mußte, behalten. Jacob Gwann, der seine Pfründe resigniert hatte, um die Pfarrei Mahlspüren zu übernehmen, wurde, als er wegen einer Krankheit nicht mehr in der Lage war, die dortige Pfarrei zu betreuen, wiederum eine Pfründe verliehen, und zwar ausdrücklich unter Berufung auf seinen gesundheitlichen Zustand; vgl. StadtAÜb Rp. 1556–66 fo. 228.

sich für Überlingen also nicht nachweisen; der Einfluß des Rats auf die Besetzung der Kaplaneien schob dem einen Riegel vor.

Das Einkommen der einzelnen Kaplaneien variierte je nach Dotation, dazu kamen noch die jährlichen Schwankungen des Ernteertrags, denn die Pfründen waren von ihren Stiftern überwiegend mit Rebgärten und nur zum kleinsten Teil mit ewigen Zinsen und Gülten ausgestattet worden. Das heißt, daß sich das genaue Einkommen der einzelnen Pfründen nicht mehr oder allenfalls sehr ungenau rekonstruieren läßt; zumal auch der Besitz der einzelnen Kaplaneien nur mit der Zahl der Hofstatt angegeben wurde, und es kaum möglich ist, genau zu ermitteln, wieviel eine Hofstatt im Durchschnitt an Ertrag einbrachte[228]. Doch auch wenn sich das genaue Einkommen der einzelnen Pfründen nicht mehr errechnen läßt, so kann immerhin mit Hilfe der vacierenden Pfründrechnungen ein durchschnittlicher Näherungswert ermittelt werden. Dazu muß man die Jahreseinnahmen der vacierenden Pfründen durch die Zahl der in diesem Jahr nicht besetzten Pfründen teilen (s. Tab. 9). Zwar sind auch diese Angaben alles andere als genau, vor allem auch, weil die Pfründrechnungen das Manko haben, alle Einnahmen zum Teil doppelt aufzuführen, immerhin kann man erkennen, in welchen Größenordnungen sich das Jahreseinkommen eines Kaplans bewegte. Zwischen 1580 und 1604 wurden pro Pfründe im Schnitt 5,4 Malter Vesen und 3,2 Fuder Wein eingenommen. Geht man von einem durchschnittlichen Weinpreis von 30 lbd pro Fuder aus, so erbrachten allein die Rebgärten pro Pfründe ungefähr 100 lbd. Die durchschnittlichen Geldeinnahmen betrugen 143 lbd. Eine Pfründe dürfte also im Schnitt 150 lbd eingebracht haben.

Tab. 9: Durchschnittliches Einkommen einer Pfründe 1580—1604[229]

Jahr	Einn. Geld	Einn. Wein	Einn. Vesen
1580	134 lbd	4,3 Fu	6,1 Ma
1581	193	5,4	6,1
1583	137	4,7	5,7
1584	128	4,7	5,9
1585	149	2,1	5,6
1586	172	2,8	5,7
1587	107	1,5	5,8
1589	149	1,5	3,2
1592	111	1,8	5,3
1595	119	1,7	5,1
1604	172	4,1	4,8

[228] Vgl. Anm. 69 zum Besitz der einzelnen Pfründen.

[229] Es ist zu beachten, daß bei der Tabelle nicht einfach Geld- und Naturaleinnahmen addiert werden können, da die Geldeinnahmen zum großen Teil aus dem Verkauf der gleichfalls in der Tabelle aufgeführten Naturalien stammten. Die Einkommen an Geld bzw. an Naturalien

Diese errechneten Durchschnittseinkünfte werden durch weitere Quellen bestätigt: Peter Hochrat verschrieb z. B. 1538 sein Pfründeinkommen um 100 fl[230]; Conrad Hager verhandelte vor der Übernahme der St. Gallen-Pfründe mit dem Rat über eine Addition seines Einkommens und erreichte, daß ihm ein Mindesteinkommen von 120 lbd garantiert wurde. Daß ein solches Einkommen keine Ausnahme war, belegt auch die Feststellung des Rats, daß Hager damit *[...] andern gleich und gemeß [ge]halten [werde]*[231]. Insgesamt war, wie auch einige sporadische Angaben in den Visitationsprotokollen belegen, ein Einkommen zwischen 100 und 150 fl die Regel[232]. Das Einkommen eines Kaplans war damit durchaus ansehnlich, zumal wenn man bedenkt, daß fast zu jeder Pfründe auch ein Haus gehörte, das von dem Pfründinhaber bewohnt werden konnte[233]. Daß die Überlinger Kapläne finanziell gut situiert waren, lag mit auch an der Wirtschaftsstruktur der Stadt, denn gerade Weingärten waren im allgemeinen profitabler als andere landwirtschaftliche Güter[234].

Nicht die Höhe des Einkommens bot den Kaplänen Anlaß zur Klage, weitaus unangenehmer war die ihnen obliegende Verwaltung der Pfründgüter. Wie ein Dorfpfarrer mußten sie bei der Bebauung ihrer Rebgärten selber mit Hand anlegen[235]. Zumindest einige Kapläne scheinen aber solch eigenhändige Arbeit in den Weingärten als unwürdig empfunden zu haben. Hans Hartmann z. B. ließ seine Pfründgärten durch seinen Vater bebauen[236]; die Verwandten des Kaplans Bartholomäus Schnider sicherten dem Rat zu, daß sie für Schnider den Anbau der Weingärten übernehmen

---

machten also je für sich fast den gesamten Ertrag einer Pfründe aus. Zur Quellengrundlage vgl. Anm. 74 u. 77.

[230] GLA 2/2728.

[231] StadtAÜb Rp. 1552–56 fo. 5r.

[232] EAF Ha 70 fo. 159v: St. Barbara trug dem Kaplan ca. 150 fl ein, St. Verena 100 fl. Daß diese Angaben etwas unter den Durchschnittswerten von Tab. 9 liegen, könnte damit zusammenhängen, daß hier die Kosten für die Verwaltung der Pfründgüter bereits abgezogen sind.

[233] Gerade wegen der Pfründhäuser gab es allerdings regelmäßig Reibereien zwischen den Kaplänen und dem Rat, da die Pfründinhaber sich vielfach nicht um die Instandhaltung der Häuser kümmerten und sich der Rat dann immer wieder gezwungen sah, aus städtischen Mitteln die Häuser zu renovieren. Vgl. StadtAÜb Rp. 1552–56 fo. 47r, 98v: Die fünf Geheimen Räte wurden beauftragt, jährlich die Pfründhäuser zu besichtigen, um dazu beizutragen, daß diese ordentlich erhalten wurden. Bereits 1560 mußten aber wegen der Reichsanlagen alle Baumaßnahmen eingestellt werden; StadtAÜb Rp. 1556–66 fo. 321. 1564 wurde denn auch vom Mesner Mattheus Schleiffer verlangt, seine Pfründbehausung, falls er sie nutzen wolle, selber zu renovieren; StadtAÜb Rp. 1556–66 fo. 435. Jacob Lutzelburger wurde nach StadtAÜb Rp. 1566–73 fo. 71r, zwar das Haus renoviert, doch wurden die Kosten genau aufgezeichnet, um sie nach seinem Abtreten von der Pfründe wieder verrechnen zu können. Nach StadtAÜb Rp. 1573–87 fo. 87, 354v, wurde den Kaplänen befohlen, die Pfründhäuser so weiterzugeben, wie sie sie empfangen hatten. Doch scheint dieses Mandat wenig gefruchtet zu haben, denn bei der Gründung des Kollegiatstiftes mußte der Rat wiederum alle Häuser renovieren.

[234] *Leutze* S. 288, betont, daß in Wien das Pfründvermögen wegen des hohen Ertrags oft in Weinbergen angelegt wurde.

[235] StadtAÜb I/39/393 fo. 51 f.: Dem Kaplan Johannes Bauser wurde, als er in seinem Rebgarten arbeitete, die Geldbörse gestohlen. Dieser Vorfall indiziert, daß die Kapläne zum Teil tatsächlich selbst ihre Weinberge bestellten.

[236] StadtAÜb Rp. 1573–87 fo. 24vf.

würden[237]. Die Art und Weise, wie ein Geistlicher seinen Lebensunterhalt erwarb, dürfte nicht ohne Auswirkungen auf sein gesellschaftliches Ansehen geblieben sein. Während der Pfarrherr und die Helfer wie weltliche Beamte von der Obrigkeit besoldet wurden, mußten die Kapläne – bis 1557 alle, danach zumindest noch ein Teil – den zu ihrer Pfründe gehörenden Besitz selbst verwalten.

Nachdem der Rat das Patronatsrecht übernommen hatte, verwalteten die Pfleger der vacierenden Pfründen einen Teil der verliehenen Pfründgüter. Ob dabei der Rat allen oder nur einigen ausgewählten Kaplänen angeboten hatte, ihre Güter zu bebauen, geht aus den Quellen nicht hervor. Fest steht, daß jeweils nur ein Teil der Kapläne seine Pfründgüter der Obhut des Rats übergeben hat[238]. Dafür erhielten sie dann ein genau festgelegtes Kontingent an Wein und Korn[239]. In der Regel waren es vier bis fünf Kapläne, also nicht einmal die Hälfte, deren Güter so verwaltet wurden. Für den Rat brachte dies vor allem einen Vorteil: Er löste auf diese Weise das Problem, daß die Pfründgüter, wie es zum Teil vorgekommen zu sein scheint, durch die Kapläne vernachlässigt wurden und auf Kosten der Stadt dann wieder instandgesetzt werden mußten[240]. Zudem war es ihm wohl nicht unwillkommen, weiteren Kirchenbesitz unter seine Aufsicht zu bekommen. Und die Kapläne hatten ihrerseits den Vorteil, einer wohl ungeliebten Beschäftigung enthoben und hinsichtlich der Art ihres Einkommens dem Pfarrherrn gleichgestellt zu sein.

Welche Priester nahmen dieses Angebot nun über längere Zeit wahr? Da wären zunächst einmal Wolfgang Betz, Johannes Dorner und Johannes Imhof zu nennen. Bei allen dreien dürften gesundheitliche Gründe den Ausschlag gegeben haben. Bei Conrad Hager, Johann Heinrich Kessenring, Matthias Brähin, Georg Dafrid und Georg Wild spielte wohl auch der soziale Rang eine Rolle[241]. Sie entstammten alle der Überlinger Oberschicht und hätten die Rebgärten wohl ohnehin nicht selber bestellt. Ob ein Kaplan seine Pfründgüter selber bearbeitete, hing anscheinend auch mit seiner Herkunft, seinem Vermögen und Sozialprestige zusammen. Und von einer anderen Seite aus betrachtet hieß dies: Mit der Verwaltung der Pfründgüter durch den Rat war eine Aufwertung der Person des Kaplans verbunden.

---

[237] GLA 2/2452.

[238] Vgl. StadtAÜb Vac. Pfründrechnungen, Rubrik *Priester so pfründgärten übergeben haben*. Vgl. auch StadtAÜb Rp. 1573–87 fo. 264vf, 268: Danach wollte der Rat 1580 die Bebauung der Pfründgärten wieder den Kaplänen überlassen, nahm dann aber auf Bitten der Priester diese Maßnahme wieder zurück. Offensichtlich wollten die Kapläne mit der Verwaltung der Güter nicht behelligt werden.

[239] Vgl. wie Anm. 238 u. StadtAÜb Rp. 1573–87 fo. 527v.

[240] Die Reverse der Kapläne (vgl. dazu Kap. VII.3), die dezidiert die Verantwortung des Pfründinhabers für die Instandhaltung der Pfründgüter betonen, belegen, daß dies ein Problem war.

[241] Vgl. die Angaben in Kap. XVI.

9. Aufgaben der Kapläne

Welche Pflichten und Aufgaben mußte nun ein Kaplan im einzelnen erfüllen? Zunächst einmal die von dem Stifter vorgesehenen wöchentlichen Messen lesen, meistens vier oder fünf, wozu eventuell noch einige wenige zusätzliche Jahrtage kamen[242]. Mehr zu tun hatten nur die Kapläne von St. Gallen, St. Katharina auf dem Berg und dem Spital. Sie mußten sonn- und feiertags predigen sowie die Insassen des Spitals, des Leprosoriums und die Terziarinnen zu St. Gallen seelsorgerlich betreuen[243]. Zusätzlich zu diesem Stiftungszweck im engeren Sinne kam dann noch die Verpflichtung der Präsenz[244]. Das heißt, die Kapläne mußten täglich Chordienst leisten, also allen Ämtern wie Matutin, Hochamt und Vesper beiwohnen, dazu den Leutpriester täglich auf die Gräber begleiten und eventuell noch die Sakramente austeilen[245]. Gerade die Präsenz sorgte dafür, daß die Kapläne als Gruppe eine gemeinsame Aufgabe zu verrichten hatten und sie damit auch gegenüber den Einwohnern als eigene Gemeinschaft auftraten.

Daneben gab es dann immer auch noch Kapläne mit zusätzlichen Aufgaben, so z. B einen Kaplan der vacierenden Pfründen, der regelmäßig auf nicht besetzten Altären Messen las[246]; auch verpflichteten sich immer wieder Kapläne, andere Altäre mit zu versehen[247]. Von einem Kaplan aus Überlingen wurde auch die 1561 vom Johanniterorden übernommene Pfarrei Goldbach betreut[248].

Die wichtigste zusätzliche Funktion übernahm aber jeweils der Kaplan, dem das Amt des Mesners anvertraut wurde, was auch dadurch zum Ausdruck kommt, daß jeder Mesner sich gegenüber dem Rat in einem eigenen Revers verpflichten mußte[249]. Der Mesner war verantwortlich für das gesamte Inventar der Kirche und für das Läuten der Glocke. Zu seiner Sicherheit ließ sich deshalb der Rat von jedem Mesner eine Bürgschaft geben, für den Fall, daß irgendwann etwas abginge. Unterstützt

---

[242] Quellengrundlage wie Anm. 69.

[243] Zu den Aufgaben des Spitalkaplans vgl. neben Anm. 219 auch noch StadtAÜb Reutlinger 9 fo. 83 f. Zu St. Katharina vgl. StadtAÜb Rp. 1552–56 fo. 29 f.: Baumaister verpflichtete sich, [...] die armen leut uff dem berg mit predigen, meßlesen, beichthören und in ander weg bösts vleiß zufursehen. Zu St. Gallen vgl. Kap. VIII.7.

[244] Leutze S. 300: Die ursprünglich nur an Kathedral- und Stiftskirchen praktizierte Präsenz wurde in Wien, wie auch in den meisten anderen Städten, für den normalen Weltklerus übernommen; vgl. auch A. Braun S. 126 ff.

[245] Semler, Seelsorger S. 98.

[246] Vgl. StadtAÜb Rp. 1573–87 fo. 97v: 1575 war z. B. Johannes Has Kaplan aller vacierenden Pfründen.

[247] Vgl. StadtAÜb Vac. Pfründrechnungen, Rubrik Vom messlesen und empter singen.

[248] Vgl. ebda.: 1577 erhielt Kessenring eine Addition, weil er die Pfarrei Goldbach betreute, 1600 versah Johannes Klotz die Prädikatur zu Goldbach.

[249] Vgl. z. B. GLA 2/2563, 1528 Aug. 3, Revers des Mauritius Schmidmeister. Die Reverse der anderen Mesner unterschieden sich davon nicht. – Zu den Aufgaben des Mesners vgl. GLA 225/519 und 225/458, Mesner- und Gottesdienstordnung von 1497 und 1564. Die beiden Ordnungen unterscheiden sich kaum voneinander, 1564 werden nur einige Pflichten des Mesnerknechtes präzisiert.

wurde der Mesner durch einen Mesnerknecht, der für die grobe Arbeit zuständig war und für dessen Anstellung der Mesner selbst sorgen mußte[250]. Für dieses wichtige Amt erhielt er denn auch zusätzliche Einkünfte, die aus verschiedenen Kassen flossen: Sowohl das Stüblin als auch das Spital und die vacierenden Pfründen trugen dazu bei[251]. Sogar die gesamte Gemeinde scheint verpflichtet gewesen zu sein, dem Mesner bestimmte Gaben zukommen zu lassen, denn um 1500 dekretierte der Rat, daß derjenige Einwohner, der nicht, wie von alters her üblich, dem Mesner im Herbst seine Verehrung an Wein gebe, bestraft werde[252].

Besonderen Wert legte der Rat auch auf einen würdigen Ablauf des Gottesdienstes. Dafür wurden auch immer ein Organist und ein Kantor verpflichtet, wobei der Organist, gleichgültig ob es sich um einen Laien oder einen Kleriker handelte, eine Pfründe, meist wohl St. Cosmas und Damian, erhielt, zusätzlich aber auch noch vom Rat – nach 1557 von den Pflegern der vacierenden Pfründen – besoldet wurde[253]. Die Anstellung und Entlassung des Organisten regelte der Rat – vor 1557 wie danach – in eigener Regie[254]. In Überlingen waren denn auch zum Teil sehr gute Organisten tätig, wie die Bitte des Augsburger Bischofs Otto von Waldburg belegt, der darum bat, sich für den Tag seiner Konsekration den *beruembten* Überlinger Organisten ausleihen zu dürfen[255]. Der so gerühmte Johannes Holtzhay verpflichtete sich 1551, bis an sein Lebensende in Überlingen zu bleiben[256]. Nach seinem Tode erhielt sein noch minder-

---

[250] Nach StadtAÜb Rp. 1597–1603 fo. 292r, behielt sich der Rat allerdings das Recht vor, einen Mesnerknecht selbst zu kündigen; nur die Einstellung oblag dem Mesner, der allerdings verpflichtet war, stets einen Knecht bei der Hand zu haben, denn nach StadtAÜb Rp. 1603–07 fo. 184r, befahl der Rat dem Mesner Baumann, nach der Entlassung des Knechts sofort wieder einen neuen einzustellen. Zum Einkommen vgl. die Mesnerordnungen (wie Anm. 249): Der Mesnerknecht erhielt vom Mesner jährlich 6 fl, daneben für einzelne Dienste bestimmte Geldbeträge; z.B. bei einer Taufe 6 d, für das Kreuztragen bei Begräbnissen 2 Kr, von jedem Primizianten ein Paar Schuhe usw. Nach StadtAÜb Reutlinger 12.2 fo. 219v, war es wiederholt zu Streit zwischen Melchior Baumann, dem Mesner, und seinem Knecht gekommen, in dessen Verlauf die Besoldung des Knechtes etwas erhöht wurde.

[251] Vgl. StadtAÜb Reutlinger 12.2 fo. 217r: Ein Mesner erhielt danach vom Spital 6 fl, 20 Ei Wein und 5 Brote, aus dem Stüblin 34 fl und von den vacierenden Pfründpflegern 11 Ei Wein. Ähnlich waren die Verhältnisse im vorreformatorischen Biberach gewesen, wo der Mesner auch von Kirche, Rat und Gemeinde unterhalten wurde; vgl. Schilling S. 83.

[252] StadtAÜb Rp. 1496–1518 fo. 37.

[253] Vgl. StadtAÜb Vac. Pfründrechnungen; Rp. 1507–18 fo. 179; Mp. 1518 fo. 46vf: Der Augustinermönch Bruno aus Konstanz versah ein Jahr lang die Orgel in Überlingen und erhielt dafür die zur Orgel gehörende Pfründe, aber keine zusätzliche Besoldung, wie sie z.B. 1496 dem Organisten gewährt worden war; vgl. dazu StadtAÜb Rp. 1496–1518 fo. 4.

[254] Vgl. wie Anm. 257; StadtAÜb Rp. 1507–18 fo. 116; I/32/359 fo. 67v: 1498 wurde z.B. der Organist Heinricus Scherer aus Tettnang entlassen, weil er nachts die Tochter von Claus Klufer belästigt hatte.

[255] GLA 225/485, 1543 Sept. 23.

[256] Ebda. 1551 Sept. 8: Der Rat gewährte Holtzhay dafür eine zusätzliche Besoldung von 40 fl und 3 Ma Vesen und 1/2 Fu Wein; ferner sicherte er ihm zu, nach seinem Tod für die Erziehung seiner Kinder zu sorgen. – Vor Holtzhay hatte Jacob Reiss St. Cosmas und Damian inne (vgl. Kap. XVI). Bei ihm dürfte es sich um einen Geistlichen gehandelt haben, unklar ist allerdings, ob er auch als Organist tätig war.

jähriger Sohn Johann Conrad gegen eine lebenslange Verschreibung die Organisten-
stelle[257]. Die umfangreiche Bibliothek Holtzhays läßt vermuten, daß er, wie auch
bereits sein Vater, ein über seine eigentliche Verpflichtung hinausgehendes geistiges
Interesse besaß und gewiß zur intellektuellen Führungsschicht der Stadt gezählt
werden kann[258]. Auch die nächsten Organisten waren mit Ausnahme des nur kurz
amtierenden Philipp Beck[259] wieder Laien: so der wohl 1596 engagierte Sebastian
Kreis[260] wie auch dessen Nachfolger[261], obwohl in den Statuten des Kollegiatstiftes
ausdrücklich vermerkt worden war, daß möglichst ein Kaplan die Orgel schlagen
sollte[262]. Doch zumindest was den Organisten betraf, war dem Rat mehr daran
gelegen, einen guten Musiker zu haben als einen geweihten Priester.

Auch der Kantor dürfte in der Regel ein Laie gewesen sein. Wie der lateinische
Schulmeister wurde er aus dem Fonds der vacierenden Pfründen besoldet. Er mußte
die Schüler der Lateinschule im Kirchengesang unterrichten, um mit ihnen an Sonn-
und hohen Festtagen den Gottesdienst mitgestalten zu können[263].

10. Sozialprofil und Verhalten der Kapläne

Wer waren nun die Inhaber dieser Kaplaneipfründen? Wie viele waren es im
Durchschnitt, woher kamen sie, und wie lange blieben sie in Überlingen? Wie paßten
sie sich in die korporativ organisierte städtische Gesellschaft ein? Zur Beantwortung

---

[257] StadtAÜb Rp. 1556—66 fo. 284r: Holtzhay war wohl 1558 gestorben. Sein noch minder-
jähriger Sohn erhielt gegen eine lebenslange Verschreibung die Pfründe seines Vaters. Eine
offizielle Bestallung wurde erst 1582 aufgerichtet (zu denselben Bedingungen wie bei seinem
Vater); vgl. GLA 225/485, 1582 Nov. 19
[258] Vgl. StadtAÜb III/5/1258 *Catalogus librorum D. Ioannis Conradi Holtzhayens organistae
defuncti*. Das Verzeichnis führt 249 Titel auf, darunter vor allem klassische Autoren, aber auch
theologische Werke.
[259] Vgl. StadtAÜb Rp. 1588—96 fo. 298r.
[260] Vgl. GLA 225/485, 1608 Okt. 9: Krais wurde danach vor 12 Jahren, also 1596, als Organist
eingestellt.
[261] Vgl. ebda. 1609 April 9: Der gekündigte Krais supplizierte erneut um die Stelle, obwohl sie
nach der neuen Ordnung durch einen Geistlichen versehen werden sollte; der dafür vorgesehene
Gebhard Mader hatte allerdings dem Rat abgesagt gehabt.
[262] Nach StadtAÜb Rp. 1607—12 fo. 389v, 1611 Nov. 27, wurde der Laie Jerg Reisch eingestellt, solange jedenfalls, bis ein geistlicher Organist gefunden würde. StadtAÜb Rp. 1613—17
fo. 284v, nennt für das Jahr 1616 den Laien Anthonius Klump als Organist; 1618 wurde
wiederum Jerg Reisch eingestellt; vgl. GLA 225/485, 1618 Aug. 25/27. Nach ebda. [o.D., ca.
1620], beschloß der Rat, daß man, falls man einen erfahrenen Organisten finden werde, das in
den Statuten festgesetzte Gehalt noch um 1/3 erhöhen werde.
[263] Nach GLA 225/961 fo. 1 ff., hatte der Rat in den 1560er Jahren die Lateinschule reformiert.
Unter Umständen wurde erst zu diesem Zeitpunkt ein Kantor eingestellt, während zuvor der
lateinische Schulmeister die Leitung des von den Schülern bestrittenen Kirchengesangs innege-
habt haben dürfte. Nach der Errichtung des Kollegiatstiftes 1609 hätte den Statuten zufolge (s.
dazu Kap. X.3) ein Geistlicher das Amt des Kantors übernehmen sollen. Wie beim Organisten
scheint aber diese Regel zunächst nicht beachtet worden zu sein, denn nach StadtAÜb
Rp. 1613—17 fo. 362r, wurde jetzt noch der Laie Adam Ungelehrt zum Kantor berufen.

Abb. 19: Die Kapläne: Zahl und Herkunftsort

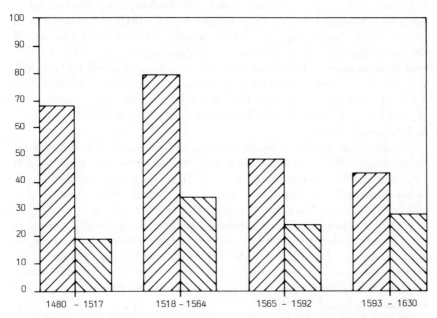

1. Balken: Absolute Zahlen   2. Balken: Überlinger Kapläne

dieser Fragen soll zunächst die Prosopographie der Überlinger Kapläne ausgewertet werden, welche 241 Kapläne umfaßt, die zwischen 1480 und 1630 in Überlingen eine Pfründe erhalten haben[264].

Die Kaplaneipfründe, so wird dabei deutlich, war eine für die Bürgerssöhne der Stadt gedachte Institution. Supplizierte ein Priester um eine Pfründe oder verwandte sich jemand für ihn, so war der Hinweis, daß es sich um ein Stadtkind handelte, mit die wichtigste Empfehlung. Allein aus diesem Grund erhielt z.B. auch Philipp Beck 1595 eine Pfründe als Organist, obwohl sich der Pfarrherr für einen anderen Bewerber ausgesprochen hatte und der Leumund Becks durchaus nicht bestechend war[265]. Die natürliche Folge war, daß ein Großteil der Kapläne, im Unterschied zum Seelsorgeklerus, aus Überlingen stammte. Dies belegen die Angaben über die Herkunftsorte (s. Abb. 19). Von 169 Kaplänen ist der Geburtsort bekannt, 105 davon stammten aus Überlingen, wobei man noch vermuten kann, daß unter der Zahl der übrigen Kleriker, zu denen keine Angaben eruiert werden konnten, ebenfalls einige Überlinger

---

[264] Vgl. dazu Kap. XVI.

[265] StadtAÜb Rp. 1588–96 fo. 296v, 298r: Beck war 1595 eingestellt worden, obwohl Pfarrer Gerum einen anderen Bewerber (Melchior Schramm) favorisiert hatte. Nach StadtAÜb Rp. 1597–1603 fo. 288r, war Beck bei dem Bürgermeister zu Munderkingen, wo er zuvor als Organist tätig gewesen war, verschuldet. Zu seiner Entlassung s. unten.

gewesen sein dürften. Denn oft wurde auf Reversen der Herkunftsort nur dann angegeben, wenn es sich um einen Auswärtigen handelte. Diese Tendenz wurde durch die Reformation noch verstärkt. Waren es bis 1517 19 Überlinger, welche eine Pfründe erhalten hatten, so stieg diese Zahl zwischen 1518 und 1554 auf 34, obwohl sich die Gesamtzahl der Kapläne in dieser Zeit nur geringfügig von 68 auf 79 erhöht hatte. Von den 48 bzw. 43 Kaplänen, die zwischen 1555 und 1592 bzw. 1593 und 1630 in Überlingen residierten, stammten jeweils 24 bzw. 28 Kapläne aus Überlingen. Der Anteil der Stadtkinder war damit im Laufe des 16. Jahrhunderts kontinuierlich gestiegen, von 28% in den Jahren vor der Reformation über 43% und 50% bis auf 65% um die Jahrhundertwende.

Betrachtet man die Herkunftsorte der anderen Kapläne, so zeigt sich, daß die Reformation in den benachbarten Reichsstädten diese Entwicklung nur indirekt verursacht haben kann. Denn schon vor 1517 kamen die meisten Kapläne aus den katholischen Landstädten der Region oder aus später katholisch gebliebenen Reichsstädten[266]. Von 11 aus Reichsstädten stammenden Geistlichen kamen 4 aus Pfullendorf, 3 aus Ulm und je einer aus Ravensburg, Leutkirch, Rottweil und Konstanz. 14 gaben zumeist vorderösterreichische Landstädte als Herkunftsort an, wobei Ehingen, Munderkingen und Radolfzell an der Spitze rangierten. Der größte Teil stammte aus Dörfern Oberschwabens, nur wenige kamen von weiter her. Damit verweisen auch die Herkunftsorte der Kapläne auf den engen Konnex der Stadt mit den katholischen Territorien der Umgebung.

Daß im Laufe des 16. Jahrhunderts der Anteil der Einheimischen unter den Kaplänen zunahm, ist auf den Rückgang der von auswärts kommenden Priester zurückzuführen, denn die absolute Zahl der aus Überlingen stammenden Kapläne veränderte sich im Vergleich dazu nur geringfügig. Der allgemeine Priestermangel, der seinen Höhepunkt in den Jahren vor und nach der Jahrhundertmitte hatte, schlug also auch bei den Kaplänen durch, jedoch nicht gar so stark wie beim Seelsorgeklerus. Zwar sank nach 1554 die absolute Zahl der sich in Überlingen verpfründenden Kapläne, erstmals wurde jetzt z.B. auch einem Mönch, einem Benediktiner aus Zwiefalten, eine Pfründe verliehen[267], und die Versuche des Rats, von neuen Priestern zu verlangen, sich mindestens auf zehn Jahre zu verpflichten[268], zeugen ebenfalls von einem bereits von den Zeitgenossen empfundenen Engpaß, doch sind es immerhin noch 91 Personen, die sich nach 1554 verpfründeten und im Schnitt 14 Jahre residierten. Auch nach 1554 gab es damit in der Regel zwischen 10 und 15 Kapläne in der Stadt, so daß die wichtigsten Pfründen immer durchgehend besetzt werden konnten.

Die Kaplaneien boten eben für viele Bürgerskinder eine sichere Versorgungsmög-

---

[266] Die Herkunftsorte von Klerikern konnten je nach Größe und Anziehungskraft einer Stadt schwanken. In Straßburg kamen um 1500 etwas weniger als 1/3 der Kapläne aus der Stadt selbst, die anderen 2/3 verteilten sich gleichmäßig auf das umliegende Landgebiet und auf andere Diözesen; vgl. *Rapp* S. 298, 451. Im landstädtischen Hannover dagegen waren nach S. *Müller* S. 36, fast 80% der Kapläne Stadtkinder.

[267] GLA 2/2659, 1565 Febr. 12, Revers des Lorenz Frey.

[268] Vgl. Kap. VII.3.

lichkeit. Dies mag ihre ungeachtet gewisser Schwankungen ungebrochene Attraktivität ausgemacht haben. Pfründen, gleich welcher Art, waren eben eine typische Erscheinung des vormodernen Europa, die einen wichtigen Platz im sozialen und gesellschaftlichen System einnahmen[269]. Im katholischen Überlingen tradierte sich hier im Bereich der Kirche eine im späten Mittelalter etablierte Einrichtung fort, welche, die Zahlen belegen es, von ihrer Anziehungskraft und Funktionsfähigkeit nur wenig eingebüßt hatte. Ob die Pfründen dies mehr ihrem sozialen Zweck oder ihrem religiösen verdankten, ob für die Zeitgenossen der weltliche oder der geistliche Charakter dieser Institution der Kaplaneipfründe überwog, diese Frage mag vorerst noch beiseite gelassen werden. Fest steht jedenfalls: Die reformatorischen Ereignisse hatten das Pfründensystem kaum tangiert; weiterhin bildete es einen der tragenden Pfeiler des Überlinger Kirchenwesens.

Betrachtet man die Karriere derjenigen Kapläne, die aus Überlingen stammten und vor ihrer Verpfründung eine Universität besucht hatten, so werden die eben getroffenen Feststellungen bestätigt: Von 67 erhielten 48 bald oder gar unmittelbar nach dem Ende ihres Studiums eine Pfründe, nur bei 19 lag zwischen dem Datum der Immatrikulation und der Pfründverleihung ein Zeitraum von mehr als 10 Jahren. Ein Überlinger Stadtkind, das studierte und sich anschließend zum Priester weihen ließ, konnte also fast sicher sein, danach eine Pfründe in seiner Heimatstadt zu erhalten. Leonhard Thuschgat z.B. hatte schon, bevor überhaupt eine Pfründe frei war, vom Rat die Zusicherung erhalten, auf die nächste frei werdende Stelle präsentiert zu werden[270]. Besonders protegiert wurden natürlich Geistliche, die Familien der städtischen Führungsschicht angehörten. Gregor Kern, Sohn des Zunftmeisters Hieronymus Kern, erhielt sofort nach der Weihe zum Priester eine Kaplanei, ohne, wie es oft üblich war, zuvor einige Zeit als Helfer tätig gewesen zu sein[271].

Und hatte ein Geistlicher einmal eine Pfründe erhalten, residierte er in der Regel auch sehr lange in Überlingen. Im Durchschnitt blieben die Kapläne des Untersuchungszeitraumes 23 Jahre in Überlingen, wobei auffallenderweise die durchschnittliche Verweildauer auf der Pfründe gerade während der Jahre der Reformation am höchsten war. Vor 1518 amtierte ein Kaplan im Schnitt 15 Jahre, zwischen 1518 und 1554 waren es auf einmal 40 Jahre. Wenn auch infolge methodischer Probleme diese Angabe nur unter Vorbehalt gilt[272] und die durchschnittliche Residenz in diesem

---

[269] Vgl. *Moraw* S. 14.

[270] GLA 2/2442.

[271] StadtAÜb Rp. 1588–96 fo. 235r.

[272] Für die hohe durchschnittliche Verweildauer ist vor allem eine Gruppe von 12 Kaplänen verantwortlich, die besonders lange Residenzzeiten aufwiesen. Dabei handelte es sich um: Johannes Baumeister (1536–62), Martin Beler (1512–58), Jacob Hartmann (1491–1532), Diepold Hund (1486–1537), Burkhart Keller (1516–40), Egidius Kraus (1519–43), Alexius Langenberg (1500–40), Niclaus Müller (1521–72), Thomas Schleher (1512–42), Jodocus Schmidmeister (1510–46), Mauritius Schmidmeister (1528–69); vgl. Kap. XVI. Die methodische Problematik der statistischen Auswertung beruht darin, daß bei einigen Kaplänen Anfangs- oder Endjahr des Pfründbesitzes nicht direkt überliefert sind, sondern indirekt aus der Verleihung an andere Kapläne erschlossen wurde. Mögliche Vakanzen können dabei nicht berücksichtigt werden.

Zeitraum eventuell etwas kürzer gewesen sein mag, so bleibt doch unbestritten, daß die Kapläne über Jahrzehnte hinweg, gerade auch während der Reformationszeit, personelle Kontinuität garantierten. So gut wie keiner von ihnen wandte sich der neuen Lehre zu; nur ein einziger von allen 241 Kaplänen scheint zum Protestantismus übergetreten zu sein[273].

Während des gesamten Untersuchungszeitraumes hatte auch immer mehr als die Hälfte, meist ungefähr zwei Drittel der Kapläne, die Pfründe bis zu ihrem Tode inne, und nur etwa ein Drittel kündigte, um woandershin zu gehen. Hatte ein Kaplan einmal eine Pfründe erhalten, blieb er also auch in der Regel auf dieser Stelle. Jedenfalls war dies bis zum Ende des 16. Jahrhunderts so üblich, neu war nur, daß ab 1593 die Kapläne begannen, die Pfründen innerhalb Überlingens öfters zu wechseln. Offensichtlich versuchten sie, eine besser dotierte Kaplanei zu erhalten[274] – wohl mit eine Folge der wirtschaftlichen Krise und des zurückgehenden Pfründeinkommens.

Die Institution der Kaplaneipfründe erfüllte also während des gesamten 16. Jahrhunderts, zumindest formal, ihren Zweck. Sie bot Überlinger Bürgerssöhnen, die den geistlichen Stand ergriffen hatten, eine Stelle, und dieses Angebot wurde auch durchweg angenommen. Die meisten Kapläne, zumindest wenn sie aus Überlingen stammten, waren denn auch noch beim Antritt ihrer Stelle sehr jung. Kapläne wie Beat Eberlar oder Johannes Keller, die beide in schon fortgeschrittenerem Alter ihre bürgerlichen Berufe aufgegeben hatten – der eine war Spitalmeister zu Überlingen, der andere Stadtschreiber zu Engen gewesen –, waren die Ausnahme[275]. In der Regel hatten die meisten Kapläne, wohl nach einigen Jahren Lateinschule, für einige Zeit eine Universität besucht[276] und relativ bald, sowie in Überlingen eine Pfründe frei wurde, sich in Überlingen niedergelassen, wo sie dann oft zeitlebens blieben.

Diese typische Karriere bestätigt auch eine genauere Betrachtung des Bildungsganges der Kapläne: Von den 241 Kaplänen war die Hälfte, nämlich mindestens 122, an einer Universität eingeschrieben gewesen. Nur 14 hatten dabei an mehr als einer Universität studiert, die Mehrheit begnügte sich mit dem Besuch einer Hochschule. Allerdings hatten nur 47 einen Abschluß erworben, meistens einen Magister Artium; der überwiegende Teil dürfte mithin nur ein bis zwei Jahre an der Artistenfakultät

---

Immerhin aber sind für eine ausreichende Anzahl von Kaplänen beide Daten gesichert überliefert, so daß die statistische Auswertung auf alle Fälle den Trend zutreffend wiedergibt.

[273] Johannes Hartmann heiratete, nachdem ihm wegen fortgesetzten Gotteslästern die Pfründe gekündigt worden war (StadtAÜb Mp. 1566/67 fo. 163 ff.), später eine Nonne und wird als Abtrünniger der hl. Kirche bezeichnet; vgl. StadtAÜb Rp. 1573–87 fo. 24 f.

[274] Zwischen 1480 und 1517 resignierten 8 ihre Pfründe, 14 starben im Amt; 1518 bis 1554: 27 resignierten, 36 starben, einem wurde gekündigt, und 4 wechselten innerhalb der Stadt; 1555–1593: 13 resignierten, 16 starben, 8 wechselten, 4 wurden entlassen; 1594–1630: 11 resignierten, 16 starben, 22 wechselten, 3 wurden entlassen.

[275] Vgl. *Semler*, Geschichte S. 37; GLA 2/2092; StadtAÜb Rp. 1601–03 fo. 96, 113 f.

[276] Eine andere Möglichkeit zeigt der Weg Bernhard Heurenbachs. Er wurde, nachdem er bis zu seinem 15. Lebensjahr die Überlinger Lateinschule besucht hatte, vom Abt zu Salem in dessen Schule aufgenommen, da Heurenbach den geistlichen Stand ergreifen wollte; vgl. EAF Ha 542 fo. 169.

Abb. 20: Universitätsbesuch der Kapläne

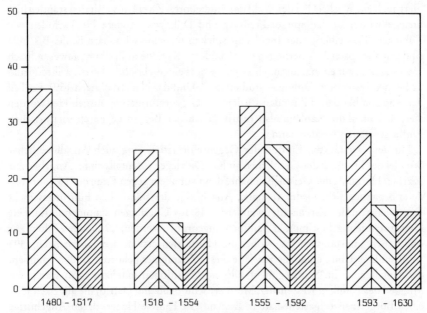

1. Balken: Absolute Zahl 2. Balken: Überlinger Kapläne mit Universitätsbesuch
3. Balken: Kapläne mit Universitätsabschluß

studiert haben. Vor 1517 hatten 53% der Kapläne eine Universität besucht, danach fiel der Anteil auf 32%, stieg ab 1555 auf 69% und betrug für die Jahre zwischen 1593 und 1630 65% (s. Abb. 20). Der Anteil von Überlingern überstieg dabei immer 50%. Interessant ist, daß gerade in diesem letzten Zeitraum der Anteil derjenigen Kapläne, die ihr Studium mit einem akademischen Grad abschlossen, proportional stärker gestiegen war. Er betrug 33% (für die Zeit von 1593 bis 1630) gegenüber 19% (für die Zeit vor 1517), 13% (für die Zeit zwischen 1517 und 1554) und 21% (für die Zeit nach 1554 bis 1593). Wenn also auch die Gesamtzahl derjenigen, die eine Universität besucht hatten, sich nur wenig verändert hatte, so war doch die Ausbildung insgesamt qualifizierter geworden. Ein wesentlicher Anteil an dieser Entwicklung kam dabei dem Kurzschen Stipendium zu[277]. Es vermochte eher als die nur fallweise gewährten und auch nicht so hohen Stipendien des Rats die finanzielle Grundlage für eine kontinuierliche Förderung des Priesternachwuchses zu garantieren. Auffallend ist ferner, daß in den Jahren der Reformation das Bildungsniveau der Kapläne deutlich gesunken war. Offensichtlich war man gezwungen gewesen, die Anforderungen an die Kapläne etwas zurückzuschrauben[278].

---

[277] Vgl. dazu Kap. X.2.
[278] Dieses Ergebnis ist insgesamt nicht untypisch. Auch nach *Oediger* S. 64 ff.; A. *Braun* S. 97 f.; *Geiger* S. 112 f., hatten zwar relativ viele Kleriker eine Universität besucht, allerdings

Mit den zahlenmäßigen Veränderungen gegen Ende des Jahrhunderts korrespondiert auch ein Wechsel bei der Wahl der Studienorte. Zwei Universitäten standen hier unangefochten an der Spitze: Freiburg und Dillingen. Andere Hochschulen wie Tübingen, Heidelberg oder Ingolstadt spielten nur ·eine sekundäre Rolle. Bis 1593 sind fast alle später in Überlingen verpfründeten Kapläne in Freiburg gewesen, nach 1593 waren es auf einmal nur noch zwei, die dort eingeschrieben waren, während nun 22 bei den Jesuiten in Dillingen studierten[279]. Und das heißt, daß nach 1593 ein Teil der Kapläne bei dem führenden Orden der Gegenreformation ausgebildet worden war, daß über die Kapläne also relativ genau der Beginn gegenreformatorischen Einflusses datiert werden kann.

Mit dem verstärkten Einfluß der Gegenreformation ging auch ein allmählicher Wandel des Prestiges der Geistlichen einher. Dies legen jedenfalls einige Angaben zur sozialen Herkunft der Geistlichen nahe, denn vor allem gegen Ende des 16. Jahrhunderts begannen sich wieder verstärkt Angehörige der städtischen Führungsschicht dem Dienst in der Kirche zuzuwenden[280]. 48 aus Überlingen stammende Kapläne können eindeutig bestimmten Familien zugeordnet werden, 20 davon zählten zur städtischen Führungsschicht, wobei die Hälfte sich erst in den Jahren nach 1593 verpfründete. Und gerade die Kapläne dieses Zeitraumes gehörten zu den Familien, die damals auch im Stadtregiment führende Positionen innehatten. So war je ein Mitglied der Familien Kessenring, Mesmer, Schulthaiß und Dafrid, die alle nach 1580 einen Bürgermeister gestellt hatten, Kaplan. Die Familie Hager, deren Angehörige vor allem in territorialen Diensten standen, stellte mindestens zwei Kapläne. Daneben wären noch die Angelmüller, Kern, Erlaholz, Rohnbühel und Brähin als Familien von Zunftmeistern zu nennen. Was fehlte, war das alteingesessene Patriziat. Nur in der ersten Jahrhunderthälfte sind zwei Angehörige der Familie von Payer als Kapläne in Überlingen nachweisbar, ansonsten waren nur Angehörige der bürgerlichen Oberschicht vertreten oder der Gruppe des Patriziats, die, wie die Kessenring oder Schulthaiß, in Überlingen zu den Aufsteigern zählten. Einige Kapläne stammten auch

---

eben meist nur für kurze Zeit die Artistenfakultät. Während *Oediger* daraus allerdings eine kritische Einschätzung des Bildungsniveaus ableitet, wertet es *Braun* als Beweis für das prinzipielle Bildungsinteresse der Kleriker. Wahrscheinlich war es einfach nur eine Referenz, welche bei der Bewerbung um eine Pfründe von Vorteil war.

[279]

Universität	1480–1517	1518–1554	1555–1593	1594–1630
Freiburg	13	18	20	2
Dillingen			8	22

In Tübingen studierten 5, in Basel 5, in Wien 2, in Köln 2, in Ingolstadt 7 und in Heidelberg 7 der Überlinger Kapläne. Dabei ist zu beachten, daß von den 7, die in Ingolstadt studierten, allein 6 dort als auf ihrer zweiten Universität eingeschrieben waren. Dies hing zum Teil mit Problemen, die es zwischen den Kurzschen Stipendiaten und den Jesuiten in Dillingen gab, zusammen; vgl. dazu Kap. X.2.

[280] *Kurze*, Klerus S. 286, weist darauf hin, daß gerade die Klärung der sozialen Herkunft noch weithin ein Desiderat der Forschung ist.

aus weniger begüterten Familien, allerdings nur 7 aus Familien, die weniger als 500 lbd Vermögen besessen hatten. Die Herkunft der Überlinger Kapläne läßt sich also auf die bürgerliche Mittel- und Oberschicht lokalisieren.

Daß die Kapläne selbst oftmals finanziell gut situiert waren, belegen ihre Vermögensverhältnisse. Von 92 Kaplänen ist bekannt, wieviel Besitz sie versteuerten. Im Unterschied zu den übrigen Einwohnern, deren Vermögen in der Recheneinheit der Steuermark in den Steuerbüchern angegeben wurde, steht bei den Geistlichen nur der tatsächliche Betrag, den sie an Steuer entrichteten. Da Aigen und Varend unterschiedlich besteuert wurden, läßt sich daraus nicht errechnen, wieviel Vermögen der betreffende Kaplan besessen hatte. Immerhin sind aber gewisse Rückschlüsse auf seine Vermögensverhältnisse möglich. Zahlte z. B. jemand 100 d Steuer, so dürfte er mindestens 100 lbd Vermögen, wahrscheinlich aber noch etwas mehr besessen haben[281]. Teilt man die Kapläne für die Zeiträume von 1496 bis 1528, 1558 bis 1578 und 1588 bis 1617 in Steuergruppen ein, so fallen bis 1588 die meisten Kleriker in die Gruppe bis 500 d, wobei hier wiederum die meisten zwischen 200 und 500 d Steuer bezahlten, also ein Vermögen von ungefähr 350 bis 700 lbd besessen haben dürften. Nach 1588 bezahlten die meisten sogar mehr als 1 000 d Steuer. Zwar weiß man nicht von allen Kaplänen, wieviel sie versteuert haben, doch dürfte allein der Pfründbesitz, für den die Kapläne ja neben ihrem Privatvermögen Steuern entrichten mußten, ausgereicht haben, um in die Klasse der mittleren Vermögen eingereiht werden zu können.

Tab. 10: Steuergruppen der Kapläne

Steuergruppen	1496–1528	1558–1578	1588–1608
100 d	1	1	0
200 d	6	3	0
300 d	16	7	0
400 d	14	4	0
500 d	4	2	0
1000 d	2	6	1
5000 d	1	7	17
Durchschnittl. Steuerbetrag:	352	731	1594

Ihrem Vermögen wie ihrer Herkunft nach gehörten die Überlinger Kapläne also zur bürgerlichen Mittel- und Oberschicht. Deshalb weckt es völlig falsche Assoziationen, wenn man, wie das sowohl *Semler* als auch *Camenzind* tun, den in der älteren

---

[281] Vgl. Kap. XIII zum Steuerwesen und dem Umrechnungsschlüssel von Steuermark in Vermögen und Steuerbetrag. Für die Auswertung wurde der in lbd angegebene Steuerbetrag in d umgerechnet, um eine dezimale Recheneinheit zu erhalten.

Literatur oft verwendeten Begriff des Klerikerproletariats aufgreift, um die Situation der Überlinger Kapläne zu charakterisieren[282]. Die Kapläne litten weder materielle Not, noch können sie von ihrem Sozialstatus her in die Nähe der unteren Schichten gerückt werden. Richtig daran ist nur, daß die Gruppe der Kapläne deutlich vom Seelsorgeklerus abgegrenzt werden muß, da ihr Verhalten, ganz anders als das der Pfarrherren, immer wieder Probleme aufwarf und das Eingreifen des Pfarrherrn wie des Rats provozierte.

Beschäftigt man sich näher mit dem Verhalten der Kapläne, so muß man vorab zwei Einschränkungen machen: Die Quellenlage ist, vor allem für die erste Hälfte des 16. Jahrhunderts, relativ schlecht, die Überlieferung fließt zu spärlich – erst mit den Visitationsprotokollen gegen Ende des Jahrhunderts verbessert sich die Lage – und läßt damit nicht mehr als begründete Vermutungen zu. Die zweite Einschränkung betrifft die Kapläne selbst: So ist es unzulässig, aufgrund des defizienten Verhaltens einzelner auf das der ganzen Gruppe zu schließen. Selbst der Rat betonte bei aller Kritik, daß *[...] etlich priester under inen sich gar wol erbarlich und nachgefallen ains ersamen raths und deß pfarrherrns verhalten [...]* und die Ermahnungen nur für *[...] die jenigen so sich dises unpriesterlichen wesens und verhaltens schuldig wißen [...]* gelte[283]. Es war also immer nur ein Teil der Kapläne, dessen Verhalten nicht den an sie gerichteten Erwartungen entsprach.

Dabei fällt auf, daß Kritik am Klerus selten von der Bevölkerung geübt wurde, sondern zumeist vom Pfarrherrn. Für einen verbreiteten Antiklerikalismus bei den Einwohnern Überlingens gibt es in den Quellen kaum Hinweise. Zwar argumentierten die Kapläne z. B. 1527, als der Pfarrer Veränderungen des Gottesdienstes einführen wollte, mit dem gespannten Verhältnis zu den Laien, denen man gerade in diesen Zeiten keinen Anlaß zur Kritik geben sollte[284], und auch der Rat nahm das bei den Einwohnern Anstoß erregende Verhalten mancher Domherren mit zum Anlaß, diesen die Residenz in Überlingen aufzukündigen[285]. Doch ist bei all diesen Argumenten immer die Intention, die sich dahinter verbarg, in Rechnung zu stellen. Oft diente der Gemeine Mann nur als Vorwand, um eigene Interessen zu kaschieren[286].

---

[282] *Semler*, Seelsorger S. 97; *Camenzind* S. 73 f. – W. *Müller*, Kaplaneistiftung S. 301, bezeichnet Pfründinhaber ohne Seelsorgeverpflichtung als ortloses Proletariat; und *Moeller*, Leben S. 134, geht davon aus, daß es um 1500 „so etwas wie ein klerikales Proletariat [gab]". Ähnlich auch *Andreas* S. 100 ff.

[283] StadtAÜb Rp. 1573–87 fo. 592v. Ebenso auch EAF Ha 61 fo. 507r: Die Kapläne *sind ainß guthen thails in flyß, wandel und conversation [...].*

[284] Vgl. GLA 225/567 fo. 1 ff.

[285] Zwischen den Geistlichen des Domkapitels und den Überlingern hatte es seit der Übersiedlung des Kapitels im Jahre 1527 immer wieder kleinere Friktionen, meist aus wirtschaftlichen Gründen, zum Teil aber auch wegen der Lebensführung der Konstanzer Geistlichen gegeben (vgl. z. B. GLA 61/7239 fo. 205v, 243r, 311v, 330 f., 332r, 333; 61/7240 fo. 19r, 40 f., 43r, 236r, 424r; 61/7241 fo. 4v, 13, 28 ff., 50vf, 61v, 66r, 74r). Einen Höhepunkt erreichten diese Ressentiments, als während der Pest von 1541 die Konstanzer Geistlichen aus der Stadt flohen, was ihnen nach GLA 61/7241 fo. 156r, von den Einwohnern verübelt wurde. 1542 siedelte das Kapitel denn auch endgültig nach Radolfzell um.

[286] So versuchten z. B. die Kapläne einer stärkeren Inanspruchnahme durch den Pfarrer, der

Allenfalls mögen die Überlinger Laien in den Jahren der Reformation etwas sensibler auf Verfehlungen der Kleriker reagiert haben, doch kam es nie zu so schwerwiegender Kritik, als daß sie sich in den städtischen Akten niedergeschlagen hätte. Und wenn es im Laufe des 16. Jahrhundert irgendwann einmal zu direkten Angriffen und Schmähungen der Kleriker kam, so standen meist ganz konkrete Motive wirtschaftlicher oder sozialer Art dahinter[287].

Daß es vor allem der Pfarrer war, der ein kritisches Auge auf das Verhalten der Kapläne hatte, lag daran, daß er über die Präsenz ein gewisses Aufsichtsrecht besaß, ohne allerdings Strafen aussprechen zu können. Um seinen Ermahnungen Nachdruck zu verleihen, mußte er sich jeweils an den Rat wenden. Auch die Regelung des Verhaltens der Kapläne hing letztlich allein vom Rat ab. Er entschied, ob und wie schwer ein Kaplan bestraft wurde, und er allein besaß als Kollator das Recht, einem Kaplan die Pfründe aufzukündigen. Die überlieferten Zeugnisse erlauben deshalb nicht nur Rückschlüsse auf das Verhalten der Kapläne, sondern sie zeigen zugleich, wie sich die Einstellung des Rats zu deren Verhalten im Laufe der Zeit veränderte.

Wie viele Kapläne waren es nun, deren defizientes Verhalten aktenkundig geworden ist, und wessen machten sie sich schuldig? Von 37 Kaplänen ist bekannt, daß sie der Pfarrherr ermahnte, beim Rat anzeigte oder daß der Rat aus eigener Initiative einschritt. Zwei Delikte standen dabei an erster Stelle: ‚Unfleiß‘ und unpriesterliches Verhalten[288]. Während der erste Begriff noch relativ präzise ist – es fallen darunter alle Vernachlässigungen der Pflichten eines Kaplans –, können mit dem zweiten ganz unterschiedliche Dinge bezeichnet werden, wie z. B. öffentliches Fluchen und Gotteslästern, Störung des Gottesdienstes, öffentliches Tanzen u. ä. Jacob Hartmann, Philipp Beck und Christoph Mayer wurde deswegen sogar gekündigt. Im Falle Mayers und Lutzelburgers wurde die Kündigung allerdings wieder zurückgenom-

---

ihnen die Vernachlässigung ihrer Präsenzpflichten vorwarf, zu entgehen. Und der Rat bedurfte gegenüber dem Domkapitel eines Arguments, um z. B. seine restriktiven Maßnahmen gegen dessen Weinverkauf rechtfertigen zu können. Ebenso offenkundig ist dies bei dem Versuch des Rats, angebliche antiklerikale Strömungen zur Rechtfertigung eigener Interessen zu instrumentalisieren, als er 1567 gegenüber dem Bischof Eingriffe in die geistliche Jurisdiktion mit dem bereits zum Topos erstarrten Argument, der Gemeine Mann dulde derzeit die *unfur der priester* nicht, zu rechtfertigen suchte; vgl. zu diesem Beispiel GLA 225/603 (wie Anm. 48) und zum Kontext Kap. VII.3.

[287] Daß es insgesamt wenig Konfliktpunkte zwischen den Kaplänen und der Bevölkerung gab, lag auch daran, daß ihnen anscheinend nicht erlaubt war, Wein auszuschenken, wie ein Mandat von 1635 belegt, das ihnen, wegen der durch den Krieg verursachten Schwierigkeiten, dieses Recht jetzt erst zugestand (nach: *Semler*, Seelsorger S. 106). In anderen Städten war gerade dieses Recht oft ein Stein des Anstoßes gewesen; vgl. nur *Geiger* S. 107 zu Ulm; *Gechter* S. 22 ff. zu Köln. Auch A. *Braun* S. 108, betont, daß in erster Linie konkrete Streitfälle antiklerikale Tendenzen begünstigten. – Zu den wenigen konkreten Beschuldigungen gegen Überlinger Kapläne vgl. StadtAÜb Rp. 1607–12 fo. 445v; Rp. 1603–07 fo. 309; vgl. auch Anm. 208. Nur StadtAÜb I/54/156 fo. 293v, 1584 [Dez. 13], enthält eine Notiz, wonach in der Stadt antiklerikale Lieder gesungen worden waren.

[288] Auswertung nach Prosopographie (Kap. XVI).

men[289], und bei Hartmann wie bei Beck scheinen im Hintergrund noch schwerwiegendere Delikte gestanden zu haben[290].

Nur zwei Kaplänen, Franz Datz und Michael Nessler, wurde anscheinend wegen eines Verhältnisses zu ihrer Magd gekündigt[291], obwohl von sieben Kaplänen vermutet werden kann, daß sie in einem eheähnlichen Verhältnis mit ihrer Haushälterin lebten[292]. Doch vor allem in der ersten Hälfte des Jahrhunderts scheint der Rat gegen Konkubinarier nicht sehr rigoros vorgegangen zu sein, zumal es in Überlingen auch nicht allzu viele gegeben haben dürfte, und vor allem auch nicht, wenn der betreffende Kaplan, wie es z. B. bei Johannes Baumeister oder Georg Wild der Fall war, über gute Verbindungen zur Führungsschicht verfügte[293]. Matthias Angelmüller, dessen Ehebruch bewiesen war, wurde deswegen nicht einmal gekündigt, der Rat gab sich mit der für Ehebruch üblichen Geldstrafe zufrieden[294]. Nach 1580 scheint der Rat solche Verhältnisse nicht mehr geduldet zu haben. Vier der sechs Fälle, in denen ein Kaplan des Ehebruchs oder verdächtiger Beziehungen zu Frauen angeklagt wurde, fallen allerdings in die Zeit nach 1580[295].

Öfters kritisiert wurden auch die häufigen Wirtshausbesuche und die Trunksucht einiger Geistlicher[296], während Delikte wie der Totschlag, den Seyfried Kolb begangen hatte[297], oder die sträfliche Vernachlässigung seiner Residenzpflicht, wegen der Peter Haffner gekündigt wurde[298], eher die Ausnahme waren. Insgesamt muß man aber den Kaplänen zugute halten, daß es nur sehr selten schwerwiegende Verfehlungen gegeben zu haben scheint. Gewiß, zu vielen Verstößen mögen die Quellen fehlen, und man könnte vermuten, daß die wenigen überlieferten Beispiele nur die Spitze des Eisberges darstellen. Doch andererseits hat sich der Rat sicherlich mit allen schwerwiegenden Fällen beschäftigt, und sie hätten zumindest in den Ratsprotokollen verzeichnet sein müssen. Was nirgends festgehalten sein dürfte, das sind allenfalls die vielen alltäglichen Ärgernisse; doch auch hier muß man wiederum relativieren, denn immerhin hat der Rat einem Teil der Kapläne ausdrücklich auch priesterliches Verhal-

---

[289] Vgl. StadtAÜb Rp. 1573–87 fo. 263v, 300v; Rp. 1588–96 fo. 291v; GLA 225/586, 1581 [Nov. 10].

[290] Zu Hartmann und Beck s. Anm. 273 u. StadtAÜb IV/11/1546 fo. 5f., 9f., 1606 Juni 17 u. Juli 17: Ursula Mader klagte gegen Beck vor dem geistlichen Gericht wegen Defloration.

[291] StadtAÜb Rp. 1573–87 fo. 237r: Datz wurde gekündigt, *weil daß er dieselbigen* [seine Pfründe] *wie er zethun schuldig, nit versehen und darzue mit der strelmacherin hochbeschreyt und verleumbdet.* Vgl. StadtAÜb Rp. 1556–66 fo. 471r zu Nessler.

[292] Es handelte sich um Johannes Bauser, Nicolaus Müller, Johannes Ower, Thomas Schleher, Thomas Schlichter, Ambrosius Wetzel, Georg Wild; vgl. Kap. XVI.

[293] Georg Wilds Vater war Zunftmeister; Baumeister war verwandt mit dem Stadtschreiber Klöckler und damit auch mit dem Bürgermeister Caspar Dornsperger.

[294] StadtAÜb Rp. 1556–66 fo. 427v: Angelmüller, der mit Barbara Böckin Ehebruch begangen hatte, wurde um 40 lbd gestraft, Barbara Böckin um 20 lbd.

[295] Es handelte sich um Melchior Baumann, Franz Datz, Johann Georg Keller, Leonhard Sauter; vgl. Kap. XVI.

[296] Vgl. dazu vor allem die Visitationsprotokolle (s. dazu unten Anm. 314).

[297] Vgl. Anm. 42.

[298] GLA 2/2625.

ten bescheinigt. Auch wenn es fast ausschließlich Kapläne waren, die unter dem Überlinger Weltklerus negativ auffielen, so wird man doch davon ausgehen müssen, daß nur eine Minderheit die zeitgenössischen Normen ungebührlich weit überschritt[299].

Nur selten kam es denn auch dazu, daß der Rat seine öfters gebrauchte Drohung, einem Kaplan zu kündigen, in die Tat umsetzte. Nur in zehn Fällen ist bekannt, daß der Rat einen Kaplan entließ. Die Anlässe waren dabei recht unterschiedlich. Haffner wurde entlassen, weil er nicht in Überlingen residierte, Hartmann wegen unpriesterlichen Verhaltens, Beck wegen seines Unfleißes, aber vielleicht auch, weil er, wie Datz und Nessler, der Beziehungen zu Frauen verdächtigt wurde. Mit einer Kündigung wollte der Rat oft auch nur Druck ausüben, um das Verhalten der Kapläne zu korrigieren. So wurde sowohl Christoph Mayer und Felix Brendlin gekündigt, doch jedesmal wurde die Kündigung auf Fürbitten von Verwandten, des Bischofs oder des Pfarrers wieder zurückgenommen; Simon Meyer wurde nur mit der Kündigung gedroht[300]. Anlaß waren dabei sowohl bei Mayer wie auch Brendlin Beleidigungen gegen Angehörige der städtischen Führungsschicht gewesen. Insgesamt zeigt sich, daß der Rat mit der Kündigung öfters drohte, als daß er sie auch exekutiert hätte; und wenn er es tat, handelte es sich zumeist um schwerwiegende Verfehlungen. Die aber, auch das läßt sich der Kündigungspraxis entnehmen, kamen relativ selten vor.

Diese Kündigungspraxis läßt sich nun gewiß nicht damit erklären, daß dem Rat das Verhalten der Kleriker gleichgültig gewesen wäre. Gerade gegen Unfleiß schritt er nachdrücklich ein, da er als Obrigkeit für die Erfüllung der Stiftungen verantwortlich war. 1571 befahl er z.B. dem Mesner, wohl auch unter dem Einfluß Wuhrers, über alle zu spät zum Chordienst kommenden Kapläne Buch zu führen, um sie dann bestrafen zu können[301]. 1586 verbot er den Kaplänen, öffentlich zu tanzen[302], und noch 1627 erhielten Gabriel Ummenhofer und Michael Buchmüller einen Verweis, weil sie dagegen verstoßen hatten[303]; 1596 untersagte er das Herumvagieren auf den Gassen[304], Rudolf Zettel und Gebhard Mader ermahnte er, ihre langen Haare und Bärte abzuschneiden[305].

Gerade in der zweiten Hälfte des 16. Jahrhunderts häuften sich die Mandate des Rats; größere Verfehlungen wurden jetzt auch eher mit einer Kündigung der Pfründe

---

[299] Auch *Schlemmer* S. 79, 89 f., kam für das spätmittelalterliche Nürnberg zu dem Ergebnis, daß sich nur eine Minderheit unter den Klerikern unpriesterlich verhielt; ebenso spricht T. M. *Schröder* S. 42 für das spätmittelalterliche Esslingen von einem insgesamt intakten Weltklerus.

[300] Zu Haffner, Hartmann, Datz, Nessler und Mayer s. oben; zu Brendlin und Meyer vgl. StadtAÜb Rp. 1573—87 fo. 355r, 599. Auch Marx Weis drohte der Rat mit einer dann nie vollzogenen Kündigung; vgl. ebda. fo. 593.

[301] GLA 225/567 fo. 5.

[302] StadtAÜb Rp. 1573—87 fo. 592v.

[303] KaPAÜb C. 28/1 fo. 160.

[304] StadtAÜb Rp. 1588—96 fo. 372vf.

[305] StadtAÜb Rp. 1613—17 fo. 297v.

bestraft[306]. Jetzt erst dürfte das ‚Lob‘ des lateinischen Schulmeisters und Humanisten Tibianus seine volle Berechtigung erfahren haben, wonach *[...] sacerdotibus etiam popularibus honestis legibus a senatu coercitis ne licentiose vivant, ut in aliquis urbibus fit, in quibus sibi omnia licere per religionem et dominationem putant*[307]. In der ersten Jahrhunderthälfte scheint man dagegen an der Verweltlichung der Kapläne weniger Anstoß genommen zu haben, wie z. B. der Fall Conrad Ackers indiziert. Als 1529 auf der Priesterstube zwischen ihm und dem ehemaligen Stadtschreiber Ulrich Vischer ein Streit ausbrach, griffen beide im Laufe der Auseinandersetzung zu ihren Waffen[308]. Für Acker schien es selbstverständlich gewesen zu sein, eine zu tragen, und es scheint auch niemand daran Anstoß genommen zu haben, daß er es tat. Und auch in den Verhören gegen eine Gruppe von Kaplänen, die einem Überlinger Bootsmann das Boot entwendet hatten und damit nach Konstanz gefahren waren, wo es bei einem Sturm gesunken war, stand vor allem das Delikt selbst zur Debatte, weniger, daß es Geistliche waren, die es begangen hatten[309]. Und auch Reutlinger schildert noch ohne Kritik, wie der Kaplan Georg Wild auf der Stube des Löwen einem Patrizier im Spiel 307 fl abnahm[310]. Nicht daß hier ein Geistlicher spielte, sondern die Höhe des Gewinns ließ Reutlinger das Ereignis denkwürdig erscheinen.

Ein Überblick über die Visitationsakten[311] bestätigt diese Tendenz: 1575 wurde die erste Visitation im 16. Jahrhundert durchgeführt[312], doch erst seit 1592 findet sich in den Protokollen eine etwas ausführlichere Beschreibung des Verhaltens der Geistli-

---

[306] Aus dem Umstand, daß sich kirchliche Mandate gegen Ende des 16. Jahrhunderts häuften, dürfen allerdings nur mit Vorbehalt weiterführende Schlüsse auf sich verändernde Normen gezogen werden, denn Kirchenordnungen in anderen oberschwäbischen Städten zeigen, daß sich die Obrigkeiten auch schon früher angelegentlich um das Verhalten der Kleriker kümmerten. In Ravensburg, Pfullendorf und Kaufbeuren erließ zum Teil der Rat, zum Teil der Konstanzer Generalvikar auf Bitten des Rats entsprechende Ordnungen; vgl. *Holzer* S. 19 f.; *Walchner* S. 44 f., 69 f.; *Schupp*, Denkwürdigkeiten S. 143 f.; *Steichele-Schröder* S. 366.

[307] Baier S. 466.

[308] Vgl. StadtAÜb Gerichtsprot. 1528/29 fo. 30 f.

[309] Vgl. StadtAÜb IV/11/1538, 1522 Mai 3.

[310] Nach *Holl* S. 47.

[311] Zur Bedeutung der Visitationsprotokolle für die Kirchen- und Konfessionsgeschichte vgl. *Zeeden/Lang*; *Lang*, Bedeutung S. 208 ff.; *Ders.*, Kirchenvisitationsakten S. 133 ff.

[312] Nach *Willburger* S. 15, kündigte Bischof Hugo von Hohenlandenberg 1517 eine Pastoralvisitation an, die dann aber nicht durchgeführt wurde. Eine Visitation von 1527 beruht ausschließlich auf Berichten der Dekane, welche über die Verhältnisse in den einzelnen Orten wenig aussagen; vgl. Repertorium S. 51 f. Eine Visitationsreise von 1550 führte den bischöflichen Generalvisitator nicht nach Überlingen, sondern vorwiegend in vorderösterreichische Gebiete und nach Rottweil; vgl. *Kluckhohn* S. 607. Für die Jahre bis 1586 vgl. auch *Gmelin* S. 129 ff.

[313] Dieser Einschnitt wurde im Bistum Konstanz markiert durch die Visitationsordnung von 1591; ediert bei M. *Huber*, Reform S. 111 ff. Ohne darauf zu verweisen, referiert den Inhalt auch E. *Keller* S. 17 ff. Die veränderte Visitationspraxis zwang auch Rat und Klerus in Überlingen zum Umdenken. So fragten nun die Kapläne beim Rat an, wie sie sich bei der Visitation 1591 verhalten sollten. Der Rat beschied, daß sie den Visitatoren zwar über ihr Verhalten, nicht aber über die Verwaltung und Ausstattung der Kirchengüter Auskunft geben dürften; vgl. StadtAÜb Rp. 1588–96 fo. 175.

chen, jetzt erst kann von einer Visitation im eigentlichen Sinne des Wortes gesprochen werden[313]. Die darin aufgeführten Monita änderten sich in den folgenden Jahrzehnten kaum: Dogmatischen Irrlehren hing keiner der Überlinger Geistlichen an, und einem Teil wurde regelmäßig priesterliches Verhalten bescheinigt. Genauso regelmäßig finden sich aber auch Klagen über Unfleiß und Trunksucht bei dem anderen Teil sowie über die Eingriffe des Rats in kirchliche Belange[314]. Auch wenn man den solchermaßen kritisierten Kaplänen zugestehen mag, daß die Visitatoren mit der Zeit ihre Maßstäbe hochschraubten, so deutet sich zugleich doch auch an, daß sich Art und Ausmaß des defizienten Verhaltens der Kapläne zwischen 1590 und 1630 nur wenig gewandelt hatten. Die Kapläne waren und blieben – zumindest partiell – die Sorgenkinder einer auf Reform bedachten Kirche.

Weisen nun diejenigen Kapläne, die irgendwann negativ auffielen, gemeinsame Merkmale auf? Zwei Gemeinsamkeiten deuten sich an: Von 29 Kaplänen ist bekannt, welche Pfründe sie innehatten. 25 von ihnen versahen eine reine Meßkaplanei, 4 eine Kaplanei mit Prädikatur, und gerade diesen vier wurde weniger ihr schlechtes Verhalten angekreidet, sondern ihre Opposition gegen die Autorität des Pfarrherrn. Ferner fällt auf, daß von 18 Kaplänen, deren Steuerleistung bekannt ist, 13 über 500 d versteuerten, nur einer dagegen weniger als 100 d. Die Vermutung liegt nahe, daß es vor allem die Meßpriester waren, die eher verweltlichten und ihre Pfründe vor allem unter dem Gesichtspunkt materieller Versorgung sahen.

Daß die zum Teil unterschiedliche Auffassung ihrer eigenen Stellung zwischen dem Pfarrherrn auf der einen Seite und einem Teil der Kapläne auf der anderen zu Konflikten führen mußte, liegt auf der Hand, zumal ja auch noch ein hierarchisches Gefälle bestand und der Pfarrherr als Oberhaupt der Kirche gewisse Aufsichtsrechte beanspruchte. Autoritätskonflikte waren denn auch eine im Laufe des 16. und frühen 17. Jahrhunderts mit steter Regelmäßigkeit wiederkehrende Erscheinung. Und fast immer sah sich der Pfarrherr genötigt, bei der weltlichen Obrigkeit Rückhalt zu suchen (vor allem aus diesem Grund sind diese Konflikte denn auch in den städtischen Quellen überliefert). Gerum beschuldigte z. B. Kessenring, Brendlin und Weiß, sich gegen ihn verschworen zu haben[315]. Der Spitalpfarrer und die ältesten Kapläne, dies war wohl die eigentliche Ursache des Konflikts, mochten sich dem noch jungen Pfarrherrn nur ungern unterordnen. Auch bei den Konflikten mit Wuhrer und Ullanus, so unterschiedlich die konkreten Anlässe auch waren, stand im Hintergrund immer das gleiche Problem: Die Kapläne hatten dank ihrer Pfründe eine vom Pfarrherrn etwas unabhängigere Stellung, waren ihm aber zugleich in disziplinarischer Hinsicht unterworfen[316].

---

[314] Visitationsprotokolle liegen für folgende Jahre vor: 1575, 1581, 1584, 1590, 1592, 1597, 1597, 1611, 1614, 1616, 1618, 1620, 1624, 1629, 1631; vgl. das Quellenverzeichnis oder auch Repertorium.

[315] Vgl. StadtAÜb Rp. 1573–87 fo. 598r.

[316] Zu Wuhrer vgl. StadtAÜb Rp. 1566–73 fo. 92v; zu Ullanus vor allem EAF Konstanz-Generalia, Klöster u. Orden, Kolleg.-stift Überlingen 1.

Typisch für den Verlauf einer solchen Auseinandersetzung war der Konflikt, den 1527 eine Predigt des Pfarrherrn, wahrscheinlich handelte es sich um Lorenz Mär, auslöste. Er hatte den Kaplänen vor allem ihre Pflichtvergessenheit, aber auch ihre unpriesterliche Kleidung vorgehalten, worauf die so Beschuldigten einen Ausschuß bildeten, um sich gegen die Vorwürfe zur Wehr zu setzen[317]. Die korporativ organisierte Gruppe der Kapläne stand gegen den sich als geistliche Obrigkeit gerierenden Pfarrer. Der Rat nahm dabei die Rolle eines Schiedsrichters ein. Wie sich der Rat in diesem Fall entschieden hat, weiß man nicht. Wenn sich die Kapläne tatsächlich unpriesterlich verhielten, unterstützte der Rat auch im allgemeinen den Pfarrer, versuchte dieser aber seine Kompetenzen gegenüber den Kaplänen auszuweiten, um diese als eine Art verpfründete Helfer verstärkt zur Seelsorge heranzuziehen, so wies ihn der Rat in seine Schranken[318]. Die Fronten überkreuzten sich also: Zum einen sahen sich die Kapläne dem disziplinarischen Druck von Rat und Pfarrherrn ausgesetzt, zugleich nahm der Rat aber auch die Kapläne, die eben doch zu einem guten Teil Bürgersöhne waren, gegen den Pfarrherrn in Schutz, wenn dieser unter der Hand das Pfründsystem zu modifizieren suchte. So sehr sich nun auch der Rat manches Mal über diese fruchtlosen Streitereien geärgert haben mag, so ist doch gewiß, daß er dank seiner schiedsrichterlichen Funktion gegenüber seinem Klerus selbst an Einfluß und Autorität gewann. Wenn diese Autoritätskonflikte schon nicht aus der Welt zu schaffen waren, so zog wenigstens eine Seite, nämlich die weltliche Obrigkeit, ihren kirchenpolitischen Nutzen daraus.

Warum nun unterschied sich die Gruppe der Kapläne zum Teil vom Seelsorgeklerus, warum wollten sie nicht den Normen des geistlichen Standes, den sie schließlich ergriffen hatten, entsprechend leben? Die Stellung eines Kaplans barg gewisse Widersprüche in sich. Im 16. Jahrhundert war die Institution der Kaplaneipfründe veraltet, nur noch eine einzige wurde in Überlingen nach 1500 gestiftet, und dies wohl auch nur deshalb, weil der neue Friedhof einer Kapelle bedurfte. Seelsorge und Predigt galten als die eigentlichen Aufgaben eines Priesters und weniger das tägliche Lesen von Messen für Verstorbene. Zwischen den Aufgaben eines Kaplans und dem religiösen Bedürfnis der Zeit klaffte ein Widerspruch. Ein Kaplan war damit gewissermaßen funktionslos, wenn er sich nicht aus eigenem Antrieb bereit erklärte, auch Seelsorgepflichten zu übernehmen. Dazu kam, daß gerade die Institution der Pfründe sehr stark Versorgungscharakter besaß. Die Kaplaneien boten den Bürgerskindern die Möglichkeit sicherer Versorgung, die geistliche Seite dieser Einrichtung konnte damit allzu leicht in den Hintergrund treten. Sowohl von ihren Aufgaben wie auch von der Art ihrer Institution her mußten die Kapläne ein eigenes, vom Seelsorgeklerus unterschiedenes Selbstverständnis entwickeln. Davon müssen diejenigen Kapläne, die eine Prädikatur versahen, teilweise ausgenommen werden. An sie stellte der Rat bei der Einstellung auch andere Anforderungen. So mußte z.B. Balthasar Rantz, bevor er

---

[317] Vgl. GLA 225/567 fo. 1 ff.

[318] Dies zeigte sich vor allem bei den Auseinandersetzungen zwischen Ullanus und den Kaplänen (wie Anm. 316).

eine Kaplanei erhielt, wie ein Anwärter auf die Pfarrei seine Begabung als Prediger unter Beweis stellen[319]. Auch besaßen fast alle Kapläne, die bei den Schwestern zu St. Gallen predigten, einen akademischen Abschluß. Das entscheidende Kriterium zur Beurteilung eines Priesters scheint also tatsächlich gewesen zu sein, inwieweit er sich in der Seelsorge engagierte.

Im allgemeinen achtete nun der Rat darauf, daß jede der beiden Gruppen des städtischen Klerus, Pfarrer und Helfer sowie Kapläne, genau ihre Pflichten erfüllte und nicht in diejenigen der anderen einbrach. Und das hieß: Der Pfarrer war für Seelsorge und Predigt zuständig, die Kapläne dagegen sollten sehen, daß sie ihre Meßpflichten einhielten. Dem Rat schien es dabei vor allem darauf angekommen zu sein, daß die juristischen Bestimmungen der Stiftungen eingehalten wurden. Der Pfarrer selbst war es auch, der, sofern er genügend Helfer hatte, darauf achtete, daß seine Rechte nicht geschmälert wurden. So beschwerte sich 1594 Pfarrer Gerum, weil Kapläne ohne bischöfliche Approbation die Beichte abnahmen[320]. Für den Rat stellte das reine Meßpriestertum also kein Problem dar, er dachte nicht daran, es zu reformieren oder gar abzuschaffen. Er dachte vor allem in rechtlichen Kategorien, die tieferen Ursachen für das Verhalten der Kapläne, für ihr zum Teil verweltlichtes Selbstverständnis sah er nicht. Indem er das Pfründensystem stützte, trug er ungewollt zur Verweltlichung der Kleriker bei. Daß gerade zwischen Ratsherren und Pfründklerus soziale und verwandtschaftliche Konnexionen bestanden, war ein weiterer Grund, der für den Erhalt dieses Systems sprach.

11. Die Priesterbruderschaft: Zum korporativen Selbstverständnis des Klerus

Wie eng gerade die Kapläne in das städtische Sozialsystem eingebunden waren und wie es ihrem gesellschaftlichen Selbstverständnis seinen Stempel aufdrückte, erhellt besonders eine Untersuchung ihrer Bruderschaft. Ungefähr um 1434 wurde in Überlingen eine Priesterbruderschaft gegründet[321], wie sie es auch in anderen Städten in ähnlicher Art gegeben hat[322], der jeweils die Pfarrherren und alle Kapläne angehörten. Neben ihrer geistlichen Funktion diente die Bruderschaft vor allem zwei Zwecken: Das Einkommen der Kapläne konnte durch die im Rahmen der Bruderschaft gehalte-

---

[319] Vgl. EAF Ha 541 fo. 98.

[320] GLA 225/486, 1594 Sept. 15.

[321] Vgl. GLA 225/522, 1559 [März 9]: Danach wurde die Bruderschaft vor ca. 115 Jahren gegründet. Nach EAF Ha 72 (Statuten von 1626; s. dazu Anm. 323) vor ca. 200 Jahren.

[322] Vgl. *Kammerer*, Geschichte S. 93 f.; Schilling S. 89 f. Die Statuten der Biberacher Bruderschaft glichen denen der Überlinger. Anders entwickelte sich dagegen die Bruderschaft in Ravensburg. Hier standen bei den Statuten von 1562 disziplinarische Vorschriften im Zentrum. Offenkundig sollte, wohl aufgrund der Bikonfessionalität der Stadt, der Klerus diszipliniert werden, um gegenüber den protestantischen Geistlichen bestehen zu können; vgl. *Holzer* S. 11, 61 ff. In Überlingen hingegen bewahrte die Bruderschaft in wesentlich stärkerem Maße ihren spätmittelalterlichen Charakter als Begräbnisbruderschaft. – Allgemein zu den Priesterbruderschaften vgl. *Kallen* S. 145 f.; *Störmann* S. 127 f.; *Frölich*, Kirche S. 238 ff.

nen Jahrtage aufgebessert werden. Und ferner organisierte sich der Klerus, wie andere Einwohner der Stadt auch, in einer eigenen Korporation, er paßte sich damit gewissermaßen der Struktur der städtischen Gesellschaft an. Zunächst einmal war die Priesterbruderschaft allerdings eine Begräbnisbruderschaft, das *fundamentum fraternitatis principale* war das Abhalten von Jahrtagen für verstorbene Mitglieder oder aufgrund entsprechender Stiftungen[323]. Die Strafen für Priester, die Jahrtage versäumten, unterstreichen dies.

Doch erschöpfte sich die Bedeutung der Priesterbruderschaft nicht darin. Für den Überlinger Klerus war sie ein Pendant zu den oft ja auch aus Begräbnisbruderschaften entstandenen Zünften; der Klerus gliederte sich mit ihrer Hilfe in die städtische Gesellschaft ein. Mehrere Punkte weisen auf diese wichtige soziale Funktion der Bruderschaft hin: Aufgenommen wurden nur Pfarrer und Kapläne, nicht aber die Helfer, also nur diejenigen Geistlichen, die in Überlingen verpfründet oder fest angestellt waren, nicht aber Kleriker, die nur kurze Zeit in Überlingen weilten. Zudem war in der Praxis jeder Priester verpflichtet, ähnlich wie bei den Zünften, der Bruderschaft beizutreten[324]. Ferner: Die Bruderschaft wählte sich, ähnlich wie die Zünfte, einen eigenen Vorstand, gebildet aus vier Deputatoren, denen ein Procurator, der das Vermögen der Bruderschaft mit Hilfe eines Oeconomici und eines Schreibers verwaltete, zur Seite stand. Für die Gestaltung der Jahrtage wurde eigens noch ein Kantor erwählt. Die Wahlen fanden jährlich an St. Johannes Baptista statt, nachdem die Rechnungsführung des Procurators überprüft worden war, wobei von den vier Deputati jeweils zwei im Amt blieben und nur zwei neu gewählt wurden. Nach der Gründung des Kollegiatstiftes scheint es dann so gewesen zu sein, daß der Propst und der Senior unter den Kanonikern automatisch den Vorsitz führten, unabhängig von den Ergebnissen der Wahl[325]. Und wie die Zünfte sollte auch die Priesterbruderschaft der Friedenswahrung unter ihren Mitgliedern dienen: *[...] tumultus, blasphemiae, percussiones, impudica verba aliaeque immodestiae genera et expensarum onera inutilia inter confratres devitentur ordinavimus [...]*[326]. Wer sich daran nicht hielt, konnte gegebenenfalls sogar von der Bruderschaft ausgeschlossen werden.

Besonders deutlich wird die gesellschaftliche Funktion der Bruderschaft aber

---

[323] Die wichtigste Quelle für diesen Abschnitt bilden die Statuten der Bruderschaft, von denen zwei Fassungen erhalten sind. Die eine, vom 28. Sept. 1626 (EAF Ha 77 fo. 418 ff.), stellt eine überarbeitete Fassung der ursprünglichen Statuten dar, wohl um sie den Statuten des Kollegiatstiftes anzupassen. Die frühere, undatierte Fassung (KaPAÜb D. 33) wurde vermutlich bei der Gründung des Kollegiatstiftes aufgrund der ursprünglichen Fassung niedergeschrieben. Die inhaltlichen Unterschiede sind gering. Verändert wurde v.a. das 1. und 3. Kap. Vgl. dazu auch unten.

[324] KaPAÜb C 28/1 fo. 74: Joachim Bildstein wurde am 9. Okt. 1619 durch das Kapitel ermahnt, sich wie andere Priester der Bruderschaft anzuschließen. Es war also in der Praxis kaum möglich, der Bruderschaft fernzubleiben.

[325] Die Kapläne beschwerten sich eigens darüber, daß nach 1609 der Propst zugleich erster Deputierter der Bruderschaft war; nach EAF Konstanz-Generalia, Klöster u. Orden, Kolleg.-stift Überlingen 1 [undatiertes Konzept].

[326] KaPAÜb D. 33.

durch die Einrichtung der Priesterstube vor Augen geführt, einem Pendant zu den Zunftstuben. Dort trafen sich die Priester zum gemeinsamem Mahl, zum Umtrunk und zum Spiel. Dabei beschränkte sich der Besucherkreis nicht nur auf Kleriker, sondern er umfaßte generell die Angehörigen der städtischen Führungsschicht wie Bürgermeister, Stadtschreiber und in der Stadt lebende Akademiker. Die Priesterstube bildete ähnlich wie die Stube der Gesellschaft zum Löwen einen gesellschaftlichen Treffpunkt, wo sich Mitglieder der Führungsschicht außerhalb der Zunftstuben treffen konnten[327]. Damit wird zugleich auch ein interessantes Streiflicht auf den gesellschaftlichen Status der Kleriker geworfen: Sie gehörten in den Umkreis der Oberschicht. Nicht umsonst war es üblich, Kleriker als ‚Herr' zu titulieren.

Wie bei anderen Korporationen achtete der Rat aber auch hier darauf, daß seine obrigkeitliche Stellung gewahrt blieb. So war der Bruderschaft wie den Zünften zugestanden worden, Vergehen in der Priesterstube selber zu bestrafen, doch nur mit Wachs, und auch nur die der Priester, nicht die der Laien[328]. Daneben mußte die Bruderschaft jährlich seit der Übergabe des Patronatsrechtes, trotz anfänglichen Widerstandes der Kapläne, dem Rat Rechnung legen; erst Mitte des 17. Jahrhunderts befreiten sich die Kleriker von dieser Kontrolle[329]. Daß die Bruderschaft von ihrem Vermögen spätestens seit 1476 Steuern zahlte, war in Überlingen ohnehin selbstverständlich[330].

Die gesellschaftliche Funktion bildete aber nur eine Seite der Bruderschaft. Als geistliche Korporation suchte sie auch das Verhalten ihrer Mitglieder zu reglementieren und an den offiziellen kirchlichen Standards auszurichten. So sollte niemand in die Bruderschaft aufgenommen werden, der nicht *[...] de vita honestate et moribus eius sufficienter constiterit ac etiam in beneficio sibi collato ab ordinario confirmatus et investitutus iam fuerit. Sit etiam talis, praesertim si ordinis (ut vocant) particeps esse desiderat, ut officium, lectiones et evangelium consuetis cum clausulis rite legere et*

---

[327] Wer auf der Priesterstube verkehrte, läßt sich den Gerichtsakten entnehmen, denn im Falle von Streitigkeiten wurden jeweils die Anwesenden als Zeugen verhört. Nach StadtAÜb I/35/384, 1580 Juli 29, spielte z. B. Dr. Wilhelm Mohr mit Jacob Lutzelburger ‚im Brett'; anwesend waren unter anderem: Dr. Athanasius Offner, Dr. Joachim Butzlin, Zunftmeister Gregor Han, Junker Rochus Reichlin von Meldegg, Hans Moser, Richter Jacob Kessenring, der spätere Bürgermeister Hans Eschlinsberger. StadtAÜb I/39/355 [o.D.]: Während eines Streites zwischen Hans Jerg Han und dem Kaplan Michael Nessler waren u.a. auch Reutlinger und wieder Dr. Mohr anwesend. 1529 waren neben dem ehemaligen Stadtschreiber Ulrich Vischer auch Jos Haini und der Pfarrherr auf der Stube (wie Anm. 308).

[328] Vgl. Oberrheinische Stadtrechte S. 553; StadtAÜb Rp. 1556–66 fo. 394v; E. *Müller* S. 60.

[329] Vgl. GLA 225/522, 1559 [März 9]: Die Bruderschaft weigerte sich nach der Übernahme des Patronatsrechts durch den Rat zunächst, den Beauftragten des Rats Rechnung zu legen, und schlug vor, dafür den Pfarrer und Mitglieder der Bruderschaft, die Stadtkinder seien, zu nehmen; sie konnte sich aber nicht durchsetzen; vgl. StadtAÜb Rp. 1556–66 fo. 298f. Seit 1559 sind denn auch Rechnungsbücher erhalten; GLA 62/7911. Nach GLA 225/504, 1687 Juni 20, fand erst in den 70er oder 80er Jahren des 17. Jahrhunderts die Rechnungslegung ohne den Rat statt.

[330] GLA 225/522, 1476 Jan. 25: Die Bruderschaft mußte den fixen Betrag von 1 lb 5 ßd entrichten.

cantare [...][331]. Dabei fällt auf, daß sich gerade bei der Frage der Verhaltensnormen die beiden ansonsten fast identischen Statuten der Zeit vor 1609 und die von 1626 etwas unterscheiden. Nicht bezüglich des Inhalts, sondern der Reihenfolge: Denn 1609 wurde von einem neuen Mitglied zuerst gefordert, den Eid auf die einzuhaltenden Statuten abzulegen, das heißt, die Korporation selber wurde in den Mittelpunkt gestellt, während 1626 die den einzelnen Kleriker betreffenden Verhaltensnormen an den Beginn der Statuten gerückt wurden. 1626 enthielten die Statuten auch erstmals einen Passus, wonach sie mit dem Tridentinum und den Synodalstatuten des Bistums Konstanz übereinstimmen müßten. Eine auf den ersten Blick nur unbedeutende Differenz, die aber doch etwas Zeittypisches enthält: Die einsetzende katholische Reform betonte stärker die individuelle Verantwortung des Kaplans für sein Verhalten, der einzelne rangierte vor der korporativen Identität der Gruppe. Doch war dies ein Prozeß, der zu Beginn des 17. Jahrhunderts erst ganz am Anfang stand und das Selbstverständnis der Überlinger Kapläne noch kaum wesentlich tangiert haben dürfte.

Die beiden Funktionen der Bruderschaft, die gesellschaftliche wie die religiöskirchliche, dokumentieren in exemplarischer Weise den inneren Widerspruch des Überlinger Klerus: Einerseits war er ein integrativer Teil der städtischen Gesellschaft und deren Wertesystem, wie formal die korporative Struktur der Bruderschaft, die nach der Gesellschaft zum Löwen gleichsam als neunte Zunft fungierte, erkennen läßt; zugleich war er aber auch ein der städtischen Welt enthobener und privilegierter Stand, dessen Mitglieder besonderen normativen Ansprüchen unterworfen waren. Die Statuten machen auch erneut deutlich, worin sich Kapläne und Pfarrherren, Pfründ- und Seelsorgeklerus unterschieden. Die ja oft aus Überlingen stammenden Kapläne hatten eher als der Pfarrherr das Bedürfnis, sich in die städtische Gesellschaft zu integrieren, während es dem Pfarrherrn allenfalls darauf ankam, sich mit der Obrigkeit in ein gutes Benehmen zu setzen. Damit wird aber auch verständlich, warum sich der Rat nicht immer einfach gegen die Kapläne und für den Pfarrherrn aussprach, sondern gerade auch die Kapläne als seine eigene, ihm oft durch verwandtschaftliche Verhältnisse verbundene Klientel manchmal gegen Versuche des Pfarrers, sie stärker unter Kuratel zu nehmen, in Schutz nahm.

12. Katholischer und evangelischer Stadtklerus im Vergleich

Vergleicht man den Überlinger Klerus mit seinen protestantischen Kollegen, so fallen eine ganze Reihe von Gemeinsamkeiten auf[332]: An erster Stelle wäre hier der dominierende Einfluß der Obrigkeit auf die Besetzung der Stellen und die Auswahl der Kleriker zu nennen, aber auch die soziale Stellung der Geistlichen; in katholischen

---

[331] KaPAÜb D 33.
[332] An neueren Arbeiten, die hier herangezogen werden konnten, vgl. *Bàtori/Weyrauch*; *Abray*; B. *Vogler*, Clergé; *Schnabel-Schüle* S. 339 ff.

wie in protestantischen Städten zählten sie zur städtischen Führungsschicht, und entsprechend gut war auch ihr Einkommen[333]. Auch hinsichtlich ihrer Ausbildung war der Unterschied nicht allzu groß, auch wenn der katholische Klerus hier noch etwas mehr Nachholbedarf besaß. So hatten zwar von den Kitzinger Geistlichen einige mehr studiert, doch wie in Überlingen hatte weniger als die Hälfte einen akademischen Abschluß erworben[334]. Besonders augenfällig ist aber, daß die strukturellen Probleme zwischen Klerus und Obrigkeit und innerhalb des Klerus fast die gleichen waren: So mußte der Rat in Überlingen wie in Straßburg (und auch an anderen Orten) zeitweise den konfessionellen Zelotismus seiner Geistlichen dämpfen[335]; an beiden Orten achtete der Rat auch genau darauf, daß seine Reputation und seine Stellung als Obrigkeit nicht durch die Geistlichen in Frage gestellt wurde; hier wie dort gehörte die Reglementierung der Predigt und der Erlaß von Gottesdienstordnungen zum selbstverständlich gehandhabten Instrumentarium der Obrigkeit. Im allgemeinen arbeiteten aber sowohl der protestantische wie der katholische Klerus eng und erfolgreich mit der Obrigkeit zusammen. In Kitzingen wie in Überlingen sorgte die hierarchische Gliederung des Klerus für Spannungen: Es kam jeweils zu Autoritätskonflikten zwischen Pfarrherrn und Kaplänen. Zudem gab es auch bei protestantischen Klerikern durchgehend Probleme mit dem Verhalten. Notorische Streit- und Trunksucht bildeten auch bei ihnen die Hauptdelikte[336].

Doch sollen die Gemeinsamkeiten nicht die ebenfalls vorhandenen Unterschiede überdecken. Zunächst einmal war in Überlingen dank der Meßpriesterstellen die Zahl der städtischen Geistlichen bedeutend höher als in vergleichbaren protestantischen Städten. Aus demselben Grund differierte auch die geographische Herkunft: In Kitzingen stammten viel weniger Geistliche aus der Stadt selbst als in Überlingen, wo die Kaplaneipfründe eine zentrale Funktion im sozialen Versorgungssystem der Stadt einnahm und gerade den Stadtkindern zugute kommen sollte[337]. Mit aus diesem Grund blieben die Kitzinger Geistlichen wohl auch nicht so lange auf ihren Stellen wie in Überlingen; sie amtierten im Schnitt nur neun Jahre[338], während ein Überlinger Kaplan 23 Jahre residierte. Zugleich gab es dort auch nicht die so strikte Trennung zwischen Pfarrherrn und Kaplänen. Die Kapläne hatten dort dieselben Aufgaben wie der Pfarrer zu verrichten, und es gelang auch zehn von ihnen, dieses Amt zu erhalten; in Überlingen dagegen ist nie ein Kaplan Pfarrherr geworden.

---

[333] S. oben. Nach *Bàtori/Weyrauch* S. 303, lagen auch in Kitzingen die Bezüge zwischen 100 und 200 fl, entsprachen also ungefähr dem Einkommen der Überlinger Kapläne. Nur der Überlinger Pfarrherr verdiente mehr.

[334] Vgl. *Bàtori/Weyrauch* S. 296: Von 61 Geistlichen hatten 45 studiert, aber nur 27 einen akademischen Grad erworben. Wie in Überlingen waren aber zumindest fast alle Pfarrherren Magister Artium.

[335] Vgl. zu Straßburg *Abray* S. 48 f.; s. auch Kap. III.10.

[336] Vgl. B. *Vogler*, Clergé S. 299 ff., wobei hier allerdings das Stadt-Land-Gefälle zu beachten ist.

[337] *Bàtori/Weyrauch* S. 295.

[338] *Ebda.* S. 301.

Prinzipielle Unterschiede bestanden bei der geistlichen Jurisdiktion, der Eingliederung der Kleriker in die städtische Gesellschaft und der Oberaufsicht über das Kirchenvermögen. In der Praxis aber machte der Überlinger Rat diese theoretischen Unterschiede durch sein Kirchenregiment weitgehend wett. Er bestrafte, wenn er es für angebracht hielt, auch einmal seine Kleriker selbst. Diese wiederum strebten, wie die protestantischen Geistlichen, danach, in die bürgerliche Ordnung der Stadt integriert zu werden. Und auch das Kirchenvermögen unterstand in der Praxis allein der Aufsicht und Verwaltung des Rats. Erst unter dem Einfluß der katholischen Reform begannen die weitgehend ähnlichen Verhältnisse sich stärker zu unterscheiden, da jetzt die Geistlichen, Bischof wie Pfarrherr, den Einfluß der Laien einzudämmen suchten[339]. Zudem wurden die Grundlagen gelegt für einen besser ausgebildeten und disziplinierten Klerus. Auch das je eigene Selbstverständnis – ein Aspekt, auf den hier nicht näher eingegangen wurde –, die jeweils unterschiedlichen Auffassungen vom Beruf des Geistlichen, dürften jetzt tiefer begründet worden sein.

Versucht man zusammenzufassen, so zeigt sich, daß die Unterschiede sich vielfach auf eine Ursache zurückführen lassen: die Kapläne und die Einrichtung der Kaplaneipfründe[340]. Die Gemeinsamkeiten dagegen resultierten vornehmlich aus ähnlichen politischen, gesellschaftlichen und sozialen Verhältnissen, die in je unterschiedlicher Ausprägung in allen Städten der frühen Neuzeit so zu finden waren und welche die nach außen so unterschiedlich erscheinenden konfessionellen Verhältnisse einander in Wirklichkeit doch stark anglichen.

13. Zusammenfassung

Die Institution der Kaplaneipfründe und deren Inhaber, die Capellani, erweisen sich damit als das für eine katholische Reichsstadt typische Moment. Diese im späten Mittelalter entstandene Einrichtung wurde das ganze 16. Jahrhundert über und in modifizierter, aber nicht prinzipiell anderer Form auch nach der Gründung des Kollegiatstiftes 1609 beibehalten. Von ihrem ursprünglichen religiösen Sinn her eigentlich überlebt, bewahrte sie doch eine wichtige soziale Funktion: Sie bot Überlinger Bürgerssöhnen der Mittel- und Oberschicht eine bequeme, ausreichende und standesgemäße Versorgung. Die enge personelle und gesellschaftliche Verflechtung zwischen der städtischen Führungsschicht und dem Pfründklerus und die Einbindung der Kapläne in die korporative Struktur der Stadt war eine Folge davon, welche durch die Reformation sogar noch etwas verstärkt wurde, denn infolge des allgemeinen Priestermangels erhöhte sich jetzt der prozentuale Anteil der aus Überlingen gebürtigen Kapläne.

Für das Selbstverständnis des Pfründklerus ist es aber bezeichnend, daß ungeachtet

---

[339] Ausführlicher zu den Folgen der katholischen Erneuerung s. Kap. X.

[340] *Schnabel-Schüle* S. 343 f., hebt gerade die Beseitigung des Pfründenwesens als ein zentrales Charakteristikum der Reformation hervor.

der Reformation nur ein relativ leichter Rückgang seiner Zahl festzustellen ist – im Unterschied zum Seelsorgeklerus; zu groß war die soziale Bedeutung der Institution der Pfründe, und so spielte es auch keine allzu große Rolle, daß ihre religiöse Funktion dabei ins Hintertreffen geriet. Gerade diese Diskrepanz zwischen religiöser und sozialer Funktion, zwischen den Normen des geistlichen Standes und dem stadtbürgerlichen Herkommen, sorgte aber auch dafür, daß die Kapläne zum eigentlichen Problemfall der katholischen Kirche des 16. Jahrhunderts wurden, bei dem die katholische Reform zuerst anzusetzen hatte. Zwar war sich ein Teil der Kapläne durchaus der besonderen Verpflichtungen bewußt, welche die Zugehörigkeit zum geistlichen Stand mit sich brachten, doch traf dies eben nicht auf alle zu. Denn einige der Kapläne scheinen sich mehr als Überlinger Bürger denn als Geistliche gefühlt zu haben. Gerade die Kapläne strebten ja danach, wie besonders ihre Organisation in der Priesterbruderschaft zeigte, in die städtische Gesellschaft integriert zu werden, indem sie sich deren korporativen Strukturen anpaßten. Daß dadurch die Verweltlichung der Kapläne gefördert wurde, liegt auf der Hand.

Dieser Entwicklung wirkte die katholische Reform entgegen. Und obwohl sich auch die Kapläne ihrem Sog nicht entziehen konnten, bestes Beispiel dafür ist die seit 1590 festzustellende Orientierung an den Jesuiten in Dillingen, scheinen sie deren Durchbruch doch eher gebremst als gefördert zu haben. Jedenfalls finden sich bis 1630 in den Visitationsprotokollen immer wieder dieselben Vorwürfe, die sich nicht von denen des 16. Jahrhunderts unterschieden. Um die Jahrhundertwende wurde eben erst der Grund für die Reform gelegt, die Ergebnisse ließen noch einige Zeit auf sich warten. Immerhin zeichnete sich gegen Ende des 16. Jahrhunderts eine generelle Aufwertung des Sozialprestiges der Kleriker ab: Unter den Kaplänen nahm der Anteil von Angehörigen führender Überlinger Familien zu, denen der Rat jetzt auch die mühselige und dem Rang eines Geistlichen nicht angemessene eigenhändige Pflege des Pfründbesitzes teilweise abnahm. Und beim Seelsorgeklerus ließ der seit den 1540er Jahren erkennbare Mangel nach. Fast immer gab es nun ausreichend Helfer in der Stadt.

Der Rat hatte dabei relativ wenig getan, um Veränderungen zu fördern. Zwar sorgte er für eine ausreichende materielle Basis mittels regelmäßiger Kredite an den Fonds der vacierenden Pfründen und gab dem auf mehr Disziplin der Kapläne bedachten Pfarrherrn meist Rückendeckung, doch zugleich hielt er strikt an der institutionellen Wurzel des Problems, der Einrichtung der Kaplaneipfründe, fest. Für ihn war dies – läßt man die sozialen Implikationen einmal beiseite – in erster Linie eine juristische Frage. Es gab Verträge, Stiftungen, für deren Erfüllung er verantwortlich war; darin waren die Pflichten eines Kaplans genau festgelegt, und daß diese Pflichten eingehalten wurden, darauf achtete er in erster Linie. Reformiert wurde dieses System erst, als die finanziellen Probleme eine Änderung unausweichlich machten.

Bei dem Klerus einer katholischen Reichsstadt muß also unterschieden werden zwischen dem Seelsorgeklerus und dem Pfründklerus. Keiner der Überlinger Pfarrherren bereitete dem Rat Ärger, weil er zu verweltlicht war. Im Gegenteil, wenn es einmal zu Schwierigkeiten mit dem Pfarrer kam, dann eher, weil dieser seinen Auftrag als Seelsorger und geistliches Oberhaupt seiner Gemeinde ernst nahm und dabei mit den obrigkeitlichen Ansprüchen des Rats kollidierte. Niemals gelang es dabei allerdings einem Pfarrherrn, den Rat ernsthaft unter Druck zu setzen; dessen Kontrolle des Kirchenwesens war in jeder Hinsicht zu umfassend. Vor allem dieser Umstand dürfte prinzipielle Konfliktpunkte entschärft haben, denn anders als die Kapläne waren die Pfarrherren in viel geringerem Maße in die städtische Gesellschaft integriert.

Inwieweit und in welcher Form der Pfarrherr seinen Pflichten als Seelsorger nachkam, läßt sich nur schwer angemessen beurteilen. Wahrscheinlich wirkte der Pfarrer vorwiegend über die Predigt; wie in protestantischen Städten war, gerade auch in den Jahren der Reformation, in dem katholischen Überlingen die Predigt ein zentrales Mittel zur Leitung der Bevölkerung. Für den unmittelbaren Kontakt mit den Einwohnern, für die Beichte und Krankenseelsorge, scheinen vor allem die häufig wechselnden und nur kurze Zeit in der Stadt weilenden Helfer zuständig gewesen zu sein.

Wie in protestantischen Städten war also auch in Überlingen der Rat in allen kirchlichen Belangen die entscheidende Instanz. Sein Kirchenregiment – ein Ergebnis der konsequent fortgeführten spätmittelalterlichen Kirchenpolitik – unterschied sich, was Ausmaß, Intensität und Form anging, nur graduell von dem protestantischer Ratskollegien. Seine Kirchenpolitik erwies sich dabei als prinzipiell konservativ. Anstöße zur Reform kamen, wie noch genauer zu zeigen ist, entweder von außen oder resultierten aus Sachzwängen wie der Finanzkrise der vacierenden Pfründen. Der Erfolg seiner Kirchenpolitik, schon vor dem Wechsel des Patronatsrechts im Jahre 1557, mag denn auch ein wenig mit dazu beigetragen haben, daß der Überlinger Rat niemals mit dem Gedanken an eine Reformation und eine damit verbundene Säkularisierung der Kirchengüter auch nur gespielt hatte.

VIII. Die Klöster und der Ordensklerus

1. Einleitung

In Überlingen gab es zu Beginn des 16. Jahrhunderts ein Männerkloster der Franziskaner, drei Frauenklöster, allesamt Terziarinnen, die nach der dritten Regel des Franziskanerordens lebten, und eine Kommende des Ritterordens der Johanniter[1]. Sieht man einmal von den Johannitern ab, die insbesondere in der frühen Neuzeit nur noch bedingt mit den traditionellen Orden verglichen werden können, so beherbergte die Stadt nur Minoriten, also nur Angehörige des Ordens, dem eine besondere Affinität zur städtischen Gesellschaft des Spätmittelalters nachgesagt wird[2]. Das garantierte zunächst einmal enge Beziehungen zwischen den Konventualen und den Einwohnern der Stadt, darüber hinaus kam es aber auch den kirchenpolitischen Interessen des Rats entgegen, da gerade die Minoritenklöster mit am leichtesten obrigkeitlicher Kontrolle unterworfen werden konnten[3]. Die Kirchenpolitik des Rates gegenüber den Klöstern wird im folgenden Kapitel allerdings nur am Rande berührt; das Augenmerk soll vor allem auf folgende Themen gerichtet werden: Wie sah die personelle Situation der Klöster im 16. Jahrhundert aus, und wie überstanden sie die Reformation? Inwieweit wirkte die katholische Reform auf die Verhältnisse in den Konventen ein? Und: Inwieweit unterschied sich Verhalten und Selbstverständnis des Ordensklerus von dem des Weltklerus?

2. Das Franziskanerkloster

Das im 13. Jahrhundert von Elisabeth von Königsegg gestiftete Franziskanerkloster[4] war bald in das städtische Leben integriert worden. Angehörige der führenden Familien, insbesondere des Patriziats, ließen sich bei den Franziskanern bestatten und

---

[1] Die Quellenlage zur Geschichte der Überlinger Franziskanerklöster ist relativ schlecht, da nach der Säkularisation ein Teil der ausgelagerten Akten verlorenging (Auskunft von Frau Dr. G. Koberg); zum Vorgang der Säkularisation vgl. *Schmid*, Säkularisation S. 69 ff. Unter den im Staatsarchiv Luzern liegenden Archivalien der oberdeutschen Provinz befindet sich für das vorliegende Thema kein relevantes Material; vgl. Gössi. Das vorhandene Material ist umfassend, wenn auch nicht vollständig aufgearbeitet bei *Keck/Koberg*, Franziskaner-Konventualen (und den parallelen Beiträgen zu den Frauenklöstern), weshalb im folgenden Kapitel nur die für das Thema relevanten Gesichtspunkte und Fragestellungen bearbeitet wurden.

[2] Vgl. *Stüdeli; Nyhers; Herzig; Sydow*.

[3] Vgl. *Herzig* S. 27, 35, 44; *Nyhers* S. 10 f.

[4] Nach Überlingen S. 70, waren die Franziskaner bereits zwischen 1239 und 1259 hierher gekommen. *Semler*, Überlingen S. 74, datiert die erste urkundliche Erwähnung auf 1259 und den

bedachten das Kloster mit zahlreichen Stiftungen[5]. Besonders anschaulich dokumentiert die jährlich bei den Franziskanern durchgeführte Ratswahl die enge Einbindung des Konvents in die gesellschaftliche Struktur der Stadt[6], ohne die wiederum der Anklang, den der Orden bei der Bevölkerung gefunden hatte, nicht verstanden werden kann. Erste Voraussetzung jedes erfolgreichen Wirkens war aber ein ausreichender Personalstand.

Wie viele Brüder der Konvent im Laufe des 16. Jahrhunderts zählte, läßt sich nicht mehr genau feststellen, um 1500 waren es jedenfalls zehn[7]; einige Jahrzehnte später lebten dann nur noch sechs Mönche dort[8]. Der Rat beklagte auch wiederholt den Mangel an Geistlichen und insonderheit an fähigen Lesmeistern, zumal sich auch die Personallage in der zweiten Jahrhunderthälfte kaum entspannte[9], obwohl jetzt erstmals wieder Nachrichten über Aufnahmen von Novizen vorliegen[10]. Die meisten der Mönche stammten in der Regel aus Überlingen – keiner allerdings kann Familien der Führungsschicht zugerechnet werden[11] –, doch lebten natürlich oft auch Mönche aus anderen Klöstern für einige Zeit in Überlingen, da zwischen den Klöstern der Custodie Bodensee ein enger und regelmäßiger Austausch von Konventualen stattfand[12]. Nach der Reformation waren es vor allem die Klöster der österreichischen Landstädte Villingen und Feldkirch, aus denen oft Konventualen, Lesmeister und

---

Beginn des Klosterbaus auf 1267; ebenso *Baur*, Bettelorden S. 45. Überholt ist die Angabe bei *Stengele*, Linzgovia S. 36, der erstmals 1277 eine urkundliche Erwähnung für nachweisbar hält. StadtAÜb Reutlinger 8 fo. 24, gibt nur an, daß die Stifterin 1313 gestorben sei.

[5] GLA 225/557 fo. 4f., enthält ein Verzeichnis der dort begrabenen Geschlechter, allerdings ohne Jahresangaben. So wurden dort Mitglieder folgender patrizischer Familien bestattet: von Hasenstein, von Hornstain, von Freyburg, Reichlin von Meldegg, Brandenburg, Betz, von Payer, von Höwdorf, Menlishover, Bibrach. An bekannten zünftischen Geschlechtern wären zu nennen: Schöttlin, Saltzmann, Oexlin, Mesmer, Ronbühel, Kuonenmann, Gerster, Hager, Schochner, Mader. – Zu den Stiftungen des Mittelalters vgl. *Keck/Koberg*, Franziskaner-Konventualen S. 260ff., sowie Kap. IX.2.

[6] Dies war eine durchaus übliche Praxis; vgl. dazu *Stüdeli* S. 21 u. passim.

[7] *Keck/Koberg* S. 217 u. 219: 1494 und 1519 wurde der Konvent von der Pest heimgesucht, der jeweils ein Teil der Brüder zum Opfer fiel; 1494 wurde der Konvent durch Mönche anderer Klöster auf eine Stärke von 10 Personen ergänzt.

[8] GLA 225/557 fo. 6ff.: Als der Rat 1567 eine Untersuchung durchführte, verhörte er einschließlich des Guardians sechs Mönche.

[9] Vgl. GLA 225/885, 1543 Mai 3 [Konzept]; StadtAÜb Mp. 1611–12 fo. 126.

[10] StadtAÜb Rp. 1556–66 fo. 261: 1557 waren Jodok Schüssler und Bartholomäus Brunnenmeister, beides Novizen, nach Freiburg zum Studium geschickt worden. Um 1590 erließ erstmals der Guardian Georg Fischer genaue Vorschriften, wie Novizen erzogen werden sollten; vgl. KaPAÜb F. 54 fo. 20.

[11] Zu genauen Verwandtschaftsverhältnissen fehlen die Angaben, doch indizieren dies die Namen der Mönche von 1567 (wie Anm. 8).

[12] Zur Custodie Bodensee gehörten nach *Nyhers* S. 6, Lindau, Konstanz, Zürich, Luzern, Überlingen, Villingen, Schaffhausen, Burgdorf, Viktorsberg (Feldkirch) und Hausach. Daß es üblich war, die Konventualen nicht zu lange in einem Kloster zu lassen, illustriert auch KaPAÜb F. 54 fo. 49r: Fr. Martin Brandelin, der längere Zeit in Überlingen war, *und weiter zubleiben nit ratsam*, wird nach Thann geschickt, Fr. Michael Paulin nach Villingen; dafür kamen Fr. Christoph Mayer aus Feldkirch und Fr. Franciscus Hartmann aus Offenburg nach Überlingen.

auch Guardiane nach Überlingen transferiert wurden. Jetzt stieg auch die Bedeutung des an sich nicht sehr großen Konvents innerhalb der oberdeutschen Provinz der Franziskaner. Mit Jodok Schüssler, Georg Fischer, Joachim Lang und Beatus Bishalm amtierten in der zweiten Hälfte des 16. und zu Beginn des 17. Jahrhunderts vier Überlinger als Provinziale[13]. Sie hielten denn auch zwischen 1571 und 1598 eine Reihe von Provinzkapiteln in Überlingen ab, was davor und danach nur selten der Fall gewesen ist[14].

Die Ereignisse der Reformation hatten das Kloster, sieht man einmal von dem Fall des einen lutherisch predigenden Lesmeisters ab, äußerlich nur wenig berührt, doch scheinen sie der Anziehungskraft des Klosterlebens insgesamt auch in Überlingen etwas Abbruch getan zu haben. Trotz der schwächer gewordenen Ausstrahlung nahm das Kloster aber weiterhin einen wichtigen Platz im kirchlichen und religiösen Leben der Stadt ein, den es vor allem seiner Prädikatur verdankte.

Dem Orden der Franziskaner war es im Laufe des 14. Jahrhunderts gelungen, verschiedene pfarrliche Rechte zu erwerben. So durften Franziskaner Beerdigungen vornehmen, Beichte hören, vor allem aber, und hierauf beruhte wesentlich ihr Erfolg, besaßen sie das Recht zu predigen[15]. In Überlingen predigte ein Lesmeister sonn- und feiertags nach dem Mittagsmahl – in der Fastenzeit täglich –, so daß alle Einwohner vormittags die Predigt des Pfarrherrn und am frühen Nachmittag die des Franziskaners besuchen konnten[16]. Daß die Prädikatur der Franziskaner bei der Bevölkerung Anklang fand, zeigten die Ereignisse um die Entlassung des Lesmeisters 1526, vor allem aber auch das Interesse des Rats daran, daß der Predigtstuhl bei den Franziskanern regelmäßig und durch qualifizierte Geistliche versehen wurde[17]. 1526 übertrug er die freigewordene Prädikatur sofort interimsweise einem Weltgeistlichen, und als 1555 der Lesmeister der Franziskaner seiner Predigtpflicht nur noch sporadisch nachkam und bei der Bevölkerung, wie der Rat behauptete, etwas Unwille aufkam[18], beschloß er, vier Kapläne als Prädikanten bei den Franziskanern einzusetzen[19]. Der Rat ließ sich in seinem Entschluß auch nicht beirren, als die Geistlichen sich gegen

[13] Nach StadtAÜb Reutlinger 8 fo. 171 ff.; 9 fo. 51 ff.

[14] *Eubel* S. 470: 1505, 1545, 1546, 1571, 1579, 1582, 1589, 1598, 1640 wurden Provinzkapitel in Überlingen abgehalten.

[15] Vgl. *Nyhers* S. 6.

[16] Vgl. EAF Konstanz-Generalia, Klöster u. Orden, Franziskanerklöster 19, 1555 Mai 22.

[17] StadtAÜb Mp. 1530–39 fo. 175 f.: 1533 bat der Rat z.B. ausdrücklich um Johannes Zapf von Lindau als Lesmeister, da er bereits eine Zeitlang, wohl zu seiner Zufriedenheit, in Überlingen gepredigt hatte. Nach GLA 225/885 (wie Anm. 9), kam 1543 Ambrosius Kern als Lesmeister nach Überlingen, der nach *Eubel* S. 101 f., zuvor u.a. Lesmeister in Augsburg und Guardian in Frankfurt und Würzburg gewesen war und 1545 nach Solothurn geschickt wurde. Der spätere Provinzial Huldrych Ludescher war ebenfalls eine Zeitlang Lector in Überlingen; vgl. StadtA-Üb Reutlinger (wie Anm. 13). Der Rang dieser Lesmeister indiziert ebenfalls, welche Bedeutung der Prädikatur zugemessen wurde. Daß die Predigten bei den Franziskanern gut besucht waren, betonte der Rat auch gegenüber dem Bischof (wie Anm. 16).

[18] Wie Anm. 16.

[19] StadtAÜb Rp. 1552–56 fo. 130v; IV/13/1621, 1555 Febr. 14; Febr. 26.

diese Maßnahme aussprachen. Kurzerhand dekretierte er: *Der pfarrer und münch zu den barfüssern pringen was sie wöllen, das unangesehen derselben aller mit beruerter furgenomner predicatur zu den barfüssern furgefaren und jetzo sonntags nechst kunftig der anfang gemacht werden soll*[20].

Für die nächsten zehn Jahre predigten dann, wenn auch nicht vier, so doch zwei Kapläne regelmäßig in der Franziskanerkirche: der Pfarrer im Spital, Johannes Kraiß, und Balthasar Rantz[21]. Dem Provinzial der Franziskaner blieb letztlich nichts anderes übrig, als sich den Tatsachen zu beugen, zumal der Rat betonte, daß der Lesmeister, wenn er wolle, weiterhin predigen könne[22], und auch der Bischof von Konstanz nach einer Unterredung mit den Überlinger Bürgermeistern Han und Beck bei den Franziskanern um Verständnis für das Vorgehen der Stadt warb[23]. Noch 1559 wurde dem Provinzial die Bitte, dem Orden die Prädikatur zurückzugeben, abgeschlagen[24]. Erst 1565, als der Überlinger Jodok Schüssler anläßlich seiner Wahl zum Provinzial den Rat bat, die Prädikanten in der Klosterkirche zu entlassen, und zugleich versprach, selbst dieses Amt zu übernehmen bzw. während seiner Abwesenheit durch einen zuverlässigen Lesmeister versehen zu lassen, willigte der Rat ein, wenn auch nur unter dem Vorbehalt, jederzeit wieder, falls es sich als erforderlich erweisen sollte, einen Weltgeistlichen als Prediger zu berufen[25].

Doch nicht nur die gut besuchte Predigt weist auf ein entspanntes Verhältnis zwischen Bevölkerung und Mönchen hin. Die 1585 erlassene Ratsverordnung, welche den Einwohnern verbot, bei den Franziskanern zu ‚zechen und trinken‘, läßt vermuten, daß, unabhängig von religiösen Bindungen, die Mönche zumindest im gesellschaftlichen Leben der Stadt ihren festen Platz einnahmen[26]. Dazu kam, daß, sieht man einmal von dem Pfarrherrn ab[27], auch die Überlinger Kapläne freundschaftliche Beziehungen zu dem Orden pflegten. Einige von ihnen, wie z.B. Matthäus Angelmüller oder Conrad Hager, hatten dort ihren regelmäßigen Mittagstisch[28]; der Subdiakon Franz Beringer verpfründete sich 1591 eigens bei den Franziskanern, das heißt, er erhielt dort eine eigene Kammer, das Essen und die Zusicherung, bei

---

[20] StadtAÜb Rp. 1552–56 fo. 134r.

[21] Ursprünglich sollten noch Conrad Cuntzelmann und Conrad Hager neben den beiden anderen predigen; vgl. StadtAÜb Rp. 1552–56 fo. 130v.

[22] StadtAÜb IV/13/1621, 1555 Febr. 14.

[23] Vgl. EAF Konstanz-Generalia (wie Anm. 16) u. ebda. 1555 Juni 2; Juni 6; StadtAÜb Rp. 1552–56 fo. 145r. Zuvor hatte der Bischof noch seine jurisdiktionelle Kompetenz betont, indem er die beiden Prädikanten durch seinen Fiscal mit je 6 fl Strafe belegte, da sie ohne seine Genehmigung predigten. Die Strafe bezahlte dann der Rat; vgl. StadtAÜb Rp. 1552–56 fo. 143f., 148r; EAF Konstanz-Generalia (wie Anm. 16) 1555 Mai 16.

[24] StadtAÜb Rp. 1556–66 fo. 315r.

[25] StadtAÜb IV/13/1621, 1565 Dez. 6; Rp. 1556–66 fo. 496.

[26] Vgl. Oberrheinische Stadtrechte S. 565.

[27] 1578 und 1594 lassen sich Auseinandersetzungen zwischen dem Pfarrherrn und den Franziskanern wegen der Seelsorge nachweisen; vgl. *Semler*, Seelsorger S. 101. Solche Konflikte waren für die spätmittelalterlichen und frühneuzeitlichen Städte typisch und lassen sich vielerorts feststellen.

[28] Vgl. StadtAÜb Rp. 1556–66 fo. 481v; Rp. 1566–73 fo. 1v.

Krankheit versorgt zu werden[29]. Daß viele der Mönche, ebenso wie die Kapläne, aus Überlingen stammten, mag insgesamt die guten Beziehungen zum Weltklerus wie zur gesamten Bevölkerung gefördert haben. Andererseits gilt es aber auch festzuhalten, daß die Stiftungen an die Franziskaner im 16. Jahrhundert rapide zurückgingen. Trotz fortbestehender enger Bindungen hatten sich die spätmittelalterlichen Verhältnisse nicht einfach tradiert, sondern, zumindest in manchen Bereichen, gewandelt[30].

Die Vorgänge um die Prädikatur bei den Franziskanern belegen, daß der Rat sich nicht scheute, wenn er es für nötig hielt, die pfarrlichen Rechte des Ordens zu beschneiden. Als noch schmerzlicher dürften die Franziskaner das Ratsmandat von 1532 empfunden haben, welches ihnen, nachdem der neue städtische Friedhof vor den Toren der Stadt errichtet worden war, verbot, weiterhin in ihrer Klosterkirche Beerdigungen vorzunehmen[31]. Das traf zunächst einmal die persönliche Frömmigkeit eines jeden Konventualen[32], beraubte das Kloster aber auch einer wichtigen Einnahmequelle. Die schlechter werdende Finanzlage des Klosters und informelle Vereinbarungen zwischen Jodok Schüssler und dem Stadtschreiber[33] führten denn auch dazu, daß 1582 dieses Verbot vom Rat wieder aufgehoben wurde[34].

Selbstverständlich kontrollierte der Rat aber auch die Verwaltung des Vermögens sowie die Personalpolitik des Konvents nicht weniger genau als bei den Weltgeistlichen. So verwies er Ordensbrüder der Stadt, wenn es ihm geboten schien, oder behielt einen Bruder gegen den Entscheid des Provinzials im Kloster – auch der entgegengesetzte Fall kam also vor – und setzte sich damit insgesamt souverän über die Kompetenzen des Provinzials hinweg[35]. Keine Frage war es für den Rat, sich immer dann einzuschalten, wenn ein neuer Guardian oder Lesmeister benötigt wurde. Ohne seine

---

[29] KaPAÜb F 54 fo. 18. Seit 25. Mai 1591 war auch Matthias Götz bei den Franziskanern verpfründet; vgl. ebda. fo. 61v.

[30] Vgl. Kap. IX.2.

[31] StadtAÜb IV/13/1621, 1532 die Luce. Vgl. dazu auch *Semler*, Friedhöfe S. 292 ff.

[32] Vgl. dazu unten.

[33] StadtAÜb IV/13/1611, 1582 Juni 20: Jodok Schüssler an den Konvent in Villingen: *[...] dann noch sollichs nit ins werk kumen mag, auch vilicht noch wol etwas limitiert werden* [die Aufhebung des Verbots], *wann man den stattschriber nit laßt maister sein, alß denn der auch gern partem de tunica hett, deß schreyb ich guter vertrawter mainung.*

[34] Vgl. StadtAÜb Reutlinger 9 fo. 60; Rp. 1573–87 fo. 318v; IV/13/1611, passim; GLA 225/ 554; *Semler*, Friedhöfe S. 299. Zwischen 1588 und 1610 ließen sich wieder zehn Personen bei den Franziskanern bestatten, allerdings erst, nachdem die dafür erhobene Taxe vom Rat gesenkt worden war. 1582 mußte ein Bürger 200 fl und ein Auswärtiger 400 fl für ein Begräbnis bei den Franziskanern bezahlen, 1587 wurde sie auf 100 fl verringert und 1600 aber wieder auf 200 fl für Bürger und 300 fl für Auswärtige erhöht. Zu den dort begrabenen Personen s. StadtAÜb Reutlinger 9 fo. 56r: Unter ihnen waren drei Auswärtige, zwei die oben genannten Pfründner, der Vater Beringers, sowie Caspar Mader und seine Frau.

[35] Vgl. *Keck/Koberg*, Franziskaner-Konventualen S. 217; StadtAÜb IV/13/1621, 1535 [April 15; Datum des Eingangs] zu den Entlassungen. StadtAÜb Mp. 1611–12 fo. 126: Als der Provinzial Frater Renardus bei Strafe der Exkommunikation abberief, drohte ihm der Rat, falls er seine Entscheidung nicht ändere, werde er als weltlicher Protektor eingreifen.

ausdrückliche Billigung konnte kein Provinzial einen neuen Guardian einsetzen[36], der Rat kümmerte sich aber darüber hinaus auch darum, wer das Amt erhalten sollte. Als z.B. 1537 der amtierende Guardian, Caspar Goldschmid, am Aussatz erkrankte, forderte der Rat den Provinzial auf, den Guardian von Feldkirch, Jacob Egg, im Kloster einzusetzen. Und obwohl sich Egg verpflichtet hatte, sein Leben lang in Feldkirch zu bleiben, und auch der Provinzial Vorbehalte anmeldete, gelang es dem Drängen des Rats, ihn nach Überlingen zu holen, wo er allerdings bald darauf starb[37].

Spätestens seit 1484 mußte der Guardian auch jährlich dem Rat und den Pflegern des Klosters die Rechnung vorlegen[38], 1567 nahm der Rat darüber hinaus noch alle Zinsbriefe und die Lade des Klosters in seine Verwahrung und dekretierte, daß in Zukunft alle abgelösten Zinsen nicht mehr dem Guardian, sondern den Pflegern übergeben werden sollten[39]. Starb ein Guardian in Überlingen, ließ der Rat, genau wie bei den Kaplänen, dessen Hinterlassenschaft inventarisieren[40]. Nur auf den Gemeinen Pfennig, den er ursprünglich auch von den Barfüßern erheben wollte, verzichtete er, ebenso wie auf die Erhebung der Jahrsteuer[41]. Damit war der Rat ständig über die Verwaltung und die wirtschaftliche Lage des Klosters unterrichtet.

Doch auch die immer umfassendere Kontrolle des Rats konnte nicht verhindern, daß sich die Finanzlage des Konvents gegen Ende des 16. Jahrhunderts verschlechterte. Zwar lassen sich die wirtschaftlichen Verhältnisse nur sehr lückenhaft rekonstruieren, da die Rechnungsbücher für die Zeit von 1525 bis 1618 verloren sind[42], soviel kann immerhin festgestellt werden: Zu Beginn des 16. Jahrhunderts scheint die wirtschaftliche Situation noch wenig Probleme aufgeworfen zu haben; die jährlichen Einnahmen zwischen 1500 und 1525 von im Schnitt 418 lbd deckten den Bedarf des Konvents, während gegen Ende des Jahrhunderts die finanzielle Lage dem Rat immer mehr Anlaß zur Sorge bot. 1586 ließ der Rat alle Zinsbriefe des Klosters registrieren, um einen Überblick über Einnahmen und Ausstände zu erhalten[43]; zugleich sollte ein neuer Guardian *weiteren untergang des gotshauses*[44] verhindern. Doch auch der neue Guardian Georg Fischer kam nicht umhin, 1587 und 1588 bei der Stadt Geld aufzunehmen – 1588 belief sich die Gesamtschuld des Klosters bereits auf 2479 fl –; immerhin scheint er aber für kurze Zeit eine Konsolidierungsphase eingeleitet zu

---

[36] Vgl. StadtAÜb Rp. 1556–66 fo. 352v: Der Provinzial meldete, daß 1561 Jos Gut zum Guardian ernannt worden sei, was der Rat billigte.

[37] StadtAÜb IV/13/1621, 1537 Aug. 4; Mp. 1530–39 fo. 361vf; Mp. 1539–42 fo. 30.

[38] *Keck/Koberg*, Franziskaner-Konventualen S. 215.

[39] StadtAÜb Rp. 1566–73 fo. 11v; *Keck/Koberg*, Franziskaner-Konventualen S. 224.

[40] Vgl. GLA 225/1185 fo. 2f.; KaPAÜb F 54 fo. 17r.

[41] Im Unterschied zu den Frauenkonventen wurde von dem Männerkonvent im 16. Jahrhundert keine Jahrsteuer erhoben. Erst 1642 sind sie im Steuerbuch verzeichnet; vgl. *Harzendorf*, Steuerzahler S. 31. Auf den Gemeinen Pfennig verzichtete der Rat, weil auch andere Städte die Franziskaner damit verschonten; vgl. StadtAÜb Reutlinger 7 fo. 111 f.

[42] Vorhanden sind die Rechnungen von 1496 bis 1525 und von 1618 bis 1635; StadtAÜb IV/13/1615 u. 1617.

[43] StadtAÜb Rp. 1573–87 fo. 521vf.

[44] Ebda.

haben[45]. Bereits seinem Nachfolger warf der Rat aber wieder mangelhafte Haushaltsführung vor und drängte auf dessen Entlassung[46]. Erneut mußte Georg Fischer mit
dem Amt des Guardians betraut werden. Die wirtschaftliche Lage dürfte dennoch
weiterhin angespannt geblieben sein, zumal die Franziskaner 1617 auch mit der
Renovation ihres Klosters begannen[47].

Ein weiteres Problem, mit dem sich der Rat nicht erst gegen Ende des Jahrhunderts,
sondern auch schon zuvor auseinanderzusetzen hatte, war die Disziplin der Mönche.
Die Klage des Lesmeisters von 1542 beim Provinzial über das Verhalten seiner
Mitbrüder scheint eine treffende Zustandsbeschreibung des alltäglichen Konventle-
bens zu geben[48]. So monierte er, daß die Gottesdienste durch das Lachen, Scherzen
und Umherlaufen der Brüder gestört würden und daß auch im Refektorium keinerlei
Zucht mehr herrsche; manche Brüder fehlten, ohne daß man wüßte, wo sie sich
aufhielten, und das Geschrei der Anwesenden sei so laut, daß man der Lesung kaum
folgen könne. Noch 1603 und 1611 erhob der Rat ähnliche Vorwürfe. So kritisierte er
zwar an erster Stelle, *[...] wie ubel die haußhaltung beschaffen, in dem menigklich bey
tag und nacht gleichsam den keller offen haben, und nur den besten wein, sonderlich
den alten kogenhalder trinckhen will [...]*, ging aber auch auf das Verhältnis der
Mönche untereinander ein, denen er vorwarf, *[...] das ain ieder thuott, was im geliebt,
und khainer den andern respectirt, welches dann den gemainen layen ain große
ergernus gibt*[49]. Meistens waren es wohl die einfachen Konventualen, welche die
Ordensregel großzügig auslegten, doch der Fall des Guardians Matthias Sauter, der
sexuelle Beziehungen zu einer Schwester im Armenhaus unterhalten hatte, zeigt, daß
die Vorwürfe zum Teil auch die Ordensoberen trafen[50].

Will man das Verhalten der Mönche nicht nur beschreiben, sondern auch versuchen zu verstehen, warum es so offensichtlich von der Regel des Ordens abwich, muß
man sich mit ihrem Horizont und Selbstverständnis befassen. Ungeachtet persönlicher Animositäten scheinen sich die Mönche zuerst als Gemeinschaft, als eine Korporation eigener Art gefühlt zu haben; eine Einstellung, die auch die Ordensstatuten
förderten, da ja – zumindest in der Theorie – kein Guardian ohne Einwilligung der
Konventualen eingesetzt werden durfte[51]. Gerade die Inquisition des Rats von 1567
läßt erkennen, daß der Zusammenhalt des Konvents nicht unterschätzt werden darf.
In diesem Jahr war trotz des Verbots der Guardian in der Klosterkirche begraben

---

[45] StadtAÜb Rp. 1573–87 fo. 551vf; Reutlinger 9 fo. 71vf; KaPAÜb F 54 fo. 3r. Daß der Rat
1595 1005 fl an der Schuld nachließ, dürfte Fischer bei seinen Bemühungen geholfen haben.

[46] Vgl. StadtAÜb Rp. 1603–07 fo. 1v, 13v. Bei der Entlassung Sauters spielten auch noch
disziplinarische Gründe eine Rolle; vgl. dazu Kap. VIII.6.

[47] KaPAÜb F 54 fo. 32r: Sauter hatte Fischer 1605 eine Schuldenlast von 1000 fl hinterlassen.
Vgl. auch *Keck/Koberg*, Franziskaner-Konventualen S. 225 ff.

[48] StadtAÜb IV/13/1621, 1542 Aug. 15.

[49] StadtAÜb Mp. 1611–12 fo. 95 f.

[50] StadtAÜb Rp. 1603–07 fo. 55. Vgl. ausführlicher Kap. VIII.6.

[51] Zum Prinzip der Wahl und Überwachung des Guardians durch den Konvent vgl.
R. *Schmitz* S. 49 ff. In der Praxis dürften sich die Konventualen den Wünschen des Rats gebeugt
haben.

worden. Bei der anschließenden Inquisition, die der Rat durchführen ließ, lehnten alle einzeln befragten Mönche es ab, sich auf dem Friedhof vor der Stadt begraben zu lassen[52]. *Für sein person*, so erklärte z. B. Bruder Bartholomäus Brunnenmeister kategorisch, *wöll er sich nit lassen hinauß tragen in den gotzacker*[53], und der verstorbene Guardian soll sogar seinen Confratres mit ewiger Höllenstrafe gedroht haben, falls sie ihn nicht in der Klosterkirche bestatteten. Die Bestattung in ihrer Kirche, soviel wird auf alle Fälle deutlich, war für alle Konventualen eine Frage von höchstem Rang, bei der neben den Privilegien des Ordens auch das eigene Seelenheil verteidigt werden mußte. Die Mönche stellten in diesem Fall ihre Geschlossenheit, ihr Selbstverständnis als Gemeinschaft eigener Art unter Beweis, was ein Vergleich der Antworten der einzelnen Konventualen noch unterstreicht, denn sie stimmen fast alle, zum Teil wörtlich, überein. Die Mönche hatten sich offensichtlich untereinander abgesprochen, um gegenüber dem Rat geschlossen eine einheitliche Position einzunehmen. Die Communitas der Konventualen funktionierte also, sofern es galt, Eingriffe der Obrigkeit, welche die Privilegien des Ordens, aber auch die Frömmigkeit der Fratres betraf, abzuwehren. Doch nicht nur die weltliche, auch die eigene, geistliche Obrigkeit sah sich mit dem Widerstand der Konventualen konfrontiert, als sie daran ging, eine Reform einzuleiten.

Dies illustriert eine Auseinandersetzung aus dem Jahre 1607 zwischen dem auf eine Reform des Konventes bedachten Guardian Georg Fischer und dem Bruder Franciscus Hartmann, dem Fischer vorwarf, *[…] mit bösem eifer […] mit worthen an mich gerathen* [zu sein], *und under anderem gesagt* [zu haben]: *Ich sol ihnen ire stiftungen, im seelbuch begriffen, darüber ich gantz keinen gewalt mögen haben, sonder es sey ir schweiß, mühe und arbait, zustellen und uberandtwurten, und mich darüber gescholten […] daß ich bisher den brüdern das ihrig aufgehalten.* Hartmann scheint hier im Namen seiner Mitbrüder gehandelt zu haben, welche die Einkünfte des Klosters, wozu eben auch die gestifteten Jahrtage gehörten, als ihren eigenen Besitz ansahen, welcher der Klostergemeinschaft als Ganzes und nicht dem Vorstand allein anvertraut war, denn *[…] er* [Fr. Hartmann] *sagt: wür wellen das unser under unseren gewalt haben […].* Zugleich wird aber auch deutlich, wie die Brüder die Disziplinierung durch den Guardian ablehnten, wenn Hartmann des weiteren forderte: *[…] damit wür, wann wür […] selbst kaufen und kochen, auch wenn gute freund zu uns komen, denselbigen zu sprechen und gesellschaft leisten mögen […]*[54]. Zwei für das Selbstverständnis wichtige Gesichtspunkte werden in diesem Konflikt angesprochen: Ihre persönlichen sozialen Kontakte gingen den Mönchen über eine genaue Befolgung der Ordensregel. Und: Ihren Platz im Kloster scheinen sie als eine Art Pfründe begriffen zu haben, weshalb der Guardian seine Klageschrift wohl nicht ganz zu Unrecht mit der rhetorischen Frage beschloß: *Ist diß una humiliter pauperitas more capucinorum?*

---

[52] GLA 225/557 (wie Anm. 8); vgl. auch StadtAÜb Rp. 1556−66 fo. 459r; Rp. 1566−73 fo. 24.
[53] Ebda.
[54] KaPAÜb F 54 fo. 49v.

Die Probleme bei den Franziskanern, so läßt dieser Wortwechsel erkennen, unterschieden sich gar nicht so sehr von denen der Kapläne. So wie sich die Kapläne gemeinsam gegen obrigkeitliche Ansprüche des Pfarrherrn und auch gegen dessen Versuche, ihr Verhalten zu regulieren, zur Wehr setzten, reagierten auch die Konventualen auf ähnliche Maßnahmen des Guardians. Das ‚moderne‘, das Individuum und die Hierarchie betonende Denken der katholischen Reform kollidierte mit den traditionellen, von der korporativ organisierten städtischen Gesellschaft geprägten Denk- und Wertvorstellungen der einfachen Brüder. Die Mönche blieben ebenso wie die Kapläne auch nach ihrer Profeß Angehörige der städtischen Gemeinschaft, Kinder der Stadt, der sie entstammten. Nur einer hatte bei dem Verhör 1567 darauf insistiert, kein Überlinger Bürger mehr, sondern ausschließlich Barfüßer zu sein – der Provinzial des Ordens, Jodok Schüssler.

Gerade er, wie auch später der Guardian Georg Fischer, dessen Regiment den Unwillen seiner Mitbrüder hervorgerufen hatte, betrieb eine Reform des Ordens. Auf verschiedenen Provinztagen wurden neue Konstitutionen beschlossen, die einzelnen Klöster regelmäßig visitiert und versucht, soweit dies eben machbar war, den Einfluß der städtischen Magistrate zu begrenzen[55]. Doch der Erfolg um die Jahrhundertwende war, wie deutlich wurde, noch bescheiden. Das Kloster selbst litt unter finanziellen Nöten, und die Mönche waren einer genau befolgten Ordensregel abhold.

3. Die Kapuziner

Vielleicht war es gerade der Ärger mit den Franziskanern, der den Rat bewog, den Kapuzinern, die in Überlingen eine Niederlassung gründen wollten, 1612 seine Unterstützung zu versprechen[56]. 1613 beantragte er sogar selbst beim Kapitel der Kapuziner, trotz oder wegen des Widerstandes der Franziskaner, die Gründung eines Klosters in der Stadt[57]. Obwohl erst 1621 ihr vor den Toren der Stadt gelegenes Kloster geweiht wurde, wirkten sie schon seit 1615 in der Stadt[58]. Sie engagierten sich in der Seelsorge, wie vor allem auch die Klage Pfarrer Ullanus', daß die Kapuziner den

---

[55] KaPAÜb F 54 fo. 13 ff.: 1586 erklärt sich z.B. Georg Fischer nur bereit, das Amt eines Guardians zu übernehmen, *damit das gotzhauß nit villeicht gar in der weltlichen oberkait hand und gewalt khome.* – Zu Schüsslers Reformaktivitäten vgl. *Eubel* S. 118; nach *Camenzind* S. 147, stellte auch 1580 der Nuntius Bonhomini Schüssler ein ausgezeichnetes Zeugnis aus.

[56] StadtAÜb Rp. 1607–12 fo. 458v.

[57] GLA 225/837, 1613 Sept. 7; 19: Der Antrag des Rats wurde auf dem Kapitel zwar genehmigt, doch da wegen der jüngsten Seuche die Kapuziner zu wenig Brüder hatten, konnten sie der Bitte des Rats noch nicht nachkommen. – Zum Widerstand der Franziskaner vgl. StadtAÜb Rp. 1613–17 fo. 73r.

[58] Am 25. Sept. 1615 wurde das Kreuz bei den Kapuzinern im Spital-Krautgarten aufgerichtet und am 8. Sept. 1621 ihre Kirche geweiht; StadtAÜb Rp. 1613–1617 fo. 229v; VII/23/2515 Bl. 137, 158r. Vgl. auch *Semler*, Überlingen S. 75; *Holl* S. 111; *Baur*, Bettelorden S. 94 f.

Helfern die Beichtkinder nähmen, sobald sich eine Gelegenheit böte, vermuten läßt[59]. Doch war ihr Wirken in Überlingen in der Zeit vor dem Dreißigjährigen Krieg zu kurz und auch die Quellenlage ist bei weitem nicht ausreichend, um ein genaueres Bild zeichnen zu können. Eines kann man allerdings getrost behaupten: Die katholische Reform, der Geist der Gegenreformation, wurde von ihnen gewiß weitaus offensiver propagiert und vorgelebt als von den Franziskanern[60].

4. Die Ablehnung der Jesuiten

Auf den ersten Blick mag es erstaunen, daß gerade der Orden der Gegenreformation par excellence, die von Ignatius von Loyola gegründete Societas Jesu, in einer katholischen Reichsstadt nicht vertreten war, und dies, obwohl 1592 die Errichtung eines Seminars in Überlingen im Gespräch war, hatte doch der Bischof von Konstanz Überlingen als geeigneten Ort für das in seinem Bistum geplante Seminar der Jesuiten vorgesehen und deshalb den Rat gebeten, ein passendes Gelände zur Verfügung zu stellen. Alle anderen Kosten, so versicherte er, trüge er selbst, und auch die Rechte des Rats sollten in keiner Weise durch die Niederlassung eingeschränkt werden[61]. Doch gerade dieser Zusicherung traute der Überlinger Rat nicht. Er fürchtete, daß der Bischof, hatte er erst einmal einen Fuß in der Tür, nach und nach sich verschiedene Rechte aneignen werde, und lehnte deswegen die Bitte des Bischofs ab[62]. Es war in erster Linie der mögliche jurisdiktionelle Anspruch des Bischofs, mit dem der Rat seine Absage begründete. Doch im Hintergrund dürfte auch die Furcht, die Jesuiten selbst könnten seinem Kirchenregiment gefährlich werden, eine Rolle gespielt haben, wie die ähnliche Haltung der Obrigkeiten anderer katholischer Städte belegt, die alle trotz ihrer unbestrittenen Katholizität Vorbehalte gegenüber den Jesuiten hatten und sich, zumindest anfangs, gegen deren Niederlassung sperrten[63].

---

[59] Vgl. EAF Konstanz-Generalia, Klöster u. Orden, Kolleg.-stift Überlingen 1 [1620], Replik des Pfarrers.

[60] Zum Wirken der Kapuziner in anderen katholischen oder bikonfessionellen Städten vgl. *Brecher* S. 362 ff.; *Dommann* S. 104 ff.; *Warmbrunn* S. 247 ff.

[61] StadtAÜb Rp. 1588—96 fo. 176vf. Vgl. auch *Holl* S. 86.

[62] Vgl. ebda. Erst nach dem Dreißigjährigen Krieg suchte der Rat aus eigener Initiative die Jesuiten zur Leitung der Lateinschule nach Überlingen zu holen – nun allerdings vergebens; vgl. *Semler*, Überlingen S. 74. – Das Kolleg der Jesuiten wurde nach längeren Verhandlungen mit dem Rat in Konstanz errichtet, obwohl selbst der dort amtierende österreichische Stadthauptmann wegen einer derart unpopulären Maßnahme Bedenken hegte; vgl. dazu: *Holl* S. 106 ff.; *Hundsnurscher* S. 22 ff.; *Seidenfaden* S. 6 f.

[63] Die Stellungnahme der Überlinger Obrigkeit war somit typisch und wich in keiner Weise von den verbreiteten Denkschemata ab; vgl. nur *Tüchle*, Reformation S. 142. Auch in Städten, wo die Jesuiten Fuß gefaßt hatten, suchte die Obrigkeit dezidiert ihre Rechte zu wahren, meist indem sie die Jesuiten auf eine vor ihrem Einzug aufgerichtete Kapitulation verpflichtete; vgl. *Holl* S. 90 f., zu Konstanz; *Hsia*, Society S. 85, zu Münster. Allgemein zur distanzierten Haltung katholischer Obrigkeiten gegenüber den Jesuiten vgl. *Bücking* S. 458 f. Auch in französischen Städten bestanden auf seiten der Obrigkeit prinzipielle Vorbehalte gegenüber neuen Orden und Konventen; vgl. *Lottin* S. 117.

Ansonsten stand der Rat den Jesuiten durchaus wohlwollend gegenüber. Als nach der Entlassung von Tibianus, des Lehrers der Überlinger Lateinschule, um nur ein Beispiel zu nennen, Sebastian Pfau eingestellt wurde, trug ihm der Rat als erstes auf, nach Dillingen zu den Jesuiten zu gehen, um deren Lehrmethode zu studieren und, so weit wie möglich, in der Überlinger Schule einzuführen[64]. Gerade dieses Beispiel weist auf die ambivalente Haltung des Rats gegenüber der katholischen Reform hin: Er hieß ihre Methoden grundsätzlich gut, aber immer nur so weit, als sie seine obrigkeitlichen Rechte oder auch seine finanziellen Interessen nicht tangierten.

5. Die Terziarinnen auf der Wies

In Überlingen gab es zu Beginn des 16. Jahrhunderts noch drei kleine Frauenklöster, die alle nach der dritten Regel des Franziskanerordens lebten: die Terziarinnen auf der Wies, im Armenhaus und zu St. Gallen. Ende des 17. Jahrhunderts existierte davon nur noch der Konvent der Schwestern zu St. Gallen[65]. Bei allen drei Konventen hatte es sich ursprünglich um Gemeinschaften von Beginen gehandelt, die sich dann aber bald nach ihrem Zusammenschluß dem Franziskanerorden anschlossen und sich dessen Jurisdiktion unterstellten[66], in der Praxis aber, genauso wie die Franziskaner selbst, zunächst einmal vom städtischen Rat kontrolliert wurden.

Das Haus der *Samblung oder clösterlin uff der wies genannt* war 1332 gekauft worden; 1338 wurden die Statuten nach der dritten Regel St. Francisci aufgestellt[67]. Seine Blütezeit erlebte das Kloster im 15. Jahrhundert, während zu Beginn des 16. Jahrhunderts immer weniger Frauen in das Kloster eintraten. 1495 zählte der Konvent wahrscheinlich noch acht Personen, 1528 bei seiner Auflösung nur noch drei[68]. Bereits 1509 war eine Nonne aus Konstanz aus dem Kloster wieder ausgetreten[69]. Die Aufnahme einer Schwester aus Überlingen 1522 gelang nur mit Hilfe des Pfarrherrn, der verhinderte, daß die bereits im Kloster lebende Anna Gilgin dem Bemühen der Frau des Überlinger Kürschnermeisters Hans Reiss nachgab und dessen

---

[64] StadtAÜb VII/23/2515 Bl. 60. – Nach *Semler*, Überlingen S. 95, wurde in der Lateinschule sogar bereits 1571 eine Studienordnung eingeführt, die sich an die Lehrweise der Jesuiten anschloß.

[65] Vgl. zu den Überlinger Frauenkonventen *Keck/Koberg*, Terziarinnen „auf der Wies"; Terziarinnen St. Gallen; Terziarinnen „Armenhaus" S. 255 ff., 261 ff., 274 ff.

[66] Zur typischen Entwicklung der Frauenklöster – der Gründung als Beginenhäuser, dann der Übernahme der dritten Regel des Franziskanerordens im Spätmittelalter und der Umwandlung in Nonnenkonvente mit Klausur im 17. Jahrhundert –, von der auch die Überlinger Konvente nicht abwichen, vgl. *Degler-Spengler* S. 75 ff. Zur Bewegung der Beginen im Mittelalter vgl. *Elm* Sp. 1799 f.; *McDonell* S. 404 ff. Terziarinnenklöster waren entweder Häusern des ersten Ordens unterstellt oder regulierten Terziaren. Im Falle Überlingens war der Guardian der Franziskaner bzw. der Provinzial zuständig.

[67] Vgl. StadtAÜb Reutlinger 9 fo. 153 ff.; 4 fo. 161 ff.

[68] *Keck/Koberg*, Terziarinnen „auf der Wies" S. 259.

[69] StadtAÜb SpA I/8/138, 1509 Jan. 29: Margarethe Fölkin aus Konstanz, die heimgezogen war, erhielt das von ihr eingebrachte Gut wieder zurück.

Knecht heiratete[70], der wiederum, und das wirft ein bezeichnendes Licht auf diese
Vorgänge, im Verdacht stand, Lutheraner zu sein[71]. Die Anziehungskraft des Klosters, soviel indizieren jedenfalls diese Beispiele, war in den ersten Jahrzehnten des
16. Jahrhunderts gering. 1528 baten denn auch die drei noch im Kloster lebenden
Schwestern, so lautete jedenfalls die offizielle Version der Übergabeurkunde, Bürger-
meister und Rat um Hilfe, da das Einkommen des Klosters ihnen nicht mehr den
Lebensunterhalt garantierte und sie fürchteten, [...] von sollichem haus in die welt-
lichait und elendt geen [zu] mueßen[72]. Der Rat stimmte daraufhin der Übernahme des
Hauses durch das Spital zu, das sich dagegen zur lebenslänglichen Versorgung der
Schwestern und zur Übernahme der gestifteten Messen und Jahrzeiten bereit erklär-
te[73]. Im Jahr darauf ließ der Rat das Kloster abreißen und an seiner Stelle den neuen
Friedhof der Stadt errichten[74].

6. Die Terziarinnen im Armenhaus

Obwohl das Armenhaus auch nicht viel mehr Schwestern zählte als die Sammlung –
es lebten dort meist nur drei bis fünf Nonnen, von denen eine als Meisterin amtierte[75] –, so überstand es doch noch die Jahre der Reformation und des Dreißigjährigen
Krieges. Das lag zunächst wohl an der besseren Finanzlage des Klosters, aber gewiß
auch mit daran, daß die Schwestern im Armenhaus eine wichtige karitative Funktion
in der Stadt ausübten: Sie betreuten die Kranken und Sterbenden und taten dies auch,
wie das Lob belegt, das ihnen der Rat immer wieder zollte, mit einer wohl auch von
den Bürgern honorierten Sorgfalt und Gewissenhaftigkeit[76].

---

[70] StadtAÜb I/32/356 fo. 47r. Der Pfarrherr hatte die Frau von Hans Reiss deswegen beim
Rat angeklagt, worauf sie ins Stadtgefängnis kam; darüber hatte dann ihr Mann den Pfarrherrn
zur Rede gestellt.
[71] Vgl. StadtAÜb I/37/390 [o.D. 1524?]; s. dazu auch Kap. III.4.
[72] StadtAÜb Reutlinger 9 fo. 154r.
[73] Vgl. auch StadtAÜb SpA I/8/140 u. 141 zu den Bedingungen der Übergabe.
[74] StadtAÜb Reutlinger 8 fo. 20.
[75] Nach Keck/Koberg, Terziarinnen „Armenhaus" S. 275, lebten 1584–86 neben der Mutter
vier Schwestern im Armenhaus; nach StadtAÜb Mp. 1611–12 fo. 82v waren es 1611 nur noch
drei. Auf dem städtischen Friedhof waren nach StadtAÜb Fladt, Gottesackerbuch Nr. 395–398,
nur vier Schwestern des Armenhauses begraben, die 1539, 1584, 1588 und 1603 gestorben waren,
so daß das gesamte 16. Jahrhundert über wohl nur wenig Frauen im Armenhaus lebten. – GLA
225/888 fo. 4 f., enthält die Regeln, nach denen die Schwestern lebten.
[76] Vgl. GLA 225/888 fo. 3; StadtAÜb I/32/356 [1522 Sept. 10]: Schwester Clara wurde von
der Mutter befohlen, zu einem wahrscheinlich an den Mißhandlungen der Eltern gestorbenen
Kind zu gehen und zu helfen, es einzubinden. Vgl. StadtAÜb Rp. 1588–96 fo. 207v u.
Rp. 1607–12 fo. 379v, zum Lob des Rats. StadtAÜb Mp. 1611–12 fo. 82v: Schwester Anna
Beckh von Hermansberg bot an, um den kleinen Konvent in der Pestzeit bei der Krankenpflege
zu unterstützen, nach Überlingen zu kommen. – Allein wegen ihrer wichtigen Funktion in der
Krankenpflege durften z. B. die Schwestern in Lindau auch nach der Reformation noch tätig

Seit 1348 lebten die Schwestern des *pegin oder arme[n] hauß*[77] in einem eigenen, von dem Kaplan Johannes Pininger für seine beiden Schwestern gestifteten Haus, sie besaßen aber nie, anders als z.B. die Nonnen zu St. Gallen, eine eigene Kirche, sondern mußten sich mit einem einfachen Gebetsraum begnügen[78]. Wie die anderen Frauenklöster standen auch sie unter der strengen Aufsicht des Rats und seiner Pfleger; Neuaufnahmen waren nur nach dessen Zustimmung möglich[79]. Um die Einkünfte des Armenhauses war es dabei nicht so schlecht bestellt, wie der Name suggeriert und wie dies S. *Keck* auch behauptete[80]. 1659 bei seiner Auflösung besaß das Kloster immerhin neben seinem auf 500 fl geschätzten Haus noch 25 Hofstatt Reben, eine Wiese und eine Baumwiese im Wert von 1290 fl und 2985 fl Kapitalien[81]. Und auch die Rechnungen aus dem Jahr 1548 zeugen von einer gesunden finanziellen Lage: Das Einkommen lag höher als die Ausgaben[82].

Mit dem Einsetzen der Reformtendenzen gegen Ende des 16. Jahrhunderts begann der Rat an dem Lebenswandel der Terziarinnen des Armenhauses Anstoß zu nehmen, obwohl ihr Wirken in der Krankenpflege auch in dieser Zeit nicht nachgelassen hatte. Doch gerade weil sie sich keiner Klausur verpflichtet hatten und oft mit den Einwohnern der Stadt Umgang pflegten, konnte ihr Verhalten eher Argwohn hervorrufen. 1605 beschloß z.B. der Rat, daß die Schwestern in Zukunft das Haus nicht mehr ohne Grund verlassen dürften, sich vor allem aber von allen verdächtigen Häusern fernzuhalten hätten; gingen sie zu Kranken, so sollten sie dies nicht ohne Begleitung tun[83]. Einen der gröbsten Skandale verursachte allerdings nicht der zu enge Kontakt mit der Außenwelt, sondern zu den Mönchen des Franziskanerklosters: 1604 wurde der Schwester Ursula Böllin, die von dem damaligen Guardian Matthias Sauter ein Kind erwartete, die Rückkehr in das Armenhaus verboten[84]. Eine derart eklatante Verlet-

---

sein. Sie verloren zwar ihren geistlichen Charakter, fungierten aber weiterhin als Wärterinnen der Kranken; vgl. *Wolfart* 1 S. 228.

[77] StadtAÜb Rp. 1613–17 fo. 99r: Noch 1614 war also die Bezeichnung Beginen im Gebrauch.

[78] *Keck/Koberg*, Terziarinnen „Armenhaus" S. 274.

[79] Vgl. z.B. StadtAÜb Rp. 1552–56 fo. 89r; Rp. 1607–12 fo. 6r, 284r; Rp. 1613–17 fo. 99r.

[80] Vgl. *Keck/Koberg*, Terziarinnen „Armenhaus" S. 274 f.

[81] GLA 225/886, 1659 Aug. 11: Bei dem Kapitalvermögen sind die Schulden von 563 fl bereits abgezogen.

[82] Vgl. GLA 225/66 fo. 1 f.: Von ihrer Arbeit, dem Weben und der Krankenpflege, so macht die Rechnung deutlich, bezogen die Schwestern die wenigsten Einkünfte (26 lbd und 1 lbd); verkaufter Wein (92 lbd) und *gemain innemen* (112 lbd) waren dagegen die eigentlichen Einnahmequellen.

[83] StadtAÜb Rp. 1603–07 fo. 213.

[84] Vgl. ebda. fo. 55: Der Guardian hatte die schwangere Schwester ohne Wissen des Rats aus Überlingen geschafft. Ihre wiederholten Bitten um Wiederaufnahme schlug der Rat zunächst ab; vgl. ebda. fo. 67vf u. passim, bis sie 1605, auf Fürbitte Dr. Heußlins und Dr. Gall Hagers (vgl. ebda. fo. 162vf, 172v), doch wieder zurückkehren durfte; vgl. auch StadtAÜb Mp. 1605–06 fo. 316f. Als der Guardian 1608 bat, die erkrankte Böllin in das Spital aufzunehmen, beschied ihn der Rat ebenfalls zunächst ablehnend, *weil die sach diser schwester halber ohne der herren vor wissen angefangen, ir die kutten genomen und in ein ander closter gethan*, änderte dann aber auch in diesem Fall seine Meinung; vgl. KaPAÜb F 54 fo. 60v.

zung der Ordensregel war allerdings die Ausnahme. Zur Regel des Alltags gehörten aber die Probleme, die das Zusammenleben der Schwestern immer wieder aufwarf. 1563 z. B. sah sich der Rat wegen der unter den Schwestern herrschenden Zwietracht gezwungen, beide Mütter des Armenhauses abzusetzen und eine neue zu ernennen[85]. Und 1605 wandte sich der Guardian der Franziskaner hilfesuchend an den Rat, da er der Schwestern allein nicht mehr Herr werden könne[86]. Doch auch nach dem Eingreifen des Rats häuften sich in den folgenden Jahren die Schwierigkeiten, woran vor allem die damalige Mutter Lucia Straßnerin schuld gewesen zu sein scheint: Sie behandelte die ihr anvertrauten Schwestern schlecht, nahm selbst nicht an der Pflege der Kranken teil, mit der Begründung, sie sei davon privilegiert, und unterstützte ihre Angehörigen aus den Klostereinkünften[87]. Spätestens 1620 war Lucia Straßnerin, nachdem sie auch noch der Beziehungen zu einem Priester überführt worden war, abgesetzt worden; sie blieb aber, obwohl der Rat sie gern aus der Stadt gewiesen hätte, in Überlingen[88].

Es waren denn auch wohl weniger finanzielle Gründe, welche zur Auflösung des Klosters 1659 führten[89], sondern der Rat wollte endlich mit dem ‚Wesen des Armenhauses' Schluß machen und fand damit bei der auf eine Reform ihres Ordens bedachten Führung der Franziskaner offene Ohren[90]. Nachdem die genauen Modalitäten geregelt waren, stand einer Auflösung des Konvents nichts mehr im Wege[91].

---

[85] StadtAÜb Rp. 1556–66 fo. 401r.

[86] Wie Anm. 83: Zwei Schwestern, die der Guardian eingekarzert hatte, waren befreit worden, indem das Schloß mit einem Stein aufgebrochen wurde.

[87] Vgl. StadtAÜb Rp. 1613–17 fo. 104v, 119r, 135.

[88] Vgl. GLA 225/552, 1620 Juni 2, Bericht des Provinzials und Antwort des Rats.

[89] Insofern ist *Keck/Koberg*, Terziarinnen „Armenhaus" S. 275 Anm. 7, zuzustimmen, wenn auch finanzielle Probleme mit eine Rolle gespielt haben dürften. Bereits 1612 kritisierte der Rat die Haushaltung im Kloster; vgl. StadtAÜb Rp. 1607–12 fo. 422v. Daß die Schwestern 1624 eine weite Bettelreise durch Süddeutschland unternahmen, um Geld zur Renovierung ihres Hauses zu sammeln (vgl. GLA 225/888, 1624 April 23; 225/434), belegt, daß die bei der Auflösung vom Rat angeführte Begründung, die Kosten zur Renovierung des Hauses seien höher als das Vermögen der Schwestern (vgl. GLA 225/886, 1654 Febr. 23), seine Berechtigung hatte, ebenso der vom Rat monierte Rückgang des Hauptguts zwischen 1649 und 1653; vgl. GLA 225/66 fo. 18ff.

[90] Vgl. GLA 225/886, 1654 Febr. 23.

[91] Die Auflösung des Klosters war ein Prozeß, der sich über mehrere Jahre erstreckte. Bereits 1653 beriet das Kapitel der Franziskaner in Speyer darüber (vgl. GLA 225/886, 1653 Okt. 27), denn die Franziskaner waren daran interessiert, das Vermögen des Ordens auf das Männerkloster zu übertragen. Die Mönche, so versicherten sie dem Rat, könnten die Krankenbesuche noch besser als die Schwestern durchführen, da sie zudem die Beichte abnehmen und die Sakramente spenden könnten. Damit war zwar der Rat zunächst nicht einverstanden, da er das Haus der Schwestern den Jesuiten übergeben wollte (vgl. Anm. 62), doch gelang es ihm nicht, sich gegen die Franziskaner durchzusetzen, die 1659 schließlich das Haus verkauften; vgl. dazu ausführlich *Keck/Koberg*, Terziarinnen „Armenhaus" S. 275 f.; GLA 225/886 u. 518 fo. 3 f.

7. Die Terziarinnen zu St. Gallen

Der am spätesten gegründete Konvent – das Kloster zu St. Gallen läßt sich erstmals 1401 nachweisen[92] – war, zumindest von seiner Größe her, der wichtigste unter den drei Frauenkonventen. Zwischen 1584 und 1586 lebten dort unter der Leitung einer Mutter 13 Schwestern[93], 1619 und 1623 waren es ebenso viele[94], und die Zahl der auf dem Friedhof beerdigten Nonnen zeigt, daß diese Stärke wohl im 16. Jahrhundert meistens erreicht worden ist, denn zwischen 1557 und 1603 wurden dort 10 Schwestern bestattet[95]. Von diesen 10 Schwestern waren allerdings nur drei vor 1588 gestorben, das heißt, daß die meisten Schwestern in den fünfziger und sechziger Jahren in den Konvent eingetreten waren, während in der Reformationszeit die Anziehungskraft des Klosterlebens anscheinend etwas nachgelassen hatte, aber nie ganz zum Erliegen gekommen war[96]. Die Reformation berührte das Leben des Konvents nur wenig, allein eine Schwester trat aus dem Kloster aus, um zu heiraten[97]. Es gab nur äußerlich einen Einschnitt, als der Rat 1534 das vor der Stadt gelegene Kloster abreißen und in die Stadt verlegen ließ[98].

Die Angaben auf den Grabinschriften geben erstmals auch einige persönliche Daten der Schwestern preis: So betrug das durchschnittliche Alter der Schwestern beim Eintritt in das Kloster 25 Jahre; im Kloster selber lebten sie im Schnitt 42 Jahre, das heißt, die meisten Schwestern wurden in Anbetracht der damaligen Lebenserwartung ziemlich alt, im Schnitt 64 Jahre. Diese doch recht erstaunliche Vitalität wie auch die relative Größe des Konvents hingen mit dem Charakter und der sozialen Zusammensetzung des Klosters zusammen: In stärkerem Maße als das Armenhaus war das Kloster zu St. Gallen eine Versorgungsanstalt für Frauen des Bürgertums. Denn wer zu St. Gallen aufgenommen werden wollte, mußte im allgemeinen einigermaßen wohlhabend sein. Als z.B. 1597 der Amtmann des Domstifts Konstanz, Ludwig Kübler, seine Tochter in das Kloster gab, mußte er 70 fl Pfründgeld zahlen und 300 fl nach der Profeß; ferner hatte er die Kosten für Hausrat und Kleidung zu überneh-

---

[92] Vgl. *Keck/Koberg*, Terziarinnen „St. Gallen" S. 262f., zur Geschichte des Klosters im Mittelalter.

[93] *Ebda.* S. 265.

[94] GLA 225/552, 1619 Nov. 5; 1623 Mai 8.

[95] Vgl. StadtAÜb Fladt, Gottesackerbuch Nr. 381–390. Die Grabinschriften überliefern das Sterbedatum, das Alter der Schwestern (mit einer Ausnahme) und die Zeit, die sie im Kloster gelebt hatten, so daß daraus die Eintrittsdaten errechnet werden können. Nach StadtAÜb IV/15/1726, wurden 1527 wahrscheinlich drei Schwestern aus Konstanz aufgenommen, welche den Konvent in der Reformationszeit verstärkt haben könnten.

[96] Hier muß allerdings ein Vorbehalt gemacht werden. Der städtische Friedhof wurde erst in den 1530er Jahren angelegt (vgl. *Semler*, Friedhöfe), so daß die davor im Kloster bestatteten Nonnen nicht erfaßt werden können.

[97] Vgl. StadtAÜb IV/15/1726: Ca. 1526 war Dorothea Öttlin ausgetreten und hatte in Basel Hans Brezel geheiratet, der nun gegen das Kloster um die von seiner Frau eingebrachten 500 fl prozessierte.

[98] Vgl. *Keck/Koberg*, Terziarinnen St. Gallen S. 264.

men[99]. Und als 1623 Matthias Bauser aus Überlingen um einen Platz im Kloster für seine Tochter ansuchte, bot er, wie der Rat bedauernd feststellte, ‚nur' 400 fl[100]. Der Rat achtete immer genau darauf, daß Novizinnen über ausreichend Vermögen verfügten, um die finanzielle Solidität des Klosters möglichst zu erhalten[101]. Die Schwestern zu St. Gallen stammten denn auch wohl vorwiegend aus der bürgerlichen Mittelschicht, wobei auffällt, daß ein nicht unerheblicher Teil aus der Region und nicht aus Überlingen selbst kam[102]. Der Rat betonte 1624 ausdrücklich, daß sich seit 14 Jahren keine Bürgerstöchter mehr beworben hätten[103]. Über die Verwandtschaftsverhältnisse der Schwestern schweigen die Quellen, doch betrachtet man sich die Namen[104], so kann zumindest eines festgehalten werden: Keine stammte aus der Überlinger Oberschicht, wenn man einmal von der 1616 gewählten Mutter Katharina Betz absieht, die möglicherweise zur Überlinger Patrizierfamilie Betz gehörte[105].

Anders als die Schwestern im Armenhaus waren sie auch nicht in der Krankenpflege tätig – inwieweit sie arbeiteten, läßt sich nicht mehr feststellen –, sondern lebten in Klausur. Die strengen Statuten von 1439 scheinen allerdings im 16. Jahrhundert nicht mehr allzu genau beachtet worden zu sein[106]. Als 1620 der Provinzial der Franziskaner das Kloster reformieren wollte, ging er zuerst daran, wieder eine strenge Klausur einzuführen. Damit stieß er allerdings auf den Widerstand des Rats. Eine strenge Klausur könne bei den Schwestern zu St. Gallen, so argumentierte der Rat, nicht eingeführt werden, da dazu das Vermögen des Konvents nicht ausreiche. Darüber hinaus bat der Rat den Provinzial, den Schwestern auch ihren alten Habit zu lassen, da Neuerungen dem gemeinen Volk unlieb wären und die Schwestern diese Maßnahme *vil mehr bey der burgerschaft zuo entgelten, dan zuo genießen haben*[107]. Eine strengere Klausur lehnte der Rat wegen der Kosten ab, zugleich aber genügte in den Zeiten der Gegenreformation der Lebenswandel der Schwestern nicht mehr

---

[99] StadtAÜb Rp. 1588–96 fo. 235r.

[100] GLA 225/552, 1624 Nov. 4. Nach StadtAÜb Rp. 1607–12 fo. 284r, war 1610 um 400 fl eine Schwester in das Armenhaus aufgenommen worden, also in einen weniger begüterten und angesehenen Konvent.

[101] Vgl. z.B. GLA 225/836, 1627 Juni 15: Anläßlich der Aufnahme von Christina Boscherin erkundigte sich der Rat bei der Gräfin von Ems, deren Leibeigene die Bewerberin war, nach den Vermögensverhältnissen und dem zu erwartenden Erbe.

[102] Nicht aus Überlingen stammten z.B.: Die Tochter Ludwig Küblers (wie Anm. 99); Christina Boscherin (wie Anm. 101); Catharina Renckin, Konstanz (GLA 225/544, 1619 Febr. 26); Johanna Schnell, deren Vater, Dr. iur Michael Schnell, wahrscheinlich in Diensten des Grafen Haug von Montfort stand (vgl. GLA 225/836, 1626 Aug. 6).

[103] GLA 225/552, 1624 Nov. 4.

[104] Neben den Grabinschriften (s. Anm. 95) enthält GLA 225/552, 1623 Mai 8, eine Liste aller Schwestern mit Namen, die den Stand von 1623 wiedergibt. Nur Magdalena Ubelackherin sowie Amalia und Margaretha Kellerin könnten bekannten Überlinger Familien entstammen.

[105] StadtAÜb Rp. 1623–17 fo. 342r, zur Wahl von Katharina Betz.

[106] Nach *Keck/Koberg*, Terziarinnen „St. Gallen", S. 262, führte 1439 der Custos strenge Statuten und die Klausur ein; vgl. auch GLA 2/2946 u. 2947, wonach der Provinzial 1570 allen Inklusen zu St. Gallen erlaubte, sich auch in den neu erkauften Häusern aufzuhalten.

[107] GLA 225/836, 1620 Juni 12. Zur Auseinandersetzung um diese Frage vgl. auch noch ebda. 1620 Juli 17; Aug. 26.

seinen Ansprüchen. Schon 1601 hatte er sich z.B. an den Provinzial des Ordens gewandt, mit dem der Rat, was disziplinarische Fragen betraf, eng kooperierte, um die Irrungen und Mißverständnisse bei den Schwestern abzuschaffen[108]. Ihren Höhepunkt erreichten die Probleme dann 1619, wobei, wie schon im Falle des Armenhauses, die Mutter als Ursache aller Konflikte ausgemacht wurde[109]. Worum es genau ging, brachte der Provinzial Casparus Leienbach knapp und klar auf den Punkt: Zunächst müsse der Haushalt geordnet, dann der seit mindestens 12 Jahren gestörte Friede unter den Ordenspersonen hergestellt werden[110]. Der Rat bemängelte denn auch neben der schlechten Wirtschaftsführung vor allem, daß die Schwestern ein, wie er es nannte, ,offenes Haus' führten, das heißt, daß oft die Franziskaner bei ihnen wären wie auch der für sie zuständige Kaplan, daß Gastmähler gehalten und sie sich insgesamt zu weltlich benehmen würden; kurz, sie würden nicht den Statuten des Tridentinums entsprechend leben[111]. Aus diesen zu reformierenden Mißständen leitete dann der Rat zugleich auch sein Recht ab, in die Verwaltung des Ordens einzugreifen[112].

Disziplinarische Maßnahmen müssen eben immer auch vor dem Hintergrund jurisdiktioneller Kompetenzstreitigkeiten gesehen werden, denn die einsetzende katholische Reform suchte zugleich auch den Einfluß der Laien wieder abzubauen. Dies wird exemplarisch deutlich an dem 74 Jahre dauernden Streit um die Pfarrechte bei den Schwestern zu St. Gallen[113]. 1519 war dem Kaplan der 1406 gestifteten Pfründe zu St. Gallen auf Bitten des Guardians der Franziskaner die Seelsorge der Schwestern übertragen worden, da die Franziskaner, welche sie bis dahin ausübten, dazu nicht mehr in der Lage waren[114]. Damit war der Einfluß des Rats gestärkt worden, denn Rat war nicht nur Schirm-, Schutz- und Kastenvogt, sondern nun mittels eines exemplarischen und gelehrten Kaplans, wie er eigens formulierte, auch für Einigkeit und Friede unter den Schwestern zuständig[115]. Auslöser des 1613 beginnenden Konflikts war der Kaplan Hans Grimm, der begann, die Rechte des Pfarrers zu usurpieren. So versah z.B. er eine erkrankte Schwester und nicht der Pfarrer oder dessen

---

[108] StadtAÜb Mp. 1601–03 fo. 7; GLA 225/836, 1601 April 6: Der Provinzial Beatus Bishalm beauftragte den Konstanzer Guardian mit dieser Aufgabe.

[109] Vgl. GLA 225/552, 1619 Nov. 5; Nov. 26/27; 1620 Mai 26; Juni 2: Am 27. Nov. wurde Katharina Betz abgesetzt und Eva Geßlerin zur neuen Mutter gewählt, ohne daß damit die Probleme sofort gelöst wurden, da die alte Mutter weiterhin an ihrer Sonderstellung mit eigenem Zimmer und separaten Mahlzeiten festhalten wollte.

[110] GLA 225/836, 1619 Nov. 9.

[111] GLA 225/552, 1624 März 15.

[112] Ebda.: Kaiser Ferdinand hatte auf Bitten der Franziskaner dem Rat befohlen, den Schwestern die 1619 abgenommenen Briefe (s. Anm. 126) wieder zurückzugeben, was der Rat mit der angeführten Begründung ablehnte.

[113] Bei *Keck/Koberg*, Terziarinnen „St. Gallen", S. 266ff., nur unvollständig und z.T. unzutreffend geschildert. Vgl. dazu vor allem: GLA 225/552; 553; 554; 556; sowie GLA 225/509 fo. 1 ff.; 225/836, Korrespondenz 1624 u. 1625; 225/887, Korrespondenz 1640 u. 1641; ferner StadtAÜb Mp. 1617–18 fo. 52 ff.

[114] GLA 225/556 2 fo. 63 ff.

[115] GLA 225/552, 1617 Juni 3.

Helfer, oder kündigte er selbst der Bürgerschaft an, daß eine Schwester gestorben war[116]. Bei dem ohnehin auf seine pfarrlichen Rechte pochenden Ullanus stieß er aber damit auf erbitterten Widerstand. Ullanus betonte, daß er die pfarrlichen Rechte über das Kloster besitze, also er allein das Recht habe, erkrankte Schwestern zu versehen und zu bestatten und die Jahrzeiten abzuhalten[117].

1617 brach der Streit offen aus, als sich auf Bitten der Schwestern der Provinzial der Franziskaner einmischte und versuchte, den Konflikt zwischen Kaplan und Pfarrherrn zugunsten des Ordens auszunutzen[118]. Denn er forderte nun wiederum mit der Begründung, Ordensangehörige seien der pfarrlichen Gerechtigkeit entzogen, die Seelsorge den Überlinger Franziskanern zurückzugeben[119]. Um sich der Ansprüche des Provinzials besser erwehren zu können, wandte sich Ullanus an den Bischof von Konstanz[120]. Damit waren nun vier Parteien mit unterschiedlichen Interessen an dem Konflikt beteiligt; entsprechend kompliziert verliefen die Frontlinien. Isoliert und ohne Unterstützung war der Kaplan; er wurde 1617 auf eine andere Pfründe abgeschoben[121]. Als die eigentlichen Kontrahenten entpuppten sich auf der einen Seite der Rat, der den Pfarrherrn unterstützte, und der Provinzial der Franziskaner. Zugleich aber war das Verhältnis zwischen Rat und Pfarrherrn durch die auf dessen Veranlassung erfolgte Einmischung des Bischofs gestört[122]. Daß der Bischof aus dem Konflikt herausgehalten werden sollte, darüber waren sich wiederum Rat und Provinzial einig[123]. In den beiden folgenden Jahren, 1618 und 1619, schwelte der Konflikt ohne Lösung weiter. Die Franziskaner suchten das Recht der Seelsorge wahrzunehmen, indem z.B. der Überlinger Lektor den Schwestern die Beichte abnahm und die Sakramente austeilte[124]. Zugleich weigerten sich die Schwestern, den Pfarrherrn zu

---

[116] Vgl. GLA 225/552, 1617 Sept. 18: Offensichtlich hatte zwischen Grimm und der 1616 verstorbenen Mutter ein enges Vertrauensverhältnis bestanden, was zur Folge hatte, daß Grimm nach und nach die Rechte des Pfarrers *turbierte* und selber auszuüben suchte.

[117] Zu Ullanus vgl. Kap. VII.7. – Zu seinen pfarrlichen Rechten vgl. GLA 225/552, 1617 Sept. 9; genau und zutreffend auch bei *Keck/Koberg*, Terziarinnen „St. Gallen" S. 266.

[118] Konkreter Anlaß für das Aufflackern des Konflikts waren meist die Beerdigungen der Schwestern. Während der alten Mutter, die 50 Jahre amtiert hatte, 1616 das Begräbnis in der Klosterkapelle ausnahmsweise bewilligt worden war, erlaubte dies der Rat 1617 bei der Schwester Elisabeth Kiene nicht mehr und verordnete eine Wache vor das Kloster, um eine Verletzung seines Gebots zu verhindern; vgl. GLA 225/552, 1617 Juni 3, Memorial des Rats. Deshalb hatten sich die Schwestern an den Provinzial gewandt, der daraufhin seine Beschwerden formulierte; vgl. ebda. 1617 Juni 3; Sept. 9; Okt. 17.

[119] Ebda. 1617 Sept. 9.

[120] Vgl. ebda. u. 1617 Okt. 17.

[121] Vgl. ebda. 1617 Sept. 18, u. StadtAÜb Mp. 1617–15 fo. 52 ff.: Grimm hatte sich beim Vikar beklagt, auf eine mindere Pfründe versetzt worden zu sein.

[122] Ebda. 1617 Nov. 4: So wurde z.B. im Haus des obersten Zunftmeisters Dafrid anläßlich eines Gastmahls gesagt: *[…] der pfarherr alhie mache allerlay ungelegenhait, er werde gemaine stadt noch in schimpf und spott bringen, und nemen meine herrn sich seiner zuvil an […],* denn der Bischof soll gesagt haben, *[…] sie wöllen meinen herren lang genuog zuosehen und darnach ain straff von ihnen nemen.*

[123] Ebda. 1617 Okt. 17.

[124] Vgl. ebda. 1618 Memorial.

erkrankten Nonnen zu rufen oder bei ihm zu kommunizieren[125]. Auf der anderen Seite beschlagnahmte der Rat 1619 die Lade mit den Urkunden, um seine Rechte zu demonstrieren[126].

Im folgenden Jahr einigten sich nun beide Parteien, Rat und Franziskaner, durch Vermittlung des Bischofs auf einen am 1. Sept. 1620 geschlossenen Vergleich[127]. Der Vertrag sah vor: Wie bisher sollten sich die Schwestern auf dem städtischen Friedhof, wenn auch an einem gesonderten Platz, bestatten lassen. Alle Jura parochialia blieben bei dem Überlinger Pfarrherrn, doch sollte es den Nonnen freistehen, einem anderen approbierten Welt- oder Ordenspriester zu beichten; die Kommunion dagegen habe allein der Pfarrherr auszuteilen, wenn er auch bei gewichtigen Gründen den Schwestern erlauben sollte, bei einem Ordenspriester zu kommunizieren. Geschlichtet war der Streit damit aber noch lange nicht, doch die prinzipielle Lösung vorgegeben. Auch wenn die Franziskaner in den nächsten Jahrzehnten immer wieder versuchten, diesen Vertrag zu ihren Gunsten zu modifizieren, so gelang es ihnen nicht. Am Ende dieses langen Konflikts, 1687, wurde wiederum nur der Vertrag von 1620 bestätigt[128].

8. Die Komturei der Johanniter

Einen ganz anderen Charakter als die Klöster des Mendikantenordens besaß die Überlinger Komturei des Johanniterordens[129]. Dank seiner zahlreichen und weitgehenden Privilegien besaß der Ritterorden eine von der weltlichen wie geistlichen Obrigkeit exemte Stellung[130]; er war, wie die Stadt selber, in deren Mauern er seine Niederlassung hatte, reichsunmittelbar und deshalb für den Überlinger Rat in erster

---

[125] Ebda. 1618 Juli 8 u. 20.

[126] Ebda. 1619 Nov. 5.

[127] Der Vertrag ist überliefert: Ebda. 1620 Sept. 1; GLA 225/887 fo. 1; 2/2952; EAF Konstanz-Generalia, Klöster u. Orden, Franziskanerinnen 36.

[128] Quellen zum Fortgang des Konflikts wie Anm. 113. Die Franziskaner, die den Vertrag anfangs nicht ratifiziert hatten, versuchten immer wieder die Pfarrechte zu erhalten und klagten deswegen sogar beim Heiligen Stuhl in Rom. Sie mußten aber sowohl 1641 als auch 1687, jeweils wieder unter federführender Vermittlung des Bischofs, den Vertrag von 1620 anerkennen.

[129] Zur Geschichte der Komturei vgl. *Stengele*, Linzgovia S. 21 ff.; Roth von Schreckenstein, Johanniter-Commende S. 129 ff.; *Rödel* S. 114 ff.; *Schmid*, Malteser-Kommende S. 333 ff. 1257 erhielt der Orden von dem kaiserlichen Kämmerer Heinrich von Bienburg den Meierhof in Überlingen geschenkt; bereits 1267 besaß die zunächst dem Komtur in Bubikon unterstehende Komturei einen eigenen Meister. Daß die Gesamtdarstellung der Ordensgeschichte von *Wienand* zwar auf die Niederlassungen in Rottweil und Villingen eingeht, nicht aber auf die in Überlingen, zeugt sowohl von der relativ geringen Bedeutung der Komturei als auch von der schlechten Quellenlage.

[130] Zu den Privilegien des Ordens vgl. *Rödel* S. 20 ff.; W. *Hecht* S. 45 ff. Unter anderem war dem Orden von den Päpsten zugestanden worden: 1257 die Befreiung von allen weltlichen Gerichten sowie 1275 Steuerfreiheit; 1309 faßte Clemens V. alle Privilegien des Ordens in einer Charta zusammen, die in dieser Form dann von den folgenden Päpsten jeweils bestätigt wurde. Die Reichsunmittelbarkeit des Ordens ging auf ein Privileg Kaiser Friedrichs I. von 1158 zurück, wonach Besitz und Angehörige des Ordens direkt dem Kaiser unterstellt waren.

Linie eine politische Größe – daß es sich um einen Orden handelte, war in diesem Fall zweitrangig. Die Komturei stellte den einzigen tatsächlichen Fremdkörper in Überlingen dar, allein ihr Besitz – der burgartige Charakter der Anlage unterstreicht dies noch – und ihre Angehörigen waren der Jurisdiktion des Rats entzogen. Die sich daran entzündenden Zwistigkeiten reichten aber nicht allzu tief. Das lag zum einen daran, daß der Rat durchaus genügend Druckmittel besaß, um seine Interessen und Forderungen gegenüber dem Orden durchsetzen zu können; zum anderen gilt es, die Größe des Konvents zu beachten: Es lebten in der Komturei zu Beginn des 16. Jahrhunderts wohl nur drei Konventualen des Ordens, ab ca. 1550 überhaupt keine mehr, sieht man einmal von dem Komtur ab, der sich aber auch nur zeitweise in Überlingen aufhielt[131]. Und zum dritten boten die kirchlichen Verhältnisse des Ordens keinen Anlaß zu Spannungen. Zwar trugen auch die Johanniter ihren Teil zum kirchlichen Leben der Stadt bei, doch waren sie in dieser Hinsicht bei weitem nicht so wichtig wie die Franziskaner.

Zur Komturei gehörte eine St. Johannes dem Täufer geweihte Kirche[132], die zu Beginn des 16. Jahrhunderts von einem Pfarrverweser und zwei Konventualen versehen wurde; ferner waren die im Überlinger Territorium gelegenen Pfarreien von Andelshofen und Hoppetenzell sowie, was für den Rat noch wichtiger war, die Pfarrei von Goldbach, die innerhalb des Überlinger Etters lag und deren Einwohner fast Überlinger Bürgern gleichgestellt waren, dem Orden inkorporiert[133]. Da auch die Ordenskirche der Gewalt des Überlinger Pfarrherrn entzogen war – die Mitbenutzung der Kirche war ihm aber erlaubt[134] –, gab es einige kirchliche Bereiche, auf die der Rat keinen Zugriff hatte. Doch warf dies keine Probleme auf, da in der Ordenskirche nicht gepredigt, sondern nur an Sonn- und Feiertagen sowie jeden Donnerstag Gottesdienste abgehalten wurden[135]. Dazu kam, daß spätestens seit Mitte des 16. Jahrhunderts Überlinger Kapläne die Johanniterkirche mitversahen, da es dem Orden an eigenen Priestern fehlte; vor und während des Dreißigjährigen Krieges

---

[131] Nach *Rödel* S. 115, zählte die Komturei neben dem Personal einen Komtur, einen Prior und sechs Ritterbrüder; 1495 waren es neben dem Komtur nur noch der Verwalter, zwei Konventuale und ein Pfarrverweser, und ab Mitte des 16. Jahrhunderts amtierte nur der Verwalter ununterbrochen in der Komturei, da der Komtur meist für mehrere Komtureien zuständig war (eine Liste der Überlinger Komture bei *Rödel* S. 115 u. *Stengele*, Linzgovia S. 32 f.). Ähnlich waren die Verhältnisse in Rottweil, wo es nach W. *Hecht* S. 116 f., ab 1538 auch keinen ständig residierenden Komtur mehr gab.

[132] Vgl. *Rödel* S. 116: In der Kirche befanden sich drei Altäre, die Johannes dem Täufer, dem Hl. Kreuz und der Mutter Gottes geweiht waren.

[133] Vgl. *Kallen* S. 245 f. Zur Stellung der Einwohner Goldbachs vgl. GLA 225/750 [1555]. Zu Andelshofen vgl. *Stengele*, Beiträge S. 298 f. Andelshofen wurde wie Goldbach seit 1546 ständig und teilweise auch schon davor von Überlinger Kaplänen mitbetreut.

[134] Vgl. GLA 225/528: So war dem Pfarrer z. B. gestattet, bei Versehgängen in der Nachbarschaft der Komturei das Sakrament der Ordenskirche zu holen.

[135] Zur Gottesdienstordnung vgl. GLA 225/571 [1619]: An Sonn- und Feiertagen wurden Messen gehalten, donnerstags aufgrund einer Stiftung des Weltgeistlichen Johann Picsell von 1541 eine Corpus-Christi-Singmesse; vgl. dazu *Rödel* S. 118.

waren es dann vorwiegend die Franziskaner, die sich dieser Aufgabe widmeten[136]. Ohne den Konsens des Rats konnte der Komtur also seine kirchlichen Pflichten überhaupt nicht erfüllen. Und als 1571 der Rat diejenigen Kapläne, die in der Johanniterkirche zelebrierten, ermahnte, zunächst die Meßpflichten ihrer Pfründen zu erfüllen[137], sah sich der Komtur gezwungen, unter Hinzuziehung des Pfarrherrn eine neue Regelung mit den Kaplänen zu treffen. Statt der ursprünglich drei Priester sollten in Zukunft nur noch zwei Kapläne, unterstützt von vier Schülern der Lateinschule, die Gottesdienste in der Ordenskirche abhalten[138].

Auf diese Weise war die Ordenskirche – zumindest personell – in das kirchliche Leben der Stadt integriert. Zudem war es dem Rat 1561 gelungen, das Patronatsrecht über die Pfarrei Goldbach für 500 fl zu erwerben[139]. Möglich wurde diese Einbindung der Ordenskirche in das kirchliche Leben der Stadt infolge der personellen Schwäche des Johanniterordens während und nach der Reformationszeit[140]. So hatte der Rat schon in den vierziger Jahren in Goldbach Heiligenpfleger eingesetzt und hörte seit 1554 anstelle des Komturs deren Rechnungen ab, da der Komtur diese Aufgabe eine Zeitlang nicht mehr wahrgenommen hatte[141]. Gegenüber dem sich darüber beschwerenden Komtur begründete er seine Maßnahme mit der besonderen Rechtsstellung der innerhalb des Überlinger Etters wohnenden Untertanen von Goldbach. Der Rat scheint in diesem Fall bewußt auf die Übernahme des Patronatsrechtes hingearbeitet zu haben, denn nur so konnte er gewährleisten, daß an der dortigen Pfarrkirche auch tatsächlich jeden Sonntag gepredigt wurde; eine Aufgabe, die spätestens seit 1561 von einem Überlinger Kaplan wahrgenommen wurde[142].

Als ein weiteres Bindeglied zwischen den Johannitern und der Bürgerschaft fungierte die St. Johannes-Bruderschaft, deren Bedeutung im Laufe des 16. Jahrhunderts allerdings sehr unterschiedlich war[143]. Insgesamt wird jedenfalls deutlich, daß die Ordenskirche, sei es durch das bewußte Bestreben des Rats, sei es infolge der Unvermögenheit des Ordens, eng in die städtische Kirchenordnung einbezogen war und damit dem Rat wenig Anlaß zum Eingreifen bot.

Etwas anders sah es dagegen bei der jurisdiktionellen Exemtion des Ordens aus,

---

[136] Vgl. GLA 225/750, 1573 April 6, Bericht des Schaffners Ulrich Vischer: Bis 1573 wurde die Kirche durch drei Überlinger Kapläne versehen; vgl. GLA 225/528 (Liste der Priester, die zwischen 1613 und 1639 die Ordenskirche versahen); u. GLA 225/469, 1647 April 28, wonach die Franziskaner den Gottesdienst, den sie einige Zeit versehen hatten, wieder aufgaben. Ähnlich waren wiederum die Verhältnisse in Rottweil, wo die Dominikaner während des Dreißigjährigen Krieges einsprangen; vgl. W. *Hecht* S. 36 f.

[137] GLA 225/59, 1571 Juni 28; StadtAÜb Mp. 1570/71 fo. 144vf.

[138] Wie Anm. 136.

[139] StadtAÜb Reutlinger 8 fo. 23 f.; Rp. 1556–66 fo. 352v.

[140] Vgl. dazu allgemein *Rödel* S. 118.

[141] Vgl. GLA 225/650, 1554 März 18, Komtur Philipp Schilling von Cannstatt an Überlingen; 225/750, 1555 Nov. 11, Beschwerden der Ordensvisitatoren; StadtAÜb Mp. 1551–54 fo. 149vff: Die Stadt hatte danach vor ca. 10–12 Jahren unter dem Schaffner Jacob Faig wegen der schlechten Amtsverwaltung Pfleger verordnet.

[142] Vgl. dazu auch Kap. VII.9.

[143] Zur Bruderschaft vgl. ausführlicher Kap. IX.3.

auch wenn der Rat schon früh versucht hatte, den Orden in die städtische Rechtssphäre einzugliedern. Spätestens 1372 waren die Angehörigen der Komturei, vom Komtur über den weltlichen Verwalter bis zu den einfachen Konventualen, unter ausdrücklicher Zusicherung ihrer Privilegien in das Satzbürgerrecht aufgenommen worden[144]. Dabei ließ sich der Rat zugleich bestätigen, daß Rechtshändel zwischen Bürgern und dem Orden vor dem Stadtgericht ausgetragen werden mußten, ferner setzte er seine Amortisationsgesetze auch gegenüber dem Ritterorden durch[145]. Daneben bestanden zwischen Rat und Komtur auch gesellschaftliche Kontakte: So wurde der Komtur bei offiziellen Anlässen, wie z. B. dem jährlich stattfindenden Herbstmahl des Rats, eingeladen[146]; der Rat selbst wurde an hohen Festtagen vom Komtur bewirtet[147]. Spätestens seit Mitte des 16. Jahrhunderts drängte der Rat auch noch darauf, daß das Amt eines Schaffners der Komturei nur an Überlinger Bürger verliehen werde[148]. Eine Zeitlang hielt sich der Orden auch daran. Mit Michael Nieter, Johannes Heubler oder Christoph Betz versahen jeweils Angehörige der städtischen Führungsschicht dieses Amt[149]. Zwar gab es mit Heubler trotzdem heftige Konflikte, da er strikt auf die jurisdiktionelle Exemtion des Ordens pochte, doch im allgemeinen scheint der Rat über die Überlinger Verwalter doch einen gewissen informellen Einfluß auf die Vorgänge in der Komturei bekommen zu haben[150].

All diese Bindungen vermochten aber nicht grundsätzliche Konfliktpunkte aus der Welt zu schaffen. Daß die Johanniter nicht wie andere Geistliche Reichsanlagen zahlten, störte den Rat noch am wenigsten[151]. Mehr Ärger bereitete dagegen die

---

[144] Vgl. EAF Ha 541 fo. 73vff; GLA 225/93: 1419 und 1430 wurde die frühere Aufnahme bestätigt. Nach GLA 225/650, 1511 Sept. 3, argumentierte der Rat, wenn es um Fragen der Jurisdiktion ging, auch damit, daß der Komtur Bürger sei.

[145] Ebda.: Erhielt der Orden z. B. ein Gut innerhalb des Stadtetters, so mußte er es binnen eines Jahres an die Stadt verkaufen.

[146] Vgl. GLA 225/844, 1567 Jan. 27: Beim Herbstmahl dieses Jahres war es zwischen dem Sohn des Komturs und Bürgermeister Eslinsberger zu einem Streit gekommen.

[147] *Rödel* S. 118: Neben dem Rat wurden auch noch die Priester und Freunde der Kommende geladen.

[148] GLA 225/750, 1556 April 16. Ebenso auch der Rottweiler Rat; vgl. W. *Hecht* S. 63.

[149] StadtAÜb Rp. 1556—66 fo. 376v: 1562 wurde Michael Nieter Schaffner. 1570 bat Adam von Schwalbach den Rat, Nieter, der mittlerweile in den Rat gewählt worden war, während der Abwesenheit des Komturs die Verwaltungsgeschäfte übertragen zu dürfen; GLA 225/59, 1570 Mai 16. Heubler dürfte der Familie des ehemaligen Ammanns Gallus Heubler zuzurechnen sein. Christoph Betz, der 1581 das Amt eines Schaffners übernahm, war zuvor Ammann gewesen; vgl. StadtAÜb Rp. 1573—87 fo. 244v; GLA 2/1987.

[150] Spätestens nach 1602 fungierten allerdings wieder Auswärtige als Schaffner; vgl. GLA 225/ 528, das eine Liste [von 1639] von nicht aus Überlingen stammenden Schaffnern enthält. Zwischen 1602 und 1610 amtierte Hans Ott von Konstanz, danach wahrscheinlich der ebenfalls aus Konstanz stammende Martin Kammer. Der langjährige Konflikt zwischen dem Orden und dem Überlinger Schaffner Hans Bishalm mag für den Orden vielleicht der Anlaß gewesen sein, wiederum, entgegen dem Willen des Rats, sich nach unabhängigeren Verwaltern umzusehen. Zu dem Konflikt mit Bishalm vgl. v.a. GLA 225/709.

[151] Nach EAFr Ha 542 fo. 131 f., 1544 April 19, Überlingen an Dr. Lucas Landstrass: Da laut des Reichstagsabschieds die Güter des Ordens nicht besteuert werden können, werden sie nicht lange darum *fechten*.

Exemtion des Hauses der Komturei, da es in die Stadtbefestigung integriert war. Jede bauliche Veränderung rief den Rat auf den Plan, der um den Wert der Verteidigungsanlagen der Stadt fürchtete[152]. Immerhin scheint es mit der Zeit üblich geworden zu sein, daß der Komtur Baumaßnahmen beim Rat ankündigte und dessen Erlaubnis einholte[153]. Die meisten Friktionen gab es aber wegen des Rechts der niederen Gerichtsbarkeit, das der Komtur gegenüber seinen Leibeigenen wahrnahm, denn in der Regel waren die Leibeigenen des Ordens zugleich auch Hintersassen des Überlinger Territoriums. Schon 1511 forderte deshalb der Rat den Komtur auf, Untertanen der Stadt nicht in das Gefängnis der Komturei zu legen[154], offensichtlich ohne dauerhaften Erfolg, denn 1555 sah sich der Rat gezwungen, dem Komtur diese Praxis schlichtweg zu verbieten[155]. Beschwerden wies der Rat mit dem Argument ab, daß das Gefängnis allein der Verwahrung von Angehörigen des Ordens diene, und in der Folge scheint sich der Komtur im großen und ganzen dem Gebot des Rats gefügt zu haben[156].

Das Ziel des Rats war es, seine Bürger und Untertanen dem Gericht des Ordens zu entziehen, also nach Möglichkeit den gesamten Bereich der niederen Gerichtsbarkeit, soweit er Überlinger Untertanen betraf, vom Ordensgericht weg vor das städtische Gericht zu ziehen. Theoretisch war dies dem Rat zwar schon 1372 zugestanden worden, anscheinend aber ohne dauernden Erfolg[157]. Ab Mitte des 16. Jahrhunderts ist indes deutlich das Bestreben des Rats erkennbar, seinen Einfluß gegenüber den Angehörigen der Komturei zu erweitern – die Schwäche des Ordens zu dieser Zeit wie das auf seinem Höhepunkt angelangte Kirchenregiment des Rats bildeten den Hintergrund, vor dem diese Entwicklung verstanden werden muß. So kündigte der Rat angesichts einiger Verstöße des Komturs 1570 dem Meister der Ballei, Adam von Schwalbach, an, in Zukunft auch einen Komtur oder Schaffner, falls er innerhalb des Etters einen Frevel begehe, wie andere Bürger zu bestrafen. Dabei berief er sich darauf, daß der Orden seit langem das Bürgerrecht und damit auch den Schutz und Schirm der Stadt genieße, vergaß aber auch nicht, darauf hinzuweisen, daß andernfalls Zusammenstöße zwischen Bürgern und Angehörigen des Ordens kaum zu vermeiden seien[158]. Der Höhepunkt der Auseinandersetzungen zwischen Rat und Orden fiel

---

[152] Vgl. StadtAÜb IV/15/1708 u. 1710. Bereits 1282, in der Gründungsphase der Komturei, war es wegen des Baus des Ordenshauses zu Auseinandersetzungen mit dem Rat gekommen; vgl. *Rödel* S. 115.

[153] Vgl. StadtAÜb Rp. 1613–17 fo. 347 ff.

[154] GLA 225/650, 1511 Sept. 3.

[155] Vgl. GLA 225/750, 1555 Nov. 11.

[156] Vgl. ebda. [1555 o.M.]; 225/650, 1562 Jan. 5.

[157] Vgl. ebda. – Eine Ursache zahlreicher Prozesse bestand darin, daß die Grenzen des Ordensbesitzes im Überlinger Territorium umstritten waren, vor allem was die Wälder des Ordens betraf, so daß der Komtur immer wieder Hintersassen wegen Schädigung seiner Wälder anklagte und bestrafte, was dann jedesmal den Rat auf den Plan rief; vgl. GLA 225/650.

[158] GLA 225/59, 1570 April 18; StadtAÜb Mp. 1570–73 fo. 27 ff. Praktiziert hatte der Rat dieses Recht allerdings auch schon zuvor, wie der Fall des Schaffners Johannes Heubler zeigt, den der Rat in den Turm legen ließ, weil er Untertanen der Stadt eigenmächtig bestraft hatte; vgl.

in die Jahrzehnte nach 1555, wobei vor allem Johannes Heubler und der Komtur Philipp Flach von Schwarzenberg sich als entschiedene Gegner der Ansprüche des Rats erwiesen[159] und auch immer wieder in Zusammenstöße mit Einwohnern der Stadt verwickelt waren. So bedrohte z. B. der Komtur verschiedene Bürger, unter anderem den Zunftmeister Sebastian Schmid, mit dem Gewehr; in der Öffentlichkeit ließ er sich wiederholt vernehmen, allein über sein Haus verfügen zu können[160].

Es fällt auch auf, daß erstmals in den Jahrzehnten nach 1570 das Verhalten der Komture beim Rat wie bei der Bürgerschaft auf Kritik stieß. 1570 nutzte der Rat z. B. die Abwesenheit Philipp Flachs von Schwarzenberg, dem er zuvor bereits generell sein ärgerliches, unzüchtiges und schandbares Leben vorgeworfen hatte, um dessen Überlinger Mätressen der Stadt zu verweisen[161]. 1576 mußte sich der Komtur wegen zahlreicher Beleidigungen gegen die Bürgerschaft beim Rat offiziell entschuldigen[162]. Daß auch die Bürger an dem Lebenswandel der Komture Anstoß nahmen, belegt ein Schmachzettel, der 1586 an das Tor der Komturei geheftet worden war und auf dem zu lesen stand: *Ich hab vermaint es sey ain ritter hauß/So ists worden ain huor hauß/ Darinnen hatt die ehebrecherey genommen uberhandt/welches jetz ist ain schimpfli-che schandt*[163].

Insgesamt haben die Ereignisse belegt, daß es dem Rat im allgemeinen gelang, sich gegenüber dem Orden durchzusetzen. So hatte er es vermocht, seine eigenen Untertanen dem gerichtlichen Zugriff des Ordens zu entziehen und darüber hinaus die Angehörigen des Ordens anderen Klerikern gleichzustellen. Daß dies, wenn auch nicht ohne ständige Reibereien, möglich war, lag an der faktisch stärkeren Position des Rats. 1579 z. B. sperrte er kurzerhand der Komturei den Brunnenzufluß, da der Komtur einem Überlinger Bürger für Schäden an dessen Rebgärten keinen Ersatz leisten wollte[164]. Oder er brachte die Untertanen des Ordens auf seine Seite, indem er für ihre Beschwerden Verständnis zeigte[165]. Da die Komturei einen großen Teil ihrer Einkünfte über den Verkauf von Wein und Getreide auf dem Überlinger Markt

---

dazu StadtAÜb Rp. 1552–56 fo. 162v; I/39/396 [o.D.]. Heubler mußte sich verpflichten, Untertanen der Stadt oder des Spitals nicht mehr eigenmächtig zu bestrafen, sondern sie vor dem Stadtgericht zu verklagen.

[159] Zu Heubler vgl. StadtAÜb Rp. 1552–56 fo. 27v, 82r, 110ff., 128v, 154v, 162v, 166v; Rp. 1556–66 fo. 407v. – Zu Flach s. unten.

[160] Vgl. StadtAÜb Mp. 1567–69 fo. 80.

[161] Vgl. ebda. u. StadtAÜb Rp. 1566–73 fo. 85v: Die Tochter des Kaplans Hans Baumeister, die ein Verhältnis mit dem Komtur hatte, wurde der Stadt verwiesen, durfte aber nach ebda. fo. 86v. u. StadtAÜb I/39/396 fo. 40f., wie eine andere Mätresse des Komturs, Apollonia Ernstin, tagsüber in die Stadt kommen.

[162] StadtAÜb IV/15/1713; vgl. auch GLA 225/844 [1576], Zeugenverhör.

[163] StadtAÜb Rp. 1573–87 fo. 499r; vgl. GLA 225/844, 1586 April 23. – Ähnliche Probleme gab es auch in Rottweil, dessen Kommende ja oft denselben Komtur hatte; vgl. W. *Hecht* S. 122f.

[164] StadtAÜb Rp. 1573–86 fo. 242.

[165] GLA 225/750, 1556 April 16: Heubler beklagte z. B., daß die Untertanen viel geneigter seien, Überlingen zu dienen als ihrem Leibherrn, dem Orden.

erzielte[166], war sie auch in dieser Hinsicht vom Rat und dessen Verordnungen abhängig, und hätte der Rat seine 1511 einmal ausgesprochene Drohung, der Komturei den Markt zu verbieten[167], jemals wahrgemacht, hätte der Orden empfindliche finanzielle Einbußen hinnehmen müssen.

Wohl auch wegen dieser Zwänge, denen sich der Orden ausgesetzt sah, stimmte er den verschiedenen im Laufe des 16. und zu Beginn des 17. Jahrhunderts ausgehandelten Verträgen zu, in denen die wichtigsten Konfliktpunkte entschärft wurden. 1523 und 1561 wurde das Problem der Exemtion des Komtureigebäudes gelöst. Der Rat bekam ein Durchgangsrecht zum Wachturm der Stadtmauer, in Kriegszeiten durfte er dort Geschütze aufstellen, und der Komtur gestand zu, ohne Vorwissen des Rats keine Löcher mehr in die Ringmauer zu brechen[168]. 1612 gelang es dann beiden Seiten, nachdem bereits 1598 begonnene Verhandlungen zunächst im Sande verlaufen waren[169], das Problem der niederen Gerichtsbarkeit teilweise zu lösen. Das umstrittene Andelshofer Gebiet wurde genau abgegrenzt. Dem Komtur wurde zugestanden, falls er keinen Überlinger als Verwalter finde, auch eine andere Person katholischer Konfession einstellen zu können[170].

Die Komturei blieb auch nach diesen Verträgen ein Fremdkörper in der städtischen Gesellschaft. Reichsunmittelbar, dazu noch von adeligen Komturen geführt, konnte sie sich prinzipiell nicht in das gesellschaftliche System einer bürgerlichen Reichsstadt einfügen. Doch war es dem Überlinger Rat, wie auch dem anderer Städte, infolge der Schwäche des Ordens nach der Reformationszeit gelungen, den Orden, soweit das eben möglich war, zu integrieren, insonderheit was die kirchlichen Dinge betraf, und seinen jurisdiktionellen Einfluß über Bürger und Untertanen der Stadt einzudämmen[171].

9. Zusammenfassung

Vergleicht man die Entwicklung der Klöster des Minoritenordens, so weisen alle einige auffallende Gemeinsamkeiten auf: Während und nach der Reformation stagnierte oder sank die Zahl der Konventualen, die auch gegen Ende des Jahrhunderts

---

[166] Vgl. *Rödel* S. 117.

[167] GLA 225/650, 1511 Sept. 3.

[168] StadtAÜb IV/15/1708, 1523 Febr. 19; IV/15/1710, 1561 Juli 7. 1612 wurden diese Vereinbarungen erneut bestätigt; vgl. Anm. 170.

[169] Vgl. StadtAÜb Mp. 1611–12 fo. 5 f.

[170] Zu den Vorbereitungen der Verhandlungen vgl. StadtAÜb Rp. 1607–12 fo. 340, 432v; Mp. 1611–12 fo. 36, 160vf. – Der Vertrag: StadtAÜb IV/15/1714, 1612 Aug. 31.

[171] Zur Vorgehensweise anderer Städte vgl. GLA 225/845: Überlingen hatte sich stets über die Haltung anderer Städte informiert. Der Rottweiler Rat berichtete z. B. am 20. Nov. 1587, daß er wegen im Ordenshaus begangener Straftaten genauso vorgehe wie gegen andere, in der Stadt verübte Delikte, und auch der Villinger Rat erklärte am 22. Nov., daß er nicht zuließe, daß der Komtur selber Strafen verhänge und seine obrigkeitlichen Rechte einschränke. Nach W. *Hecht* S. 48 f., führten die zahlreichen jurisdiktionellen Konflikte dazu, daß sich die Kommende im Laufe des 17. Jahrhunderts innerhalb der Stadt immer stärker isolierte und abkapselte.

nur langsam anstieg. Diese Entwicklung scheint aber nicht allein durch die Reformation ausgelöst, sondern allenfalls noch verstärkt worden zu sein; die Terziarinnen auf
der Wies fanden schon davor keine Novizinnen mehr. Abgesehen von diesem kleinen
Konvent blieb aber das Ordensleben insgesamt intakt. Die etwas nachlassende Anziehungskraft des Klosterlebens hatte vor allem für diejenigen Konvente nachteilige
Folgen, die nur über ein relativ geringes Einkommen verfügten; und dies traf im
wesentlichen auf die Terziarinnen auf der Wies und im Armenhaus zu. Der eine
Konvent wurde 1528, der andere 1659 aufgelöst.

Die Konventualen dürften hauptsächlich der bürgerlichen Mittelschicht Überlingens und der Umgebung zuzurechnen gewesen sein. Im Unterschied zu den Kaplänen fehlten Angehörige der städtischen Oberschicht. Offensichtlich bestand ein
Prestigegefälle zwischen Welt- und Ordensklerus zugunsten des ersteren. Unter den
Frauenklöstern muß zudem noch zwischen St. Gallen, das stärker den Charakter
einer Versorgungsanstalt für Töchter der Mittelschicht besaß, und dem Armenhaus
unterschieden werden. Verhalten und Selbstverständnis der Mönche wie auch der
Nonnen glichen in manchen Zügen durchaus dem der Kapläne. Das genossenschaftliche Denken der städtischen Welt, der die Mönche entstammten, prägte auch weiterhin ihr Selbstverständnis. Die Vorstellung vom Kloster als einer Art Pfründe, der
Versuch, persönliche Freiheiten zu wahren, sich als Korporation den Forderungen
der weltlichen wie der geistlichen Obrigkeit zu widersetzen, standen zwar in einem
gewissen Widerspruch zur Ordensregel, korrespondierten aber gut mit der Neigung
zur Verweltlichung, wie sie auch bei manchen Kaplänen festgestellt werden konnte.
Dies führte denn auch zu Konflikten vor allem mit dem Guardian bzw. der Meisterin,
der geistlichen Obrigkeit also, deren Maßnahmen von den Mönchen wie den Novizinnen nicht immer ohne weiteres akzeptiert wurden. Zu größeren Problemen
scheint dies vor allem gegen Ende des Jahrhunderts geführt zu haben, als sich sowohl
das obrigkeitliche Selbstverständnis der Klostervorstände gestärkt und verfestigt
hatte – bezeichnenderweise wurde gerade zu dieser Zeit der alte Begriff der Mutter
zugunsten des der Meisterin bei den Klosterschwestern ersetzt –, als auch das bisherige Verhalten der Konventualen nicht mehr ihren Ansprüchen genügte.

Sowohl der Rat als auch die Führung des Ordens, insonderheit die teilweise mit den
Überlinger Guardianen identischen Provinziale, traten gegen Ende des 16. Jahrhunderts verstärkt für eine Reform ein, allerdings mit jeweils unterschiedlichen Intentionen und aus unterschiedlichen Motiven heraus. Das Reforminteresse des Rats speis-
ten vor allem finanzielle Gründe, mußte er doch bei einer unsoliden und defizitären
Haushaltsführung der Guardiane nicht zu Unrecht fürchten, am Ende die Kosten
dafür tragen zu müssen. Die Provinziale dagegen arbeiteten zunächst einmal daran,
die zwischen dem Verhalten der Fratres und dem Geist der Ordensregeln deutlich
gewordene Kluft zu schließen; und ferner ging es ihnen darum, den Einfluß der Laien,
des städtischen Rats, einzudämmen. Daß sich am Ausgang des 16. Jahrhunderts
allmählich auch die Einstellung der Laien – und wohl nicht nur der politischen
Führungsschicht – gegenüber den Ordensleuten zu ändern begann, indiziert auch die
Tatsache, daß erstmals sogar das Verhalten der Komture des Johanniterordens kriti-

siert wurde. Die finanziellen Schwierigkeiten, die allen Konventen um die Jahrhundertwende zu schaffen machten, weisen aber nachdrücklich darauf hin, daß hier zweifelsohne eine der wesentlichen Ursachen für die Reformmaßnahmen zu suchen ist. Schuld an dieser finanziellen Misere war dabei wohl nicht, wie der Rat immer meinte, allein die schlechte Haushaltung von Guardian oder Meisterin, sondern ebenso, wenn nicht in erster Linie, die Wirtschaftskrise jener Jahre.

IX. Glaubenskrise ohne Reformation:
Zur katholischen Frömmigkeit im 16. Jahrhundert

1. Einleitung

Für die Frömmigkeitsgeschichte markierte die Reformation auch in katholisch gebliebenen Städten und Territorien einen Einschnitt. Die historische Forschung hat sich nun zunächst ausführlicher und intensiver der vorreformatorischen Frömmigkeit zugewandt, stellte sich doch aus der Perspektive der erfolgreichen Reformation die drängende Frage, ob und wie deren Gang und Erfolg davon beeinflußt worden waren. Wie allerdings die Besonderheit der vorreformatorischen Frömmigkeit und damit auch ihr Verhältnis zur Reformation zu bestimmen sei, gerade diese Frage war und ist strittig[1]. Bei der Untersuchung des katholischen Überlingen wird auch darauf einzugehen sein; den eigentlichen Leitfaden des Kapitels bildet aber die Frage, ob und wie die Frömmigkeit der katholischen Einwohner Überlingens durch die auch von ihnen aufmerksam beobachteten reformatorischen Umwälzungen tangiert und modifiziert wurde. Gerade die bislang weniger stark beachtete Frömmigkeitsgeschichte des gesamten 16. Jahrhunderts rückt neuerdings stärker in das Blickfeld der Historiker, seitdem die religiösen Mentalitäten und die davon geprägte Weltanschauung des

---

[1] Es lassen sich grob zwei gegensätzliche Positionen unterscheiden, die jeweils unterschiedliche Aspekte akzentuieren: Entweder werden die Mißstände in der Kirche und die Veräußerlichung der Frömmigkeit, wie sie sich z. B. an der übertriebenen Hostienverehrung, aber auch an der mangelnden theologischen Bildung der Laien wie vieler Kleriker ablesen lassen, unterstrichen – so z. B. von Joseph *Lortz*, aber auch von J. *Toussaert* und, sich darauf im wesentlichen stützend, von Jean *Delumeau*; oder es wird dagegen mit dem Verweis auf das Fortleben der spätmittelalterlichen Stiftungsfrömmigkeit auf eine intensive, bis zum Beginn der Reformation ungebrochene Frömmigkeit und Kirchlichkeit abgehoben, so z. B. vor allem von Bernd *Moeller*. Vgl. zusammenfassend dazu *Ozment* S. 15ff.; *Delumeau*, Catholicisme S. 237ff.; *Moeller*, Frömmigkeit S. 5ff. Gerade die letzte Arbeit markiert auch noch heute den Stand der Diskussion, wie neuerdings der Aufsatz von *Zimmermann* S. 65ff., zeigt, in dem die Thesen *Moeller*s weitgehend übernommen werden und nur die Frage, wie angesichts einer ungebrochenen Frömmigkeit der Erfolg der Reformation erklärt werden kann, eine neue Antwort erhält. Die Argumentation *Moeller*s wird teilweise auch übernommen von *Baumgart* S. 186ff. Gerade neuere, mentalitätsgeschichtlich orientierte Arbeiten können diesen Gegensatz überwinden helfen, wenn auch nicht ganz unparteiisch, indem sie nicht mehr die Kirchlichkeit und das offizielle Dogma als Maßstäbe der Beurteilung der zeitgenössischen Frömmigkeit unkritisch übernehmen, sondern versuchen, die uns heute oft fremd und abstrus erscheinende Art der Frömmigkeit aus dem Welt- und Selbstverständnis der Zeitgenossen zu erklären; wobei dann aber meist in modifiziertem Sinn Position eins dieser Kontroverse favorisiert wird; vgl. dazu die in Anm. 2 angegebene Lit. sowie die grundsätzliche Forderung von *Chaunu* 1 S. 166; neuerdings zusammenfassend auch *Scribner*, Reformation S. 7ff.

frühneuzeitlichen Menschen als ein geschichtsbildender Faktor ersten Ranges angesehen werden, an dem kein Sozialhistoriker mehr achtlos vorübergehen kann[2]. Zwar ist es sehr viel schwieriger – wenn nicht gar unmöglich –, bestimmte religiöse Anschauungen als Ursache geschichtlicher Veränderungen dingfest machen zu wollen als konkrete und im nachhinein präziser faßbare politische Interessen, und es soll hier auch nicht der Versuch unternommen werden, die Katholizität der Stadt und ihre konfessionelle Entwicklung allein mit Hilfe religiöser Kategorien zu erklären. Dafür war, wie bereits gezeigt wurde, der ganze Bereich des Religiösen und Konfessionellen auch viel zu sehr mit politischen und gesellschaftlichen Interessen verwoben. Die Option für den alten Glauben muß freilich auch die Religiosität der Überlinger geprägt haben. Deshalb kann man zwar, wie dies hier auch getan wird, die konfessionelle Option als ein in hohem Maß politisches Ereignis begreifen; da deren Folgen indes den ganzen Kosmos der Bodenseestadt und insonderheit natürlich auch deren Frömmigkeitsgeschichte tangierten, muß diese als ein essentieller Teil der Überlinger Konfessionsgeschichte angesehen werden.

Die Bedeutung des Themas darf aber nicht den Blick auf die enormen methodischen Schwierigkeiten verstellen[3]. Frömmigkeit kann der Historiker nur dann fassen, wenn sie sich in irgendeiner Form veräußerlicht hat, das heißt, wenn sie in der Form von Stiftungen, liturgischen Ritualen, Schriften und Bildern dem Betrachter späterer Zeiten konkrete Zeugnisse an die Hand gibt. Die daraus gewonnenen Schlußfolgerungen können aber nur einen kleinen Ausschnitt eines größeren, nie mehr zur Gänze rekonstruierbaren Bildes geben; vor allem aber sind Art und Umfang dieses Ausschnittes durch den Zufall der Quellenüberlieferung vorbestimmt und die durch den Historiker thematisierbaren Gesichtspunkte entsprechend einseitig und lückenhaft. Weitere Schwierigkeiten treten hinzu[4], so daß auch in dem folgenden Kapitel zur Frömmigkeitsgeschichte Überlingens nur einzelne Aspekte erörtert werden können, die allenfalls als Indizien vorsichtige Rückschlüsse auf die Entwicklung im ganzen erlauben.

[2] Eine Diskussion der neueren Forschung bieten: *Scribner*, Interpreting Religion S. 89 ff.; *Greyerz*, Religion S. 13 ff.; *Dülmen*, Volksfrömmigkeit S. 14 ff. Zum Beitrag der Volkskunde vgl. *Brückner*, Volksfrömmigkeit S. 559 ff. Als Beispiele neuerer, mentalitätsgeschichtliche Ansätze aufgreifender Monographien vgl. nur: *Galpern*, Religions; *Hörger*; *Christian*; *Russell*.
[3] Zum Methodenproblem vgl. *Delumeau*, Problèmes S. 373 ff.; *Molitor* S. 1 ff.; *Hamm* S. 464 ff.
[4] Als weitere Probleme wären zu nennen, daß z. B. ein Großteil der Quellen, wie Stiftungen oder religiöses Schrifttum, vornehmlich das religiöse Verhalten der Oberschicht oder allenfalls noch einer wohlhabenderen Mittelschicht widerspiegelt, die vieldiskutierte Volksfrömmigkeit sich damit aber kaum adäquat erfassen läßt. Damit stellt sich aber auch das Problem, in welchem Verhältnis die Gläubigkeit des Volkes zu den von der Kirche verkündeten Dogmen stand; vgl. gerade dazu z. B. *Dülmen*, Volksfrömmigkeit S. 15, 21 u. passim, oder auch *Scribner*, Religion S. 47 ff., die beide versuchen, Volksfrömmigkeit in ihrem doppelten Bezug zur kirchlichen Hochreligion wie auch zugleich zur Volkskultur zu sehen.

304

2. Der Wandel der Stiftungsfrömmigkeit

Der stets gegenwärtige Tod und die dadurch aufgeworfene Frage nach dem eigenen Seelenheil waren zentrale Themen der spätmittelalterlichen Frömmigkeit. In den Städten dokumentieren dies die zahlreichen Stiftungen und Bruderschaften – beides Versuche, sich im Diesseits ausreichende Verdienste für das Leben nach dem Tode zu erwerben. Dies war auch in Überlingen nicht anders, wo unter zahlreichen frommen Stiftungen an Zahl und Bedeutung vor allem die Kaplanei- und Meßstiftungen herausragten. Die Sorge um das Seelenheil sowie das weltliche Bedürfnis nach Ansehen innerhalb der städtischen Gemeinschaft hatten die Stiftungen motiviert, welche dann das finanzielle und institutionelle Rückgrat der spätmittelalterlichen Kirche bildeten[5].

Von den 32 Kaplaneien war der größte Teil im 15. Jahrhundert, und zwar zwischen 1400 und 1475, gestiftet worden (s. Tab. 11). Nur die St. Maria Magdalena-Kapelle auf dem Gottesacker datiert von 1521, und es war wohl allein das konkrete Bedürfnis nach einer Friedhofskapelle, das diese einzige Kaplaneistiftung des 16. Jahrhunderts veranlaßt hatte[6]. Schon geraume Zeit vor 1500 hatte damit in Überlingen die Stiftung neuer Kaplaneien ein Ende gefunden. Ferner fällt auf, daß während des gesamten Untersuchungszeitraumes auch keine der Pfründen, wie das im 15. Jahrhundert noch öfters der Fall gewesen war, zusätzlich dotiert wurde[7]. Erst zu Beginn des 17. Jahrhunderts ließen einige der Stifterfamilien die von ihren Vorfahren gestifteten Altäre restaurieren und mit neuen Ausstattungen versehen[8]; erst jetzt ließ auch der Rat durch den Überlinger Bildhauer Jörg Zürn einen neuen Hochaltar für das Münster errichten[9]. Das gesamte 16. Jahrhundert über hatte es also keiner der Überlinger Bürger für wert befunden, sich aus religiösen oder anderen Gründen um die Kaplaneistiftungen zu kümmern, geschweige denn eine neue Pfründe zu stiften.

[5] Vgl. Kap. VII.7 zu den Kaplaneistiftungen.
[6] Die Kapelle war 1521 von Ursula Vogt, der Witwe Caspar Bicklins, gestiftet und anläßlich der Verlegung des Friedhofs 1531 geweiht worden. Vgl. GLA 225/507; 2/2539 u. 3091; *Semler*, Friedhöfe S. 297; *Ders.*, Geschichte S. 48.
[7] Vgl. zu Mehrfachdotierungen im 15. Jahrhundert die Angaben bei Obser, Quellen.
[8] 1607 ließ z. B. Johann Erasmus Betz den Altar seiner Vorfahren renovieren, 1609 wurde der St. Sebastian und Antonius geweihte Altar durch die Erben des Breslauer Domherren und gebürtigen Überlingers Konrad Waibel mit neuem Schmuck versehen, und 1611 wurde der von Hans Ulrich Glöggler und seiner Frau gestiftete Familienaltar vollendet; vgl. Obser, Quellen S. 103, 106, 111.
[9] Vgl. dazu auch Kap. X.9.

Tab. 11: Stiftungen von Kaplaneipfründen 1300—1625[10]

1300—1325	2	1426—1450	5	1551—1575	0
1326—1350	1	1451—1475	8	1576—1600	0
1351—1375	3	1476—1500	0	1601—1625	0
1376—1400	2	1501—1525	1		
1401—1425	10	1526—1550	0		

Eine analoge Entwicklung wiesen die Meßstiftungen auf. Die meisten Jahrtage stifteten die Überlinger bei den Franziskanern. Von der Gründung des Klosters bis 1630 lassen sich 355 Jahrtagsstiftungen nachweisen. Von 200 Jahrtagen, also von 56%, ist das Datum der Stiftung bekannt. Von diesen 56% sind wiederum 76% vor 1500 gestiftet worden und damit nur ein sehr kleiner Teil in den folgenden 130 Jahren (s. Tab. 12). Ihren Tiefstand hatten die Stiftungen in den Jahrzehnten nach 1550 erreicht, wohingegen sich ab 1600 ein leichter Anstieg abzeichnete, der aber noch deutlich unter dem Trend des Spätmittelalters lag[11].

Tab. 12: Jahrtagsstiftungen bei den Franziskanern[12]

	Zahl	Prozent
Vor 1500	152	76,0
1501—1525	13	6,5
1526—1550	9	4,5
1551—1575	4	2,0
1576—1600	9	4,5
1601—1630	12	6,0

[10] Nach Obser, Quellen.

[11] Bei diesen Angaben ist ein methodisches Problem zu beachten: Von einem beträchtlichen Teil der Jahrtage ist, wie oben angeführt, das Datum der Stiftung nicht bekannt. Es ist allerdings nicht sehr wahrscheinlich, daß diese Stiftungen in die Zeit des 16. Jahrhunderts fielen, da die meisten Anniversare Ende des 16. Jahrhunderts angelegt wurden (vgl. Anm. 12) und gerade die in diesem Jahrhundert gestifteten Messen zumeist datiert sind, so daß man begründet vermuten kann, daß es sich bei den undatierten Einträgen zum größten Teil um ältere Stiftungen handelte.

[12] Die Auswertung der bei den Franziskanern gestifteten Messen basiert auf einer Kompilation folgender vier Überlieferungen: 1. KaPAÜb F 60, Anniversar von 1488 mit Nachträgen; 2. StadtAÜb Reutlinger 9 fo. 63 ff., (Reutlinger benutzte wahrscheinlich das Anniversar von 1488 als Vorlage); 3. EAF Ha 594, 1587 von Jodok Schüssler aufgezeichnetes Anniversar; 4. KaPAÜb F 57, 1588 durch den Nachfolger Schüsslers, den Guardian Georg Fischer angelegtes Anniversar. Fischer hatte das ganze Jahrtagswesen reformiert. Nur noch für neuere Stiftungen wurde danach ein eigener Jahrtag gehalten, während alte Stiftungen zusammengefaßt und mit einer Messe abgegolten wurden, damit – und dies war die eigentliche Intention – die Bürger wieder zu neuen Jahrtagstiftungen angeregt würden. Durch die Kompilation dieser vier Überlieferungen

Die Entwicklung der bei der Priesterbruderschaft gestifteten Jahrtage verlief insgesamt ähnlich wie bei den Franziskanern, doch ist das Ungleichgewicht zwischen dem 15. und dem 16. Jahrhundert nicht derart kraß. Dies mag auch mit daran gelegen haben, daß hier – anders als bei den Franziskanern – von 82 % aller Meßstiftungen das Datum der Stiftung oder zumindest der Todestag des Stifters bekannt sind. Von allen Jahrtagsstiftungen, deren Datum bekannt ist, wurden hier immerhin noch 20 % in den Jahren von 1500 bis 1525 getätigt. In den Jahrzehnten nach der Reformation gingen aber auch beim Weltklerus die Meßstiftungen kontinuierlich zurück bis auf 2 % in den Jahrzehnten vor der Jahrhundertwende. Wie schon bei den Franziskanern zeichnete sich ab 1600 wieder eine leichte Zunahme der Stiftungen ab (s. Tab. 13). Dabei ist zu berücksichtigen, daß, anders als bei den Franziskanern, die Priesterbruderschaft stärker mit der städtischen Führungsschicht verbunden war. Nach 1600 waren es fast ausschließlich Angehörige der städtischen Führungsschicht, unter denen erstmals Mitglieder des Patriziats dominierten, die Jahrtage stifteten, und auch zuvor schon hatten vor allem Angehörige der Führungsschicht Messen bei der Bruderschaft des Überlinger Weltklerus gestiftet[13].

Tab. 13: Jahrtagsstiftungen bei der Priesterbruderschaft 1435– 1630[14]

	Zahl insg.	Stiftungen von Klerikern	Prozent
1435–1475	46	20	30,95
1476–1500	28	10	21,43
1501–1525	23	7	20,24
1526–1550	17	7	11,90
1551–1575	7	3	4,76
1576–1600	3	1	2,38
1601–1630	11	2	10,71

konnten Lücken, wie sie z. B. Quelle 3 aufweist, und fehlende Daten ergänzt werden. Bei einem großen Teil der Stiftungen war es allerdings nur möglich, sie aufgrund von Quelle 1 pauschal auf die Zeit vor 1488 zu datieren, weshalb in der Tabelle auch erst ab 1500 eine genauere chronologische Gliederung vorgenommen werden konnte. In die Tabelle wurden auch nur diejenigen Jahrtage aufgenommen, die sich datieren ließen.

[13] Nach 1600 stifteten z. B. Johann Erasmus Betz, Dr. Gregor Klumpp und Magdalena Stebenhaber Jahrtage, sowie das Ratsmitglied Joachim Nier, Anna Schochner oder Medardus Beringer. Nach 1525 hatten u.a. der oberste Zunftmeister Paul Roschacher und der Stadtschreiber Hans Mettezelt sowie Wilhelm von Bayer und Christian Schochner Jahrtage gestiftet, nach 1551 der Weingartener Landschreiber Michael Mesmer, Bruder des späteren Bürgermeisters.

[14] Die Auswertung der an die Priesterbruderschaft gestifteten Jahrtage basiert auf einer Kompilation folgender Quellen: 1. StadtAÜb Reutlinger 9 fo. 192 ff. (Abschrift eines 1519 renovierten Anniversars mit Ergänzungen); 2. KaPAÜb A 2 Liber anniversariorum et cursum confraternitatis sacerdotum ecclesiae ad S. Nicol. Uberlingen; 3. KaPAÜb A 1 Liber anniversariorum etc. (im großen und ganzen identisch mit Quelle 2). Die beiden Anniversare sind nicht

Diesem insgesamt auffälligen Rückgang von Stiftungen an kirchliche Institutionen im Laufe des 16. Jahrhunderts steht eine Zunahme von Stiftungen an die Spend, den Überlinger Almosenfonds, gegenüber (s. Tab. 14). 66% aller bekannten Stiftungen an die Spend wurden zwischen 1500 und 1608 getätigt, wohingegen auf das 15. Jahrhundert nur 34% entfielen. Selbst Kleriker bevorzugten, wie die wenigen überlieferten Testamente bezeugen, Stiftungen an die Spend[15]. Gestiftet wurde also auch noch nach 1525, und man kann vermuten, daß sich die Motive von denen des Spätmittelalters gar nicht so sehr unterschieden. Auch jetzt dürfte es den Stiftern vor allem um ihr Seelenheil gegangen sein, nur daß sie es nun ausschließlich mit Spenden, die den Armen zugute kamen, und nicht mit solchen, die letztlich nur Zahl und Einkommen der Kleriker mehrten, zu erreichen suchten. Auch das Ausmaß der Stiftungen dürfte ungefähr gleich geblieben sein. Zwar fiel die Kirche als Adressat aus, doch der Anstieg von Zahl und Höhe der Zuwendungen an die Spend läßt darauf schließen, daß sich das gesamte Stiftungspotential nun allein darauf konzentrierte. Die für das Spätmittelalter typische Stiftungsfrömmigkeit hat also in Überlingen niemals aufgehört, sie hat nur spätestens mit dem Beginn des Reformationszeitalters den Adressaten gewechselt.

Tab. 14: Stiftungen an die Spend 1400−1608[16]

	Zahl	Prozent	Betrag in lbd	Mittel-wert	Prozent
1400−1500	140	34,07	2762	22,46	14,51
1501−1525	29	8,03	376	13,00	1,97
1526−1550	62	17,17	4121	66,47	21,64
1551−1575	63	17,45	5597	88,84	29,40
1576−1600	55	15,24	4119	74,89	21,63
1601−1608	29	8,03	2065	71,21	10,85

datiert, enthalten aber Nachträge bis in das 17. Jahrhundert. Wahrscheinlich handelt es sich bei ihnen um die schon von Reutlinger benutzte Vorlage (von 1519). In die Tabelle wurden wiederum nur die Jahrtage aufgenommen, von denen das Datum der Stiftung bekannt ist. Bei einigen Priestern wurde aufgrund der Prosopographie (Kap. XVI) das jeweilige Todesjahr als Stiftungsdatum genommen, wenn die Anniversare keine entsprechende Angabe enthielten.

[15] Vgl. z.B. das Testament des Kaplans Thomas Schleher (GLA 2/2082), der 13 lbd an das Große Almosen stiftete, sonst aber keine weitere Stiftung tätigte, oder GLA 2/2098, Testament Johannes Baumeisters; StadtAÜb Reutlinger 10 fo. 272f., Testament Beat Eberlins; GLA 2/2055, Testament Georg Wilds, der allerdings zudem auch einen Jahrtag bei der Priesterbruderschaft stiftete.

[16] StadtAÜb Reutlinger 9 fo. 95ff., enthält eine Abschrift des 1564 renovierten Stiftungsbuches der Spend. Ab 1578 sind die bis 1608 fortgeführten Einträge datiert. Über einzelne Stifter, von denen die Lebensdaten bekannt sind (Ratsmitglieder, Kapläne), läßt sich mit großer Sicherheit vermuten, daß die gesamte Liste chronologisch angelegt ist, zumal auch die datierten Angaben nach 1578 chronologisch geordnet sind und damit als Fortsetzung der alten, wohl ebenfalls so geordneten Liste gelten können. Deshalb konnten die Stiftungen verschiedenen

Die Reformation trug dazu sicherlich ihren Teil bei, wie ähnliche Entwicklungen in anderen katholischen Städten erkennen lassen. Auch in dem noch bis in die 1570er Jahre katholischen Colmar ließen seit den 1520er Jahren die Stiftungen deutlich nach[17], und in Münster verlagerte sich nach 1530 das Schwergewicht ebenfalls eindeutig auf Stiftungen zugunsten der Armen, wobei, wie in Überlingen, der Höhepunkt auf die Jahre nach 1560 fiel. Erst ab 1580 lassen sich auch hier wieder vermehrt kirchliche Stiftungen nachweisen[18].

Wenn auch die Reformation den entscheidenden Wendepunkt markierte, so deutet sich doch bei einer genaueren Betrachtung der Kaplanei- und Jahrtagsstiftungen an, daß, entgegen dem von *Moeller* konstatierten Trend einer bis zu Beginn der Reformation ungebrochenen Stiftungsfreudigkeit[19], bereits seit 1500 die Zahl der Stiftungen merklich nachgelassen hatte. Nicht nur in Überlingen, auch z.B. in so unterschiedlichen Städten wie Nürnberg oder Hannover gingen Stiftungen an die Kirchen bereits vor der Reformation zurück[20], und *Störmann* behauptet, daß die Oblationen generell seit dem Ende des Mittelalters sanken[21]. Wenn auch der Trend nicht eindeutig ist – in Memmingen wurden z.B. noch sechs Kaplaneien nach 1500 begründet[22] –, so kann man doch gewiß nicht von einer vom Spätmittelalter bis zur Reformation reichenden kontinuierlichen Stiftungswelle ausgehen. Die Beziehung zwischen Laien und Kirche scheint schon vor 1517 brüchig geworden zu sein.

Ein knappes Jahrhundert später, um 1600, zeichnete sich dann erneut eine vorerst nur in Umrissen erkennbare Wende ab. Wie sich das Stiftungsverhalten der Überlinger Einwohner jetzt zu verändern begann, lassen unter anderem die Stiftungen für den Bau und Erhalt des Münsters erkennen (s. Tab. 15). Im Unterschied zu den Jahrtagsstiftungen handelte es sich dabei um keine ewigen Stiftungen, sondern nur um

---

Zeiträumen zugewiesen werden, wenn auch mit kleineren Ungenauigkeiten gerechnet werden muß, da der Zeitpunkt der Stiftung nicht immer mit dem Todesjahr des Stifters übereinstimmen muß. Die Stiftungsliste beginnt ungefähr um 1400, wie an den an siebter und achter Stelle der Liste stehenden Stiftern Ruoff Saltzman und Heinrich Rudolf (fo. 95r) zu erkennen ist; Rudolf stiftete 1418 die St. Cosmas- und Damian-Pfründe, die Witwe Saltzmans 1414 die St. Barbara-Pfründe; vgl. Obser, Quellen S. 27f. Bei der Auswertung wurde das 15. Jahrhundert als eine Einheit genommen, da für diese Zeit nur von wenigen Personen die Lebensdaten bekannt sind. Vor dem Ammann Lienhard Moser, der noch 1507 amtierte, wurde der Einschnitt von 1500 gemacht (fo. 97v). Der Zeitraum bis 1525 umfaßt alle Stifter bis einschließlich zu Bürgermeister Hans Haini (fo. 97av), der Einschnitt von 1550 wurde nach Kaplan Hans Fünsinger (fo. 97bv) gemacht, denn an dritter Stelle nach Fünsinger steht Hans Mesmer gen. Barchart, Ratsmitglied, der 1553 gestorben war. Der Einschnitt von 1575 wurde vor Esaias Han (fo. 98v) und nach dem 1574 gestorbenen Kaplan Jodok Falckner gesetzt.

[17] Vgl. *Greyerz*, Late City S. 90ff.

[18] Vgl. *Hsia*, Society S. 177ff.; *Ders.*, Wills S. 330, 335ff.

[19] S. Anm. 1.

[20] *Schlemmer* S. 294ff.; S. *Müller* S. 38.

[21] *Störmann* S. 56.

[22] *Schlenck* S. 22f. Der Höhepunkt der Stiftungswelle war aber auch hier auf die Zeit von 1450 bis 1500 gefallen.

meist geringe Beträge, die zudem oft in der Form von Naturalien gegeben wurden[23].
Die Stiftungen begannen 1559, als der Rat den seit 1522 ruhenden Bau des Münsters
wieder aufnahm und dazu die Einwohner um Spenden bat. Bis 1588 waren es im
Schnitt ca. 13 Einwohner pro Jahr, die Geld oder zumeist Wein stifteten. Da es sich oft
jedes Jahr um dieselben Personen handelte, waren dies, verglichen mit der Einwohnerzahl, nur wenige, und der Beitrag, den sie leisteten, war gering. Das Bemerkens-
werte an diesen Stiftungen ist also weniger ihre Zahl als der ab 1600 einsetzende
Veränderungsprozeß: Der Anteil der Stiftungen von Angehörigen der Führungsschicht nahm jetzt beträchtlich zu. Untersucht man dabei genauer, wer nun eigentlich
zu dieser Erhöhung beigetragen hat, so erkennt man, daß es zu großen Teilen
Mitglieder der Gesellschaft zum Löwen, also des Überlinger Patriziats, gewesen
sind[24]. Zur gleichen Zeit stieg auch der Anteil der Männer unter den Stiftern, während
derjenige der Frauen insgesamt gleich blieb. Da die Namen der Stifter jährlich von der
Kanzel verlesen wurden, liegt die Vermutung nahe, daß es mit der Zeit wieder zum
Prestige eines Angehörigen der Oberschicht gehörte, regelmäßig Stiftungen an die
Kirche zu tätigen. Der 1604 im Ratsprotokoll festgehaltene Beschluß, daß jedes
Ratsmitglied zumindest einen Eimer Wein pro Jahr beisteuern sollte, belegt klar, daß
die entscheidenden Impulse von oben kamen[25].

Tab. 15: Stiftungen für das Münster 1559−1618[26]

	Zahl	Anteil Männer	Prozent	Anteil Frauen	Prozent
1559−1568	161	105	65,22	56	34,78
1569−1578	136	92	67,65	44	32,25
1579−1588	119	70	58,82	49	41,18
1589−1598	43	16	37,21	27	62,79
1599−1608	162	121	74,69	41	25,31
1609−1618	145	103	71,03	42	28,97

[23] Vgl. KaPAÜb A 3, Vermächtnisse an das Münster 1559−1800: In der Regel spendeten die
Stifter zwischen 1/2 und 3 Eimer Wein. Geldspenden waren die Ausnahme und kamen vor allem
in den ersten Jahren bis 1562, als an dem Münster noch gebaut wurde, vor.
[24] Fast regelmäßig waren jetzt z.B. die Löwenräte unter den Stiftern vertreten sowie die
Familien Stebenhaber, Schulthaiß, Kessenring, Echbegg, Betz, v. Freyburg, während der Anteil
der zünftischen Ratsmitglieder sich kaum veränderte. Wie schon in den 1560er Jahren waren es
im Schnitt drei Zunftmeister, die unter den Stiftern genannt wurden.
[25] StadtAÜb Rp. 1603−07 fo. 68r.
[26] Quellen wie Anm. 23. Die Jahre 1589−1598 und 1609−1618 enthalten keine Einträge.

Anteil der Führungsschicht [27]

	Zahl	Prozent
1559—1568	48	29,81
1569—1578	55	40,44
1579—1588	52	43,70
1589—1598	18	41,86
1599—1608	130	80,25
1609—1618	100	68,97

Damit ist ein grundlegendes Problem angeschnitten. Die Stiftungsfrömmigkeit war ein Phänomen der Oberschicht. Auch wenn hie und da Dienstboten Stiftungen tätigten, so war dies doch die Ausnahme. Die Entwicklung der Stiftungen kann damit nicht als exemplarischer Indikator der allgemeinen Frömmigkeitsgeschichte herangezogen werden. Immerhin war es aber gerade die Führungsschicht, die, wie das Beispiel der katholischen Reform noch zeigen wird, am sensibelsten auf neue Trends reagierte und diese auch der Bevölkerung zu implementieren suchte. Erfolg und Wirkungen solcher Bemühungen können aber nur schwer angemessen eingeschätzt werden. Die Entwicklung der Stiftungen hat aber doch gezeigt, daß zwar die Stiftungsfrömmigkeit an sich nicht nachließ, wohl aber das Verhältnis zwischen der Kirche und den Laien von einer Krise gekennzeichnet war. Ein Blick auf die Bruderschaften stützt diese Feststellung.

3. Die Bruderschaften

Das Bruderschaftswesen war in Überlingen nicht besonders stark ausgeprägt, entsprach aber in seiner Art dem anderer Städte des Spätmittelalters[28]. Bis 1520 waren sechs Bruderschaften gegründet worden, drei berufsständische Vereinigungen, eine Schützenbruderschaft und zwei Bruderschaften mit ausschließlich religiösem Charakter.

---

[27] Zur Führungsschicht wurde gezählt, wer in einem politischen Gremium, Rat oder Gericht, saß, dem Patriziat oder dem städtischen Klerus angehörte. In diesem Fall wurden auch die Frauen entsprechender Personen mitgezählt.

[28] Zum Bruderschaftswesen im Mittelalter vgl. *Czacharowski* S. 26 ff.; *Hoberg* S. 238 ff.; zum Forschungsstand *Remling* S. 89 ff. Zu Verhältnissen in anderen Städten vgl. *Kießling*, Augsburg S. 292 f.; *Geiger* S. 197 f.; *Trüdinger* S. 136 ff. – Zur Entwicklung im 16. Jahrhundert vgl. *Hsia*, Society S. 98 ff.; *Meisner* S. 23 ff. – Die Überlinger Verhältnisse glichen sehr stark denen in Biberach; auch dort gab es vier Gesellenbruderschaften, eine Schützenbruderschaft und zwei religiöse Vereinigungen, darunter eine St. Jacobs-Bruderschaft; vgl. Schilling S. 151 ff.

Die älteste Überlinger Bruderschaft war die 1395 bei den Franziskanern begründete Vereinigung der Schneidergesellen[29]. Eine ähnliche Bruderschaft gründeten 1477 die Gesellen des Bäcker- und Müllerhandwerks[30], während die 1520 gegründete Bruderschaft der Scherer und Bader Meister und Gesellen umfaßte[31]. Von den beiden Gesellenbruderschaften sind jeweils die Statuten überliefert[32], so daß Zweck und Charakter dieser Bruderschaften beschrieben werden können. Das erklärte Ziel beider Bruderschaften war es, fremden Gesellen, die sich in Überlingen verdingt hatten, im Falle des Todes ein christliches Begräbnis mit einem Jahrtag bei den Franziskanern und allen dazugehörigen Zeremonien zu sichern[33]. So hatten sich z. B. die Franziskaner verpflichtet, für einen Gesellen, der kein Vermögen hinterlassen hatte, trotzdem alle Fronfasten eine Kerze aufzustecken, *als das unserer ehren und unser seel hail wol zümpt [...]*[34]. Ein christliches Begräbnis, so die darin enthaltene Konklusion, war eine unabdingbare Voraussetzung, um das Seelenheil zu erlangen. Das wichtigste Amt war denn auch das des Kerzenmeisters, der dafür Sorge zu tragen hatte, daß an Feiertagen auf dem Bruderschaftsaltar die Kerzen als Sinnbild des Gedenkens an die verstorbenen Mitglieder aufgesteckt wurden[35]. Die Bruderschaften verfolgten damit dasselbe Ziel wie die Jahrtagsstiftungen der wohlhabenderen Einwohner.

Daneben dienten die Bruderschaften auch der sozialen Sicherung ihrer Mitglieder. Erkrankte ein Geselle, so hatte er Anspruch auf finanzielle Unterstützung[36]. Um die

---

[29] GLA 225/569, 1395 Mai 26; StadtAÜb Reutlinger 9 fo. 179f., 1395 Juni 9, Abschrift des Vertrags mit den Franziskanern. – Zu Handwerksbruderschaften allgemein vgl. *Schulz* S. 164 ff.; zusammenfassend *Isenmann*, Stadt S. 326 ff.

[30] StadtAÜb Reutlinger 9 fo. 181 f.: Am 18. Febr. 1477 wurden die Vereinbarungen mit den Franziskanern getroffen.

[31] Ebda. 11.1 fo. 24r: Notiz Reutlingers, wonach am 19. Nov. 1520 Meister und Gesellen mit Erlaubnis des Rats eine Bruderschaft bei den Franziskanern gründeten. Weitere Quellen zu dieser Bruderschaft sind nicht erhalten.

[32] GLA 225/569, 1485 Juni 7: Die Statuten der Schneiderbruderschaft wurden zu dieser Zeit entweder erneuert oder erstmals schriftlich formuliert; Dez. 1514 wurden sie ergänzt. Zu diesem Zeitpunkt gehörten 18 Gesellen der Bruderschaft an. – StadtAÜb IV/13/1605, 1506 [März 23], Abschrift der vom Rat bestätigten Statuten der Bäcker- und Müllerknechte; vgl. StadtAÜb Reutlinger 9 fo. 181 f.

[33] Starb z. B. ein Geselle der Bäcker und Müller, so mußte der Christoffel der Bruderschaft alle notwendigen Anstalten für das Begräbnis, wie das Abhalten einer Seelmesse, treffen. Alle Bruderschaftsmitglieder waren verpflichtet, an dem Begräbnis teilzunehmen, und selbst wenn ein Mitglied in der Fremde starb, sollte eine Messe gehalten werden. Jeden Feierabend mußte der Christoffel auch die Bruderschaftsampel zum Gedenken aller verstorbenen Mitglieder anzünden und bis zur Frühmesse brennen lassen. Ähnliche Bestimmungen galten bei der Bruderschaft der Schneidergesellen. Vgl. dazu jeweils die Statuten (wie Anm. 32).

[34] StadtAÜb Reutlinger 9 fo. 179 f.

[35] Vgl. ebda. und Statuten der Schneidergesellenbruderschaft (wie Anm. 32): Anstatt der Christoffel fungierten bei den Schneidergesellen Kerzenmeister, die alle Fronfasten neu gewählt wurden und denen die übrigen Gesellen Gehorsam schuldig waren.

[36] Ein Bäcker- oder Müllerknecht erhielt 5 ß; benötigte er mehr, konnten ihm die Christoffel mit Zustimmung der Mitglieder bis zu 1 lbd geben, die er allerdings später wieder zurückzahlen

Wirksamkeit dieser Fürsorge zu gewährleisten, war denn auch jeder Geselle verpflichtet, sofern er nicht Sohn eines Überlinger Bürgers war, der Bruderschaft beizutreten[37]. Diese Gesellenbruderschaften gewannen damit einen den Zünften der Meister vergleichbaren Charakter, denen sie zudem auch in ihrer korporativen Struktur
ähnelten. Es gab von den Mitgliedern gewählte Christoffel oder Kerzenmeister,
denen Gehorsam zu leisten war, oder Büchsenmeister, die für die *büchs*, also die
Kasse verantwortlich waren[38]. Die Gesellenbruderschaften erfüllten also eine gesellschaftliche und soziale Funktion: Sie gliederten die fremden Handwerksgesellen in
die korporative Struktur der Stadt ein und enthoben zugleich die Stadt der Sorge um
die soziale Fürsorge dieser meist nur vorübergehend in Überlingen wohnenden und
kein Bürgerrecht besitzenden Einwohner. Dabei darf aber nicht übersehen werden,
daß den Bruderschaften zugleich in weitaus stärkerem Maß als den Zünften noch ein
religiöser Sinn innewohnte. Zumindest im 15. Jahrhundert scheinen die Bruderschaften sich noch nicht, die Statuten bezeugen es, wie die Zünfte zu einer ausschließlich
gesellschaftlichen Institution entwickelt zu haben. Zumindest ihre gesellschaftliche
Bedeutung scheint aber das Überleben der beiden Bruderschaften gesichert zu haben.
Insgesamt sind zwar nur wenige Quellen erhalten, doch zumindest von der Bruderschaft der Schneidergesellen weiß man, daß sie noch 1555 aktiv war und mit 34 lbd
zwar ein nur bescheidenes Vermögen besaß, aber bei der wohl nur kleinen Zahl ihrer
Mitglieder doch ihre Funktionen erfüllen konnte[39].

In vielen Städten nahmen die oft umfangreichen Schützengesellschaften einen
wichtigen Platz im gesellschaftlichen Leben ein[40]. Zu der 1467 bei den Franziskanern
gegründeten St. Sebastiansbruderschaft, der Überlinger Gesellschaft der Armbrustschützen[41], gibt es allerdings nur wenige Zeugnisse; entsprechend wenig ist über ihre
Aktivitäten bekannt. Es fällt allerdings auf, daß alle bei der Bruderschaft gestifteten

---

mußte. Die Schneidergesellen wurden ebenfalls aus der *büchs* der Bruderschaft unterstützt, ohne
daß aber die Statuten einen genauen Betrag festlegten.

[37] Bürgerssöhnen wurde die Mitgliedschaft freigestellt. Ein Schneidergeselle mußte bei seinem Eintritt 1 d und danach alle vierzehn Tage 1 d entrichten. Dieser vierzehntägige Tarif war
bei den Bäckern und Müllern gleich, nur mußten diese beim Eintritt 6 d bezahlen. Mißachtete ein
Mitglied die Statuten, konnte der Zunftmeister – wohl auf Antrag der Bruderschaft – ein
Berufsverbot aussprechen.

[38] Laut Statuten wie Anm. 32.

[39] GLA 225/569, 1555 Juni 1; 15: Die Bruderschaft supplizierte z. B. beim Rat um einen
eigenen Raum. Ferner forderte sie, daß die Kerzenmeister der Bruderschaft Rechnung legen
sollten. Im Vergleich vom 15. Juni wurde ihnen letzteres zugestanden. – Die Bruderschaft der
Bäcker- und Müllerknechte ließ 1516 bei den Franziskanern noch einen neuen Altar errichten;
vgl. StadtAÜb IV/13/1605, 1516. 1519 verglichen sie sich mit den Franziskanern wegen ihres
Begräbnisrechtes; vgl. ebda. [o.D.] u. StadtAÜb Reutlinger 9 fo. 181 f. Zeugnisse aus späteren
Jahren sind nicht erhalten.

[40] In Ravensburg z. B. besaßen sie entscheidenden Anteil an der Einführung der Reformation;
vgl. Kap. III.3. – Daß der spätere Bürgermeister Jacob Reutlinger als Pfleger der Bruderschaft
fungiert hatte, weist ebenfalls auf deren Rang hin; vgl. StadtAÜb IV/13/1604, 1576 [Dez. 10].

[41] StadtAÜb IV/13/1604, 1467, Vereinbarung mit den Franziskanern.

Jahrtage in die zweite Hälfte des 16. Jahrhunderts fallen[42]. Das mag vielleicht auch damit zusammenhängen, daß gerade bei den Schützenbruderschaften die gesellschaftliche Funktion letztlich doch dominierte, und sich die religiöse Aktivität der Bruderschaft in den wöchentlich von den Franziskanern zu haltenden Passionen erschöpfte[43].

Der religiöse Impetus stand bei den Gründungen der St. Jos- und der St. Johannes-Enthauptungs-Bruderschaft eindeutig im Vordergrund. 1469 wurde bei der St. Jodok-Kapelle in der Vorstadt die gleichnamige Bruderschaft begründet, die anfangs, wie der Chronist Reutlinger mitteilt, niemanden aufnahm, der nicht eine Wallfahrt entweder nach St. Jakob in Compostela, St. Peter in Rom, St. Jos in der Picardie oder St. Maria in Aachen unternommen hatte[44]. Diese Bruderschaft scheint aber in Überlingen niemals große Bedeutung erlangt zu haben, was auch kaum verwundert, denkt man zum einen an die Aufnahmebedingungen, die nur wenige erfüllen konnten, und zum anderen an die Entwicklung des im Laufe des 16. Jahrhunderts fast völlig zum Erliegen gekommenen Brauchs des Wallfahrens[45]. Daran änderte auch die Lockerung der Aufnahmebedingungen nichts[46]. Eine Wallfahrtsbruderschaft war im 16. Jahrhundert unzeitgemäß, und sie blieb es, auch als im Zuge der katholischen Reform das Wallfahren wieder allseits, unter anderem auch von dem Überlinger Tibianus, propagiert wurde. Denn die Wallfahrtsziele suchte man jetzt in der Nähe. Bevorzugtes Ziel Überlinger Pilger war z. B. das in der Schweiz gelegene Kloster Einsiedeln. Die Fernwallfahrt des Mittelalters war passé[47].

Im Unterschied zu den anderen Bruderschaften stand die 1462 bei der Kirche der Überlinger Komturei des Johanniterordens gegründete St. Johannes-Bruderschaft allen Einwohnern, gleich welchen Geschlechts, offen, sofern sie bereit und in der Lage waren, die geringe Aufnahmegebühr von 3 ßd und den vierteljährlichen Beitrag von 4 Groschen zu bezahlen[48]. Zweck der Bruderschaft war es, die Mitglieder auf einen christlichen Tod vorzubereiten. Jedes Mitglied mußte sich einen Beichtvater wählen, der es bei Todesgefahr mit dem Sakrament der Buße versehen konnte; ferner verpflichtete sich jedes Mitglied, alle Freitage des Jahres auch tatsächlich zu fasten,

---

[42] Vgl. ebda. [o.D.], Verzeichnis über die jährlich zu haltenden Jahrtage.

[43] StadtAÜb Reutlinger 9 fo. 185r: Die Franziskaner mußten jeden Mittwoch auf dem St. Sebastians-Altar eine Passion lesen, und seit 1488 aufgrund einer Stiftung Conrad von Höwdorffs auch noch jeden Freitag.

[44] Ebda. fo. 183f. Vgl. auch *Ullersperger* S. 29.

[45] Vgl. *Veit/Lenhart* S. 177f.

[46] Darüber gibt es keine verbindliche Quelle, doch eine Notiz Reutlingers (wie Anm. 44) läßt vermuten, daß die Statuten entsprechend geändert wurden. 1516 war z. B. auch der Pfarrherr Johannes Schlupf Prokurator der Bruderschaft, und es ist nicht bekannt, daß er eine derartige Wallfahrt unternommen hätte.

[47] Vgl. dazu ausführlicher Kap. X.4.

[48] GLA 225/580, enthält die Gründungsurkunde von 1462 und die päpstliche sowie die bischöfliche Konfirmation von 1484; ebenfalls in GLA 2/2793 u. 2794; s. dazu auch GLA 225/607. Jedes Mitglied mußte zudem noch als Zeichen der Zugehörigkeit zur Bruderschaft einen silbernen Engel im Wert von 10 ßd anfertigen lassen.

also ein den kirchlichen Gesetzen genügendes Leben zu führen. Selbstverständlich wurden vierteljährlich zu Ehren der verstorbenen Bruderschaftsmitglieder Messen gehalten, an denen alle Mitglieder der Bruderschaft teilzunehmen hatten. Zugleich enthielten die Statuten, wie diejenigen der Gesellenbruderschaften, eine soziale Komponente: Falls ein Mitglied schwer erkrankte, erhielt es wöchentlich 5 ßd[49].

Für die meisten Mitglieder dürfte allerdings weniger die tatsächliche finanzielle Hilfe von Interesse gewesen sein als das Prinzip der Nächstenliebe, das dadurch zum Ausdruck gebracht wurde. Denn in die St. Johannes-Bruderschaft scheinen vor allem Angehörige der Überlinger Oberschicht eingetreten zu sein. Aus der Gründungszeit sind zwar keine Mitgliederlisten überliefert, doch eine Liste von Stiftern sowie ein Bruderschaftsverzeichnis von 1656 lassen dies jedenfalls vermuten. 1619 waren z.B der Zunftmeister Conrad Mohr, die Ratsmitglieder Johannes Gemperlin und Hans Hochrat sowie der Patrizier Ferdinand Brandenburger als Prokuratoren und Pfleger im Amt[50]; von den 68 Personen, die Stiftungen an die Bruderschaft getätigt hatten, zählten mindestens 29, also fast die Hälfte, zur städtischen Führungsschicht. Zwar wäre es möglich, daß erst im Laufe der Zeit die Führungsschicht unter den Bruderschaftsmitgliedern zu dominieren begonnen hatte, doch erscheint dies angesichts der Entwicklung der Bruderschaft als eher unwahrscheinlich. Denn zu eigentlichem Leben erwachte sie erst in der zweiten Hälfte des 16. Jahrhunderts. Von allen Stiftungen an die Bruderschaft entfielen nur 13 auf die über hundert Jahre von 1462 bis 1570, 45 aber auf die Jahre von 1571 bis 1600 und nochmals 18 auf die Zeit bis 1639[51].

Gerade in den Jahren kurz vor der Wende zum 17. Jahrhundert zeichnete sich auch eine von der katholischen Reform inspirierte Renaissance des Bruderschaftswesens ab. Erst jetzt wurden wieder neue Bruderschaften in Überlingen begründet, die nun alle, wie die St. Johannes-Bruderschaft, ausschließlich religiösen Charakter besaßen[52]. Die im Mittelalter entstandenen Bruderschaften vereinten dagegen zumeist noch gesellschaftliche und religiöse Funktionen. Der religiöse Zweck war dabei überall derselbe: die Vorbereitung auf einen christlichen Tod und die Sicherung eines christlichen Begräbnisses. Das Abhalten von Messen zum Gedächtnis der Verstorbenen bildete eine zentrale Voraussetzung, um das ewige Heil zu erlangen. In gleichem Maße, wie nun im Laufe des 16. Jahrhunderts die Einwohner der Stadt immer weniger Wert auf Jahrtage, auf Messen zum Gedenken an die Verstorbenen legten, sank auch die religiöse Bedeutung der Bruderschaften. Es wurden, abgesehen von der Bruder-

---

[49] Vgl. ebda: Die Unterstützung mußte allerdings wieder zurückgezahlt werden.

[50] GLA 225/580, 1462: Gegründet wurde die Bruderschaft durch den Kaplan Jos Frühmesser sowie die Überlinger Bürger Jos Zan, Albrecht Strobel, Hanns Haberkalt, Martin Klett, Marcks Sattler, Stoffel Frühmesser und Johannes Vätterli. – Zu den Pflegern von 1619 siehe GLA 225/533, 1619 Jan. 28. – Ein Verzeichnis der Mitglieder von 1656 bei GLA 225/580. Von den 52 aufgeführten Mitgliedern gehörten mindestens 23 zur Führungsschicht, unter ihnen so prominente Persönlichkeiten wie der damals bereits verstorbene Bürgermeister Johann Heinrich von Pflummern oder der amtierende Bürgermeister Niclaus Mader. – Ein jeweils identisches Verzeichnis der Stiftungen an die Bruderschaft enthalten GLA 225/607 u. KaPAÜb D 34.

[51] Nach den Stiftungslisten (wie Anm. 50).

[52] Vgl. dazu Kap. X.4.

schaft der Scherer und Bader, bis 1580 keine neuen Bruderschaften mehr gegründet, und auch die ausschließlich religiös orientierte St. Johannes-Bruderschaft erlebte ihre Blütezeit erst ein Säkulum nach ihrer eigentlichen Gründung. Auch die Geschichte der Bruderschaften indiziert also einen Wandel, wenn nicht gar eine Krise der katholischen Frömmigkeit im Zeitalter der Reformation.

4. Liturgie und Volksfrömmigkeit

Von diesem Wandel blieben die durch das Kirchenjahr und die kirchliche Liturgie vorgegebenen alltäglichen Frömmigkeitsformen weitgehend unberührt, auch wenn man im nachhinein glaubt, eine gewisse Versteinerung der alten, kaum noch Lebenskraft besitzenden Formen feststellen zu können.

So wie die Predigt zu einem typischen Kennzeichen der protestantischen Kirche wurde, war und blieb es für die katholische Kirche die Messe[53]. Bei allem Wert, den auch der Überlinger Rat der Predigt zumaß, bildete doch die Messe das eigentliche Herzstück des Kultus in Überlingen. Und der Rat achtete auch sorgfältig darauf, daß dies so blieb. Während des 16. und auch noch des ganzen 17. Jahrhunderts änderte sich in Überlingen kaum etwas an der Zahl und Abfolge der Messen, wie Gottesdienstordnungen und Ratsmandate ausweisen. Die Wochentage begannen mit einer Frühmesse in der Pfarrkirche, der dann ein Spätamt folgte; an Sonn- und Feiertagen wurde vor der Frühmesse noch eine Mette gehalten, vor dem Spätamt predigte der Pfarrherr, und am Nachmittag zelebrierte er noch Vesper und Complet[54]. Zeitlich versetzt begingen die Franziskaner genau dieselben Gottesdienste[55]. Daran änderte sich auch 1609 nach der Gründung des Kollegiatstiftes kaum etwas, sieht man einmal davon ab, daß nicht mehr der Pfarrherr, sondern die Kanoniker das Spätamt an den Wochentagen verrichten mußten und daß jetzt das Rituale Romanum eingeführt wurde, der Rat also die behutsamen liturgischen Reformen des Tridentinums rezipierte[56]. Ansonsten hatte der Rat in den Statuten des Stifts nur die bisher in Brauch gewesene Gottesdienstordnung festschreiben lassen. Zählt man noch die jede Woche sowohl vom Pfarrherrn wie vor allem aber von den Kaplänen gehaltenen Stiftungsmessen hinzu[57], so wurden in Überlingen jede Woche mindestens 60 Messen zelebriert.

---

[53] Zur Bedeutung der Messe im Mittelalter vgl. A. *Franz*.

[54] Vgl. GLA 225/567 fo. 11 [o.D.; wohl Eingabe Pfarrer Gerums beim Rat]; ebda. fo. 12, zur Gottesdienstordnung des Kollegiatstifts; StadtAÜb IV/13/1594.

[55] Vgl. GLA 225/567 fo. 20ff., 1618 Aug. 20: Anläßlich eines Konflikts zwischen Propst und Franziskanern wegen der Gottesdienste dekretierte der Rat beiden Seiten, wann die Gottesdienste beginnen sollten und wie lange sie jeweils zu dauern hatten.

[56] Vgl. dazu LSBÜb Statuta Capituli et Chori Bl. 24ff. Zu den verschiedenen Überlieferungen und Fassungen der Statuten des Kollegiatstifts s. Kap. X.3. – Zur Liturgiereform des Tridentinums vgl. *Martimort* 1 S. 46ff.

[57] Der Pfarrherr mußte z.B. noch eine bestimmte Anzahl Messen in St. Gallen und St. Jodok

Die feierliche Ausgestaltung der Gottesdienste, vor allem an Sonn- und Feiertagen, lag dabei dem Rat besonders am Herzen. Davon zeugt seine Wertschätzung fähiger Organisten, die mit Extrabesoldungen in der Stadt gehalten wurden, aber auch die nicht unbedeutenden Summen, die für die Orgel der Kirche ausgegeben wurden[58], und nicht zuletzt die materielle Unterstützung armer Schüler, welche zusammen mit einem Kantor und anderen Eleven der Lateinschule den Kirchengesang bestritten[59]. Den Statuten des Kollegiatstiftes zufolge mußte auch ein jeder Priester, der sich um eine freie Stelle bewarb, als erste und wichtigste Voraussetzung die Gabe des Gesangs besitzen, um seine Messen in ansprechender Form halten zu können[60].

Die Überlinger Gottesdienstordnung wurde auch durch die Reformation nicht tangiert[61]. Im Unterschied zum persönlichen Verhalten der Gläubigen blieb der liturgische Rahmen intakt, was auch kaum verwunderlich ist, bedenkt man, daß die Stellung der Kapläne und damit ein großer Teil des Kirchenwesens auf der Messe beruhte. Jede Veränderung hätte hier das gesamte kirchliche System in Mitleidenschaft gezogen und erschüttert, wenn nicht gar ganz einstürzen lassen. Dazu kam aber auch noch die religiöse Bedeutung der Messe. Noch 1694 verbot der Rat dem Pfarrherrn, die Gottesdienste einzuschränken oder gar die Zeremonien zu verändern, da er dies in den gegenwärtigen schweren Kriegszeiten gegenüber der Bürgerschaft und der *posterität* nicht verantworten könne[62]. Ähnlich wie die Prozessionen stellten die in der Stadt gehaltenen Messen in ihrer Gesamtheit eine Fürbitte des städtischen Kollektivs dar, und jede Kürzung oder Veränderung mußte ihren Wert schmälern, wenn nicht gar den Zorn Gottes gegen die Stadt hervorrufen. Von daher wird auch verständlich, warum der Rat so peinlich darauf bedacht war, daß alle einmal gestifteten und gebräuchlichen Gottesdienste auch tatsächlich gehalten wurden, geschah dies doch nur zum Schutz und Heil der Stadt, für die er verantwortlich war. Die kirchliche Ordnung der Stadt trug damit ebenso wie profane politische Maßnahmen des Rats zur Salus publica bei; sie besaß damit selbst politischen Charakter – Säkulares und Kirchliches, Rationales und Religiöses waren untrennbar miteinander verwoben, und

---

lesen, ebenso Kirchweihe bei allen Kapellen und bestimmte Ämter für die Bruderschaften halten; vgl. GLA 225/567 fo. 11. Zu den Pflichten der Kapläne s. Kap. VII.9.

[58] Vgl. Kap. VII.9; s. auch J. *Hecht* S. 86 f.

[59] LSBÜb Statuta Capituli et Chori Bl. 11.

[60] Ebda. Bl. 9v.

[61] Dies dokumentiert die Identität der verschiedenen Gottesdienstordnungen in der Zeit vor und nach der Reformation; s. dazu Anm. 65.

[62] GLA 225/567 fo. 36. – Auch Tibianus betont in seiner Beschreibung Überlingens eigens, daß bei der Gründung des Kollegiatstifts an den religiösen Zeremonien nur wenig verändert wurde (nach *Oehme* S. 129). Das Bewahren alter Formen galt also bereits als Verdienst. Generell gilt auch, daß die Kapläne vielfach gerade dann vom Pfarrherrn und Rat ermahnt wurden, wenn sie ihre Meßpflichten nur lässig oder überhaupt nicht ausführten, in der Fastenzeit Prozessionen ausließen oder eigenmächtig Gottesdienstformen abänderten. Vgl. hierzu z.B. GLA 225/859 fo. 21 f. *Erratiónes des gottesdienstes: daß solcher dem alten herkhomen gemäß nicht gehalten werde etc.* – allein die zeitgenössische Überschrift dieses Akts dokumentiert die programmatische Konservativität der Zeitgenossen in liturgischen Fragen.

für alles hatte der Rat die Verantwortung zu tragen. Die Messe war mithin aus dem Leben der Stadt nicht wegzudenken, sie war Teil von deren gesamtem Lebensrhythmus. Als sich z. B. 1497 die den Überlinger Markt besuchenden Händler beklagten, daß die Frühmesse so bald gehalten werde, daß sie sie nicht besuchen könnten, verlegte der Rat diese sofort. Das Zeichen zur Frühmesse war nun zugleich auch für die Überlinger Handwerker das Zeichen zum Arbeitsbeginn[63].

Wie häufig die Einwohner der Stadt die Messe besuchten, wie intensiv sie daran teilnahmen, auf diese Frage geben die Quellen allerdings keine Antwort. Auf der einen Seite indizieren die verschiedenen Ratsmandate, welche einen häufigeren Besuch anmahnten, daß es damit nicht immer zum besten stand. Zudem fehlte es auch nicht an anderen zeitüblichen Mißständen: So verließen immer wieder Gläubige vorzeitig die Messe oder störten deren Ablauf durch mitgebrachte Hunde; ferner drängten sie sich gerade an hohen Feiertagen im Chor oder stiegen auf die Altäre, um den Priester besser sehen zu können[64]. Gerade daran läßt sich aber andererseits ablesen, daß zumindest an hohen Feiertagen die Gläubigen großes Interesse an den Zeremonien zeigten.

Der Rhythmus des Kirchenjahrs, die Hochfeste und die damit verbundenen besonderen liturgischen Zeremonien, dies wird zumindest deutlich, prägten die Religiosität der Bürgerschaft. Die erhaltenen Gottesdienstordnungen von 1497, 1563 und 1564 belegen[65], daß das Kirchenjahr eine sorgsam gepflegte Konstante im kirchlichen Leben der Stadt bildete. An 72 Tagen des Jahres gedachte man bestimmter Heiliger[66], wobei allerdings nicht allen Heiligen ein ganzer Feiertag gewidmet wurde, oder bereitete sich, wie z. B. am Karsamstag, auf größere kirchliche Feste vor. Für jeden Feiertag des Jahres hatte der Rat aufzeichnen lassen, wie er zu begehen war, und ein Vergleich der inhaltlich fast identischen Ordnungen dokumentiert, daß der Rat diese

---

[63] Vgl. StadtAÜb Rp. 1496–1518 fo. 27 ff.

[64] Einen anschaulichen Beleg für die vom Rat monierten Mißstände bietet ein Mandat vom [13. Febr.] 1586 (StadtAÜb I/54/156 fo. 312vf), das sich vor allem gegen nicht näher beschriebene Verhaltensweisen des Volkes an Palmsonntag und Ostern wandte. Vgl. ferner zu den Mißständen die Beschwerde Pfarrer Gerums (GLA 225/567 fo. 11, wie Anm. 54); StadtAÜb Rp. 1603–07 fo. 447vf; I/39/395b [o.D.], Kundschaftsprotokoll Sebastian Götz. Vgl. dazu aber vor allem die verschiedenen vom Rat erlassenen Mandate und Kirchenordnungen, die eingehender in Kap. X.7 erörtert werden.

[65] GLA 225/519 (Gottesdienstordnung von 1497); 225/572, 1563 Dez. 2 (von dem Kaplan Mattheus Schleiffer und dem Kirchenpfleger Georg Mader erstelltes Verzeichnis der Gottesdienste); 225/458 (Mesner- und Gottesdienstordnung von 1564; weitgehend identisch mit der Ordnung von 1497); 65/11531, (Mesnerordnung), [o.D.; wohl Mitte des 16. Jahrhunderts, da sich zu Beginn eine Notiz über das Begräbnis des 1541 gestorbenen Bürgermeisters Dornsperger findet]. – Allgemein zum Kirchenjahr vgl. den Ablauf in Zug und Nürnberg nach *Dommann* S. 374 ff.; *Schlemmer* S. 171 ff. Die hohe Bedeutung des Kirchenjahrs wird auch durch das Fortleben katholischen Brauchtums in lutherischen Kirchenordnungen unterstrichen; vgl. *Zeeden*, Überlieferungen S. 47 ff. Als Versuch, aus den verschiedenen liturgischen Riten und Bräuchen des Kirchenjahrs Rückschlüsse auf die religiöse Mentalität zu ziehen, vgl. *Scribner*, Popular Religion S. 48 u. passim.

[66] Nach der Ordnung von 1563 (wie Anm. 65).

wohl vor allem mit dem Ziel, Veränderungen oder Abweichungen von der gebräuchlichen Praxis zu vermeiden, schriftlich hatte fixieren lassen. Bis ins einzelne wurde für
jeden Feiertag geregelt, wie viele Kerzen auf welchen Altären angezündet und welche
Heiltümer ausgestellt werden sollten; des weiteren war genau festgelegt, welche
Altartafeln jeweils geöffnet wurden und mit welchen Teppichen die Altäre zu
schmücken waren, vor allem aber, wie viele Zeichen mit den Glocken der Mesnerknecht zu geben hatte.

Die meisten Feste fielen auf die Monate November und Dezember sowie auf die
Frühlingsmonate April bis Juni, den Weihnachts- und Osterfestkreis. Gerade in der
beginnenden Winterzeit und dann in den Fastenmonaten trat die Unterweisung und
Ermahnung zu einem christlichen Leben in den Vordergrund. Im Advent wurde
zusätzlich zur Sonntagspredigt noch montags, mittwochs und freitags nach der
Tagmesse eine Predigt gehalten[67], das gleiche galt für die Fastenzeit. In den Fasten
mußte auch jeder Einwohner zweimal die Beichte ablegen, um sich auf den jährlichen
Empfang des Abendmahls vorzubereiten[68]. Die sich daran anschließende Festserie
von Palmsonntag bis Christi Himmelfahrt zeichnete sich durch ihre anschaulichen
liturgischen Zeremonien aus. Am Palmsonntag wurden die Palmen gewiehen und mit
dem Palmesel eine Prozession vor die Stadt durchgeführt; am Karfreitag wurde ,das
Kreuz in das Grab gelegt', um das Sterben Christi bildlich vor Augen zu führen; am
Ostersamstag zündete man auf dem Kirchhof ein Feuer an, das vom Pfarrherrn
gesegnet wurde und dessen Glut anschließend in das gereinigte Weihrauchfaß gegeben wurde; und für Christi Himmelfahrt hatte der Pfarrherr 1556 eigens einen
herrgott samt engeln machen lassen, damit die Priesterschaft zusammen mit den
Schülern die entsprechenden Zeremonien durchführen konnte[69]. Ihren Höhepunkt
fanden die zahlreichen Feiertage dieser Jahreszeit in der Fronleichnamsprozession,
welche, in genau vorgeschriebener Ordnung, mit dem Sakrament um die Stadt
führte[70]. Gerade die Fronleichnamsprozession bietet ein besonders anschauliches
Beispiel dafür, worum es bei all diesen Zeremonien ging: Zum einen sollten die
Glaubensinhalte in eindrücklichen Bildern dargestellt werden und zum anderen das
Gemeinschaftsgefühl aller Einwohner gestärkt und die gesellschaftliche Ordnung vor
aller Augen versinnbildlicht werden.

Prozessionen waren denn auch, wie die Messe, ein zentrales Moment der kirchlichen Liturgie in Überlingen. Vom Frühjahr bis Herbst wurde, spätestens seit 1528,
wahrscheinlich aber auch schon zuvor, jeden Samstag eine Prozession abgehalten,
abwechselnd zu der vor den Toren der Stadt liegenden Wallfahrtskapelle zu Birnau
und zu *unser lieben frowen alhie zur ausfierung*, also wohl zur Kapelle auf dem
Gottesacker[71]. Ab 1573 setzte man auf Anregung des Pfarrherrn diesen Brauch auch

---

[67] Ebda.
[68] Zur Beichtpraxis s. unten.
[69] StadtAÜb Rp. 1552—56 fo. 191vf.
[70] Zur Ordnung der Fronleichnamsprozession s. ausführlicher Kap. IV.4 nach StadtAÜb IV/
13/1582. Vgl. auch die Bemerkungen bei Tibianus (nach *Oehme* S. 131).
[71] Vgl. StadtAÜb Reutlinger 11.2 fo. 68vf, 1528 [Aug. 16].

im Winter fort, wobei man allerdings nicht alle vierzehn Tage nach Birnau pilgerte, sondern zu den Franziskanern in der Stadt[72]. Der Rat mahnte verschiedentlich eine regere Beteiligung an diesen Prozessionen an. 1610 befahl er, daß zumindest eine Person von jedem Haushalt der Stadt daran teilnehmen solle, was mit Hilfe von in den Zünften geführten Listen überprüft werden sollte[73]. Nur wenn die gesamte Bürgerschaft daran teilnahm, war der Wert der Prozessionen als Fürbitte bei Gott und als regelmäßig wiederholte Bestätigung städtischer Solidarität gewährleistet.

Noch mehr Wert legte der Rat auf die jährliche Beichte und Kommunion, waren doch sie vor allem das sichtbare Zeichen für die Rechtgläubigkeit und Frömmigkeit der Einwohner. Erstmals in den Jahren der Reformation, 1527 und 1528, scheint ein Teil der Einwohner diese Praxis boykottiert zu haben, was den Rat zu einer ernsten Ermahnung veranlaßte, *[...] dieweyl dann ain erbar rat als die oberkayt solliche* [Verweigerung], *wie sich gebürt, zufurkomen und abzustellen von gott verordnet und schuldig ist*[74]. In den Jahren zuvor hatte es, abgesehen von Einzelfällen, wie dem des Ratsmitglieds Matthias Mülhaimer[75], anscheinend niemals größere Probleme damit gegeben. Doch seit der Reformationszeit wiederholte der Rat regelmäßig, wahrscheinlich sogar jährlich, dieses Mandat[76]. Der Rat achtete auch darauf, daß die Einwohner seinem Mandat Folge leisteten. Spätestens seit 1586 führten der Pfarrer und seine Helfer Listen derjenigen Personen, welche ihrer Beichtpflicht nachgekommen waren, und die Zunftmeister hatten die Pflicht, diejenigen Einwohner, welche nicht gebeichtet hatten, zu ermahnen oder gegebenenfalls bestrafen zu lassen[77], was, zumindest in der zweiten Jahrhunderthälfte, auch geschah. 1573 drohte z.B. der Rat Xander Brosi von Goldbach, der in der Fastenzeit nicht gebeichtet und kommuniziert hatte, ihn vor das Spitalgericht zu ziehen[78]. Hanns Jäck, ein Säckler, war 1582 wegen desselben Delikts ins Gefängnis gekommen, aus dem er nur unter der Auflage, Beichte und Kommunion nachzuholen und drei Wallfahrten nach Birnau zu unternehmen, wieder entlassen wurde[79]. Weitere Beispiele ließen sich aufzählen[80]; bemer-

---

[72] StadtAÜb Rp. 1573–87 fo. 34r.

[73] StadtAÜb Rp. 1607–12 fo. 286. Vgl. Kap. X.7 zu weiteren Mandaten.

[74] StadtAÜb Reutlinger 11.2 fo. 67vf; zum Hintergrund dieser Ereignisse vgl. Kap. III.4.

[75] StadtAÜb I/37/389, 1489 [Aug. 13]: Mülhaimer, der *[...] vil jaren cristenliche ordnung nit gelept und nit bichtet noch das heilig sacrament nit empfangen hab, das doch im als dem der im regiment und raut sitze und solichs helfen zu straufen nit gepurt hab*, wurde mit 100 lbd Strafe belegt und ihm für zehn Jahre das passive Wahlrecht entzogen.

[76] S. Kap. X.7.

[77] StadtAÜb Rp. 1573–87 fo. 496v, 556r: Die fünf Schadenstrafer sollen diejenigen, die nicht gebeichtet haben, aufsuchen und bestrafen. Daß die Zunftmeister die Beichtverzeichnisse des Pfarrers überprüften, belegt StadtAÜb Rp. 1597–1603 fo. 202vf; Rp. 1613–17 fo. 202r. Daß auch schon früher Register geführt wurden, lassen die früheren Bestrafungen vermuten; s. unten. Die Mittel, mit denen der Rat die Beichtpflicht durchsetzte, waren dabei durchaus unterschiedlich. Dem Hintersassen Martin Walther wurde z.B. nicht erlaubt, zu heiraten, bevor er nicht dem Pfarrer gebeichtet und seine Strafe von 5 lbd bezahlt habe.

[78] StadtAÜb Rp. 1573–87 fo. 28v.

[79] Ebda. fo. 327r.

[80] Vgl. ebda. fo. 386r; Rp. 1597–1603 fo. 14f., 152; Rp. 1603–07 fo. 169r.

kenswert sind daran zwei Umstände: Erstens handelte es sich bei denjenigen, welche nicht beichteten, offenkundig um Einzelfälle. Fast alle Einwohner müssen ihrer jährlichen Pflicht nachgekommen sein, wenn z. B. 1586 der Pfarrer berichten konnte, daß 3500 Personen in der Osterzeit das Sakrament empfangen haben[81]. Zum zweiten fällt auf, daß erst ab den 1570er Jahren Nachrichten über Bestrafungen vorliegen; erst jetzt, so kann man vermuten, achtete der Rat sorgfältiger darauf, daß die jährliche Beichtpflicht tatsächlich eingehalten wurde[82].

Die Beichte selbst scheint zum Teil nach festen Formen abgelaufen zu sein, wobei nicht nur Verstöße gegen die Gebote Gottes, sondern auch gegen die zeitüblichen Verhaltensnormen thematisiert wurden. Ungehorsam gegen die geistliche und weltliche Obrigkeit, das Laster des *gotzlästerns*, Luxus und unnachbarliches Verhalten, auch solche Themen gehörten zur Beichte[83]. Und der Vorwurf der Magdalena Weishuertin, der Helfer Marx Weiß habe sie *[...] in der beicht für ain unholden angezogen [...]*[84], läßt vermuten, daß generell das religiöse, sittliche und soziale Verhalten der Einwohner von dem Beichtvater bedacht und besprochen wurde. Daher erklärt sich auch das Interesse der Obrigkeit an der Beichte, ergänzte sie doch ausgezeichnet die einschlägigen Mandate, in denen immer wieder die Einhaltung der vom Rat vorgegebenen Normen angemahnt wurde.

Zu den anderen Sakramenten wie Taufe, Sterbesakramente oder Firmung sind bedeutend weniger Nachrichten in den Ratsprotokollen oder anderen Quellen überliefert[85]. Das weist zum einen natürlich darauf hin, daß es damit kaum Probleme gab, zum anderen fehlte ihnen das disziplinarische Moment, das gerade die Beichte für die Obrigkeit so bedeutsam machte. Und das konfessionelle Moment, das Bekenntnis des katholischen Glaubens durch das Akzeptieren des katholischen Ritus und Brauchs, das in anderen katholischen Städten, wie z. B. Gmünd, wo es eine starke evangelische Minderheit gab, eine Rolle spielte[86], war für den Überlinger Rat, der mit solchen Problemen nicht konfrontiert war, unwichtig.

Die kirchliche Liturgie bestimmte den religiösen Lebensrhythmus, sie wurde von der Bevölkerung aber nicht ausschließlich als sinnbildlicher Ausdruck des offiziellen

---

[81] StadtAÜb Rp. 1573–87 fo. 496v.

[82] Zumindest scheint er seit dieser Zeit systematischer darauf geachtet zu haben. – Die auf Begehren des Pfarrers 1607 angeschafften Beichtstühle zeugen sowohl von dem Interesse des Rats als auch von dem Einfluß der katholischen Reform; vgl. StadtAÜb Rp. 1603–07 fo. 378r.

[83] Vgl. StadtAÜb Reutlinger 2.2 fo. 522ff. Reutlinger gibt hier eine Anweisung über die *Kurze form der ersten beicht* und die der *anderen beicht*.

[84] StadtAÜb Rp. 1573–87 fo. 66r; vgl. dazu auch Kap. X.8.

[85] Unter den Sakramenten scheint nur die Firmung, die nicht vom Pfarrherrn, sondern nur vom Weihbischof gespendet werden konnte, unregelmäßig durchgeführt worden zu sein. Nachrichten liegen vor für die Jahre: 1551 (StadtAÜb Mp. 1551–54 fo. 48vf), 1556 (Rp. 1552–56 fo. 102v, 185), 1565 (Rp. 1556–66 fo. 478r), 1581 (Rp. 1573–87 fo. 300; Mp. 1580–81 fo. 361vf; GLA 225/586, wonach 1128 Personen gefirmt worden sein sollen), 1585 (StadtAÜb Mp. 1585–87 fo. 178r), 1586 (GLA 225/535: 973 wurden in diesem Jahr gefirmt), 1605 (StadtAÜb Rp. 1607–12 fo. 196r), 1609 (StadtAÜb VII/23/2515 Bl. 73, 102vf).

[86] Vgl. Kap. XII zur konfessionellen Entwicklung Gmünds und anderer katholischer Reichsstädte.

Dogmas verstanden, sondern eng und unauflöslich mit eigenen, aus anderen Quellen gespeisten religiösen und magischen Anschauungen verwoben. Beispiele für animistisches Denken und zum Teil bereits von den Zeitgenossen als abergläubisch kritisierte Praktiken[87] lassen sich manchen Hexenprotokollen, vor allem aber den Kollektaneen des Bürgermeisters Jacob Reutlinger entnehmen. Die alltägliche Frömmigkeit basierte sehr stark auf der exorzistischen Kraft des Segens. Viele Hexen gestanden immer wieder, der Teufel sei geflohen, sobald sie ein Kreuz geschlagen hätten, oder er hätte sie überhaupt nur an solchen Tagen aufgesucht, an denen sie des Morgens vergessen hätten, sich zu bekreuzigen[88]. Auch Tibianus argumentiert in seinen Schriften immer wieder mit dieser Kraft des Segens, wobei er dieses Argument aber immer zugleich mit einer konfessionellen Spitze versah, fehlte doch seiner Auffassung nach gerade diese Kraft den protestantischen Klerikern[89]. Das Kreuzzeichen und Gebete wirkten aber nicht nur gegen den Teufel, sondern ebenso gut gegen Krankheiten aller Art, vor allem aber gegen die Pest. Reutlinger beschreibt ebenfalls ausführlich verschiedene Segenssprüche, mit welchen man sich vor der Pest schützen konnte[90]. Auch geweihte Agnus Dei bei sich zu tragen war in seinen Augen ein probates und bewährtes Mittel, um sich Unheil aller Art vom Leib zu halten. Sie halfen Frauen während der Schwangerschaft und schützten vor dem Bösen, bewahrten aber auch jeden, der sie bei sich trug, vor Ungewitter, Hagel, bösem Wundregen, Erdbeben, Pest, fallender Krankheit, jähem Tod, feindlicher Nachstellung und übler Nachrede[91]. Kurz, es gab nichts, wovor sie nicht schützten; die Kraft geweihter Gegenstände war so umfassend wie der Glaube daran.

Daß der Glaube an die Wirksamkeit übernatürlicher Kräfte jeglicher Art in allen Bevölkerungsschichten verbreitet war, dokumentiert eine kurze Notiz bei Reutlinger: 1477 hatte Anna Kremerin dem Rat ein silbernes Kreuz mit eingefaßten Steinen geschenkt, das gegen verschiedene Krankheiten zu gebrauchen war und das, nach einer Verordnung des Rats, der Stüblinsschreiber stets bei der Hand haben sollte, um es an Kranke ausleihen zu können. Wie lange es im Gebrauch war, ist nicht bekannt, doch berichtet Reutlinger, daß der Rat, nachdem einige Steine verlorengegangen waren, die übrigen hatte neu fassen lassen[92]. Demnach dürfte das Kreuz auch noch später, eventuell noch zu Zeiten des Chronisten, verwendet worden sein. Daß der Rat im Jahre 1602 anläßlich eines Mordprozesses die Leiche des Opfers exhumieren ließ,

---

[87] Nach StadtAÜb Reutlinger 2.1 fo.285, wandte sich z.B. Pfarrer Gerum in einer Neujahrspredigt gegen *sternsacher und calendermachkunst*. Für Überlingen bezeichnend ist, daß die Kritik vor allem vom Pfarrer kam; s. dazu auch Anm. 97.

[88] Vgl. die Hexenprotokolle nach *Heß* S. 115, 117, 120, 122, 137, 139, 140 u. passim. Als typische Aussage vgl. z.B. das Geständnis der Anna Radine von 1577: *[...] als sie aber von geweichten dingen etwaß am hals getragen, hab sie daßelbig zuvor abziegen müeßen, der [böß] ir anders zuogeben versprochen, und nach volbrachter sach habe sey sich gesegnet, were er verschwunden.*

[89] Vgl. zu den Schriften Tibianus' ausführlicher Kap. X.6.

[90] Vgl. StadtAÜb Reutlinger 2.1 fo. 52, 79.

[91] Ebda. fo. 81r.

[92] Ebda. 8 fo. 31 f.

um die Schuld des Mörders daran erkennen zu können, ob die Leiche bei dessen Anwesenheit erneut zu bluten anfinge oder nicht, belegt ebenfalls, daß bis in die politische Führungsschicht solches Denken verbreitet war[93].

Diese Beispiele zeigen, wie eng auf der einen Seite gerade der so oft gebrauchte Segen mit offiziellen kirchlichen Zeremonien verbunden war. Man denke auch nur daran, daß jeden Sonntag vor der Frühmesse Wasser und Salz in der Kirche vom Pfarrer geweihen wurden[94], oder an die geweihten Palmzweige und Osterkerzen, die vermutlich jeder Haushalt besaß[95], an das Wetterläuten – eine der wichtigsten Pflichten des Mesnerknechts, auf deren Einhaltung der Rat nachdrücklich Wert legte – oder an die sogenannte ‚Hagelfeier‘, einen Feiertag, der zur Verhütung von Wetterschäden abgehalten wurde[96]. Für eine Stadt, die vom Weinbau abhing, war es nur selbstverständlich, daß, bis in die politische Führung hinein, Wettersegen und ähnliche Praktiken einen hohen Stellenwert besaßen. Daß damit das offizielle kirchliche Dogma zum Teil gesprengt wurde, störte den sich gerade um die Jahrhundertwende immer bewußter als katholische Obrigkeit verstehenden Rat wenig. Er war noch stark einem volkstümlichen Weltbild verpflichtet, und so stand der Pfarrherr in seinem Bemühen, Volksglaube und offizielles Dogma in Einklang zu bringen, auf verlorenem Posten. Noch 1631 klagte er bei der Visitation, daß rigoroser gegen Untertanen, die ketzerische und verdächtige Bücher läsen, aber auch gegen Segen und Segner vorgegangen werden sollte, indem man ihnen die kirchlichen Sakramente entzöge[97]. Doch ohne oder gar gegen den Rat dürfte es schwierig gewesen sein, effiziente Maßnahmen durchzuführen.

Es war gerade für die katholische Kirche, wie auch die Beispiele der Überlinger liturgischen Praxis gezeigt haben, charakteristisch, daß infolge der suggestiven und eingängigen liturgischen Riten eine wechselseitige Verbindung und Anregung von Glaube und Aberglaube, von kirchlicher Hochreligion und religiöser Volkskultur bestand[98]. Reutlinger und Tibianus lebten in beidem und waren darüber hinaus zugleich auch noch von den Ideen der katholischen Reform beeinflußt. Wie sich dies alles untrennbar und scheinbar widerspruchslos verband, läßt sich den Intentionen ihrer Schriften und Aufzeichnungen entnehmen. Tibianus propagierte eindeutig eine

---

[93] StadtAÜb VII/23/2515 Bl. 58r.

[94] Vgl. StadtAÜb Rp. 1496–1518 fo. 37; Reutlinger 11.2 fo. 60v, wonach 1529 der Rat dekretierte, daß die Weihe erst nach dem Läuten der Tagglocke durchgeführt werde, damit mehr Bürger anwesend sein können.

[95] Vgl. dazu die Gottesdienstordnungen (wie Anm. 65).

[96] Wetterläuten wie auch Wetterprozessionen waren ein weit verbreiteter Brauch; vgl. nur *Zeeden*, Überlieferungen S. 55 ff.; *Delumeau*, Catholicisme S. 257. – Zur Hagelfeier in Überlingen vgl. StadtAÜb Reutlinger 1 fo. 31; 9 fo. 229v. Eine ähnliche Funktion besaß der Sticherfeiertag, der 1624 erstmals ganztägig gefeiert wurde und der zur Verhütung von Schädlingsplagen beitragen sollte; vgl. StadtAÜb VII/23/2515 Bl. 166r.

[97] GLA 225/570 [o.D.], Beschwerde Pfarrer Ullanus' bei der bischöflichen Kommission, die wohl anläßlich der Visitation von 1631 entstanden ist.

[98] Vgl. dazu vor allem *Scribner*, Popular Religion, der gerade die wechselseitigen Bezüge zwischen kirchlicher Liturgie und Volksglaube betont.

Intensivierung des religiösen Lebens, eine Verchristlichung der Lebensweise und Weltanschauung seiner Zeitgenossen, griff dafür aber unter anderem auf Elemente des Volksglaubens, wie die Segenssprüche, zurück, da gerade sie seiner weiteren Absicht, die Wahrheit des katholischen Glaubens unter Beweis zu stellen, am ehesten entgegenkamen. Abergläubische Praktiken wurden also aufgegriffen und in den Dienst einer katholischen Reform gestellt, einer Reform, bei der es den Überlinger Propaganden weniger um das kirchliche Dogma als um das moralische Verhalten und die konfessionelle Zuverlässigkeit ihrer Mitbürger ging. Doch dies gehört bereits zum Thema des nächsten Kapitels. Hier kam es zunächst allein darauf an, die enge Verbindung von religiöser Mentalität und kirchlicher Liturgie aufzuweisen, die gewiß auch ihren Teil dazu beigetragen hat, daß sich die katholischen Frömmigkeitsformen das gesamte 16. Jahrhundert über ohne größere Änderungen erhalten haben.

5. Zusammenfassung

Wie aber läßt sich nun die Frömmigkeitsgeschichte Überlingens zusammenfassend interpretieren? Zweifelsohne muß die Frömmigkeit des 16. Jahrhunderts im katholischen Überlingen von der des Spätmittelalters unterschieden werden, wobei sich bereits in den beiden vorreformatorischen Jahrzehnten ein Wandel abzuzeichnen begann, der dann durch die Reformation beschleunigt und vertieft wurde. Anders als die Institutionen der städtischen Kirche, die sich vom 15. bis zu Beginn des 17. Jahrhunderts nicht veränderten, blieb die Frömmigkeit des Gemeinen Mannes von den Ereignissen der Reformation offensichtlich nicht unberührt. Es fällt aber schwer, diesen Wandel, den der augenfällige Rückgang der Stiftungen an die Kirche ebenso wie die praktisch nicht mehr greifbare Bruderschaftsfrömmigkeit signalisieren, inhaltlich präzise zu fassen, zumal die Stiftungsfrömmigkeit an sich nicht nachgelassen, sondern nur ihr Antlitz verändert hatte, indem jetzt nicht mehr an die Kirche, sondern nur noch an das städtische Almosen gespendet wurde. Soviel wird dadurch aber immerhin deutlich: Die Überlinger gingen gegenüber der Institution Kirche und ihren Repräsentanten eindeutig auf Distanz.

Keine Krise der Frömmigkeit also, sondern allein eine Krise der Kirche? Auf diese einfache Gleichung läßt sich das Thema gewiß nicht reduzieren. Eine solche These übersähe, daß beide Bereiche nicht säuberlich voneinander getrennt werden können. Zwar dürfte die wachsende Distanz gegenüber der Kirche, der dem eigenen Anspruch nach alleinigen Vermittlerin des Heils, nicht ohne Auswirkungen auch auf die Gläubigkeit des einzelnen geblieben sein; und auch die konfessionelle Entwicklung in der Mitte des Jahrhunderts deutet auf eine gewisse Indifferenz in manchen Fragen hin, ebenso wie die dann durch die katholische Reform inspirierten Versuche, spätmittelalterliche Frömmigkeitsformen zu restaurieren und zu intensivieren, die schließlich nicht erforderlich gewesen wären, hätte nicht tatsächlich auch ein Verfall stattgefunden; doch die liturgischen Formen, der Rhythmus des Kirchenjahrs blieben insgesamt intakt, gerade auch, weil sie vielfach in enger Wechselbeziehung zu der von animistischen Vorstellungen geprägten Volksreligion sowie den alltäglichen Bedürfnissen einer agrarisch geprägten Stadtgesellschaft standen. Den liturgischen Zeremonien scheint teilweise ein vom Ansehen der Kirche unabhängiger Wert zugekommen zu sein. Die konservative Haltung des Rats, aber wohl auch der Bevölkerung, die jegliches Abweichen vom alten Herkommen, jede Veränderung oder gar Verringerung der Gottesdienste und Prozessionen als Schwächung der kollektiven Fürbitte der Stadt bei Gott ablehnte, indiziert, daß mit diesen Zeremonien ein Kernbestand des Religiösen vorhanden war, der katholische Kirche und Kirchenvolk ungeachtet aller zentrifugalen Kräfte noch miteinander verband. Die kirchliche Liturgie wie der Volksglaube erwiesen sich als Strukturen der Longue durée, die beide relativ unbeschadet durch die Reformation hindurchgingen und einen Kern katholischer Frömmigkeit bildeten.

Die neben und unterhalb des kirchlichen Dogmas existente Volksreligion dürfte ebenso wie die offizielle Liturgie das gesamte 16. Jahrhundert über weitgehend unverändert und von einiger Bedeutung geblieben sein, wie auch die teilweise durchaus positiven Beziehungen einiger Vertreter der Führungsschicht dazu vermuten lassen. Tiefschürfendere Veränderungen hoben erst mit der katholischen Reform an, die zunächst einmal der vorhandenen Religiosität neues, intensiveres Leben einzuhauchen bemüht war und damit auf lange Sicht gewiß auch den Glauben des Volkes beeinflußt und modifiziert haben dürfte[99].

---

[99] Die langfristigen Wirkungen der katholischen Reform auf die Frömmigkeit der Bevölkerung können hier nicht thematisiert werden, da hierzu der zeitliche Rahmen der Arbeit weit über das Jahr 1618 hinaus hätte ausgedehnt werden müssen.

X. Wandel und Beharrung:
Kirchliche, religiöse und kulturelle Reformen und Veränderungen gegen Ende des 16. und zu Beginn des 17. Jahrhunderts

1. Einleitung

Gegen Ende des 16. Jahrhunderts geriet das ruhige Wasser Überlinger Geschichte erstmals etwas in Bewegung; in allen Lebensbereichen deuteten sich, wenn auch oft unmerklich, Veränderungen an, die sich nur unzureichend unter den Begriff katholische Reform subsumieren lassen[1]. Gewiß, der gegenreformatorische Elan der katholischen Territorien hatte bei der Konfessionalisierung Überlinger Außenpolitik Pate gestanden, und auch die Reform von Kirche und Klerus wäre in Überlingen ohne die gleichzeitig auf der Ebene des Konstanzer Bistums in Angriff genommenen Verbesserungen, von denen die Visitationen wie die Diözesansynode von 1609 zeugen, kaum denkbar gewesen[2]. Doch mit den dadurch angeregten Reformen hat man nur einen, wenn auch zentralen Teil einer weit vielschichtigeren geschichtlichen Verwerfung erfaßt. Die tieferen Ursachen des nun anhebenden Siegeszugs der katholischen Reform und des dadurch beschleunigten Konfessionsbildungsprozesses lassen sich nur vor dem Hintergrund der wirtschaftlichen, sozialen und kulturellen Entwicklungen der Zeit verstehen. Der Abhängigkeit und wechselseitigen Befruchtung der Konfessionsbildung in Überlingen mit dem neuerdings als „Krise des späten 16. Jahrhunderts"[3] apostrophierten Umwälzungsprozeß soll in diesem Kapitel nachgegangen werden.

Als auslösende Momente dieser Krise galten die durch die Klimaverschlechterung inaugurierten Agrarkrisen und die damit zusammenhängende inflationäre Preisent-

---

[1] Unter dem Begriff der katholischen Reform wird hier verstanden: die innerkirchliche Erneuerung, die sowohl eine Intensivierung der Tradition als auch neue, innovative Veränderungen zur Folge hatte; Veränderungen, die nicht nur Kirche und Klerus betrafen, sondern auch die Mentalität der Menschen im Sinne einer Verchristlichung, Versittlichung und Individualisierung des Lebens. Zu diesem hier nicht weiter differenzierten Verständnis von katholischer Reform vgl. *Zeeden*, Konfessionen S. 142 f.; *Delumeau*, Catholicisme; *Bossy* S. 51 ff.; *Reinhard*, Gegenreformation S. 226 ff.; *Ders.*, Konfessionalisierung S. 257 ff.; zusammenfassend *O'Malley* S. 297 ff.; *Mullett*. Zu älteren, mehr auf die innerkirchlichen Vorgänge konzentrierten Auffassungen vgl. den Lit.-bericht von *Jedin/Bäumer*; kritisch gegenüber der Auffassung *Jedins* vgl. *Maron* S. 218 ff.

[2] Vgl. dazu Kap. III.11 u. VII.11.

[3] *Behringer*, Hexenverfolgung S. 96 ff. Vgl. dazu auch *Schilling*, Crisis S. 135 ff.; oder, unter spezieller Berücksichtigung der Frömmigkeitsgeschichte, *Lehmann* S. 31 ff. Auf den krisenhaften Charakter der Jahrzehnte um 1600 verweist auch *Imhof* S. 1 ff.

wicklung sowie das stetige demographische Wachstum. Diesen letzteren Faktor hatte der Überlinger Rat als Ursache zwar dank einer rigiden Einwanderungspolitik weitgehend eliminiert, doch im Bewußtsein der Menschen dürften die periodisch wiederkehrenden Pestepidemien als kurzfristige demographische Krisen tiefe Spuren hinterlassen haben, ganz abgesehen von den Folgen des realen Einkommensrückgangs aufgrund der die Ernteeinbußen nicht völlig kompensierenden Preissteigerung[4]. Der Rat sah sich in diesen Jahrzehnten mit einer neuen, krisenhaften Situation konfrontiert, wie auch die in jener Zeit sich intensivierende Verordnungswelle signalisiert, die das religiöse und sittliche Verhalten der Einwohner zu regulieren suchte. Die für das Zeitalter grundlegenden Prozesse der Sozialdisziplinierung und Konfessionalisierung[5] müssen also in ihrem engem Bezug zu dieser Krise interpretiert werden.

Die katholische Reform kann als Teil dieses umfassenden Veränderungsprozesses verstanden werden. Für die Reorganisation der Kirche und die Ausbildung einer eigenen katholischen Identität war dabei die Reform des Klerus, seines Verhaltens sowie seiner Bildung, von primärer Bedeutung. Ein solcherart reformierter Klerus mußte aber selbst wiederum die neuen Tendenzen vorantreiben und vertiefen. Die katholische Reform war damit nicht nur ein Ergebnis, sondern auch ein wesentliches Movens des zu jener Zeit einsetzenden kulturellen Wandels. Im folgenden wird deshalb zuerst auf die Anfänge der katholischen Reform in Überlingen eingegangen, auf die Verbesserung der Klerikerausbildung (Kap. X.2), die Reform des veralteten Pfründensystems (Kap. X.3) und die Erneuerung traditioneller Frömmigkeitsformen (Kap. X.4). Die Frage, wie die Ideen der katholischen Reform in Überlingen propagiert wurden (Kap. X.5), leitet über zu dem Thema der katholischen Publizistik (Kap. X.6), die, für kurze Zeit in Überlingen aufblühend, das geistige Klima jener Jahre reflektiert, vor dessen Hintergrund die Kirchen- und Zuchtverordnungen des Rats als Mittel der Sozialdisziplinierung (Kap. X.7) sowie die nun einsetzenden Hexenprozesse (Kap. X.8) erörtert werden müssen.

2. Das Priesterstipendium des Konstanzer Domherrn Dr. Jacob Kurz

Der Erfolg einer Reform der katholischen Kirche hing wesentlich ab von dem Selbstverständnis und Lebenswandel ihrer Repräsentanten, der Kleriker, und diese wiederum von dem Niveau und Inhalt ihrer Ausbildung. Nur Kleriker, welche die von der katholischen Reform propagierten Ideale rezipiert hatten und womöglich in eigener Person verkörperten und vorlebten, konnten das gesunkene Ansehen der Kirche wieder heben und unter Umständen Einfluß auf das Denken und Handeln der

---

[4] Vgl. Kap. IV.2 u. 3 zur Ausprägung in Überlingen. – Die Auswirkungen auf das Bewußtsein der Menschen am Beispiel Zürichs hat untersucht *Senn* S. 251 ff.

[5] Zu diesem auf Gerhard *Oestreich* zurückgehenden Konzept vgl. neuerdings (mit Verweis auf ältere Arbeiten) W. *Schulze*, Oestreichs Begriff S. 265 ff. Als Beispiel für die Erarbeitung des Zusammenhangs mit der Konfessionsbildung vgl. *Münch*, Zucht S. 11 ff.

Menschen gewinnen. Es galt also, bei der Ausbildung des Klerus anzusetzen; hier lag der Dreh- und Angelpunkt katholischer Reform.

In Überlingen wurden mit dem Stipendium des Konstanzer Domherrn Dr. Jacob Kurz, das 1578 in Kraft trat, die Bedingungen für eine bessere Ausbildung des Klerus geschaffen. Zuvor hatte der Rat immer nur fallweise Stipendien an Überlinger Bürgerssöhne vergeben; eine breitere und kontinuierliche Förderung des eigenen Priesternachwuchses war so allerdings nicht möglich gewesen[6]. Das katholische Überlingen lag damit um gut vier Jahrzehnte hinter der Entwicklung seiner protestantischen Nachbarstädte zurück. Die Reformation hatte dort die Frage, wie ein gut ausgebildeter Priesternachwuchs zu erhalten sei, schon früher und drängender gestellt. Durch das 1533 gestiftete Stipendium der Isnyer Patrizier Peter und Jos Buffler war sie teilweise beantwortet worden. Acht Studenten aus Isny, Biberach, Lindau und Konstanz konnten dank dieses Stipendiums in Straßburg an dem von Martin Bucer und Ambrosius Blarer gegründeten theologischen Konvikt studieren, sofern sie sich verpflichteten, nach dem Studium ihrer Heimatstadt zu dienen[7]. Damit war die ältere Form des Familienstipendiums entscheidend modifiziert worden: Statt der Angehörigen der eigenen Familie sollte die Konfession, welcher der Stifter angehörte, gefördert werden.

Genau dieselbe Intention eignete dem Stipendium des Konstanzer Domherrn. Nachdem Kurz 1565 noch eine Studienstiftung allein für die Angehörigen seiner Familie errichtet hatte[8], wollte er mit seinem Testament von 1570[9] bewußt dem Mangel an gut ausgebildeten katholischen Geistlichen entgegenwirken. Denn er war der Überzeugung, daß die *[...] spaltung in der religion unsers uralten wahren catholischen und apostolischen glaubens khain höchere ursach befinden khönden, dann das vast aller orthen laider ohn gelerten priester und theologen, so großer mangel erscheine, deren man zu erhaltung christenlicher lieb, fridens und ainigkheit so mächtig nottürfftig ist*[10]. Zudem, so kritisierte er weiter, studierten fast nur noch die Armen Theologie, wohingegen die nach weltlichen Ämtern und Ansehen strebenden Söhne der Reichen die Jurisprudenz vorzogen.

Die Arbeit der Jesuiten, die er emphatisch begrüßte[11], scheint ihn auf die Idee eines solchen Stipendiums gebracht zu haben. Die auf einem Legat von 20 000 fl beruhende Stiftung sah denn auch vor, daß zwölf Stipendiaten jährlich 80 fl erhalten sollten, um

---

[6] Vgl. StadtAÜb Rp. 1552–56 fo. 17r: 1552 erhielt der Sohn von Jacob Enderlin nach einem Examen durch Pfarrer und Lehrer ein Stipendium, mit der Verpflichtung, in Zukunft dem Rat zu dienen. Zu ähnlichen Fällen vgl. auch StadtAÜb Rp. 1552–56 fo. 32v, 86r; Rp. 1556–66 fo. 356r, 474r; Rp. 1566–73 fo. 41v, 79; Rp. 1573–87 fo. 78r.

[7] Zu dem Bufflerschen Stipendium vgl. *Schindling*, Hochschule S. 29; *Buck* S. 136 ff.; A. *Schulze* S. 197 ff.; *Essich* S. 34 f. Wegen des großen Erfolgs beteiligten sich später auch noch Memmingen, Ulm, Bern und Schaffhausen. Der Ravensburger Rat vergab seit 1546 selbst Stipendien zur Förderung seines Priesternachwuchses; vgl. *Hofacker*, Reformation S. 109.

[8] Vgl. Werk S. 223 ff.

[9] Vgl. StadtAÜb III/14/1432; GLA 82/1485 fo. 14 ff.

[10] Ebda. Zu den persönlichen Motiven von Kurz vgl. auch GLA 82/1485a fo. 12 f.

[11] Vgl. GLA 82/1485a fo. 2 ff., Dr. Kurz an Thann.

bei den Jesuiten in Dillingen oder in Freiburg, falls dort einmal ein Kolleg errichtet werden sollte, studieren zu können; und zwar sollten sie nach den Artes liberales und dem Erwerb des Magisters in Theologie promovieren[12]. Von diesen zwölf Stipendiaten sollte der Rat von Überlingen sechs nominieren, das Domkapitel vier, wobei möglichst zwei aus Konstanz stammen sollten, und seine elsässische Heimatstadt Thann, deren Rat er zum ‚Superintendenten‘ der Stiftung bestimmt hatte, die restlichen zwei. Bei der Auswahl der Nominatoren scheint seine bürgerliche Herkunft Pate gestanden zu haben, denn in einem Brief an Thann begründet er seinen Entschluß wie folgt: *Ich bin khains wegs gesinnet mit fürsten, thombstiften, prelaten oder sonsten grossen herren, sonder allein mit altgläubig, guten stetten mich einzelassen*[13]. Und von daher ist es einleuchtend, daß er dem unter den altgläubigen Städten führenden Überlingen zum einen die Aufgabe eines Exekutors der Stiftung zugedacht hatte und zum anderen auch die Nomination der meisten Stipendiaten zugestand[14].

Nachdem Jacob Kurz 1578 gestorben war, schlossen Überlingen, das Konstanzer Domkapitel und Thann am 2. Dez. 1578 einen Vertrag über das Inkrafttreten des Stipendiums. 1580 wurden die ersten Stipendiaten nominiert und Anfang 1581 ins Kolleg St. Hieronymus nach Dillingen geschickt[15]. Obwohl ein Auswärtiger das Stipendium gestiftet hatte, entwickelte es sich im Bewußtsein der Bürger schon bald zu einer städtischen Institution. Bereits Tibianus hielt es in seiner Beschreibung der Stadt Überlingen für eine bemerkens- und erwähnenswerte Einrichtung[16]. Diese Entwicklung ist kaum erstaunlich, bedenkt man, daß der Rat als Exekutor der Stiftung fungierte. Freiwerdende Stellen wurden zudem, wie andere das Gemeinwesen betreffende wichtige Angelegenheiten, von der Kanzel verkündet[17].

Welche Voraussetzungen mußte nun ein Bewerber erfüllen und welche Verpflichtungen eingehen, um in den Genuß des Stipendiums zu gelangen? Zunächst einmal

---

[12] Zu den Bestimmungen der Stiftung vgl. neben dem Testament (wie Anm. 9) noch: GLA 82/1485 fo. 1 ff., Bericht über die Entstehung des Stipendiums; 82/1485a fo. 11, Memorial zur Exekution des Stipendiums; StadtAÜb III/14/1429.

[13] Wie Anm. 11. Dies bestätigte auch 1578 der Konstanzer Weihbischof gegenüber dem Rat; vgl. StadtAÜb III/14/1426, 1578 Juli 29.

[14] Der Rat als Ganzes fungierte als Exekutor, die Verwaltung delegierte er an Subexekutoren. 1579 waren dies – neben dem Stüblinsschreiber Jacob Keller – Conrad Eslinsberger und Georg Angelmüller, 1583 der oberste Zunftmeister Mattheus Mesmer und Georg Han (nach StadtAÜb III/14/1439 fo. 1v, 18). Der Rang der Subexekutoren – jeweils zwei spätere Bürgermeister waren darunter – zeigt, wie wichtig dem Rat die Stiftung war.

[15] Am 29. Juli 1578 warb der Weihbischof beim Rat um die Annahme der Stiftung (wie Anm. 13), worauf der Rat durch Bürgermeister Beck sofort mündlich seine Zusage erklärte. Ende November begannen die Verhandlungen; vgl. StadtAÜb III/14/1427, 1578 Nov. 29; zu dem Vertrag vgl. ebda. 1578 Dez. 2; III/14/1432; GLA 82/1485 fo. 36 ff.

[16] Vgl. Tibianus (nach *Oehme* S. 140). – Diese Wertschätzung dürfte auch mit dem Rang der Stiftung zu begründen sein. In Dillingen stellten die Kurzschen Stipendiaten nach der Gruppe der von der Kurie geförderten Studenten die größte Gruppe dar, die sogar noch vor den fünf, vom Bischof von Augsburg unterhaltenen Studenten rangierte; nach *Specht* S. 403.

[17] Dies hatte Kurz eigens so bestimmt. Zusätzlich wurde auch noch ein Zettel an die Tür der Kirche angeschlagen.

mußte er zwischen 18 und 26 Jahren alt sein, von ehelichen, frommen und katholischen Eltern abstammen – worüber jeweils ein Zeugnis der Obrigkeit beizubringen war – und darüber hinaus gesund und mit einer guten Stimme – Voraussetzung einer Tätigkeit als Prediger – begabt sein. Zudem mußte ihm der lateinische Schulmeister eine ausreichende intellektuelle Begabung attestieren[18]. Erfüllte ein Bewerber diese Voraussetzungen, wurde er für das vom Pfarrherrn, Stadtarzt und mehreren vom Rat nominierten Schulherren durchgeführte Examen zugelassen[19]. Bei mehreren Bewerbern mit gleicher Qualifikation sollte jeweils der ärmste genommen werden. Dagegen mußte sich jeder Stipendiat verpflichten, die Professio fidei nach dem Tridentinum abzulegen und nach dem Ende seiner Studien geistliche Würden, zumindest aber die Würde eines Diakons, zu erwerben und sich für einige Zeit in den Dienst seiner Nominatoren zu stellen, falls diese es wünschten[20]. Daß es Kurz vor allem auf die Förderung des Weltklerus ankam, belegt die Bestimmung, wonach ein Stipendiat nur mit Zustimmung der Exekutoren in die Societas Jesu oder einen anderen Orden eintreten durfte[21] – ungeachtet der Sympathie des Domherrn für den Orden.

Der als Exekutor fungierende Überlinger Rat legte allerdings die Vorgaben des Domherrn recht großzügig aus, wie die Auswahl der Bewerber dokumentiert. Von den 33 Überlinger Stipendiaten der Jahre 1580 bis 1618 gehörten immerhin sechs zur Führungsschicht der Stadt[22]. 1589 wurde z.B. aus sechs Bewerbern der Sohn des Zunftmeisters Michael Ronbühel ausgewählt[23], und er gehörte unter ihnen gewiß

---

[18] Vgl. GLA 82/1486 fo. 5. Laut Stiftung sollte ein Bewerber zudem über nicht mehr als 20 fl Einkommen jährlich verfügen.

[19] Vgl. StadtAÜb III/14/1439 fo. 2v, 49v, als Beispiele für die Jahre 1580 und 1586.

[20] Er sollte laut Stiftung (wie Anm. 9) eine angemessene Zeit den Nominatoren dienen, sich ansonsten aber jeweils dorthin begeben, wo er gebraucht werde.

[21] Nur einmal trat der Fall ein, daß ein Stipendiat in den Orden eintrat. Der Rat, der zunächst die Jesuiten gedrängt hatte, dies zu verhindern, forderte denn auch sofort und mit Nachdruck, nachdem sein Bemühen keine Wirkung gezeigt hatte, daß die Jesuiten in Zukunft die Satzung der Stiftung besser einhalten sollten; vgl. StadtAÜb III/14/1439 fo. 29v, 31.

[22] Folgende Stipendiaten konnten ermittelt werden (angegeben wird jeweils das Datum der Aufnahme und Verwandte mit Angabe des Berufs bzw. bei Angehörigen der Führungsschicht des innegehabten Amtes, soweit bekannt): Rudolf Zettel, 1581, (Vater: Schiffmacher); Marx Keller, 1581, (Vater: Adam Keller, Bäcker); Jacob Keller, 1581, (Vater: Jacob Keller, Stüblinsschreiber); Jacob Träs, 1581, (Vater: Stephan Träs, Rebmann); Georg Dafrid, 1586, (Vater: Michael Dafrid, Richter); Georg Gottschalck, 1581, (Vater: Georg Gottschalck, Küfer); Matthias Rohnbühel, 1589, (Vater: Michael Rohnbühel, Zunftmeister); Johannes Schmid, 1587, (Vater: Schneider); Joachim Butschlin, 1597; Jeremias Wolleb, 1597; Jacob Guntzenweiler, 1597; Georg Brotman, 1597; Adam Reiner, 1597; Hieronymus Schüßler (Vater: Stoffel Schüßler, Ratsdiener); Gebhard Mader (Vater: Balthasar Mader, Kantor); Hans Imhof, 1591, (Vater: Mattheus Imhof); Simon Sohn; Damian Klumpp, 1610, (Bruder: Gregor Klumpp, Stadtarzt); Johann Georg Lutz, 1604; Joachim Kessenring, 1605; Matthias Christa, 1604, (Vater: Jerg Christa); Balthasar Keller; Wilhelm Stadelhofer (Vater: Hans Stadelhofer, Kalkknecht); Johann Georg Keller, 1616; Johann Georg Dietrich, 1618; Alexander Hillbrandt, 1618; Heinrich Wolleb, 1603; Jacob Gindther, 1613; Niclaus Wunn; Mathias Fehr, 1608; Jacob Kläsel, 1615; Conrad Heudorfer, 1615; Sebastian Unger, 1615.

[23] StadtAÜb Rp. 1588–96 fo. 69r.

nicht, wie es laut Stiftung eigentlich hätte sein sollen, zu den ärmsten. Auch andere Bewerber, wie die Söhne Michael Imhofs, des Kantors Baltasar Mader oder des als Subexekutor der Stiftung amtierenden Stüblinsschreibers Jacob Keller müssen wohl der bürgerlichen Mittel- und Oberschicht zugerechnet werden. Immerhin gibt es auch Beispiele, daß tatsächlich ärmere Kandidaten mit Hilfe des Stipendiums studieren konnten[24]. Die soziale Herkunft der Stipendiaten war also breit gestreut, doch davon, daß ärmere Bewerber bevorzugt wurden, konnte keine Rede sein. Wollte ein Angehöriger der Führungsschicht Geistlicher werden, scheinen seine Chancen auf ein Stipendium nicht schlecht gewesen zu sein.

Das Stipendium erwies bald seine Bedeutung für die Überlinger Kirche. Von den 33 Stipendiaten waren neun später im Überlinger Kirchendienst tätig, einer amtierte als Pfarrer in Sipplingen[25]. Schon nach wenigen Jahren kristallisierte sich eine typische Laufbahn für den Überlinger Priesternachwuchs heraus, die auch in dem 1608 gefaßten Beschluß des Rats, nur noch solche Bewerber zu akzeptieren, welche die Überlinger Lateinschule besucht hatten, zum Ausdruck kommt[26]. Denn dazu kam, daß auch bereits unter den Schülern der Lateinschule eine Vorauswahl getroffen wurde, indem diejenigen, die im Chorgesang mitwirkten, bevorzugt und damit auf eine spätere Laufbahn als Geistliche verwiesen wurden. In den Statuten des Kollegiatstifts wird auch deswegen ausdrücklich dem Kantor die Aufsicht über die vier Chorales, vier arme, von der Stadt unterstützte Schüler, übertragen. Bereits bei deren Auswahl sollte darauf geachtet werden, daß es sich um Schüler handle, *[...] von denen ain progressus in studiis zuverhoffen und derowegen zuo dem stipendio Adm. R. Dni. D. Curtii gewesnen tumbherren zuo Costanz seeligen angedenckens befürdert werden khönden [...]*[27]. 1613 dekretierte der Rat eigens, daß, falls eine Stelle frei werde, in Zukunft nur noch die vier Chorales examiniert werden sollten[28], und 1615 forderte er kurzerhand den ältesten Chorknaben auf, sich um das nächste freiwerdende Stipendium zu bewerben[29].

Damit waren die Weichen gestellt für eine Professionalisierung des Klerus, für einen einheitlichen, bereits in der Lateinschule vorgezeichneten Weg, der vom Choralis über den Kurzschen Stipendiaten direkt zum Amt eines Überlinger Kaplans oder Kanonikers führte[30]. In dem bescheidenen Rahmen einer mittleren Reichsstadt war

---

[24] S. als Beispiele Stadelhofer; Schüßler; Träs (vgl. Anm. 22).

[25] Vgl. GLA 82/1485 fo. 61 f., Verzeichnis der Kurzschen Stipendiaten, die mittlerweile ein Benefizium hatten; vgl. auch die Prosopographie des Klerus (Kap. XVI).

[26] Vgl. StadtAÜb Mp. 1607–08 fo. 288 f. Trotz dieses Beschlusses wurde für Johann Damian Klumpp eine Ausnahme gemacht.

[27] EAF Konstanz-Generalia, Klöster u. Orden, Kolleg.-stift Überlingen 1, Statuten des Kollegiatstifts (Deutsche Fassung) V.2; zu den Statuten vgl. unten Anm. 81. Bei der Auswahl der Chorales wirkte auch der Pfarrer mit, so daß dieser indirekt bei der Förderung des Priesternachwuchses eine Rolle spielte; vgl. StadtAÜb Rp. 1607–12 fo. 318r: Der Pfarrer präsentiert vier neue Chorales; vgl. auch StadtAÜb Rp. 1613–17 fo. 91v.

[28] StadtAÜb Rp. 1613–17 fo. 48v.

[29] Ebda. fo. 199r.

[30] Die Entwicklung in anderen katholischen Städten scheint zum Teil ähnlich verlaufen zu

damit ein Ausbildungsweg geschaffen worden, der in gewisser Weise dem des protestantischen Klerus in den Territorien glich – man denke nur an das Beispiel Württembergs, wo die Karriere der meisten Geistlichen bald durch die Etappen Klosterschule, Tübinger Stift und Pfarrdienst markiert wurde.

Die Zahlen belegen den Erfolg des Kurzschen Stipendiums. Der Weg dorthin war allerdings oft steinig, sowohl für die Jesuiten, die dem Priesternachwuchs ihre neuen Leitbilder zu implementieren suchten, als auch für die Überlinger Stipendiaten, die weiterhin an traditionellen Verhaltensformen festhielten. Schon ein Vergleich zweier Obligationen Kurzscher Stipendiaten von 1581 und 1604 weist auf die entscheidenden Probleme hin[31]. Während sich die Obligation von 1581 weitgehend an den Inhalt und die Bestimmungen des Testaments von Dr. Jacob Kurz gehalten hatte, waren 1604 die Pflichten eines Stipendiaten präzisiert worden. Vor allem der Gehorsam gegenüber den Jesuiten wurde nun betont, denn der Stipendiat verpflichtete sich nicht nur, den Statuten der Jesuiten zu folgen, sondern eigens auch, die Strafen der Jesuiten ohne Widerspruch auf sich zu nehmen, in einem extra für Kurzsche Alumnen vorhandenen Buch seine Gehorsamspflicht einzutragen und auch Vorschriften, die nicht alle Kollegiaten gleichermaßen, sondern allein die Kurzschen Stipendiaten betrafen, nachzukommen. Ferner betonte der Exekutor, daß er nicht verpflichtet sei, über das jährliche Stipendium von 80 fl hinaus die Alumnen zu unterstützen. Falls einer sich nicht als begabt genug erweise, um Theologie studieren zu können, müßte er sich mit einem abgekürzten Ausbildungsgang begnügen[32].

Am Verhalten der Kurzschen Stipendiaten läßt sich exemplarisch zeigen, wie schwierig es war, den zukünftigen Priestern neue Verhaltensformen zu vermitteln. Die Probleme, welche der Überlinger Priesternachwuchs den Jesuiten bereitete, werfen einige aufschlußreiche Schlaglichter auf die Mentalität der künftigen Geistlichen. Vor allem die ersten zwei Stipendiatengenerationen konnten und wollten sich nicht an die von den Jesuiten geforderte Disziplin gewöhnen[33], weshalb vor allem zwischen 1583 und 1586 sowie 1596 der Überlinger Rat immer wieder eingreifen und zwischen seinen Stipendiaten und den Jesuiten vermitteln mußte. Mehrmals reisten Stadt- oder Stüblinsschreiber nach Dillingen, um vor Ort die verfahrene Situation zu

---

sein. So studierten z.B. am Georgianum in Ingolstadt 12 Stipendiaten, die von bayerischen Landstädten präsentiert wurden; vgl. *Seifert* S. 56.

[31] Vgl. GLA 82/1486 fo. 1 ff. zum Formular einer Obligation. Quellengrundlage des Vergleichs bildeten StadtAÜb IV/1/1449a, Verschreibung Jacob Kellers (1581); u. IV/1/1445, 1604 Mai 31, Verschreibung Johann Georg Lutz.

[32] Beileibe nicht alle Stipendiaten studierten wie vorgesehen auch Theologie; viele schlossen nur mit dem Magister ab, was zum Teil auch mit der mangelnden Vorbildung zusammenhing. So beklagte z.B. 1608 der Dillinger Regent, daß die neu angekommenen Stipendiaten nur Kenntnisse bis zur Grammatica hätten, obwohl sie bereits zwanzig Jahre oder älter seien, weshalb es unwahrscheinlich sei, daß sie das ganze Studium einschließlich Theologie durchhielten; vgl. GLA 82/1485a fo. 110 ff.

[33] Daß die ersten Studentengenerationen damit Probleme hatten, war ein allgemeiner Vorgang; vgl. nur *Schröteler* S. 451 ff.; *Specht* S. 365 ff. Zum Hieronymuskolleg in Dillingen vgl. *Seifert* S. 81. Allgemein zu den Jesuitenuniversitäten vgl. *Hengst*, Jesuiten.

klären[34]. Dabei waren es immer wieder dieselben Probleme, die gelöst werden mußten. Den Anlaß bildete eine 1583 von den Jesuiten eingeführte Neuerung: Die Kurzschen Stipendiaten sollten Hilfsdienste in der Kirche verrichten und ferner abwechselnd ihren Mitstudenten deutsche Predigten halten[35]. Doch diese wehrten sich gegen die ungleiche Behandlung gegenüber anderen Studenten des Kollegiums, welche ihren Aufenthalt aus eigener Tasche bezahlten[36]. Zudem weigerten sie sich, die von den Jesuiten vorgeschriebene geistliche Kleidung, einen schwarzen oder grauen, knielangen Rock, zu tragen[37]. Dahinter stand, und dies scheint der Kern des Problems gewesen zu sein, eine deutlich faßbare Distanz zum geistlichen Stand. 1596 ließen die Stipendiaten z. B. vernehmen, daß sie noch nicht wüßten, ob sie wirklich den geistlichen Stand annehmen wollten[38]. Einige meinten sogar, trotz der eindeutigen Bestimmungen der Stiftung, *[...] deß stifters gemuet ist allain gewesen, daß wür erbar, und nit geistlich seyen, item daß wür den patribus wie andere convictores und nit wie alumni underworfen seyen*[39]. Noch ein anderer Aspekt des Problems läßt sich erkennen: Der Ungehorsam der Stipendiaten scheint zum Teil durch den für die Zeit charakteristisch hohen Stellenwert der persönlichen Ehre provoziert worden zu sein, wie sich daran erkennen läßt, daß sie gerade dann renitent wurden, als sie sich gegenüber ihren Mitstudenten zurückgesetzt und ungleich behandelt fühlten. Das Denk- und Erziehungssystem der Jesuiten mußte also zunächst einmal eine Umwertung zeitgenössischer Werte und Reaktionsweisen in Angriff nehmen, wollte es seine Ziele tatsächlich durchsetzen.

Nicht alle Stipendiaten gingen denn auch den vorgezeichneten Weg bis an sein Ende. Georg Gottschalck, der den ganzen Studiengang einschließlich der Theologie durchlaufen hatte, ließ sich trotz seiner Obligation nicht zum Priester weihen, sondern heiratete[40]. Jacob Schmid, der sich in Würzburg ohne Erlaubnis des Rats aus dem Kollegium begeben und in der Stadt Wohnung genommen hatte, wurde das Stipendium gekündigt[41]; und Johann Damian Klumpp gab aus eigenem Entschluß das Stipendium auf[42].

---

[34] Vgl. dazu neben der Korrespondenz und den Ratsprotokollen v.a. StadtAÜb III/14/1439 (ein von dem Stüblinsschreiber Jacob Keller geführter Protokollband); ferner III/14/1440 u. 1442 (Schreiben der Subexekutoren der Stiftung).

[35] Vgl. StadtAÜb Mp. 1583–84 fo. 52 f.; III/14/1439 fo. 14 ff.; IV/1/1442 fo. 44 ff.

[36] Zum Teil scheinen auch Standesunterschiede den Konflikt geschürt zu haben. Andere Kollegiaten verspotteten die Stipendiaten als *bettelreiche* oder behaupteten, *sie fliegen mit fremden federn*; vgl. StadtAÜb IV/1/1442 fo. 71v.

[37] Zum Aussehen der Kleidung vgl. GLA 82/1485a fo. 16 ff. Die Beschwerden dagegen zogen sich durch alle Verhandlungen; vgl. nur StadtAÜb IV/1/1442 fo. 32 ff.

[38] GLA 82/1485a fo. 50. Vgl. auch die Äußerungen von Jacob Träs, nach StadtAÜb IV/1/1442 fo. 47r.

[39] GLA 82/1485a fo. 60r.

[40] Vgl. StadtAÜb Rp. 1588–96 fo. 164. Erst 1612 entschloß sich Gottschalck doch noch zur Annahme der Weihe, vgl. StadtAÜb Rp. 1607–12 fo. 429v, doch bewilligte ihm der Rat kein Patrimonium.

[41] StadtAÜb III/14/1439 fo. 68.

[42] StadtAÜb Mp. 1617–18 fo. 148vf.

Daß sich die zukünftigen Kleriker gegen die strenge Disziplin ihrer Lehrer sperrten, war ein zeittypisches Phänomen und gewiß in keiner Weise konfessionsspezifisch, unterschieden sich doch die Überlinger Studenten hierin nur wenig von ihren protestantischen Kommilitonen[43]. Sie klagten, wegen Kleinigkeiten bestraft zu werden, weigerten sich, körperliche Züchtigungen hinzunehmen, oder wollten nicht einsehen, warum ein Wirtshausbesuch ein strafwürdiges Vergehen sei[44]. Als einer ihrer Mitstudenten exkommuniziert wurde, weil er einen Angehörigen des Ordens geschlagen hatte, gingen sie geschlossen zum Regenten des Kollegs und verlangten Rechenschaft[45].

Gerade die Vorgehensweise der Stipendiaten ist aufschlußreich. Obwohl sich zumeist einige als Rädelsführer erkennen ließen, traten sie fast immer geschlossen als Gruppe auf; oft wählten sie einen Ausschuß, der ihre Interessen vertrat[46]. Mit ihren Beschwerden wandten sie sich sodann an den Überlinger Rat als Exekutor der Stiftung, aber auch, und dies galt für die Überlinger Studenten, weil sie ihn als ihre eigentliche Obrigkeit ansahen. Geschickt spielten sie dabei den Rat gegen die Jesuiten aus, indem sie immer wieder darauf hinwiesen, daß die Jesuiten die obrigkeitlichen Rechte des Rats mißachteten und der Meinung seien, als zukünftige Kleriker seien sie allein ihrer Jurisdiktion unterworfen[47]. Damit hatten sie einen wunden Punkt im Verhältnis des Rats zu den Jesuiten getroffen. Denn so hoch der Rat auch die Arbeit der Jesuiten bewertete, so groß war zugleich auch sein Mißtrauen gegenüber ihren kirchenpolitischen Ansprüchen, glaubte er doch im Falle des Kurzschen Stipendiums, daß [...] ir gantz intent dahin gericht, das sy nitt allain die execution beruerter stiftung, shunder auch die nominierten und presentierten iungen irs gefallens zuo zelaßen oder hinweg zu weisen an sich und in irn gewaldt zuebringen understanden[48]. Nicht zu Unrecht beklagten die Jesuiten denn auch immer, daß die Stipendiaten in dem Bewußtsein, beim Überlinger Rat Rückhalt zu finden, handelten[49].

Die Verhandlungen zwischen Rat und Jesuiten zeigen auch, daß der Rat die Forderungen der Jesuiten nach Entlassung einiger besonders aufsässiger Studenten zumeist ablehnte. Als die erste Konfliktserie 1586 ihren Höhepunkt damit erreicht hatte, daß Georg Gottschalck und Jacob Träß im Auftrag ihrer Mitstipendiaten eigenmächtig das Kollegium verlassen und in Überlingen dem Rat ihre Probleme vorgebracht hatten, wollte sie der Dillinger Regent nicht mehr aufnehmen. Der daraufhin nach Dillingen abgeordnete Stadtschreiber handelte folgenden Kompromiß aus: Erstens wurden beide Stipendiaten wieder aufgenommen; zweitens – gerade diese Frage lag dem Rat immer am Herzen – sollte der Regent darauf achten, daß die

---

[43] Vgl. *Schindling*, Hochschule S. 160f.; A. *Schulze* S. 197ff., zu Disziplinproblemen protestantischer Studenten.

[44] Vgl. StadtAÜb IV/1/1442 fo. 36ff., 55ff.

[45] StadtAÜb Rp. 1573–87 fo. 476vf.

[46] Vgl. ebda. u. StadtAÜb III/14/1439 fo. 43f.

[47] StadtAÜb IV/1/1442 fo.359vf.

[48] GLA 82/1485a fo. 46.

[49] StadtAÜb IV/1/1442 fo. 52v, 68r.

Stipendiaten nicht mehr als 80 fl im Jahr ausgaben[50]; dagegen wurden zum dritten die Alumnen vom Rat ernstlich an ihre Gehorsamspflicht gegenüber den Jesuiten erinnert[51]. Allerdings scheint der Stadtschreiber auch erreicht zu haben, daß die Stipendiaten nicht unbedingt die geistliche Kleidung, wie sie die Jesuiten vorschrieben, tragen mußten[52], denn die Kosten dafür belasteten nach Ansicht des Rats das Budget der Stipendiaten so sehr, daß ihnen immer wieder mit Zuschüssen ausgeholfen werden mußte[53]. Für den Rat waren also wieder einmal finanzielle Gesichtspunkte von Belang. Kündigte man einem Stipendiaten, dies war eine Überlegung des Rats, so bestünde die Gefahr, daß das bis dahin ausgegebene Geld verloren war und darüber hinaus die anderen Stipendiaten auf einen Weg aufmerksam werden könnten, wie man studieren, sich dann aber vor Ablegung der Weihen drücken könne[54].

Die Alumnen fanden jedoch beim Rat nur dann einen gewissen Rückhalt, wenn dieser seine jurisdiktionellen Ansprüche bedroht sah, nicht aber, wenn sie sich den Normen und Regeln der Jesuiten widersetzten. Auf Dauer konnten sie sich auch nicht durchsetzen. Als 1596 der Konflikt erneut aufflammte, weil die Stipendiaten neue Kleider erhalten sollten[55], wurde in dem daraufhin geschlossenen Vergleich endgültig die Kleidung nach Vorschrift der Jesuiten eingeführt und die Stipendiaten eigens durch den Rat ermahnt, ihre Widersetzlichkeit aufzugeben[56]. Zudem erklärte sich diesmal der Rat bereit, drei Stipendiaten das Stipendium zu kündigen[57]. Doch erlaubte er den Stipendiaten, und hier maßte sich der Rat wieder eine großzügige Auslegung der Bestimmungen der Stiftung an, auch an anderen Kollegien der Jesuiten, so z. B. in

---

[50] Auf diese Frage wird hier nicht näher eingegangen; vgl. dazu vor allem StadtAÜb III/14/1440.

[51] Die Vereinbarungen von 1586 siehe StadtAÜb III/714/1439 fo. 48. Frühere Vereinbarungen scheinen keinen Erfolg gehabt zu haben; vgl. StadtAÜb Mp. 1585−87 fo. 164vff.

[52] Daß es zeitweise gewisse Änderungen gegeben hat, läßt der Anlaß des Konfliktes von 1596 vermuten (s. unten); vgl. GLA 82/1485a fo. 52 ff.

[53] StadtAÜb IV/1/1442 fo. 71.

[54] StadtAÜb Mp. 1596−97 fo. 202 f.: *[...] so sorgen wir, es möchten bey andern ain böses nachvolgen bringen, dann der aine oder mere in under solichen alumnen in studii so weith providirn, daß der oder derselbigen vermainten, sey bedörfften angeregts stipendii oder ferner hilf nit weiters, wer der sey, auch anheben sich zer widersetzen und zer rebellieren [...] damit sie nuhn ursach zue der ausschaffung geben und ohne entgeltens darvon khummen möchten.*

[55] GLA 82/1485 fo. 52 ff. Anläßlich einer Visitation des Kollegs hatte der Visitator befohlen, die Kurzschen Stipendiaten hinsichtlich ihrer Kleidung, der wöchentlichen Predigt im Refektorium und des wöchentlichen Chorgangs gleich zu behandeln wie die Alumni Pontificis. Als die Stipendiaten neue Kleider erhalten sollten, bestanden sie auf einem ausdrücklichen Befehl des Rats, diese Kleider tragen zu müssen.

[56] Vgl. StadtAÜb Mp. 1595−97 fo. 204 f., 311 f. Der Rat erinnerte den Regenten an den kürzlich vom Stadtschreiber ausgehandelten Vergleich, in den auch das Domstift eingewilligt habe.

[57] Vgl. ebda. u. GLA 82/1486 fo. 22.

München, Ingolstadt oder Würzburg zu studieren[58]. Beschwerden des Dillinger Regenten fruchteten, zunächst jedenfalls, nichts[59].

Trotz alledem kann man dem Kurzschen Stipendium den Erfolg nicht absprechen – immer lag die Zahl der Bewerber über derjenigen der freien Plätze[60]. Auch wenn das Selbstverständnis der Überlinger Bürgersöhne den Erziehungsmaximen der Jesuiten oft fernstand, so konnten sie sich doch auf Dauer deren Einfluß nicht entziehen; ab der dritten Stipendiatengeneration nahmen die Probleme auch spürbar ab. Nur äußere Umstände, die Wirren des Dreißigjährigen Krieges, beeinträchtigten für einige Jahrzehnte die Wirkung dieser Studienstiftung. Wegen ausbleibender Zinsen konnten Stipendiaten nicht mehr unterhalten werden, und erst 1657 gelang es den Nominatoren, die alte Zahl von 12 Stipendiaten wieder zu erreichen[61].

Die Grundlagen für die Reform des Klerus waren durch eine private Initiative gelegt worden, dazu noch durch die eines Auswärtigen, eines Konstanzer Domherrn. Der Rat hatte keinerlei Anteil an der Entstehung des Stipendiums gehabt, hatte aber sofort das Angebot aufgegriffen und die Verwaltung der Studienstiftung übernommen. Er unterstützte auch die darin enthaltenen Grundsätze der katholischen Reform, wenn auch seine finanziellen und jurisdiktionellen Interessen die getreue Ausführung der Bestimmungen der Stiftung teilweise behinderten. In evangelischen Reichsstädten waren die Verhältnisse nicht grundlegend anders: Auch hier blieb es vornehmlich privaten Stiftern vorbehalten, Stipendien für die Ausbildung künftiger Kleriker zu errichten[62]; und wie in Überlingen bestand auch hier noch weiterhin die ältere Form des Familienstipendiums fort[63]. Keines der Stipendien allerdings, das durch Überlinger Bürger gestiftet war, kam, was Intention und Bedeutung betraf, dem des Konstanzer Domherrn nur entfernt gleich[64]. Die Studienstiftungen des

[58] StadtAÜb III/14/1439 fo. 50r, 59v, 66. Georg Dafrid wurde 1586 wegen der Vorfälle in Dillingen an das Kolleg St. Michael nach München geschickt, Georg Schmid 1587 nach Würzburg verordnet; Gottschalck, Zettel und Jacob Keller durften Theologie in Ingolstadt studieren.

[59] GLA 82/1485a fo. 36r, 102 f. Noch 1606 und 1607 beklagte der Dillinger Regent, daß nicht, wie die Stiftung es vorschreibe, zwölf Stipendiaten in Dillingen seien, sondern nur sechs. Der Überlinger Rat wurde bei seiner Auslegung der Bestimmungen der Stiftung von dem Konstanzer Domkapitel unterstützt, das betonte, daß nicht alle Studenten nach Dillingen geschickt werden müßten; ja, das Domkapitel wollte sogar in Zukunft seine Alumnen bei den Jesuiten in Konstanz ausbilden lassen; vgl. StadtAÜb Rp. 1603–07 fo. 313r; GLA 82/1485a fo. 106 f.

[60] Vgl. nur StadtAÜb Rp. 1573–87 fo. 271v; Rp. 1603–07 fo. 95; III/14/1439 fo. 68v.

[61] Vgl. GLA 82/1485a fo. 204, 210, 219, 223, 226; 225/889, 1657 März 27.

[62] Vgl. oben das Bufflersche Stipendium oder auch das 1593 errichtete Stipendium des Biberacher Patriziers Gottschalk Klock. Es war zwar zunächst nur für seine Verwandten gedacht, doch enthielt es die Verpflichtung, Theologie zu studieren. Vor Klock hatten bereits Bürgermeister Veit Bögglin 1563 und Prof. Johann Hochmann 1570 Stipendien gestiftet; vgl. dazu *Schneider* S. 14 ff. Anders als in Überlingen waren hier die Stifter allerdings ausnahmslos Bürger.

[63] Vgl. dazu *Essich* S. 170 ff.

[64] Neben dem Kurzschen Stipendium sind noch zwei Stiftungen zu erwähnen, die ausschließlich für künftige Geistliche bestimmt waren: 1640 hatte der ehemalige Pfarrherr Ullanus ein Stipendium für einen Studenten gestiftet, das diesen verpflichtete, Theologie zu studieren. Der Schüler mußte Überlinger sein und sich verpflichten, später dem Rat zu dienen; vgl. GLA 225/

ehemaligen lateinischen Schulmeisters Offner und die des Kaplans Conrad Hager waren in erster Linie für Angehörige ihrer Familie bestimmt; zudem verpflichteten sie keinen der Stipendiaten zum Studium der Theologie[65]. Für die Stadt besaßen sie damit nur geringe Bedeutung.

3. Die Gründung des Kollegiatstifts St. Nikolaus 1609

Dank des Kurzschen Stipendiums war der künftige Überlinger Klerus erstmals während seiner Ausbildung systematisch und umfassend mit den Ideen der katholischen Reform in Berührung gekommen. Zu einer institutionellen Reform des Überlinger Kirchenwesens kam es dann 1609, als die Pfarrkirche mit ihren Kaplaneien in ein Kollegiatstift umgewandelt wurde. Daß es dabei tatsächlich um eine Reform und nicht allein um eine äußerliche, allein aus finanziellen oder verwaltungstechnischen Gründen notwendig gewordene Veränderung ging, bezeugt bereits die Präambel der Statuten des Stifts, in der es heißt: *Damit unßer des hayligen römischen reichs statt Uberlingen von dem uhralten catholischen allgemainen römischen und allain seeligmachenden glauben, welche sie bißhero (so lang man gedenckhen mag) allzeit rain und unbefleckht erhalten, auch hinfüran und zuo ewigen zeiten nit schreite und abweiche, haben unßere eltvorderen ihnen nichts mehrers angelegen sein lassen, als das der wahre dienst gottes, seiner ubergebenedeitesten muotter und aller hailigen gottes eher, von tag zuo tag ye lenger ye mehr, zuonehmen und gemehrt werden mechte. [...] Waß derowegen nur die eltvorderen gottseelig, christenlich nutzlich löblich und wohl durch ihriges stüften angesehen, dasselbige seindt allerseits löblich an ietzo wesende sowohl gaistlich als weltlich ordenlicher weiß fürgesetzte obrigkaiten, als nämblich die edle vöste fürsichte und wohl weise herren herr Jacob Kössering und herr Andreas Waibel, der zeit burgermaister, und ain ganzer ersamer weiser samenthafter rhat, in dero löblichen vorfahren fußstapfen zuotreten [...] demnach [...], das solches ihr intent und fürnemen bösser und füeglicher nit prosequiert und ins werckh gericht werden khan, als wann ihr clerisey und prüesterschafft in bössere ordnung gebracht, durch gemaine statuten und satzungen coniungiert und zuosamen geschlossen und auß ihrer kürchen ain collegiath gestüft angesehen und aufgericht werden*

---

903. Nur bedingt kann hier das Stipendium des in den Diensten des Bischofs von Eichstätt stehenden Überlinger Bürgers Dr. Georg Ernsperger herangezogen werden, da es nicht ausschließlich für Überlinger gedacht war und zudem die Stipendiaten sich verpflichten mußten, ihre Dienste dem Bischof von Eichstätt anzubieten; vgl. dazu StadtAÜb IV/6/1475 fo. 2 ff.

[65] Zum Stipendium Hagers vgl. StadtAÜb IV/14/1462; Mp. 1601–03 fo. 126vf; Rp. 1597–1603 fo. 292r: Die beiden ersten Stipendiaten, Thomas Hager und Andreas Schochner, wurden 1602 nach Dillingen geschickt. Zum Offnerschen Stipendium vgl. StadtAÜb IV/6/1468, 1581 Sept. 16, Stiftungsbrief; GLA 225/912. Beide Stipendien glichen sich und übernahmen auch, was die Ausführungsbestimmungen anging, viel von dem Kurzschen Stipendium; so z.B. das Examen durch Pfarrer, Lehrer und Schulherren, ferner die Empfehlung, an einer Jesuitenuniversität zu studieren; ausdrücklich wurde auch die Katholizität der Bewerber als notwendige Voraussetzung zum Erhalt des Stipendiums festgeschrieben.

möchte[66]. Diese Präambel enthält in nuce das Programm der Kirchenreform in Überlingen. Anknüpfend an die Stiftungsfrömmigkeit des Mittelalters, avisierte man ein neues Ziel: die Wahrung und Sicherung der konfessionellen Stabilität. Und dies gedachte man durch eine Reform der Institution der Kaplaneipfründe zu erreichen, wobei die Formulierung der Präambel deutlich zu erkennen gibt, daß die Reform in erster Linie auf die Inhaber dieser Pfründen, die Kleriker, zielte. Ein knappes Jahrhundert nach der protestantischen Reformation hatte also der Überlinger Rat mit der Gründung des Kollegiatstiftes seine eigene, katholische ‚Reformation' der Kirche in Angriff genommen.

Obwohl die Kollegiatstifte ihre Blütezeit im späten Mittelalter erlebt hatten und im Reich so gut wie keine Städte, sondern vor allem der Adel und reiche Privatleute solche Stifte gegründet hatten[67], griff man in Überlingen auf diese Form zurück. Zwei Gründe lassen sich erkennen: Das städtische Kirchenwesen hatte in Überlingen, wie in allen anderen Städten des Reiches auch, infolge der zahlreichen Pfründstiftungen bereits von selbst Züge eines Stifts angenommen[68]. Dazu kam, daß die korporative Organisation des Stifts ausgezeichnet mit dem gesellschaftlichen Selbstverständnis der Städter korrespondierte, weshalb gerade auch in der Eidgenossenschaft, anders als im Reich, eine Reihe städtischer Stiftsgründungen anzutreffen war[69]. Die Nähe zur Schweiz wie auch das Bestreben, die vorhandene Organisationsform so schonend wie nur möglich umzugestalten, mögen Rat und Bischof die Form des Kollegiatstifts nahegelegt haben.

Es wäre aber wahrscheinlich nie zu dieser Reform des Überlinger Kirchenwesens gekommen, hätten nicht die drängenden finanziellen Probleme, die steigende Schuldenlast der vacierenden Pfründen und die sich in jener Zeit auch in anderen katholischen Städten durchsetzende Einsicht, daß die Verwaltung der Pfründgüter durch die Kapläne mit der Zeit mehr Schaden als Nutzen stifte, den Rat zum Handeln gezwungen[70], und hätten zum anderen nicht zur gleichen Zeit auf dem Bischofsstuhl in

---

[66] EAF Konstanz-Generalia, Klöster u. Orden, Kolleg.-stift Überlingen 1, Statuten, Prooemium fo. 1 ff. Eine Edition der Statuten sowie eine ausführliche Erörterung ihrer verschiedenen Fassungen bei *Enderle*, Kollegiatstift; vgl. auch Anm. 81.

[67] Zur Klassifizierung mittelalterlicher Stifte vgl. *Moraw* S. 15 ff.; *H. Schäfer*; *Marchal*, Stadtstift S. 461 ff. Zu den im Mittelalter gegründeten Kollegiatstiften in Oberschwaben vgl. *Kallen* S. 137 f.

[68] *Feine*, Rechtsgeschichte S. 374 f.

[69] Diese These vertritt jedenfalls *Marchal*, Stadtstift S. 465 f., 470 ff., wobei aber gerade die Lage im Reich noch genauer zu untersuchen wäre. Zur korporativen Organisation vgl. auch *Ders.*, Dom- und Kollegiatstifte S. 27 ff.; sowie am Beispiel des Berner Kollegiatstiftes *Tremp-Utz*.

[70] In dem Vertrag von 1609 (siehe dazu Anm. 79) ist dieses Motiv eigens formuliert; Oberrheinische Stadtrechte S. 611 f.: ... *pfrueden reben, welche durch übel zuesehens der priester in großen abgang geraten. ... und weil sonsten der maisten thail der priester auf den rebpaw kain verstand noch lust haben,* .... Vgl. zu dem Problem auch Kap. VII.8. – Um 1600 ging man auch in anderen Städten daran, das veraltete Pfründenwesen zu reformieren. So kam es 1614 in Buchhorn zu einer Pfründenvereinigung, und zu Beginn des 17. Jahrhunderts wurde auch in Breisach ein zentraler Pfründenfonds gegründet; vgl. *Baur*, Geschichte 53 S. 57 ff.; *W. Müller*,

Konstanz Befürworter einer katholischen Reform gesessen[71]. Denn die Initiative zur Reform der Überlinger Kirche, auch dies ist bezeichnend, ging weniger vom Rat als vom Bischof von Konstanz aus. In einem wohl 1602 verfaßten Memorandum[72] resümierten die geistlichen Räte in Konstanz den Zustand der Überlinger Kirche aus ihrer Sicht und kamen zu dem Schluß, daß er so nicht mehr länger tragbar wäre – wobei sie allerdings zunächst weniger an dem Verhalten der Kleriker als an dem Kirchenregiment des Rats Anstoß nahmen, das sich um die Rechte des Bischofs kaum kümmerte. Um nun dem Einfluß der geistlichen Obrigkeit wieder mehr Einfluß zu verschaffen, schlugen sie vor, die Kaplaneien in Überlingen aufzulösen und einem neu zu gründenden Kollegiatstift einzuverleiben. Denn eine solche Gründung bedurfte der Zustimmung des Bischofs, und dies bot eine willkommene Gelegenheit, bei der Abfassung der Statuten des Stifts auf die Einhaltung der Vorschriften des kanonischen Rechts zu achten. Der springende Punkt war also, daß mit der Gründung eines Stifts jeweils Rechte und Pflichten von Rat, Bischof und Klerus schriftlich fixiert würden; von dem damit eingeleiteten Prozeß der Verrechtlichung erhoffte sich der Bischof eine Verbesserung seiner Position. Die Statuten des Stifts sollten damit teilweise die Funktionen einer Kirchenordnung erfüllen. Die Aussicht, dieses Projekt auch tatsächlich verwirklichen zu können, schätzten die Räte des Bischofs dabei recht hoch ein, da ihnen die finanzielle Misere der Überlinger Kirche nicht verborgen geblieben war. Eine Reform des Pfründenwesens war dringend geboten und konnte hier Abhilfe schaffen. Und damit konnten die Räte hoffen, bei dem immer sehr stark auf seine finanziellen Interessen fixierten Überlinger Rat mit ihrem Vorschlag offene Ohren zu finden, zumal mit der Gründung eines Stifts auch eine Erhöhung des Prestiges der Kirche verbunden war. Kurz: Die Räte hatten klar erkannt, daß die Gründung eines Kollegiatstiftes den Interessen beider Seiten, des Bischofs wie des städtischen Rats, entsprachen und deswegen die Chance einer Realisierung dieses Projektes recht gut war[73].

Wandel S. 233. Auch an bereits bestehenden Stiften kam es zu Reformen. So sollten die wirtschaftlichen Verhältnisse von St. Johann in Konstanz durch die Beseitigung getrennter Pfründvermögen verbessert werden; vgl. R. *Bock* S. 312. Und die Statuten von St. Stephan wurden generell neu bearbeitet; vgl. *Humpert* S. 10.

[71] Vgl. dazu Kap. III Anm. 180.

[72] Das Memorandum (GLA 225/599) ist undatiert (nur am Rand ist von späterer Hand 1602 vermerkt), doch ist es einem vom 27. Sept. 1602 datierten Akt des Weihbischofs, der als Verhandlungsgrundlage eine Übersicht über das Einkommen der Pfründen aufgestellt hat, beigeordnet. Daß die Konzeption aus der bischöflichen Kanzlei stammte, zeigt auch GLA 225/462, 1608 Sept. 27. Die Formulierung von *Holl* S. 125 f., „Im Jahre 1609 unterzog Bischof Jakob Fugger die kirchlichen Benefizien zu Überlingen einer Neuordnung", übergeht indes die tatsächlichen Rechts- und Machtverhältnisse. Ohne die Einwilligung des Rats wäre die bischöfliche Initiative ins Leere gelaufen.

[73] Eine rechtliche Voraussetzung der Gründung war auch, daß alle Kaplaneistiftungen in Überlingen von Bürgern und nicht von auswärtigen Herren getätigt worden waren. Dadurch sah sich der Rat als bürgerliche Obrigkeit befugt, die ursprünglichen Stiftungen zu modifizieren, was er sonst, aus Angst vor möglichen Rechtsstreitigkeiten mit den Familien der Stifter, möglicherweise nicht gewagt hätte.

Spätestens seit Dezember 1604 verhandelten Rat und Bischof[74]. Doch erst 1607 traten die Verhandlungen in die entscheidende Phase, wobei gleichzeitig über die Modalitäten der Gründung und die künftigen Statuten des Stiftes verhandelt wurde. Die wichtigsten Vorarbeiten scheinen der Konstanzer Weihbischof Mürgel zusammen mit dem Überlinger Stadtschreiber Beck und Bürgermeister Kessenring geleistet zu haben[75]. Am 23. März 1609 wurde der Vertrag über die Umwandlung der Pfarrkirche und ihrer Kaplaneien in ein Kollegiatstift geschlossen[76]. Vor allem der Rat war daran interessiert, daß die Durchführung der Reform rasch vonstatten ging[77], und Anfang Mai scheinen auch bereits die wichtigsten Maßnahmen ausgeführt gewesen zu sein[78]. Daß der Bischof den Vertrag erst ein halbes Jahr später, am 19. Sept., ratifizierte, störte dabei wenig[79].

Sehr aufschlußreich für die unterschiedlichen Interessen beider Seiten ist der Umstand, daß sich zwar die Gründung des Stiftes relativ rasch vollzog, die Verhandlungen über die Statuten dagegen sich noch über Jahrzehnte hinzogen. Schon am 20. März 1608 hatte ein bereits ausformulierter Entwurf der Statuten des künftigen Stiftes vorgelegen[80], nach der 1609 vollzogenen Gründung tat sich zunächst jedoch einmal nichts. Erst in den Jahren 1613 und 1614 wurde dann zwischen Rat und bischöflicher Kurie über verschiedene, voneinander etwas abweichende Entwürfe verhandelt, ohne indes eine Einigung erzielen zu können. Es gab also keine von beiden Seiten anerkannten und ratifizierten Statuten des neuen Stifts. Daran änderte sich auch nichts, als der Bischof 1619 eine etwas überarbeitete Fassung vorlegte und offiziell ratifizierte, da der Rat sich weigerte, ein Gleiches zu tun. Selbst als die Kurie

[74] Vgl. StadtAÜb Rp. 1603–07 fo. 127vf: Am 20. Dez. 1604, im Vorfeld eines Besuchs des Konstanzer Bischofs in Überlingen, findet sich die erste Erwähnung dieses Planes in den Überlinger Akten.

[75] Vgl. StadtAÜb Rp. 1603–07 fo. 424v, 425v; Rp. 1607–12 fo. 35r, 37r, 111r; Mp. 1607–08 fo. 93 f., 203 f., 213 f., 228; GLA 225/462, 1607 Nov. 22; 27; Dez. 7; 13; 1608 Jan. 12; Sept. 27: Im Mai 1607 begannen die Vorverhandlungen zwischen Mürgel, Hager und den Überlinger Delegierten, aufgrund derer am 27. Sept. 1608 eine vorläufige *Capitulation oder abredung welcher gestalt hinfüro ain collegiatstift alhie zuo Uberlingen angestellt möchte werden*, formuliert wurde, die im wesentlichen alle späteren Bestimmungen bereits enthielt. An den Verhandlungen waren ferner beteiligt: Dr. Johann Christoph Hager, Konstanzer Domherr und Angehöriger der Überlinger Familie der Hager, Dr. Andreas Dornsperger, Stiftsherr von St. Stephan zu Konstanz und wahrscheinlich ein Nachkomme des früheren Überlinger Bürgermeisters Caspar Dornsperger, und der bischöfliche Rat Johann Heinrich von Pflummern, der später, während des Dreißigjährigen Kriegs, selbst Bürgermeister in Überlingen wurde.

[76] EAF Akten St. Nikolaus, Fasz. Dec. Linzgau; StadtAÜb Reutlingen 8 fo. 489 f.

[77] Vgl. GLA 225/462, 1609 April 3. Der Rat wollte anscheinend auf Georgi mit der Umwandlung beginnen. Nach StadtAÜb VII/23/2515 Bl. 100v, wurde auch am 23. April die Mette nach *chorherrischem brauch* gehalten.

[78] EAF Akten St. Nikolaus, Fasz. Collegiatstift Überlingen, 1609 Mai 7: Pfarrherr Johannes Oswalt an Dr. Johann Christoph Hager: *Unser fürgegebner reformation haben wir gott lob den ahnfang und execution albraith geben [...]*.

[79] Dieser offizielle Vertrag ist teilweise ediert in Oberrheinische Stadtrechte S. 609 ff.; vollständig in StadtAÜb IV/13/1594; auch IV/11/1546a, u. GLA 225/462.

[80] Vgl. GLA 225/462.

1631 dieser Version eine ergänzende Erklärung anfügte, mit der man Änderungswünsche des Rats zu erfüllen trachtete, blieb der Rat bei seiner Weigerung[81]. Das Überlinger Kollegiatstift besaß also während der gesamten Dauer seiner Existenz keine vom Rat, dem Kollator der Stellen, ratifizierte Statuten, da dieser sich aus kirchenpolitischen Gründen mit dem Bischof nicht einigen konnte und wollte. Denn der Bischof versuchte natürlich mit Hilfe der Statuten dem Kirchenregiment des Rats Schranken zu setzen[82]. Diese Nicht-Ratifikation berührte indes die Gründung des Stifts selbst nur wenig, ja, selbst ohne offiziell ratifiziert worden zu sein, orientierte sich das Leben und die Organisation des Stifts an ihnen.

Was sahen nun aber die Statuten sowie der Vertrag von 1609 vor? Zunächst zum Gründungsvertrag: Danach wurden der Besitz aller Kaplaneipfründen sowie die Fabriken der Pfarrei St. Nikolaus, der Pfarreien St. Sylvester von Goldbach und St. Michael von Aufkirch zusammengelegt[83]. Den Anbau aller Rebgärten, insgesamt 224 1/2 Hofstatt, sowie die Einkünfte aus dem Weinzehnten übernahm das Spital, für den übrigen Besitz wurde eine neue, dem Kollegiatstift zugehörende Fabrik geschaffen, die von zwei Pflegern, einem geistlichen Oberpfleger und einem weltlichen Pfleger, verwaltet wurde[84]. Erstmals sei langem hatte die Kirche damit wieder einen nominellen, wenn auch in der Praxis stark eingeschränkten Einfluß auf die Verwaltung des Kircheguts zugestanden bekommen. Von den Pfründhäusern behielt das Stift vierzehn, während die übrigen der Stadt zufielen, die sich bereit erklärt hatte, die 12000 fl, welche ihr die vacierenden Pfründen schuldeten, nachzulassen; die restlichen, auf den einzelnen Pfründen liegenden Verpflichtungen übernahm das Spital. Vom Spital und der neugeschaffenen Fabrik wurden der Propst, der zugleich als Pfarrherr amtierte und weiterhin mit seinen vier Helfern für die gesamte Seelsorge zuständig war, sowie die acht Kanoniker und die vier Kapläne des Stifts unterhalten.

---

[81] Aufgrund der jahrzehntelangen Verhandlungen gibt es eine Reihe verschiedener Fassungen der Statuten; vgl. dazu ausführlich *Enderle*, Kollegiatstift. Als Quellengrundlage für die folgenden Ausführungen wurden herangezogen: EAF Konstanz-Generalia, Klöster u. Orden, Kolleg.-stift Überlingen 1, welche eine deutsche, vom Rat überarbeitete Fassung aus dem Jahre 1614 überliefert, die die kirchenpolitischen Ansprüche des Rats am stärksten dokumentiert; sowie LSBÜb Statuta capituli etc. Hierbei handelt es sich um die vom Bischof ratifizierte Version von 1619.

[82] Zu den Verhandlungen um die Ratifikation vgl. GLA 225/570; EAF Ha 77 fo. 377 ff.; Konstanz-Generalia, Klöster u. Orden, Kolleg.-stift Überlingen 1: Der Bischof hatte die Statuten so formulieren lassen, daß die Mitwirkung des Rats bei der Bestrafung von Klerikern sowie bei der Ernennung von Pflegern, soweit es ging, beseitigt worden war, wogegen der Rat natürlich versuchte, seine bis dato gehandhabten ‚Rechte' zu perpetuieren. Ferner bestand der Rat darauf – und ließ zumindest nach außen daran auch die Verhandlungen stets scheitern –, daß in den Statuten die Möglichkeit offengehalten werden sollte, in Zukunft noch eine zusätzliche Kaplanei stiften zu können. Ausführlicher zu den Interessen der beiden Seiten vgl. *Enderle*, Kollegiatstift.

[83] Nach dem Vertrag, wie Anm. 79.

[84] Der geistliche Oberpfleger wurde von Propst und Kapitel erwählt, während der weltliche Pfleger, der ihm zugeordnet war, vom Rat ernannt wurde; vgl. Statuten VIII.1 u. 2 (wie Anm. 81). Zu den weltlichen Fabrikpflegern vgl. GLA 225/470.

Das Einkommen des Propstes orientierte sich im wesentlichen an dem des vormaligen Pfarrherrn[85]. Neu war, daß jeweils die Kanoniker und die Kapläne einheitlich besoldet wurden[86]. Da deren Zahl nun genau fixiert war, hatte man die zu erwartenden Einnahmen mit den fixen Ausgaben an Besoldungen verrechnen können, so daß für das Stift eine solide finanzielle Grundlage geschaffen wurde[87].

Die Kanoniker und Kapläne übernahmen die Pflichten der vormaligen Kapläne, das heißt, sie mußten auf den einzelnen Altären eine bestimmte Anzahl von Messen lesen, wobei nun jeder Priester nicht nur einen, sondern mehrere, meist drei Altäre, zu versehen hatte, allerdings dort nicht alle darauf gestifteten Messen lesen mußte[88]. Die Predigtpflichten zu St. Gallen, St. Katharina auf dem Berg und im Spital bestanden ohne Änderung nach wie vor und wurden von bestimmten Chorherren oder Kaplänen wahrgenommen. Neu war, daß in den Statuten nun bestimmt wurde, daß alle Chorherren und Kapläne im Bedarfsfall zur Seelsorge verpflichtet waren[89]; ebenfalls neu war die schriftliche Fixierung ihrer Pflichten im Chor[90]. Gerade die Formulierung dieser Pflichten verrät das konservative, tiefgreifenden Umwälzungen abholde Selbstverständnis der Ratsherren, unterschieden sich doch die Aufgaben der Kanoniker und Kapläne des Stifts kaum von denen der vormaligen Kapläne. Dem Rat kam es darauf an, die sozialen und liturgischen Funktionen der Kaplaneipfründen soweit wie möglich zu erhalten. Die Strukturen des alten Systems sollten nur dort modifiziert werden, wo es die finanzielle Sanierung unumgänglich machte.

Obwohl der Rat versuchte, die Neuerungen als möglichst geringfügig erscheinen zu lassen – im Hintergrund stand wohl immer auch die Furcht, sie könnten bei der Bevölkerung auf Ablehnung stoßen[91] –, belegen gerade die Statuten, daß mit der Gründung des Kollegiatstiftes doch auch eine weitergehende, vor allem den Klerus betreffende Reform verknüpft war. Denn abgesehen davon, daß nun die aus dem Mittelalter tradierte Struktur des Pfründsystems etwas modifiziert worden war, war

---

[85] Der Pfarrer erhielt 10 Fu Wein vom Spital und aus der Fabrik 40 fl für die Propstei; für die Pfarrei 291 lb 15 ßd, 25 Ma 8 Vi Vesen, 8 Vi Haber. Davon mußte er allerdings seine Helfer besolden, die je 35 lbd erhielten.

[86] Ein Kanoniker erhielt 40 Ei Wein, 20 fl, 12 Ma Vesen, 8 Ma Hafer, 4 Ma Roggen, 1 Vi Erbsen, 3 Vi Eier, 2 Hühner und 3 Hennen. Ein Kaplan erhielt 30 Ei Wein, 16 fl, 10 Ma Vesen, 6 Ma Hafer, 3 Ma Roggen, 1 Vi Erbsen, 2 Vi Eier, 2 Hennen und 12 Hühner.

[87] In der Capitulation von 1608 hatte man diese Rechnung durchgeführt (vgl. wie Anm. 75). Nach einer Rechnung vom 4. Sept. 1621 (GLA 225/543) blieben der Fabrik in diesem Jahr 123 fl Schulden. Da im Dreißigjährigen Krieg auch die Finanzen des Stiftes in Mitleidenschaft gezogen wurden, muß offenbleiben, ob deren Sanierung tatsächlich ein voller Erfolg war.

[88] Statuten II.3 u. III.5 (wie Anm. 81): Ein Chorherr mußte wöchentlich 5 und ein Kaplan 4 Messen halten.

[89] Ebda.

[90] Den Statuten des Kapitels waren jeweils noch eigene Statuti chori beigegeben (wie Anm. 81).

[91] Daß der Gemeine Mann durchaus gegenüber manchen kirchlichen Änderungen Widerstand leistete, zeigt sich z.B. daran, daß 1613 der Rat die auf der Diözesansynode erlassenen strengeren Fastengebote aufgrund des Drucks von seiten der Bevölkerung wieder zurücknehmen mußte; nach StadtAÜb VII/23/2515 Bl. 125r.

es dem Bischof ungeachtet der nichtratifizierten Statuten doch gelungen, die Abhängigkeit der Kleriker vom Rat ein wenig abzuschwächen. Trotz des Vertrages von 1470 waren alle Geistlichen in Überlingen von nun an wieder von allen Steuern, Jahres- und Reichssteuern, befreit[92]; bei der jährlichen Rechnungslegung der Pfleger der Fabrik mußte ein geistlicher Rat aus Konstanz anwesend sein[93]; und vor allem hatte man zu regeln versucht – gerade dieses Problem blieb allerdings umstritten –, wie und von wem welche Vergehen der Priester bestraft werden durften. Völlig abgeschafft wurde damit die Praxis, daß der Rat Geldstrafen verhängte. Ihm wurde nur noch zugestanden, in schweren Fällen Priester in Gewahrsam nehmen zu können, um sie dann aber binnen 24 Stunden dem geistlichen Gericht in Konstanz zu übergeben[94]. Für die politisch maßgeblichen Akteure, Bischof wie Rat, standen eben, dies wird hier wieder einmal deutlich, bei dem Thema Reform zunächst einmal Fragen der geistlichen Jurisdiktion, der Verfügungsgewalt über Personen und Besitz der Kirche, im Vordergrund.

Es war dem Bischof aber beileibe nicht gelungen, das Kirchenregiment des Rats zu beseitigen. Weiterhin lagen bei dem Rat als Kollator alle Ernennungsrechte, bei größeren Konflikten unter den Geistlichen bestand er darauf, mit als Schiedsrichter herangezogen zu werden[95], und den größten Teil des Vermögens des Kollegiatstifts verwaltete das Spital. Daß der Bischof seine Ziele nur teilweise hatte erreichen können, belegt vor allem die Weigerung des Rats, die Statuten zu ratifizieren[96]. Daneben dokumentiert auch der gescheiterte Versuch des Bischofs, das Recht der Primae preces in Anspruch zu nehmen, daß der Rat seine kirchenpolitischen Positionen zu wahren wußte[97].

---

[92] Vgl. EAF Akten St. Nikolaus, Fasz. Dec. Linzgau: Extrakt des Vertrags vom 23. März 1609. Der Rat mußte sogar nach 1609 auf den bis dahin üblichen Revers (vgl. dazu Kap. VII.3) der Priester verzichten; vgl. StadtAÜb Mp. 1615–16 fo. 194, Überlingen an Wangen: *[...] doch in löblichem brauch gehabt, das yeder priester ohngeacht seiner investitur gegen unß sich reversieren mueßen, das auf dem fhal seiner ungebürlichen verhaltens unß alß collatorn frey und vhorbehalten sein solte, ihn zuo dimittieren und abzuoschaffen, welches aber nun aller hisce temporibus exspirirt und zuogrundt gangen und wür die ex consilio tridentino angeregt und mandirte investituras paßieren laßen mueßen [...].*

[93] GLA 225/590, 1610 Mai 7, Vikar an Überlingen: Da die geistlichen Räte an dem Tag, an dem die Rechnung abgehört werden soll, eine Zusammenkunft hatten, forderte er den Rat auf, die Rechnungslegung zu verschieben, bis ein Rat des Bischofs dazu abgeordnet werden könnte.

[94] Vgl. Statuten X (wie Anm. 81) u. GLA 225/570, 1618 März 20, Erklärung Überlingens zu den strittigen Punkten der Statuten.

[95] Statuten I.3 (wie Anm. 81).

[96] Vgl. dazu oben. Dem Bischof fehlte es damit an einer rechtlichen Handhabe, um seine kirchenrechtlichen Ansprüche gegenüber dem Rat einklagen zu können.

[97] Am 22. Juni 1614 bat der Bischof für seinen Hofkaplan Gebhard Mader um das nächste freiwerdende Kanonikat, da er als Bischof in allen Kollegiatstiften das Recht der Primae preces besitze; GLA 225/144. Am 3. Jan. 1616 präsentierte er ihn auf das Kanonikat des verstorbenen Matthias Hager. Der Rat hatte jedoch bereits bei der Gründung des Stifts die nächste Chorherrenstelle Sebastian Erlaholz versprochen. Deshalb bot er dem Bischof an, Mader die Kaplanei von Erlaholz zu geben und ihn erst auf das übernächste freiwerdende Kanonikat zu präsentieren. Der Bischof willigte ein, doch nur unter der Bedingung, daß der Rat schriftlich sein Recht

Erstmals aber – und hier lag einer der wesentlichen Reformimpulse – wurden nun Leitlinien zum rechten Verhalten der Kleriker schriftlich fixiert. Gewiß handelte es sich dabei zum größten Teil um Normen, an denen der Rat auch schon zuvor, ohne daß sie in einer Kirchenordnung eigens festgehalten worden waren, das Verhalten seiner Kapläne gemessen hatte, doch nun waren diese Normen und Regeln in ein ebenfalls kodifiziertes System tatsächlicher Überwachungs- und Bestrafungsmechanismen eingebettet worden. Anders als der Pfarrherr konnte und mußte der Propst des Stifts Vergehen der Kanoniker und Kapläne bestrafen[98]. Jetzt erst konnte er seine Aufgabe, unpriesterliches Verhalten bei dem Weltklerus gegebenenfalls zu regulieren, auch tatsächlich wahrnehmen. Der für die Kleriker aufgestellte Verhaltenskodex nahm dabei ausdrücklich auf die Vorschriften des Tridentinums Bezug[99]. Es war nun geregelt, wie Beleidigungen, Karten- und Würfelspiel um Geld, Trunkenheit, Schlaghandlungen, Gotteslästerungen und anderes zu bestrafen seien[100]. Und um dem oftmals fehlenden Pflichtbewußtsein etwas nachzuhelfen, wurde jährlich ein Priester dazu verordnet, all diejenigen zu notieren, die Gottesdienste versäumten[101]. Damit war der Grundstein gelegt für ein diszipliniertes Verhalten im Sinne der katholischen Reform. Dazu kam, daß durch das wöchentlich zusammentretende Kapitel das Verhalten der Priester viel umfassender und kontinuierlicher kontrolliert wurde als vorher. Diese Kapitelssitzungen hatten unter anderem auch das erklärte Ziel, über eventuelle Vergehen von Stiftsangehörigen zu beraten[102]. Das Kapitel des Überlinger Kollegiatstifts wies damit formal gewisse Ähnlichkeiten mit den Ministerien in protestantischen Städten auf. Ungeachtet zahlreicher konkreter, aus den divergierenden kirchenrechtlichen Auffassungen resultierender Unterschiede war beiden Institutio-

---

der Primae preces anerkenne; vgl. StadtAÜb Mp. 1615–16 fo. 291 f., GLA 225/144 1616 Febr. 10. Auf diese, für ihn inakzeptable Forderung hin beschloß der Rat, eine solche Erklärung nicht zu geben, sondern standhaft an seinem Jus patronatus festzuhalten, da ihm allein als Patronatsherr das Recht der Primae preces zustehe; GLA 225/144, 1616 Febr. 15; vgl. auch ebda. 1616 Mai 10.

[98] Statuten I.3 (Deutsche Fassung wie Anm. 81): *Einer auf solche weis erwöhlte und instalirte propst solle das haupt unsers collegii und kürchen sein und darfür gehalten werden. Solle auch sampt ainem oder zwayen auß dem capitulo zuogezognen die minderen und wenigere excess und ubertrettungen sowohl die im chor als anderstwo von den corherren und caplönen begangen werden, aintweders mit ainer geltstraff, einlegung oder anderer gestalt, so nit in disen statutis und satzungen determiniert und begrüffen, nach guoth gedunckhen (doch mit gehaltner gebürender discretion und beschaidenhait, auch in allweeg mit wissenden dingen der herren collatoren, da es die notturft erfordert), abzuostrafen gewalt haben.*

[99] Statuten III.2 (wie Anm. 81).

[100] Ebda. X.

[101] Ebda. IV.2: Erfüllte der damit beauftragte Geistliche seine Pflicht nur nachlässig, mußte er selbst mit einer Strafe rechnen. Andererseits erhielt er ein Drittel der pro Jahr eingegangenen Strafgelder, so daß er auf diese Weise einen Anreiz hatte, alle Vergehen genauestens zu notieren.

[102] Zur Ordnung des Kapitels vgl. ebda. VII.1 u. 2: Das wöchentliche Kapitel sollte Freitags stattfinden. Das Recht zur Einberufung lag beim Propst und dem ältesten Kanoniker. Bevor über etwas beschlossen wurde, mußten die Voten vom Propst bis zum jüngsten Kaplan eingesammelt werden.

nen die korporative Verfaßtheit sowie die Intention wechselseitiger Disziplinierung gemein[103].

Gerade die korporative Organisation wirkte den reformerischen Absichten aber auch zum Teil wieder entgegen, indem sie die Kompetenzen des Propstes einschränkte und seine obrigkeitliche Funktion relativierte. In der Praxis hieß dies – wie besonders die Auseinandersetzungen zwischen dem Propst Ullanus und den Kaplänen verdeutlicht haben –, daß dem sich als Oberhaupt des Kapitels fühlenden Propst die gemeinsame Opposition der Kanoniker und Kapläne gegenüberstand. Suppliken, nach denen das Kapitel die Jurisdiktionsrechte des Propstes zu beschneiden und auf das Kapitel als Ganzes zu übertragen suchte, unterstreichen diesen Sachverhalt[104]. Die Folgen der Gründung des Kollegiatstiftes waren also durchaus ambivalent. Während die Verrechtlichung und die schriftliche Fixierung der Verhaltensnormen die Reform des Klerus förderten, stärkte zugleich die Organisationsform des Kapitels manche Selbstbestimmungsrechte des Klerus und damit meist auch traditionelle Denk- und Verhaltensformen. Daß zudem noch im Kapitel das Majoritätsprinzip durch den aus dem Mittelalter stammenden Gedanken der Sanior pars ausgehöhlt wurde, komplizierte die Verhältnisse weiter[105].

Das durch die Gründung des Stifts gesteigerte Sozialprestige der Kleriker scheint auch nicht ohne Folgen auf ihr Standes- und Selbstbewußtsein geblieben zu sein. Die Kanoniker und Kapläne begannen nicht nur gegen den Propst, sondern auch gegenüber dem Rat ihre Forderungen und Vorstellungen von der Verwaltung der Kirche zu formulieren. Hatten z. B. die Kanoniker und Kapläne 1612, als über mögliche Änderungen der Statuten beraten wurde, nur finanzielle Probleme moniert, so forderten sie 1631 weitaus mehr: Jetzt schlugen sie dem Rat vor, doch die Wahl des Propstes oder die Bestrafung der Stiftsgeistlichen in ihre Hände zu legen[106]. Auch wenn diese Forderungen nie eine realistische Chance besessen hatten, verwirklicht zu werden, so weisen sie doch darauf hin, daß sich das Kapitel mehr und mehr als das eigentliche Zentrum des Überlinger Kirchenwesens zu betrachten begann.

Man hatte also versucht, der aus dem Mittelalter stammenden Form des Kollegiatstiftes die Ideen der katholischen Reform einzupflanzen. Dies war, wie die Statuten zeigen, zum Teil gelungen, wenn auch in der Praxis die jetzt noch stärker betonte korporative Organisation des städtischen Klerus sich durchaus nicht immer mit den Zielen der Reform vertrug.

---

[103] Vgl. z.B. *Warmbrunn* S. 194f., zum Ministerium der Protestanten in Augsburg; oder *Abray* S. 68ff., zu den Verhältnissen in Straßburg.

[104] Vgl. unten wie Anm. 106.

[105] Statuten VII.1 (wie Anm. 81): *[...] soll auch nichts entlich beschlossen werden, wo es nit durch die maiora erkhendt worden oder es sey dann, das die minderen stimmen also qualificiert und beschaffen, daß billich denselben nachgangen und beschlossen werden solle.*

[106] Vgl. KaPAÜb C 28/1 fo. 4ff., 1612 Mai 25; GLA 225/570, 1631 Febr. 19; EAF Konstanz-Generalia, Klöster u. Orden, Kolleg.-stift Überlingen 1, 1631 Juli 24.

4. Restauration spätmittelalterlicher Frömmigkeitsformen

Daß gegen Ende des 16. Jahrhunderts der Bereich des Kirchlichen und Religiösen wieder in Bewegung geriet, daß sich allenthalben ein neuer, auf Veränderung drängender Geist bemerkbar machte, zeigt sich nicht nur an den institutionellen Neuerungen, sondern auch an der Renaissance, welche die aus dem Spätmittelalter bekannten Frömmigkeitsformen wie das Bruderschafts-, Prozessions- oder Reliquienwesen in Überlingen erlebten.

Drei neue Bruderschaften kamen in jener Zeit zu den bereits bestehenden hinzu: 1580/81 wurde in der vor den Toren der Stadt gelegenen St. Ulrichs-Kapelle eine St. Ulrichs-Bruderschaft gegründet. Die Kapelle war im 15. Jahrhundert zum Gedenken an einen Überlinger Knaben errichtet worden, der einem angeblich von Juden begangenen Ritualmord zum Opfer gefallen war und seither lokale Verehrung genoß[107]. 1607 entstand bei den Franziskanern eine ‚Confraternitas sub invocatione cordigorum‘[108]; und 1632 wurde durch die Witwe des Bürgermeisters Hans Schulthaiß eine ‚Erzbruderschaft unserer lieben Frau‘ ins Leben gerufen[109]. Im Unterschied zu den Bruderschaften des Mittelalters handelte es sich nicht mehr um berufsständische Vereinigungen oder Begräbnisbruderschaften; allein das gemeinsame Gebet und die Verehrung eines bestimmten Heiligen hatten die Gründungen motiviert. Es dominierte nun der religiöse Impetus, die gesellschaftliche Funktion war, anders als bei den Gründungen des Spätmittelalters, bewußt in den Hintergrund gedrängt worden.

Welche Motive hinter der ‚neuen Frömmigkeit‘ standen, klingt bei der Einführung neuer Prozessionstage an. 1586 ordnete der Rat erstmals wieder nach jahrzehntelanger Abstinenz die Abhaltung eines neuen Prozessionsfeiertags an. Wegen der in diesem Jahr erlittenen schweren Wetterschäden sollte an St. Johannes und Paulstag [26. Juni], dem Tag der sogenannten ‚Hagelfeier‘, ein Kreuzgang nach Birnau gehalten

---

[107] StadtAÜb Reutlinger 8 fo. 23; 9 fo. 186r: 1580 von einigen Bürgern gegründet, am 9. Dez. 1580 vom Bischof und Anfang 1581 (Do. nach St. Otilie) vom Rat bestätigt.

[108] StadtAÜb IV/13/1607, 1607 März 2: *Nos igitur qui generalem totius ordinis ipsius curam gerimus speranter fore, ut ex hac spiritualium gratiarum participatione christifideles ad devotionem & pietatem magis excitentur, auctoritate nobis a summis pontificibus concessa, confraternitatem cordigerorum in ecclesia S. P. N. Francisci Uberlingae Diocaesis Constantiensis de consensu loci ordinarii, qui eiusdem confraternitas institutum, pietatem & religionem litteris patentibus nobis nuper exhibitis comendauit (dummodo tamen alia similiter in ipso vel alia ad tria millaria propinquo loco hactenus erecta non fuerit) per praesentes nostras litteras erigimus ac instituimus, [...]*.

[109] StadtAÜb VII/23/2515 Bl. 193v. Nach EAF Akten St.Nikolaus, Fasz. Ecclesiastica, sollte die Bruderschaft an Mariä Heimsuchung 1633 konfirmiert werden. Die Bruderschaft, auch Rosenkranz-Bruderschaft genannt, scheint bald ein reges Leben entfaltet zu haben. Sie erhielt hohe Stiftungen und scheint nach 1660 einen eigenen Kaplan besessen zu haben; vgl. GLA 225/ 518 fo. 5, 22, 32. – Generell entstanden in dieser Zeit häufig marianische, von Jesuiten geleitete oder zumindest angeregte Kongregationen, so z.B. 1628 auch in Kaufbeuren; vgl. *Steichele/ Schröder* S. 337. Allgemein zur Renaissance des Bruderschaftswesens in jener Zeit vgl. *Katzinger* S. 100 ff.

werden[110]. Ein Jahr später ließ der Rat wegen der damals grassierenden Pest am St. Sebastianstag eine Prozession zu den Franziskanern abhalten[111]. *Wie das auch beschehen ist, das von demselbigen tag an hat sich die pest nach undt nach von tag zu tag gemülterdt undt besser worden*[112], worauf der Rat 1588 den Tag zum Feiertag erhob und beschloß, zum Dank jährlich an diesem Tag mit dem Kreuz zu den Franziskanern zu gehen[113]. Auch später veranlaßte die Pest den Rat, sein Heil in der Abhaltung von Prozessionen zu suchen[114]. Regelmäßig ließ er auch am sogenannten ‚Sticherfeiertag‘ – seit 1623 ein ganztägiger Feiertag – Prozessionen durchführen[115]. Aber auch die bereits eingebürgerten Prozessionen wurden aufgewertet: 1596 regte z. B. Jacob Reutlinger an, bei der Fronleichnamsprozession an vier Stationen jeweils eines der Evangelien zu singen[116]. Konkrete Bedürfnisse, oder vielleicht besser: konkrete Ängste vor unerklärlichen und allein mit irdischer Hilfe nicht zu bewältigenden Gefahren, wie eben z. B. der Pest, bildeten eine der Triebfedern für das Aufleben älterer Frömmigkeitsformen.

Nicht nur über Prozessionen in Überlingen, auch über Wallfahrten Überlinger Bürger finden sich nun erstmals einige Nachrichten. 1600 waren drei Überlinger zu der Jubelfeier nach Rom gewallfahrtet[117], 1612 finden sich mehrere Bürger, unter anderem das Ratsmitglied Gall Schmid und Dr. Johann Christoph Vogelsang, in München, wo verschiedene Heiltümer ausgestellt wurden[118]. Und 1636 pilgerten gar Rat, Priesterschaft und Bürger nach Einsiedeln, um für die erfolgreiche Verteidigung der Stadt gegen die Schweden zu danken[119]. Erstmals gegen Ende des 16. Jahrhunderts nahm der Rat auch das Wallfahren in den Katalog weltlicher Strafen auf. Wer sich sittlich-religiöser Vergehen schuldig gemacht hatte, hierunter fiel insbesondere das *gotzlästern*, mußte nun zumeist als Buße nach Einsiedeln wallfahren und dort die Beichte ablegen[120].

Auch die Verehrung von Reliquien begann der Rat nun bewußt zu fördern, erfüllte er damit im Grunde doch nur seine Pflicht als fürsorgende Obrigkeit. Denn 1602 bat der Rat den Bischof von Chur um eine Partikel der Reliquie des heiligen Lucius – die er dann auch erhielt – mit der Begründung: *[...] damit wir und ain gantze commun*

---

[110] StadtAÜb Rp. 1573–87 fo. 509; Reutlinger 13 fo. 262.
[111] KaPAÜb F 54 fo. 16v.
[112] StadtAÜb IV/13/1604.
[113] StadtAÜb IV/13/1592; Reutlinger 13 fo. 262.
[114] Vgl. StadtAÜb Rp. 1607–12 fo. 369r.
[115] StadtAÜb Rp. 1613–17 fo. 196r; vgl. auch VII/23/2515 Bl. 166v. Eine Aufzählung der Prozessionen am Sticherfeiertag enthält StadtAÜb IV/13/1593. Danach scheint die Prozession jedes Jahr gehalten worden zu sein, bis auf die Jahre 1628 und 1631 bis 1637 wegen der Kriegsgefahr.
[116] StadtAÜb Reutlinger 1 fo. 24.
[117] StadtAÜb VII/23/2515 Bl. 31.
[118] StadtAÜb Mp. 1611–12 fo. 173.
[119] Vgl. GLA 225/566, Bericht des Ittendorfer Vogtes Bernhard Schnell über die vom 20. bis 28. Okt. 1636 dauernde Wallfahrt der Überlinger.
[120] Vgl. dazu unten.

alhie wohlermelts hayligen threwlich fürbithe desto eher genießen und deßelben
thailnhaftig mechten werden, welches dann unsers erachtenns fueglichist geschehe,
waßhern wier erstbemelts hayligen Lucy reliquarn in unser pfarrminster alhie in ainer
sonderbaren darzuverordneten arca in unserm deglichen gebeth ansichbar machen
werden [...][121]. 1606 ließ der Rat das Grab des heiligen Ulrich in der Ulrichs-Kapelle
öffnen und am 17. Juli die Gebeine des Heiligen dem Volk zeigen[122]. Und 1612 bat das
in München weilende Ratsmitglied Gall Schmidt um ein Stück der Reliquie des
heiligen Benno, damit die Stadt in Zukunft gegen die Gefahr einer Pest, wie sie 1611
die Stadt heimgesucht hatte, besser gefeit sei[123]. Also nicht dem Seelenheil des einzelnen, sondern dem Schutz der ganzen Stadt, der Salus publica, sollte die Wirksamkeit
der Reliquien in erster Linie zugute kommen.

Die katholische Frömmigkeit um 1600 hatte sich wieder auf ihre mittelalterlichen
Wurzeln besonnen. Andere Beispiele, wie das Aufleben der Ablaßfrömmigkeit,
ließen sich als weitere Belege noch anführen[124]. Schutz und Beistand gegen die
mannigfaltige Unbill der Welt versprach man sich von Fürbitten bei den Heiligen,
wobei gerade auch Heilige von nur lokaler Bedeutung, wie z.B. ,Gut Ulrich', eine
wichtige Rolle spielten. Ganz deutlich ist, daß im Unterschied zu den institutionellen
Reformen gerade der Rat bewußt diese Formen reaktivierte. Die Einführung neuer
Prozessionen wie auch der Erwerb neuer Reliquien waren sein Werk. Ihm lag dabei
das Wohl der ganzen Stadt am Herzen, sah er sich doch gerade in diesen Jahren mit
Epidemien, Mißernten und Unwettern konfrontiert, Problemen, denen er allein und
ohne göttliche Hilfe ohnmächtig und hilflos gegenüberstand. Hinter dem neu er-
wachten Interesse des Rats an den alten religiösen Formen stand also zu einem nicht
geringen Teil seine politische Verantwortung, die es einfach gebot, etwas zu tun. Und
gegen das vielgefürchtete Dreigespann jener Zeit, gegen Hunger, Pest und Krieg,
vermochte auch der Überlinger Rat nichts anderes in die Waagschale zu werfen als die
Gläubigkeit bzw. in jener Zeit vor allem die Rechtgläubigkeit der Stadt und ihrer
Einwohner. Die Konnexionen mit der wirtschaftlichen und demographischen Krise
der 1590er Jahre sind augenfällig[125]. Will man die von der katholischen Reform

---

[121] StadtAÜb Mp. 1601–03 fo. 110v. Die Verbindung zu dem Bischof von Chur hatte der
Konstanzer Weihbischof hergestellt. Auf dessen Bitte hatte die Stadt eine Partikel erhalten,
worauf die Überlinger noch um eine zweite baten, für die sie ein silbernes Brustbild als Reliquar
in Auftrag gaben; vgl. GLA 225/530; StadtAÜb Reutlinger 8 fo. 36.

[122] StadtAÜb Reutlinger 4 fo. 167vf; VII/23/2515 Bl. 81; Rp. 1603–07 fo. 293r.

[123] StadtAÜb Mp. 1611–12 fo. 201: *Und dieweil dem herrn laider unverborgen, in was großer*
gefhar wür und gemaine unßer bürgerschafft verschinen jhar wegen der göttlichen haimbsu-
chung und abschewlichen sucht der pest gestanden, [...] wür aber ain steifen glauben und
trostlich zuversicht, da wür von dem hayligen leib S. Benonis etwas haben möchten, das wür und
unßer posteritet durch sein anrueffen und fürbitt vhor dergleichen künftigen gefhar möchten
salvirt und gesichert sein.

[124] Zu den Ablässen der Jahre 1616, 1619, 1623, 1631, 1638 vgl. GLA 2/2800–2804.

[125] Vgl. *Lehmann* S. 31 ff., als Beispiel für die Interpretation der zeitgenössischen Frömmigkeit vor dem Hintergrund der krisenhaften Zeitumstände.

inspirierte Frömmigkeit ausreichend verstehen, muß man sich diesen Kontext stets vor Augen halten.

Dasselbe Motiv, Fürbitte bei Gott und den Heiligen einzulegen, stand auch hinter der Einrichtung der vierzigstündigen Gebete; die Zielsetzung war allerdings eine andere, eine konfessionelle, erbat man sich doch nun Hilfe gegen die einträchtig an der Spitze der Erzfeinde der Christenheit rangierenden Türken und Protestanten. Erstmals wurde diese Andachtsform 1594 in Überlingen eingeführt, allerdings ging sie auf eine Initiative des Bischofs und nicht des Rats zurück[126]. Trotzdem zeugt gerade auch sie von der Intensivierung des religiösen Lebens in der Stadt, da sie zum einen in den folgenden Jahren regelmäßig wiederholt wurde und zum anderen die ganze Bevölkerung daran beteiligt war. Denn die Durchführung hatte der Rat in die Hände der Zünfte gelegt. Reihum nahmen diese an der Zeremonie teil, so daß sich kein Bürger ausschließen konnte und diese Gebete zugleich, ähnlich wie die Prozessionen, auch die städtische Solidarität und Einheit zum Ausdruck brachten[127].

Ohne Vorbild war die Einführung des Katechismusunterrichts in Überlingen. Bereits 1578 hatte der Bischof 20 deutsche Katechismen nach Überlingen geschickt[128], doch erst 1602/03 gab der Rat der Anregung des Pfarrherrn nach und erlaubte diesem die Unterweisung der Jugend[129]. Der Erfolg war zu Beginn allerdings noch bescheiden. Bereits 1606/07 mußte der Rat in den Zünften verkünden lassen, daß die Eltern ihre Kinder fleißiger in den Katchismusunterricht schicken sollten[130]. Und noch 1631 sah sich der Pfarrer gezwungen, auf pädagogische Tricks, wie Geschenke, zurückzugreifen, um der Überlinger Jugend die Glaubenslehren nahezubringen[131].

Während der Rat vornehmlich die Frömmigkeitsformen des Spätmittelalters mit neuem Leben erfüllte und nur fallweise die Bestimmungen des Tridentinums rezipierte[132], war es der Bischof, der zu Innovationen, wie der Einführung des Katechismusunterrichts, anregte. Stärker als der Überlinger Rat, der sich in seinem Bereich nie mit Anhängern anderer Konfessionen hatte auseinandersetzen müssen, beeinflußten seit

---

[126] StadtAÜb Rp. 1588–96 fo. 290vf. Meistens wurde um Beistand gegen die Türken, aber auch gegen die Ketzer allgemein gebetet; vgl. StadtAÜb VII/23/2515 Bl. 72. Wohl fast vollständig verzeichnet sind die in Überlingen gehaltenen Gebete in ebda.; vgl. auch StadtAÜb Rp. 1603–07 fo. 143v; Rp. 1607–12 fo. 91r; Rp. 1613–17 fo. 92v.

[127] Zur Ordnung des vierzigstündigen Gebets vgl. GLA 225/567 fo. 8; 225/556, 1632 [Juli 22]. Danach beteten nacheinander die Mitglieder der sieben Zünfte und der Gesellschaft zum Löwen je eine Stunde, in der neunten Stunde die Schuljugend, in der zehnten die Weltkleriker, in der elften die Franziskaner und Terziarinnen, in der zwölften die Kapuziner; danach begann der Zyklus von vorne.

[128] Vgl. GLA 82/455 fo. 57 ff., 74 ff., 95 ff.; 82a/Bd. 2 fo. 219 ff.

[129] StadtAÜb Rp. 1597–1603 fo. 343r; Reutlinger 9 fo. 229r.

[130] StadtAÜb Rp. 1603–07 fo. 292vf, 355v.

[131] GLA 225/570, Visitation 1631.

[132] Nach Oberrheinische Stadtrechte S. 507 f., 564, dürfte z.B. spätestens 1587 befohlen worden sein, nur noch zwei Taufpaten zuzulassen; vgl. auch StadtAÜb Rp. 1573–87 fo. 421v. Ansonsten scheinen erst mit der Gründung des Kollegiatstifts 1609 weitere Bestimmungen des Tridentinums rezipiert worden zu sein. Jetzt erst mußten z.B. die Kleriker ihren Eid nach dem Tridentinum ablegen.

Ende des 16. Jahrhunderts die Ideen der Gegenreformation und der katholischen Reform die geistliche Obrigkeit. Die politische Obrigkeit, der Überlinger Rat, stand dagegen Reformen grundsätzlich distanziert gegenüber. Nur wenn äußere Umstände Veränderungen unumgänglich erscheinen ließen – bei der Gründung des Kollegiatstiftes war dies der Fall gewesen –, sprang der Rat einmal über seinen eigenen Schatten. Das hieß nun aber nicht, daß sich der Rat, die politische und geistige Führungsschicht Überlingens, dem Geist der Zeit verschlossen hätte. Im Gegenteil, die bewußte und von der Obrigkeit angeregte Wiederbelebung und Intensivierung alter Frömmigkeitsformen gegen Ende des 16. Jahrhunderts zeugt davon, daß der Rat immer mehr in den Sog der mit dieser neuen Spiritualität untrennbar verbundenen Konfessionalisierung geriet. Auch in Überlingen begann nun die Phase der eigentlichen Konfessionsbildung, die Zeit, in der man sich bewußt und offensiv von den Protestanten abzugrenzen trachtete.

5. Das religiöse Theater: Zur Verbreitung der Ideen der katholischen Reform

Auf welchem Weg kamen nun Rat und Bevölkerung in Überlingen mit den Ideen der katholischen Reform in Berührung? Mit welchen Mitteln wurde dafür geworben? Die Reformation hatte ihren Erfolg wesentlich den zeitgenössischen Medien, Flugschriften und Predigten, verdankt; niemals mehr während des gesamten 16. Jahrhunderts wurden Zahl und Auflage der zwischen 1518 und 1525 verbreiteten Schriften erreicht. Ein ähnlich spektakulärer publizistischer Erfolg blieb den Vertretern der katholischen Reform zwar versagt, auch dann, als sie in der zweiten Hälfte des Jahrhunderts offensiv und mit ähnlichen Methoden für den Katholizismus warben; doch ihr stetiges Bemühen blieb auf die Dauer nicht ohne Wirkung. Vor allem die eigentlichen Bannerträger der Gegenreformation, die Jesuiten, taten sich hier hervor. Den Gemeinen Mann beeindruckten sie mit ihren Predigten, die Führungsschicht mit ihrem Erziehungssystem. In Überlingen gab es nun aber keine Jesuiten, der Rat rief sie hier nicht einmal, wie es in Gmünd oder anderen katholischen Städten der Fall war, zu einer ihrer berühmten Volksmissionen in die Stadt. Die katholische Kirche bedurfte hier eben keiner werbemächtigen Agitation, die konfessionelle Konformität der Einwohner stand außer Zweifel. Über welche Kommunikationslinien aber verbreiteten sich nun die Ideen der katholischen Reform in Überlingen?

Zunächst wäre hier natürlich wieder an die Predigt der Pfarrherren zu erinnern. Wuhrer war zwar jede konfessionelle Polemik untersagt worden, doch hat er gewiß, wie sein späteres Wirken als Weihbischof vermuten läßt, im Sinne einer Erneuerung der katholischen Kirche agiert[133]. Und um die Jahrhundertwende scheint auch konfessionelle Agitation nicht mehr verpönt gewesen zu sein[134]. Leider gibt es keine Zeugnisse über den Inhalt der Predigten der Überlinger Pfarrherren. Daß die sich

---

[133] Vgl. Kap. VII.7.
[134] Dies zeigen die publizierten Predigten des Kaplans Conrad Hager; vgl. dazu Anm. 147.

belebende katholische Publizistik auch in Überlingen ihre Leser fand, lassen die zahlreichen von Jakob Reutlinger gesammelten und in seinen Kollektaneen überlieferten katholischen Flugschriften vermuten[135]. Über Verbreitung und Resonanz lassen sich aber keine fundierten Aussagen treffen. In Überlingen gab es aber noch einen dritten Weg, über den für einen erneuerten Katholizismus geworben wurde: das Theater. Das ist um so erstaunlicher, als das zur religiösen Erziehung eingesetzte Theaterspiel eigentlich eine Domäne der Jesuiten war. Schon bald nach der Gründung ihrer ersten Kollegs hatten sie begonnen, mit ihren Schülern Heiligenlegenden und biblische Themen als Theaterstücke aufzuführen, um auf diese Weise den Menschen positive Verhaltenslehren im Sinne der katholischen Reform zu vermitteln[136].

Spätestens seit 1570 ließ in Überlingen der Rat auf der Hofstatt oder in der Gred, im Schulhof oder bei den Franziskanern Theaterstücke inszenieren. 1570 führte der deutsche Schulmeister ein Stück mit dem Titel ‚St. Johannes' Enthauptung' auf[137], 1578 Mag. Augustin Nes, der Pfarrer von Hagenau, eine ‚Comedie zu Ehren St. Johannis'[138]. An Weihnachten 1588 wurden ‚Evangelische Historien von der aller hayligen gaben Jesu Christi' gegeben sowie eine szenische Darstellung des Weihnachtsevangeliums[139]. Spätestens seit 1602 wurde es Tradition, jedes Jahr ein Stück aufzuführen[140].

Die Themen der Stücke zeigen unverkennbar den Einfluß des Jesuitentheaters. Zum einen handelte es sich um auf einfache Weise moralisierende Stücke, wie z. B. die 1604 inszenierte ‚Comedia contra blasphemicam', welche einschlägige Mandate des Rats den Bürgern anschaulich vor Augen hielt[141], und zum anderen wurden religiöse Stücke gespielt. Mit einer Ausnahme: 1605 wurde ein Drama des württembergischen

---

[135] Vgl. Fladt S. 142 ff.

[136] Zum Jesuitentheater vgl. die grundlegende und die ältere Lit. ersetzende Darstellung von *Valentin*, Théâtre. Zu den Inhalten der Stücke vgl. zusammenfassend *Ders.*, Gegenreformation S. 240 ff.; *Rädle* S. 167 ff. Beide betonen, daß sich in den Stücken wider Erwarten nur indirekt ein dezidiert konfessioneller Akzent fassen läßt. Im Zentrum stand die positive Vermittlung der Dogmen der katholischen Kirche.

[137] StadtAÜb Rp. 1566–73 fo. 91v. – Daß die Stücke an verschiedenen Orten aufgeführt wurden, hing von der Art des Stücks und dem Publikum, für das es bestimmt war, ab. So handelte es sich bei den im Franziskanerkloster gespielten Stücken oft um lateinische Dialoge, vorgetragen von den Schülern der Lateinschule, während die deutschen, für die gesamte Einwohnerschaft gedachten Stücke auf der Hofstatt aufgeführt wurden.

[138] StadtAÜb Rp. 1573–87 fo. 177r; vgl. auch I/39/396 fo. 44v, Supplikation der Gesellen und Gemeinschaft der Personen, die die ‚Comedie von St. Johannis Enthauptung' aufgeführt haben, für den Schlosser Chudi Khun.

[139] StadtAÜb Rp. 1588–96 fo. 50r, 54v, 77v; vgl. auch ebda. fo. 265r, zu einer vom deutschen Schulmeister Egidius Reuter gehaltenen ‚comedi'.

[140] Nach StadtAÜb VII/23/2515, wurden 1602, 1603, 1604, 1605, 1607, 1609, 1610, 1611, 1612, 1614, 1615, 1619 nachweislich Stücke aufgeführt. In diesen Jahren dürfte auch der Einfluß des Konstanzer Jesuitentheaters stimulierend gewirkt haben. Seit 1605 inszenierten dort die Jesuiten Stücke, von denen auch Periochen nach Überlingen geschickt wurden; vgl. *Seidenfaden* S. 28.

[141] StadtAÜb Rp. 1603–07 fo. 65r; 124r. Im gleichen Jahr wurde auch eine ‚Comedie von Abstellung des Gotteslästerns' aufgeführt; eventuell handelte es sich um dasselbe Stück.

Humanisten Nikodemus Frischlin in Szene gesetzt[142]. Doch in der Regel griff man auf das Repertoire der Jesuiten zurück. Stoffe wie die Enthauptung Johannis, die Opferung Isaaks, die Geschichte Susannas oder die Legende des Theophilus waren oft an den Kollegien der Jesuiten gespielt worden[143]. Für eine ganze Reihe der vor allem von Sebastian Pfau, dem Nachfolger des Tibianus als lateinischer Schulmeister, inszenierten Stücke läßt sich nachweisen, daß er auf publizierte Stücke bekannter jesuitischer Autoren wie Jakob Pontanus, Matthäus Rader oder Jakob Gretser zurückgriff[144]. Ohne selber präsent zu sein, wirkten die Jesuiten allein aufgrund der Attraktivität ihrer Methoden auch in Überlingen.

Auf den Inhalt der einzelnen Stücke einzugehen, würde den Rahmen dieser Arbeit sprengen. Da die Originalität der Stücke meist nicht sehr groß war und die Arbeiten von *Valentin* und *Rädle* die grundsätzliche Tendenz herausgearbeitet haben[145], ist es auch nicht unbedingt erforderlich. Fest steht: Das Theaterspiel war – nicht nur in Überlingen[146] – ein gern und mit Erfolg praktizierter Versuch, das Gedankengut der katholischen Reform breiteren Kreisen zugänglich zu machen. Die Aufführungen fanden meist im Winter um die Weihnachtszeit oder in den Fastenmonaten statt und sind deshalb als Teil der in dieser Zeit in liturgischer und religiöser Hinsicht besonders dichten Phase des Kirchenjahrs anzusehen, in der mit Hilfe einer intensivierten Predigttätigkeit und der obligatorischen Beichte sowie einschlägigen Kirchen- und Zuchtmandaten der Rat Einfluß auf das Verhalten der Bürger zu gewinnen suchte.

6. Katholische Publizistik in Überlingen

Das Theater zeugt von dem Bestreben, unter der Bevölkerung für die katholische Kirche und für ein an religiösen Vorstellungen ausgerichtetes Leben zu werben. Es stellt damit den Versuch dar, eine den Ideen der katholischen Reform aufgeschlossene

---

[142] StadtAÜb VII/23/2515 Bl. 76v: *Von Frischlino de Venus [?] et Didone* aufgeführt. Nach ADB 8 S. 101, schrieb Frischlin 1581 eine Tragödie mit dem Titel ,Dido‘, 1584 eine mit dem Titel ,Venus‘, beides Dramatisierungen der Aeneide. Möglicherweise hat Pfau die beiden Stücke zusammengefaßt.

[143] Zu den in den Quellen meist angegebenen Titeln der Stücke vgl. wie Anm. 137 u. 138, sowie StadtAÜb Rp. 1603–07 fo. 171v; VII/23/2515 Bl. 71r, 111r. Die dort angegebenen Titel wurden verglichen mit dem üblichen Repertoire der Jesuiten nach Valentin 1 Nr. 51, 62, 108, 179, 224, 232, 233, 245, 292, 353, 374, 382.

[144] Für folgende Stücke, nach Valentin 1 Nr. 292 (Immolatio Isaaci, von Pontanus); Nr. 374 (Dialogus de Theophilo qui precibus Virginis recepit syngraphum sanguine scriptium, von Rader; Textedition bei Rädle S. 436ff.); Nr. 258 (Judicium Salomonis, von Gretser). Zu den Autoren vgl. ebda. 2 S. 1055f., 1097f., 1099f.

[145] Wie Anm. 136.

[146] Zur Praxis des Jesuitentheaters in anderen katholischen Städten vgl. *Hsia*, Society S. 171ff.; *Brecher* S. 212ff.; *Seidenfaden*; *Zander* S. 64ff. Auch *Bücking* S. 459, 469f., hebt die uneingeschränkte Zustimmung hervor, welche die Theaterstücke der Jesuiten bei der Bevölkerung fanden. Auch in dem bikonfessionellen Biberach etablierte sich gegen Ende des 16. Jahrhunderts ein Schultheater; vgl. *Landkreis Biberach* S. 697f.

Öffentlichkeit zu konstituieren. Dasselbe Ziel eignete den in dieser Zeit publizierten Schriften des lateinischen Schulmeisters Joannes Georgius Tibianus und des Kaplans Conrad Hager, deren Arbeiten, zusammen mit den Chroniken des Bürgermeisters Jacob Reutlinger und des Nachfolgers von Tibianus, Sebastian Pfau, Rückschlüsse auf das geistige und konfessionelle Klima jener Jahre zulassen[147]. Anders als das publikumwirksame Theater dürften aber diese Repräsentanten der geistigen ‚Elite‘ Überlingens vor allem bei den Angehörigen ihrer eigenen sozialen Schicht auf Resonanz gestoßen sein und deren Weltverständnis widerspiegeln.

Es verdient aber auf alle Fälle das Phänomen Interesse, daß sich erstmals gegen Ende des 16. Jahrhunderts in Überlingen publizistische Aktivitäten entfalteten. Die auch in Oberschwaben an literarischen Produktionen so reiche Reformationszeit[148] hatte in dem katholischen Überlingen zunächst keinerlei Reaktion hervorgerufen und keinerlei Anstöße gegeben, die Ideen der Reformatoren zu widerlegen und den alten Glauben zu verteidigen. Erst die ein halbes Jahrhundert später einsetzende katholische Reform weckte auch in Überlingen das Bedürfnis nach bewußter Formulierung und offensiver Propagierung des eigenen konfessionellen Standpunkts. Genauso wie die Reformation eine protestantische Publizistik geschaffen hatte, schuf nun die katholische Reform dazu ein, allerdings weitaus bescheideneres, katholisches Pendant. Erstmals in diesen Jahren ließ sich auch ein Buchdrucker in Überlingen nieder[149]. Der aufblühende Späthumanismus[150] mag bei dieser kurzlebigen Bewegung mit Pate gestanden haben, doch die Schriften von Hager und Tibianus zeigen deut-

---

[147] Folgende Schriften von Tibianus wurden ausgewertet: Tibianus, Geistlicher Psalter; Coronatio; Narration (zu den genauen Titeln s. das Quellenverzeichnis). Zur Person vgl. *Oehme.* Dort (S. 144ff.) ist auch ein Verzeichnis der hier nicht vollständig herangezogen Schriften zu finden. – Von Conrad Hager wurde herangezogen: ‚Vom Kloster Leben‘. Nach StadtAÜb Rp. 1588–96 fo. 282v, hat Hager auch noch ein Gebetsbüchlein verfaßt, das, nach GLA 225/486 [o.D.], wie seine beiden Traktate ‚Vom christlichen Sterben‘ und ‚Vom Kloster Leben‘, bei Leonhard Straub in Konstanz verlegt wurde. Das Verzeichnis 8 führt aber nur seine Schrift ‚Vom Klosterleben‘ auf. Zur Person Hagers vgl. Kap. XVI. – Zur Charakterisierung der Kollektaneen Reutlingers und der Chronik Pfaus vgl. Kap. II Anm. 45–48.

[148] Hier wäre nur an die Schriften der Konstanzer Reformatoren Ambrosius Blarer oder Konrad Zwick zu erinnern wie auch an die Arbeiten Christoph Schappelers oder des Konstanzer Stadtschreibers Jörg Vögeli.

[149] Nach StadtAÜb Rp. 1597–1603 fo. 194rf, trug am 26. April 1601 ein Geselle des Konstanzer Druckers Leonhard Straub mit Unterstützung von Tibianus seine schon früher vorgetragene Supplik um einen Freisitz in Überlingen vor. Der Rat bewilligte ihm auf zwei Jahre den Unterhalt im Seelhaus, *[...] doch daß er ohne meiner herren vorwissen und revision des deputirten correctoris nichts drucke.* 1602 hatte der Drucker Georg Neunkirch ein Gebetsbüchlein verlegt (ebda. fo. 282r), sich allerdings beim Kauf seiner bei dem Züricher Drucker Johann Walser erworbenen Ausrüstung finanziell übernommen, weshalb er seinen Betrieb einstellen mußte (ebda. fo. 298r, 372v). Der Rat, der Neunkirch mit einem Kredit unterstützt hatte, lehnte denn auch wohl aufgrund der mit Neunkirch gemachten Erfahrungen die Supplik des Rorschacher Druckers Bartholomäus Schnell von 1609, in Überlingen eine Druckerei eröffnen zu dürfen, ab; vgl. StadtAÜb Rp. 1607–12 fo. 180r.

[150] Vgl. dazu knapp zusammenfassend *Schindling,* Hochschule S. 395f., mit Verweis auf die Lit.

lich, daß das sich allmählich unter dem Einfluß der katholischen Reform herauskristallisierende Konfessionsbewußtsein die eigentliche Triebfeder dieser Aktivitäten bildete[151].

Hager wie Tibianus formulierten offen und direkt die konfessionelle Zielsetzung ihrer Arbeiten. Hager widmete z. B. seine Schrift ‚Vom Klosterleben‘ dem Würzburger Bischof Julius Echter von Mespelbrunn, einem führenden Vertreter der Gegenreformation, unter anderem deshalb, weil dieser *[...] die vor disem bey dero Land und Leute hin und wider allgemach eingeschlichne sectische lehr und irthumen widerum allenthalben ausgereutet, dargegen die rechte Christenliche Lehr und Religion unsers waren alten Röm. Catholischen Glaubens angerichtet [...]*[152]. Und Tibianus eröffnet seinen Geistlichen Psalter mit der programmatischen Wendung: *Zeuch hin du herrliches Libell/Dich wider alle Ketzer stell/So mit ihrem Geschwarm und Ruß/Abstellen wöllen Mariae gruß*[153]. Beide ließen es nicht nur bei diesen Ankündigungen bewenden. Abgesehen davon, daß allein schon die Themen ihrer Schriften konfessionellen Charakter besaßen – Hager verteidigte das von den Protestanten beseitigte Klosterleben, Tibianus die Verehrung Mariens –, so polemisierten sie auch in ihren Arbeiten immer wieder gegen die andere Konfession.

Hager beschränkte sich bei seinen Vorwürfen noch auf eine einigermaßen sachliche Widerlegung protestantischer Irrtümer. Er rechtfertigte mit Hilfe biblischer Belege die Existenz einer geistlichen Obrigkeit wie auch den Sinn und Nutzen einer ‚beschaulichen‘, also klösterlichen Lebensform. Nur ein ‚Narrenkopf‘ wie Calvin – Luther wird nicht erwähnt – leugne den berechtigten Unterschied zwischen dem beschaulichen Leben der Mönche und Nonnen und der Vita activa, dem ‚wirklichen‘ Leben der Laien[154]. Viel weiter reichten dagegen die Vorwürfe des Humanisten Tibianus. Die Quintessenz seiner Kritik war stets die gleiche: Hinter den Ketzern, den Protestanten, stecke immer der Teufel. Sobald er auf den Teufel zu sprechen kam, assoziierte er sofort Protestantismus, und umgekehrt. Die reale Ohnmacht des Teufels gegenüber Gott, dies war der Grundgedanke Tibianus’, zwinge ihn, sich der Menschen zu bedienen, um seine Zwecke zu erreichen: *Sein gwalt* [des Teufels]/*Gott*

---

[151] Beispiele für eine Konfessionalisierung des Denkens finden sich auch in den Chroniken Reutlingers und Pfaus sowie in den Beschlüssen des Rats. So berichtet z. B. Pfau, als in Lindau der Blitz in den Kirchturm eingeschlagen und einen Brand verursacht hatte: *Als ist auch die gemaine bestendige sag alhie und zu Costantz gewesen, als habt ain lutherischer lindauischer burger gesagt, als er solch straich und schlag erhöret: Zue, schlag theufel alles dem closter zue* [dem katholischen Damenstift in Lindau], *aber gott der mächtiger als der laidige sathan hat solchen wunsch uber deß Luthers und theufels khürch wahr werden lassen* (StadtAÜb VII/23/ 2515 Bl. 95r; vgl. auch Bl. 148v). 1613 befahl z. B. der Rat, einen in Überlingen ermordeten Soldaten nur dann auf dem Friedhof zu beerdigen, wenn eindeutige Beweise für seine Zugehörigkeit zur alten Kirche gefunden würden (StadtAÜb Rp. 1613–17 fo. 76r), wie er gleichzeitig auch Jerg Nuoffer verweigerte, *mit einer fremden lutherischen tochter alhie einkomen zu lassen* (ebda. fo. 97r); vgl. auch die in Kap. III.11 angeführten Beispiele.

[152] Hager Einl. III.

[153] Tibianus, Geistlicher Psalter Bl. A 1v; vgl. auch die Vorrede bei Ders., Narration.

[154] Vgl. Hager T. 2 Bl. 2ff. Auch Tibianus argumentierte immer wieder mit Bibelstellen, zog aber auch in breitem Maße die Kirchenväter und antike Schriftsteller heran.

lob/ist ihm genommen/Drumb er zum Predicanten komet/Sprichts an umb Hülff/die widerns nicht[...][155]. Und als Werkzeuge des Satans fungierten nun einmal vornehmlich die protestantischen Kleriker.

An wen richteten sich nun diese Schriften? Hagers Schrift war aus im Kloster zu St. Gallen gehaltenen Predigten hervorgegangen[156]; sie richtete sich wohl vornehmlich an Novizen und Ordensangehörige. Dies wirft auch ein bezeichnendes Schlaglicht auf das konfessionelle Klima der Stadt. Hatte in den 1560er und 70er Jahren der Rat dem Pfarrherrn noch jegliche konfessionelle Polemik untersagt, so scheint sich dies gegen Ende des Jahrhunderts gründlich geändert zu haben. In dieses Bild passen auch die Schriften des lateinischen Schulmeisters. Sie waren wohl vor allem an die Überlinger Bildungsschicht adressiert, und hätte der Rat sie nicht gebilligt, hätte Tibianus nicht längere Zeit in Überlingen als Lehrer wirken können[157]. Daß Tibianus seine Schriften für einen bestimmten Leserkreis, den Bürger einer katholischen Reichs- oder Landstadt, konzipiert hatte, legt auch der Inhalt nahe. In seinem ,Geistlichen Psalter' rechtfertigte er z. B. die Zeremonien der katholischen Kirche und führte sie auf alttestamentliche Ursprünge zurück[158]. Die Zeremonien, so wie er sie beschrieb, spiegeln aber nichts anderes wider als die Kirchen- und Gottesdienstordnung, wie sie in Überlingen tagtäglich praktiziert wurde. Was Tibianus rechtfertigte und verteidigte, waren letzten Endes die kirchlichen Bräuche Überlingens und anderer katholischer Reichsstädte. Daß sich seine Schriften damit auch an deren Einwohner wandten, liegt auf der Hand.

Dem jeweiligen Leserkreis entsprechend variierten auch Inhalt und Argumentation. Tibianus argumentierte wesentlich volkstümlicher als Hager. Ein zentrales Motiv bei ihm sind die mystischen Kräfte der Kirche und ihrer Heiligen. Er wollte offensichtlich den populären Glauben an die Wirksamkeit von Fürbitten und Exorzismen ansprechen und ihn zugleich für seine konfessionelle Zielsetzung ausnutzen. So schilderte er Luther und Calvin als Scharlatane, die sich vergeblich bemüht hätten, es den Heiligen gleichzutun und böse Geister auszutreiben oder Tote zum Leben zu erwecken[159]. Dahinter steckt die Botschaft, daß nur die katholischen Geistlichen vor realen Bedrohungen durch Zauberer und böse Geister schützen können. So forderte

---

[155] Tibianus, Coronatio Bl. 57.

[156] Wie Hager in seiner Einleitung (Bl. II) ausführt.

[157] Daß Tibianus (vermutlich 1602) entlassen wurde, hatte andere Gründe. Er hatte es anscheinend nicht verstanden, in der lateinischen Schule eine so straffe Zucht durchzusetzen, wie es der Rat gerne gesehen hätte; vgl. *Oehme* S. 15.

[158] Vgl. Tibianus, Geistlicher Psalter, Vorrede.

[159] Tibianus, Coronatio Bl. 36: *Luther sich wol hat gwelt anreiben/Aus einem Menschen den Teuffel treiben/Der Teuffel aber unverzagt/Der hat ihn aus der Kirchen gjagt. [...] Desgleichen hat Calvinen gthon/Ein in ein Bahr einlegen lohn/War lebendig gantz frisch und gsundt/Kaum geht furüber ein halb stund/Calvinen wil ein Zeichen thun/Braucht auf der Cantzel pracht und ruhm/Zur bestetigung seiner falschen Lehr/Bringt man den Böhrten Menschen her/Dem er hett ettlich Cronen geben/Vermeint er solt noch sein bey leben/Den heist er dreymal aufferstohn/Und aus der Bahr herführen gohn/Was geschicht? der liegt dort in der Nodt/Da man ansieht/da ist er Todt.* Dasselbe Motiv findet sich auch in Ders., Narration Bl. M 3.

er z. B. auch demonstrativ dazu auf, sich zur eigenen Katholizität zu bekennen; jeder Katholik sollte offen den Rosenkranz am Gürtel tragen. Doch nicht nur, weil er zum Gebet mahne oder das Bekenntnis zum katholischen Glauben zeige, sondern auch weil er *[...] ein geistliche Wehr [ist]/wider die hellische Hundt/welche erschrecken und fliehen/so offt ich sprich: Ave Maria, und ihnen den Rosenkrantz oder Pater noster fürwirffe [...]*[160]. Katholisch zu sein, das versprach immer zweierlei: Zum ersten war es die unabdingbare Voraussetzung, um das Seelenheil zu erlangen; zum anderen boten allein die Segensmittel der katholischen Kirche Schutz vor den Mächten der Hölle.

Und diese wurden sowohl in den Schriften Tibianus' wie auch Hagers immer wieder als die treibenden Kräfte angeführt, die das Verhalten wie den Glauben der Menschen in ihren Bann zu ziehen suchten. Denn kennzeichnend für die Schriften beider ist die Prämisse, daß untrennbar zum rechten Glauben auch das rechte Verhalten gehöre. Beide Schriften enthalten implizit damit auch eine Kritik des Lebenswandels ihrer Mitbürger. Die bei Hager prinzipiell böse und vom Teufel heimgesuchte Welt reizt den Menschen zu Gotteslästerungen und zu anderen Sünden wie Luxus, Zorn, Völlerei, Neid und Faulheit[161]. Um dem und damit der ewigen Verdammnis zu entkommen, entwirft er zwei Wege: der Welt entsagen und das Klosterleben wählen oder die Welt recht gebrauchen, das heißt zur Ehre Gottes einsetzen[162]. Tibianus kritisiert die gleichen Laster. Doch er skizziert einen anderen Lösungsweg, einen gleichsam volkstümlicheren, der weniger selbstreflektiertes Handeln erfordert als nur Glauben – Glauben an die Gnadenmittel der katholischen Kirche und speziell an die Kräfte der Gottesmutter, welche böse Gedanken und Völlerei ebenso austreiben wie böse Zauber und den Teufel[163]. Das Gebet zur Mutter Gottes wird zum umfassenden Exorzismus aller bösen Geister, und zugleich verhilft es zu einem Gott gefälligen Lebenswandel. Ein grundlegendes Motiv, das bei Tibianus also immer wiederkehrt, ist die Verbindung von Konfession und den Mächten der Hölle. Während die Angehörigen der protestantischen Konfessionen zu Werkzeugen des Teufels degradiert werden, ist die Zugehörigkeit zur katholischen Konfession gerade die wesentliche Voraussetzung, um dem Wirken des Teufels entgehen zu können.

7. Die Zucht- und Kirchenmandate des Rats

In den Schriften von Tibianus und Hager lassen sich die popularisierten Ideen der katholischen Reform fassen, so wie sie innerhalb der Überlinger Führungsschicht rezipiert wurden. Dabei wurde deutlich, daß es hier um mehr ging als nur um eine Intensivierung alter katholischer Frömmigkeitsformen. Der wahre Glaube ließ sich

---

[160] Tibianus, Geistlicher Psalter C 6 f. Vgl. auch Ders., Narration Bl. 144: Nur an Wallfahrtsorten, wo noch katholische Zeremonien im Gebrauch sind, können danach Wunder stattfinden.
[161] Hager T. I 56 f.
[162] Ebda. 78 f.
[163] Tibianus, Coronatio Bl. 15, 29 ff., 37 ff., 47.

nicht vom rechten Verhalten trennen, Religion, Konfession und gesellschaftliche Moral gingen unmittelbar ineinander über. Dieser Sachverhalt schlug sich praktisch in den Kirchen- und Zuchtverordnungen des Rats nieder. Zu deren Interpretation erweist es sich als hilfreich, die bereits in der Reformationszeit erlassenen Mandate sowie die Zuchtordnungen protestantischer Städte vergleichend heranzuziehen.

In den protestantisch gewordenen Nachbarstädten Überlingens hatte meist der Erlaß von Kirchen- und Zuchtordnungen den Abschluß der Reformation markiert. Anlaß war die Frage der Ehegerichtsbarkeit gewesen, die zuvor vom geistlichen Gericht geregelt worden war und nun einer Neuordnung durch den städtischen Rat bedurfte. Doch zielten die Zuchtordnungen weiter: Das gesamte sittliche und religiöse Leben der Untertanen sollte den vom Rat und seinen Prädikanten gesetzten Normen angepaßt werden. Diese Normen waren dabei durchaus nicht neu. Die Zuchtordnungen enthielten zu großen Teilen Verordnungen über das Laster des Gotteslästerns und Schwörens, des Zutrinkens, Tanzens und Spielens, wie sie schon seit dem späten Mittelalter vielfach erlassen worden waren[164]. Neu war neben der Regelung der durch die Reformation aufgeworfenen Fragen die Zusammenfassung in einer umfassenden Ordnung und vor allem die Einrichtung von Zuchtherren, die zur Überwachung und Exekution der Zuchtordnungen eingesetzt waren[165]. Unter den oberschwäbischen Reichsstädten waren Memmingen und Konstanz mit dem Erlaß solcher Ordnungen vorangegangen[166]. Die Ordnungen von Lindau, Ravensburg und Isny folgten im wesentlichen der 1531 erlassenen Konstanzer Zuchtordnung[167].

In dem katholischen Überlingen gab es auf den ersten Blick nichts Vergleichbares, weder Zuchtherren noch eine umfassende Zuchtordnung. Der Rat verfolgte weiter den alten Weg der Einzelmandate. Es ist allerdings bemerkenswert, daß in Überlingen – wie auch in anderen katholischen Reichsstädten[168] – sich gerade in den ersten Jahren der Reformation der Erlaß von Kirchen- und Zuchtmandaten häufte –, offensichtlich eine Reaktion auf die in den Nachbarstädten unter dem Einfluß der Reformation sich verschärfende Gesetzgebung sowie wohl auch ein Versuch, die eigene Bevölkerung von religiösen Neuerungen abzuhalten. Ein Vergleich dieser Einzelmandate mit der Konstanzer Zuchtordnung zeigt aber, daß sich die Inhalte vieler Bestimmungen weitgehend deckten, daß sich also in der Praxis die ‚Sittenpolicey' beider Städte gar nicht so sehr voneinander unterschied.

---

[164] Vgl. nur *Kießling*, Augsburg S. 294 f.; *Trüdinger* S. 119, zu den spätmittelalterlichen Ordnungen.

[165] Vgl. dazu *Köhler*; *Rublack*, Konstanz S. 87 f., der sowohl die Abhängigkeit der Konstanzer Ordnung von den alten Einzelmandaten wie zugleich durch die Reformation verstärkte, neuartige religiöse Motive konstatiert.

[166] Zur Konstanzer Zuchtordnung vgl. Hauß. Die Konstanzer Ordnung war wiederum stark von Zürich beeinflußt; vgl. *Köhler* 2 S. 653.

[167] *Köhler* 2 S. 188 f., 336, 215. Isny übernahm wahrscheinlich die Memminger Ordnung.

[168] Ähnlich war es z. B. in Colmar (vgl. *Greyerz*, Late City S. 66 f., 74 ff.), in Ravensburg (vgl. unten Anm. 173) oder auch in Schlettstadt (vgl. Kap. III Anm. 64).

Die Konstanzer Zuchtordnung setzt ein mit Verordnungen *vom schweren, vom zutrincken und füllen, vom nachurten und nachtzechen* und *von spill*[169]. Mit diesen Fragen befaßte sich auch ein großer Teil der vom Überlinger Rat erlassenen Mandate, wobei im Zentrum das Laster des *gotzlästerns* stand. Die wenigen vorhandenen Gerichtsakten dokumentieren, daß gerade das Fluchen und insbesondere das Verfluchen anderer Personen an der Tagesordnung war[170], daß es aber auch durchaus als Laster, als Verstoß gegen religiöse Normen verstanden wurde, wie der Fall eines auswärtigen Gesellen zeigt: Dieser hatte im Haus der Armbrustschützen eine Auseinandersetzung mit dem Stubenknecht, in deren Verlauf er Gott lästerte, worauf zwei Überlinger Bürger *[...] an ine komen, sprechend, wie schwert der, wir wollen in schier in thurm furen*[171]. Eine erste überlieferte Schwörordnung datiert von 1516. Im Jahre 1528 erließ der Rat erneut ein entsprechendes Mandat, da *[...] die gotzlesterung ettlich zitther mer zugenomen dann vermitten worden ist, der ursach halben beschehen, das die lysmer nit ordentlich verordnet und geferttigt worden sind [...]*[172]. Diese auch von Ravensburg rezipierte Ordnung[173] gegen das *gotzlästern* unterschied sich inhaltlich kaum von dem Konstanzer Mandat, sieht man einmal davon ab, daß die Strafen in Überlingen sogar geringfügig höher waren[174]. Um den Erfolg des Mandats zu gewährleisten, wurde dann in den Zünften die offensichtlich vernachlässigte Einrichtung der Lismer, also heimlicher Aufpasser, wiederbelebt[175]. Die Ratsprotokolle und

---

[169] Hauß S. 80 ff.

[170] StadtAÜb I/37/390 [o.D.]: Augustin Bader soll z. B. täglich geschworen haben: *das dich aller gots hailigen lyden schent; das dich gotz unmacht schent; das dich gotz plut schennt* u.a. Ebda. Bekenntnis des Hans Sigg: *das gott den verfluch, der elend marter und kranckhait erdacht hat; das dich gotz aller hailigen buß und liden schend* u.a. StadtAÜb I/39/393 fo. 27: Hans Salat von Krähenried bekannte sich u.a. zu folgenden Schwüren: *tod das dich gotz luft schend und das dich gotz sacrament, gotz creutz und gotz marter schend; gang herus Curtin, das dich gotz kraft creutz und leiden schend.* Weitere Beispiele in StadtAÜb Gerichtsprot. 1528–29 fo. 78vf, 81vf. Welche Schwüre und Flüche gang und gäbe waren, zeigt auch die detaillierte Strafordnung, die genau unterschied, welcher Fluch mit welcher Strafe belegt werden soll (wie Anm. 174). Zum mentalen Hintergrund solcher Verwünschungen vgl. *Thomas* S. 132 ff.; *Delumeau*, Angst 2 S. 587 ff.

[171] StadtAÜb I/31/356D [o.D.]. – Vgl. auch I/37/390 [o.D.]: Als ein Geselle im Frauenhaus Gott lästerte, baten ihn die Frauen, wohl im Bewußtsein um die Strafwürdigkeit dieser Flüche, immer wieder inständig, damit aufzuhören. StadtAÜb I/35/384 [1569]: Caspar Rottweyl zeigte sogar seinen eigenen Sohn Michael beim Rat wegen *gotzlästerns* an.

[172] StadtAÜb Rp. 1518–30 fo. 69r; auch in StadtAÜb Reutlinger 11.2 fo. 73r. Zum Mandat von 1516 siehe StadtAÜb Rp. 1496–1518 fo. 199f.

[173] Das katholische Ravensburg hatte sich sowohl die Konstanzer Zuchtordnung schicken lassen als auch den Text des Überlinger Mandats; vgl. *Köhler* 2 S. 353 f.; *Hofacker*, Reformation S. 87.

[174] Zu den genauen Bestimmungen vgl. StadtAÜb I/53/144 fo. 103: *welcher schwört bei gottes leiden, seinen wunden oder glidern 3 ßd*; wer bei den Gliedern der Mutter Gottes schwor und dazu Gott nannte, 5 ßd; wer bei Heiligen schwor, zahlte 2 oder 3 ßd. Nach Oberrheinische Stadtrechte S. 456, wurden 1555 die Strafen noch erhöht bis auf 10 ßd. In Konstanz mußten nach Hauß S. 80, nur 2 ßd für die schwersten Flüche entrichtet werden.

[175] Vgl. Anm. 172. Zu den Lismern siehe Kap. IV.4. Regelmäßig wurden im Laufe des Jahrhunderts die Mandate zur Verordnung von Lismern und auch heimlichen Wächtern auf der

Gerichtsakten belegen, daß es in einigen Fällen tatsächlich auch zu Bestrafungen kam[176], in welchem Umfang und mit welchem Erfolg der Rat aber in der ersten Hälfte des 16. Jahrhunderts gegen das *gotzlästern* vorging, läßt sich den Quellen nicht entnehmen.

1553 und 1555, 1566 und 1589 wiederholte der Rat sein Dekret[177]. Jetzt scheint er auch mit der Zeit energischer gegen Gotteslästerer vorgegangen zu sein. Hatte er sich bis dahin oft mit Geldstrafen oder dem Verbot, die Wirtshäuser und Zunftstuben zu besuchen, begnügt, so verwies er 1584 Simon Leib wegen seines *gotzlästerns* der Stadt. Auf Fürbitte seiner Frau, seiner Freunde und Nachbarschaft wurde Leib zwar diese Strafe erlassen, doch mußte er versprechen, nach Einsiedeln zu wallfahren und dort zu beichten und zu kommunizieren[178]. Diese Art der Bestrafung praktizierte der Rat in den folgenden Jahren öfters, so daß sie sich bald zu einer Standardstrafe für unsittliches Verhalten entwickelte[179]. Bei geringeren Fällen beließ es der Rat bei der Auflage, beim Pfarrer oder auch bei den Jesuiten in Konstanz zu beichten und zu kommunizieren[180]. Zu Beginn des 17. Jahrhunderts verschärfte der Rat allerdings die Strafe nochmals. Conrad Rieffer sollte 1604, weil er vor dem Zunfthaus der Küfer Gott gelästert hatte, *[...] wie andere dergleich gesellen drey suntag nach ain ander vor dem friemeß altar mit ainer in hand habenden brennenden kürz gebueßt und abgestraft werden*[181]. Daneben mußte er noch 10 lbd Geldstrafe entrichten, doppelt soviel

---

Gassen zur Verhinderung von Unruhe wiederholt; vgl. nur StadtAÜb Rp. 1556—60 fo. 330v; Rp. 1603—07 fo. 29r.

[176] Vgl. StadtAÜb Rp. 1552—56 fo. 55r, 50r, 72r. 1564 beschloß der Rat nach StadtAÜb Rp. 1556—66 fo. 443r, daß das Strafgeld wegen *gotzlästerns* den Zünften zufallen sollte, wenn das Delikt bei ihnen geschehen war, andernfalls sollte es die Pfarrei erhalten. StadtAÜb I/39/393 fo. 20 f., 37 f., 81 f., 90 f., 104 ff., 117 f., enthält für die Jahre von 1519 bis 1559 sogar Fälle, in denen die Todesstrafe verhängt worden war. So wurde z.B. 1522 Hermann Mul von Lichtenberg wegen vielfältigen *gotzlästerns* zum Tode verurteilt, dann allerdings zum Pranger begnadigt. 1524 wurde Conrad Wolf von Tresen wegen desselben Deliktes zum Tod durch Ertränken verurteilt; vgl. StadtAÜb I/32/356F, 1524 [Mai 27]. Dabei ist allerdings zu beachten, daß es sich um Fremde handelte und wahrscheinlich noch andere Vergehen, wie Diebstahl, mitgespielt haben, welche diese harte Strafe erklären können.

[177] Oberrheinische Stadtrechte S. 454 ff.; StadtAÜb I/53/144 fo. 10, 1566 Aug. 23, Allgemeine Erneuerung aller Verordnungen über Schwören, Zutrinken etc.; I/54/156 fo. 336vf, 1589 [März 16]; zu diesen beiden Verordnungen vgl. auch die Ausführungen unten. Anlaß der Wiederholungen von 1553 und 1555 könnte auch die Verfassungsänderung (siehe Kap. V.3) gewesen sein, da jetzt viele Mandate wiederholt wurden, um ihre weitere Rechtskräftigkeit zu unterstreichen.

[178] StadtAÜb Rp. 1573—87 fo. 395vf; vgl. auch fo. 209r, zu einem früheren Fall.

[179] Vgl. ebda. fo. 369r, 396v, 554r, 581r; Rp. 1597—1603 fo. 409r; Rp. 1603—07 fo. 247r. Diese Strafe scheint allgemein bei unsittlichem Verhalten angewandt worden zu sein. vgl. Rp. 1588—96 fo. 109v: Jacob Huober und seine Frau, die wegen Gotteslästerns in das Gefängnis gekommen waren, wurden unter der Auflage, regelmäßig in die Kirche zu gehen, entlassen; andernfalls drohte die Ausweisung. Nach ebda. fo. 228v wurde Marx Anwalder, der der Stadt verwiesen worden war, wieder aufgenommen, weil er nach Rom gepilgert war und dort gebeichtet und kommuniziert hatte.

[180] Vgl. StadtAÜb Rp. 1597—1603 fo. 260v, 430v; Rp. 1613—17 fo. 180v.

[181] StadtAÜb Rp. 1603—07 fo. 119r. — Zu gleichen Strafen vgl. Rp. 1597—1603 fo. 430v;

wie in der ersten Jahrhunderthälfte[182]. Gerade diese öffentliche Buße vor den Augen der gesamten Gemeinde wurde als besonders schmerzlich und hart empfunden. Als Rieffer einige Zeit später erneut desselben Deliktes überführt wurde, gelang es ihm, zu einer Wallfahrt nach Einsiedeln begnadigt zu werden[183]. Und Angehörige der Führungsschicht, wie z.B. Chrysostomus Reichlin von Meldegg, belegte der Rat zwar mit hohen Geldstrafen – Reichlin mußte 50 lbd bezahlen und nach Einsiedeln pilgern[184] –, stellte sie aber nicht vor der Bürgerschaft bloß. Zu Ende des 16. Jahrhunderts zeichnete sich damit eine interessante Entwicklung in Überlingen ab: Der Rat schritt gegen das *gotzlästern* rigoroser ein als zuvor, indem er es nicht bei Geld- oder Gefängnisstrafen beließ, sondern den Missetätern öffentliche Bußen auferlegte: Strafen, die offenkundig als ehrverletzend galten. Hatte man also zuvor das *gotzlästern* noch eventuell als eine läßliche Sünde, gar als ein Kavaliersdelikt auffassen können, so war dies nun nicht mehr möglich.

Die anderen oben genannten Verordnungen der Konstanzer Zuchtordnung besaßen ebenfalls ihr Pendant in Überlingen. Es gab mehrere Regelungen, welche Spiele um Geld stark einschränkten, Karten- und Würfelspiel ganz untersagten[185], das Zutrinken verboten[186] und öffentliches Tanzen nur zu bestimmten Anlässen, wie z.B. bei Hochzeiten, erlaubten[187]. Wer sich vollständig betrank, mußte ebenso mit einer Strafe rechnen[188] wie diejenigen, die *unfur* auf den Gassen trieben; ein Problem, mit dem sich der Rat immer wieder zu befassen hatte[189].

Gerade diese Verordnungen wurden fast jedes Jahr wiederholt, und zwar anläßlich der Fastnacht. Der Rat sah sich das ganze Jahrhundert über genötigt, das Verhalten der Einwohner an Fastnacht zu reglementieren. Er verbot, jemanden an Aschermittwoch oder anderen Tagen in die *urten* zu ziehen, also zum Trinken in den Zunftstuben aufzufordern[190]; er schrieb genau vor, wann und bei wem das *kuechlin* geholt

---

Rp. 1603–07 fo. 173vf, 185r, 219r, 308r; Rp. 1607–12 fo. 23v, 84r, 378, 402v, 414r; Rp. 1613–17 fo. 259vf.

[182] StadtAÜb Rp. 1603–07 fo. 125v.

[183] Ebda. fo. 246vf.

[184] Ebda. fo. 430r; Rp. 1607–12 fo. 76vf.

[185] Spielverbote hatte es schon im Stadtrecht von 1400 gegeben; vgl. Oberrheinische Stadtrechte S. 86f. Zu dem Verbot von ca. 1520 vgl. ebda. S. 322f. Zum Verbot von Würfel- und Kartenspielen in den Trinkstuben vgl. auch StadtAÜb Rp. 1496–1518 fo. 47, 153; Rp. 1507–1518 fo. 79. Vgl. Reutlinger 11.2 fo. 77f.; I/53/140 fo. 7f., zu dem Mandat von 1529.

[186] Vgl. Oberrheinische Stadtrechte S. 325f.; StadtAÜb Reutlinger 11.2 fo. 77ff. Die Strafe betrug 1 lbd. In Konstanz nach Hauß S. 83, 1 fl.

[187] Vgl. Oberrheinische Stadtrechte S. 451f.; StadtAÜb Rp. 1496–1518 fo. 192; Reutlinger 11.2 fo. 78vf; Rp. 1556–66 fo. 40v (dem Knecht im Löwen wurde aufgetragen, Unzucht, mit Singen und Tanzen über die erlaubte Zeit hinaus, abzustellen), 489r.

[188] Oberrheinische Stadtrechte S. 425f.

[189] StadtAÜb Reutlinger 11.2 fo. 1vf, 47r, 72; Rp. 1552–56 fo. 23r; StadtAÜb I/53/140 fo. 38, 1559 Aug. 19, Wiederholung des früheren Verbots.

[190] Vgl. StadtAÜb Rp. 1496–1518 fo. 158f.; vgl. auch Rp. 1507–18 fo. 47, 107; Reutlinger 11.2 fo. 47vf.

werden dürfe, da gerade dabei immer wieder *rotten und unfueren* vorkamen[191], und er verbot den Bürgern, sich zu maskieren oder das *teufelshäs* so anzuziehen, daß man seinen Träger nicht mehr erkennen könne[192]. Die Frage, welche der Volkskultur zugehörende Bräuche der Rat hier einschränkte, bedürfte einer eigenen Abhandlung. Worauf es hier ankommt, ist der Umstand, daß zusammen mit den Ordnungen zur Fastnacht auch immer wieder andere Mandate, die das öffentliche Tanzen und Trinken, aber auch den Empfang des Sakraments in der Fastenzeit betrafen, verkündet wurden[193]. Fast jedes Jahr wurde also, bezeichnenderweise gerade in der Fastenzeit, ein bestimmter Kanon an Verboten und Mandaten wiederholt, ohne daß es dafür jedoch feste Regeln gegeben hätte.

In der Konstanzer Ordnung nahmen naturgemäß die Bestimmungen über Ehe, Eheversprechen und Ehescheidung einen breiten Raum ein, genauso wichtig war den Verfassern aber auch die Abstellung der *hurery* und des *ebruchs*[194]. Der Überlinger Rat anerkannte in Fragen des Eherechts die Kompetenz des geistlichen Gerichts; trotzdem befaßte sich auch das Überlinger Stadtrecht mit solchen Fragen, wobei die Bestimmungen über Eheversprechen und Ehen ohne Einwilligung der Eltern denen der Konstanzer Zuchtordnung glichen[195]. Daß Dispense und Ehescheidungen ausschließlich in die Kompetenz des geistlichen Gerichts fielen, war allerdings im wesentlichen nicht umstritten. Nur wenn es um Ehebruch und voreheliche Geschlechtsverkehr ging, Delikte also, welche als Verstoß gegen die öffentliche Zucht und Ordnung gelten konnten, trat der Rat konkurrierend zu den geistlichen Behörden auf. 1553 erließ er z.B. eine neue, allerdings nicht überlieferte Ordnung, wie Ehebruch zu bestrafen sei[196]. In der Praxis wurde Ehebruch danach mit Geldstrafen

---

[191] Nach StadtAÜb Reutlinger 11.2 fo. 47vf, durfte 1526 das Küchlin nur bei guten Freunden geholt werden, und zwar nicht länger als bis zur späten Wacht. 1545 wurde es wegen der hohen Korn- und Weinpreise ganz verboten; vgl. StadtAÜb I/53/140 fo. 25. Im allgemeinen wurde es aber bei der engeren Verwandtschaft erlaubt; vgl. ebda. fo. 32 (Mandat vom 15. Dez. 1548), und Oberrheinische Stadtrechte S. 451 (Mandat vom 2. Febr. 1555). Deren Bestimmungen wurden in der Regel später immer wiederholt.

[192] StadtAÜb Rp. 1496–1518 fo. 158f., 174. Zum Verbot der Mummereien vgl. auch die übrigen Mandate, z.B. Oberrheinische Stadtrechte S. 451; StadtAÜb Rp. 1597–1603 fo. 370v. Als Ersatz dafür erlaubte der Rat einen nach Zünften geordneten Umzug der Bürgermiliz mit ihren Waffen; vgl. StadtAÜb Rp. 1556–66 fo. 489v. Auch *Weckerle*, Schwertletanz S. 226ff., vermutet, daß der für die Überlinger Fastnacht typische Brauch des ‚Schwertletanz' seinen Ursprung in der zweiten Hälfte des 16. Jahrhunderts hatte. Ferner wurden auch Umzüge der ledigen Gesellen gestattet; StadtAÜb Rp. 1607–12 fo. 238r; Rp. 1613–17 fo. 382v.

[193] Vgl. StadtAÜb I/54/150, 1556 Febr. 9; I/54/156 fo. 18f., 27f., 36f., 59f., 82f., 84f., 99r, 101f., 119f., 127f., 133, 156f., 173v u. passim; I/53/144 fo. 11.

[194] Hauß S. 86ff.

[195] Oberrheinische Stadtrechte S. 68f., 333.

[196] Vgl. StadtAÜb Rp. 1552–56 fo. 34v, 76v, wonach der Rat mit dem Pfarrherrn eine entsprechende Ordnung verabredet hatte. Zur Auffassung des Rats über seine Strafgewalt bei Ehebruch und Defloration vgl. StadtAÜb Rp. 1556–66 fo. 397r. Zu konkreten Beispielen vgl. ebda. fo. 301v; Rp. 1566–73 fo.80v. 1566 löste sogar Bürgermeister Johann Jacob Han Hans Mayer von Sernatingen und Christina Höchtin von ihrem Eheversprechen; StadtAÜb III/2/1143 fo. 19. – Vgl. grundsätzlich zu diesem Thema *Safley*, Control; *Ders.*, Litigation S. 61ff.

zwischen 20 und 40 lbd und seit den 1580er Jahren auch mit religiösen Bußen geahndet[197].

Über die Normen, denen das sittliche Verhalten der Einwohner genügen sollte, war sich die protestantische Obrigkeit in Konstanz mit der katholischen in Überlingen einig. Darüber hinaus fällt auf, daß der mangelnde religiöse Eifer mancher Untertanen in beiden Städten den Rat zu ähnlichen Kirchenmandaten veranlaßte. 1532 untersagte der Konstanzer Rat, sich während der Predigt auf den Märkten oder den Gassen der Stadt aufzuhalten und Geschäften nachzugehen[198]. Ähnliche Verordnungen sind in Überlingen für die Jahre 1496, 1527, 1528 und 1529 überliefert[199]. 1557 griff der Rat das Verbot, an Sonn- und Feiertagen während der Predigt auf dem Kirchhof oder den Gassen herumzuspazieren oder gar in den Wirtshäusern zu sitzen, wieder auf[200]. Dieses Mandat wurde in den folgenden Jahren des öfteren wiederholt, ebenso wie die Aufforderung, in der Fastenzeit zweimal zu beichten, um sich auf den Empfang des Sakraments in der Osterzeit vorzubereiten[201], und seit 1584 dahingehend modifiziert, daß jetzt alle Einwohner ausdrücklich ermahnt und aufgefordert wurden, an den Gottesdiensten und Prozessionen teilzunehmen[202]. Auch das Verhalten während der Gottesdienste, das Verlassen der Kirche während der Predigt, das Sich-Drängen im Chor, um dem Sakrament möglichst nahe zu sein, fand jetzt zunehmend die Kritik des Rats[203].

Vor allem zwei Umstände sind an den Überlinger Mandaten bemerkenswert: zunächst einmal die Chronologie. Umfassendere Kirchen- und Zuchtverordnungen erließ der Rat in den Jahren 1526 bis 1528, 1566 bis 1569 und 1584 bis 1589. Die Reformation, in deren Verlauf Ende der 1520er Jahre in Konstanz, Lindau, Memmingen und anderen Städten mehrere Mandate zum sittlichen Verhalten erlassen wurden, hatte, zumindest in diesem Bereich, auch den Überlinger Rat angeregt. Daß um 1530 der Überlinger Rat ebenso wie viele protestantisch gewordene Obrigkeiten auch das Frauenhaus schließen ließ, unterstreicht diesen Zusammenhang noch[204].

---

[197] Zu Bestrafungen vgl. StadtAÜb, Rp. 1552–56 fo. 31r, 76v; Rp. 1556–66 fo. 293v; Rp. 1597–1603 fo. 261r, wonach in Zukunft für ‚Unzucht‘ vor der Ehe 10 lbd zu entrichten waren.

[198] Hauß S. 106 f.

[199] Vgl. StadtAÜb Rp. 1496–1518 fo. 169; Reutlinger 11.2 fo. 66 f., 69r, 80v.

[200] StadtAÜb I/54/147 fo. 136 f. – Zu den Mandaten in der zweiten Jahrhunderthälfte vgl. die Ausführungen unten. Zu Beginn des 17. Jahrhunderts finden sich auch Nachrichten über Bestrafungen und eine schärfere Aufsicht des Rats. Nach StadtAÜb Rp. 1603–07 fo. 429v, befahl der Rat den Stadtknechten, darauf zu achten, daß an Sonn- und Feiertagen niemand vor der Stadt spazierengehe oder in den Wirtshäusern sitze. Christoph Häberle, Martin Riehter und Marx Welte wurden deswegen durch die Schadenstrafer bestraft (StadtAÜb Rp. 1613–17 fo. 224v, 295v), nachdem der Rat 1614 das Gebot nochmals in den Zünften hatte verkünden lassen (ebda. fo. 131v).

[201] Zur Wiederholung vgl. StadtAÜb I/53/140 fo. 45; I/54/156 fo. 23, 204vf. Zu den Ermahnungen, zur Beichte zu gehen, vgl. Kap. IX.4.

[202] StadtAÜb I/54/156 fo. 293vf, 344vf, 356, 413.

[203] Vgl. dazu die beiden großen Mandate von 1569 und 1586 (wie Anm. 205) u. Kap. IX.4.

[204] Schon Semler, Überlingen S. 119, zog diese Schlußfolgerung. Der Überlinger Rat hatte

Die großen Mandate von 1569 und 1586 faßten die wesentlichen Ordnungen zusammen und wiederholten sie[205]: die Verbote des Gotteslästerns, Schwörens und Zutrinkens sowie die Ermahnungen zum regelmäßigen und andächtigen Besuch der Gottesdienste. Doch besaßen sie einen anderen Charakter als die Mandate der 1520er Jahre. Von ihrem Umfang her glichen sie fast ein wenig einer kleinen Zuchtordnung, vor allem aber wurde nun ein Faktor viel dezidierter hervorgekehrt, als das bei den älteren Mandaten der Fall war: die Gründe, welche den Rat zu deren Erlaß bewogen hatten – nämlich die Türkengefahr und die Pest. Vor allem vor dem Hintergrund der zwischen 1564 und 1567 sowie 1584 und 1587 im Bodenseeraum grassierenden Pest müssen die Mandate interpretiert werden. Zu Beginn des Mandats bleibt der Rat mit seiner Erklärung zwar noch sehr allgemein: *So befindt doch aber ain ersamer rat laider das widerspil, das obangeregte christenliche leeren, predigen und ußgegangne väterliche ermanungen* [die früheren Mandate] *in abstöllung der laster und bösserung des lebens bei disen hochbeschwerlichen, erschrockenlichen laidigen zeiten und leuften, bei beederlei geschlechten, weder alten noch jungen, manns noch frawen personen, knaben noch tochtern, reichen noch armen, wenig erschossen, sonder das laster der boshait und versaumung des guten bißher je mer und mer uberhannd genommen hat*[206]. Doch einige Seiten weiter stellte er ausdrücklich einen Zusammenhang zwischen der Pest und dem *grewlichen gotslästern* her: *[...] und darbei durch solliche gotzlesterer wenig bedacht und erwegt wurden die grosse schuld der erbsund, so der mensch uff ime gehabt, und wie costbarlich er durch das leiden Christi erlöst und gott dem allmechtigen wieder versont worden ist, usser welcher unwissenhait grosse verachtung under anderem ubel bisher uber uns grosse jamer, hunger, pestilentz, kriegs und andere unzelbare grausame plagen uf erden komen und gevolgt sind, darbei dann auch andere mirakeln und wunderwerck so sich underweylen an dem firmament des humels und an dem gestirn erzaigen, den gerechten zorn und straff gottes, so den unbußvortigen, damit sie angestollt wurden, bedencken*[207].

Dieses Argument war freilich nicht neu, im Gegenteil. Der Rat hatte damit nur einen alten Topos aufgegriffen[208], einen Topos allerdings, der nun angesichts der

---

sich wahrscheinlich einer zu Beginn der 1530er Jahre durch die Reformation ausgelösten allgemeinen Verbotswelle angeschlossen. So wurde 1527 das Frauenhaus in Lindau abgeschafft (A. *Schulze* S. 27), 1526 in Konstanz (Vögeli 2.2. S. 1189f.) und 1543 in Kaufbeuren (*Alt* S. 64). Wann das Überlinger Frauenhaus allerdings genau geschlossen wurde, ist nicht bekannt. Der letzte Revers eines Frauenwirts datiert jedenfalls um 1530; vgl. Obser, Frauenhaus S. 642ff. Falsch ist auf alle Fälle die Behauptung von *Vierordt* 2 S. 97f., wonach in Überlingen noch 1597 ein Frauenhaus existiert habe. 1552 war nach StadtAÜb Rp. 1552–56 fo. 20v ein Antrag auf Errichtung eines Frauenhauses gestellt worden, über den der Rat erst nach Anhörung des Pfarrherrn und anderer Sachverständiger entscheiden wollte. Eine Bewilligung durch den Rat, die in den Ratsprotokollen hätte vermerkt sein müssen, findet sich aber nicht, genauso wenig wie irgendwelche Hinweise auf die Existenz eines Frauenhauses.

[205] StadtAÜb I/53/140 fo. 74ff., 83ff.

[206] Ebda. fo. 74.

[207] Ebda. fo. 78vf.

[208] Bereits zu Beginn des Jahrhunderts begründete der Rat eine *ordnung des schwerens halb*

akuten Krise beträchtlich an Brisanz gewonnen hatte. Daß dieser in den Ratsmandaten artikulierte Zusammenhang zumindest von der Bildungsschicht als evidentes
Faktum angesehen wurde, belegt die Chronik des Sebastian Pfau, in der sich diese
Auffassung ebenfalls wiederfindet[209]. Erklärte man jetzt die Zeitläufte mit dem Verhalten der Bürger, so konnte dies nun nicht mehr ohne weiterreichende Folgerungen
bleiben. Zum erstenmal waren in diesen beiden Mandaten deshalb Vorschriften zum
sittlichen und religiösen Verhalten vereint worden. Sittenzucht und Kirchenordnung
konvergierten und mündeten in eine sich mehr und mehr verstärkende Konfessionalisierung der religiösen und weltanschaulichen Überzeugungen.

Der zweite Punkt, der auffällt, betrachtet man die Überlinger Mandate in ihrem
Zusammenhang, ist die auffallend große Nähe zu vielen Bestimmungen der Konstanzer Zuchtordnung. Was in Überlingen fehlt, sieht man von den spezifisch protestantischen Bestimmungen ab[210], sind nur Kleiderordnungen und Mandate gegen Wieder-
täufer und Zauberei und natürlich die Einrichtung der Zuchtherren. Dafür erwähnt
die Konstanzer Ordnung nirgends die ansonsten auch in anderen Städten anzutref-
fende Methode, mit Hilfe der Lismer strafwürdiges Verhalten zu entdecken. Gerade
damit arbeitete aber der Überlinger Rat. Wiederholt erneuerte er die entsprechenden
Vorschriften und verordnete auch geheime Aufpasser, die nachts in der Stadt wachten[211]. Den Überlinger Mandaten war zunächst auch ebenso wenig Erfolg beschieden
wie den Zuchtordnungen protestantischer Städte. Immer wieder mußten sie wiederholt werden, wovon auch die Klage des Rats in den großen Mandaten von 1569 und
1586 beredt Zeugnis ablegt. Doch auch in Memmingen beklagten vor allem die
Geistlichen die unzureichende Durchführung der Bestimmungen der Zuchtordnung[212]. Hier wie dort klaffen normativer Anspruch und die Wirklichkeit des Alltags
auseinander.

---

damit, daß wegen *vil unzimblicher und uncristenlicher gotzlesterung, [...] zu besorgen ist, das
got der almächtig unbillichen mißfallen seinen götlichen zorn, wo söllichs nit abgewendt und
underlassen, weiter und angstlichen straf gegen uns armen sündern verhengen wird*; StadtAÜb
Rp. 1496–1518 fo. 199 f.; es fehlte aber zu dieser Zeit noch der unmittelbare Bezug auf konkrete
Zeitereignisse, wie er bei den Mandaten von 1569 und 1586 vorhanden war. – Zu dieser
Argumentation allgemein vgl. nur *Thomas* S. 103, 121, u. passim.

[209] Vgl. StadtAÜb VII/23/2515 Bl. 117 ff., die Bemerkungen Pfaus anläßlich der Pest von
1611.

[210] Dazu zählten nach Hauß S. 90 ff., 97 ff., 101, Bestimmungen, welche die Auswahl der
protestantischen Geistlichen betrafen, kirchliche Fragen und Eherechtsfragen.

[211] StadtAÜb I/53/140 fo. 106 f. Zu den genauen Bestimmungen und weiteren Mandaten vgl.
Kap. IV.4. In den großen Mandaten betonte der Rat ebenfalls, daß er heimliche Aufseher
ernennen werde und streng auf die Durchführung der Mandate achten wolle. Wegen der Unruhe
auf den Gassen verordnete der Rat auch nächtliche Aufseher; vgl. StadtAÜb I/54/147 fo. 18vf u.
oben; Oberrheinische Stadtrechte S. 250 f.

[212] *Köhler* 2 S. 176 ff.: 1572 erließ der Memminger Rat ein Mandat, das zum Besuch der
Gottesdienste ermahnte; am 28. Aug. 1575 erließ er auf Betreiben des Klerus eine verschärfte
Zuchtordnung. – Vgl. auch *Abray* S. 186 ff., zu ähnlichen Tendenzen in Straßburg, wo vor allem
der Klerus bestrebt war, eine stärkere Verchristlichung und damit auch eine stärkere Konfessionalisierung herbeizuführen.

Gerade dieser Zusammenhang läßt die Hypothese erwägenswert erscheinen, ob nicht in protestantischen wie in katholischen Städten die durch eine strengere Kirchenzucht ausgelöste Konfessionalisierung des Lebens erst in der zweiten Jahrhunderthälfte zum Tragen kam. Das hieße, daß die in der Reformationszeit erlassenen Zuchtordnungen zwar eine umfassende Versittlichung und Verchristlichung des Verhaltens angestrebt hätten, dieses Ziel aber allenfalls partiell verwirklichen konnten. Erst vor dem Hintergrund der Krise des späten 16. Jahrhunderts erhielten sie dann ihre eigentliche Stoßkraft. Gerade in dieser Zeit setzte auch in dem katholischen Überlingen eine systematische und alle Lebensbereiche umfassende Verordnungswelle ein. Die Frage, ob die Zeitumstände oder der Einfluß der katholischen Reform hierfür verantwortlich waren, muß offenbleiben. Beide Faktoren dürften sich wohl wechselseitig stimuliert haben. Auf alle Fälle aber trug die Krise der Zeit entscheidend dazu bei, daß die seit dem späten Mittelalter bekannten und anscheinend ohne allzu großen Erfolg immer wieder einmal erlassenen Mandate nun auch tatsächlich von der Obrigkeit exekutiert, und das hieß, daß Übertretungen mit Nachdruck und verschärften Strafen geahndet wurden. Und erst damit kam das für die frühe Neuzeit so zentrale ‚Ereignis‘ der Sozialdisziplinierung so recht in Gang.

8. Die Hexenverfolgungen

Das Bild der gegen Ende des 16. Jahrhunderts auflebenden Krise wäre unvollständig ohne eines ihrer schrecklichsten und zugleich wohl eindrücklichsten Motive: das der Hexenprozesse. Gerade sie bestätigen erneut, wie die Ereignisse jener Zeit als direkter Ausfluß der damaligen Krise verstanden werden müssen. Als weiterer Beleg für das in diesem Kapitel aufgestellte Interpretationsmodell und als Beispiel für die Breite der Veränderungen sollen sie deshalb in diesem Zusammenhang diskutiert werden.

In Überlingen wie in ganz Süddeutschland hoben sie genau zu dem Zeitpunkt an, als sich auch demographische, wirtschaftliche und konfessionelle Verwerfungen abzeichneten[213]. Natürlich können und dürfen die Wurzeln der Hexenangst nicht allein auf einzelne Aspekte der Krise zurückgeführt werden, wie das z. B. noch *Trevor-Roper* tut, wenn er vor allem die mit der Gegenreformation einsetzenden Konfessionskonflikte für die Verfolgungen verantwortlich macht[214]. In neueren Arbeiten,

---

[213] Vgl. *Middlefort* S. 70, der diesen Zusammenhang bereits andeutet. Als grundlegendes Interpretationsmodell, dem auch diese Arbeit verpflichtet ist, wurde der Zusammenhang von Krise und Hexenverfolgungen dann explizit erarbeitet von *Behringer*, Hexenverfolgung.

[214] *Trevor-Roper* S. 201: „Betrachtet man also die Wiederbelebung des Hexenwahns während der sechziger Jahre des 16. Jahrhunderts im Zusammenhang, so erweist sich diese weder als Werk des Protestantismus noch als das des Katholizismus, sondern als das beider Konfessionen, oder besser, als das Ergebnis des zwischen ihnen ausgetragenen Konflikts". Dieser These, welche die Ursachen der Hexenverfolgung allein auf den Konfessionskonflikt reduziert, wurde

insbesondere von Keith *Thomas*, Robert *Muchembled* und Jean *Delumeau*, wurde dagegen ein Interpretationsmodell entwickelt, das auf mehreren Ebenen sowohl den Einfluß der gesamtgesellschaftlichen Krise der Zeit wie auch der Mentalität von Angeklagten, Anklägern und Richtern berücksichtigt[215].

Dank der umfassenden Arbeit von Marianne *Heß* zur Geschichte der Überlinger Hexenprozesse, in der auch der größte Teil der Quellen ediert ist[216], kann darauf verzichtet werden, auf die Einzelheiten aller Prozesse einzugehen. In diesem Abschnitt soll nur der Versuch unternommen werden, die Geschichte der Überlinger Hexenprozesse vor dem Hintergrund der Krise der Zeit zu interpretieren.

Seit 1574 wurden in Überlingen Hexen öffentlich verbrannt. Doch der Glaube an die Existenz von Unholden, Dämonen und Menschen, die mit dem Teufel Umgang pflegten, bestand bei der Bevölkerung schon lange zuvor. So klagten z. B. 1529 Cecilia Strengin und ihr Ehemann, beide Überlinger Bürger, vor dem Stadtgericht gegen Hans Reich, weil dieser vor mehreren anderen Personen behauptet hatte, *sy* [die Strengin] *kan mit dem teufel umbgeen*[217]. Bezeichnend für diese Zeit ist, daß die so Beschuldigte nicht bereit war, diesen Vorwurf auf sich beruhen zu lassen, zumal er, wie sie betonte, *nit allain an irn eeren und glimpf verletzlich sein, besonder auch ir leib und leben berueren möcht*[218]. Die Strengin war sich also der Schwere einer solchen Anschuldigung durchaus bewußt. Zugleich scheint sie aber nicht gefürchtet zu haben, wie ihre Klage indiziert, von der Obrigkeit selbst deswegen verfolgt zu werden, im Gegenteil, das Gericht schien ihr der gebotene Ort, um sich gegen einen solchen Vorwurf zu verteidigen; was ihr dann zumindest teilweise auch gelang[219].

Der erste eigentliche Prozeß fand dann 1549 statt. Die aus einem Dorf der Umgebung stammende und schon seit längerem als Unhold verdächtige Apollonia Schacht war von ihren Nachbarn beim Rat denunziert worden, worauf der Rat die Angeklagte, nachdem Vermittlungsversuche gescheitert waren, gefangennahm, verhörte und unter der Folter ein Geständnis erpreßte[220]. Dieses Geständnis führte aber noch nicht, wie in den späteren Jahren, automatisch zur Hinrichtung. Denn, so schrieb der Rat,

---

denn auch in der Forschung weithin widersprochen; vgl. nur *Behringer* S. 119. *Middlefort* S. 6, 68, verweist auf das Problem, solche Zusammenhänge zu verifizieren.

[215] *Thomas* S. 517 ff.; *Muchembled* S. 233 ff.; *Delumeau*, Angst 2 S. 511 ff. Zum Stand der Forschung vgl. *Kriedte* S. 47 ff.; *Behringer*, Hexenverfolgung S. 1 ff. Einen knappen Überblick über die Hexenprozesse in Europa gibt *Ders.*, Hexenverfolgungen in Europa S. 131 ff.

[216] *Heß*; vgl. ferner Harzendorf, Hexenprozeß S. 108 ff. Nicht ediert sind nur einige der Zeugenprotokolle; vgl. dazu Anm. 227, 238, 244.

[217] StadtAÜb Gerichtsprot. 1528–29 fo. 92vf.

[218] Ebda.

[219] Vgl. ebda: Reich wurde zwar nicht bestraft, der Rat führte aber auch keine Untersuchung gegen die Klägerin durch. Reich selber hatte im Verlauf des Prozesses um einen gütlichen Vergleich gebeten und seine Anschuldigungen abgeschwächt. *Er schuldige sy nichtz, dan im nit wissend, das er solle wort lut der clag geredt het, und ob schon sölle dermassen von ime beschehen, dieweil man dann oft zezeiten, so man by ain ander were und in schimpflichen reden menigerlay treibe und darin niemands zeschmehen begerte, zu dem er auch von der antwurterin nichts args wisse.*

[220] Vgl. *Heß* S. 16 ff.

[...] so haben wir doch mit ir als ainem frauenbild etwas mit leyden getragen unnd, als die nie plutgierig gewesen, auch noch nit sein, [...] sy aus eyteliger erbermbd mit unverleyten glidern unnser statt gericht und gepiet verwysen [...][221]. Daß der Rat überhaupt einen Prozeß durchgeführt hatte, mag wohl an zwei Gründen gelegen haben: Zum einen konnte er über die Vorwürfe der Nachbarn nicht einfach hinweggehen, wollte er den Frieden unter der Bürgerschaft wahren, und zum anderen könnten auch die 1546 in Konstanz durchgeführten Hexenprozesse in Überlingen einen gewissen Eindruck hinterlassen haben[222]. Doch grundsätzlich unterschied sich das Verhalten des Rats noch sehr von dem in den späteren Jahren. Die Angst vor der ‚Hexe‘, die Gefahr, die von ihr ausging, muß ihm noch recht gering erschienen sein, begnügte er sich doch mit einer Ausweisung. Noch 1561 beließ es der Rat bei dieser Strafe, denn ein knapper Eintrag im Ratsprotokoll vermerkt in diesem Jahr: *Die alt Koboltin, so des hexen oder unholden wercks beschrayt ist, soll der statt verwiesen werden [...]*[223].

1574 hatte sich die Situation entscheidend gewandelt. Anschuldigungen wegen Hexerei häuften sich, ebenso wie die Prozesse, die sie nun unweigerlich nach sich zogen und die, hatte der Rat mit Hilfe der Folter von der ‚Hexe‘ erst einmal ein Geständnis erpreßt, immer mit der Todesstrafe endeten. Wenn es jetzt hie und da noch Fälle gab, in denen der Hexerei beschuldigte Frauen nicht zum Tode verurteilt wurden, so waren entweder die Verdachtsmomente nicht ausreichend, oder die Angeklagten weigerten sich, ihre Vergehen zu gestehen. Sobald für den Rat die Verdachtsmomente ausreichten, um die Beschuldigten der Tortur zu unterwerfen, kam es auch, mit wenigen Ausnahmen, immer zu Geständnissen. Deshalb wagte es jetzt auch kaum mehr eine der Hexerei beschuldigte Person, beim Rat gegen die Verleumder zu klagen. Zum letzten Mal scheint dies eine ‚Hexe‘ 1574 versucht zu haben. Als der Helfer Marx Weiß Magdalena Weißhirtin in der Beichte der Hexerei bezichtigt hatte, beschwerte sie sich beim Bürgermeister[224]. Drei Jahre später stand sie auf dem Scheiterhaufen[225].

Was geschah nun in diesen Jahren in Überlingen? In drei Verfolgungswellen wurden zwischen 1574 und 1610 mindestens 24 Personen wegen des Verdachts der Hexerei angeklagt, 1615 kam es noch zu einem einzelnen Prozeß, einem Nachklang der großen Verfolgungen. Zwischen 1574 und 1580 wurden 11 Frauen angeklagt und

---

[221] *Ebda*. S. 108. 1550 klagte indes ihr Ehemann, Hans Schacht, gegen die Stadt und 1552 gegen die Anklägerin Verena Waibel beim Rottweiler Hofgericht auf Schadensersatz, da seine Frau zum Krüppel gefoltert worden sei; vgl. *ebda*. S. 19 f.

[222] Vgl. W. *Zimmermann* S. 11, 21 ff., 54: 1546 wurden in Konstanz neun Personen der Hexerei angeklagt und zwei hingerichtet. *Zimmermann* erklärt diese für den übrigen Bodenseeraum untypische Verfolgungswelle mit der außenpolitischen Bedrohung der Stadt in jenen Jahren, auf die der politisch ohnmächtige Rat mit einer religiös-sittlichen Disziplinierung nach innen reagierte. Es fällt auf, daß sich auch in Konstanz der Rat in jener Zeit mit der Todesstrafe noch auffallend zurückhielt.

[223] StadtAÜb Rp. 1556–66 fo. 354r.

[224] StadtAÜb Rp. 1573–87 fo. 66r; vgl. auch Kap. IX Anm. 84.

[225] *Heß* S. 30.

alle hingerichtet, sofern sie nicht, was auch immer wieder vorkam, im Gefängnis den Folgen der Folter erlagen; in einem Fall ließ der Rat auch noch den Sohn einer ‚Hexe‘ ertränken[226]. 1580 endete diese Prozeßwelle mit der Verbrennung der Elsa Meyderlin. Zugleich war in diesem Jahr die der Hexerei angeklagte Anna Ströblin freigelassen worden, weil ihr der Nachrichter kein Geständnis hatte abtrotzen können[227]. Die nächste Prozeßwelle setzte 1594, also genau zwanzig Jahre später, ein und dauerte vier Jahre. Sieben Frauen und ein Mann standen diesmal vor Gericht; bis auf zwei Frauen wurden alle hingerichtet[228]. Wieder stand am Ende dieser Phase ein Prozeß, in dem eine Hexe der Folter widerstand und kein Geständnis ablegte[229]. Das juristische Gutachten, das der Rat daraufhin einholte, bezog eindeutig Stellung gegen die bisher praktizierte Art der Prozeßführung[230]. Zwischen 1608 und 1610 waren es dann nur noch vier Hexen, denen man den Prozeß machte, die aber alle ohne Ausnahme mit dem Tode bestraft wurden[231]. Ein Nachspiel gab es noch 1615. Am 9. Juli wurde Anna Embserin wegen des Verdachts der Hexerei und Zauberei verhaftet und, nachdem ein Gutachten Dr. Christian Schochners die Anwendung der Folter rechtfertigte, peinlich befragt[232]. Was mit ihr geschah, ist nicht bekannt, wahrscheinlich starb sie im Gefängnis[233].

Wenige Wochen darauf ereignete sich etwas für den späteren Betrachter Unerwartetes: Maria Äpplin, die Frau des Hans Hoch, hatte Christina Dornerin der Hexerei

---

[226] Vgl. *ebda*. S. 22 ff. Margarethe Eckerin hatte neben dem üblichen Geständnis als Hexe auch noch blutschänderische Beziehungen zu ihrem Sohn Galle gestanden, weshalb das Kind ebenfalls verurteilt wurde.

[227] StadtAÜb Rp. 1573–87 fo. 211vf, 214r, 219, 271; vgl. auch I/32/356, 1579 Jan. 22, Kundschaftsprotokoll gegen Anna Ströblin [liegt in I/39/359D]. Die Ströblin war 1579 zweimal verhaftet worden, hatte aber nie ein Geständnis abgelegt, weshalb sie der Rat 1580 [Okt. 11] aus dem Gefängnis auf dem Gottesacker [Blatternhaus] entließ. Doch sollte sie sich weiterhin dort zur Beobachtung aufhalten.

[228] Vgl. *Heß* S. 38 ff. Erstmals wurde einem Mann, Caspar Kilcher, dem Ehemann der ebenfalls der Hexerei angeklagten Elisabeth Kilcher, der Prozeß gemacht. Kilcher wurde, nachdem er ein Geständnis abgelegt hatte, hingerichtet.

[229] Elisabeth Kilcherin, die standhaft alle Anklagen zurückwies, wurde, wie auch Anna Martini von Hedwangen, die Witwe Hans Roshaimbs, wieder freigelassen. Wie schon 1579 wurden beide Frauen eine Zeitlang im Blatternhaus zur Beobachtung festgehalten; vgl. StadtA Üb Rp. 1597–1603 fo. 40v, 75r.

[230] S. unten.

[231] *Heß* S. 65 ff. Die 1610 angeklagte Margaretha Hailgin wurde zunächst nicht wegen des Verdachts der Hexerei festgenommen, sondern weil sie als Kindsmörderin entlarvt worden war; vgl. StadtAÜb Rp. 1607–12 fo. 387v. Im Unterschied zu früheren Hexen wurden jetzt drei der Angeklagten enthauptet und nicht verbrannt, entweder weil sie wieder zu Gott zurückgefunden oder weil Pfarrherr und Verwandte für sie suppliziert hatten.

[232] StadtAÜb Rp. 1613–17 fo. 207v, 209r, 210v.

[233] Vgl. ebda. fo. 215v: Am 6. Aug. befahl der Rat, die Hinterlassenschaft der verstorbenen Anna Embserin einzuziehen, um den Totengräber daraus zu bezahlen. Da das übrige Vermögen bis nach gehaltenem *dreyssigist* behalten werden sollte, für die Verstorbene also eine Totenmesse gehalten wurde, kann man davon ausgehen, daß sie entweder als unschuldig galt oder zumindest kein Geständnis abgelegt hatte.

beschuldigt, worauf nun aber nicht die verleumdete Hexe bestraft wurde, sondern die Denunziantin. Sie sollte für einen Monat der Stadt verwiesen werden und 5 lbd Strafe erlegen, weil sie ihren Verdacht nicht hatte ausreichend beweisen können[234]. Dieses Ereignis, das in seiner Art fast wieder ein wenig dem Fall von 1529 glich, markierte das Ende der Hexenprozesse in Überlingen; obwohl in anderen Städten, und zumal in katholischen, folgte man der These *Middleforts*, erst zu Beginn des 17. Jahrhunderts die Verfolgungen ihren Höhepunkt erreichten[235].

Schon in den Jahrzehnten zuvor war es allerdings ab und zu vorgekommen, daß der Hexerei angeklagte Personen wieder freigelassen wurden, so 1580 die bereits erwähnte Anna Ströblin, die allerdings eventuell 1597 hingerichtet wurde[236]. 1587 ließ der Rat zwei Frauen verhören und foltern, ohne aber ein Geständnis zu erhalten. Der zu Rat gezogene Pfarrherr Gerum hielt die Frauen für unschuldig, und auch der Jurist Dr. Gall Hager hielt es nicht für nötig, sie noch mehr als einmal peinlich befragen zu lassen[237]. Sogar 1596, auf dem Höhepunkt der zweiten Verfolgungswelle, wurden zwei Angeklagte wieder freigelassen[238].

Verschiedene Fragen drängen sich angesichts dieser Ereignisse auf: Warum führte gerade zwischen 1574 und 1610 der auch schon zuvor bei der Bevölkerung faßbare Hexenglaube zu so umfassenden Verfolgungen, und weshalb konzentrierte er sich jeweils auf wenige Jahre? Weshalb brach in Überlingen zu Beginn des 17. Jahrhunderts diese Entwicklung ab? Und wer wurde eigentlich und aus welchen Gründen verfolgt und hingerichtet?

Zunächst einmal sollen die Opfer der Verfolgung in den Blick genommen werden: Bei den Angeklagten handelte es sich – mit einer Ausnahme – ausschließlich um Frauen, von denen viele nicht aus Überlingen selbst, sondern von auswärts, meist aus irgendwelchen Dörfern der Umgebung, stammten und die fast ausnahmslos der Unterschicht angehörten[239]. Fast alle gaben an, der Teufel habe versprochen, ihnen aus ihrer Notlage zu helfen, und in der Regel soll er ihnen auch Geld gegeben haben[240]. Von mindestens zehn Frauen läßt sich nachweisen, daß bereits seit einiger

[234] Ebda. fo. 212r, 244r.

[235] Vgl. *Middlefort* S. 33, 64.

[236] Vgl. *Heß* S. 53: Sie war eventuell identisch mit der 1597 angeklagten Anna Straubin, die nachweislich bereits 50 Jahre in Überlingen gelebt hatte.

[237] StadtAÜb Rp. 1573–87 fo. 586v: Apollonia Doberlin, Verona Kunklerin[?]

[238] Vgl. StadtAÜb Rp. 1588–96 fo. 370v: 1596 war Agatha Mengin, die Frau des Laternenmachers Peter Gantzman, wegen des Verdachts der Zauberei und Hexerei festgenommen, verhört und gefoltert und, nachdem sie nichts eingestanden hatte, wieder freigelassen worden. Ursula Yttlerin, die Witwe Adrian Braunschweigers, war aus dem gleichen Grund wieder freigelassen worden; vgl. ebda. fo. 376r. Sie war nicht denunziert worden, sondern hatte sich durch ihr Verhalten verdächtig gemacht; vgl. ebda. fo. 6vf, 9, war aber, wie ein Kundschaftsprotokoll von 1588 zeigt (StadtAÜb I/35/384), schon früher als Hexe verdächtigt worden, ohne aber jemals verurteilt worden zu sein.

[239] Vgl. *Heß* S. 72 f.

[240] Dies zeigt ein Vergleich aller Geständnisse. Das Motiv, mit Hilfe des Teufels und Zaubereien der Armut zu entkommen, war weit verbreitet; vgl. *Thomas* S. 620.

Zeit das Gerede umging, es handle sich um eine Hexe[241]; bei sechsen läßt sich den Geständnissen entnehmen, daß sie als besonders heilkundig galten, das heißt, schon zuvor eine gewisse Ausnahmestellung innerhalb der Bürgerschaft eingenommen hatten[242]. In der Regel lebte eine als Hexe verdächtigte Frau am Rande der Gesellschaft; und zudem dürften einige von ihnen schon vor der speziellen Anklage im Ruch besonderer Kräfte gestanden haben.

Der Hexerei beschuldigt wurden sie zumeist von Nachbarn. Dabei war es, wie die erhaltenen Zeugenprotokolle belegen, ausnahmslos ein Vorwurf, der erhoben wurde: der des Schadenszaubers[243]. Dies fügt sich ein in das Interpretationsschema der neueren Forschung, wonach die Anschuldigungen vor allem auf Konflikte zwischen Nachbarn zurückzuführen seien, die wiederum ihren Ursprung in gesellschaftlichen Veränderungen hatten[244]. Verleumdet wurden dabei nur solche Personen, die, wie sich gezeigt hatte, eine sozial niedrigere Position einnahmen, also ohne Risiko verleumdet werden konnten. Verdächtigungen und Vorwürfe scheinen dabei nicht allein in den Jahren der Prozeßwellen vorgekommen zu sein, sondern auch dazwischen. 1602 warf z.B. Matthäus Schwartz dem Rat vor, seinen Sohn wegen einfachen Gotteslästerns über Gebühr bestraft zu haben, *hingegen schelmen, dieben und unholden, die er deglich vhor augen hende und vhor im zu dem fenster ußsehen wiesse (damit seine genachbaurte sonderliss Margaretha Saltzmennin meinende) laufen lassen*[245]. Die erwähnte Saltzmennin wurde dann tatsächlich auch ein Opfer der nächsten und letzten Verfolgungswelle[246]. Wendet man sich nun der Frage zu, warum nur in bestimmten Zeiträumen tatsächlich auch Prozesse durchgeführt wurden, so liegt der Schlüssel der Antwort bei der Obrigkeit. An ihr lag es, ob sie einen Prozeß in Gang brachte und wie sie ihn durchführte.

Über die Einstellung der Obrigkeit informieren am besten die Geständnisse der Hexen. Ein Vergleich aller überlieferter Urgichten[247] läßt erkennen, daß sich alle sehr

---

[241] Dies gilt für Dilge Schollin (*Heß* S. 128), Magdalena Weishürtin (*ebda.* S. 131), Catharina Dilgerin (StadtAÜb I/35/384, 1577 [Juni 21], Kundschaftsprotokoll gegen Peter Schellings Frau), Anna Kellerin (ebda. 1575 Aug. 8, Kundschaftsprotokoll gegen Bartholomäus Kellers Frau), Anna Ströblin (wie Anm. 227), Margaretha Zellerin (*Heß* S. 155), Margaretha Grävin (*ebda.* S. 189), Margaretha Saltzmennin (wie Anm. 245), Anna Sauterin (*Heß* S. 50; Harzendorf, Hexenprozeß S. 135f.), Apollonia Mayer (*Heß* S. 43f.; Harzendorf, Hexenprozeß S. 112). Vgl. auch StadtAÜb I/35/384, 1588, Betr. Frau von Jacob Waibel.

[242] Dies gilt für Waldburga Weberin (*Heß* S. 116), Margaretha Saltzmennin (*ebda.* S. 182), Margaretha Grävin (*ebda.* S. 186), Anna Kellerin (wie Anm. 241, Aussagen der Frauen von Michael Thum, Bartholomäus Lang), Anna Sauterin (Harzendorf, Hexenprozeß S. 114).

[243] Vgl. *Heß* S. 76. Dies wird auch durch weitere von *Heß* nicht berücksichtige Kundschaftsprotokolle bestätigt. Vgl. StadtAÜb I/37/390 [o.D.], *Erlernung Martin Gorhans magt halb*; I/32/356 (wie Anm. 227); I/35/384 (wie Anm. 241).

[244] Vgl. zusammenfassend *Kriedte* S. 49, 56, 63f.: Die meisten Arbeiten gehen bei dieser These allerdings vom ländlichen Raum aus, doch sind die Verhältnisse mit gewissen Einschränkungen auch auf kleinere Städte zu übertragen.

[245] StadtAÜb Rp. 1597–1603 fo. 293vf.

[246] *Heß* S. 66.

[247] Vgl. *Heß* S. 106ff. u. Harzendorf, Hexenprozeß, der zwei ausgewählte Geständnisse in

stark ähnelten. Zunächst einmal bekannten alle Angeklagten, sich mit dem Teufel eingelassen und Gott, die Jungfrau Maria und alle Heiligen auf dessen Aufforderung hin verleugnet zu haben. Alle Angeklagten hatten sexuelle Beziehungen mit dem bösen Geist gehabt[248]. Dann bekannten sie sich zu verschiedenem Schadenszauber an Menschen und Tieren, wobei alle Hexen immer auf fast dieselbe Art und Weise vorgegangen waren[249]. Die meisten, wenn auch nicht alle, beschrieben zudem noch verschiedene Wetterzauber, an denen sie mitgewirkt hatten[250]. Fast alle hatten auch an nächtlichen Zusammenkünften mit ihrem Teufelsbuhlen und anderen Hexen teilge-nommen[251]. Die Geständnisse wichen nur dort von dem hier umrissenen Schema ab und wiesen individuelle Züge auf, wo die Angeklagten anfingen, tatsächlich erlebte und begangene Vergehen, wie Ehebruch oder voreheliche Geschlechtsverkehr, mit dem unter der Folter erpreßten Geständnis zu vermischen[252]. Das allen Geständnis-sen zugrundeliegende Schema stimmt aber direkt mit dem Fragenkatalog des Hexen-hammers überein[253]. Ganz eindeutig zeigt sich hier, daß die Angeklagten, von der Folter zermürbt, den suggestiven Fragen der Richter erlegen und deren Frageschema bei ihren Geständnissen gefolgt waren. Diese Geständnisse belegen also nur, daß zwischen 1574 und 1610 die Obrigkeit von der Gefahr, die von Hexen ausging, überzeugt war und sich bei ihrem Vorgehen eng an die Auffassungen des Malleus Maleficarum anlehnte.

Warum aber änderte sich in den 1570er Jahren die Haltung der Obrigkeit und wohl auch der nun häufiger und konkreter Anklage erhebenden Bevölkerung? Bei den Verfolgungen fällt auf, daß sie immer schubweise kamen und daß sie ziemlich genau während oder nach Pestwellen einsetzten[254]. Obwohl die sozialen Verhältnisse in Überlingen in jenen Jahren insgesamt nur wenig erschüttert wurden, so scheint doch ein gesteigertes Krisenbewußtsein vorhanden gewesen zu sein. Schäden durch Un-wetter, steigende Preise, Krankheiten, für all diese in jenen Jahren verstärkt auftreten-den Erscheinungen bot die Hexe als Schuldige eine Erklärung. Und nachdem erst

---

sprachlich modernisierter Form herausgegeben hat. Den folgenden Ausführungen liegt ein Vergleich aller Geständnisse zugrunde.

[248] Indirekt spielte dies sogar bei dem einzigen männlichen Angeklagten eine Rolle, da Caspar Kilcher von Beziehungen seiner Mutter zu dem Teufel berichtete; vgl. *Heß* S. 175.

[249] Die Hexen berührten Personen oder Tiere, die sie schädigen wollten, mit einem mit einer Salbe bestrichenen Stock.

[250] Elf Angeklagte gaben zu, an Wetterzaubern teilgenommen zu haben, wobei gerade in diesem Punkt die Angeklagten öfters beschrieben, wie sie versucht hätten, dem Teufel den Gehorsam zu verweigern. Bei einer weithin agrarischen Stadtgesellschaft dürften sich die Angeklagten der Schwere dieser Anschuldigung wohl bewußt gewesen sein.

[251] Von dreizehn Angeklagten zugegeben.

[252] Individuelle Züge weisen die Geständnisse von Barbara Gilgin, Margaretha Eckerin und Margaretha Grävin auf. Dies hängt damit zusammen, daß Eckerin wie Grävin noch andere, tatsächlich begangene Verbrechen zugaben, wie Kindsmord oder Blutschande. Zusätzlich ent-halten aber auch ihre Geständnisse die Grundmuster aller anderen.

[253] Zu den gestellten Fragen vgl. Harzendorf, Hexenprozeß S. 113, 140, der auch auf die Verbindung zum Hexenhammer hinweist. Zum Hexenhammer vgl. auch *Nesner* S. 85 ff.

[254] Vgl. dazu die Hinweise in Anm. 213.

einmal ein Prozeß angelaufen war, zogen die Anschuldigungen der vermeintlichen Hexen, die in ihren Geständnissen oft auch andere Personen belasteten, weitere Prozesse nach sich. Man kann in Überlingen kaum die Gegenreformation oder Konfessionskonflikte, die es ja nicht gab, für den Ausbruch der Hexenverfolgungen verantwortlich machen. Das religiöse Verhalten der Menschen wurde aber auch durch das Bewußtsein der Krise geprägt, so daß die davon beeinflußte beginnende Konfessionalisierung wiederum auf die Hexenfurcht und den Teufelsglauben zurückgewirkt haben könnte, wie die Arbeiten vor allem von Tibianus vermuten lassen. Konfessionalisierung, demographische Krise und Hexenverfolgungen bildeten so einen sich wechselseitig verstärkenden Circulus vitiosus. Diese allgemeine Entwicklung bildete gleichsam den großen Hintergrund, vor dem sich Spannungen zwischen Nachbarn entluden, die wiederum das Eingreifen des Rats erforderlich machten. Das Handeln des Rats selbst wird auch nur vor dem Hintergrund der Krise verständlich, war doch gerade in solchen Zeiten seine Autorität am brüchigsten und die Neigung des Gemeinen Mannes, die Ursachen der wirtschaftlichen Misere bei der Obrigkeit zu suchen, am größten. Die Anklagen von unten erlaubten es dem Rat, mögliche soziale Konflikte über die Hexenprozesse abzuleiten.

Das Ende der jeweiligen Prozeßwelle markierte zumeist ein Prozeß, der sich nicht nach dem Schema des Hexenhammers lösen ließ. Die Angeklagte legte kein Geständnis ab. Der Rat stand vor der Frage, wie in einem solchen Fall weiter zu verfahren sei. Pfarrherr wie städtische Juristen, die dann vom ihm zugezogen wurden, tendierten zu einer skeptischeren Haltung gegenüber den Prozessen. Ganz klar zeichnet sich dies in dem Gutachten von 1597 ab, das der spätere Stadtschreiber Dr. Johann Joachim Beck verfaßt hatte[255]. Da Elisabeth Kilcherin unter der Folter nicht gestanden hatte, eine Hexe zu sein, zugleich aber der hinzugezogene Biberacher Scharfrichter auf seinem Verdacht beharrte, zog der Rat Beck als Gutachter heran. Beck leugnete in seinem Gutachten zwar nicht die Existenz von Hexen, doch er bestritt die Möglichkeit, Hexerei zuverlässig erkennen und nachweisen zu können. Er kritisierte scharf abergläubische Praktiken der Nachrichter wie auch die Glaubwürdigkeit der Zeugen. Der Folter maß er nur begrenzten Wert zu. Diese auf der Constitutio Criminalis Carolina basierende Argumentation gipfelte in dem rein rational konstruierten Argument, daß der Teufel als Meister der Verstellung sowohl hinter den Aussagen der Angeklagten als auch hinter den Vorwürfen der Ankläger stecken könne, letztlich also Hexerei schlicht und einfach nicht nachweisbar sei[256]. Nicht alle vom Rat befragten Juristen

---

[255] Ediert bei *Heß* S. 170 ff.

[256] Vgl. *ebda.*: *[...] haltt ich derentwegen nit für thainlich oder rhathsam, dz ain ersamer rath verner peinlich an sy setzen khonde oder sölle, damit man nit ettwan den modum und maß überschreitte, wie den solches kaiser Carlins halßgerichtordnung ordine 22 und 65 höhlich verhütten. ... dann in diesem fahl gedechter [Biberacher] scharpffrichter in seiner gebrauchten kunst oder versuchten mitel anderst nit als für ainen wahrsager zu halten [...] Weilen die vermuothung, dz solch, ihr angeben, mehr ex invidia, neid und haß und damit sy sociam poenae bekhommen möge, dann dz es studio et amore veri fatis beschehen, [...] so ist doch nit so gar frembd zu hören, dz der böße gaist machen und zuwegen bringen khonde, dz ainer maine, ain gestalt zu sehen, so doch in wahrheit nit ist, [...].*

nahmen einen so rational argumentierenden Standpunkt ein wie Beck[257], und auch in der Zeit, als Beck selbst Stadtschreiber war, gab es Hexenprozesse. Doch die Intensität war bedeutend zurückgegangen. Es hieße sicher die Bedeutung des Stadtschreibers zu überschätzen, wollte man vor allem Oswald Hermann, in dessen Amtszeit die meisten Prozesse gefallen waren, für die Verfolgungen verantwortlich machen. Doch für das Ende der Prozesse scheint doch recht deutlich der stärker werdende Einfluß akademisch ausgebildeter Juristen in der städtischen Verwaltung eine Rolle gespielt zu haben.

9. Zusammenfassung:
Konfessionalisierung, katholische Reform und die Krise um 1600

Nicht die Reformationszeit bildete einen Kulminationspunkt der Geschichte Überlingens im 16. Jahrhundert, sondern die Jahrzehnte vor und nach 1600; jetzt begann sich in der Bodenseestadt der Knoten einer neuen Epoche zu schürzen. Als ein wesentliches Movens erwies sich dabei die Krise des späten 16. Jahrhunderts, die in Überlingen zum einen als Wirtschaftskrise mit hohen Preissteigerungen und zurückgehenden Ernteerträgen faßbar ist, und zum anderen als demographische Krise mit kurzfristigen, zu den Agrarkrisen teilweise parallel verlaufenden Epidemien.

So wurden die großen Zuchtverordnungen jeweils während oder kurz nach den Pestwellen von 1564 bis 1567 und 1585 bis 1588 erlassen, und der Rat begründete seine Maßnahmen auch ausdrücklich mit den Zeitumständen. Jetzt erst ging der Rat daran, den bereits im Spätmittelalter und verstärkt während der Reformation erlassenen Zuchtmandaten auch tatsächlich Geltung zu verschaffen. Zugleich intensivierte er seine Kirchen- und Religionspolitik. Neue Prozessionen wurden eingeführt, Reliquien und Ablässe erworben, kurz, der Rat betrieb eine systematische Restauration spätmittelalterlicher, spätestens seit der Reformation vernachlässigter Frömmigkeitsformen. Die Motive, die den Rat zu dieser neuen Politik veranlaßten, verweisen eindeutig auf die krisenhaften Zeitumstände: Prozessionen und Reliquien sollten ebenso wie der nun mit Nachdruck geforderte fromme und gottgefällige Lebenswandel der Bürger dazu dienen, den Zorn Gottes abzuwenden; denn daß er hinter den Plagen stand, welche die Stadt heimsuchten, und daß er nur durch das gottlose Verhalten der Einwohner überhaupt verursacht sein konnte, stand für die Zeitgenossen außer Frage.

Zwei zentrale Entwicklungen des konfessionellen Zeitalters, die einsetzende Sozialdisziplinierung und die im Zusammenhang damit stehende Verchristlichung des Lebens, im Falle Überlingens angeregt und in ihren Formen geprägt durch die katholische Reform, lassen sich so auf eine Ursache zurückführen: auf die faktische Ohnmacht der Obrigkeit und die Angst der Bevölkerung angesichts einer für die Zeitgenossen mit dem üblichen politischen Instrumentarium nicht beherrschbaren

---

[257] Vgl. das Urteil Dr. Christian Schochners (wie Anm. 232).

Krisensituation, die aber nichtsdestotrotz die politisch Verantwortlichen zum Handeln zwang, wollten sie nicht ihr eigenes Selbstverständnis als die für die Salus publica
verantwortliche Obrigkeit in Frage stellen und wollten sie vor allem nicht von seiten
einer unzufriedenen und nach einem Sündenbock Ausschau haltenden Bevölkerung
unter Druck gesetzt werden. Unter dem Zwang, irgend etwas tun zu müssen, griff der
Rat dann auf altbekannte, für die Zeitgenossen evidente Erkenntnisse zurück, wie
eben den Nexus zwischen dem Verhalten der Menschen und den Strafen Gottes, eine
Erkenntnis, die in den großen Zuchtverordnungen ihre legislative Umsetzung in die
gesellschaftliche Praxis fand, die indirekt aber auch die mit den Pestwellen parallel
verlaufenden Hexenverfolgungen stimuliert haben dürfte.

Die katholische Reform war ein Teil dieses Veränderungsprozesses, wobei auch in
Überlingen deren janusköpfiger, restaurative und innovative Elemente vereinigender
Charakter deutlich zutage trat. Während man auf der einen Seite alte Frömmigkeits-
formen wiederbelebte, erhielt auf der anderen Seite die Kirche in Überlingen mit dem
Kollegiatstift ein neues institutionelles Gewand, und auch der Ausbildungsweg der
Überlinger Kleriker führte diese dank des Kurzschen Stipendiums auf neues, von den
Jesuiten erschlossenes Terrain. Zweck beider Einrichtungen war es ausdrücklich, die
Ausbildung und das Verhalten der Kleriker zu verbessern. Bezeichnend für eine
katholische Reichsstadt scheint dabei gewesen zu sein, daß Neuerungen möglichst in
das Gewand alter Formen gekleidet wurden, wie es beim Kollegiatstift der Fall war,
und daß die Anstöße dazu von außen kamen, von der bischöflichen Kurie in Konstanz, und der Rat sie nur unter dem Zwang finanzieller Probleme akzeptierte. Die
zwei Gesichter der katholischen Reform lassen sich recht eindeutig den verschiedenen politischen Kräften zuweisen: Der Bischof von Konstanz verkörperte die innovative, der Überlinger Rat dagegen die konservative Seite. Dies hatte dabei durchaus
nichts mit seiner Katholizität zu tun, es war dies keine konfessionsspezifische Eigen-
schaft, sondern nur eine für die Mentalität reichsstädtischer Magistrate typische
Denkweise[258].

Daß das Überlinger Kirchenwesen nur behutsam reformiert wurde, lag auch daran,
daß in der konfessionell einheitlichen Stadt, anders als z.B. in bikonfessionellen
Reichsstädten oder in katholischen Städten mit evangelischen Minderheiten, die
Kirche nicht unter dem Druck einer konkurrierenden Konfession stand. Daher wird
es verständlich, daß entscheidende Anstöße von außen kamen, wobei interessanterweise auch in Überlingen die Jesuiten, ohne jemals selbst in der Stadt präsent gewesen
zu sein, als einer der wichtigsten Initiatoren des neuen, von der katholischen Reform
geprägten Klimas zu gelten haben. Bei der Reform der Lateinschule griff man ebenso
auf ihr Vorbild zurück[259] wie bei der Einführung des Theaters als Mittel religiöser

---

[258] Dies indiziert z.B. die konservative, in ihrer Struktur der Überlinger ähnliche Religionspolitik des Rats von Nördlingen, der in der Reformationszeit bei der Veränderung kirchlicher
Ordnungen selten selbst initiativ wurde, solange diese einigermaßen reibungslos funktionierten
und der städtische Friede nicht auf dem Spiel stand; vgl. *Rublack*, Nördlingen S. 214ff., 236.

[259] Vgl. Kap. VIII Anm. 64.

Propaganda; ganz abgesehen davon, daß immer mehr Kleriker bei ihnen ihr Studium absolvierten.

Die eigenartig ambivalente Haltung des Überlinger Rats gegenüber diesem neuen Geist der Zeit könnte nichts besser veranschaulichen als der 1616 im Auftrag des Rats von dem Überlinger Bildhauer Jörg Zürn für das Münster geschaffene Hochaltar. Auf der einen Seite Bekenntnis einer neuen und bewußten Zuwendung zur eigenen Kirche, zur eigenen Katholizität, ist er doch zugleich, was sein Bildprogramm und seinen Stil angeht, noch sehr stark dem Spätmittelalter verpflichtet. Es fehlen die neuen Heiligen der Gegenreformation, wohingegen die im Mittelalter zentralen Patrone vertreten sind, wie Jacobus und Andreas, Silvester und Michael, vor allem aber beide Pestheilige, Rochus und Sebastian. Dem Bildprogramm korrespondiert der Stil, dessen kunsthistorische Singularität gerade darin besteht, daß er sich weder eindeutig dem Spätmittelalter noch der Renaissance oder dem Frühbarock zuweisen läßt; die Statuen der Heiligen „sind ihrem Wesen nach mittelalterliche Figuren in Renaissanceformen"[260]. Das in seiner Katholizität niemals bedrohte Überlingen stand eben zu Beginn des Dreißigjährigen Krieges erst ganz am Anfang einer neuen, von den Ideen der katholischen Reform und der Gegenreformation geprägten Epoche.

---

[260] *Zoege von Manteuffel* 1 S. 98; vgl. dazu auch *Brummer* S. 338 ff. Von dem konservativen Stil des Rats zeugt auch, daß in Überlingen als einer der letzten katholischen Städte im Südwesten noch 1611 ein Sakramentshaus errichtet wurde, wo doch bereits überall das von der katholischen Reform favorisierte Tabernakel vorgezogen wurde; vgl. *Tüchle*, Reformation S. 190.

D. Ergebnisse

XI. Konfessionsbildung in Überlingen

Der chronologische und strukturelle Durchgang durch die Geschichte Überlingens und der oberschwäbischen Reichsstädte im 16. Jahrhundert hat einige Faktoren und Parameter erkennen lassen, die in ihrem Zusammenspiel die konfessionelle Entwicklung Überlingens modellhaft erklären können. Dabei wird von der Prämisse ausgegangen, daß nicht eine Struktur, sei es die Ökonomie oder die Mentalität, den Schlüssel zum Verständnis des Konfessionsbildungsprozesses bildet, sondern gerade das Zusammenwirken, die wechselseitige Abhängigkeit in ihrer Gesamtheit gesehen werden muß, wobei dann jeweils als Reaktion auf die konkrete Situation die eine oder andere Struktur sich als diejenige Kraft, welche den Lauf der Geschichte entscheidend bestimmte, in den Vordergrund spielen konnte.

Der Prozeß der Konfessionsbildung lief in Überlingen in drei Etappen ab: Eine erste, bis ungefähr 1545 reichende Phase politischer Konfessionsbildung stand ganz im Zeichen der bewußten, allein an den politischen Interessen der Stadt orientierten Entscheidung des Rats für die Katholizität. Von einer umfassenden Konfessionalisierung kann – ungeachtet der konfessionellen Polemik des Klerus – noch nicht die Rede sein, zumal gerade auch in einer katholischen Reichsstadt kein Bedürfnis nach einer theologisch begründeten Rechtfertigung der eigenen konfessionellen Option bestand. Legitimationsdefizite bestanden – nach katholischer Auffassung – allein bei den Protestanten. Obwohl man von einem konfessionellen Bewußtsein im eigentlichen Sinne des Wortes noch weit entfernt war, so war für diese Phase doch kennzeichnend, daß ab 1525 der politische Kontakt zu den protestantisch werdenden Reichsstädten Oberschwabens durch den Überlinger Rat abrupt und vollständig abgebrochen wurde. Gerade diesen, mit der Zeit als negativ empfundenen politischen Implikationen suchte der Überlinger Rat in der zweiten Phase, der Phase konfessioneller Neutralität, entgegenzuwirken. Ohne seine eigene konfessionelle Position in irgendeiner Weise zu modifizieren oder gar in Frage zu stellen, suchte er doch die politische Trennung zu neutralisieren, zumindest aber abzuschwächen, und im Einklang damit eine von den Pfarrherren angestrebte umfassende Konfessionalisierung zu verhindern. Die dritte Phase der eigentlichen Konfessionsbildung im Sinne einer umfassenden, Weltanschauung und Lebensformen prägenden Konfessionalisierung setzte erst in den 1580er Jahren allmählich ein, inspiriert durch die Ideen des Reformkatholizismus, deren Tiefenwirkung und Erfolg wie auch die ihnen eigene Radikalität vor dem Hintergrund der zur gleichen Zeit einsetzenden wirtschaftlichen und demographischen Krise verstanden und interpretiert werden müssen[1].

---

[1] Vgl. neben der in Kap. II Anm. 32 genannten Lit. insonderheit *Schilling*, Konfessionalisierung S. 1 ff., der das 16. Jahrhundert ebenfalls in drei Phasen einteilt: in die Zeit vor 1555, die Zeit

Zunächst zur ersten Phase politischer Konfessionsbildung: Um 1520, zu Beginn der Reformationsära, sah die wirtschaftliche Konjunktur, zumindest in dem agrarischen Überlingen, noch bedeutend positiver aus, womit eine erste Voraussetzung für den Erfolg der konfessionellen Option des Rats gegeben war. Diese Option nun war – läßt man einmal die stets schwer abzuwägenden persönlichen Motive beiseite – eine vorrangig politische Entscheidung, die sich mit der strukturellen Abhängigkeit von den Habsburgern sowie der seit 1522/23 intensivierten Bindung erklären läßt. Mitentscheidend war dabei, daß Überlingen in diesen Jahren aus dem Schatten einer allgemeinen Klientelbindung, wie sie für alle kleineren Reichsstände Oberschwabens kennzeichnend war, heraustrat und mit dem Geheimvertrag von 1523, welcher der Stadt eine Halbierung ihrer Beiträge im Schwäbischen Bund garantierte, handfeste finanzielle Vorteile erwarb. Nicht allein die prinzipielle politische Abhängigkeit vom Kaiser beeinflußte die konfessionelle Option der Räte in der Reformationszeit, wie die Beispiele Lindaus oder Memmingens belegen – später wandelte sich die Lage der Dinge etwas –, sondern insbesondere auch ganz konkrete politische Interessen.

Die besonderen finanziellen Interessen Überlingens lassen sich auf die Wirtschaftsstruktur der Stadt zurückführen. Anders als die übrigen oberschwäbischen Reichsstädte war Überlingen keine Fernhandels- und Gewerbe-, sondern eine Weinbaustadt mit einem bedeutenden Kornmarkt. Dies wirkte sich in zweifacher Weise aus: Zunächst einmal war die Stadt sehr viel stärker als ihre Nachbarstädte in das engere territoriale Umfeld eingebunden, in dem kleinere, katholische Territorien den Ton angaben. Daher erklärt sich auch die strukturelle Abhängigkeit von dem die kleineren Mächte Oberschwabens dominierenden Haus Österreich. Zum zweiten aber dürfte die finanzielle Potenz der Stadt damit ungleich schwächer gewesen sein als die ihrer gleich großen Nachbarn. Da nun aber gerade Überlingen zusammen mit Memmingen unter den oberen Städten traditionell die politische Führungsrolle innehatte und sowohl im Reich wie auch im Schwäbischen Bund seinem Rang entsprechende, hohe finanzielle Verpflichtungen aufgebürdet bekam, rückten diese Belastungen in das Zentrum des politischen Interesses der Bodenseestadt. Sie zu verringern, war das erste und, wie es manchmal den Anschein hat, einzige wirkliche politische Anliegen des Überlinger Rats, auf das er sich fast monomanisch konzentrierte.

Daß die Obrigkeit in Überlingen die konfessionelle Entwicklung ohne jeden erkennbaren Widerstand von seiten der Bevölkerung nach ihrem Belieben diktieren konnte, verdankte sie gewiß auch der Sozialstruktur der Stadt. Die Polarisierung zwischen Arm und Reich war zwar nicht geringer als anderswo, sozialer Zündstoff

---

der Reformation (auf die er nicht eigens eingeht), in die Zeit des funktionierenden Religionsfriedens bis Ende der 1570er Jahre und in die Zeit des Höhepunkts der Konfessionalisierung, welche die Jahre von 1580 bis 1620 umfaßt. *Schilling* nimmt dann noch eine Feineinteilung vor, auf die hier nicht eingegangen werden muß, da sie die Dreiteilung nur noch weiter differenziert, aber nicht grundsätzlich modifiziert. Im Unterschied zu *Schilling*, der unter Einbeziehung der Territorialstaaten die Konfessionalisierung vor allem mit der Ausbildung des frühmodernen Staates in Beziehung setzt, wird hier stärker auf die Krise um 1600 als einen der ursächlich für die Konfessionalisierung verantwortlichen Faktor abgehoben, die *Schilling* (S. 42 f.) mehr als begleitenden und ergänzenden Aspekt auflistet.

war also prinzipiell auch hier vorhanden, doch daß er sich nicht an den reformatorischen Ideen entzündete, lag an der wiederum durch die Wirtschaftsstruktur der Stadt bedingten Eigenart der sozialen Verhältnisse. So gab es hier keine von kurzfristigen konjunkturellen Schwankungen unmittelbar betroffenen Weber, wie in Memmingen, Kaufbeuren oder anderen Städten, die dort überall mit das Gros der reformatorischen Bewegungen bildeten, sondern nur Rebleute, die eine feste saisonale Beschäftigung besaßen, wobei im Winter ein Teil vom Rat beschäftigt wurde. Diese wirtschaftliche Abhängigkeit dürfte nicht ohne Wirkung auf die politische und soziale Stabilität geblieben sein. Soziale Stabilität, wenn auch auf einem hohen Niveau der Ungleichheit, war ohnehin für das agrarische Überlingen im 16. Jahrhundert lange Zeit ein typisches Charakteristikum; größere Vermögensverschiebungen kamen kaum vor.

Dazu kam – auch dies eine Folge der agrarischen Wirtschaftsstruktur –, daß in Überlingen Zahl und wirtschaftliche Potenz der Führungsschicht relativ gering war, geringer jedenfalls als in den benachbarten Städten, wo der Fernhandel die Akkumulation großer Kapitalien eher ermöglichte als der Handel mit Wein und Korn. Dies führte dazu, daß es zur herrschenden politischen Elite in Überlingen keine personelle Alternative gab, niemanden also, der als politischer Kopf einer oppositionellen Bewegung von außerhalb des Rats in Frage gekommen wäre. Im Rat selber aber muß man auf die Konzentration der Macht in den Händen einiger weniger, führender Politiker verweisen, die dank der hierarchisch-ständischen Struktur der Beratungs- und Entscheidungsabläufe innerhalb des Rats weitgehend meinungsbildend waren. Die konfessionelle Option des Rats läßt sich so sehr stark personalisieren und auf die in der Reformationszeit führende Gruppe von Politikern zurückführen.

Zwei Ebenen wirkten also zugunsten der Katholizität Überlingens: Die agrarische Wirtschaftsstruktur bildete indirekt die Voraussetzung mehrerer, spezifischer sozialer und politischer Bedingungen, welche dann der auf der politischen Ebene getroffenen Entscheidung des Rats zugrunde lagen. Der Fall Überlingen bestätigt damit einmal mehr die Erkenntnis, daß städtische Reformationsgeschichte zunächst einmal immer von den besonderen Verhältnissen einer Stadt ausgehen muß, daß es sich immer um singuläre, nicht auf einen Typus reduzierbare Ereignisse gehandelt hat. Zugleich wirft er die weitergehende Frage auf, ob in der jüngeren Forschung zum Problem Stadt und Reformation nicht generell die Bedeutung des Rats bei der konfessionellen Option einer Stadt unterschätzt wurde, ob also nicht die ‚Reformationsgeschichte' Überlingens neues Licht auf ein altes, vieldiskutiertes Problem wirft.

Was die Rezeptionsbereitschaft der Bevölkerung gegenüber der neuen Lehre betrifft, unterschied sich Überlingen in nichts von seinen Nachbarstädten; was in Überlingen fehlte, waren allerdings die Bedingungen, die zum Entstehen einer reformatorischen Bewegung führten. Die Attraktivität der neuen Lehre allein reichte nicht aus, um einen reformatorischen Prozeß zu initiieren, die Gemeinde konnte nur dann reformationsbildend wirken, wenn mehrere andere Faktoren zusammenkamen. Dazu gehörte die Existenz eines reformatorischen Predigers, der meist wiederum vom Wohlwollen des Rats abhing, dazu gehörte vor allem aber eine gewisse Sympathie von Teilen der Obrigkeit gegenüber der neuen Lehre. Die zünftische Verfassung Überlingens trug wenig dazu bei, daß die Gemeinde mehr Einfluß auf die konfessionellen Geschicke der Stadt gewonnen hätte. Die genossenschaftliche Struktur der Stadt begünstigte prinzipiell weder die Reformation noch die Katholizität, sondern wirkte, je nachdem welche Haltung die Obrigkeit einnahm, zugunsten der einen oder der anderen Option. Denn: Die korporative Verfaßtheit der Stadt stand nicht von vornherein qua ihrer Existenz einer obrigkeitlichen Entwicklung entgegen; die städtischen Korporationen, von den Zünften bis zum Ratsgremium, waren selbst hierarchisch-ständisch organisiert. Dort galt nicht das der Zeit fremde Prinzip der Egalité; Prestige und Einfluß ihrer Mitglieder variierten je nach Anciennität, Vermögen und Herkunft. In der Praxis hieß das, daß in den Zünften wie im Rat eine kleine Gruppe von Entscheidungsträgern die Richtlinien der Politik formulierte. Dazu kam, daß die städtischen Korporationen neben ihrer politischen auch eine gesellschaftliche Funktion besaßen: die wechselseitige Kontrolle ihrer Mitglieder. Dadurch entstand ein politisch-gesellschaftlich überaus komplexes Beziehungsgeflecht, das sich dem simplifizierenden Gegensatz von obrigkeitlicher und genossenschaftlicher Verfassung entzieht. Beide gehörten zusammen und stützten sich wechselseitig.

Damit liefen auch in den Städten mit Zunftverfassung letztlich alle Fäden beim Rat zusammen. Dessen Bedeutung unterstreicht auch die detaillierte Analyse der Verflechtungen der politischen Führungsschicht am Beispiel Augsburgs. Dort gab es im großen und ganzen zwei führende Parteiungen innerhalb des Rats, von denen die eine prokatholisch, die andere dagegen eher proprotestantisch war. Die Uneinigkeit der politischen Führung spiegelt sich nun genau in der Bikonfessionalität der Stadt wider[2]. Ähnliches dürfte für die anderen bikonfessionellen Städte gelten. Die konfessionelle Entscheidung und Entwicklung einer Stadt, so die Quintessenz dieser These, korrespondierte direkt mit der Haltung des Rats gegenüber der Reformation. Die politischen Interessen, so wie der jeweilige Rat sie aufgrund der spezifischen Verhältnisse formulierte, standen bei den unterschiedlichen konfessionellen Optionen Pate. In zweiter Linie gilt es dann jeweils zu untersuchen, welche Strukturen diese Interessen prägten und welche sozialen und politischen Rahmenbedingungen die Option des Rats stützten oder untergruben.

Innerhalb dieses Modells scheint es daher gerechtfertigt zu sein, die ersten Reformationsjahrzehnte als Phase politischer Konfessionsbildung zu bezeichnen. Das soll natürlich nicht heißen, daß es in Überlingen keine konfessionell geprägte Predigt gegeben hätte und daß die religiösen Anschauungen der Einwohner von der Reformation gänzlich unberührt geblieben wären. Gerade das Stiftungsverhalten hat dokumentiert, daß dies nicht der Fall gewesen ist, sondern daß man von einer, durch die Reformation allerdings wohl nur verstärkten Distanz gegenüber der Institution Kirche ausgehen muß. Doch es fehlen in diesen Jahren noch alle typischen Anzeichen, die von einer umfassenden Konfessionalisierung des Verhaltens zeugten. Die politische Entscheidung hatte erst einmal den Boden bereitet für den Prozeß der Konfessionsbildung, der dann nach und nach eine auch das Politische in seinen Bann

---

[2] Vgl. Kap. III Anm. 134.

ziehende Eigendynamik entwickeln sollte. Bevor allerdings dieser Prozeß seinem Höhepunkt zusteuerte, erlebte Überlingen noch einige von konfessionellen Polarisierungen freie halkyonische Jahre.

Bereits im Vorfeld des Augsburger Religionsfriedens zeichnete sich aus der Perspektive Überlinger Geschichte eine gewisse Entspannung der politischen Polarisierung zwischen den Städten verschiedener Konfession ab. Es begann eine Phase konfessioneller Neutralität. Das soll keineswegs heißen, daß die Axiome Überlinger Politik, Kaisertreue und Katholizität, nun modifiziert oder gar umgewandelt wurden. Im Vergleich mit den Jahrzehnten zuvor variierten aber die daraus gezogenen Konsequenzen. Auf der Ebene der Reichspolitik beendete der Rat seinen bis dahin innerhalb der Städtekurie verfolgten, extrem kaisertreuen Konfrontationskurs. Dabei wirkte freilich auch der Druck der anderen Städte entscheidend mit, doch war er nicht allein ausschlaggebend. Er mochte allerdings als Anstoß für die nun durch den Rat vollzogene Korrektur der Überlinger Reichspolitik gedient haben, die nun darauf bedacht war, zwischen ihrer Kaisertreue und dem Prinzip reichsstädtischer Solidarität zu vermitteln. Diese einer Quadratur des Kreises gleichkommende Aufgabe konnte auf lange Sicht zwar nicht gelingen, wohl aber war es möglich, sich aus reichspolitischen Konflikten herauszuhalten, solange im Reich selber die konfessionellen Konflikte möglichst kleingeschrieben wurden. Und dies war dank des Augsburger Religionsfriedens für einige Zeit auch der Fall.

Der Religionsfriede strahlte interessanterweise auch auf das konfessionelle Klima in der Stadt selbst aus. So diente er dem Rat als rechtliche Handhabe, um gegen den konfessionellen Zelotismus seiner Pfarrherren vorzugehen. Daß auf seiten des Rats der Religionsfriede nicht nur formal, sondern auch inhaltlich rezipiert wurde, lassen die Vorwürfe der Pfarrherren Hardweg und Wuhrer und des Konstanzer Bischofs aus jener Zeit vermuten, die den Ratsherren in konfessionellen Dingen Lauheit und Indifferenz unterstellten. Daß es zu einer konfessionellen Entspannung gekommen war, dürfte mit an zwei Gründen gelegen haben: So war in den 1540er Jahren eine neue Generation von Politikern in die höchsten Ämter vorgerückt, deren politische Erfahrungen nicht mehr in erster Linie durch die zu Beginn der 1520er Jahre vollzogene Bindung an die Habsburger geprägt waren, sondern auch durch das Erlebnis der Isolation unter den Reichsstädten. Der Religionsfriede fand damit in Überlingen ein günstiges Umfeld vor. Dazu kam als zweites, daß es hier keinerlei konfessionelle Konflikte gab. Es hatte sich weder eine protestantische Minderheit etabliert, wie in manch anderen katholischen Reichsstädten, noch mußte Überlingen mit der Einwanderung konfessionell Andersgläubiger fertig werden oder mit dem Druck protestantischer Stände. Seine territoriale Lage inmitten katholischer Territorien stabilisierte die konfessionelle Konformität der Stadt, ja, sie stärkte im Grunde noch die Katholizität, da sich im Laufe der Zeit immer mehr Angehörige der Überlinger Führungsschicht in die Dienste der benachbarten katholischen Territorien begaben, der personelle Konnex zwischen diesen Mächten und der Reichsstadt also enger wurde.

Die allmählich auch in Überlingen einsetzende Konfessionalisierung empfing denn auch starke Impulse von außen. Hier wäre in erster Linie an die Bischöfe von

Konstanz zu denken, die seit den 1590er Jahren mit Andreas von Österreich und Jacob Fugger im Sinne einer katholischen Reform wirkten, daneben auch an den Domherrn Dr. Jacob Kurz, dessen Stipendium wesentlich zur Reform des Überlinger Klerus beitrug, und an die Societas Jesu, die, wiewohl in Überlingen nicht vertreten, allein über den Ruf ihrer Methoden sowie über die Ausbildung des Klerus auch in Überlingen das geistige Klima zu beeinflussen begann. Der Erfolg der katholischen Reform in Überlingen, die anhebende weltanschauliche Konfessionalisierung des Denkens und Verhaltens wären aber kaum verständlich, hätte nicht die politische Obrigkeit ihren Teil dazu beigetragen. Daß sie dies tat, lag dabei wohl vor allem an den Zeitläuften. So wie die Katholizität der Stadt in den 1520er Jahren als Reaktion des Rats auf die finanzielle Belastung verstanden werden kann, so läßt sich die Konfessionalisierung gegen Ende des 16. Jahrhunderts teilweise mit der Reaktion des Rats auf die Krise der Zeit erklären. Sah sich der Rat damals mit einem konkreten politischen Problem konfrontiert, das sich rational und mit politischen Mitteln lösen ließ, dessen Umfeld zunächst auch rein politischer Natur gewesen war, so galt dies nicht für die viel komplexere und anders geartete Situation am Ende des Jahrhunderts. So scheint es auch hier hilfreich zu sein, zu versuchen, die Entwicklung aus der Perspektive des Rats zu verstehen.

Zwei zunächst nebeneinander laufende Entwicklungsstränge gilt es dabei zu verfolgen: Der eine wäre die von außen nach Überlingen getragene katholische Reform, der andere die wirtschaftliche und demographische Krise der Zeit mit ihren weitreichenden politischen, sozialen und kulturellen Weiterungen. Beide Stränge entwickelten sich teilweise unabhängig voneinander, führten aber in wechselseitiger Verstärkung zum selben Ergebnis: der Beschleunigung und Vertiefung des Prozesses der Konfessionalisierung.

Das Überlinger Kirchenwesen hatte bis zur Gründung des Kollegiatstifts 1609 seine mittelalterliche Struktur bewahrt und das überalterte Pfründenwesen ohne jede Modifikation beibehalten. Damit hatte sich im Unterschied zu protestantischen Städten das reine Meßpriestertum erhalten, das bereits im Spätmittelalter im Zentrum der Kirchenkritik stand. Wenn auch die Mißstände in Überlingen relativ gering waren – es gab keine Pfründenkumulation, da jeder Kaplan seiner Residenzpflicht nachkommen mußte, und auch Konkubinarier scheinen relativ selten geduldet worden zu sein –, so war es doch die Gruppe der Kapläne, die in der Regel wegen ihres verweltlichten Verhaltens Anlaß zur Kritik bot. Der soziale Zweck der Pfründe als Versorgungseinrichtung für Bürgerkinder der Mittel- und Oberschicht scheint ebenso wichtig gewesen zu sein wie der religiöse, und dank dieser Funktion in der städtischen Gesellschaft brachte die Reformation hier auch, anders als z.B. bei den religiösen Stiftungen, keinen Einbruch. Wenn auch die Zahl der von auswärts kommenden Kapläne etwas zurückging, so amtierten doch dank der gleichbleibenden Nachfrage durch Überlinger Bürger in der Regel zehn bis zwölf Kapläne in der Stadt. Diese enge Einbindung der Kapläne in die städtische Gesellschaft spiegelt sich auch in der korporativen Struktur der Priesterbruderschaft wider, die davon zeugt, wie die bürgerlichen Kapläne versuchten, sich in das System der städtischen Gesellschaft zu

integrieren, ohne ihre eigene Gruppen- und Standesidentität aufzugeben. Mit Einschränkungen dürfte dies auch in ähnlicher Weise für den Ordensklerus gelten. Zwar
scheint der soziale Rang eines Franziskanerkonventualen dem eines Kaplans nicht
gleichgekommen zu sein, die korporative Struktur und die Ausprägung einer Grup-
penidentität lassen sich auch hier andeutungsweise feststellen.

Bei der Gruppe der Meßpriester mußte denn auch die katholische Reform ansetzen. Damit holte sie das nach, was die Reformation andernorts geleistet hatte, wenn
sie auch deren Radikalität, die völlige Beseitigung des Pfründenwesens, sich nicht zu
eigen machen konnte. Einen ersten Schritt hierzu leistete das Kurzsche Stipendium,
das die Ausbildung der künftigen Überlinger Kleriker in die Hände der Jesuiten legte
und ohne das ein formalisierter Ausbildungsweg – Kern jeder Professionalisierung –
kaum hätte entstehen können. Den zweiten Schritt tat der Rat mit der Gründung des
Kollegiatstifts. Zwar blieb das Pfründenwesen damit in modifizierter Form erhalten,
doch waren die Kanoniker und Kapläne nun stärker in die vom Propst kontrollierte
Disziplin des Kapitels eingebunden, dessen Statuten unter dem Einfluß des Tridentinums präzise Verhaltensregeln vorgaben. Als ein Grundzug der Reform erwies sich
dabei, daß die geistliche Obrigkeit, sei es der Bischof auf der Ebene des Bistums, der
Pfarrherr innerhalb der Stadt oder der Guardian der Franziskaner, ihren Anspruch als
geistliche Obrigkeit zu verstärken trachtete. Für Kapläne und Konventualen hieß dies
konkret: Pfarrherr und Guardian begannen ihre geistliche und jurisdiktionelle Supe-
riorität stärker zu betonen und das Verhalten der ihrer Obhut anvertrauten Geistlichen zu regulieren.

Noch ein zweites Moment ist bemerkenswert: Institutionelle Reformen gingen
stets auf Anregung von außen zurück, und sie kamen nur zustande, wenn interne
Sachzwänge, wie finanzielle Schwierigkeiten, sie unumgänglich erscheinen ließen.
Und auch dann wurden sie, wie z.B. bei der Gründung des Kollegiatstifts, als
Erneuerung glorifizierter vergangener Verhältnisse ausgegeben. Daß Innovation an
sich ein erstrebenswertes Ziel sei, lag außerhalb des Horizonts dieser Menschen. Die
katholische Reform präsentiert sich denn auch im Rahmen Überlingens vielfach als
Restauration spätmittelalterlicher Formen. Und doch barg das seiner bewußten
Intention nach konservative Handeln des Rats zugleich auch neue und innovative
Elemente in sich, die sich unbewußt aus der Reaktion des Rats auf die von ihm zu
meisternden Probleme und Aufgaben seiner Zeit ergaben.

Die Schwierigkeiten, mit denen sich der Rat in der zweiten Hälfte des 16. Jahrhunderts konfrontiert sah, waren vielfältig, komplex und vor allem für die Zeitgenossen,
da es sich nicht, wie zu Beginn des Jahrhunderts, um vorwiegend politische Probleme
handelte, in ihren Ursachen kaum durchschaubar. Zunächst wäre auf die wirtschaftliche Krise zu verweisen, den zumindest für die weniger Vermögenden realen Rückgang des Einkommens, der sich aus den häufigen Mißernten ergab, die durch die
hochschnellenden Preise nicht kompensiert wurden. Die sozialen Verschiebungen,
die sich aus einer solchen, in der Regel den Reichen zugute kommenden Situation
ergeben konnten, scheinen in Überlingen noch relativ gering gewesen zu sein. Erst
1617 verschob sich die Vermögenskonzentration zugunsten der großen Vermögen,

doch lassen die strukturellen Veränderungen bei den Besitzarten vermuten, daß zugleich auch die Unterschicht die Auswirkungen der Krise zu spüren bekam. Im Bewußtsein der Zeitgenossen mögen die periodisch auftretenden Epidemien noch weit tiefere Spuren als die Wirtschaftskrise eingegraben haben, wie die jeweils parallel zu den Pestwellen verlaufenden Hexenverfolgungen und Zuchtverordnungen vermuten lassen.

Auf diese krisenhaften Zeitläufte mußte der Rat reagieren. Während er das in seinen Augen politische Problem der Reformation mit politischen Mitteln gelöst hatte, mußte er nun eine adäquate Antwort auf die Krise des späten 16. Jahrhunderts suchen; auf eine Krise, die für die Zeitgenossen vor allem eine Frage von Religion und Moral war, hielten sie es doch für eine jedem einsichtige Selbstverständlichkeit, daß allein der Zorn Gottes über das unchristliche Verhalten der Menschen dafür verantwortlich war. Daraus ergab sich dann ganz folgerichtig die Antwort des Rats. Sie bestand aus Religions- und Zuchtmandaten, welche das Verhalten der Bevölkerung verändern sollten. Die Intensivierung der Frömmigkeit und die Disziplinierung der Einwohner durch die Obrigkeit gingen also letztlich auf das politische Verantwortungsgefühl des Rats zurück, der sich gezwungen sah, auf die Krise der Zeit zu reagieren. Zusammen mit dem Einfluß der Ideen der katholischen Reform sind hier die Wurzeln der in dieser Zeit anhebenden Konfessionalisierung des Denkens und Handelns zu suchen. Daß sich also um 1600 die Konfessionsbildung beschleunigte und vertiefte, lag nicht nur an der Eigendynamik und dem Selbstverständnis der Konfessionen – ihr aus dem universalen Denken des Mittelalters herrührender Anspruch, jeweils die einzige wahre Kirche darzustellen, mußte unweigerlich einmal zur Konfrontation führen –, sondern wesentlich an den Zeitumständen. Diese entfesselten das seit der Reformation latent vorhandene konfessionelle Konfliktpotential, indem sie den Rat auf das Instrumentarium der religiösen und sittlichen Disziplinierung als Mittel zur Bewältigung der Krise zurückgreifen ließen. Eine solche Disziplinierung konnte aber in einer Zeit, in der es mehrere miteinander konkurrierende Konfessionen gab, den Konflikt zwischen den Konfessionen nur schüren; und in dem Maße, wie das gegenseitige Feindbild in immer grelleren Farben ausgemalt wurde, stieg auch die Konfessionalisierung des jeweiligen religiösen und weltanschaulichen Bewußtseins.

Die konfessionelle Option Überlingens zu Beginn der Reformationszeit läßt sich also ebenso wie seine konfessionelle Entwicklung im Verlauf des 16. Jahrhunderts aus der Reaktion des Rats, der politischen Obrigkeit, auf die jeweils anstehenden Fragen der Zeit erklären. Und zugleich begann mit der Zeit die konfessionelle Spaltung die politischen Entscheidungen des Rats zu beeinflussen, ja, die umfassende Konfessionalisierung entwickelte sich zunehmend zu einem den Handlungsspielraum des Rats einengenden festen System, dessen politische wie kirchlich-kulturelle Vorgaben die Obrigkeit einer Reichsstadt von der Größe Überlingens nicht sprengen konnte noch wollte. Konfessionsbildung und Ratsregiment – beides gehört mithin untrennbar zusammen, will man die Geschichte der katholischen Reichsstadt Überlingen im 16. Jahrhundert verstehen.

XII. Die katholischen Reichsstädte 1520–1618: Ein Ausblick

Die am Beispiel des katholischen Überlingen gewonnenen Ergebnisse – der hohe Stellenwert der politischen, von der Obrigkeit definierten Interessen der Stadt für deren konfessionelle Option und Entwicklung sowie die nach einer Phase konfessioneller Neutralität von der Krise um 1600 zusammen mit der katholischen Reform stimulierte umfassende Konfessionalisierung – lassen sich mit Hilfe eines notgedrungen kursorischen Überblicks über die Geschichte der übrigen katholischen Reichsstädte noch weiter fundieren[1]. Das auf den ersten Blick erstaunliche Faktum, das sich bei einem solchen Vergleich aufdrängt, soviel sei vorweggenommen, ist die Entschiedenheit, mit der in allen katholischen Reichsstädten der Rat für den Verbleib beim alten Glauben focht, und – fast noch erstaunlicher – der Erfolg, der ihm auf lange Sicht fast nie versagt blieb.

Doch wie viele Reichsstädte sind nun überhapt katholisch geblieben, und wie haben sie die bewegten Jahre der Reformation und des konfessionellen Zeitalters überstanden? 1618, zu Beginn des Dreißigjährigen Krieges, waren es 18 der ungefähr 65 Reichsstädte, in denen allein das Exercitium religionis der katholischen Konfession erlaubt war – eine Reihe weiterer Reichsstädte war paritätisch, und in einigen anderen lebten ansehnliche katholische Minderheiten[2]. Unter den katholischen Kommunen waren Köln und Aachen – beide rangierten auf den ersten beiden Plätzen der Rheinischen Bank – die bedeutendsten, die meisten der katholisch gebliebenen Reichsstädte fanden sich aber im Südwesten des Reiches und im Elsaß. Neben der Gruppe der oberschwäbischen Städte um Überlingen wären hier zunächst Schwäbisch Gmünd und Rottweil zu nennen, beides Reichsstädte, die hinsichtlich ihrer Größe und

---

[1] Vgl. ausführlicher dazu *Enderle*, Reichsstädte.

[2] Wegen der oftmals umstrittenen Reichsstandschaft läßt sich keine exakte Zahl aller Reichsstädte angeben. Die Reichsmatrikel von 1521 umfaßte 85 Reichsstädte, von denen sich aber einige bereits der Eidgenossenschaft angeschlossen hatten, wie Schaffhausen, Basel oder St. Gallen, oder auf dem Weg waren, landsässig zu werden, wie Verden, Herford und Düren. *Moeller*, Reichsstadt S. 9, geht von ca. 65 Reichsstädten für die Zeit der Reformation aus; *Buchstab* S. 33, nennt für die Mitte des 17. Jahrhunderts genau 63 Reichsstädte. – Als Kriterium für die Auswahl der katholischen Reichsstädte wurde der Stand von 1618 genommen. Nicht mitgerechnet wurden Donauwörth, das von außen zwangskatholisiert und seiner Reichsunmittelbarkeit beraubt wurde, oder Hagenau, wo der Rat gegen die Bevölkerungsmehrheit 1565 die Reformation einführte, aber 1623, mit unter dem Einfluß der Jesuiten, wieder zur alten Kirche zurückkehrte; vgl. dazu *Greyerz*, Late City S. 193 ff. Aachen wurde zu den katholischen Städten gerechnet, obwohl hier die Reformation nur infolge äußeren Drucks scheiterte, weshalb z. B. auch *Greyerz* die Stadt im Rahmen der städtischen Spätreformation mituntersucht hat. Doch war zugleich der innerstädtische katholische Widerstand so stark, daß es legitim erscheint, Aachen zusammen mit den anderen katholischen Reichsstädten zu nennen.

Bedeutung mit Überlingen zu vergleichen waren, ferner das kleine Weil der Stadt und die Reichsstädte der Ortenau, Offenburg, Gengenbach und Zell am Harmersbach. Von den Städten der elsässischen Decapolis waren fünf beim alten Glauben geblieben: Schlettstadt, Kaisersberg, Rosheim, Türkheim und Oberehnheim[3].

Die ‚Reformationsgeschichte‘ der katholischen Reichsstädte wies allerdings mannigfaltige Unterschiede auf. Während z. B. in Köln oder Überlingen der Protestantismus niemals recht hatte Fuß fassen können, wäre Aachen, das zwischen 1581 und 1598 von einem mehrheitlich protestantischen Rat regiert wurde, fast der Reformation anheimgefallen, hätten nicht der Kaiser und einige katholische Reichsstände interveniert. Und Offenburg wie Gengenbach kehrten beide, nachdem sie sich schon in den 1520er Jahren der Reformation angeschlossen hatten, der kirchlichen Neuerung wieder den Rücken. Ordnet man die katholischen Reichsstädte nach der jeweiligen Stärke der reformatorischen Bewegungen, welche sie erlebt haben, so lassen sich grob drei Gruppen unterscheiden[4]: Die Städte der ersten Gruppe kannten überhaupt keine nennenswerte reformatorische Bewegung, die Möglichkeit einer Reformation bestand hier zu keiner Zeit. Zu dieser Gruppe zählten Köln, alle katholischen Städte Oberschwabens sowie Kaisersberg, Rosheim und Türkheim. In den Städten der zweiten Gruppe, wie Rottweil, Schwäbisch Gmünd, Weil der Stadt, Schlettstadt und Oberehnheim, hatte es eine reformatorische Bewegung gegeben, die sich aber gegen den am alten Glauben festhaltenden Rat nicht hatte durchsetzen können. Im Unterschied dazu hatte sich in den Städten der dritten Gruppe die Reformation für einige Jahre etabliert, wie in Offenburg oder Gengenbach, oder war, wie in Aachen, nur wenig davon entfernt.

So verschieden auch die Wege der katholischen Reichsstädte im 16. Jahrhundert gewesen sind, alle waren jedoch auf dem Höhepunkt des konfessionellen Zeitalters zumindest nominell beim selben Ziel angelangt: dem Erhalt des katholischen Kirchenwesens. Damit stellt sich die Frage, ob es trotz der oft unterschiedlich verlaufenen ‚Reformationsgeschichte‘ nicht einige, allen katholischen Reichsstädten gemeinsame Merkmale gab, welche erklären, warum hier die alte Kirche und nicht die Reformation den Sieg davon getragen hat; ob man also nicht von so etwas wie dem Typus der ‚katholischen Reichsstadt‘ sprechen kann. Bereits ein kurzer Abriß der Ereignisse in den wichtigsten Städten zeigt, daß sich durchaus charakteristische Gemeinsamkeiten feststellen lassen.

---

[3] Die Städte des Elsaß und der Ortenau können zu den Reichsstädten gezählt werden, obwohl die habsburgischen Landvögte jeweils gewisse Rechte und Einwirkungsmöglichkeiten besaßen. Doch hatten z. B. die Reichsstädte der Decapolis 1577 ungeachtet konfessioneller Unterschiede ihre Allianz zur besseren Wahrung ihrer Reichsstandschaft erneuert; vgl. B. *Vogler*, L'Alsace S. 119. Zum gleichen Zweck verbanden sich 1575 Offenburg, Gengenbach und Zell am Harmersbach; vgl. *Kähni*, Beziehungen S. 112f.

[4] Eine solche Klassifizierung ist insofern problematisch, als bei einer Reihe von Städten die Quellenlage es nicht erlaubt, die Stärke reformatorischer Regungen genau einzuschätzen, so daß es nicht immer möglich ist, ein Urteil darüber zu fällen, ob es eine reformatorische Bewegung oder nur vereinzelte Sympathiebekundungen für die neue Lehre gegeben hat.

In Köln, der größten Reichsstadt der frühen Neuzeit, stand die Katholizität niemals in Frage, stets blieb die Stadt dem Wahlspruch ihres Stadtsiegels, *Romae ecclesiae fidelis filia* zu sein, treu[5]. Und dies, obwohl das Klima für die Rezeption evangelischer Ideen in Köln nicht schlechter als anderswo gewesen war. Wirtschaftliche Privilegien des Klerus, der von der Weinakzise befreit war, boten einen guten Nährboden für antiklerikale Stimmungen[6], ebenso wie das oft geringe Niveau der Seelsorge[7]. Und in der Tat verbreiteten sich in den 1520er Jahren auch rasch reformatorische Schriften in Köln, bis in die 1540er Jahre und noch darüber hinaus wurden in der Stadt selbst solche Schriften gedruckt und unter der Hand verbreitet[8]. Die Existenz protestantischer Winkelpredigten und geheimer Konventikel bezeugen Mandate des Rats, der sich immer wieder gezwungen sah, dagegen einzuschreiten[9].

Und der tat dies auch energisch und ohne Zögern[10]. Daß sich aus diesen Ansätzen, deren Umfang hier nur angedeutet wurde, keine reformatorische Bewegung entwickelte, ist allein auf die antilutherische Politik des Rats zurückzuführen. Schon 1520, noch vor Erlaß des Wormser Edikts, zu einer Zeit also, als sich vielerorts die Räte mit dieser Frage überhaupt noch nicht richtig auseinandergesetzt hatten, nahm der Rat an einer öffentlichen Verbrennung der Schriften Luthers teil und demonstrierte so vor aller Augen seine Haltung, von der er auch in den folgenden Jahrzehnten um kein Jota abwich[11], selbst dann nicht, als sich im Zusammenhang mit dem Bauernkrieg von 1525 eine Protestbewegung der Gemeinde auch reformatorische Forderungen, wie die freie Pfarrerwahl, zu eigen gemacht hatte[12]. Nichts zeigt vielleicht deutlicher die Konsequenz der Kölner Politik als die Hinrichtung zweier auswärtiger Prediger, die 1529 in Köln für den Protestantismus geworben hatten[13].

Auch als in den 1560er Jahren mehrere Schübe aus den Niederlanden gekommener calvinistischer Einwanderer erneut protestantische Ideen verbreiteten, ja sogar erste, im geheimen organisierte Gemeinden gründeten, als 1576 erstmals einige Ratsherren gewählt wurden, die sich offen als Protestanten zu erkennen gaben[14], hielt die

---

[5] *Klein* S. 392. – Eine ausführliche und immer noch unentbehrliche Darstellung der Ereignisse gibt *Ennen*; an neueren Interpretationen vgl. *Scribner*, Cologne; *Petri* S. 7ff.

[6] Vgl. dazu *Gechter* S. 22, 37f. u. passim.

[7] Vgl. *Ennen* 4 S. 759f. Noch in den 1560er und 1570er Jahren fehlten oft Pfarrer wegen des zu geringen Einkommens der Pfarreien. Um diese Situation zu verbessern, ließ der Rat mit päpstlicher Genehmigung Einkünfte der Kölner Stifte an die Pfarreien überweisen; vgl. dazu auch unten sowie *ebda.* 5 S. 344f.; *Gechter* S. 19.

[8] Vgl. W. *Schmitz*, Buchdruck S. 117ff.; *Ennen* 4 S. 354ff. u. passim.

[9] Zu den zahlreichen, das gesamte 16. Jahrhundert über regelmäßig wiederholten Mandaten und Verfolgungen vgl. *Ennen* 4 S. 190, 296ff., 354ff., 492ff., 777; 5 S. 353, 391ff.

[10] *Scribner*, Cologne S. 217: „The most striking feature of the fate of the Reformation in Cologne was the decisiveness with which the city government opposed the evangelical movement from its earliest days." Ebenso auch *Petri* S. 13.

[11] Vgl. *Ennen* 4 S. 176.

[12] Zu dem Aufstand vgl. *Ehbrecht*, Köln-Osnabrück-Stralsund S. 33, 40ff.; *Looz-Corswarem* S. 65ff.

[13] *Klein* S. 350f.

[14] Vgl. dazu *Schilling*, Exulanten S. 110ff.

Mehrheit des Rats diesem Druck stand. Verdächtigen Ratsherren wurde meist der Sitz im Rat verweigert und den Gaffeln, gegen zum Teil heftigen Widerstand, befohlen, andere Vertreter zu wählen; 1586 wurde eigens ein Edikt erlassen, das die Katholizität von Ratsmitgliedern vorschrieb[15]. Diese knapp skizzierten Ereignisse der zweiten Jahrhunderthälfte sind aus zwei Gründen erwähnenswert: Zum ersten veranschaulichen sie, wie konsequent der Kölner Rat das gesamte 16. Jahrhundert hindurch seine Konfessionspolitik durchgehalten hat, und zum zweiten bieten sie gleichsam eine Alternative zu dem Geschehen in Aachen.

Wie in Köln hatte sich in der eigentlichen Reformationszeit auch dort keine protestantische Bewegung formiert, anders indes als in Köln hatten die seit den 1540er Jahren eingewanderten Calvinisten in Aachen rasch enge Verbindungen zur einheimischen Oberschicht gefunden und auch bald die Mehrheit des Rats auf ihre konfessionspolitische Linie eingeschworen. Daß es dennoch zu keiner Reformation kam, lag vor allem an den kaiserlichen Interventionen und weniger daran, daß die innerstädtischen Verhältnisse den Katholizismus favorisiert hätten[16]. Nichts könnte den Handlungsspielraum der städtischen Räte sowie die vielfältigen Wege, welche die städtische Konfessionsgeschichte nehmen konnte, eindrücklicher vor Augen führen als das Beispiel der beiden rheinischen Reichsstädte.

Ähnlich konsequent wie in Köln oder Überlingen verfuhren die Magistrate der elsässischen Reichsstädte[17]. In Kaisersberg ließ der Rat sogar den Pfarrer wegen seiner Neigung zum Luthertum kurzerhand enthaupten[18]. Diese Härte mag auch damit zu erklären sein, daß in den katholischen Städten der Decapolis der Rat sich zwar gegen reformatorische Neigungen mancher Einwohner letztlich durchsetzen konnte, daß deren Einfluß teilweise aber doch deutlich größer als z. B. in Köln oder Überlingen gewesen ist. Dies dürfte zum einen auf den Einfluß des protestantischen Straßburg zurückzuführen sein – der Oberehnheimer Rat mußte z. B. seinen Einwohnern immer wieder verbieten, zur Predigt nach Straßburg auszulaufen[19] –, zum anderen spielten die Ereignisse des Bauernkriegs von 1525 städtischen Protestbewegungen in die Hände. In Schlettstadt hätte 1525 fast ein von der Gemeinde gewählter Ausschuß die Reformation der Stadt erzwungen, hätte nicht die Niederlage der Bauern dem Rat das Heft wieder in die Hand gegeben[20].

Wie stark der Druck auf die katholischen Räte sein konnte, dokumentieren besonders deutlich die Ereignisse in Rottweil und Schwäbisch Gmünd. Seit 1526 kristalli-

---

[15] *Ennen* 5 S. 353.

[16] Eine zusammenfassende Darstellung der Aachener Reformationsgeschichte aufgrund der Lit. gibt *Greyerz*, Late City S. 181 ff. Zur Entwicklung in der zweiten Hälfte des 16. Jahrhunderts vgl. W. *Schmitz*, Verfassung; *Schilling*, Exulanten; *Ders.*, Bürgerkämpfe S. 175 ff. Von den älteren Arbeiten, die meist recht detailliert auf die Ereignisse eingehen, vgl. trotz der konfessionellen Einseitigkeiten *Macco*; ferner: *Pennings*; *Classen*; *Asten*.

[17] Vgl. dazu *Adam* S. 410 ff., 435 f.; zusammenfassend *Conrad* S. 52 ff.

[18] *Adam* S. 411.

[19] *Ebda.* S. 427 ff.

[20] *Ebda.* S. 414 f. Vgl. auch *Gény*, auf dessen Arbeit die Darstellung *Adams* fußt.

sierte sich in Rottweil um den in diesem Jahr in die Stadt berufenen Pfarrer Konrad Stücklin eine reformatorische Bewegung heraus. Auch raschen Gegenmaßnahmen des Rats, der einige Einwohner in den Turm legen und lutherisch predigende Geistliche öffentlich widerrufen ließ, gelang es nicht, die einmal formierte Bewegung zu stoppen. Ein großer Teil der Bevölkerung blieb aber, wohl auch dank der altgläubigen Predigt des Dominikaners Georg Neudorfer, der Bewegung fern. Im Jahre 1528 spitzten sich die Ereignisse dann dramatisch zu. Nachdem zunächst eine Gemeindeversammlung vom Rat die Erlaubnis schriftgemäßer Predigt und damit praktisch die Einführung der Reformation gefordert hatte, gelang es dem Rat in einer zweiten, in den Zünften durchgeführten Abstimmung eine Mehrheit für den Verbleib beim alten Glauben zu finden. Jetzt nun, nachdem der Rat die Protestanten ausmanövriert und die Mehrheit der Bürger hinter sich geschart hatte, beendete er bei der ersten Gelegenheit – einem bewaffneten Aufstand der Protestanten –, die sich ihm bot, seinen bis dahin noch konzilianten Kurs und verwies ungefähr 100 protestantische Familien der Stadt. Die Katholizität Rottweils war seitdem gesichert, die sozialen Kosten der konfessionellen Konformität waren allerdings beträchtlich gewesen[21].

Noch prekärer als in Rottweil war die Lage zeitweise für den katholischen Rat in Schwäbisch Gmünd, denn dort hatten 1525, wieder im Zusammenhang mit den durch den Bauernkrieg ausgelösten Protestbewegungen, der Prädikant Andreas Althammer und ein von der Gemeinde gewählter Ausschuß begonnen, eine reformatorische Umgestaltung in die Wege zu leiten. Indes auch hier blieb den Protestanten der Erfolg versagt. Denn trotz des gewaltigen innerstädtischen Drucks war der Rat seinen konfessionspolitischen Leitlinien treu geblieben. Da Zugeständnisse jedwelcher Art damit von vornherein ausgeschlossen waren, blieb ihm, wollte er nicht kampflos das Feld räumen, nur die Option der militärischen Gewalt. Mangels eigener Truppen bot sich der Rückgriff auf den Schwäbischen Bund an. Dieser Zug bedeutete für die Gmünder Protestanten endgültig das Aus. Althammer verließ, nachdem die ersten Truppen in Gmünd eingetroffen waren, Hals über Kopf die Stadt; der Ausschuß der Gemeinde wurde aufgelöst, der alte Rat wieder als alleinige Obrigkeit installiert[22]. Anders als in Rottweil kam es allerdings nicht zu einem Exodus der Protestanten. Während Rottweil daraufhin das ganze Jahrhundert über von konfessionellen Konflikten verschont blieb, flackerte in Gmünd in den 1570er Jahren der Gegensatz zwischen den beiden Konfessionsgruppen nochmals auf[23].

Eine besonders interessante, quellenmäßig leider nur schwer faßbare Variante der

---

[21] Eine zusammenfassende Darstellung, basierend auf der älteren Lit., bietet *Brecht*, Rottweil. Umfassendere, aus den Quellen gearbeitete Interpretationen geben *Speh* u. *Vater*. Keine darüber hinausgehenden Informationen enthält die ältere Gesamtdarstellung von *Ruckgaber*.

[22] Zur Gmünder Reformationsgeschichte vgl. *Ehmer*, Althammer S. 46 ff.; *Ders.*, Schwäbisch Gmünd S. 185 ff.; *Naujoks*, Obrigkeitsgedanke S. 60 ff., 96 ff., 177 ff. Eine populäre Zusammenfassung aufgrund der älteren Lit. bietet *Teufel*. Immer noch von Nutzen sind die direkt aus den Quellen erarbeiteten Beiträge von *Wagner*. Wenig Neues bietet demgegenüber *Klaus*, Verhältnisse.

[23] Vgl. dazu neben *Wagner* vor allem *Ehmer*, Schwäbisch Gmünd S. 226 ff.; *Naujoks* S. 96 ff.

‚Reformationsgeschichte' katholischer Reichsstädte bieten die Reichsstädte der Ortenau, Offenburg und Gengenbach. Beide Städte hatten bereits in den 1520er Jahren die Reformation eingeführt, in Gengenbach der Rat sogar 1538 eine eigene Kirchen- und Zuchtordnung erlassen[24]; und dennoch kam es in beiden Städten im Zuge des Interims zu einer vollständigen Rekatholisierung durch den katholischen Pfarrherrn, der aufgrund der Bestimmungen des Interims eingesetzt worden war[25]. Dies wäre ihm schwerlich geglückt, hätte ihn der Rat nicht unterstützt oder ihm zumindest freie Hand gelassen. Erneut wird damit der Spielraum städtischer Konfessionspolitik unterstrichen. Von der früh eingeführten Reformation über die Spätreformation auf der Seite der protestantischen Städte bis zum relativ mühelosen Verbleib beim alten Glauben und gar der Rekatholisierung einer bereits reformierten Stadt andererseits scheinen alle nur denkbaren Möglichkeiten im Laufe des 16. Jahrhunderts von den Reichsstädten durchgespielt worden zu sein.

Allein schon die Geschichte der katholischen Reichsstädte auf einen Generalnenner bringen zu wollen, erweist sich damit als schwierig genug. Auf der einen Seite stehen Städte wie Köln, Überlingen oder die kleinen elsässischen Reichsstädte, die eine konsequent katholische Politik mühelos durchsetzen konnten, auf der anderen Seite wäre an Rottweil oder Gmünd, aber auch Schlettstadt zu erinnern, wo der Rat all seine Kräfte aufbieten mußte, um reformatorische Neuerungen zu verhindern. Und bei Gengenbach und Offenburg wie auch bei Aachen muß man sich fragen, ob sie als ehedem protestantische bzw. fast protestantisch gewordene Städte so ohne weiteres zu der Gruppe der katholischen Reichsstädte geschlagen werden können. Bei all den Unterschieden gilt es indes, auf zwei Umstände zu verweisen, die in fast allen Städten in mehr oder weniger ausgeprägter Form anzutreffen waren: Überall stand die Bevölkerung den neuen Ideen aufgeschlossen und interessiert gegenüber, nirgends war es die Institution der alten Kirche, sondern einzelne Prädikanten und Seelsorger, welche die religiösen Überzeugungen der Menschen formten. Das konnten, wie im Falle Rottweils, wo der Dominikaner Georg Neudorfer predigte, oder wie in Überlingen, wo der Konstanzer Weihbischof regelmäßig die Kanzel versah, durchaus auch Personen sein, die sich bewußt der alten Kirche verpflichtet fühlten. In der überwiegenden Mehrheit waren es indes die protestantischen Prädikanten, deren Ideen Anklang fanden und die den katholischen Klerus fast überall in die Defensive drängten. Hierin unterschieden sich die katholischen Städte im Grunde gar nicht so sehr von den protestantischen, wie gerade auch die Beispiele Rottweils oder Gmünds, wo es jeweils eine reformatorische Bewegung gegeben hatte, dokumentieren.

Damit wird deutlich, daß es nicht die Vertreter der alten Kirche, sondern der weltlichen Macht waren, auf die letztlich die Katholizität einer Stadt zurückging. Denn, und dies ist der zweite Umstand, der sich wie ein roter Faden durch die Geschichte der katholischen Reichsstädte zieht: Fast überall bezog der Rat früh

---

[24] Vgl. *Kohls*.
[25] Zur Reformationsgeschichte Offenburgs vgl. *Kähni*, Reformation S. 20 ff. – Zu Gengenbach vgl. *Bläsi* S. 196 ff.; *Franck* S. 3 ff. Ferner: *Batzer* S. 75 f.

eindeutig Stellung gegen die neue Lehre, und überall hielt er konsequent und zumeist geschlossen an dieser einmal getroffenen Option fest, und dies völlig unabhängig davon, wie sich die äußeren Verhältnisse, der Druck durch mögliche reformatorische Bewegungen entwickelten. Mit allen Mitteln, selbst denen militärischer Repression gegen die eigene Bürgerschaft oder auch der Ausweisung von Teilen der Gemeinde – was ja auch beträchtliche wirtschaftliche Verluste zur Folge hatte –, trachtete er, seine konfessionspolitische Entscheidung durchzuhalten und durchzusetzen. Dadurch unterschieden sich die katholischen Kommunen von ihren protestantischen Schwesterstädten, wo sich die Obrigkeiten anfangs oft abwartend verhalten hatten und dann unter dem Einfluß einiger, von den neuen Ideen beeinflußter Ratsherren zusammen mit dem Druck einer reformatorischen Bewegung nach und nach die Kirche reformierten.

Warum aber hielten die Räte in den katholischen Reichsstädten mit einer so überraschenden Zähigkeit an ihrer Option für die alte Kirche fest, bzw. warum hatten sie sich bereits so früh eindeutig festgelegt? Und warum war es ihnen möglich, diese, dem reformatorischen Zeitgeist im Grunde zuwiderlaufende Option bei den eigenen Bürgern – und manchmal auch gegen sie – durchzusetzen?

Zunächst zur ersten Frage: Fast immer spielten politische und wirtschaftliche Interessen der Stadt eine entscheidende Rolle. Für das vom Wein- und Getreidehandel lebende Köln waren z. B. gute Beziehungen zu den habsburgischen Niederlanden, durch die ein großer Teil der Waren transportiert wurde, lebenswichtig[26]. Dazu kam, daß die Stadt auch eines politischen Verbündeten bedurfte, um ihre Reichsunmittelbarkeit gegen den Erzbischof, aber auch gegen das in der Region immer stärker werdende Territorium von Jülich-Cleve-Berg erfolgreich verteidigen zu können; denn Köln besaß selbst kein nennenswertes Territorium und damit keine ausreichenden militärischen Ressourcen, und die im 15. Jahrhundert mit dem umliegenden Adel geschlossenen Bündnisverträge verloren mit dessen Niedergang immer mehr an Wert[27]. In der zweiten Hälfte des 16. Jahrhunderts geriet Köln, wie auch Aachen, verstärkt unter den Einfluß der Habsburger wegen ihrer Schlüsselfunktion für deren niederländische Besitzungen[28].

Rottweil war, obwohl es seit 1519 einen ewigen Bund mit der Eidgenossenschaft eingegangen war[29], eng mit den Habsburgern verbunden, weil es Sitz des kaiserlichen Hofgerichts war. Wäre es protestantisch geworden, hätten die Habsburger mit Sicherheit das Hofgericht verlegt und der Stadt damit eine wichtige Einnahmequelle entzogen[30]. Auf die enge Einbindung Überlingens in das habsburgische Herrschaftssystem wurde bereits ausführlich eingegangen. Noch offenkundiger war die politische Abhängigkeit von den Habsburgern bei den Reichsstädten im Elsaß und der

---

[26] *Scribner*, Cologne S. 218 ff.; *Petri* S. 14.
[27] Vgl. *ebda.* Ähnlich faßt die politische Lage Kölns auch zusammen *Chaix* 1 S. 108 f.
[28] So z. B. *Press*, Reichsstadt S. 16.
[29] Vgl. dazu *Kläui* S. 1 ff.
[30] *Ebda.* S. 8 f. Bereits 1498 erzwang Maximilian I. mit der Drohung, das Hofgericht zu verlegen, die Huldigung der Stadt.

Ortenau. Die Reichsfreiheit der elsässischen Städte war durch eine Reihe von Rechten, welche der habsburgische Landvogt besaß, eingeschränkt[31]. Dessen ständige Präsenz mag hier die Magistrate bewogen haben, eine mit den Habsburgern konforme Religionspolitik zu verfolgen, um keinen Anlaß für eine Intervention zu liefern. Ähnlich sah die Lage bei den Reichsstädten der Ortenau aus. So stößt man bei der Reformationsgeschichte Gengenbachs auf das erstaunliche Phänomen, daß der Rat dort 1552 keinerlei Anstalten machte, das der Stadt oktroyierte Interim wieder abzuschaffen, wie es fast alle anderen Reichsstädte sonst taten. Das Rätsel löst sich schnell, wenn man die politische Entwicklung der seit 1504 an den Grafen von Fürstenberg verpfändeten Reichslandvogtei Ortenau betrachtet. Denn 1551 und 1556 lösten die Habsburger die Pfandschaft wieder ein, und damit wurde die Präsenz der Habsburger zum bestimmenden Faktor der Gengenbacher Reformationsgeschichte[32].

Fast alle katholischen Reichsstädte orientierten sich also aufgrund konkreter, oft sehr genau definierbarer Interessen an der Konfessionspolitik des Kaisers; über allen lastete in irgendeiner Form der Schatten habsburgischer Macht. Und die Habsburger spielten ihre Macht auch gezielt aus, wobei das Spektrum ihrer politischen Mittel von kaum verhüllten Drohungen bis zum Angebot finanzieller Vorteile reichte. 1529, auf dem Höhepunkt der Unruhen in Rottweil und wahrscheinlich auch schon früher, hatten die Regierung in Innsbruck und Ferdinand I. der Stadt mit dem Entzug des Hofgerichts im Falle einer Reformation gedroht, zugleich aber auch militärische Unterstützung gegen die Protestanten angeboten[33]. In Köln war 1526 Herzog Heinrich der Jüngere von Braunschweig als Abgesandter des Kaisers erschienen, um Zweifel des Kaisers wegen der Haltung der Stadt in der Religionsfrage zur Sprache zu bringen[34]. Fast alle Städte erhielten in den entscheidenden Jahren bis 1530 immer wieder Schreiben und Mandate des Kaisers, der sie zum einen ermahnte, weiter am alten Glauben festzuhalten, und ihnen zum anderen konkrete Vorteile in Aussicht stellte[35]. Rottweil wie auch Überlingen wurde denn auch ein erheblicher Teil ihrer Ausgaben für das Reich nachgelassen. Ähnliche Vorteile dürften auch die anderen Städte genossen haben[36].

---

[31] Vgl. *Adam* S. 381; *Greyerz*, Late City S. 22 ff. Unter anderem überwachte der Landvogt auch die Wahlen von Bürgermeister und Rat. Wie sein Einfluß dabei in der Praxis aussehen konnte, zeigt für Schlettstadt *Gény* S. 143 ff. Dort sah sich 1524 der amtierende Rat durch die Forderungen eines Bürgerausschusses unter Druck gesetzt. Vor der Wahl ermahnte nun der Landvogt in einer Rede den Großen Rat und warnte ihn, keine Zusammenrottungen in der Stadt zu veranlassen oder zu dulden. Damit dürfte er die Position des Kleinen Rats gestärkt haben. Gerade zu Beginn des 16. Jahrhunderts, seit 1504, als Maximilian I. die Landvogtei quasi territorialisiert hatte, war der direkte Einfluß der Habsburger in der Region noch stärker geworden; vgl. dazu *Dreyfus* S. 104.

[32] Vgl. *Kähni* S. 109, 112 ff.

[33] Vgl. *Brecht*, Rottweil S. 16 f.; *Speh* S. 31; *Vater* S. 46.

[34] *Petri* S. 13.

[35] Zu Überlingen vgl. Kap. VI; zu Rottweil *Speh* S. 39; zu Köln *Ennen* 4 S. 491.

[36] *Speh* S. 44; *Vater* S. 73. Zu Überlingen vgl. Kap. VI.7. Nach *Gény* S. 207, senkte Karl V.

Außenpolitische Interessen gaben den meisten altgläubigen Städten also die Richtung ihrer Religionspolitik vor. Nicht in erster Linie religiöse Überzeugung, sondern rationales politisches Kalkül stand also hinter der Katholizität dieser Städte. Damit wird auch verständlich, warum die Räte so früh ihre konfessionelle Option getroffen und so konsequent durchgehalten haben. Zu den klar erkannten politischen Interessen und den damit zusammenhängenden Abhängigkeiten gab es für sie keine Alternative. Politisches Interesse und konfessionelle Option gehörten hier untrennbar zusammen. Den politischen Balanceakt, den, *Brady* zufolge, viele protestantische Städte mehr schlecht als recht versuchten, nämlich reformatorische Zugeständnisse gegenüber der eigenen Bevölkerung mit einer kaisertreuen Außenpolitik zu verbinden[37], konnten diese Städte nicht unternehmen, da aufgrund spezifischer, von Stadt zu Stadt differierender Umstände ihre Bindung an die Habsburger enger und damit deren Einfluß auf ihre Konfessionspolitik stärker war. Als erstes Ergebnis kann somit festgehalten werden: Für die katholischen Reichsstädte war eine vom Rat aufgrund außen- und machtpolitischer Interessen meist schon sehr früh und einmütig gefällte und dann konsequent durchgehaltene konfessionelle Option kennzeichnend. Die Katholizität einer Reichsstadt ging nahezu exklusiv auf die Entscheidung der politischen Führung zurück.

Mit dieser Konklusion beginnen allerdings erst die Probleme der Interpretation. Denn es gilt nun nach den Gründen und Bedingungen dieses Erfolgs zu fragen. Weshalb war es den Magistraten hier möglich, zum Teil gegen erhebliche innere Widerstände, ihre Option durchzusetzen? Es liegt nahe, dazu zunächst einmal die Herrschafts- und Verfassungsstrukturen der katholischen Städte in den Blick zu nehmen. Die Verfassungswirklichkeit in den Reichsstädten kann nun sehr unterschiedlich beurteilt werden. Während Peter *Blickle* davon ausgeht, daß in zünftisch verfaßten Städten die Gemeinde effektive Einwirkungsmöglichkeiten auf die politische Entscheidungsfindung besaß und damit auch bei der Einführung der Reformation, die ja zweifelsohne gerade beim Gemeinen Mann auf ein lebhaftes Interesse stieß, beteiligt war[38], betont Robert W. *Scribner* dagegen, der am Beispiel Kölns der Frage nachging, warum es gerade dort zu keiner Reformation gekommen war, einen ganz anderen Aspekt der Zunftverfassung: nämlich die Möglichkeit, über die Korporationen eine effektive politische und soziale Kontrolle auszuüben[39]. Es stehen sich somit eine genossenschaftliche und eine obrigkeitliche Interpretation der Zunftverfassung gegenüber.

In allen katholischen Reichsstädten hat es nun in unterschiedlicher Ausprägung eine zünftische Verfassung gegeben. Der Schlüssel des Problems liegt also bei der Frage, wie die Verfassungswirklichkeit in diesen Städten ausgesehen hat. Auch *Blickle* bestreitet nun nicht, daß in der Regel auch in zünftisch verfaßten Städten die Macht in

---

auch die Reichssteuern Schlettstadts ein wenig und gewährte der Stadt einige Privilegien; zu den finanziellen Interessen der Stadt vgl. *ebda.* S. 90 ff.

[37] Vgl. dazu v.a. *Brady*, Turning Swiss.

[38] Vgl. *Blickle*, Gemeindereformation S. 102, sowie Kap. II.2.

[39] Vgl. *Scribner*, Cologne S. 225 ff., 236 ff.

den Händen einer kleinen Führungsgruppe lag. Strittig ist nur deren Handlungsspielraum gegenüber der Gemeinde. Die Beispiele der katholischen Städte indizieren nun, daß dieser Spielraum nicht unterschätzt werden darf. Überall zeigt sich z. B. auch, daß die politische Führungsgruppe ihre Position bereits institutionell hatte absichern können. Sowohl in Köln als auch in Überlingen, Rottweil und Gmünd waren z. B. die Ratsmitglieder in der Praxis auf Lebenszeit gewählt[40], unter anderem wohl deshalb, weil ein kleiner Wahlausschuß die Wahlen zum Rat vorbereitete und kontrollierte[41]. Welch zentrale Funktion demjenigen zukam, der eine Wahl leitete, dokumentiert das Vorgehen der reformatorischen Bewegung in Gmünd 1525, war es doch eine ihrer ersten und wichtigsten Maßnahmen, die Stimmen zur Wahl des neuen Rats durch einen der ihren und nicht mehr durch den Bürgermeister einsammeln zu lassen. Das Ergebnis war „eine völlig veränderte Besetzung des Rats"[42]. Die Besetzung zentraler, meinungsbildender Schlüsselpositionen war damit für die Gmünder Protestanten der entscheidende Schritt zur – vorübergehenden – Etablierung ihrer Herrschaft gewesen. Daß durch die Zünfte jährlich die Mitglieder des Rats gewählt wurden, war also weniger wichtig als die Frage, welche Persönlichkeiten diese Wahlen organisierten und leiteten.

Vielfach läßt sich auch feststellen, daß es einige wenige, im Ratsgremium dominierende Persönlichkeiten waren, welche die Politik einer Stadt formulierten. In Gmünd war es z. B. der Bürgermeister Wilhelm Egen, der den Großen Rat dort immer wieder auf eine katholische Linie festlegte. Bezeichnenderweise war er zugleich auch Bundesrat im Schwäbischen Bund[43]. In Rottweil dürfte Konrad Mock, seit 1522 Ratsmitglied, zugleich auch Sprecher am Hofgericht und Vertreter der Stadt auf den Reichstagen von 1526, 1529 und 1530, entscheidenden Anteil an der Religionspolitik der Stadt gehabt haben[44]. Wie Caspar Dornsperger, der in Überlingen eine Schlüsselrolle spielte[45], wurde er 1530 auf dem Augsburger Reichstag von Karl V. zum Ritter geschlagen[46]. Indirekt unterstreicht auch der Ortenauer Landvogt die Bedeutung, welche einzelnen Persönlichkeiten zukam, als er 1559 beklagte, daß die konfessionelle Laisser-faire-Politik des Offenburger Rats auf einige Protestanten zurückzuführen sei, welche im Rat, trotz zahlenmäßiger Unterlegenheit, die anderen Ratsmitglieder auf ihre Seite zu ziehen wüßten[47]. Die Entscheidung für oder gegen die Reformation

---

[40] Zu Überlingen vgl. Kap. V; zu Gmünd *Naujoks* S. 22; zu Rottweil *Vater* S. 2 f.; zu Köln *Scribner*, Cologne S. 237 f.

[41] Vgl. *ebda.* und *Leist* S. 60 ff.

[42] *Naujoks* S. 63.

[43] Vgl. *Ehmer*, Althammer S. 71; *Ders.*, Schwäbisch Gmünd S. 189 f., 201. Am 4. Okt. und 20. Dez. 1524 hatte Egen jeweils im Rat die Vertrauensfrage gestellt, indem er auf die einschlägigen Mandate des Kaisers und das Wormser Edikt als Rechtsgrundlage für die konfessionelle Option des Rats verwies.

[44] Vgl. *Vater* S. 32.

[45] Vgl. Kap. V u. VI.

[46] Wie Anm. 44.

[47] *Batzer* S. 79 f.; *Kähni*, Reformation S. 34.

läßt sich so zumindest partiell personalisieren und mit den persönlichen Überzeugungen, Interessen und Verbindungen führender städtischer Politiker erklären.

Ob eine Stadt katholisch blieb oder evangelisch wurde, hing weniger von der Verfassungsform, von der Frage, ob zünftische oder patrizische Verfassung, ab, sondern von politischen Abhängigkeiten und den spezifischen Machtverhältnissen innerhalb der Führungsschicht einer Stadt. So wirkten z.B. sowohl in Köln wie in Rottweil von der Stadt unabhängige Institutionen auf die Zusammensetzung und Meinungsbildung im Rat ein: In Köln waren es Angehörige der Universität, die eng mit der städtischen Führungsschicht verbunden waren[48], und in Rottweil saßen die Assessoren des Hofgerichts mit im Rat und bildeten dort wohl ein Gegengewicht gegen die Zunftmeister, die eher geneigt waren, dem Druck ihrer protestantischen Zunftgenossen nachzugeben[49]. In Überlingen wie in Gmünd dürfte das Phänomen, daß der Kreis derjenigen, die für ein Führungsamt abkömmlich waren, so klein war, daß eine Ablösung der herrschenden Führungsgruppe kaum möglich war, zugunsten der Katholizität gewirkt haben[50]. Die besonderen Bedingungen dieser Städte führten also mit dazu, daß die Zunftverfassung hier durchaus den geeigneten Rahmen für eine dezidiert obrigkeitliche und katholische Konfessionspolitik bilden konnte. Die Zunftverfassung an sich begünstigte also weder den Verbleib beim alten Glauben noch die Reformation, sie war gewissermaßen konfessionell neutral, da sie die Herrschaft einer kleinen Führungsgruppe auf Dauer genauso gut garantierte, wie es die Verfassung patrizischer Städte tat.

Diese These wird auch gestützt, wenn man den Erfolg der katholischen Obrigkeiten aus der Perspektive der Bevölkerung zu erklären versucht, das heißt, wenn man nach den Bedingungen fragt, die das Entstehen einer reformatorischen Bewegung verhinderten oder aber zumindest deren Erfolg vereitelten. Denn die Beispiele von Köln oder Überlingen, wo es gelungen ist, das Entstehen einer breiteren reformatorischen Bewegung zu verhindern, oder aber von Rottweil, Gmünd oder Schlettstadt, wo eine bereits etablierte Bewegung wieder unterdrückt wurde, wie es auch in dem erst in den 1540er Jahren reformierten Kaufbeuren der Fall gewesen ist[51], zeigen, daß es unter bestimmten Bedingungen durchaus möglich war, sich gegen eine Volksbewegung durchzusetzen und einen Sieg der Reformation zu verhindern.

Ob dies gelang, hing sehr stark von den sozialen Verhältnissen ab. In Köln und Überlingen dürfte das soziale Konfliktpotential zu gering und damit die Stellung des Magistrats zu stark gewesen sein, als daß eine reformatorische Bewegung eine Chance gehabt hätte[52]. Anders dagegen in Rottweil und Gmünd: In beiden Städten bildete die

---

[48] Vgl. *Scribner*, Cologne S. 225 ff.
[49] *Vater* S. 10; allgemein zur Verfassung Rottweils vgl. *Leist*.
[50] Zu Überlingen vgl. Kap. V.4. – Zu Gmünd vgl. *Naujoks* S. 100.
[51] Vgl. dazu Kap. III.3.
[52] Zu den sozialen Verhältnissen in Überlingen vgl. Kap. IV; zu Köln vgl. *Looz-Corswarem* S. 98, der als Grund für das Scheitern des Aufstands von 1525 auch auf das fehlende revolutionäre Potential verweist.

Schmiedezunft einen Rückhalt für die Bewegung der Gemeinde – ein Indiz für den Einfluß sozialer und politischer Spannungen[53].

Wie vermochte aber nun ein bewußt altgläubiger Magistrat einer solchen Bewegung Herr zu werden? Als erstes mußte er selbst seine Geschlossenheit wie auch seine politischen Prinzipien wahren. Somit fehlten einer Bewegung von unten mögliche Ansatzpunkte, um den Rat von innen her zu einer anderen Konfessionspolitik bewegen zu können. Ferner galt es, wollte man das Entstehen einer reformatorischen Bewegung verhindern, jede protestantische Predigt so rasch als möglich zu unterdrücken, wie es in Köln oder Überlingen mit Erfolg geschah, und als positives Gegengewicht für eine einigermaßen ansprechende katholische Predigt zu sorgen[54]. Hatte sich trotz allem eine reformatorische Bewegung formiert, so half dann meist nur noch Hilfe von außen. Im Falle Rottweils waren es neben einem Teil der Bürger die altgläubigen Hintersassen des Territoriums, auf die sich der Rat verlassen konnte, im Falle Gmünds halfen die Truppen des Schwäbischen Bundes, und bei den elsässischen Reichsstädten entzog die Präsenz des habsburgischen Landvogtes und das Scheitern der aufständischen Bauern den reformatorischen Kräften den Boden. Vor allem in Rottweil zeigte sich aber, daß, falls der Rat strikt am alten Glauben festhielt und zugleich katholische Gegenmaßnahmen förderte, die reformatorische Bewegung relativ schwach war – ein großer Teil der Bevölkerung hielt sich ihr fern. Ohne Rückhalt bei der Mehrheit der Einwohner war es aber ausgeschlossen, sich gegen den Rat durchsetzen zu können.

Hielt also der Rat bewußt und gegen Widerstände von seiten der Gemeinde am alten Glauben fest, so war das Scheitern einer reformatorischen Bewegung schon fast vorprogrammiert. Ratspolitik, katholische Predigt und die dadurch beeinflußte Einstellung der Gemeinde bedingten sich wechselseitig und stützten letztlich den Verbleib bei der alten Kirche. Die in vielen protestantisch gewordenen Städten so typische Konstellation: ein evangelisch predigender Geistlicher, um den sich bald eine reformatorische Bewegung scharte, deren Erfolg fast unaufhaltsam schien und deren Druck der Rat nachgab, um politische Weiterungen zu vermeiden und die Bewegung zu kanalisieren, diese Konstellation mußte durchaus nicht so zwangsläufig zum Erfolg führen, wie es oft den Anschein hatte – vorausgesetzt, es gelang, sie zu durchbrechen. Daß dies möglich war, belegen die Beispiele der katholischen Reichsstädte. Und als entscheidend haben sich dabei die Standfestigkeit und die Homogenität der politischen Führung erwiesen.

Die Rezeption der reformatorischen Botschaft, die, um es noch einmal zu unterstreichen, auch bei den Einwohnern katholisch gebliebener Reichsstädte stattgefunden hatte, reichte allein nicht aus, um die neue Lehre zu institutionalisieren. Dazu bedurfte es bestimmter politischer Interessen und soziopolitischer Bedingungen, und

---

[53] Vgl. *Vater* S. 65; *Ehmer*, Althammer S. 57.

[54] In Köln wirkten z.B. die Dominikaner als Rückhalt der alten Kirche; vgl. dazu *Ennen* 4 S. 180; daneben gilt es hier noch, den Einfluß der Universität zu beachten; vgl. *Scribner*, Cologne S. 225 ff.

das heißt konkret, die Führungsschicht, oder zumindest ein Teil davon, mußte den reformatorischen Ideen aufgeschlossen gegenüberstehen. Nur dann konnte das komplizierte Wechselspiel zwischen dem Druck der Gemeinde und der Reformation der Kirche durch die Obrigkeit seinen Lauf nehmen. Waren die genannten Bedingungen nicht gegeben, so blieb in der Regel die Katholizität erhalten. Ohne die Komplexität städtischer Reformationsgeschichte(n) beiseite schieben und einer monokausalen, allein auf den Rat setzenden Interpretation das Wort reden zu wollen: der Schlüssel zu deren Verständnis dürfte allemal beim Rat zu finden sein. Von ihm hing es entscheidend ab, ob eine Stadt katholisch blieb. Die Folgerung, daß er für die Einführung der Reformation nicht minder wichtig war, liegt nahe. Den Handlungsspielraum des Rats zu unterstreichen, dies ist eine der wichtigsten Erkenntnisse, die man aus der Beschäftigung mit den katholischen Reichsstädten ziehen kann.

Mit der Option für die Katholizität (oder die Reformation) war der Grundstein gelegt für den Prozeß der Konfessionsbildung. So dramatisch die Ereignisse der Reformationszeit auch manches Mal gewesen sein mögen, aus der Perspektive der Longue durée betrachtet, waren deren Folgen weitaus tiefgreifender und – in übertragenem Sinn – auch spektakulärer. Deshalb soll abschließend noch kurz auf die Konfessionsbildung in den katholischen Reichsstädten eingegangen werden, denn auch hier lassen sich einige strukturelle Gemeinsamkeiten erkennen, die es erlauben, vom Typus der katholischen Reichsstadt zu sprechen.

Das kann man z. B. hinsichtlich der Kirchenpolitik der städtischen Magistrate wie auch ihrer Haltung gegenüber Fragen der katholischen Reform. Bei beiden Themen zeigt sich, daß die Räte sehr zäh und entschieden an den Prinzipien und Traditionen spätmittelalterlicher Kirchenpolitik festhielten. So nutzten sie die Gunst der Stunde, um in den Jahren der Reformation den Einfluß auf das Kirchenwesen weiter auszubauen und ein veritables katholisches Kirchenregiment zu etablieren – Gmünd und Offenburg erließen sogar eigene Kirchenordnungen, die sich in manchen Punkten nur wenig von ihren protestantischen Pendants unterschieden[55]. Daß dies dann fast überall gegen Ende des Jahrhunderts, als die meisten Bischöfe unter dem Zeichen der Gegenreformation ihre Jurisdiktionsrechte wieder zu stärken trachteten, zu Friktionen zwischen geistlicher und weltlicher Obrigkeit führen mußte, liegt auf der Hand. Gerade in Überlingen und Gmünd läßt sich dies sehr deutlich an der Frage der Priesterreverse ablesen[56]. Den konservativen Impetus des städtischen Kirchenregi-

---

[55] Vgl. *Naujoks* S. 101; *Batzer* S. 81 ff.

[56] Daß sich die Verhältnisse in Gmünd ähnlich entwickelt hatten, indiziert die kurze Auseinandersetzung zwischen dem Rat und dem Bischof von Augsburg aus dem Jahr 1583 über die Reverse, welche die Kleriker, wie in Überlingen, dem Rat geben mußten. Der Gmünder Rat verwahrte sich gegen die daran geübte Kritik des Bischofs, indem er darauf verwies, daß bereits Bischof Christoph von Stadion (1517–1543) diese Praxis schriftlich sanktioniert hätte; vgl. *Wagner* N. F. 10 S. 165 f.; *Naujoks* S. 98, 101, 178. Der Überlinger Rat hatte genauso argumentiert, dann aber nach 1609 doch auf die Reverse verzichten müssen; vgl. Kap. VII.3 u. X.3. – Daß sich gerade bei der Frage des Kirchenregiments die katholische Obrigkeit nicht von einer protestantischen unterschied, zeigt anschaulich auch das Beispiel Aachens, wo die durch den mehrheitlich protestantischen Rat vorgenommene Beschneidung der Rechte des Sendgerichts,

ments dokumentiert auch die Einstellung gegenüber Fragen der kirchlichen Reform. Daß das Verhalten des Klerus einer Korrektur bedurfte, darüber war man sich einig, ansonsten aber wollte man die kirchlichen Verhältnisse des Spätmittelalters soweit wie möglich bewahren. Typisch für eine solche Einstellung war z. B. die Reaktion des Kölner Rats auf das von Johannes Gropper erarbeitete Reformstatut, das auf einer Diözesansynode 1536 beraten wurde. Auf die ihm übersandten Statuten ließ er Bischof Hermann von Wied wissen: *Wir als einfältige Laien finden aber in solchem uns zugestellten Begriff etliche Artikel, von denen wir als einfältige Laien besorgen, daß dadurch unsere Bürgerschaft in ihrem hergebrachten Glauben wankend gemacht, von den guten alten Cäremonien entfremdet, in Zwiespalt getrieben werden könnte; einige sind sogar dem alten Herkommen zuwider, und wieder andere würden zu mannigfaltigen Neuerungen führen. [...] Es ist aber nicht unsere Absicht, die von Euer Gnaden beabsichtigte Reform der Geistlichkeit abzuweisen; [...]*[57]. Disziplinierung des Klerus ja, eine Reform der kirchlichen Institutionen aber, die mit zu den Mißständen beitrugen, nein, so kann man die Antwort des Rats resümieren. Und die Magistrate anderer katholischer Reichsstädte dachten, wie das Beispiel Überlingens bereits gezeigt hat, nicht anders.

An der aus dem Spätmittelalter tradierten Struktur der Kirche änderte sich daher zunächst wenig. Erst gegen Ende des 16. Jahrhunderts deutete sich eine vornehmlich durch finanzielle Schwierigkeiten motivierte, behutsame Reform an. In Köln erreichte z. B. der Rat nach jahrelangen Verhandlungen, daß die dortigen Kollegiatstifte die Einkünfte jeweils eines Kanonikats an die Pfarrer der Stadt abliefern mußten, um die Anziehungskraft dieser Stellen und damit auf lange Sicht auch das Niveau der Seelsorge zu erhöhen. Parallel dazu hatten die Jesuiten aus Köln, wo sie ihre erste deutsche Niederlassung gegründet hatten, ein geistiges Zentrum der Gegenreformation und katholischen Reform gemacht[58].

Ihr Wirken trug gewiß auch dazu bei, daß die Phase relativer konfessioneller Indifferenz in Köln etwas früher endete als in anderen katholischen Reichsstädten. Generell gilt indes für alle katholischen Reichsstädte, daß bis in die 1570er Jahre und teilweise auch noch später sich immer wieder einzelne Einwohner zum Protestantismus bekannten und in den Städten, die eine stärkere reformatorische Bewegung erlebt hatten, zum Teil ansehnliche protestantische Minderheiten existierten, die entweder auswärts Gottesdienste besuchten oder in der Stadt eigene Konventikel abhielten. In

---

des kirchlichen Gerichts, nach 1598 durch den katholischen Rat nicht wieder zurückgenommen wurde; vgl. *Lepper*, Sendgericht S. 386 ff.

[57] Zit. nach *Ennen* 4 S. 383. – Zusammenfassend zur kirchlichen Reform im Bistum Köln vgl. *Garbe* S. 136 ff.; vgl. ferner *Chaix*.

[58] Vgl. *Schilling*, Exulanten S. 116 ff. – Auch in anderen katholischen Reichsstädten wirkten die Jesuiten, sei es kontinuierlich über ein Kolleg oder sporadisch durch ihre Missionsarbeit. In Gmünd veranstalteten sie z. B. auf Bitten des Rats mehrere Volksmissionen und Katechesen (vgl. *Klaus*, Verhältnisse S. 98 f.), in Schlettstadt wurde 1615 sogar ein Kolleg des Ordens errichtet (*Adam* S. 425), nach Köln die zweite Niederlassung des Ordens im Reich in einer rein katholischen Reichsstadt.

Städten wie Offenburg, Gmünd, Schlettstadt oder Kaisersberg standen sogar Teile des Rats diesen Gruppen wohlwollend gegenüber[59].

Diese konfessionelle Indifferenz begann sich ab den 1570er und 1580er Jahren zu verändern. Ein typisches Beispiel dafür bietet die Politik des Gmünder Rats[60]. Dort war es 1574 zum Konflikt gekommen, weil der katholische Pfarrer sich weigerte, evangelische Paare zu trauen oder ihre Kinder zu taufen. Der Rat machte sich nun die konfessionelle Einstellung seines Pfarrers zu eigen, zum Teil auch aus obrigkeitlichen Motiven, weil er gegenüber der wachsenden Gruppe von Evangelischen um seine Stellung fürchtete[61], und versuchte, nach Rücksprache mit dem Bischof von Augsburg, die Evangelischen auszuweisen. In den folgenden Jahren versuchten beide Gruppen, der Rat wie die Protestanten, ihre Politik mit Hilfe auswärtiger Stände, allen voran Bayern und dem Bischof von Augsburg auf der einen und Württemberg und der Kurpfalz auf der anderen Seite, durchzusetzen. Zwar gelang es dem Rat nicht, die Protestanten aus Gmünd auszuweisen, da Kaiser Maximilian II. dieser radikal katholischen Politik seine Unterstützung versagte[62], doch setzte in den folgenden Jahren eine erfolgreiche Rekatholisierungspolitik ein, der sich die protestantische Minderheit auf Dauer nicht erwehren konnte. Zu Beginn des Dreißigjährigen Krieges war die evangelische Minderheit in Gmünd so gut wie verschwunden.

Ähnlich, wenn auch nicht immer so konfliktreich, entwickelten sich die Verhältnisse in den anderen katholischen Reichsstädten[63]. Die stärker werdende Konfessionalisierung läßt sich dabei besonders deutlich an den verschiedenen Bürger- und Amtseiden ablesen, die jetzt nach und nach eingeführt wurden und welche die Eidpflichtigen auf die katholische Konfession verpflichteten. In Köln mußte sich seit 1562 jeder Ratsherr zum katholischen Glauben bekennen, seit 1564 jeder städtische Beamte, und seit 1569 forderte man von Neubürgern ebenfalls ein Zeugnis ihrer Katholizität[64]. Bürgereide, die von Neubürgern ein Bekenntnis zum katholischen Glauben forderten, wurden ferner 1576 in Gmünd[65], 1583 in Kaisersberg[66], 1586 in Rosheim[67], 1591 in Offenburg[68] und 1593 in Rottweil[69] eingeführt. Parallel dazu, meist schon etwas früher, hatten Ratsherren und Substituten entsprechende Eide ablegen müssen. Der Zeitpunkt der Einführung hing dabei eng vom dem Grad, den der Prozeß der Konfessionsbildung erreicht hatte, und dem Maß, in dem die Katholizität der Stadt

---

[59] Vgl. *Wagner* N. F. 1 S. 283 f.; *Kähni*, Reformation S. 34; *Adam* S. 424.

[60] Zu den Gmünder Ereignissen vgl. *Wagner* N. F. 2 S. 282 ff. u. 10 S. 161 ff.; *Naujoks* S. 179 ff.; *Ehmer*, Schwäbisch Gmünd S. 229 f.

[61] *Naujoks* S. 179 f.

[62] Vgl. *Wagner* N. F. 2 S. 319.

[63] Vgl. vor allem die Entwicklung in den elsässischen Reichsstädten, wo sich ebenfalls des öfteren protestantische Minderheiten hatten halten können; nach *Adam* S. 414 ff.

[64] *Ennen* 4 S. 756; *Jütte* S. 329.

[65] *Wagner* N. F. 10 S. 321 f.; zum Substituteneid siehe *Klaus*, Verhältnisse S. 94.

[66] *Adam* S. 413.

[67] *Ebda.* S. 435.

[68] *Kähni*, Reformation S. 35.

[69] *Vater* S. 68.

bedroht war, ab. So war in Oberehnheim der Eid genau zu dem Zeitpunkt eingeführt worden, als die evangelische Minderheit der Stadt Auftrieb bekam durch eine direkt bei der Stadt auf reichsritterschaftlichem Territorium gegründete evangelische Pfarrei[70], und in Rottweil, wo es nach der Ausweisung der Protestanten keine konfessionellen Konflikte mehr gab, am spätesten. Von Überlingen ist nicht einmal bekannt, daß der Bürgereid ein bewußtes Bekenntnis zur Katholizität enthalten mußte – dies wurde in der Praxis einfach vorausgesetzt[71].

Die Forschung zur Geschichte der katholischen – wie auch der evangelischen – Reichsstädte in den Jahrzehnten zwischen dem Augsburger Religionsfrieden und dem Beginn des Dreißigjährigen Krieges ist nun noch zu wenig fortgeschritten, als daß ein breit angelegter, typisierender Vergleich bereits möglich wäre[72]. Die wenigen Hinweise indizieren allerdings, daß in allen Städten mit zeitlicher Verschiebung und unterschiedlicher Intensität in den 1570er und 1580er Jahren eine verstärkte Konfessionalisierung einsetzte. Dabei wäre zu prüfen, inwieweit das am Beispiel Überlingens erstellte Modell[73] auf die anderen Städte übertragbar ist. Aufmerksamkeit verdient dabei vor allem die Frage, inwieweit sich für die anderen Städte ein Konnex zwischen der Krise des späten 16. Jahrhunderts und der Konfessionalisierung nachweisen läßt. Gerade die Zeit um 1600 und die Frage nach den vielschichtigen Gründen des Konfessionsbildungsprozesses in den Reichsstädten eröffnet der Forschung noch ein weites Feld.

---

[70] Vgl. *Adam* S. 429.

[71] Tibianus (nach *Oehme* S. 139) berichtet lapidar, daß jeder Einwohner, der gegen den katholischen Glauben verstieß, innerhalb eines Monats die Stadt verlassen müsse.

[72] Die hier nur angedeuteten Gesichtspunkte etwas ausführlicher bei *Enderle*, Reichsstädte S. 266 ff.

[73] Vgl. Kap. X u. XI.

E. Anhang

XIII. Zur Auswertung der Überlinger Steuerbücher

In folgendem Exkurs sollen nicht die grundlegenden Probleme einer Sozialstrukturanalyse diskutiert werden[1], sondern die konkreten Schwierigkeiten, welche die Auswertung der Steuerbücher mit sich brachte. Zum besseren Verständnis dieser Fragen ist es unerläßlich, auf die Praxis des Überlinger Steuerwesens, den Gang der Steuererhebung und vor allem auf die Art der Veranlagung einzugehen. Mit dem Überlinger Steuerwesen haben sich bereits *Schäfer, Harzendorf* und *Eitel* in ihren Arbeiten beschäftigt[2]; eine umfassende Darstellung fehlt allerdings bislang, wie *Eitel* zu Recht bemerkte[3]. Einem solchen Vorhaben werden aber auch durch die Quellenlage enge Grenzen gesetzt. So sind neben den Steuer- und Spectavitbüchern[4] für das 16. Jahrhundert nur noch einige wenige Steuerordnungen[5] und Mandate über die Erhebung der Reichsanlagen[6] erhalten. Vieles, was damals als selbstverständlich galt, heute aber der Erklärung bedürfte, wird nicht eigens erläutert. Manche Probleme können deshalb nur aufgezeigt, nicht aber endgültig gelöst werden.

Am Anfang der jährlichen Steuererhebung stand der auf Vorschlag des Kleinen Rats getroffene Steuerbeschluß des Großen Rats. Darin wurde der ‚Anschlag der Steuer‘ festgesetzt, das heißt unter Berücksichtigung der Marktlage wurden die Preise für Wein und Korn bestimmt, nach denen dann das entsprechende mobile Vermögen eingeschätzt werden konnte. Ferner mußte auch die grundsätzliche Art der Veranlagung vom Großen Rat gebilligt werden[7]. In den zwei Wochen nach Martini wurden dann die Steuerbücher angelegt, das heißt das Vermögen der Bürger im einzelnen erfaßt. Eingezogen wurde die Steuer in den zwei Wochen nach Sonntag Reminiscere, nachdem der Stüblinsschreiber in der Frühmesse den entsprechenden Befehl des Rats verkündet hatte. Letzter Termin für die Entrichtung der Steuer war Sonntag Laetare;

---

[1] Vgl. dazu z.B. *Ehbrecht*, Ordnung; *Mitterauer*; *Ellermeyer*; *Bàtori/Weyrauch*.

[2] F. *Schäfer*; *Harzendorf*, Steuerzahler; Ders., Einwohnerbuch; *Eitel*, Zunftherrschaft. – Die Arbeit von *Möllenberg* gründet bei ihrer Darstellung des Steuerwesens ausschließlich auf *Schäfer*.

[3] *Eitel*, Zunftherrschaft S. 112f.

[4] Für die erste Hälfte des 16. Jahrhunderts ist nur ein Steuerbuch (undatiert, wahrscheinlich von 1528) überliefert. Erst ab 1552 sind die Steuerbücher in dichterer Folge erhalten. Ausgewertet wurden die Steuerbücher von 1496, 1528 [?], 1558, 1568, 1578, 1588, 1597, 1608, 1617. Die Spectavitbücher sind in ähnlichem Umfang überliefert, doch enthalten sie nicht die Angaben zum Vermögen der Einwohner, sondern nur die tatsächlich entrichtete Steuersumme, weshalb sie in die Auswertung nicht miteinbezogen wurden; vgl. auch Kap. IV.

[5] StadtAÜb I/8/181 u. 182.

[6] Teilweise ediert in Oberrheinische Stadtrechte S. 492ff., 555ff.

[7] Vgl. dazu jeweils die Einträge in den Ratsprotokollen, wie z.B. StadtAÜb Rp. 1552–56 fo. 35v, 86v.

Fremde mußten ihre Steuerschuld bis Georgi entrichtet haben. War der erste Steuerumgang abgeschlossen, begannen die vom Rat verordneten Steuerherren mit der Nachsteuer; Güter, deren Wert sich verändert hatte, wurden jetzt neu eingeschätzt und die entsprechende Nachforderung eingezogen[8].

Welcher Personenkreis wurde nun zur jährlichen Steuer herangezogen? Grundsätzlich alle Einwohner der Stadt und Fremde, die innerhalb des Stadtetters steuerpflichtiges Vermögen besaßen. Ferner besteuerte man den Klerus und städtische Institutionen, wie z.B. die Zünfte, Bruderschaften, Frauenklöster und Stiftungen[9]. Bei den persönlichen Steuerzahlern wurde die Steuer jeweils von den einzelnen Haushalten eingezogen, in den Steuerbüchern ist aber das Vermögen oft genauer nach den jeweiligen Besitzern spezifiziert. So wurde z.B. bei wiederverheirateten Personen das Vermögen der Ehepartner getrennt aufgeführt; ferner besaßen auch noch nicht volljährige Kinder aus früheren Ehen oft eigenes Vermögen. Da bei der Auswertung der Steuerbücher aber nur nach einzelnen Haushalten vorgegangen werden kann, um eine Vergleichbarkeit der einzelnen Steuerzahler zu gewährleisten, wurden diese genauer spezifizierten Beträge jeweils addiert. Die tatsächliche Vermögensgröße des Steuerpflichtigen unterscheidet sich damit aber zum Teil von dem Gesamtvermögen, von dem bei der Auswertung der Steuerbücher ausgegangen wurde, da der Betrag, über den er frei verfügen konnte, oft geringer war. Andererseits muß natürlich berücksichtigt werden, daß der jeweilige Steuerzahler Verwalter dieses Gesamtvermögens war und nach außen wohl auch mit diesem identifiziert wurde[10]. Doch wird deutlich, daß die Vermögenswerte, von denen bei der statistischen Auswertung ausgegangen wird, eine gewisse Unschärfe besitzen und komplexere Vermögensverhältnisse innerhalb eines Haushaltes nicht widerspiegeln können.

Weitaus größere methodische Probleme werfen allerdings erwachsene Kinder oder andere Verwandte auf, die zwar einen eigenen Haushalt besaßen, aber nur ein geringes Vermögen, da das Gesamtvermögen der Familie noch vom Familienvorstand versteuert wurde. In der Statistik erscheinen sie als Einwohner mit keinem oder nur einem geringem Vermögen, wogegen ihre tatsächliche Stellung in der Gesellschaft davon erheblich abweichen konnte[11]. Da in den Steuerbüchern oft Steuerzahler mit gleichem Namen untereinander auftauchen, kann man zwar vermuten, daß hier irgendwelche verwandtschaftlichen Beziehungen vorliegen könnten, doch da nur sehr selten dazu Angaben gemacht werden und eine vollständige Bearbeitung solcher Fälle infolge der Quellenlage sowieso ausgeschlossen ist, läßt sich dieses Problem nicht lösen. Damit wird auch ein grundsätzliches Problem jeder sozialgeschichtlichen

---

[8] Vgl. F. *Schäfer* S. 119 ff.; StadtAÜb I/8/181.

[9] Zum Klerus vgl. Kap. VII.10; zu den unpersönlichen Steuerzahlern *Harzendorf*, Steuerzahler, dessen Angaben allerdings nicht immer vollständig oder korrekt sind.

[10] Während z.B. in den Steuerbüchern die Gütertrennung genau festgehalten wurde, enthalten die Spectavitbücher nur noch den Namen des Haushaltsvorstands und den für das Gesamtvermögen geleisteten Steuerbetrag.

[11] Auf dieses Problem wurde bereits öfters hingewiesen. Vgl. neuerdings *Götz* S. 86, mit Verweis auf die Lit.

Analyse frühneuzeitlicher Gesellschaften angesprochen. Das Sozialprestige hing nicht nur vom jeweiligen Vermögen ab, sondern in starkem Maße auch von der Freundschaft, der man angehörte. Doch soziale Beziehungen dieser Art lassen sich nicht mit Hilfe von Steuerbüchern rekonstruieren. Unser Bild von der Sozialstruktur Überlingens wird also entscheidend vorbestimmt durch die Art der Quellen.

Geht man nun davon aus, daß ein bestimmter Prozentsatz der Haushalte mit geringem Vermögen ein tatsächlich höheres Sozialprestige besessen hat, dann müssen alle Angaben über Vermögenskonzentration und Größe der unteren Vermögensklassen etwas abgeschwächt werden, zumal es auch noch einige andere Fälle gibt, welche die Unschärfe der quantitativen Analyse vergrößern. So waren z. B. bis 1593 die städtischen Bediensteten privilegiert, insofern sie nur einen Teil ihres mobilen Besitzes versteuern mußten[12]. Ferner waren manche Personen, wie z. B. Stadt- und Dorfhirt, die Hebamme oder der städtische Werkmeister, ganz von der Steuer befreit. Solche Fälle können zwar aus der Analyse herausgenommen werden, doch muß man zugleich davon ausgehen, daß in den Steuerbüchern nicht immer alle Exemtionen deutlich gekennzeichnet worden sind[13]. Zumindest in den Steuerbüchern von 1496 und 1528 scheinen auch nicht alle Ausbürger und Fremden deutlich von Bürgern oder Michileuten unterschieden worden zu sein. Der Ravensburger Humanist Michael Hummelberg, der in Überlingen Besitz zu versteuern hatte, wird z. B. ohne nähere Erläuterung in den Steuerbüchern im Viertel Secunda Pars aufgeführt[14]. Bei anderen Personen, zu denen Angaben über den Herkunftsort gemacht werden, läßt sich meist nicht mit Sicherheit entscheiden, ob es sich nun tatsächlich um Fremde handelte oder um Neubürger, die aus den betreffenden Orten stammten.

Keine Probleme bieten in dieser Hinsicht die unpersönlichen Steuerzahler oder die Geistlichen. Sie sind eindeutig gekennzeichnet und konnten bei der Analyse der Sozialstruktur der Überlinger Einwohner herausgenommen werden. Einen Streitfall stellen die Michileute dar. *Eitel* hat sie in seiner Untersuchung weggelassen[15], während sie in dieser Arbeit als Einwohner der Stadt, die deren soziales Klima mitbestimmten, berücksichtigt wurden.

Neben der Frage der Zuordnung von Haushalten und Vermögen stellt das zweite große Problem die Art der Veranlagung zur Steuer dar. Dies wird deutlich, wenn man sich etwas genauer mit den verschiedenen Steuerarten beschäftigt, welche die jährliche Steuer umfaßte. Zusammen mit der eigentlichen Vermögenssteuer wurde zugleich noch die Leibsteuer und von Michileuten die Michisteuer eingezogen. Im Unterschied zu den Vollbürgern wurden die Michileute einer besonderen Veranlagung unterworfen. Besaßen sie steuerpflichtiges Vermögen, mußten sie dies – wie die Fremden – zum doppelten Steuersatz versteuern und darüber hinaus noch eine eigene

---

[12] Vgl. StadtAÜb Rp. 1588–96 fo. 221v. 1593 wurde dieses Privileg aufgehoben.

[13] Meist wurden solche Personen in den Steuerbüchern mit einem F gekennzeichnet. Nur in den seltensten Fällen finden sich Hinweise über den Grund der Befreiung; manchmal ist ein Beruf angegeben, der die Exemtion erklärt.

[14] StadtAÜb Steuerbuch 1496, 1528.

[15] *Eitel*, Zunftherrschaft S. 115.

Michisteuer entrichten. Frauen zahlten 8 ßd, Männer, die keine Weingärten gepachtet hatten, 10 ßd, Pächter von Weingärten pro Hofstatt 1 ßd. Eine Sonderregelung gab es für Michileute, die sowohl eigene als auch gepachtete Weingärten besaßen[16].

Die Leibsteuer war entgegen ihrem Namen keine Personensteuer, sondern wurde ebenfalls von den einzelnen, steuerpflichtigen Haushalten erhoben. 1528 betrug die Leibsteuer noch 4 ßd pro Haushalt, 1550 wurde sie auf 5 ßd erhöht[17]. Nicht eindeutig klären lassen sich die Kriterien, nach denen die Leibsteuer erhoben wurde. Von Fremden und auswärtigen Herrschaften, die Besitz oder Pfleghöfe in Überlingen besaßen, wurde im allgemeinen keine Leibsteuer verlangt, doch gab es Ausnahmen, wie z.B. das Kloster Wald, das diese Abgabe entrichtete[18]. Bei der Reichsanlage von 1566 wurde von Personen, die über 200 lbd besaßen, keine Leibsteuer verlangt, wohl aber von Personen ohne Vermögen[19]. Aus den Angaben der Steuerbücher läßt sich nun die Zahl derjenigen entnehmen bzw. errechnen[20], die Leibsteuer bezahlt haben. Diese Zahlen decken sich nun weder mit der der Vollbürger noch derjenigen, die Vermögen versteuert haben. Wahrscheinlich haben bei der regulären Jahressteuer nur diejenigen Leibsteuer entrichten müssen, die auch Besitz hatten, wozu zum Teil eben auch Michileute, Kleriker und einige wenige auswärtige unpersönliche Steuerzahler gehörten. Damit wäre dann auch die Differenz erklärt, die zwischen der Zahl der Leibsteuerzahlenden und derjenigen Bürger, die steuerpflichtiges Vermögen besaßen, besteht[21].

Wichtiger als Leib- und Michisteuer war natürlich – allein schon aufgrund der Höhe der Erträge – die eigentliche Vermögenssteuer. Wie in anderen oberschwäbischen und südwestdeutschen Reichsstädten wurde dabei zunächst einmal zwischen dem liegenden und dem fahrenden Vermögen unterschieden[22]; die Überlinger Steuerbücher enthalten darüber hinaus noch andere Rubriken wie Pfandschaft, Leibgeding, Lehen, De Censu, Ansprüchiges, De Navibus[23]; auch werden zum Teil Aigen und Varend noch weiter spezifiziert, z.B. in Aigen an Reisern, Varend an Schuldbriefen, Varend im Gewerbe, Varend an Büchern[24]. Doch abgesehen von der Rubrik der Pfandschaft sind diese anderen Kategorien kaum von Interesse, da sie zusammen

---

[16] Oberrheinische Stadtrechte S. 533f.

[17] *Eitel*, Zunftherrschaft S. 115.

[18] StadtAÜb I/8/181. Leibsteuer zahlten die Klöster Habstall und Wald sowie diejenigen Einwohner von Goldbach, Brünsbach und Aufkirch, die Besitz innerhalb des Stadtetters hatten.

[19] Oberrheinische Stadtrechte S. 555ff.

[20] Am Schluß aller Steuerbücher sind jeweils die Einnahmen aus der Leibsteuer angegeben. 1496, 1588, 1597, 1608 und 1617 wurde dabei auch vermerkt, wie viele Personen Leibsteuer entrichtet hatten, für die übrigen Jahre kann man sie aus dem angegebenen Betrag errechnen.

[21] Vgl. dazu die Daten in Kap. XIV.

[22] Vgl. *Hauptmeyer*, Verfassung S. 200; *Bechtold* S. 19f.; *Wolfart* 1 S. 324; *Eitel*, Zunftherrschaft S. 108ff.

[23] Vgl. dazu *Eitel*, Zunftherrschaft S. 113.

[24] Diese Angaben treten allerdings nur sehr selten auf, wobei sich z.B. der Bücherbesitz meist auf geistliche Personen bezog.

weniger als 3% des Gesamtvermögens ausmachten[25]. Nach *Eitel* müßte nun noch genauer untersucht werden, was unter diesen Rubriken im einzelnen zu verstehen sei[26], doch bieten die Quellen dafür keine Informationen mehr; zudem ist meistens im Grunde klar, worum es sich handelte[27]. Das Aigen umfaßte jeglichen immobilen Besitz, zunächst einmal also Häuser und Gärten in der Stadt, dann aber auch Höfe, Weingärten, Äcker, Wiesen und Krautgärten. Zum mobilen Vermögen, dem Varend, wurden Bargeld und Zinsbriefe sowie Korn- und Weinvorräte gezählt; Handwerker mußten zudem noch die Rohmaterialien und die daraus verfertigten Produkte, welche sie besaßen, sowie bereits vergebene Aufträge versteuern[28]. Was unter Pfandschaft zu verstehen sei, wird in den Quellen nirgends genauer erklärt. Im allgemeinen handelte es sich dabei wohl um Güter, die als Pfand für eine Schuld genommen wurden[29]. Dabei konnte es sich dann sowohl um liegende Güter als auch um Zinsbriefe handeln[30]. Da in Überlingen im Laufe des 16. Jahrhunderts der Pfandschaftsbesitz nach dem Aigen den größten Anteil am Vermögen der persönlichen Steuerzahler ausmachte, wäre eine genauere Erklärung wünschenswert. Man kann aber nur vermuten, daß es sich wahrscheinlich in den meisten Fällen um Schuldverschreibungen gehandelt hat, zumal vor allem die Oberschicht in größerem Maß Pfandschaftsbesitz versteuert hatte[31]. Leibgedinge, die in der Regel ca. 2% des Gesamtvermögens ausmachten, besaßen fast ausschließlich die Oberpfründner des Spitals, die sich damit in das Spital eingekauft hatten und für die erlegte Summe eine jährliche Rente erhielten. Dabei wurde sowohl dieses Kapital wie auch der Ertrag daraus (unter der Rubrik: Varend aus Leibgeding) versteuert. Ansprüchiges umfaßte ausstehende Geldforderungen, Lehen, verliehene Güter und unter De Censu eingenommene Zinsen. Während die Handwerker ihren Besitz unter dem Varenden versteuerten, gab es für die Überlinger Fischer und Seefuhrleute mit De Navibus eine eigene Rubrik, unter der sie ihre Boote versteuern mußten[32].

Aigen und Varend wurden, wie auch in anderen Städten[33], unterschiedlich besteu-

---

[25] Ungefähr 2% umfaßte die Rubrik Leibgeding, die restlichen 1% verteilten sich auf die übrigen Rubriken, deren Bedeutung zudem noch im Laufe des 16. Jahrhunderts immer mehr abnahm.

[26] *Eitel*, Zunftherrschaft S. 113.

[27] Vgl. z.B. *Götz* S. 98 f., zu der dortigen Aufteilung des Vermögens, oder auch *Kirchgässner*, Steuerwesen S. 127 f.

[28] StadtAÜb I/8/181.

[29] So erklärt z.B. *Eitel*, Zunftherrschaft S. 113, diese Kategorie.

[30] Vgl. *Clasen* S. 8, der für Augsburg die Kategorie „ligennde gütter, die pfandtschaft sind", nachweist. F. *Schäfer* S. 121, ordnet sie unter dem Oberbegriff Zinsbriefe ein. Eine Bestimmung, die auch durch die Quellen gestützt wird, da dort unter Varend – und Pfandschaft wurde wie Varend versteuert – neben Bargeld auch immer Zinsbriefe aufgeführt werden; vgl. StadtAÜb I/8/181.

[31] Vgl. Kap. IV.5.

[32] Vgl. generell zu den Rubriken der Überlinger Steuerbücher *Eitel*, Zunftherrschaft S. 113 f., u. StadtAÜb I/8/181.

[33] In Konstanz wurde das Varend doppelt so hoch besteuert (2 d pro 1 Steuermark) wie das Aigen; vgl. *Kirchgässner*, Steuerwesen S. 91; ebenso in Ravensburg und Isny; vgl. *Dreher*,

ert. Für 3 lbd Aigen wurde im Steuerbuch eine Steuermark eingetragen, einer Steuermark Varend lag aber nur ein Besitz von 2 lbd zugrunde. Da für eine Mark Aigen 1 d, für eine Mark Varend aber 2 d Steuer bezahlt werden mußte, wurde also das Varend dreimal so hoch besteuert wie das Aigen; Lehen und De Censu wurden wie Aigen, die übrigen Rubriken wie Varend behandelt[34]. Dieser Steuersatz wurde das ganze 16. Jahrhundert über beibehalten, wie auch das Steuerwesen an sich keine grundsätzliche Änderung erfuhr[35].

Die eigentliche Schwierigkeit bei der Darstellung des Überlinger Steuerwesens besteht nun nicht darin zu eruieren, was unter diesen Rubriken genau zu verstehen ist, sondern wie die Veranlagung zur Steuer vor sich ging, über die der Große Rat jedes Jahr beschloß. Die Veranlagungsgrundsätze sind aber nur für Teile des Varend, nämlich die Korn- und Weinvorräte bekannt, und teilweise auch für Hofgülten, nicht aber für anderen immobilen Besitz. Zwar handelte es sich bei der Vermögenssteuer um eine Eidsteuer, sofern nicht wie für Wein und Korn jährlich neue Sätze festgelegt wurden, das heißt der Steuerpflichtige gab den Wert seiner Güter selber an, doch die Richtlinien dafür sind nicht überliefert[36]. Das zentrale Problem besteht mithin darin, daß sich zwischen 1552 und 1558 das in den Steuerbüchern angegebene Vermögen fast verdreifacht hat[37]. Diese Erhöhung muß erklärt werden.

Bekannt ist nur, daß der Rat in dieser Zeit die Veranlagungsgrundsätze verändert hatte. Vor allem der Anschlag für das Aigen mußte dabei drastisch erhöht worden sein, denn die Anschläge für Wein sind fast für das ganze 16. Jahrhundert bekannt. Dabei zeigte sich zwar ein genereller Anstieg der Preise, doch war dieser Anstieg kontinuierlich und kann für das plötzliche Hochschnellen der Vermögenswerte nicht die Ursache gewesen sein[38]. 1563 wurden die Anlagesätze für Hofgülten, einen Teil des Aigens, etwas erhöht, doch wiederum nicht so beträchtlich, daß dies ins Gewicht fiel[39]. Entscheidend war also die Modifikation der Veranlagungsgrundsätze für das

---

Patriziat 31 S. 276 f.; *Hauptmeyer*, Verfassung S. 200; wogegen in Lindau seit 1547 beide Vermögensarten gleich besteuert wurden; vgl. *Wolfart* 1 S. 324.

[34] *Eitel*, Zunftherrschaft S. 113 f.

[35] Allgemein dürfte gelten, daß sich im Laufe des 16. Jahrhunderts der Modus des Steuereinzugs in den Städten kaum grundlegend änderte; vgl. dazu z. B. auch *Clasen* S. 54.

[36] Nach F. *Schäfer* S. 126 f., war seit Anfang des 16. Jahrhunderts das Liegenschaftsvermögen durch die Steuerbehörde selbst eingeschätzt worden.

[37] Vgl. dazu Kap. IV.2.

[38] Vgl. ebda. zur Entwicklung der Anschläge für Wein. – Daß gerade das Aigen höher versteuert wurde, ist an sich verständlich, stellte es doch den größten Anteil am Gesamtvermögen und war auch bis dato deutlich geringer besteuert gewesen als das Varend.

[39] Zur Änderung der Anschläge für Hofgülten vgl. StadtAÜb Rp. 1556–66 fo. 412. Der Vergleich mit den Anschlägen, nach denen das Vermögen des 1542 verstorbenen Bürgermeisters Hans von Freyburg eingeschätzt wurde (StadtAÜb I/8/181), belegt, daß die Erhöhung ca. 30% nicht überstieg. – Bei den verschiedenen Reichsanlagen gab es meistens genaue Sätze für Rebgärten, Äcker, Vieh, Wein, Korn und Hofgülten, während das übrige Aigen durch jeden Steuerpflichtigen selbst eingeschätzt wurde *als lieb die ime jetzo sein, und anderst nit*; Oberrheinische Stadtrechte S. 556. Möglicherweise wurde bei der regulären Jahressteuer gleich verfahren, belegen läßt sich eine solche Vermutung allerdings nicht.

Aigen zwischen 1552 und 1558. Doch gerade diese Richtlinien sind im Falle Überlingens ebenso wie auch für die meisten anderen Städte des Mittelalters und der Frühen Neuzeit „in ein fast undurchdringliches Dunkel gehüllt"[40]. Es bleibt also nur übrig, das Faktum dieser Erhöhung zwischen 1552 und 1558 zu konstatieren und darauf zu verweisen, daß auch für die anderen Jahre Modifikationen der Veranlagungsgrundsätze prinzipiell nicht ausgeschlossen werden können. Aufgrund statistischer Auswertungen von Steuerbüchern festgestellte Veränderungen der Sozialstruktur können also immer auch – zumindest partiell – darauf zurückzuführen sein.

Insgesamt wird deutlich, daß die Auswertung der Steuerbücher eine ganze Reihe praktischer Probleme mit sich bringt, die ihre Ursache zumeist in fehlenden Informationen der Steuerbücher oder der zeitgenössischen Steuerordnungen haben und die deshalb auch nicht gelöst werden können, die aber eindringlich vor Augen führen, daß jede Interpretation, die von solchen Quellen ausgeht, sich immer ihrer Grenzen bewußt sein muß. Angaben über Vermögenskonzentration oder über die Entwicklung des Besitzes innerhalb einer Schicht können immer nur einen allgemeinen Trend andeuten, doch dürfen diese Entwicklungen nie zu eng oder zu präzise verstanden werden. Sie können Hinweise geben auf das soziale Klima im ganzen und grundlegende wirtschaftliche Strukturen, mehr wird man aber nicht erwarten dürfen. Freilich sollte man darüber die positiven Seiten dieser Quellengattung nicht völlig vergessen. Auch wenn man die Veranlagungsgrundsätze nicht kennt, kann man aus den Steuerbüchern immerhin den Trend der Vermögensentwicklung einer Stadt ermitteln. Schließlich mußten sich die Steuersätze auch an dem finanziell Möglichen orientieren. Rechnet man Vor- und Nachteile dieser Quellengattung auf, so bleibt unter dem Strich doch ein positives Ergebnis: die Möglichkeit, Einblick in soziale Strukturen zu erhalten, wie sie keine andere Quellenart erlaubt.

---

[40] *Kirchgässner*, Wirtschaft S. 67. Vgl. zu diesem grundsätzlichen Problem auch *Ders.*, Möglichkeiten S. 75 ff.

XIV. Materialien zur Wirtschafts-, Bevölkerungs- und Sozialgeschichte

Die Quellengrundlage für die folgenden Tabellen bilden jeweils – sofern nichts anderes angegeben wird – die Steuerbücher[1].

Tab. 1: Überlinger Weinpreise 1496–1539/1545–1618 und Ernteerträge 1545–1618

Jedes Jahr im Herbst setzte der Große Rat die Weinpreise fest, nach denen das entsprechende Vermögen zur Steuer eingeschätzt werden sollte, wobei er sich wohl an den Marktpreisen orientierte. Es wurde dabei zwischen neuem und altem Wein unterschieden; in der Regel – es gab allerdings Ausnahmen – war der Preis für neuen Wein niedriger. Die Tabelle enthält nun für die Jahre 1496 bis 1539 die Anschläge für neuen Wein, wobei sie für die Jahre 1496 bis 1517 den Ratsprotokollen und für 1518 bis 1539 einem Verzeichnis des Stadtschreibers entnommen wurden[2]. Für die Jahrzehnte ab 1545 wurde ein in den Kollektaneen Jacob Reutlingers tradiertes Verzeichnis der Weinpreise und Ernteerträge zugrunde gelegt, da die Überlieferung der Ratsprotokolle lückenhaft ist[3]. Ein Vergleich der in den Ratsprotokollen enthaltenen Angaben mit denen bei Reutlinger zeigt allerdings, daß die Preisangaben voneinander abweichen, wenn sie auch in der grundsätzlichen Tendenz übereinstimmen. Während die Ratsprotokolle die Steueranschläge enthalten, dürfte Reutlinger die damit nicht immer genau übereinstimmenden Marktpreise überliefert haben. Meistens liegen die Preise bei Reutlinger zwischen den Anschlägen für neuen und alten Wein. Trotz der Inkohärenz der Quellen scheint es aber gerechtfertigt zu sein, die verschiedenen Überlieferungen zu verbinden und hinsichtlich der verwendeten Währungen zu vereinheitlichen, da zumindest die Preistendenz auf diese Weise erfaßt werden kann.

---

[1] Vgl. dazu Kap. IV u. XIII.

[2] Für die Jahre 1518 bis 1532 s. StadtAÜb I/8/181.

[3] StadtAÜb Reutlinger 4 [o. Bl.angabe]. Bei dem Verzeichnis handelt es sich um eine nachträglich im 17. Jahrhundert wohl von Medardus Reutlinger, einem Nachkommen des Chronisten, angefertigte Liste, bei der er auf ältere Angaben zurückgegriffen haben muß. Spätere Bearbeiter führten die Liste bis zum Jahre 1819 fort. Der Wechsel der Bearbeiter läßt sich an den unterschiedlichen Handschriften erkennen. Da ab 1633 oft Bemerkungen über das Wetter und die Qualität des Weins verzeichnet sind, dürfte der Bearbeiter spätestens seit dieser Zeit seine Angaben von Zeitgenossen oder aus eigener Erfahrung geschöpft haben. Aus welchen Quellen die früheren Angaben stammen, läßt sich nicht eruieren. Wahrscheinlich griff man auf Unterlagen Jacob Reutlingers zurück.

a.) Die Weinpreise in lbd

1496	6	1537	20	1578	21
1497	10	1538	30	1579	42
1498	14	1539	10	1580	32
1499	9	1540		1581	28
1500	9	1541		1582	24
1501	10	1542		1583	19
1502		1543		1584	18
1503		1544		1585	32
1504		1545	32	1586	42
1505	12	1546	19	1587	37
1506		1547	22	1588	65
1507	10	1548	26	1589	68
1508	8	1549	22	1590	49
1509	10	1550	19	1591	63
1510	11	1551	28	1592	67
1511	14	1552	13	1593	46
1512	18	1553	16	1594	44
1513	25	1554	28	1595	53
1514	10	1555	32	1596	67
1515	15	1556	19	1597	44
1516	14	1557	18	1598	32
1517	23	1558	18	1599	32
1518	15	1559	25	1600	32
1519	11	1560	32	1601	30
1520	24	1561	33	1602	51
1521	15	1562	33	1603	39
1522	22	1563	30	1604	26
1523	13	1564	29	1605	32
1524	24	1565	40	1606	49
1525	17	1566	24	1607	49
1526	17	1567	19	1608	60
1527	18	1568	29	1609	33
1528	16	1569	37	1610	25
1529		1570	32	1611	53
1530	24	1571	40	1612	35
1531	20	1572	33	1613	32
1532	14	1573	46	1614	42
1533	15	1574	37	1615	42
1534	23	1575	26	1616	33
1535	14	1576	37	1617	35
1536	17	1577	39	1618	51

b.) Die Ernterträge in Fuder

1545	3545	1570	2895	1595	1185		
1546	6000	1571	1664	1596	1109		
1547	2000	1572	3463	1597	2226		
1548	1660	1573	1280	1598	2325		
1549	2262	1574	4279	1599	2569		
1550	2897	1575	2641	1600	1747		
1551	2784	1576	1524	1601	1668		
1552	4891	1577	2054	1602	1346		
1553	3856	1578	4068	1603	2833		
1554	1981	1579	1472	1604	2879		
1555	1681	1580	3369	1605	2778		
1556	3514	1581	3540	1606	1318		
1557	3164	1582	3222	1607	1975		
1558	3260	1583	3616	1608	937		
1559	3156	1584	3140	1609	1443		
1560	1515	1585	1442	1610	3906		
1561	2936	1586	1226	1611	2762		
1562	2238	1587	895	1612	1005		
1563	2443	1588	977	1613	2262		
1564	3760	1589	982	1614	2515		
1565	2108	1590	1805	1615	2055		
1566	2616	1591	1147	1616	2774		
1567	3379	1592	1554	1617	2434		
1568	1209	1593	1416	1618	1755		
1569	1779	1594	868				

Tab. 2: Die Zahl der Steuerzahler 1496–1617

Die folgenden Angaben beziehen sich jeweils auf steuerpflichtige Haushalte, nicht auf Personen.
(1. = Die Zahl aller in den Steuerbüchern enthaltenen Steuerzahler; 2. = Die persönlichen, in Überlingen wohnenden Steuerzahler. Dabei wurden von 1. abgezogen: Die unpersönlichen Steuerzahler wie Zünfte, Klöster und auswärtige Klosterhöfe; Ausbürger und Ausleute (s. dazu unten); Pflegschaften und Kleriker; 3. = Steuerzahlende Bürger. Von 2. wurden hier noch die Michileute (s. dazu unten) abgezogen; 4. = Die persönlichen Steuerzahler abzüglich der Habnits).

	1496	1528	1558	1568	1578	1588	1597	1608	1617
1.	1132	1139	1171	1142	1232	1214	1233	1269	1145
2.	928	898	947	939	897	862	852	920	805
3.	872	772	794	784	758	763	763	847	740
4.	736	669	768	789	726	669	708	770	699

Tab. 3: Die Zahl der Leibsteuerzahler 1496–1617

Nur in den Steuerbüchern 1496 und ab 1588 wird am Schluß die Zahl der Leibsteuer-zahler genannt, für die übrigen Jahre kann sie aus dem angebenen Steuerbetrag errechnet werden. Der Wert des Jahres 1518 stammt aus StadtAÜb Rp. 1507–18 fo. 177f.

1496	1518	1528	1558	1568	1578	1588	1597	1608	1617
824	830	774	805	784	887	914	928	997	886

Tab. 4: Die Zahl der Ausbürger und Ausleute 1496/1528–1617

Die Ausbürger – auswärts wohnende Bürger – werden in den Steuerbüchern immer nach dem letzten Stadtviertel (Held und Mühlen) aufgeführt (keine Ausbürger enthält das Steuerbuch von 1496), anschließend die Ausleute – Nichtbürger, die aber steuer-baren Besitz in Überlingen hatten. Ab 1588 stehen die Ausbürger nach den Pfleg-schaften. Jetzt wurden auch noch eigens die Landbürger als eigene Kategorie einge-führt und von den Ausbürgern unterschieden, mit denen sie noch 1578 zusammen aufgeführt wurden. Diese Landbürger wurden in der Tabelle nicht berücksichtigt. (1. = Ausbürger; 2. = Ausleute).

	1496	1528	1558	1568	1578	1588	1597	1608	1617
1.		4	7	6	37	35	46	34	26
2.	147	180	158	106	158	147	154	153	154

Tab. 5: Die Zahl der Michileute und Habnits 1496−1617

(1. = Michileute insgesamt; 2. = Michileute ohne steuerbares Vermögen; 3. = Habnits insgesamt).

	1496	1528	1558	1568	1578	1588	1597	1608	1617
1.	56	126	153	155	139	99	89	73	65
2.	49	107	92	73	82	69	51	48	34
3.	194	229	179	150	171	193	144	152	106

Tab. 6: Steuereinnahmen, Vermögen und Vermögensarten 1496−1617

Für die Steuereinnahmen wurden jeweils die am Schluß der Steuerbücher aufgeführten Gesamteinnahmen übernommen. Die Vermögenswerte wurden aus den in Steuermark angegebenen Beträgen pro Haushalt errechnet.
(1. = Steuereinnahmen in lbd; 2. = Vermögen aller Steuerzahler in lbd; 3. = Vermögen der persönlichen Steuerzahler in lbd; 4. = Vermögen der persönlichen Steuerzahler an Aigen in lbd; 5. = Dto. an Varend; 6. = Dto. an Pfandschaft).

	1496	1528	1558	1568	1578
1.	1160	1420	4022	3665	3989
2.	379703	508100	991782	1214228	1317905
3.	304739	370959	881554	1082034	1058701
4.	225750	256446	564138	681951	685605
5.	36402	60764	131290	146180	137054
6.	27182	38788	169066	220346	193578

	1588	1597	1608	1617
1.	4066	4105	4212	4716
2.	1392436	1385792	1447673	1582290
3.	1058199	1059135	1151209	1264039
4.	691785	699642	718230	740169
5.	129404	149510	183470	233834
6.	193762	171428	210780	246968

Tab. 7: Vermögensgruppen 1496–1617

Die Angaben beziehen sich auf die Zahl der persönlichen Steuerzahler. Die Vermögensgruppen umfassen jeweils die Einwohner mit Vermögen bis 100 lbd, zwischen 101 und 500 lbd usw.

	100	500	1000	2000	5000	35000
1496	483	273	88	57	25	2
1528	438	265	95	64	29	8
1558	359	250	106	101	93	39
1568	313	253	102	109	112	48
1578	293	236	110	103	102	54
1588	272	226	117	102	95	51
1597	273	231	105	100	93	51
1608	270	258	117	114	106	56
1617	215	232	111	96	80	71

Tab. 8: Anteil der Vermögensgruppen an den Vermögensarten 1496–1617

Die Angaben beziehen sich jeweils auf die persönlichen Steuerzahler.
(1. = Aigen in lbd; 2. = Varend in lbd; 3. = Pfandschaft in lbd; 4. = Aigen: prozentualer Anteil am Gesamtvermögen; 5. = Varend: Dto.; 6. = Pfandschaft: Dto.).

I. Vermögensgruppe bis 100 lbd

	1496	1528	1558	1568	1578
1.	6687	5289	2004	1539	813
2.	3348	2996	2850	2552	2678
3.	216	122	1382	1522	634
4.	60.86	57.28	31.37	25.88	19.36
5.	30.47	32.45	44.61	42.91	63.78
6.	1.97	1.32	21.63	25.59	15.10

	1588	1597	1608	1617
1.	531	438	354	189
2.	1776	3796	3628	3560
3.	1250	1092	1142	1504
4.	14.46	8.03	6.64	3.47
5.	48.35	69.57	68.09	65.45
6.	34.03	20.01	21.43	27.65

II. Vermögensgruppe bis 500 lbd

	1496	1528	1558	1568	1578
1.	48816	52322	43806	39261	40743
2.	9648	11390	10228	9482	8740
3.	886	1524	7250	11828	8748
4.	75.61	76.1	67.79	58.77	65.78
5.	14.94	16.57	15.83	14.19	14.11
6.	1.37	2.22	11.22	17.70	14.12

	1588	1597	1608	1617
1.	43452	37320	39882	38091
2.	6310	11902	17212	16152
3.	7166	8962	5888	7612
4.	73.25	61.42	60.17	59.46
5.	10.64	19.59	25.97	25.21
6.	12.08	14.75	8.88	11.88

III. Vermögensgruppe bis 1 000 lbd

	1496	1528	1558	1568	1578
1.	50988	54210	55062	50961	57078
2.	7418	9310	10956	9394	11722
3.	1356	2070	6274	9780	7432
4.	81.90	80.31	73.86	71.40	70.24
5.	11.91	13.79	14.70	13.16	14.42
6.	2.18	3.07	8.42	13.70	9.15

	1588	1597	1608	1617
1.	60717	51108	56427	51021
2.	8690	11500	15296	18280
3.	11170	8488	6098	5258
4.	71.44	66.08	66.09	63.82
5.	10.22	14.87	17.92	22.86
6.	13.14	10.97	7.14	6.58

IV. Vermögensgruppe bis 2000 lbd

	1496	1528	1558	1568	1578
1.	61515	68376	104097	114138	105726
2.	8254	13396	19368	20810	18090
3.	4878	3338	21300	14352	18298
4.	78.15	79.31	70.29	72.92	70.65
5.	10.49	15.54	13.08	13.30	12.09
6.	6.20	3.87	14.38	9.17	12.23

	1588	1597	1608	1617
1.	104520	99591	111627	91170
2.	15804	21856	28320	30040
3.	16974	10658	12972	7072
4.	69.72	68.01	68.18	64.48
5.	10.54	14.92	17.30	21.25
6.	11.32	7.28	7.92	5.00

V. Vermögensgruppe bis 5000 lbd

	1496	1528	1558	1568	1578
1.	47679	34695	197757	230265	238059
2.	6628	6344	37488	47900	38004
3.	12432	5396	38726	61432	42468
4.	68.73	69.39	71.73	65.54	73.17
5.	9.55	12.69	13.60	13.63	11.68
6.	17.92	10.79	14.05	17.49	13.05

	1588	1597	1608	1617
1.	231681	218496	225714	161967
2.	38446	44678	49060	58588
3.	46048	33534	44204	30324
4.	71.91	72.57	70.05	62.96
5.	11.93	14.84	15.23	22.77
6.	14.29	11.14	13.72	11.79

VI. Vermögensgruppe bis 35 000 lbd

	1496	1528	1558	1568	1578
1.	10065	41553	161412	243432	243186
2.	1106	17328	50400	56042	57820
3.	7414	26338	94134	121432	115998
4.	53.14	46.56	51.70	56.61	55.74
5.	5.84	19.42	16.14	13.03	13.25
6.	39.14	29.51	30.15	28.24	26.59

	1588	1597	1608	1617
1.	250884	292689	284226	397731
2.	58378	55778	69954	107214
3.	111154	108694	140476	195198
4.	57.27	62.53	55.92	55.55
5.	13.33	11.92	13.76	14.98
6.	25.37	23.22	27.64	27.26

Tab. 9: Unter-, Mittel- und Oberschicht und ihr Anteil an den Vermögensarten 1496−1617

Zur Unterschicht wurde gezählt, wer bis zu 1/3 des Mittelwerts an Vermögen besaß, zur Mittelschicht, wer das Dreifache besaß; Steuerzahler, die mehr versteuerten, wurden zur Oberschicht gerechnet; vgl. dazu Kap. IV.

I. Prozentualer Anteil am Vermögen
(1. = Unterschicht; 2. = Mittelschicht; 3. = Oberschicht)

	1496	1528	1558	1568	1578
1.	3.98	3.72	4.48	4.62	4.52
2.	40.86	42.54	41.89	41.43	41.49
3.	55.14	53.74	53.63	54.05	54.34

	1588	1597	1608	1617
1.	4.72	4.96	5.10	5.82
2.	37.83	39.85	42.15	36.01
3.	57.46	55.19	52.75	58.17

II. Prozentualer Anteil an der Bevölkerung

	1496	1528	1558	1568	1578
1.	53.13	52.90	55.65	54.85	54.07
2.	37.71	38.42	35.69	36.10	36.23
3.	9.16	8.69	8.66	9.52	9.70

	1588	1597	1608	1617
1.	54.18	55.52	54.24	56.52
2.	35.38	35.33	37.17	34.16
3.	10.44	9.15	8.70	9.32

III. Prozentualer Anteil an den Vermögensarten
a.) Unterschicht
(1. = Aigen; 2. = Varend; 3. = Pfandschaft)

	1496	1528	1558	1568	1578
1.	3.26	3.33	4.29	3.94	4.14
2.	9.54	6.35	6.06	5.85	6.87
3.	0.79	0.60	2.94	4.00	3.67

	1588	1597	1608	1617
1.	4.89	4.33	4.50	5.56
2.	5.09	8.42	9.93	8.80
3.	3.97	4.75	2.95	3.80

b.) Mittelschicht

	1496	1528	1558	1568	1578
1.	43.53	48.66	46.85	46.47	47.62
2.	46.21	38.90	36.69	38.51	38.36
3.	8.25	10.00	27.06	25.72	20.92

	1588	1597	1608	1617
1.	41.13	41.86	47.43	38.90
2.	33.86	42.68	43.51	43.20
3.	24.97	23.01	19.73	16.77

c.) Oberschicht

	1496	1528	1558	1568	1578
1.	53.21	48.01	48.86	48.79	48.24
2.	44.25	54.75	55.48	55.48	54.73
3.	90.96	89.39	69.70	70.08	75.41

	1588	1597	1608	1617
1.	53.97	53.81	48.07	55.54
2.	61.06	48.89	46.56	48.00
3.	71.07	72.24	77.31	79.43

Tab. 10: Die Vermögensverteilung in Dezilen 1496–1617
(Die 2. Reihe gibt jeweils die kumulierten Werte an.)

	1.	2.	3.	4.	5.	6.	7.	8.	9.	10.
1496	0	0	0.27	0.94	1.88	3.70	5.93	10.32	19.64	57.31
	0	0	0.27	1.21	3.09	6.80	12.72	23.05	42.69	100
1528	0	0	0.11	0.82	1.94	3.92	6.40	10.45	19.08	57.29
	0	0	0.11	0.93	2.87	6.79	13.19	23.64	42.71	100
1558	0	0.01	0.20	0.85	1.85	3.28	5.72	10.69	20.25	57.17
	0	0.01	0.21	1.06	2.90	6.19	11.91	22.60	42.85	100
1568	0	0.03	0.30	0.96	1.93	3.47	5.85	10.85	20.11	56.50
	0	0.03	0.33	1.29	3.22	6.68	12.54	23.39	43.50	100
1578	0	0.01	0.26	1.03	2.04	3.55	6.38	10.85	20.88	55.00
	0	0.01	0.27	1.31	3.34	6.89	13.27	24.12	45.00	100
1588	0	0	0.27	1.16	2.06	3.61	6.15	10.45	20.27	56.03
	0	0	0.27	1.43	3.49	7.10	13.25	23.70	43.97	100
1597	0	0.04	0.36	1.07	1.94	3.28	5.86	10.37	19.47	57.61
	0	0.04	0.40	1.47	3.41	6.69	12.55	22.92	42.39	100
1608	0	0.06	0.51	1.22	2.05	3.53	6.26	10.66	18.94	56.76
	0	0.06	0.57	1.79	3.85	7.38	13.64	24.30	43.24	100
1617	0	0.15	0.60	1.29	2.02	3.11	5.22	9.23	18.45	59.93
	0	0.15	0.75	2.04	4.06	7.17	12.39	21.62	40.07	100

Tab. 11: Einwohner, Vermögen, Mittelwert und Standardabweichung der Überlinger Steuerviertel 1496–1617
(1. = Einwohner; 2. = Vermögen der persönlichen Steuerzahler in lbd; 3. = Mittelwert; 4. = Standardabweichung)

I. Vischerheuser

	1496	1528	1558	1568	1578
1.	79	61	67	76	71
2.	14564	16810	44380	57061	55234
3.	184	275	652	750	777
4.	389	400	853	1247	1171

	1588	1597	1608	1617
1.	59	57	72	63
2.	61137	61846	73421	68907
3.	1018	1085	1019	1093
4.	1482	1809	2139	2277

II. Dorf

	1496	1528	1558	1568	1578
1.	49	51	51	48	48
2.	21773	24186	66148	74563	62872
3.	444	474	1297	1553	1309
4.	474	733	1873	2130	1931

	1588	1597	1608	1617
1.	33	39	41	38
2.	66431	50188	55052	70527
3.	2013	1286	1324	1855
4.	3253	1686	1725	2882

III. Altdorf

	1496	1528	1558	1568	1578
1.	113	118	120	106	104
2.	30459	38912	66092	92766	96602
3.	269	329	550	875	957
4.	482	519	1022	1501	1551

	1588	1597	1608	1617
1.	130	108	108	101
2.	96756	93356	112547	99028
3.	939	864	1042	990
4.	1756	1508	1613	1861

IV. Hawloch

	1496	1528	1558	1568	1578
1.	38	36	45	37	41
2.	6068	9531	16945	14664	19396
3.	159	264	376	396	473
4.	247	348	710	670	719

	1588	1597	1608	1617
1.	43	35	37	36
2.	20816	17006	20747	18453
3.	484	485	560	512
4.	923	987	1041	1140

V. Prima Pars

	1496	1528	1558	1568	1578
1.	115	108	99	107	80
2.	53927	58786	149291	189910	177980
3.	468	544	1507	1774	2224
4.	734	1076	2443	2805	2972

	1588	1597	1608	1617
1.	85	85	95	80
2.	191699	191129	194964	211491
3.	2255	2248	2052	2643
4.	3189	3584	3515	4655

VI. Geiggers Brüggle

	1496	1528	1558	1568	1578
1.	113	114	99	103	88
2.	42483	48244	130371	157793	144902
3.	357	423	1316	1531	1646
4.	616	745	1937	2712	3476

	1588	1597	1608	1617
1.	80	82	92	80
2.	119158	120370	157058	173053
3.	1489	1467	1707	2163
4.	2386	2331	2700	2916

VII. Secunda Pars

	1496	1528	1558	1568	1578
1.	250	128	132	122	130
2.	93937	69650	173097	209218	181697
3.	375	544	1311	1714	1397
4.	1009	1384	3450	4062	2506

	1588	1597	1608	1617
1.	135	120	128	106
2.	193985	217297	198470	239921
3.	1436	1810	1550	2263
4.	2854	3759	3979	5564

VIII. Rathaus (1496 in Secunda Pars enthalten)

	1496	1528	1558	1568	1578
1.		42	49	52	49
2.		21769	23562	40083	47541
3.		518	480	770	970
4.		1141	1130	1624	1598

	1588	1597	1608	1617
1.	50	53	56	54
2.	43787	41425	44379	54113
3.	875	781	806	1002
4.	1458	1817	1474	2082

IX. Heldtor (1496 in Secunda Pars enthalten)

	1496	1528	1558	1568	1578
1.		66	75	71	66
2.		33391	80548	98777	104540
3.		505	1073	1391	1583
4.		625	1414	1715	2119

	1588	1597	1608	1617
1.	66	64	62	58
2.	91695	90036	95558	136102
3.	1389	1406	1541	2346
4.	2042	2428	2803	4154

X. Kunkelgasse

	1496	1528	1558	1568	1578
1.	85	77	107	99	110
2.	31549	35507	79522	85274	91286
3.	371	461	743	861	829
4.	860	1084	1427	1960	2004

	1588	1597	1608	1617
1.	99	95	99	83
2.	88332	84829	111955	97678
3.	892	892	1027	1176
4.	2035	2317	2213	3026

XI. Held und Mühlen

	1496	1528	1558	1568	1578
1.	64	72	77	72	70
2.	7408	10552	32245	35558	43593
3.	115	146	418	493	622
4.	194	223	769	980	1303

	1588	1597	1608	1617
1.	74	74	80	75
2.	51746	53017	57815	61154
3.	699	716	722	861
4.	1416	1524	1517	1894

XV. Prosopographie der politischen Führungsschicht
1500–1570/1574–1630

In die Prosopographie wurden nur Mitglieder des Kleinen Rats und des Gerichts aufgenommen, nicht aber die Löwenelfer, das heißt die patrizischen Mitglieder des Großen Rats, die ebenfalls in den Überlinger Ratswahllisten enthalten sind und die *Eitel* in seiner Prosopographie mit aufführt[1]. In der ersten, die Zeit von 1500 bis 1570 umfassenden Liste sind auch nur solche Personen aufgeführt, zu denen über die bei *Eitel* bereits edierten Angaben weitere Informationen aufgenommen wurden; in der Regel handelt es sich dabei um biographische Daten und Ämter, welche die betreffenden Personen im Laufe ihrer Ratskarriere übernommen hatten. Die zweite, von 1574 bis 1630 reichende Liste umfaßt für diesen Zeitraum alle Mitglieder des Kleinen Rats und dient als Fortsetzung der Prosopographie *Eitels*[2].

Die zentrale Quelle bildeten die im Stadtarchiv Überlingen erhaltenen Ratswahllisten[3]. Informationen zur Biographie wie Ehepartner, Sterbedatum wurden zum größten Teil den in den Kollektaneen Jacob Reutlingers überlieferten Grabinschriften entnommen[4] sowie einigen Passagen des zehnten Bandes dieser Chronik[5]. In einigen Fällen konnten zu weiterführenden Informationen die im Repertorium *Roder*s unter der Abteilung XXXXVIII–LIII zusammengefaßten Akten zu führenden Überlinger Familien herangezogen werden[6]. Vergleichend und ergänzend wurden benützt: das Oberbadische Geschlechterbuch, das von Fritz *Harzendorf* erstellte Überlinger Einwohnerbuch sowie das Überlinger Geschlechterbuch von Georg Hahn.

Folgende Daten wurden in den prosopographischen Katalog aufgenommen:
– Name, Zunftangehörigkeit, Sterbedatum.

---

[1] *Eitel*, Zunftherrschaft S. 265 ff.
[2] Zu der Prosopographie, insbesondere der unterschiedlichen Vollständigkeit, vgl. Kap. V.1.
[3] StadtAÜb Ratswahllisten 1529–1545; 1574–1585; 1586–1599; 1600–1611; 1617–1629; 1630–1642. Die Listen enthalten: die Mitglieder des Kleinen Rats, die Löwenelfer, die vier Träger des Himmels bei der Fronleichnamsprozession sowie die Inhaber städtischer Ämter. Zwischen der Liste von 1529 bis 1545 und den folgenden bestehen kleinere Unterschiede hinsichtlich der Reihenfolge einiger Ämter, doch die Ämter an sich blieben gleich, und auch der Wahlmodus änderte sich nicht.
[4] StadtAÜb Fladt, Gottesackerbuch.
[5] StadtAÜb Reutlinger 10 fo. 1–272, enthält verschiedene Heiratsbriefe und Testamente Überlinger Bürger.
[6] StadtAÜb II/22/1106, 1084; III/1/1123, 1135, 1141; III/2/1143, 1160, 1161, 1163; III/3/1182, 1197, 1198; III/4/1239; III/6/1279; III/7/1289; III/8/1306, 1314; III/9/1338, 1339, 1352b; III/13/1369, 1370; III/14/1401, 1402, 1406. Vgl. Roder S. 314 ff.

- Mitgliedschaft in den verschiedenen Ratsgremien (als Richter, neuer Zunftmeister oder Rat, oberster Zunftmeister, Ammann, alter oder neuer Bürgermeister).
- Übernahme einiger ausgewählter Ämter[7].
- Vermögen (in lbd; in Klammern ist jeweils das Jahr, in dem diese Summe versteuert wurde, angegeben).
- Ehefrau(en).
- Vater, Kinder, eventuell Geschwister.
- Bemerkungen zur Biographie.

Folgende im Abkürzungsverzeichnis nicht aufgeführte Abkürzungen werden verwendet (aufgeführt in der Reihenfolge der prosopographischen Rubriken): Ri = Richter; nZ = neuer Zunftmeister; Ra = Rat; oZ = oberster Zunftmeister; Am = Ammann; aB = alter Bürgermeister; nB = neuer Bürgermeister; Spe = Spendpfleger; Spi = Spitalpfleger; Stue = Stüblinsherr; Ki = Kirchenpfleger; Ni = Pfleger der Pfarrkirche St. Nikolaus; Mi = Pfleger der Mutterkirche St. Michael zu Aufkirch; Vac = Pfleger der vacierenden Pfründen; Franz = Pfleger der Franziskaner; SGal = Pfleger der Schwestern zu St. Gallen; Arm = Pfleger der Schwestern im Armenhaus; VoBod = Vogt von Bodman; VoRam = Vogt von Ramsberg; VoItt = Vogt von Ittendorf; Verm = Vermögen; Bem = Bemerkungen.

1. Prosopographie 1500–1570: Ergänzungen

1.
ANGELMÜLLER, Jos Bae
Frau: Gasser, Anna.
2.
BAYER, Hans Kue
Ki: 1530, 1533, 1537.
3.
BAYER, Martin von Loe
Frau: Hewdorf, Waltpurga v.
4.
BAYER, Wilhelm von Loe 9.12.1540†
Frau: Besserer, Magdalena.
Vater: Bayer, Martin v.
Bem: Eventuell identisch mit Diethelm v. Bayer, dem Vogt des Domkapitels Konstanz.
5.
BESSERER, Adam II. Loe 28.8.1564†
Frau: Hersperg, Justina v.

---

[7] Zu den Kriterien der Auswahl vgl. Kap. V. 4.

6.
BESSERER, Hans Jakob I. Loe 1531†
Stue: 1530.
7.
BESSERER, Hans Jakob II. Loe
Frau: Moser, Ursula (Tochter des späteren Bürgermeisters Johann Moser).
Vater: Besserer, Christoph (Stoffel).
8.
BESSERER, Stoffel Loe 23.4.1553†
Spe: 1538, 1539, 1540.
Frau: Betz, Anna, von Villingen.
9.
BETZ, Jörg I. Loe 4.8.1553†
Stue: 1532, 1533, 1534, 1535, 1536, 1537, 1538, 1539, 1540, 1541, 1542, 1543, 1544, 1545.
Frau: Furtebechin, Anna.
10.
BETZ, Stoffel II. Loe 26.3.1542† [?]
Frau: Klöckler, Katharina.
11.
BLARER, Hans Jacob Loe 1520†
Frau: Reichlin von Meldegg, Magdalena.
Bem: 1504 Erwerb des Bürgerrechts.
12.
DORNSPERGER, Caspar Mg/Loe 1541†
Frauen: Zach, Ursula; Mettezelt, Verena (Schwester des Überlinger Stadtschreibers); Kupferschmid, Magdalena.
Vater: Dornsperger, Conrad.
Bem: Eventuell verwandt mit dem gleichnamigen Abt des Klosters Petershausen. Auf dem Reichstag zu Augsburg 1530 von Karl V. zum Ritter geschlagen.
13.
ECHBEGG, Ernst Loe 1541†
SGal: 1537, 1538, 1539, 1540, 1541.
Spi: 1540.
14.
ECHBEGG, Jörg Loe 1.1.1569†
Frau: Betz, Katharina.
Sohn: Echbegg, Hans Wilhelm.
Bem: Von 1558 bis 1563[?] Vogt des Klosters Ochsenhausen.
15.
ECHBEGG, Wilhelm Loe
Frau: Wolfurt, Barbara v., aus Bregenz.
Söhne: Echbegg, Wilhelm, Ernst und Jörg.

16.
ERLENHOLTZ, Conrad II. Rb
Ni: 1533, 1534, 1535, 1536, 1537.
17.
ERLENHOLTZ, Melchior Rb 11.2. 1563†
Ni: 1538, 1539, 1540, 1541.
Frau: Kupferschmid, Emerita.
Sohn: Erlenholtz, Caspar.
18.
FREYBURG, Hans von Loe 9.11.1542†
SGal: 1530, 1531, 1532, 1533, 1534, 1535, 1536.
Frau: Reichlin von Meldegg, Katharina.
Bem: 1530 auf dem Reichstag von Augsburg von Karl V. zum Ritter geschlagen.
19.
FÜRNABUCH, Hans Bae
Spi: 1530, 1531, 1532, 1533, 1534, 1535, 1536, 1537, 1538.
20.
FÜRNABUCH, Jacob II. Bae 1541†
Spe: 1530, 1531, 1532, 1533, 1534, 1535, 1536, 1537, 1538, 1539, 1540, 1541.
21.
GEIER, Endras Kue
Franz: 1539, 1540, 1541, 1542, 1543, 1544, 1545.
22.
GERSTER, Conrad gen. Cuonenmann Kue 1531†
Frau: Kromer, Margarethe.
23.
GESSLER, Caspar Sn 1529†
24.
HAGER, Jacob Rb 21.6.1546†
SGal: 1530, 1531, 1532, 1533, 1534, 1535, 1536, 1537, 1538, 1539, 1540, 1541, 1542, 1543, 1544, 1545.
Spi: 1530.
Frau: Lenglin, Apollonia.
Enkel: Hager, Gallus, königl. und kaiserl. Rat.
25.
HAINI, Hans Jacob gen. Han Sch 1568†
Spi: 1539.
Frau: Waibel, Elisabeth.
26.
HAINI, Hans gen. Moser Fi 8.3.1565† [?]
Bem: Amtmann der Komturei Mainau in Überlingen, wie auch sein Sohn Hans und sein Enkel Johann Christoph Haini.

27.
HASENSTEIN, Wolf von Loe 1.11.1541†
Frau: Leher v. Wolfurt, Barbara.
28.
HERSPERG, Hans Rudolf von Loe
Frau: Bayer, Magdalena v.
29.
HEUBLER, Gallus Loe 24.11.1553†
Frau: Wangner, Ursula.
Söhne: Hans, Chorherr zu St. Johann in Konstanz, und Hieronymus Heubler.
30.
HEUBLER, Hans II. Loe
Frau: Übelackher, Anna.
31.
HEUSLIN, Bläsi Bae 15.11.1567†
Spe: 1541.
Frau: Neschler, Anna.
32.
HIRT, Hans Kue
Ni: 1531, 1532.
Franz: 1536, 1537, 1538, 1539, 1540, 1541, 1542, 1543, 1544, 1545.
33.
KAUFFMANN, Hans Sch
Franz: 1530, 1531, 1532, 1533, 1534, 1535.
34.
KERN, Hieronymus Rb 6.7.1571†
Frau: Furtabechin, Magdalena, von Feldkirch.
35.
KERN, Wolfgang Sn
Frau: Moser, Elisabeth.
36.
KESSENRING, Hans Mg 14.1.1549†
Spi: 1531, 1532, 1533, 1534, 1535, 1536, 1537, 1538, 1539, 1540, 1541.
Ki: 1531, 1537.
Frau: Schrieff, Anna.
Bem: Bruder des Bürgermeisters Jacob Kessenring (s.u.).
37.
KESSENRING, Jacob Mg 1541†
Frauen: Übelackher, Ursula; Ungemuth, Katharina.
Sohn: Kessenring, Jacob, Dr. iur, der in den Diensten des Abtes Gerwig von Weingarten und anderer Territorialherren Oberschwabens stand.

38.
KESSENRING, Joachim Mg Dez. 1565†
SGal: 1542, 1543, 1544, 1545.
Frau: Wolleb, Margarethe.
39.
KESSLER, Bastian Kue 1554†
Frau: Spiegler, Anna.
40.
KUONENMANN, Mattheus Mg 27.5.1565†
Frau: Ehinger, Margarethe.
41.
MADER, Caspar III. Fi
Frau: Erlinholtz, Emerentia.
42.
MADER, Hans II. Kue 1564†
Stue: 1534, 1535, 1536, 1537, 1538, 1539, 1540, 1541, 1542, 1543, 1544, 1545.
Frau: Oth, Barbara.
43.
MENLISHOVER, Caspar Loe 1535†
44.
MENLISHOVER, Hans II. Loe 1501†
45.
MESMER, Hans 8.8.1553†
Frauen: Nercker, Apollonia; Reutlinger, Elisabeth.
Söhne: Mesmer, Mattheus, später Bürgermeister, und Michael, Landschreiber zu
Weingarten.
46.
MÜLLER, Caspar Bae
Spe: 1542, 1543, 1544, 1545.
47.
ÖCHSSLIN, Christoph Mg 1557†
Spi: 1538, 1541, 1542, 1543, 1544, 1545.
Frau: Schaller, Christina.
48.
REICHLIN von MELDEGG, Clemens I. Loe 17.8.1516†
Frau: Brandenburg, Agnes v., von Biberach.
49.
REICHLIN von MELDEGG, Clemens II. Loe 8.3.1559†
Frauen: Brandenburg, Anna v.; Schwanau, Anna v.
50.
REICHLIN von MELDEGG, (Johann) Georg Loe
Frau: Schindelin v. Unter-Raitnau, Barbara.
Vater: Reichlin v. Meldegg, Clemens II.

51.
REICHLIN von MELDEGG, Stoffel Loe 25.4.1554†
Frau: Rösslerin, Benigna.
Vater: Reichlin v. Meldegg, Clemens I.
Bem: Bis 1523 Vogt in Stockach, ab 1524 Vogt auf Hohenkrähen. 1550 bis 1553
Streitigkeiten mit der Stadt Überlingen wegen der hohen Gerichtsbarkeit in Billafingen.
52.
RONBÜHEL, Sebastian Kue 24.9.1551†
Frau: Meckhing, Ursula.
53.
ROSCHACHER, Paul Sch
Spe: 1530, 1532, 1533, 1534, 1535, 1536, 1537.
Ki: 1530, 1532.
54.
SCHNELL, Hans gen. Hermann Fi
Ki: 1532, 1536, 1538.
55.
SCHOCHNER, Christian II. Mg
Stue: 1531, 1532, 1533.
Frau: Heubler, Margarethe.
Bem: Sohn Christoph Schochner, Amtmann des Klosters Petershausen in Überlingen.
56.
SCHOCHNER, Christian III. Mg 22.8.1568†
Frau: Hager, Elisabeth.
57.
SPRENGER, Michael Sn
Stue: 1530, 1531, 1532.
58.
STEBENHABER, Onofrius Loe 3.2.1573†
Frauen: Freyburg, Verena v.; Pschor, Euphrosina[?]
Bem: Aus Memmingen stammend; 1536 Erwerb des Bürgerrechts in Überlingen. Ab
1556 wahrscheinlich geisteskrank. Johann Andreas Stebenhaber (sein Sohn?) stand in
Diensten der Grafen von Zollern-Sigmaringen.
59.
SUTOR, Conrad Sch
Ki: 1533.
60.
UNGEMUT, Conrad Sn 24.7.1563†
Frau: Reiz, Barbara.
61.
WILD, Michael Kue 31.7.1574†

2. Prosopographie 1574–1630

1.

ANGELMÜLLER, Georg Bae
nZ: 1574, 1576, 1578, 1580, 1582.
Ra: 1575, 1577, 1579, 1581.
Spe: 1575, 1575, 1576, 1577, 1578.
Stue: 1579, 1580, 1581, 1582.
Verm: 3347 (1578).
Frau: Hummel, Elisabeth.

2.

ANGELMÜLLER, Georg II. Bae
nZ: 1594, 1596, 1598, 1600, 1602.
Ra: 1593, 1595, 1597, 1599, 1601, 1603.
VoBod: 1593, 1594, 1595, 1596, 1597, 1598, 1599, 1600, 1601.
Verm: 3827 (1597), 4596 (1588).
Frau: Tochter Johann Burgbergs.

3.

BAUSER, Georg Mg
Ri: 1613.
Ni: 1597, 1598, 1599, 1600, 1601, 1602, 1603, 1604, 1605.
Mi: 1606.
Verm: 1856 (1608).

4.

BAUSER, Martin Sch 10.10.1611†
Ri: 1601, 1602, 1603, 1604, 1605, 1606, 1607, 1608, 1609, 1610, 1611.
Verm: 1620 (1608).
Frau: Hainzelman, Cleophea.

5.

BECK, Andreas Fi 19.3.1592†
Ri: 1590, 1591.
Verm: 932 (1588).
Frau: Roth, Margarethe.

6.

BECK, Wolfgang Michael Sch 25.3.1579† (vgl. *Eitel*)
aB: 1575, 1577.
nB: 1574, 1576, 1578.
Spi: 1542, 1543, 1544, 1545.
Verm: 11109 (1578).
Frauen: Erlinholtz, Margarethe; Kupferschmid, Anna.
Söhne: Dr. med. Michael Beck, Dr. iur. Hans Joachim Beck.
Bem: Verschwägert mit dem Tettnanger Landschreiber Konrad Kaufmann.

7.
BESSERER, Hans Jacob Loe 7.7.1586†
Am: 1580, 1581, 1582, 1583, 1584, 1585, 1586.
Verm: 11009 (1578).
Frau: Moser, Ursula.
Vater: Christoph (Stoffel) Besserer.
8.
BETZ, Stoffel d. J. Loe 6.5.1600† (vgl. *Eitel*)
Am: 1574, 1575, 1576, 1577, 1578, 1579, 1587, 1588, 1589, 1590, 1591, 1592, 1593, 1594, 1595, 1596, 1597, 1598, 1599.
SGal: 1574, 1575, 1576, 1577, 1578, 1579, 1580, 1581, 1582, 1583, 1584, 1585, 1586, 1587, 1588, 1589, 1590, 1591, 1592, 1593, 1594, 1595, 1596, 1597, 1598, 1599.
Verm: 4051 (1597), 6025 (1588), 6762 (1578).
Frau: Stebenhaber, Barbara.
Vater: Erasmus Betz, Sekretär des Klosters Salem.
Bem: Wird 1580 Schaffner der Überlinger Johanniterkomturei.
9.
BETZ, Stoffel Loe
Ra: 1585, 1586, 1587, 1588, 1589.
Verm: 5622 (1588).
Frauen: Klöckler, Katharina; Crymlin, Ursula.
10.
BETZ, Hans Christoph Loe
Ri: 1598, 1599, 1600, 1601, 1602, 1603, 1604, 1605, 1606, 1607.
Ra: 1608, 1609, 1610, 1611, 1612, 1613, 1614, 1615, 1616, 1617, 1618, 1619, 1620, 1621, 1622, 1623, 1624, 1625, 1626, 1627, 1628, 1629, 1630.
Arm: 1611, 1612.
Franz: 1613, 1614, 1615, 1616, 1617, 1618.
Spe: 1623, 1624, 1625, 1626, 1627.
Stue: 1628, 1629, 1630.
Verm: 10830 (1617), 7636 (1608).
11.
BETZ, Hans Erasmus d. Ä. Loe
Ri: 1622.
Ra: 1623, 1624, 1625, 1626, 1627, 1628, 1629, 1630.
Spe: 1622, 1623, 1624, 1625, 1626, 1627.
VoBod: 1624, 1625, 1626, 1627.
Spi: 1628, 1629, 1630.
Frau: Kessenring, Margarethe.
12.
BISCHOFF, Lorenz Bae
nZ: 1608.
Ra: 1607.

Verm: 5021 (1608).

Frau: Bauser, Barbara.

13.

BISHALM, Sebastian Fi

Ri: 1592.

nZ: 1593, 1595, 1597, 1599, 1601, 1603, 1605, 1607, 1609, 1611, 1613, 1615, 1617.

Ra: 1594, 1596, 1598, 1600, 1602, 1604, 1606, 1608, 1610, 1612, 1614, 1616, 1618.

Verm: 2625 (1617), 1524 (1608), 1640 (1597).

14.

BRÄHIN, Balthasar Kue

Ri: 1574, 1575, 1576, 1577, 1578, 1579.

nZ: 1581, 1583, 1585.

Ra: 1580, 1582, 1584, 1586, 1588, 1590.

oZ: 1587, 1589, 1591.

Spi: 1580, 1581.

Franz: 1582, 1583, 1584, 1585, 1586, 1587, 1588, 1589, 1590, 1591.

Mi: 1583, 1584.

SGal: 1584, 1585, 1586, 1587, 1588, 1589, 1590, 1591.

Stue: 1585, 1586, 1587, 1588, 1589, 1590, 1591.

Verm: 3104 (1588), 4101 (1578).

15.

BRÄHIN, Caspar I. Kue 1.5.1599†

nZ: 1593, 1595, 1597.

Ra: 1592, 1594, 1596, 1598.

Verm: 6348 (1597).

Frau: Angelmüller, Katharina.

16.

BRÄEHIN, Caspar II. Kue

nZ: 1612, 1614, 1616.

Ra: 1613, 1615.

VoRam: 1616, 1617.

Verm: 2209 (1617).

17.

BRÄHIN, Conrad Kue 22.1.1608†

Ri: 1590, 1591, 1592, 1593, 1594, 1595, 1596, 1597, 1598.

nZ: 1599.

Verm: 1597 (1597).

18.

BRÄHIN, Hans Kue

Ri: 1622, 1623, 1624, 1625, 1626, 1627, 1628, 1629, 1630.

Verm: 3198 (1617).

19.

BRÄHIN, Sebastian Kue 26.8.1609†

Ri: 1604, 1605, 1606, 1607, 1608, 1609.
Verm: 4809 (1608).
20.
BRANDENBURG, Ferdinand Loe
Ra: 1623, 1624, 1625, 1626, 1627, 1628, 1629, 1630.
Verm: 10457 (1617).
Frau: Schochner, Elisabeth.
Bem: Aus Biberach stammend.
21.
BRAUN, Jacob Kue 19.3.1590†
Ri: 1580, 1581.
nZ: 1582, 1584, 1586.
Ra: 1583, 1585, 1587, 1589.
Verm: 3136 (1588).
Frau: Kessenring, Katharina.
22.
BREYMELBER, Hans Bae
Ri: 1574, 1575, 1576, 1577, 1578, 1579, 1580, 1581, 1582, 1586.
nZ: 1583, 1585.
Ra: 1584.
Verm: 3772 (1588).
23.
BRIELMAYER, Hans Kue
Ri: 1612, 1613, 1614, 1615, 1616.
Ra: 1617.
24.
BSCHOR, , Lorenz Sn
Ri: 1577, 1578, 1579, 1580, 1581, 1582, 1583, 1584.
nZ: 1586, 1588, 1590, 1592, 1594, 1596, 1598.
Ra: 1585, 1587, 1588, 1591, 1593, 1595, 1597, 1599, 1601, 1603, 1605, 1607, 1609, 1611, 1613, 1615.
oZ: 1600, 1602, 1604, 1606, 1608, 1610, 1612, 1614.
Arm: 1585, 1586, 1587, 1588, 1589, 1590, 1591, 1592, 1593, 1594, 1595, 1596, 1597, 1598, 1599, 1600, 1601, 1602, 1603, 1604, 1605, 1606, 1607, 1608, 1609, 1610.
Spe: 1587, 1588, 1589, 1590, 1591, 1592, 1593, 1594, 1595, 1596.
Stue: 1592, 1593, 1594, 1595, 1596, 1597, 1598, 1599, 1600, 1601, 1602, 1603, 1604, 1605, 1606, 1607, 1608, 1609, 1610, 1611.
Verm: 16921 (1608), 11554 (1597), 7061 (1588), 8549 (1578).
Frau: Ungemuth, Elisabeth.
25.
BURGBERG, Johann Sch (vgl. *Eitel*)
nZ: 1574, 1576, 1578.
Ra: 1575, 1577.

aB: 1579, 1581, 1583.

nB: 1580, 1582, 1584.

Stue: 1574, 1575, 1576, 1577, 1578.

Franz: 1577, 1578, 1579, 1580, 1581.

Verm: 4817 (1578).

Frau: Ungemuth, Elisabeth.

26.

DAFRID, Andreas Sch 17.4.1634†

nZ: 1609, 1611.

Ra: 1608, 1610, 1612, 1614, 1616, 1618, 1620.

oZ: 1613, 1615, 1617, 1619, 1621.

aB: 1623, 1625, 1627, 1629.

nB: 1622, 1624, 1626, 1628, 1630.

Stue: 1612, 1613, 1614, 1615, 1616, 1617, 1618, 1619, 1620, 1621.

Verm: 11218 (1617), 2779 (1608).

Frauen: Ernsperger, Lucia; Bschor, Barbara (Witwe Gebhard Hagenweilers).

27.

DAFRID, Michael Sch 11.3.1603†

Ri: 1579, 1580, 1581, 1582, 1583, 1584, 1585, 1586, 1587, 1588, 1589, 1590, 1591, 1592, 1593, 1594, 1595, 1596.

Verm: 3054 (1597), 1363 (1588).

Frau: Enderlin, Margarethe.

28.

DINNER, Beat Kue

nZ: 1625, 1627, 1629.

Ra: 1624, 1626, 1628, 1630.

Verm: 1465 (1608).

Frauen: Kindtmacher, Anna; Öxlin, Anna.

29.

DINNER, Jeremias Kue

Ri: 1610, 1611.

nZ: 1613, 1615, 1617, 1619, 1621, 1623.

Ra: 1612, 1614, 1616, 1618, 1620, 1622.

VoBod: 1612, 1613, 1614, 1615, 1616, 1617, 1618, 1619, 1620, 1621, 1622, 1623.

Verm: 5339 (1617).

Frau: Brähin, Margarethe.

30.

DINNER, Matthias Kue 27.11.1594†

Ri: 1582, 1583, 1584, 1585, 1586, 1587, 1588, 1589.

nZ: 1590, 1592, 1594.

Ra: 1591, 1593.

Ni: 1574, 1575, 1576, 1577, 1578, 1579, 1580, 1581, 1586, 1587, 1588, 1589, 1593, 1594.

Verm: 5222 (1588).

Frauen: Heng, Agnes; Streip, Magdalena.

31.

DINWALDT, Barthle Sch 1632†

Ri: 1620, 1621.

nZ: 1623, 1625, 1627, 1629.

Ra: 1622, 1624, 1626, 1628, 1630.

Verm: 2532 (1617).

Frau: Beck, Barbara.

32.

DORNSPERGER, Augustin Rb 5.12.1576† (vgl. *Eitel*)

nZ: 1574, 1576.

Ra: 1575.

Spi: 1574, 1575, 1576.

Verm: 11193 (1568).

Frau: Beirer, Margarethe.

Bem: Amtmann des Klosterhofes Petershausen.

33.

ECHBEGG, Hans Wilhelm I. Loe 12.2.1596†

Ri: 1584, 1585, 1586, 1587.

Ra: 1588, 1589, 1590, 1591, 1592, 1593, 1594, 1595.

Verm: 10385 (1588), 6986 (1578).

Frau: Schulthaiß, Magdalena.

34.

ECHBEGG, Hans Wilhelm II. Loe

Ri: 1623, 1624, 1625, 1626, 1627.

Ra: 1628, 1629, 1630.

Spe: 1628, 1629, 1630.

VoBod: 1628, 1629, 1630.

Verm: 8261 (1617).

Frau: Reichlin von Meldegg, Margarethe Dorothea.

35.

EITTLER, Hans Bae

Ri: 1606, 1607.

Verm: 1927 (1608).

Frau: Tochter Jacob Tettnangs.

36.

ENDERLIN, Conrad Bae

Ri: 1628, 1629, 1630.

Spe: 1615, 1616, 1617, 1618, 1619.

Verm: 3972 (1617).

Frau: Schmid, Verena.

37.

ENDERLIN, Hans Bae 17.8.1608†

Ri: 1583, 1584, 1585, 1586.

nZ: 1587, 1589, 1591, 1593, 1595, 1597, 1599.

Ra: 1588, 1590, 1592, 1594, 1596, 1598, 1600, 1602, 1604, 1606.

oZ: 1601, 1603, 1605.

Spe: 1577, 1578, 1579, 1580, 1581, 1582.

VoBod: 1590, 1591, 1592.

SGal: 1600, 1601, 1602, 1603, 1604, 1605.

Verm: 5410 (1597), 2809 (1588).

Frauen: Etschenreute, Christina; Saltzman, Lucia.

38.

ENDRISCH, Philipp Fi

nZ: 1619, 1621, 1623, 1625, 1627.

Ra: 1620, 1622, 1624, 1626, 1628.

Stue: 1622, 1623, 1624, 1625, 1626, 1627, 1628.

Verm: 3588 (1608).

39.

ENGLER, Johann Fi

nZ: 1594, 1596, 1598, 1600, 1602, 1604, 1606.

Ra: 1593, 1595, 1597, 1599, 1601, 1603, 1605.

VoRam: 1595, 1596, 1597, 1598.

VoItt: 1599, 1600, 1601, 1602, 1603, 1604, 1605.

Verm: 6438 (1597).

Frauen: Rotter, Johanna, von Mengen; Leipp, Anna.

40.

ERCKHMAN, Georg Mg

Ri: 1600.

nZ: 1601, 1603, 1605, 1607, 1609, 1611.

Ra: 1602, 1604, 1606, 1608, 1610, 1612.

Ni: 1600, 1601.

Verm: 1668 (1608).

41.

ERLINHOLTZ, Caspar Rb 9.5.1590†

nZ: 1585, 1587, 1589.

Ra: 1586, 1588.

Ni: 1574, 1575, 1576, 1577, 1578, 1579, 1580, 1581, 1582, 1583, 1584, 1585.

VoBod: 1585, 1586, 1587, 1588, 1589.

Verm: 11087 (1588).

Frau: Ungemuth, Barbara.

Vater: Erlinholtz, Melchior.

42.

ERLINHOLTZ, Georg Rb

Ri: 1610, 1611.
nZ: 1613, 1615.
Ra: 1612, 1614, 1616.
Spe: 1609.
VoRam: 1612, 1613, 1614, 1615, 1616.
Franz: 1612, 1613, 1614, 1615, 1616.
Verm: 6546 (1617).
43.
ESLINSBERGER, Conrad Loe 25.3.1605†
Ra: 1574, 1575, 1576, 1577, 1578, 1579, 1580.
aB: 1582, 1584, 1586, 1588, 1590, 1592, 1594, 1596, 1598, 1600, 1602, 1604.
nB: 1581, 1583, 1585, 1587, 1589, 1591, 1593, 1595, 1597, 1599, 1601, 1603.
Stue: 1574, 1575, 1576, 1577, 1578, 1579, 1580.
Verm: 12623 (1597), 11868 (1588).
Frauen: Hersperg, Justina v.; Schulthaiß, Catharina.
Vater: Eslinsberger, Hans, Stadtschreiber.
Bruder: Nr. 45.
44.
ESLINSBERGER, Hans Heinrich Loe
Ri: 1628, 1629, 1630.
Ni: 1618, 1619, 1620, 1621, 1622, 1623, 1624, 1625, 1626, 1627, 1628, 1629, 1630.
Verm: 7980 (1617).
Frauen: Fürnabuch, Elisabeth; Pflummerin, Helena, von Biberach.
45.
ESLINSBERGER, Sebastian Loe 2.6.1583† (vgl. *Eitel*)
Ri: 1574, 1575, 1576, 1577, 1578, 1579, 1580.
Ra: 1581, 1582, 1583.
Stue: 1581, 1582, 1583.
SGal: 1582, 1583.
Verm: 4893 (1578).
Frau: Han, Kunigunde.
Vater: Eslinsberger, Hans, Stadtschreiber.
Bruder: Nr. 43.
46.
FREYBURG, Hans v. Loe 24.11.1633†
Ri: 1590, 1591, 1592, 1593, 1594, 1595.
Ra: 1596, 1597, 1598, 1599, 1600, 1601, 1602, 1603, 1604, 1605, 1606, 1607, 1608, 1609, 1610, 1611, 1612, 1613, 1614, 1615, 1616, 1617, 1618, 1619, 1620, 1621.
Am: 1622, 1623, 1624, 1625, 1626, 1627, 1628, 1629, 1630.
Spe: 1584, 1585, 1586, 1587, 1588, 1589, 1590.
VoItt: 1606, 1607, 1608, 1609, 1610, 1611.
Spi: 1612, 1613, 1614, 1615, 1616, 1617, 1618, 1619, 1620, 1621.
Verm: 13166 (1617), 13784 (1608).

47.

GEMPERLE, Hans Georg Bae 1634†
Ri: 1615, 1616, 1617, 1618, 1619.
nZ: 1620, 1622, 1624, 1626, 1628, 1630.
Ra: 1621, 1623, 1625, 1627, 1629.
SGal: 1620, 1621, 1622, 1623, 1624, 1625, 1626, 1627, 1628, 1629, 1630.
VoRam: 1624, 1625, 1626, 1627, 1628, 1629, 1630.
Verm: 10732 (1617).
Frauen: Tochter Sebastian Eslinsbergers; Stirn, Margarethe.
Bem: Aus Rottenburg/Neckar stammend; war Stadtschreiber zu Ettlingen und Oberamtmann in Weingarten.
48.

GÖTZ, Christian Bae
Ri: 1624, 1625, 1626, 1627.
49.

GORHAN, Thomas Bae
Ri: 1609, 1610.
nZ: 1612, 1614, 1616.
Ra: 1611, 1613, 1615, 1617, 1619.
oZ: 1618.
Arm: 1616, 1617, 1618, 1619.
Verm: 1782 (1617), 1439 (1608).
Frau: Khüne, Anna.
50.

GREIFF, Johann Fi
Ri: 1612, 1628, 1629, 1630.
51.

HAGENWEILER, Gebhard Kue
Ri: 1600, 1601, 1602, 1603.
Verm: 3484 (1597).
Frau: Bschor, Elisabeth.
52.

HAGENWEILER, Michael Kue (vgl. *Eitel*)
Ra: 1574, 1576, 1578.
oZ: 1573, 1575, 1577, 1579.
Spi: 1577, 1578, 1579.
Verm: 8364 (1578).
Frauen: Schrieff, Anna[?]; Witwe Galle Strangs.
53.

HAN, Georg Loe 14.5.1597†
Ra: 1574, 1575, 1576, 1577, 1578, 1579, 1580, 1581, 1582, 1583, 1584, 1585, 1586, 1587, 1588, 1589, 1590, 1591, 1592, 1593, 1594, 1595, 1596.
Stue: 1584, 1585, 1586, 1587, 1588, 1589, 1590, 1591, 1592, 1593, 1594, 1595, 1596.

Vac: 1585, 1586, 1587, 1588, 1589, 1590, 1591, 1593, 1596.

Verm: 8106 (1588), 7485 (1578).

Frau: Stebenhaber, Magdalena.

54.

HAN, Gregor Sch

Ri: 1577, 1578.

nZ: 1580, 1582, 1584, 1586, 1588, 1590, 1592, 1594, 1596, 1598.

Ra: 1579, 1581, 1583, 1585, 1587, 1589, 1591, 1593, 1595, 1597, 1599.

Am: 1600, 1601, 1602, 1603, 1604, 1605, 1606, 1607, 1608, 1609, 1610, 1611, 1612, 1613, 1614, 1615, 1616, 1617, 1618, 1619, 1620, 1621.

Spi: 1582.

VoRam: 1583, 1584, 1585, 1586, 1587, 1588, 1589, 1590, 1591.

VoItt: 1598.

SGal: 1599.

Arm: 1600, 1601, 1602, 1603, 1604, 1605, 1606, 1607, 1608, 1609, 1610, 1611, 1612, 1613, 1614, 1615, 1616, 1617, 1618, 1619, 1620, 1621.

Verm: 13331 (1617), 11960 (1608), 9303 (1597), 8961 (1588).

Vater: Han, Gregor, Am.

55.

HINDEREGGER, Hans Mg

Ri: 1614, 1615, 1616.

Verm: 972 (1608).

56.

HOCHRATH, Hans Kue

Ri: 1618, 1619, 1620, 1621.

nZ: 1622, 1624, 1626, 1628, 1630.

Ra: 1623, 1625, 1627, 1629.

SGal: 1623, 1624, 1625, 1626, 1627, 1628, 1629, 1630.

Verm: 2940 (1617).

Frau: Brähin, Anna.

57.

HUMMEL, Galle Sn

Ri: 1616.

Verm: 2456 (1608).

58.

JOUCH, Ludwig Bae 1592†

nZ: 1584, 1586, 1588, 1590, 1592.

Ra: 1583, 1585, 1587, 1589, 1591.

Verm: 2641 (1588).

Frau: Moll, Barbara.

Vater: Jouch, Cyriacus.

59.

JOUCH, Martin Bae März 1582†

nZ: 1575, 1577, 1579, 1581.

Ra: 1574, 1576, 1578, 1580, 1582.

Arm: 1574, 1575, 1576, 1577, 1578, 1579, 1580, 1581, 1582.

Mi: 1574, 1575, 1576, 1577, 1578, 1579, 1580, 1581, 1582.

Verm: 3005 (1578).

60.

KELLER, Johann Kue

Ri: 1599.

Verm: 3217 (1597).

61.

KERN, Hieronymus [Jeremias?] Rb

Ri: 1587, 1588, 1589.

nZ: 1591, 1593.

Ra: 1590, 1592, 1594.

VoRam: 1592, 1593, 1594.

Verm: 9596 (1588).

Bem: 1596 Juli 5: Fürschrift des Rats für den in Armut geratenen Hieronymus Kern um die Amtmannsstelle der Komturei Mainau in Überlingen.

62.

KESSENRING, Jacob Mg 5.9.1608†

Ri: 1574, 1575, 1576, 1577, 1578, 1579, 1580, 1581, 1582, 1583, 1584, 1585, 1586, 1587, 1588, 1589, 1590, 1591, 1592, 1593, 1594, 1595, 1596, 1597, 1598.

nZ: 1600, 1602, 1604, 1606, 1608.

Ra: 1599, 1601, 1603, 1605, 1607.

Verm: 8402 (1597), 8068 (1588), 8846 (1578).

Frau: Ungemuth, Katharina.

Vater: Kessenring, Joachim, oZ.

63.

KESSENRING, Jacob I. Loe

Ra: 1574, 1575, 1576, 1577, 1578, 1579, 1580, 1581, 1582, 1583, 1584, 1585, 1586, 1587.

VoItt: 1574, 1575, 1576, 1582.

Spi: 1583, 1584, 1585, 1586, 1587.

Verm: 4599 (1588).

Vater: Wohl Dr. iur. Jacob Kessenring, Sohn des Bürgermeisters Jacob Kessenring.

64.

KESSENRING, Jacob II. Loe

aB: 1606, 1608, 1610, 1612, 1614, 1616, 1618, 1620, 1622.

nB: 1605, 1607, 1609, 1611, 1613, 1615, 1617, 1619, 1621.

Verm: 10741 (1617), 10841 (1608).

Frau: Forster, Katharina.

Bem: Eventuell identisch mit Nr. 63.

65.

KESSLER, Gall Rb

nZ: 1604, 1606, 1608, 1610, 1612.

Ra: 1605, 1607, 1609, 1611.

Mi: 1607, 1608.

Verm: 4212 (1608).

66.

KESSLER, Jos Rb 1607†

Ri: 1582, 1583, 1584, 1585, 1586.

nZ: 1588, 1590, 1592, 1594, 1596, 1598, 1600, 1602.

Ra: 1587, 1589, 1591, 1593, 1595, 1597, 1599, 1601, 1603.

Mi: 1593, 1594, 1595, 1596, 1597, 1598, 1599, 1600, 1601, 1602, 1603.

VoRam: 1599, 1600, 1601, 1602.

Verm: 4984 (1597).

Frau: Geyer, Rosina.

67.

KHÜNE, Hans Mg

Ri: 1616, 1617, 1618, 1619, 1620, 1621, 1622, 1623, 1624, 1625.

nZ: 1625, 1627, 1629.

Ra: 1626, 1628, 1630.

Arm: 1620, 1621.

Verm: 3936 (1617).

Frau: Rieff, Maria.

68.

KHÜNE, Thomas Sch

Ri: 1612, 1613, 1614, 1615.

nZ: 1616, 1618.

Ra: 1617, 1619.

Verm: 6888 (1617).

Frauen: Hummel, Elisabeth; Dreher, Maria, von Mimmenhausen; Thren[?], Maria, von Altmannshausen.

69.

KHUON, Ludwig Kue

Ri: 1617.

nZ: 1618, 1620.

Ra: 1619, 1621.

Verm: 4282 (1617).

70.

KIRCHER, Hans Joachim Fi

Ri: 1593, 1594, 1595, 1596, 1597, 1598, 1599, 1600, 1601, 1602, 1603, 1604, 1605, 1606.

nZ: 1608, 1610.

Ra: 1607, 1609.

Franz: 1611.

Verm: 5478 (1617).
Frau: Schnell, Katharina.
Bem: Aus Mundrichingen [Munderkingen] stammend.
71.
KLUMPP, Frischhans Loe
Ri: 1596.
Ra: 1597.
Spe: 1590, 1591, 1592, 1593, 1594, 1595, 1596, 1597, 1598.
Verm: 1758 (1608).
72.
KROMER, Jacob Sch 1.10.1611†
Ri: 1597, 1598, 1599.
nZ: 1600, 1602, 1604, 1606, 1608, 1610.
Ra: 1601, 1603, 1605, 1607, 1609, 1611.
Ni: 1593, 1594, 1595, 1596, 1597, 1598, 1599.
Verm: 4113 (1608), 3027 (1597).
Frau: Ernsperger, Anna.
73.
KUONENMANN, Bartholomäus Mg
nZ: 1575, 1577, 1579, 1581, 1583, 1585, 1587, 1589, 1591, 1593, 1595, 1597.
Ra: 1574, 1576, 1578, 1580, 1582, 1584, 1586, 1588, 1590, 1592, 1594, 1596, 1598.
Arm: 1583, 1584, 1585, 1586, 1587, 1588, 1589, 1590, 1591, 1592, 1593, 1594, 1595, 1596, 1597, 1598.
Verm: 3953 (1597), 2636 (1588), 3095 (1578).
Vater: Kuonenmann, Mattheus.
74.
MADER, Caspar Sn 24.3.1599† (vgl. *Eitel*)
nZ: 1574, 1576, 1578, 1580, 1582, 1584.
Ra: 1575, 1577, 1579, 1581, 1583.
Arm: 1574, 1575, 1576, 1577, 1578, 1579, 1580, 1581, 1582, 1583, 1584.
Spe: 1574, 1575, 1576, 1577, 1578, 1579, 1580, 1581, 1582, 1583, 1584.
VoBod: 1574, 1575, 1576, 1577, 1578, 1579, 1580, 1581, 1582, 1583, 1584.
Verm: 9545 (1578).
Frau: Erlinholtz, Emerita.
75.
MADER, Niclaus Sn
Ri: 1607, 1608, 1609, 1610, 1611.
nZ: 1613, 1615, 1617, 1619, 1621, 1623.
Ra: 1612, 1614, 1616, 1618, 1620, 1622.
Ni: 1604, 1605, 1606, 1607.
VoRam: 1618, 1619, 1620, 1621, 1622, 1623.
Verm: 16879 (1617), 6551 (1608).

76.

MESMER, Mattheus Rb 3.10.1600†

nZ: 1579

Ra: 1578, 1580, 1582, 1584.

oZ: 1581, 1583.

aB: 1585, 1587, 1589, 1591, 1593, 1595, 1597, 1599.

nB: 1586, 1588, 1590, 1592, 1594, 1596, 1598, 1600.

Spi: 1579, 1580, 1581, 1582.

Stue: 1583, 1584.

Verm: 10472 (1597), 7976 (1588), 7440 (1578).

Frauen: Funck, Veronica; Klumpp, Elisabeth.

Vater: Mesmer, Hans.

Bem: 1568 Wiederaufnahme in das Bürgerrecht. Eventuell Studium an der Universität Freiburg. Sein Bruder Michael war Landschreiber zu Weingarten.

77.

MÜLLER, Hans Sch

Ri: 1622, 1623, 1624, 1625, 1626, 1627, 1628, 1629, 1630.

78.

MOHR, Conrad Mg

Ri: 1609, 1610, 1611, 1612.

nZ: 1613, 1615, 1617, 1619, 1621, 1623, 1625.

Ra: 1614, 1616, 1618, 1620, 1622, 1624.

Verm: 2538 (1617), 1925 (1608).

79.

MÜLHAIMER, Rochus Sn

Ri: 1574, 1575, 1576.

nZ: 1577, 1579, 1581, 1583, 1585.

Ra: 1578, 1580, 1582, 1584, 1586.

Verm: 2933 (1578).

Frau: Lang, Barbara.

80.

NIER, Joachim Kue

nZ: 1596, 1598, 1600, 1602, 1604, 1606, 1608, 1610.

Ra: 1595, 1597, 1599, 1601, 1603, 1605, 1607, 1609, 1611.

Vac: 1582, 1583, 1584, 1585, 1586, 1587, 1588, 1589, 1590, 1591, 1592.

Ni: 1581, 1593, 1594, 1595, 1596.

Verm: 3728 (1608), 3359 (1597).

81.

ÖCHSLIN, Jacob Sn

Ri: 1616, 1617, 1618, 1619, 1620, 1621, 1622, 1623.

nZ: 1625, 1627, 1629.

Ra: 1624, 1626, 1628, 1630.

Verm: 5755 (1617).

Frau: Erckman, Anna.

82.

OSCHWALD, Andreas Rb

Ri: 1617, 1618, 1619.

Vac: 1593, 1600, 1601, 1602, 1603, 1604.

Spe: 1598.

Verm: 10366 (1617).

Frau: Offner, Agathe; Riedlinger, Maria.

Bem: Aus Engen stammend.

83.

PFEINER, Caspar gen. Kindmacher Fi 1633†

Ri: 1607, 1608, 1609, 1610, 1611.

nZ: 1612, 1614, 1616, 1618, 1624, 1626, 1628, 1630.

Ra: 1613, 1615, 1617, 1619, 1621, 1623, 1625, 1627, 1629.

oZ: 1620, 1622.

Arm: 1628, 1629, 1630.

Verm: 10176 (1617), 5072 (1608).

Frau: Kuonenmann, Agathe.

84.

REICHLIN von MELDEGG, Franz Loe 16.10.1584† (vgl. *Eitel*)

Ra: 1574, 1575, 1576, 1577, 1578, 1579, 1580, 1581, 1582, 1583, 1584.

Vac: 1574, 1575, 1576, 1578, 1579, 1580, 1581, 1583, 1584.

VoRam: 1574, 1575, 1576, 1577, 1578, 1579, 1580, 1581, 1582.

VoItt: 1583, 1584.

Frau: Bubenhofen, Anna v.

Vater: Reichlin von Meldegg, Clemens II.

85.

REICHLIN von MELDEGG, Rochus Loe 19.9.1608†

Ri: 1588, 1589.

Ra: 1590, 1591, 1592, 1593, 1594, 1595, 1596, 1597, 1598, 1599, 1600, 1601, 1602, 1603, 1604, 1605, 1606, 1607.

Verm: 15193 (1597), 7097 (1588).

Frau: Neser, Martha v.

Vater: Reichlin von Meldegg, Clemens II.

86.

REUTLINGER, Jacob Sch 3.11.1611†

nZ: 1587, 1589, 1591.

Ra: 1588, 1590, 1592, 1594, 1596, 1598, 1600.

oZ: 1593, 1595, 1597, 1599.

aB: 1601, 1603, 1605, 1607, 1609, 1611.

nB: 1600, 1602, 1604, 1606, 1608, 1610.

Spe: 1574, 1575, 1576.

Spi: 1588, 1589, 1590, 1591, 1592, 1593, 1594, 1595, 1596.

Franz: 1590, 1591, 1592, 1593, 1594, 1595, 1596, 1597, 1598, 1599, 1600.

SGal: 1592, 1593, 1594, 1595, 1596, 1597, 1598, 1599, 1600.

Stue: 1597, 1598, 1599, 1600.

Verm: 6554 (1608), 8789 (1597), 8281 (1588), 4512 (1578).

Frau: Ungemuth, Ursula.

Vater: Reutlinger, Jos I.

Bem: War vor 1587 Gerichtsschreiber zu Überlingen.

87.

REUTLINGER, Jos I. Sch 10.3.1587† (vgl. *Eitel*)

nZ: 1575, 1577, 1579, 1581, 1583.

Ra: 1574, 1576, 1578, 1580, 1582, 1584.

oZ: 1585.

Verm: 1774 (1578).

Frau: Ochsner, Magdalena.

88.

REUTLINGER, Jos II. Sch

nZ: 1612, 1614, 1616.

Ra: 1613, 1615.

Arm: 1612, 1613, 1614, 1615.

Verm: 8028 (1617).

89.

REUTLINGER, Sebastian I. Kue 19.11.1581† (vgl. *Eitel*)

Ra: 1575, 1577, 1579, 1581.

oZ: 1574, 1576, 1578, 1580.

SGal: 1574, 1575, 1576, 1577, 1578, 1579, 1580, 1581.

Verm: 14388 (1578).

Frauen: Erlinholtz, Anna; Moser, Barbara; Gerster, Barbara.

90.

REUTLINGER, Sebastian II. Kue

nZ: 1601, 1603, 1605, 1607, 1609, 1611.

Ra: 1600, 1602, 1604, 1606, 1608, 1610.

Spe: 1597, 1598, 1599, 1600, 1601, 1602, 1603, 1604, 1605, 1606, 1607, 1608, 1609, 1610, 1611.

VoBod: 1602, 1603.

VoRam: 1604, 1605, 1606, 1607, 1608, 1609, 1610, 1611.

Verm: 5392 (1608).

91.

RICHTER (RITTER), Jacob Sch 6.8.1606†

Ri: 1600.

nZ: 1601, 1603, 1605.

Ra: 1602, 1604, 1606.

Frau: Brähin, Katharina.

92.

ROHNBÜHEL, Joachim Bae

Ri: 1604, 1605.

nZ: 1607, 1609, 1611, 1613, 1615, 1617, 1619, 1621.

Ra: 1606, 1608, 1610, 1612, 1614, 1616, 1618, 1620, 1622, 1624, 1626.

oZ: 1623, 1625, 1627.

Ni: 1602, 1603, 1604, 1605, 1606, 1607, 1608, 1609, 1610, 1611, 1612, 1613, 1614.

SGal: 1606, 1607, 1608, 1609, 1610, 1611, 1612, 1613, 1614, 1615, 1616, 1617, 1618, 1619, 1620, 1621, 1622.

VoBod: 1607, 1608, 1609, 1610, 1611.

VoItt: 1612, 1613, 1614, 1615, 1616, 1617.

Spi: 1618, 1619, 1620, 1621, 1622, 1623, 1624, 1625, 1626, 1627.

Verm: 5002 (1617), 4244 (1608).

93.

ROHNBÜHEL, Michael Fi

Ri: 1580, 1581, 1582, 1583, 1584, 1585, 1586.

nZ: 1587, 1589, 1591.

Ra: 1588, 1590, 1592.

Mi: 1574, 1575, 1576, 1577, 1578, 1579, 1587, 1588, 1589, 1590, 1591, 1592.

Verm: 3377 (1588).

Frau: Schmid, Ursula.

94.

ROTTWEIL, Balthasar Bae

Ri: 1620, 1621, 1622, 1623.

nZ: 1629.

Ra: 1628, 1630.

Verm: 2917 (1617).

Frauen: Brachenhofer, Euphrosina, von Waldsee.

Bem: Aus Ottobeuren stammend.

95.

ROTTWEIL, Caspar Sch

Ri: 1574, 1575, 1576, 1577.

Verm: 6184 (1568).

96.

RUOFF, Ulrich Rb 1611†

Ri: 1595, 1596, 1597, 1598, 1599, 1600, 1601, 1602, 1603, 1604, 1605, 1606, 1607, 1608, 1609.

Verm: 2524 (1608), 4855 (1597).

97.

SALTZMAN, Johann Fi 8.5.1590† (vgl. *Eitel*)

nZ: 1574, 1576, 1578, 1580.

Ra: 1575, 1577, 1579, 1581, 1583, 1585, 1587, 1589.

oZ: 1582, 1584, 1586, 1588.

Franz: 1574, 1575, 1576, 1577, 1578, 1579, 1580, 1581, 1582, 1583, 1584, 1585, 1586, 1587, 1588, 1589.

Spi: 1583, 1584, 1585, 1586, 1587, 1588, 1589.

Verm: 4402 (1578).

Frau: Göring, Dorothea.

98.

SCHALLER, Christoph Sn

Ri: 1628, 1629, 1630.

Verm: 1538 (1617).

Frau: Erlinholtz, Salome.

99.

SCHALLER, Sebastian Sch

Ri: 1616, 1617, 1618, 1619.

nZ: 1620, 1622, 1624, 1626, 1628, 1630.

Ra: 1621, 1623, 1625, 1627, 1629.

Verm: 3625 (1617).

Frau: Kessenring, Barbara.

100.

SCHINBAIN, Marx Sn 22.1.1577† (vgl. *Eitel*)

nZ: 1575.

Ra: 1574, 1576.

Frau: Kessenring, Anna (Tochter des Hans Kessenring).

Vater: Schinbain, Georg, aus Mengen.

Bem: Amtmann des Stiftes Konstanz in Überlingen.

101.

SCHLOSSER, Pankraz Sn 12.6.1607†

Ri: 1595, 1596, 1597, 1598, 1599, 1600, 1601, 1602, 1603, 1604, 1605, 1606.

Verm: 4061 (1597).

Frau: Wild, Barbara.

102.

SCHMIDT, Galle Mg 1618†

Ri: 1601, 1602, 1603, 1604, 1605, 1606, 1607, 1608.

nZ: 1610, 1612, 1614.

Ra: 1609, 1611, 1613, 1615, 1617.

oZ: 1616.

Arm: 1611, 1612, 1613, 1614, 1615, 1616, 1617.

Spi: 1612, 1613, 1614, 1615, 1616, 1617.

Verm: 7404 (1617), 3969 (1608).

Frau: Brähin, Anna[?]

103.

SCHMIDT, Hans I. Bae

Ri: 1611, 1612, 1613, 1614.

Spe: 1600, 1601, 1602, 1603, 1604, 1605, 1606, 1607, 1608, 1609, 1610, 1611, 1612, 1613, 1614.
Verm: 1598 (1617).
Frau: Brähin, Anna[?]
104.
SCHMIDT, Hans II. Mg
Ri: 1625, 1626, 1627, 1628, 1629, 1630.
Verm: 1849 (1617).
Vater: Schmidt, Galle.
105.
SCHMIDT, Melchior Rb
Ri: 1580, 1581.
nZ: 1582, 1584, 1586.
Ra: 1583, 1585.
Verm: 2865 (1578).
106.
SCHNEIDER, Caspar I. Sn
Ri: 1585, 1586.
nZ: 1587, 1589, 1591, 1593, 1595, 1597, 1599, 1601, 1603, 1605.
Ra: 1588, 1590, 1592, 1594, 1596, 1598, 1600, 1602, 1604, 1606, 1608, 1610.
oZ: 1607, 1609, 1611.
Franz: 1592, 1593, 1594, 1595, 1596, 1597, 1598, 1599, 1600, 1601, 1602, 1603, 1604, 1605, 1606, 1607, 1608, 1609, 1610.
Arm: 1599, 1600, 1601, 1602, 1603, 1604, 1605, 1606, 1607, 1608, 1609, 1610.
Verm: 3690 (1588).
Frau: Nier, Katharina.
107.
SCHNEIDER, Caspar II. Sn
Ri: 1624, 1625, 1626, 1627.
nZ: 1628, 1630.
Ra: 1629.
Spe: 1620, 1621, 1622, 1623.
Verm: 2202 (1608).
Frau: Saltzman, Anna.
108.
SCHNEIDER, Hans Sn
Ri: 1612, 1613, 1614, 1615.
nZ: 1616.
Ni: 1607, 1608.
Verm: 4299 (1608).
Frauen: Brähin, Barbara; Breimelber, Anna.
109.
SCHOCHNER, Veit Mg 25.6.1598† (vgl. *Eitel*)

nZ: 1574, 1576, 1578, 1580, 1582, 1584, 1586, 1588.

Ra: 1575, 1577, 1579, 1581, 1583, 1585, 1587, 1589, 1591, 1593, 1595, 1597.

oZ: 1590, 1592, 1594, 1596, 1598.

VoItt: 1577, 1578.

Spi: 1590, 1591, 1592, 1593, 1594, 1595, 1596, 1597.

Verm: 10406 (1597), 12124 (1588), 10935 (1578).

Frauen: Erlaholtz, Barbara; Han, Katharina.

Bem: Bruder Christoph Schochner ist Amtmann des Klosterhofes Petershausen.

110.

SCHRIEFF, Jacob Fi 16.7.1588†

nZ: 1575, 1577, 1579, 1581, 1583, 1585.

Ra: 1574, 1576, 1578, 1580, 1582, 1584, 1586.

VoItt: 1579.

Verm: 5720 (1578).

Frau: Öxlin, Agathe.

111.

SCHÜRT, Michael Rb

Ri: 1613, 1614, 1615, 1616.

nZ: 1617, 1619, 1621, 1623, 1625, 1627.

Ra: 1618, 1620, 1622, 1624, 1626, 1628, 1630.

oZ: 1629.

Verm: 9746 (1617).

112.

SCHULTHAISS, Hans Loe 15.7.1580† (vgl. *Eitel*)

aB: 1574, 1576, 1578, 1580.

nB: 1575, 1577, 1579.

Verm: 28469 (1578).

Frau: Freyburg, Emerita v.; Bayer, Barbara v.

Bem: Der Vater Hans Schulthaiß (24.9.1556†) stammte aus Schwäbisch Hall, war 1532 Verwalter in Ochsenhausen und besaß einen Freisitz in Überlingen. Eine Tochter von Hans Schulthaiß war verheiratet mit dem Augsburger Rat Georg Illsung von Treitzberg.

113.

SCHULTHAISS, Hans II. Loe

Ri: 1597.

Ra: 1598, 1599, 1600, 1601, 1602, 1603, 1604, 1605, 1606, 1607, 1608, 1609, 1610, 1611, 1612, 1613, 1614, 1615, 1616, 1617, 1618, 1619, 1620, 1621, 1622.

aB: 1624, 1626.

nB: 1623, 1625, 1627.

Spe: 1591, 1592, 1593, 1594, 1595, 1596, 1597, 1598, 1599.

SGal: 1600, 1601, 1602, 1603, 1604, 1605, 1606, 1607, 1608, 1609, 1610, 1611, 1612, 1613, 1614, 1615, 1616, 1617, 1618, 1619.

Stue: 1600, 1601, 1602, 1603, 1604, 1605, 1606, 1607, 1608, 1609, 1610, 1611, 1612, 1613, 1614, 1615, 1616, 1617, 1618, 1619, 1620, 1621, 1622.
Verm: 24824 (1617), 21374 (1608), 16626 (1597).
114.
SCHULTHAISS, Wilhelm Loe
Ri: 1608, 1609, 1610, 1611, 1612, 1613, 1614, 1615, 1616, 1617, 1618, 1619, 1620, 1621.
Ra: 1622, 1623, 1624, 1625, 1626, 1627.
aB: 1628, 1630.
nB: 1629.
Spe: 1606, 1607, 1608, 1609, 1610, 1611, 1612, 1613, 1614, 1615, 1616, 1617, 1618, 1619, 1620, 1621.
Spi: 1622.
Stue: 1623, 1624, 1625, 1626, 1627.
Verm: 10519 (1617), 5257 (1608).
Frau: Reichlin von Meldegg, Anna.

115.
STEBENHABER, Onofrius Loe
Ri: 1581, 1582, 1583.
Ra: 1584, 1585, 1586, 1587, 1588, 1589, 1590, 1591, 1592, 1593, 1594, 1595, 1596, 1597, 1598, 1599, 1600, 1601, 1602, 1603, 1604, 1605, 1606, 1607, 1608, 1609, 1610, 1611, 1612, 1613, 1614, 1615, 1616, 1617, 1618, 1619, 1620, 1621, 1622.
VoItt: 1585, 1586, 1587, 1588, 1589, 1590, 1591, 1592, 1593, 1594, 1595, 1596.
Spi: 1597, 1598, 1599, 1600, 1601, 1602, 1603, 1604, 1605, 1606, 1607, 1608, 1609, 1610, 1611.
Vac: 1597, 1598, 1599, 1600, 1601, 1602, 1603, 1604, 1605, 1606, 1607, 1608.
Fab: 1610, 1611, 1612, 1613, 1614, 1615, 1616, 1617, 1618, 1619, 1620, 1621.
Verm: 23233 (1617), 18768 (1608), 10673 (1597).
Frau: Bschor, Euphrosina.
Bem: War bis 1581 Subsistut Dr. Gall Hagers. 1583 war er in die Dienste des Domkapitels Konstanz getreten, mußte aber sein Amt auf Verlangen des Rats wieder aufgeben.
116.
STEHELIN, Balthasar Rb
Ri: 1620, 1621, 1622, 1623, 1624, 1625, 1626, 1627, 1628, 1629, 1630.
Verm: 2029 (1617).
117.
ÜBELACKHER, Matthias Mg
Ri: 1599, 1600.
Verm: 3938 (1597).
Frau: Stieftochter des Zunftmeisters (Rochus[?]) Mülhaimers.
118.
ÜBELACKHER, Walther Mg 15.6.1601†

nZ: 1599.
Ra: 1600.
Verm: 4724 (1597).
Frau: Schinbain, Anna.
119.
UNGEMUTH, Hans I. Sn
Ri: 1587, 1588, 1589, 1590, 1591, 1592.
Spe: 1582, 1583, 1584, 1585, 1586, 1587, 1588, 1589.
Verm: 10106 (1588).
Bem: 1617 noch Salemer Hofmeister in Riedlingen.
120.
UNGEMUTH, Hans II. Sn
nZ: 1618, 1620, 1622, 1624, 1626.
Ra: 1617, 1619, 1621, 1623, 1625, 1627.
Arm: 1622, 1623, 1624, 1625, 1626, 1627.
Verm: 4404 (1617).
121.
UTZ, Lienhard Rb 30.9.1579†
Ri: 1574, 1575, 1576.
nZ: 1578.
Ra: 1577, 1579.
Verm: 852 (1578).
Frauen: Mader, Waldpurga; Hass, Barbara.
122.
VISCHER, Hans Christoph Bae
Ri: 1608.
nZ: 1618, 1620, 1622.
Ra: 1619, 1621, 1623, 1625, 1627, 1629.
oZ: 1624, 1626, 1628, 1630.
Ni: 1615, 1616, 1617, 1618, 1619, 1620, 1621.
Franz: 1619, 1620, 1621, 1622, 1623, 1624, 1625, 1626, 1627, 1628, 1629, 1630.
Spi: 1628.
Stue: 1628, 1629, 1630.
Verm: 19565 (1617).
123.
WAGNER, Hans Sn 14.9.1594†
Ri: 1593, 1594.
Verm: 3945 (1588).
Frau: Dornsperger, Margarethe.
124.
WAIBEL, Andreas Rb
Ri: 1590, 1591, 1592, 1593, 1594.
nZ: 1595, 1597, 1599, 1601, 1603, 1605.

Ra: 1596, 1598, 1600, 1602, 1604, 1606, 1608, 1610.

oZ: 1607, 1609, 1611.

aB: 1613, 1615, 1617, 1619, 1621.

nB: 1612, 1614, 1616, 1618, 1620.

Spe: 1577, 1578, 1579, 1580, 1581, 1582, 1583.

Spi: 1598, 1599, 1600, 1601, 1602, 1603, 1604, 1605, 1606, 1607, 1608, 1609, 1610, 1611.

VoItt: 1597.

Franz: 1600, 1601, 1602, 1603, 1604, 1605, 1606, 1607, 1608, 1609, 1610, 1611.

Verm: 10548 (1617), 8924 (1608), 8138 (1597).

125.

WAIBEL, Hans Rb

nZ: 1575, 1577.

Ra: 1574, 1576.

Franz: 1574, 1575, 1576.

Verm: 4661 (1568).

Frau: Sernatinger, Gertraud.

126.

WAIBEL, Jacob Rb 14.9.1587†

Ri: 1578, 1579.

nZ: 1580.

Ra: 1581.

Vac: 1574, 1575, 1576, 1577.

VoItt: 1580, 1581.

Verm: 2961 (1578).

Frau: Ungemuth, Gertraud.

127.

WAIBEL, Jacob II. Bae 1610†

nZ: 1610.

Ra: 1609.

Verm: 1839 (1608).

Frau: Schmid, Anna.

128.

WAIBEL, Thomas Rb

Ri: 1612.

nZ: 1614, 1616, 1618, 1620, 1622, 1624, 1626, 1628, 1630.

Ra: 1613, 1615, 1617, 1619, 1621, 1623, 1625, 1627, 1629.

Ni: 1609, 1610, 1611, 1612, 1613, 1614, 1615, 1616, 1617, 1622, 1623, 1624, 1625, 1626, 1627, 1628, 1629, 1630.

Franz: 1617, 1618, 1619, 1620, 1621, 1622, 1623, 1624, 1625, 1626, 1627, 1628, 1629, 1630.

Arm: 1618, 1619, 1620, 1621, 1622, 1623, 1624, 1625, 1626, 1627, 1628, 1629, 1630.

VoItt: 1618, 1619, 1620, 1621, 1622, 1623, 1624, 1625, 1626, 1627, 1628, 1629, 1630.

Spi: 1628, 1629, 1630.
Verm: 5727 (1617).
Frau: Brähin, Elisabeth.
129.
WENNGLIN, Hans Fi
Ri: 1574, 1575, 1576, 1577, 1578, 1579, 1587, 1588, 1589.
nZ: 1590.
Ra: 1591.
Verm: 4680 (1588), 3169 (1578).
130.
WETZEL, Ambrosius Bae 15.10.1606†
Ri: 1587, 1588, 1589, 1590, 1591, 1592, 1593, 1594, 1595, 1596, 1597, 1598, 1599, 1600, 1601, 1602, 1603.
nZ: 1604, 1606.
Ra: 1605.
Mi: 1584, 1585, 1586, 1587, 1588, 1589, 1590, 1591, 1592, 1593, 1594, 1595, 1596, 1597, 1598, 1599, 1600, 1601, 1602, 1603, 1604, 1605, 1606.
VoBod: 1604, 1605.
Verm: 5611 (1597), 1588 (1588).
Frauen: Neyding, Katharina, von Villingen; Übelackher, Margarethe.
131.
ZETTEL, Jacob Fi 1633†
Ri: 1613, 1614, 1615, 1616, 1617, 1622, 1623, 1624, 1625, 1626, 1627, 1628.
nZ: 1629.
Ra: 1628, 1630.
Verm: 2441 (1617).
Frauen: Öxlin, Magdalena; Hirt, Dorothea.

XVI. Prosopographie der Überlinger Kapläne 1480–1630

In die folgende Prosopographie wurden nur Geistliche aufgenommen, die zwischen 1480 und 1630 als Inhaber von Kaplaneipfründen nachweisbar sind. Nicht aufgenommen wurden: die Überlinger Pfarrherren und ihre Helfer[1], die mit einer Pfründe bedachten Organisten, soweit es sich um Laien handelte[2], und die Kapläne der Reichlin-Meldeggschen Privatkaplanei. Die Liste erhebt nicht den Anspruch, vollständig zu sein, doch dürfte sie den größten Teil der Kapläne jener Zeit umfassen[3].

Die einzelnen Angaben der prosopographischen Artikel werden nicht eigens belegt, da dies zu einer unverhältnismäßigen Aufblähung des wissenschaftlichen Apparates geführt hätte. Statt der Einzelbelege soll deshalb ein Überblick über die verwerteten Quellen gegeben werden. Die wichtigsten Quellen waren: 1. Die Investiturprotokolle, die Angaben über die Präsentation, Investitur und zum Teil auch über Absenzgewährungen enthalten[4]. 2. Urkunden über Reverse, Präsentationen und Investituren[5]. 3. Die Ratsprotokolle, in denen zumeist die Verleihung einer Pfründe festgehalten wurde, die aber auch weiterführende Informationen zum Verhalten einzelner Geistlicher enthalten. 4. Die Steuerbücher, denen die Angaben über Vermögen bzw. die von den Geistlichen entrichtete Jahressteuer entnommen wurden[6]. 5. Universitätsmatrikeln[7]. 6. Die Visitationsprotokolle, die vor allem für die Zeit nach 1600 Informationen zum Verhalten einzelner Geistlicher bieten[8]. 7. Die Kapitelsprotokolle, welche dieselbe Bedeutung für die Zeit nach 1609 besitzen[9]. 8. Die vacierenden Pfründrechnungen, die unter anderem angeben, in welchem Jahr welche Kapläne

---

[1] Vgl. zu den Pfarrherren und den Helfern Kap. VII. 6 u. 7.

[2] Zu den Organisten vgl. Kap. VII. 9. Dies betrifft vor allem Johann Holtzhay, dessen Sohn Johann Conrad und Sebastian Kreis. In die Liste aufgenommen wurde Jacob Reiß (Nr. 174), der vor Holtzhay St. Cosmas besaß, da es sich bei ihm um einen Geistlichen gehandelt haben dürfte; jedenfalls wird er als Mitglied der Priesterbruderschaft aufgeführt.

[3] StadtAÜb Reutlinger 9 fo. 198vff., enthält je eine Liste der Mitglieder der Überlinger Priesterbruderschaft (die ca. bis 1564 reicht) und all der Geistlichen, die dem Chronisten bekannt waren. Bei einem Vergleich der ersten Liste mit der Prosopographie ergab sich, daß nur ein bei Reutlinger genannter Kaplan nicht in der Prosopographie enthalten ist.

[4] Für die Zeit bis 1500: *Krebs*, Investiturprotokolle, und für das 16. Jahrhundert: EAF Ha. 110–120 (unter Benutzung des von Herrn Dr. Franz Hundsnurscher zur Verfügung gestellten Typoskripts der Überlinger Einträge).

[5] GLA Abt. 2 Urkunden Überlingen-Pfullendorf.

[6] Vgl. Kap. VII.10 zur Besteuerung der Geistlichen und der Art ihrer Verzeichnung in den Steuerbüchern.

[7] Zu den benutzten Universitätsmatrikeln vgl. das Quellenverzeichnis.

[8] EAF Ha. 61, 70, 77; Konstanz-Generalia, Klöster und Orden, Kollegiatstift Überlingen 7; GLA 61/7321.

[9] KaPAÜb C. 28 Bd. 1: 1611–1679.

Additionen erhalten haben[10]. 9. Eine Liste der Mitglieder der Priesterbruderschaft und eine von Jacob Reutlinger zusammengestellte Liste Überlinger Geistlicher[11]. 10. Die von *Roth von Schreckenstein* verfaßten Regesten zur Überlinger Geschichte[12]. Die einzelnen prosopographischen Artikel sind wie folgt aufgebaut:

- Name (unterschiedliche Schreibweisen werden nur dann angegeben, wenn sie erheblich voneinander abweichen; zwischen C und K, D und T, B und P wird unterschieden, wobei jeweils der in den Quellen am häufigsten auftretenden Schreibweise gefolgt wird).

- Herkunftsort (der Herkunftsort wird nur angegeben, wenn er explizit in den Quellen genannt ist, nicht aber, wenn aufgrund von Verwandtschaft oder Namensgleichheit eine Herkunft aus Überlingen wahrscheinlich ist); Name der besuchten Universität(en) mit Datum der Immatrikulation und erreichtem Abschluß (Angaben über den Besuch einer Universität wurden nur dann aufgenommen, wenn nicht nur der Name des Kaplans, sondern auch der Herkunftsort bekannt war, so daß die Identität der in den Matrikeln angegebenen Personen mit den Überlinger Kaplänen als gesichert gelten kann).

- Pfründen (die Pfründen wurden möglichst genau spezifiziert, doch zum Teil wurde in den Quellen nicht genau unterschieden zwischen St. Sebastians-Altar und St. Sebastian-Antonius-Altar und St. Maria Magdalena-Altar und Kapelle, so daß hier nicht immer eindeutig geklärt werden konnte, um welche Pfründe es sich handelte. Bei den Kaplaneien in den Kapellen St. Jodok und St. Leonhard – jede Kapelle besaß zwei Pfründen – ist in der Regel unklar, auf welche der beiden Pfründen ein Kaplan eingesetzt wurde oder ob er eventuell beide nutzen konnte; ähnliches gilt für die Spitalkaplanei, wo in der ersten Jahrhunderthälfte noch manchmal zwischen den beiden Altären unterschieden wurde, was später meist nicht mehr der Fall war[13]). Zu den einzelnen Kaplaneien wurde nach Möglichkeit angegeben, wann sie verliehen wurde (Datum des Reverses), wann der Kaplan präsentiert und wann er investiert wurde sowie wann und auf welche Weise der Besitz der Pfründe endete. Ist zu einem Datum keine nähere Erläuterung angegeben, wurde es in der Regel den Ratsprotokollen entnommen, das heißt es bezieht sich auf den Zeitpunkt, an dem der Rat über die Verleihung der Pfründe entschied und dem meistens bald der Abschluß des Reverses folgte. Die Angaben über das Ende des Pfründbesitzes konnten oft nur indirekt über Angaben aus Reversen oder Investituren der Nachfolger entnommen werden und sind deshalb entsprechend ungenau, da dort nicht angegeben wurde, ob und wie lange die Stelle vakant gewesen war.

- Angaben über die Höhe der Jahressteuer, wobei zu beachten ist, daß anders als bei der Prosopographie der politischen Führungsschicht hier unter Vermögen nicht

---

[10] StadtÜb Vac. Pfründrechnungen. Vgl. dazu die Ausführungen in Kap. VII.8.
[11] KaPAÜb A 1 u. A 2; StadtAÜb Reutlinger 9 fo. 198vf. (wie Anm. 3).
[12] Vgl. *Roth v. Schreckenstein*, Geschichte.
[13] Zu den Kaplaneien vgl. Kap. VII.8.

das tatsächliche Vermögen, sondern nur der Betrag der Steuer in d angegeben wird[14].

– Verwandtschaft.

– Bemerkungen zur Person des Kaplans.

Folgende Abkürzungen werden verwendet (in der Reihenfolge der prosopographischen Rubriken): Univ. = Universität; Freib. = Freiburg; Dill. = Dillingen; Ingol. = Ingolstadt; Tüb. = Tübingen; Heidel. = Heidelberg; MA. = Magister Artium; BA. = Baccalaureus; Rev. = Revers; Präs. = Präsentation; Inv. = Investitur; Res. = Resignation; Wech. = Wechsel; Kündig. = Kündigung; Verm = Vermögen (Steuerbetrag); Verwandt = Verwandtschaft; Bem = Bemerkungen.

1.

ACKER, Conrad

Gammertingen, Univ. Freib. 1496.

S. Sebastian-Anton.: 4.10.1502 Präs., 29.10. Inv., 6.7.1520 Res.

S. Sebastian: 2.7.1526 Rev., 18.7. Inv., 1534†[?]

Verm: 335 (1528).

Bem: 1519, 1520, 1521 Befreiung von der Residenzpflicht.

2.

AFFUNCULUS, Marcus

Überlingen, Univ. Freib. 1528, BA.

S. Katharina/Berg: 21.5.1523 Rev., 1.6. Präs., 13.6. Inv., 1528 Res.

Verm: 285 (1528).

3.

ALTERTHAIN, Bernhard

Meßkirch.

S. Conrad: 10.2.1488 Präs., 7.3. Inv.

4.

ANGELMÜLLER, Matthias

Sießen, Univ. Freib. 1556.

S. Johann. Bapt.: 3.7.1559 Rev., 19.10. Inv., 1577†[?]

Verm: 706 (1568).

Verwandt: Jörg Angelmüller, Vetter.

Bem: 1559 zugleich Helfer, wobei er vom Pfarrer wegen seines Verhaltens kritisiert wurde; Angelmüller trug öffentlich eine Wehr. 1564 beging er Ehebruch mit Barbara Böckin, wofür er um 40 lbd gestraft wurde, und ihm der Rat, falls er die Strafe nicht entrichtete, mit der Aufkündigung der Pfründe drohte.

---

[14] S. Anm. 6.

5.

BAUMANN, Melchior

Überlingen, Univ. Dill., 1590.

S. Maria Magdalena: 1596, 1622†

S. Georg: 1597, 1622.

Kanoniker.

Verm: 1063 (1597), 1233 (1608).

Verwandt: Caspar Baumann, Bruder.

Bem: 1595 Helfer; Mesner. 1609 kam es zu einer Untersuchung wegen seiner Beziehung zu Margarethe Dietherich, Kronenwirtin; 1611 befahl ihm der Rat, seine Haushälterin, deren Mann in Saulgau lebte, zu entlassen; 1620 wurde er ermahnt, seinen Eid auf die Statuten des Kollegiatstifts abzulegen.

6.

BAUSER, Hans

Kaplan: 1610, 10.10.1611†

Bem: Fungierte als Leiter der Chorales; wollte sich zum Organisten ausbilden. Wegen seines Unfleißes drohte ihm der Rat mit dem Entzug seiner Pfründe.

7.

BAUSER, Johannes

Überlingen, Univ. Basel, 1509; Heidel. 1511, MA.

Hl. Drei Könige: 31.12.1507 Inv.

S. Jacob mai.: 2.1.1520 Rev., 9.7.1535 Res.

Verm: 355 (1528).

Verwandt: Jörg Bauser, Bruder.

Bem: Nahm seit 1531 an der Präsenz der Kapläne des Domkapitels teil.

8.

BAUMEISTER, Johannes

Hagenau, Univ. Freib. 1506, MA.

S. Leonhard: 29.5.1536 Rev., 10.6. Inv., 19.2.1562†

S. Katharina/Berg: 28.11.1553, 19.2.1562.

Verm: 154 (1558).

Verwandt: Caspar Klöckler (Stadtschreiber), Vetter.

Bem: Klöckler wurde zusammen mit Caspar Dornsperger in seinem Revers als Bürge genannt. Scheint 1539 Beziehungen zur späteren Konkubine eines Domherrn gehabt zu haben; hatte acht Kinder, von denen der Rat vier ‚erbfähig‘ machte und eines ebenfalls Priester wurde.

9.

BECK, Philipp

Überlingen.

S. Maria Magdalena: 17.1.1595, 9.9.1596 Kündig.

Verwandt: Jonas Beck, Bruder.

Bem: Organist; war zuvor in Markdorf verpfründet gewesen. 1606 klagte Ursula

Mader gegen ihn vor dem geistlichen Gericht wegen Defloration. Beck befand sich zu dieser Zeit als Pfarrer von Ingelhofen im Bistum Basel.

10.

BELER, Martin
Überlingen, Univ. Freib., 1505.
S. Jodok: 11.8.1512 Rev., 1558[?]
Verm: 433 (1528), 156 (1558).
Bem: 1558 Pfründner im Spital.

11.

BETZ, Hans
S. Sebastian: 1482.
Verm: 420 (1496).

12.

BETZ, Johann
Überlingen, Univ. Freib. 1517; Ingol., 1519, Dr.iur.
S. Peter: 2.7.1526 Rev., 1527†
Verm: 327 (1528).
Verwandt: Wahrscheinlich mit Jörg Betz (Ratsherr).
Bem: Lebte vor 1526 in Rottweil.

13.

BETZ, Wolfgang
Überlingen.
S. Sebastian: 21.3.1586, noch 1609 erwähnt.
Verm: 824 (1597), 824 (1597).
Verwandt: Johann Georg Betz, Vater.
Bem: 1585 Priesterweihe. Seit 1590 war er wahrscheinlich geisteskrank, durfte seine Kaplanei aber weiter nutzen.

14.

BILDSTEIN, (Johann) Joachim
Konstanz, Univ. Dill., 1612; Ingol., 1615.
Kaplan: 1618[?], 6.5.1621 Res.; 1634†
Verwandt: Bartholomäus Bildstein (Vater) aus Bregenz, Archigrammaticus in Buchhorn.
Bem: Kurzscher Stipendiat des Domkapitels. Wurde mehrmals ermahnt, sich den Statuten des Stiftes gemäß zu verhalten und der Bruderschaft beizutreten; wegen seiner *tumultus* wurde er denn auch vom Kapitel mit Geldstrafen belegt.

15.

BLUM, Johannes
Überlingen, Univ. Tüb., 1500, MA.
S. Peter-Paul: 12.8.1518 Rev., 1519†
Verwandt: Hans Blum (Richter), Vater.

16.

BLUM, Ludwig

Überlingen, Univ. Heidel., 1465.
S. Maria Magdalena: 26.6.1471 Inv., 1486 Res.
S. Jacob mai.: 18.10.1486 Inv., 1520†
Verm: 399 (1496).
17.
BÖS, Jodok
S. Leonhard e.m.: 7.10.1465 Inv., 1482†
18.
BOPP, Johannes
S. Leonhard: 1501?, 1502 Res.
19.
BRÄHIN, Matthias
Überlingen, Univ. Dill., 1567.
Hl. Kreuz: 17.8.1584, 1588? Res.
S. Ulrich: 13.9.1588, 19.12.1592 Präs., 18.1.1593 Inv., 29.12.1597†
Verm: 905 (1578), 1299 (1588).
Verwandt: Caspar Brähin (Zunftmeister).
20.
BRÄHIN, Melchior
Überlingen.
S. Sebastian: 12.5.1544 Inv., 1549†
21.
BRÄHIN, Wolfgang
Univ.?, MA.
S. Ulrich: 1.4.1543 Rev.
22.
BRAUN, Jacob
S. Georg: 13.9.1552 Inv.
23.
BRENDLIN, Felix
Überlingen, Univ. Ingol., 1567.
S. Michael: 26.9.1570 Rev., 16.1.1571 Inv., 1576 Wech.
S. Ulrich: 16.5.1576, 1578 Res.
S. Peter-Paul: 26.12.1588, 18.1.1593 Inv., 1595†
Verm: 3004 (1578).
Bem: Ging 1578 in den ‚Niederländischen Krieg'; seine Pfründe wurde ihm solange aufgehalten. 1584 kündigte ihm der Rat, da Brendlin Dr. Gall Hager und seine Verwandten beleidigt hatte, doch nahm er sie dann wieder zurück. 1586 wurde dem Kaplan Matthias Brähin erlaubt, Brendlin wegen Beleidigung vor das geistliche Gericht zu ziehen. Bei der Visitation 1592 wird seine Trunksucht moniert; der Pfarrer beschwerte sich über ihn wegen seiner Widersetzlichkeit.
24.
BREYMELBER, Jacob
Überlingen.

Spital/Dreifaltigkeitsaltar: 28.5.1528 Rev., 1538.

Verwandt: Michael Breymelber (Müller), Bruder.

25.

BREYSACHER, Heinrich (Brisacher)

Überlingen.

S. Michael: 4.5.1484 Rev., 15.5. Inv., 1533†

Verm: 257 (1496), 256 (1528).

Bem: 1503 Ermahnung wegen seines Unfleißes.

26.

BRIGEL, Johannes

Aislinganus, Univ. Dill., 1607, MA.

Kaplan: 1619 nachweisbar, 1622 Wech.

Kanoniker: 10.2.1622 Inv., 1623.

Bem: Am 26. Mai 1623 wurde er wegen Beleidigungen und Gotteslästerungen um 4 lbd bestraft; am 4. Aug. wurde Georg Schulthaiß auf seine Stelle präsentiert.

27.

BUCHELER, Joerg

Tettnang.

S. Sebastian: 9.6.1486 Präs.

28.

BUCHER, Matthias

Univ.?, MA.

S. Leonhard: 12.10.1573 Inv.

S. Gallen: 14.1.1577, 29.11.1578 Inv., 1603†

Verm: 2179 (1588), 2210 (1597).

Verwandt: Joachim Bucher, Bruder (Konstanz).

Bem: Steuerhinterziehung von ca. 200 lbd (Bucher hatte 30 Jahre lang Pfandschaft und Varend nicht ordnungsgemäß versteuert).

29.

BUCHER, Onophrius

Ravensburg, Univ. Freib., 1505.

B. Mariae Virg.: vor 1519, 15.3.1524 Res.

Bem: 1519 Befreiung von der Residenzpflicht.

30.

BUCHMAIR, Georg

Überlingen.

S. Michael: 25.6.1532 Rev., 22.12.1533 Inv., 25.6.1538 Res.

31.

BUCHMÜLLER, Michael

Kaplan: 1619 nachweisbar, 22.2.1624 Präs.

Bem: 1625 wurde er wegen Unfleiß ermahnt; 1627 dem Vikar in Konstanz berichtet, daß Buchmüller öffentlich in Gesellschaft von drei Mädchen ein Wirtshaus besucht hatte.

32.
BUCHSEL, Ulrich
S. Verena: 1463 nachweisbar.
S. Ulrich: 1490†
33.
BÜCHLIN, Cristannus
S. Conrad: 11.9.1482 Rev., 4.10. Inv., 1486 Res.
34.
BUTI, Michael
Engen, Univ. Freib., 1521.
S. Katharina/Berg: 28.5.1528 Rev., 1529.
35.
BUTZLIN, Sebastian
Überlingen, Univ. Freib., 1562; Ingol., 1564, MA.
S. Gallen: 17.12.1568, 19.12.1570 Inv., 1578 Res.
Verwandt: Dr. Valentin Butzlin, Vater.
Bem: 1575 bewarb er sich vergebens um die Pfarrei Pfullendorf; später als Pfarrer in
Waldshut nachweisbar.
36.
CONRAD, Michael
Kuchen.
S. Jacob mai.: 29.7.1535 Rev., 23.8. Präs., 20.9. Inv.
37.
CRISTA, Mattheus
Überlingen, Univ. Dill., 1605, MA.
Kaplan: 20.12.1617 Inv., 1620 Wech.
Kanoniker: 10.1.1620 Inv., 1623 Res.
Verwandt: Jörg Crista, Vater.
Bem: Kurzscher Stipendiat.
38.
CUNTZELMANN, Conrad
Überlingen, Univ. Ingol., 1546, MA.
S. Christoph: 1.9.1552 Inv., 20.1.1554 Rev.; noch 1568.
Verm: 497 (1558), 538 (1568).
Verwandt: Hans Cuntzelmann.
Bem: 1557 lehnte er die Wahl zum Pfarrherrn ab. Während seines Studiums war er
durch den Rat gefördert worden.
39.
CRISTOFERUS de Trugenhofen
S. Conrad: 22.2.1491 Inv., noch 1496.
Verm: 188 (1496).
40.
DAFRID, Georg

Überlingen, Univ. Dill., MA.

S. Maria Magdalena: 3.4.1593.

S. Peter-Paul: 15.9.1595 Präs., 13.12.1596 Inv., 1607 Res.

Verm: 1557 (1597).

Verwandt: Michael Dafrid (Richter), Vater; Andreas Dafrid (Bürgermeister), Bruder.

Bem: Kurzscher Stipendiat. 1592 erhielt er die Priesterweihe, zwei Jahre später als Helfer in Überlingen tätig; 1606 bewarb er sich vergeblich um die Spitalpfarrei; 1615 in Österreich ob der Enns gestorben. Wegen eines Faustkampfs mit anderen Kaplänen wurde er 1603 vom Rat verwarnt.

41.

DATZ, Franz

S. Leonhard/Mue: 10.7.1577, 26.11.1579 Kündig.

Verm: 1484 (1578).

Verwandt: Ulrich Datz, Vater.

Bem: Wegen Unfleiß und verdächtiger Beziehungen zu der ‚Strolmacherin' kündigte ihm der Rat. 1580 als Kaplan am Domstift Straßburg nachweisbar.

42.

DIETERICH, Johann Georg

Überlingen, Univ. Dill., 1618; Freib., 1623, MA.

Kanoniker: 9.10.1629 Präs.

Bem: Kurzscher Stipendiat. Sein vorbildlicher Lebenswandel wird bei der Visitation 1631 eigens erwähnt.

43.

DINNER, Beatus

Überlingen, Univ. Ingol., 1545, MA.

S. Maria Magdalena: 1550 Rev., 1552 Kündig.

Verwandt: Jacob Hager, Schwager.

Bem: Erhielt 1550 eine Pfründe, um an der Universität Ingolstadt zum Dr. theol. promovieren zu können, gegen die Verpflichtung, später in Überlingen die Prädikatur oder andere Kirchenämter zu übernehmen. Dinner bat aber knapp zwei Jahre später, ihn seiner Verpflichtung zu entheben, da er mehrere Berufungen als Prediger erhalten habe – unter anderem durch den Bischof von Eichstätt –, worauf ihm der Rat wohl die Pfründe kündigte. Dinner starb am 2. April 1555 als Pfarrer von Petershausen.

44.

DORNER, Hans

S. Conrad: 29.7.1568, 14.12.1570 Präs., 5.2.1571 Inv.

Hl. Kreuz: 14.1.1589, 8.1.1593 Präs., 4.2. Inv., 6.6.1611†

Verm: 1168 (1588), 1399 (1597).

Bem: 1608 leprös, durfte seine Pfründe aber weiter behalten. 1589 und 1600 tätigte er Stiftungen an die Franziskaner (einen Silberbecher und einen Zinsbrief von 100 fl), 1606 stiftete er für arme Schüler 100 fl, damit diese davon Bücher kaufen konnten.

45.
EBERLIN, Beat
Überlingen.
S. Maria Magdalena/Kap: 11.10.1567 Rev., 17.8.1584†
Verm: 267 (1568), 1594 (1578).
Bem: Eberlin war Spitalmeister bis 1566 und trat dann von seinem Amt ab, nachdem
er die geistlichen Weihen erhalten hatte.
46.
EDERISCH, Christoph
Überlingen.
S. Barbara: 12.11.1596 Präs., 29.11. Inv., noch 1624 nachweisbar als Kanoniker.
Verm: 1347 (1597), 1327 (1608).
Verwandt: Philipp Ederisch (Stüblinsschreiber), Bruder.
Bem: 1598 wurde er vom Rat ermahnt, weil er ohne Erlaubnis die von ihm übernom-
menen Meßpflichten von St. Ulrich eingestellt hatte; 1618 um 3 lbd gestraft, weil er
sich dem Pfarrherrn widersetzt hatte.
47.
EMSER, Johann (Empser)
S. Martin: 16.4.1534 Inv., 31.10.1545 Res.
48.
ENDERLIN, Lienhard
S. Ulrich[?]: 11.7.1558.
Verm: 164 (1558).
49.
ERHART, Sebastian
Germatingen, Univ. Freib., 1564.
S. Jodok: 1570†
50.
ERLAHOLTZ, Sebastian
Überlingen, Univ. Dill., 1605.
S. Jacob min.: 1.2.1607, 1616 Wech.
Kanoniker: 10.6.1616.
Verm: 2164 (1608).
Verwandt: Dr. Balthasar Erlinholtz (Advokat des Konsistoriums in Konstanz),
Bruder; Melchior Erlinholtz, Vater.
51.
FABRI, Caspar
Ehingen, Univ. Freib., 1496?
S. Maria Magdalena: 1.8.1537 Rev., 31.8. Inv.
52.
FALCKNER, Jodok
Mengen.
S. Leonhard: 1558[?]

S. Ulrich: 23.12.1561 Rev., 12.3.1562 Inv., 1574†
S. Katharina/Berg: 1574.
Verm: 768 (1568).
Bem: War zuvor als Prediger in Mengen tätig gewesen.
53.
FESSLER, Adam
Überlingen, Univ. Freib., 1534.
Kaplan: spätestens 1537 als Mesner nachweisbar.
Verwandt: Jörg und Caspar Feßler, Vettern.
54.
FREY, Lorenz
Zwiefalten Kloster.
S. Jodok: 12.2.1565 Rev.
Bem: Frey war Konventuale des Klosters Zwiefalten.
55.
FREY, Thomas
Überlingen.
Spital/Hl. Geist: 27.11.1484 Wech.
S. Jodok: 21.6.1484 Rev., noch 1496 nachweisbar.
Verm: 99 (1496).
56.
GAUL, Georg
Hofkirchen, Univ. Ingol., 1610, MA.
Kaplan: 1618, 1619.
Bem: 1617 Helfer.
57.
GERSTER, Niclaus
Univ.[?], MA.
Kaplan: 1612, 1612 Res.
Bem: Gerster hatte die Pfründe Günthers erhalten und bald darauf gekündigt; eine
erneute Bewerbung lehnte der Rat dann ab. 1614 Pfarrer in Nesselwang.
58.
GESSLER, Johann Michael
S. Jodok: 1570 Res.
S. Sebastian: 1570 Res.
59.
GNEIPP, Jacob
Überlingen, Univ. Freib., 1574.
S. Johann. Evang.: spätestens 1578.
Spitalkaplanei: 1.3.1581.
Verm: 853 (1578).
Verwandt: Veit Gneipp, Vater.

Bem: 1575 erhielt er die Priesterweihe; 1578 wurde ihm zugestanden, als Helfer tätig zu sein und zugleich seine Pfründe zu nutzen.

60.

GÖTZ, Johannes

Überlingen, Univ. Ingol., 1564.

Hl. Kreuz: 7.4.1567 Rev., 1570 Res.

Verm: 380 (1568).

Verwandt: Matthias Götz, Vater.

Bem: War nach 1570 Pfarrer zu Siggingen. Seit 1574 geisteskrank, weshalb er zuerst bei den Franziskanern, dann im Blatternhaus verwahrt wurde.

61.

GRIGGLER, Johannes

Möringen.

Kaplan: 1520.

Bem: Mesner.

62.

GRIMM, Hans

Univ.[?], MA.

S. Gallen: 20.3.1603, 13.7.1617 Kündig.

Verm: 2078 (1608).

Bem: Rat kündigte ihm im Zusammenhang mit dem Konflikt um die Pfarrechte bei den Terziarinnen zu St. Gallen, nahm aber unter Umständen die Kündigung wieder zurück, da Grimm 1618 noch als Kaplan erwähnt wird.

63.

GUDENZ, Blasius (Godencz)

S. Georg: 31.10.1463 Inv., 1485†

64.

GÜNTHER, Leonhard (Gindther)

Überlingen, Univ. Dill., 1578.

S. Katharina/Berg: 21.8.1584, 19.12.1592 Präs., 18.1.1593 Inv., 1596 Wech.

S. Martin: 12.11.1595 Präs., 27.11. Inv., 1611†

Verm: 1612 (1597), 1738 (1608).

65.

GWANN, Jacob

Überlingen.

Kaplan: 11.11.1556.

Bem: Hatte seine Pfründe in Überlingen gekündigt, um als Pfarrer nach Mahlspüren zu wechseln, kehrte dann aber wieder nach Überlingen zurück.

66.

HABERKALT, Jacob

Überlingen.

S. Michael: 26.7.1538 Rev., 1553 Res.

Verwandt: Bernhart Haberkalt, Vater.

67.

HAFFNER, Petrus

Pfullendorf.

S. Christoph: 10.5.1546 Kündig.

Bem: Weil er seiner Residenzpflicht nicht nachkam, entzog ihm der Generalvikar die Pfründe und erlaubte dem Rat, einen anderen Kaplan zu präsentieren. Haffner starb 1552.

68.

HAGER, Conrad

Überlingen, Univ. Freib., 1548, MA.

S. Gallen: 1.9.1552 Inv., 21.1.1553 Rev., 1569 Wech.

S. Martin: 29.9.1570 Rev., 1596†

Verm: 1912 (1568), 2468 (1578).

Verwandt: Dr. Gall Hager (kaiserl. Rat), Bruder.

Bem: Erhielt wahrscheinlich 1551 die Priesterweihe. War Verfasser eines Gebetsbuches und zweier Traktate (Vom christlichen Sterben; Vom Klosterleben); stiftete ein Stipendium für Angehörige seiner Familie.

69.

HAGER, Matthias

Überlingen, Univ. Freib., 1566.

S. Verena: 28.3.1572 Rev., 27.6. Inv., 10.2.1616†

Verm: 2112 (1597), 1873 (1608).

Verwandt: Conrad Hager, Onkel.

Bem: War, bevor er nach Überlingen kam, Helfer in Meßkirch und Pfullendorf gewesen.

70.

HAINI, Jodok

Überlingen.

B. Mariae Virg.: 27.4.1524 Rev., 1.5. Präs., 11.5. Inv., 1534†

Verwandt: Dr. Georg Haini, Bruder.

71.

HAINI, Lienhard

Überlingen, Univ.?, MA.

S. Ulrich: 21.7.1558 Rev., 10.2.1559 Inv., 13.3.1562 Res.

Bem: Der Rat erlaubte Haini trotz seiner Obligation auf 10 Jahre, eine Stelle als Pfarrer zu Scheer anzunehmen; der Rat hatte sein Studium gefördert.

72.

HALLER, Christoph

Saulgau.

Hl. Kreuz: 29.7.1560 Rev., 1563 Res.

Spitalkaplanei.

Bem: Der Rat kündigte ihm seine Pfründe, da er gegen das Gelübde des Zölibats verstoßen hatte.

73.
HARDER, Martin
Univ. Dill., 1604.
Kaplan: 6.2.1612, 1616 Res.
Bem: Kurzscher Stipendiat; Kantor.
74.
HARTMANN, Jacob
S. Jodok: 4.6.1491 Rev., 18.6. Inv., 1532†
Verm: 192 (1496), 192 (1528).
75.
HARTMANN, Johannes
Überlingen, Univ. Freib., 1562.
S. Jacob min.: 7.2.1564 Rev., 1566 Kündig.
Verwandt: Hans Hartmann, Vater.
Bem: Hartmann war einiger ‚Leichtfertigkeiten‘ sowie seines Gotteslästerns wegen
gekündigt worden; trug eine Waffe. Spätestens seit 1573 galt Hartmann, der sich
mittlerweile mit einer Nonne verheiratet hatte, als Apostat.
76.
HARTMANN, Michael
Überlingen.
S. Leonhard e.m.: 13.11.1533 Rev., 20.3.1535 Inv., 1545†
S. Georg: 10.1.1542 Rev.
77.
HAUSER, Mattheus
Univ. Freib., 1548.
Spital/Hl. Geist: 1.5.1550 Inv., 2.5. Rev., 1553 Res.
Bem: 1567 gestorben als Pfarrer zu Frickingen.
78.
HEMERLIN, Andreas
Spital/Hl. Geist: 2.9.1508 Rev., 1519†
79.
HENNLIN, Blasius
S. Sebastian: 9.4.1556.
80.
HESLIN, Conrad
Spital/Hl. Geist: 5.7.1503 Rev., 1508†
81.
HEURENBACH, Bernhard
Überlingen.
S. Michael: 1.9.1552 Inv., 18.4.1553 Rev., 1570 Wech.
S. Jodok: 26.9.1570 Rev., 17.1.1571 Präs., 29.1. Inv., 12.8.1584†
Verm: 734 (1568), 2111 (1578).
Verwandt: Sigismund Heurenbach, Vater.

Bem: Besuchte wahrscheinlich ab 1544 die Schule des Klosters Salem, da er den geistlichen Stand ergreifen wollte. Beging Selbstmord.

82.

HILTPRAND, Michael

Überlingen, Univ. Tüb., 1491; Heidel., 1492.

Hl. Drei Könige: 30.6.1505 Rev., 1528†

S. Cosmas: 1528?

Verm: 372 (1528).

Bem: 1520, 1521 1522, 1523 und 1524 Befreiung von der Residenzpflicht.

83.

HIRT, Caspar

B. Mariae Virg.: 21.6.1491 Inv., noch 1496 nachweisbar.

Verm: 392 (1496).

84.

HOCHRAT, Johannes

Univ.[?] MA.

B. Mariae Virg.: 16.7.1483 Inv., 1491[?]

S. Martin: 16.7.1483 Inv., 1532†

Verm: 279 (1496), 304 (1528).

85.

HOCHRAT, Peter

Überlingen, Univ. Ingol., 1538.

S. Johann. Evang.: 25.6.1532 Rev., 10.3.1533 Inv.

S. Jacob mai.: 5.3.1543 Inv.

Verwandt: Bartholomäus Hochrat, Vater.

Bem: Behielt während seines Studiums seine Pfründe bei.

86.

HÖNER, Caspar

Überlingen.

B. Mariae Virg.: 24.3.1534 Rev., 19.4. Inv., 1543†

Verwandt: Balthasar Höner, Bruder.

87.

HONBURGER, Johannes

Überlingen, Univ. Dill., 1595.

Kaplan: 19.2.1616, 1625 Wech.

Kanoniker: 8.10.1625 Präs., 22.1.1626 Inv., noch 1631 nachweisbar.

Bem: Erhielt wahrscheinlich 1598 die Priesterweihe.

88.

HORN, Martin

S. Barbara: 1500 Res.

89.

HORSCH, Matthias

Überlingen.

S. Barbara: 13.11.1533 Rev., 23.3.1534 Inv., 1557†[?]
Verm: 230 (1558).
90.
HUBER, Johannes
Univ. Freib., 1470, MA.
S. Gallen: 7.1.1483 Rev., 26.2. Inv., 1512.
Verm: 264 (1496).
91.
HUMPOLT, Johannes
Überlingen.
S. Georg: 8.3.1508 Rev., 1512.
Verwandt: Jos Humpolt, Bruder.
Bem: 1504 Kaplan in Stockach.
92.
HUND, Diepold
S. Maria Magdalena: 2.12.1486 Rev., 2.1.1487 Inv., 1537†
Verm: 219 (1496), 227 (1528).
93.
IMHOF, Johannes
Univ. Dill.
Hl. Drei Könige: 17.1.1599, 1602 Wech.
S. Ulrich: 11.4.1602, 29.8.1608 Res.
Verwandt: Matthias Imhof, Vater.
Bem: Kurzscher Stipendiat. War vor der Verpfründung Helfer. 1604 kam er wegen einer Krankheit (Hauptsucht) ins Spital; erhielt mehrere Verweise wegen seiner Trunksucht.
94.
JOPP, Johannes gen. Rauch
Immenstaad, Univ. Freib., 1522.
S. Conrad: 13.11.1519 Präs., 27.11. Inv., 1.3.1538 Res.
S. Jodok: 28.3.1557 Rev., 3.7. Inv., 1562†
95.
JUSTINGER, Niclaus
Überlingen, Univ. Erfurt; Basel, 1497, Dr.iur.
S. Peter-Paul: 14.3.1508 Rev., 21.3. Inv.
Bem: Justinger residierte nicht, da er von 1509 bis 1510 als Rektor der Universität Basel amtierte.
96.
KAUT, Anthonius
Ulm.
S. Elisabeth: 15.11.1533 Rev., 1550 Res.
Bem: Taufpate Jacob Reutlingers; ging nach seiner Resignation an das Wengenstift zu Ulm.

97.
KAUT, Georg
S. Sebastian: 13.9.1552 Inv., 1556 Res.
98.
KELLER, Balthasar
Überlingen, Univ. Dill., 1607.
Kaplan: 10.2.1614, 6.7.1618 Wech.
Kanoniker: 6.7.1618, nicht mehr 1624.
Bem: Kurzscher Stipendiat. Verpflichtete sich 1614, sich zum Organisten auszubilden.
99.
KELLER, Burkhart
S. Jodok: 11.4.1516, 1540†
Verm: 456 (1528).
100.
KELLER, Christoph
Überlingen, Univ. Dill., 1600.
Kaplan: 16.1.1630 Präs.
Bem: Kurzscher Stipendiat.
101.
KELLER, Jacob
Überlingen, Univ. Dill., 1581; Ingol., 1589, MA.
S. Johann. Evang.: 30.3.1591 Inv.
S. Barbara: 14.5.1591, 19.12.1592 Präs., 18.1.1593 Inv., 1601[?] Res.
Verwandt: Jacob Keller (Stüblinsschreiber), Vater.
Bem: Kurzscher Stipendiat. 1601 Pfarrer in Radolfzell.
102.
KELLER, Johannes I
Überlingen, Univ. Freib., 1575, MA.
S. Ulrich: 3.2.1598, 1600 Res.
Verwandt: Jacob Keller (Stüblinsschreiber), Vater.
Bem: Keller, der erst 1597 die Weihen empfing, war zuvor Stadtschreiber in Engen gewesen; 1597 erhielt er eine Pfründe in Konstanz (an St. Stephan); nach 1600 war er Kaplan in Meersburg.
103.
KELLER, Johannes II
Radolfzell, Univ. Dill., 1615, MA.
Kaplan: 3.3.1622, nicht mehr 1624[?]
104.
KELLER, Johann Georg
Univ. Freib., 1615, MA.
Kaplan: 20.9.1619 Präs., 3.3.1622 Inv., 1622 Wech.
Kanoniker: 30.4.1622, 18.10. Inv., noch 1631 nachweisbar.

Bem: Kurzscher Stipendiat. 1624 wurde er wegen seines Verhaltens im Chor um
1½ lbd gestraft; 1625 durch den Offizial wegen eines Verhältnisses mit seiner Magd.
105.
KERN, Gregorius
Überlingen.
S. Peter-Paul: 10.5.1593, 1595†
Verwandt: Jeremias Kern (Zunftmeister), Vater.
Bem: Kern erhielt sofort nach seiner Priesterweihe 1593 eine Pfründe, mußte sich
allerdings verpflichten, notfalls Helferdienste zu verrichten.
106.
KESSENRING, Johann Heinrich
Überlingen, Univ. Freib., 1566, BA.
S. Jacob mai.: 17.12.1568, 18.8.1569 Präs., 19.12.1570 Inv., 1607[?] Wech.
Spitalkaplanei: 1.2.1607, 22.12.1622†
Verm: 3176 (1597), 2333 (1608).
Verwandt: Hans Kessenring, Vetter.
Bem: 1587 drohte ihm der Rat mit Pfründentzug wegen seines Ungehorsams gegen
den Pfarrer; besaß eine eigene Bibliothek.
107.
KISLING, Conrad
Meßkirch, Univ. Freib., 1541.
Spitalkaplanei: 12.7.1546 Inv., 1550 Res.
108.
KLETT, Johann
S. Maria Magdalena/Kap: 3.11.1481 Inv.
S. Ulrich: 1498†
Verm: 164 (1496).
109.
KLOTZ, Johannes
Univ. Freib., 1596.
S. Maria Magdalena: 1597 nachweisbar.
Hl. Drei Könige: 11.4.1602, noch 1616 als Kanoniker nachweisbar.
Verm: 1187 (1597), 2364 (1608).
Bem: Erhielt 1596/97 die Priesterweihe. 1602 und 1603 war er in Schlägereien
verwickelt. Bei der Visitation 1612 wurde sein Unfleiß moniert.
110.
KNOCH, Caspar
Munderkingen.
S. Conrad: 6.6.1538 Präs., 2.7. Inv.
111.
KOCH, Ludwig
Überlingen, Univ. Köln, 1504.
S. Elisabeth: 26.7.1519 Rev., 1533†

Verm: 459 (1528).

Verwandt: Stefan Koch, Bruder.

112.

KOLB, Seyfried

Ulm.

Spital/Dreifaltigkeitsaltar: 10.11.1519 Rev., 13.11. Präs., 27.11. Inv., 1526 Res.

Bem: 1520 Befreiung von der Residenzpflicht; 1522 vom Rat wegen Totschlags inhaftiert.

113.

KRAISS, Johannes

Immenstaad, Univ. Freib., 1541[?]

Spital/Hl. Geist: 7.12.1553 Inv., 2.4.1557 Rev., noch 1558 nachweisbar.

Verm: 439 (1558).

114.

KRAUS, Egidius (Krus) gen. Appentegker

Überlingen, Univ. Freib., 1514, MA.

S. Gallen: 1.12.1519 Rev., 10.12. Präs., 20.12. Inv., 1543†

Verm: 173 (1528).

115.

KÜN, Wolfgang

Überlingen, Univ. Freib., 1540.

S. Jodok: 27.3.1540 Rev., noch 1558 nachweisbar.

Verm: 18 (1558).

116.

KÜRZTLER, Jacob

S. Leonhard e.m.: 1496 nachweisbar, 1533†

Verm: 208 (1496), 384 (1528).

117.

KUPFERSCHMID, Niclaus

Überlingen, Univ. Heidel., 1478, MA.

S. Jacob mai.: 29.7.1485 Rev., 12.9. Inv., 1500 Res.

Verm: 986 (1496).

118.

LANG, Caspar

Überlingen, Univ. Basel, 1470, MA.

S. Elisabeth: 1476, 1519†

Verm: 649 (1496).

119.

LANGENBERG, Alexius

Eberling, Univ. Wien, 1493, MA.

S. Jacob mai.: 29.1.1500 Rev., 1540†

Verm: 355 (1528).

Verwandt: Ulrich Kupferschmid, Vetter.

120.
LIEB, Christian
Maltersweiler, Univ. Wien, 1538.
S. Leonhard: 10.1.1547 Rev., 14.1. Inv., 1550[?] Res.
Bem: Lieb war 1550 bereits Pfarrer zu Krumbach.
121.
LÖHER, Martin
S. Jodok: 1513 nachweisbar.
122.
LÖHLIN, Lienhard (Lohler)
Pfullendorf.
S. Jacob mai.: 29.4.1560.
123.
LÖSCH, Niclaus
Metzingen.
S. Lorenz: 29.5.1536 Rev., 1540[?] Wech.
S. Jacob min.: 8.5.1540 Präs.
124.
LUPRECHT, Johannes
Leutkirch.
Spitalkaplanei: 27.11.1484 Rev., 7.1.1485 Inv., 1503†
Verm: 283 (1496).
125.
LUTRER, Ludwig
S. Leonhard: 11.6.1488 Rev., 27.6. Inv., 1521†
Verm: 231 (1496).
126.
LUTZELBURGER, Jacob gen. Goldschmid
Überlingen.
S. Peter-Paul: 21.6.1564 Rev., 10.9.1569 Präs., 16.1.1571 Inv., noch 1582 nachweisbar.
Verwandt: Peter Lutzelburger, Vater.
Bem: Ermahnungen wegen Vernachlässigung seiner Pfründgärten; 1582 wurde er deswegen um 19 lbd gestraft. Am 10.11.1581 war ihm gekündigt worden, weil er gegen seine Dienerin vor dem geistlichen Gericht geklagt hatte, obwohl es sich um eine weltliche Sache handelte; die Kündigung wurde auf sein Supplizieren hin zurückgenommen.
127.
MADER, Gebhard
Überlingen, Univ. Freib., 1564.
S. Jacob min.: 1.7.1566 Rev., 1569[?] Wech.
Spitalkaplanei: 1.4.1569, 1581 Wech.

Hl. Drei Könige: 1.3.1581, noch 1609[?]
Verm: 217 (1568), 551 (1578).

128.
MADER, Gebhard II
Überlingen, Univ. Dill., 1596.
Kaplan: 16.5.1616, 6.10.1616 Kündig.
Verwandt: Balthasar Mader (Kantor), Vater.
Bem: Kurzscher Stipendiat. 1599 empfing er die Priesterweihe. Danach war er
Organist am Stift Bettenbrunn, Nachprediger in Sigmaringen und seit 1614 Hofka-
plan in Meersburg. Der Bischof von Konstanz hatte versucht, unter Berufung auf sein
Recht der Primae preces ein Kanonikat für Mader am Kollegiatstift zu bekommen,
der Rat verlieh ihm allerdings nur eine Kaplanei.

129.
MÄR, Laurentius
Univ., Dr. theol.
S. Martin: 29.4.1532 Präs., 29.5. Inv., 1534 Res.
Bem: Von 1527 bis ca. 1530 Überlinger Pfarrherr.

130.
MÄRCKH, Ulrich
Überlingen.
S. Maria Magdalena/Kap: 3.2.1564 Rev., 1567 Res.
Bem: 1576 für vier Monate Pfarrherr in Pfullendorf.

131.
MARTIN, Lienhard
Feldkirch, Univ. Freib., 1511.
S. Katharina/Berg: 7.7.1495 Rev., 1523†
Verm: 285 (1496).

132.
MAURER, Caspar
Maselheim.
S. Sebastian: 25.9.1538 Rev., 24.10. Inv., 1543 Wech.
S. Gallen: 13.6.1543 Inv., 1553 Res.

133.
MAYER, Caspar
Überlingen, Univ. Freib., 1472, MA.
S. Verena: 6.11.1490 Rev., 17.11. Inv., 1521†

134.
MAYER, Caspar II
Rottweil.
B. Mariae Virg.: 1579†

135.
MAYER, Christoph
Überlingen, Univ. Freib., 1585.

S. Georg: 22.9.1594, 15.6.1595 Präs., 17.6. Inv., 1597 Res.

Bem: Bis 1594 war er Kaplan in Wangen. Mesner. Am 16.12.1594 wurde Mayer die Pfründe gekündigt wegen seines wiederholten Fluchens und Schmähens der Obrigkeit; auf Bitte des Weihbischofs wurde die Kündigung wieder zurückgezogen. 1597 beschloß der Rat, nachdem Mayer seine Stelle resigniert hatte, ihm wegen seines unpriesterlichen Verhaltens in Zukunft keine Pfründe mehr zu verleihen.

136.

MAYER, Michael

Ertingen, Univ. Freib., 1569.

Kaplan: 19.9.1570, 3.7.1573 Res.

Bem: Helfer, dem zugleich noch ein Beneficium verliehen worden war.

137.

MAYER, Peter

Überlingen, Univ. Tüb., 1529.

S. Katharina/Berg: 8.12.1533 Rev., 4.1.1535 Inv., 4.11.1537 Res.

138.

MAYER, Ulrich

Überlingen.

S. Christoph: 12.2.1468 Inv., 1482†.

Bem: 1480, 1481, 1482 Befreiung von der Residenzpflicht.

139.

MEICHEL, Jacob

Kaplan: 22.9.1628 Präs.

Bem: 1629 Ermahnung, daß er *in choro frequentior compareat, in psallendo se reliquis accomodet.*

140.

MENGER, Conrad

Überlingen.

S. Sebastian: 1.6.1518 Rev.

Verm: 352 (1528).

141.

MERCKH, Caspar

Überlingen, Univ. Freib., 1560.

S. Leonhard/Mue: 30.1.1559 Inv., 1573 Res.

Verm: 226 (1558).

142.

MESMER, Anthonius

Überlingen, Univ. Dill., 1612.

Kaplan: 20.12.1617, 1618 Wech.

Kanoniker: 6.7.1618, 27.6. Inv., noch 1645 nachweisbar.

Verwandt: Mattheus Mesmer (Bürgermeister), Vater; Johann Andreas Mesmer (Kanzleiverwalter), Bruder.

Bem: Pfingsten 1616 erhielt er die Priesterweihe. 1622 Custos. Ermahnungen wegen

Vernachlässigung des Gottesdienstes und seines Mesneramtes; pflegte mit dem ‚Bogen zu schießen'.

143.

MESNER, Christoph

Aschau/Lech.

S. Katharina/Berg: 11.8.1529 Rev., 26.10. Inv., 1533 Res.

Bem: 1531 erhielt er vom Domkapitel eine Verehrung wegen seiner Teilnahme an dessen Gottesdiensten und Präsenz.

144.

MESSERSCHMID, Johannes

Hl. Kreuz: spätestens 1496, 1507[?] Res.

Verm: 206 (1496).

Bem: 1505 Mesner; 1507 Bitte um Urlaub.

145.

MEYER, Simon (Mier)

Überlingen, Univ. Freib., 1578.

S. Lorenz: 4.2.1583, 1589[?] Wech.

S. Georg: 26.10.1589, 19.12.1592 Präs., 18.1.1593 Inv., 1594/1595†

Bem: Mesner. 1586 wurde ihm wegen seines unpriesterlichen Verhaltens (Trinken, Fluchen) mit der Kündigung gedroht; wurde durch das geistliche Gericht bestraft.

146.

MÖRLIN, Johann Ulrich

Feldkirch.

S. Sebastian-Anton.: 24.3.1534 Rev., 9.4. Präs., 19.4. Inv., Aug. 1534†

147.

MOR, Peter

S. Conrad: 1491 Res.

148.

MOSBERGER, Johannes

Munderkingen.

S. Martin: 18.7.1559, 2.2.1560 Inv.

Verm: 302 (1558).

149.

MOSER, Conrad

S. Conrad: 1519†.

150.

MOTZHART, Christian (Matzhart)

Ehingen.

S. Maria Magdalena/Kap: 26.7.1536 Rev., 29.7. Inv., 1545 Res.

151.

MÜLLER, Nicolaus

Überlingen, Univ. Köln, 1516; Freib., 1517.

S. Verena: 21.9.1521 Rev., 22.9. Präs., 1523 Res.

S. Verena: 2.7.1526 Rev., 1572†
Verm: 636 (1558), 1388 (1568).
Verwandt: Caspar Müller, Bruder; Christian Müller, Schwager.
Bem: Hatte eine Tochter namens Apollonia, Ehefrau Simon Walchers, Überlingen.
152.
MUNTERICHINGER, Conrad
Spitalkaplanei: 1504 nachweisbar.
153.
MUTZLER, Johannes
Hl. Kreuz: 1481 nachweisbar.
S. Jodok: 1484†
Bem: 1481 Befreiung von der Residenzpflicht.
154.
NAGEL, Anthonius
Schwäbisch Gmünd, Univ. Dill., 1597, MA.
Kaplan: 1619 nachweisbar.
Kanoniker: 31.3.1623, 5.8. Präs., 2.9. Inv.
155.
NEF, Jacob
Überlingen.
B. Mariae Virg.: 25.4.1550 Rev., 30.4. Inv., 1558 Wech.
S. Jacob mai.: 15.2.1558 Rev., 10.2.1559 Inv., 1569†
Verm: 225 (1558).
156.
NELL, Caspar
Bregenz, Univ. Basel, 1482; Freib., 1505, MA.
S. Ulrich: 16.3.1498 Rev., 1526†
S. Gallen: 11.8.1512 Rev., 1519 Res.
Bem: 1513 und 1518 Befreiung von der Residenzpflicht.
157.
NESSLER, Michael
Feldkirch, Univ. Freib., 1551.
S. Sebastian: 7.4.1557 Inv., 13.8.1565 Kündig.
Bem: Nessler war gekündigt worden, weil er seine Magd, der wegen ihres leichtferti-
gen Lebens die Stadt bereits verboten war, nicht entlassen hatte.
158.
NESTLER, Hans
Überlingen, Univ. Basel, 1494[?]
S. Lorenz: 1536†
159.
NIETBAIN, Ulrich
Überlingen.
S. Katharina/Berg: 3.9.1596, 12.11. Präs., 27.11. Inv., 26.7.1605 Res.

Verm: 1440 (1597).

Verwandt: Hans Nietbain, Vater.

Bem: Nietbain übernahm 1605 die Pfarrei Bollingen.

160.

NUSSKERN, Christoph

Dornstetten.

S. Katharina/Berg: 17.2.1541 Rev.

161.

OWEN, Hans (Awer) gen. Pfeifer

Eckenweiler, Univ. Freib., 1552.

S. Georg: 21.7.1558 Rev., 1583 Wech.

S. Peter-Paul: 5.2.1583, 1589†[?]

Verm: 1489 (1578), 1557 (1588).

Bem: 1559 zugleich Helfer. Mesner. 1575 als Konkubinarier verdächtigt; hatte eine Tochter namens Anna, die 1611 in Überlingen starb.

162.

PAYER, Johann v.

Überlingen, Univ. Heidel., 1500.

S. Leonhard: 13.8.1521 Rev., 31.8. Präs., 10.9. Inv., 1536†

Verm: 318 (1528).

Verwandt: Martin v. Payer, Vater.

163.

PAYER, Johann v. II

Überlingen, Univ. Ingol., 1547.

S. Elisabeth: 25.4.1550 Rev., 30.4. Inv., 1560 Wech.

Spitalkaplanei: 8.5.1560, 1563†

Verm: 334 (1558).

164.

PÖLER, Martin

S. Jodok: 1556†

Bem: Pölers Magd wurde am 29.4.1556 in die Michi aufgenommen.

165.

PÖPPERLIN, Jacob

Überlingen, Univ. Freib., 1543.

S. Georg: 1558†

166.

PREYSS, Georg

S. Sebastian-Anton.: 1502†

167.

PREYS, Johannes (Prys)

Tettingen.

S. Sebastian: 23.9.1468 Inv., 30.8.1486 Res.

Bem: Priester des Deutschen Ordens; versah 1495 die Komturei der Johanniter in Überlingen.

168.

PRELIN, Wolfgang (Brölin)

Univ.[?] MA.

S. Ulrich: 1.4.1543 Rev., 9.4. Inv.

169.

RAINER, Valentin

S. Leonhard e.m.: 31.7.1545 Inv., 1553†

170.

RANTZ, Balthasar

Ravensburg.

S. Maria Magdalena/Kap: 1.1.1545 Rev., 3.9. Inv.

Spitalkaplanei: 9.5.1555, 1562 Wech.

S. Katharina/Berg: 9.1.1562, 1563†

Verm: 561 (1558).

Bem: 1559 Helfer. 1544 Probepredigt; zu der Zeit Pfarrverwalter zu Owingen. Der Rat beauftragte ihn zeitweise mit der Prädikatur bei den Franziskanern.

171.

RAUCH, Sigmund

Reutte.

Spital/Dreifaltigkeitsaltar: 16.7.1538 Inv., 18.7. Rev., 1545 Res.

Bem: 1545 Chorherr zu St. Johann in Konstanz.

172.

REICHARDT, Georg

Überlingen, Univ. Dill., 1616.

Kaplan: 5.7.1622 Präs., 18.10. Inv., 1624†

173.

REISCH, Sebastian

Überlingen, Univ. Dill., 1590.

S. Katharina/Berg: 17.10.1605, noch 1631 als Kanoniker nachweisbar.

Verm: 1405 (1608).

174.

REISS, Jacob (Reisser)

Überlingen.

Spital/Dreifaltigkeitsaltar: 2.7.1526 Rev., 3.9. Inv., 1528 Res.

S. Cosmas: 28.5.1528 Rev., 1543 Kündig.

Verm: 215 (1528).

Verwandt: Gorius Reiss, Vater.

175.

RIEGER, Johannes gen. Renner

Ehingen, Univ.[?] MA.

S. Gallen: 16.7.1519 Rev., 1519†
Verwandt: Bernhard Renner, Vetter.
176.
ROHNBÜHEL, Matthias
Überlingen, Univ. Dill., 1589.
S. Ulrich: 30.5.1600.
S. Jodok: 11.4.1602, 1629 als Kanoniker gestorben.
Verm: 1999 (1608).
Verwandt: Michael Rohnbühel (Zunftmeister), Vater.
Bem: Kurzscher Stipendiat. 1596 erhielt er die Priesterweihe.
177.
ROTTENGATTER, Gabriel
Ulm, Univ. Freib., 1511.
S. Peter-Paul: 13.11.1519 Präs., 27.11. Inv., 1526 Res.
Bem: 1522, 1523 und 1524 Commissio absolvendi des Generalvikars für Rottengatter,
der zweimal einen Priester und einmal einen Überlinger Bürger geschlagen hatte;
1524 kündigte ihm der Rat seine Pfründe, weil er ‚dem Krieg nachgezogen und sich
mit Spiel und Frauen unehrlich gehalten hat', doch zog er die Kündigung auf Fürbit-
ten der Priesterbruderschaft und Justinian Mosers wieder zurück.
178.
RUGG, Erhard (Ruegck)
Überlingen, Univ. Tüb., 1494.
S. Christoph: 18.8.1508 Rev., noch 1528 nachweisbar.
Verm: 341 (1528).
Verwandt: Jacob Rugg, Vater.
Bem: Nach dem Verweis des Lesmeisters der Franziskaner aus der Stadt 1526 versah
Rugg dessen Stelle.
179.
SATTLER, Johannes
Ravensburg, Univ. Freib., 1545, MA.
S. Georg: 1552 Res.
180.
SAUTER, Joachim
Überlingen, Univ. Freib., 1575.
Hl. Kreuz: 6.7.1580, 1584[?] Wech.
S. Jodok: 16.8.1584, 19.12.1592 Präs., 18.1.1593 Inv. 1602†
Verm: 1279 (1588), 2134 (1597).
Verwandt: Hans Sauter (Schuhmacher), Vater.
Bem: 1576 erhielt er wahrscheinlich die Priesterweihe; Sauter hatte zu dieser Zeit eine
Pfründe in Bischofszell.
181.
SAUTER, Leonhard
Überlingen.

Kaplan: 1619 nachweisbar, 30.8.1623 Präs., 1630 Wech.

Kanoniker: 16.1.1630 Präs.

Verwandt: Clemens Sauter, Vater.

Bem: 1616 erhielt er wahrscheinlich die Priesterweihe. Bei der Visitation 1624 wurde kritisch vermerkt, daß er mit dem Bogen schieße; 1631 wurde er der Beziehungen zu seiner Magd verdächtigt.

182.

SCHÄLKLIN, Conrad

Kaplan: 1485 nachweisbar.

Bem: Mesner 1485.

183.

SCHALLER, David

Überlingen, Univ. Freib., 1575; Dill., 1576, MA.

S. Katharina/Berg: 3.3.1583, 7.2.1584 Res.

Bem: Mußte die Pfründe aus gesundheitlichen Gründen aufgeben.

184.

SCHEDLER, Christian

Buchshain (bei Memmingen).

S. Martin: 2.1.1545 Rev., 1559/1560†

Verm: 302 (1558).

Bem: 1544 Kanoniker des Stifts Radolfzell.

185.

SCHEFFERLIN, Gregorius

Hl. Drei Könige: 13.6.1504 Rev., noch 1548 nachweisbar.

Verm: 330 (1528).

186.

SCHERRER, Ulrich

Überlingen, Univ. Freib., 1471.

S. Georg: 1508†

187.

SCHLEHER, Thomas

Radolfzell.

S. Georg: 11.8.1512 Rev., 1542†

Verm: 212 (1528).

Bem: Hatte zusammen mit seiner Magd Agathe zwei Kinder, die er in seinem Testament vom 12.8.1541 berücksichtigte.

188.

SCHLEIFFER, Mattheus

Überlingen, Univ. Freib., 1559.

Hl. Kreuz: 18.10.1563 Rev., 1567.

Bem: Mesner. 1570 Pfarrer in Konstanz und Inhaber des Heilig-Kreuz-Altars in St. Stephan.

189.
SCHLEY, Johannes gen. Haffner
Überlingen, Univ. Heidel., 1496.
Hl. Kreuz: 14.2.1505 Inv., 1529[?] Res.
Verm: 267 (1528).
Bem: 1529 supplizierte Pfarrer Mär für Schley um die Vikarsstelle zu Seefeld.
190.
SCHLEY, Martin
Überlingen, Univ. Freib., 1535.
S. Lorenz: 1543, 3.12.1544 Inv.
191.
SCHLICHTER, Johannes
S. Maria Magdalena/Kap: 17.8.1584, 1593†[?]
Verm: 1056 (1588).
Bem: Hatte zwei Kinder, die er in seinem Testament vom 17.5.1586 als Haupterben
einsetzte; seine Bücher vermachte er der Stadt.
192.
SCHMID, Joachim
Überlingen, Univ. Freib., 1522.
S. Ulrich: 1543†
Verm: 154 (1528).
193.
SCHMID, Johannes
Überlingen.
S. Peter-Paul: 2.7.1526 Rev., 8.2.1527 Inv., 1528 Res.
S. Sebastian-Anton.: 9.8.1534 Präs., 11.8. Rev., 25.8. Inv., 26.6.1538 Res.
Verwandt: Gallin Schmid, Vater.
Bem: Erhielt 1528 eine Stelle als Chorherr in Meßkirch.
194.
SCHMIDMEISTER, Jodocus
Überlingen, Univ. Freib., 1492.
Kaplan: 1507 nachweisbar.
S. Johann. Bapt.: 11.3.1510 Rev., 1546†
Verm: 218 (1528).
Verwandt: Hans Schmidmeister.
Bem: 1507 Mesner. 1523 bat er den Rat, wegen seiner hohen Schulden seine Pfründe
für zwei Jahre verlassen zu dürfen, was allerdings abgelehnt wurde.
195.
SCHMIDMEISTER, Johannes
Überlingen.
S. Johann. Bapt.: 22.12.1546 Rev., 8.1.1547 Inv., 1559†
Verm: 218 (1558).
Verwandt: Hans Schmidmeister, Vater; Jodocus Schmidmeister, Vetter.

196.

SCHMIDMEISTER, Mauritius

Überlingen, Univ. Freib., 1544; Ingol., 1546, MA.

S. Peter-Paul: 26.11.1528 Rev., 1569†

Verm: 212 (1528), 444 (1558).

Verwandt: Hans Schmidmeister, Bruder.

Bem: 1528 Mesner.

197.

SCHNIDER, Bartholomäus

Frickingen.

S. Georg: 8.1.1485 Rev., 3.3. Inv.

Verm: 200 (1496).

198.

SCHUCHTZER, Michael

Scheer.

S. Sebastian: 6.10.1570 Rev., 1577 Res.

199.

SCHÜSSLER, Hieronymus

Überlingen, Univ. Dill., 1596.

Kaplan: 24.3.1609, 14.10.1610 Res.

Verwandt: Stoffel Schüssler (Ratsdiener), Vater.

Bem: Kurzscher Stipendiat. 1601 Helfer zu Seefeld; vor 1609 Chorbruder des Frauenstiftes Bettenbrunn, 1615 Kaplan in Freiburg.

200.

SCHULTHAISS, Georg

Konstanz, Univ. Dill., 1611, MA.

Kaplan: 1619 nachweisbar, 23.3.1623 Präs., 5.4. Inv., 1623 Wech.

Kanoniker: 4.8.1623, noch 1631 nachweisbar.

Bem: Wurde wegen der Vernachlässigung seiner Pfründpflichten und des häufigen Besuchs von Wirtshäusern ermahnt.

201.

SCHULTHAISS, Johannes

S. Barbara: 19.9.1500 Rev.

202.

SEITZ, Jacob

Ehingen, Univ. Dill., 1596; Freib., 1598.

Kaplan: 1619 nachweisbar, 3.3.1622 Inv., 1623 Wech.

Kanoniker: 23.3.1623, 1628†

203.

SPÄT, Georg

Pfullendorf, Univ. Freib., 1542.

S. Sebastian: 6.9.1549 Inv., 1552 Res.

204.
SPÄT, Johannes
Scheer, Univ. Freib., 1556, MA.
Spitalkaplanei: 4.6.1563 Rev.
Bem: War Helfer; übernahm ab 17.1.1564 anstelle von Balthasar Rantz die Prädikatur bei den Franziskanern.

205.
SPENGLER, Conrad
S. Leonhard: 13.4.1467 Inv., 1501†
Bem: Stiftete noch eine zusätzliche Messe für seine Pfründe.

206.
STAINER, Matthias
Überlingen, Univ. Dill., 1610.
Kaplan: 1619 nachweisbar, 18.11.1620 Präs., noch 1631 nachweisbar.
Bem: 1610 auf dem Luzerner Jesuitenkolleg eingeschrieben. 1624 und 1631 wurde er wegen seiner Wirtshausbesuche ermahnt. Er bewarb sich am 20.12.1629 um das Kanonikat des verstorbenen Matthias Rohnbühel.

207.
STECKH, Laurentius
Riedlingen.
S. Lorenz: 14.8.1540 Rev., 1544 Res.

208.
STEPHAN, (Lang)hans
Überlingen, Univ. Heidel., 1478.
Hl. Drei Könige: 1504 Res.
S. Barbara: 1533†
Verm: 239 (1496), 236 (1528).

209.
SUR, Heinrich
S. Johann. Evang.: 1491†

210.
SWIGGER, Georg
S. Jacob mai.: 24.11.1483 Rev., 9.12. Inv., 1485 Res.
Bem: Subdiakon; 1497 Pleban in Buchau.

211.
SYFRID, Johannes
Überlingen, Univ. Tüb., 1485, Dr.theol.
S. Leonhard: 17.10.1459 Präs., 1.12.1484 Absenz auf 4 Jahre.
S. Peter-Paul: 14.5.1488 Rev., 16.5. Inv., 1508[?] Tod.
Verm: 308 (1496).
Bem: Syfrid erhielt 1484, um vier Jahre auf die Universität gehen zu können, einen Dispens von seiner Residenzpflicht.

212.
TÄBER, Jacob
S. Jacob min.: 2.9.1547 Inv.
213.
TALHAIMER, Petrus (Dalhammer)
S. Jacob: 28.9.1486 Res.
214.
THUSCHGAT, Leonhard
Überlingen.
S. Sebastian: 29.7.1482 Rev., 5.8. Inv., 1505†
Verm: 338 (1496).
215.
TIERIN, Hans
Rottweil[?]
S. Lorenz: 1597†
216.
TUCHER, Georg
Überlingen.
S. Christoph: 13.11.1482 Rev., 1508†
217.
TUGWEISS, Ludwig (Duggwais)
S. Johann. Bapt: 1505 nachweisbar; 1510†
Bem: Organist.
218.
UMMENHOFER, Gàbriel (Untzhofer)
Riedlingen, Univ. Ingol., 1611, MA.
Kaplan: 18.11.1616, 6.7.1618 Präs., noch 1626 nachweisbar.
Bem: Mehrere Ermahnungen und Strafen wegen seiner ‚Exzesse'.
219.
UNGER, Sebastian
Überlingen, Univ. Dill., 1613, MA.
Kaplan: 25.5.1628 Präs.
Bem: Kurzscher Stipendiat.
220.
VESSLER, Hans
St. Jodok: 1516†
221.
VESSLER, Jacob (Fäsler)
St. Jacob mai.: 1463 nachweisbar, 1483†
222.
VISNER, Hans
Feldkirch.
S. Maria Magdalena/Kap: 25.8.1523 Rev., 1536†
Verm: 2187 (1528).

223.
VOGEL, Conrad
Radolfzell, Univ. Freib., 1462.
S. Leonhard e.m.: 18.7.1482 Rev., 6.8. Inv.
224.
VOLCKART, Heinrich
S. Conrad: 22.6.1471 Rev., 26.6. Inv., 1482†
225.
WAGNER, Michael
Weingarten, Univ. Freib., 1565.
S. Johann. Bapt.: 17.9.1577 Präs., 21.10. Inv., 1579†
Verm: 1421 (1578).
Verwandt: Jacob Wagner, Procurator zu Weingarten.
226.
WAIBEL, Johannes
S. Conrad: 17.4.1486 Inv., 1488†
227.
WALTHER, Georg
Markdorf, Univ. Freib., 1536.
S. Jacob mai.: 28.1.1547 Rev., 20.2. Inv.
228.
WANGER, Hans
S. Jodok: 1482, 1488†
229.
WECKERLIN, Jodok
S. Leonhard/Kap: 1.9.1552 Inv., 15.4.1553 Rev.
Verm: 210 (1558).
230.
WEISRAT, Conrad
Liptingen
S. Katharina/Berg: 5.12.1537 Präs., 16.2.1538 Inv., 1541†
231.
WEISS, Marx
Überlingen, Univ. Freib., 1568.
Spitalkaplanei: 21.1.1580, 19.12.1592 Präs., 18.1.1593 Inv. 18.11.1606†
Verm: 1053 (1597).
Verwandt: Marx Weiss (Maler), Vater.
Bem: 1577 feierte er seine Primiz in Überlingen. Bis 1580 war er Pfarrer in Lupfen.
1587 wurde ihm wegen seines Ungehorsams gegen den Pfarrer mit dem Entzug der
Pfründe gedroht; 1603 Faustkampf mit anderen Kaplänen. Er vermachte seine Bücher
der Priesterbruderschaft.
232.
WETZEL, Albrecht

S. Leonhard: 24.9.1502, 1547†

Verm: 324 (1528).

Bem: 1506 und 1507 commissio absolvendi des Generalvikars wegen Defloration, 1527 wegen der Konkubine Wetzels.

233.

WIDER, Balthasar

Univ.[?] MA.

S. Sebastian: 1.10.1573, 17.9.1577 Präs., 21.10. Inv., 1579/80 Res.

Verm: 1469 (1578).

Bem: Verpfründeter Helfer. 1580 wahrscheinlich Pfarrer von Sipplingen.

234.

WILD, Georg

Überlingen, Univ. Dill., 1567.

Hl. Kreuz: 26.9.1570 Rev., 19.12. Präs., 29.1.1571 Inv., 1580†[?] Verm: 2223 (1578).

Verwandt: Michael Wild (Zunftmeister), Vater; Pankraz Schlosser (Richter), Schwager.

Bem: Vermachte seinen zwei Kindern je 300 fl.

235.

WILD, Johannes

Pfullendorf

Spitalkaplanei: 9.6.1564 Rev., 1.4.1569 Res.

Verm: 141 (1568).

236.

WINGEBER, Mattheus

Kaplan: 1529 nachweisbar.

Bem: 1529 Mesner.

237.

WINTERBERG, Conrad

Konstanz, Univ., Dr.iur.

S. Jodok: 10.1.1488 Rev., 22.1. Inv., 1512†

Bem: Bischöflicher Vikar zu Konstanz; in seinem Revers wird ihm ausdrücklich das Recht zugestanden, die Pfründe durch einen anderen Priester, der dem Rat genehm ist, versehen zu lassen.

238.

WUND, Hans (Wunn)

Überlingen, Univ. Dill., 1603.

Kaplan: bereits 1609, noch 1616 nachweisbar.

239.

ZETTEL, Martin

Überlingen, Univ. Dill., 1621.

Kaplan: 17.11.1628 Präs.

Bem: Bei der Visitation 1631 positiv beurteilt.

240.
ZETTEL, Rudolf
Überlingen, Univ. Dill., 1581; Ingol., 1589, Rom, MA.
Kaplan: 16.5.1616, 24.4.1617.
Bem: Kurzscher Stipendiat; Germaniker; Zettel war, bevor er nach Überlingen kam,
Pfarrer in Kaufbeuren; 1617 zog er ohne Erklärung aus Überlingen weg.
241.
ZIEGLER, Georg
S. Sebastian: 11.4.1505 Rev., 1518†